宿豫年鉴

2022

SUYU
YEARBOOK

宿迁市宿豫区地方志编纂委员会办公室 编

方志出版社
Publishing House of Local Records

图书在版编目（CIP）数据

宿豫年鉴. 2022 / 宿迁市宿豫区地方志编纂委员会办公室编. -- 北京 : 方志出版社, 2022.12
ISBN 978-7-5144-5645-5

Ⅰ. ①宿… Ⅱ. ①宿… Ⅲ. ①宿豫区－2022－年鉴 Ⅳ. ①Z525.34

中国版本图书馆CIP数据核字(2022)第252674号

责任编辑：顾洁
责任校对：刘玉霞
责任印刷：梅中英
出 版 者：方志出版社
地　　址：北京市朝阳区潘家园东里9号（国家方志馆4层）
邮　　编：100021
网　　址：http://www.zgfzcb.cn
发　　行：方志出版社图书经销中心（010-67110500）
印　　刷：南京凯德印刷有限公司
开　　本：889毫米×1194毫米　1/16
印　　张：23.5
字　　数：677千字
版　　次：2022年12月第1版
印　　次：2022年12月第1次印刷
定　　价：280.00元

宿豫年鉴编纂委员会

《宿豫年鉴》编辑部

地　　址　江苏省宿迁市宿豫区湘江路31号

电　　话　0527-84465253

邮　　编　223801

邮　　箱　syzb260@126.com

◆ 近年来，宿豫区认真贯彻落实省委“不仅要让农民住上好房子，还要过上好日子”的指示精神，立足乡村实际，实施农房改善三年行动计划，按照“城镇村联动，点线面结合”的工作思路，以集中居住为牵引，不断优化产业、完善配套、改善环境、带动就业，协同推进优居、强村、兴产、富民，加速乡村全面振兴，建设文明美好的幸福家园。发展成果受到省委、省政府关注，先后获评全省人民生活高质量争先进位奖、乡村振兴先进集体等。

2021年6月，宿豫区来龙镇白鹿湖新型农村社区入选中国共产党在江苏历史展，成为全省唯一入选的农房项目。图为展出时的场景（王 垠 供图）

2021年6月28日，省委书记娄勤俭带队参观“百年征程 初心永恒”中国共产党在江苏历史展时，现场与宿豫区新庄镇朱瓦新型农村社区村民王广荣进行视频连线，希望大家在乡村振兴进程中，把日子过得红红火火　　（王　垠 供图）

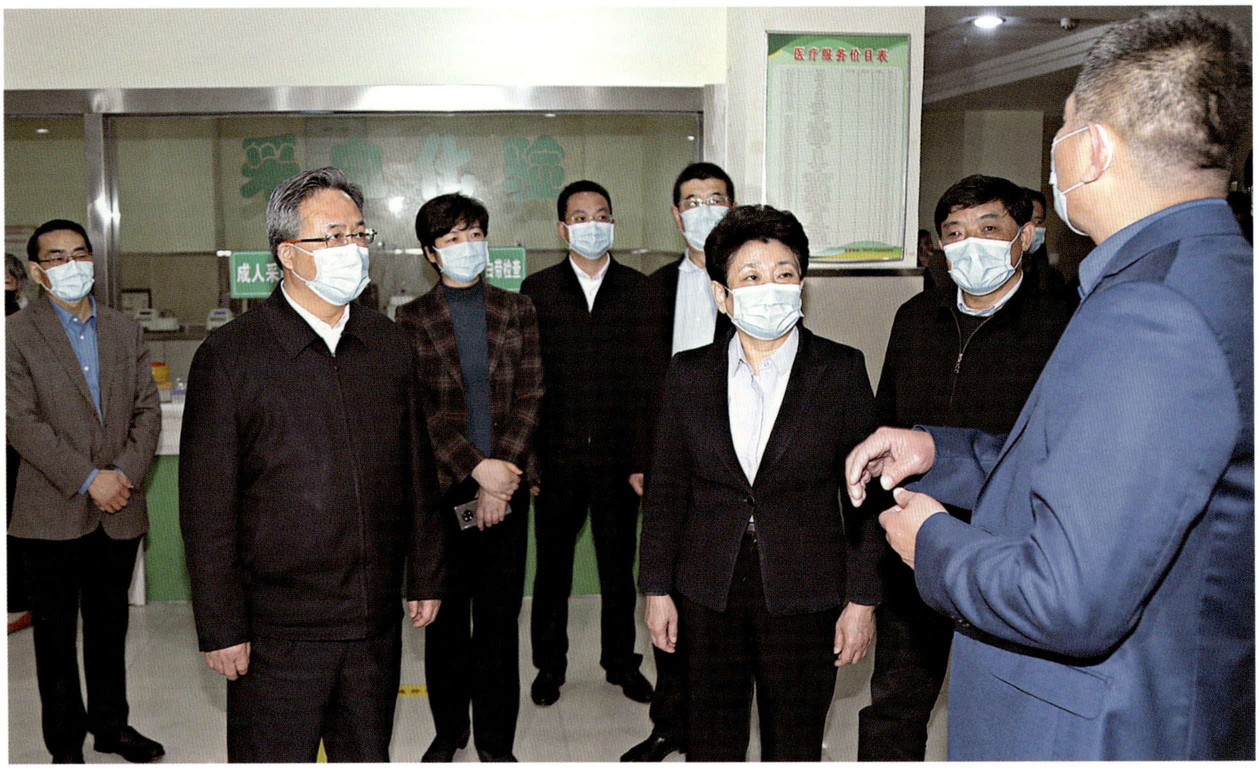

2021年4月8日，省政协主席、党组书记黄莉新率调研组到宿豫区调研“大力推进妇幼健康体系建设”工作开展情况。图为在区妇幼保健院调研现场 （韩　琦 供图）

2021年8月19日，市委书记、市人大常委会主任王昊到宿豫区调研经济社会发展情况。图为在宿迁高新区博迁新材料公司调研现场 （韩　琦 供图）

2021年5月13日，海关总署副署长王令浚率队到宿豫区考察电商物流业发展、外贸出口相关情况。图为在宿迁电子商务产业园区京东客服服务中心视察

（韩 琦 供图）

2021年10月1日，市委副书记、市长陈忠伟到宿豫区调研安全生产工作。图为在宿迁生态化工科技产业园盛瑞新材料公司调研现场

（李 丽 供图）

2021年7月25日，宿豫区召开中国共产党宿迁市宿豫区第十三次代表大会。大会明确了聚力建设创新宿豫、开放宿豫、精致宿豫、幸福宿豫的“四个宿豫”的目标追求，以坚定的决心扛起中心城市“半壁江山”责任，矢志不渝当好全市经济社会发展先行军 （韩 琦 供图）

2021年，宿豫区举行"智汇宿豫 创赢未来"首届"宿豫英才杯"创业大赛，签约有意向落户宿豫的项目21个。图为3月6日第一批次项目签约现场 （韩 琦 供图）

2021年9月28日，宿豫区举办新材料产业发展论坛暨投资环境说明会。会上签约项目12个，协议总投资58亿元，其中落户宿迁高新区项目10个，协议总投资54亿元 （韩 琦 供图）

◆ 2021年，宿豫区围绕“1+X”产业体系，实施百亿级产业链条培育工程，完善以宿迁高新区为主导、企业为主体的科创体系，聚力建设创新宿豫。

4月，区行政审批局部分党员与党旗合影　　（姜　澎 供图）

2021年7月，宿豫区举办“请党放心 强国有我”红色游学线路之幸福新长征花式徒步活动。图为第十代表队来龙镇超越梦想队在白鹿湖社区新时代文明实践站与党旗合影打卡　　（韦　尚 供图）

◆2021年，宿豫区通过“强化组织领导，提升工作覆盖面；强化资源整合，提升阵地功能性；强化分众引领，提升活动参与度；强化民生融入，提升群众满意率”的“四强化四提升”举措，坚持高标准起步、高质量推进，实现党史学习教育常态化进行，形成党史学习教育的“宿豫特色”。

2021年3月15日，宿豫区召开全区党史学习教育动员会议 （韩　琦 供图）

2021年4月13日，区委理论学习中心组举办党史学习交流会　　（韩　琦 供图）

2021年5月30日，区委理论学习中心组举行党史学习沙龙活动，分享党史学习教育心得体会，并现场观看话剧《共产党宣言》　　（韩　琦 供图）

2021年，宿豫区在党史学习教育中开设场景演练教学。图为4月20日，党校青干班学员通过沙盘推演参与课堂教学（卢青青 供图）

2021年，宿豫区将党史课堂搬进抗战老兵的“农家小院”。图为3月24日，曹集乡伍员里村抗战老兵张成贵为曹集乡年轻党员讲述党史故事（朱 丛 供图）

2021年4月，宿豫区举办“学党史 强党性 做先锋”党史知识竞赛。图为4月28日在决赛现场为获奖者颁奖

（孙佼佼 供图）

2021年暑假期间，宿豫区举办“学四史‘豫’传承”夜读会，活动通过互动访谈“议”、互动分享“读”、集中展示“看”、亲子携手“画”、现场随机“答”等丰富党史学习教育形式

（韦 尚 供图）

红十五军三师纪念园

淮北江南展陈馆

◆ 2021年，宿豫区发挥全国首批革命文物保护利用片区优势，通过串点、连线、成面打造党史学习教育三维矩阵，让“百年党史”触手可及，方便干群就近就地学习党史、接受教育。截至年底，全区有区级学习教育示范点9个，建有乡情馆、文化广场、红书房等学习体验阵地112个。

2021年7月1日，宿北大战红色教育中心开园，与水利遗址公园、红十五军三师纪念园、淮北江南展陈馆组成“红色一号线”游学线路。图为园区一角

（王伟娣 供图）

水利遗址公园

（魏丽莉 供图）

豫新街道庐山社区景尚佳园小区党史长廊　　　　（王　景　供图）

来龙镇双和岭村村情馆　　　　（倪红军　供图）

仰化镇新时代文明实践站红色加油中心 （杨 韬 供图）

大兴镇双茶棚社区焦裕禄广场 （李凯楠 供稿）

2021年6月9日，宿豫区举行"把支部建进小区里 将实事做到家门口"活动启动仪式 （韩 琦 供图）

2021年11月20日，大兴镇周夏新型农村社区召开"我为群众办实事"质询会，现场听取群众评议 （李点点 供图）

曹集乡搭建“网事有约”议事平台，组建由乡贤、退休干部、网格长组成的调解队伍，化解民间矛盾纠纷。2021年，全乡累计开展“网事有约”议事活动135场，化解矛盾纠纷127起　（王　辉　供图）

2021年，宿豫区将“我为群众办实事”项目公示在其对应区域范围内，自觉接受群众监督　（王　景　供图）

2021年，宿豫区创新推出“一件事”窗口123个，通过大事小事一窗办、线上线下一次办、台前幕后一网办，为群众一次性办理事项3万余件。图为市民在新生儿“一件事”窗口为新生儿办理社保（朱晓佩 供图）

2021年，宿豫区城乡一体化公交车的始发站由集镇区延伸到村（社区），打通村民出行“最后一公里”，让村民在家门口坐上公交车（白华女 供图）

2021年8月，宿豫区举办“众善众举 圆梦助学”活动，为困难家庭新录入高校学子筹集助学金158万元

（韩 琦 供图）

志愿者在社区活动中心教老年人做手指操

（张 颖 供图）

2021年4月6日，宿豫区农村“空巢”老人吃上爱心餐在央视《新闻联播》“奋斗百年路 启航新征程——学党史 悟思想 办实事 开新局”专栏中报道

（韦 尚 供图）

2021年1月24日，位于宿迁电子商务产业园区的“京东智慧城”封顶。该项目是京东集团在宿迁投资最大、功能最齐全的商务办公综合体，总投资约40亿元，占地20.6万平方米，总建筑面积达53万平方米，有建筑单体9栋，其中9号超高层办公楼采用钢框架，建筑高度是158.85米，成为宿迁第一高楼。图为“京东智慧城”俯瞰全景　　（曹欠欠 供图）

2021年12月5日，位于新庄镇杉荷园的袁家村·宿迁印象一期工程水街建成开放。项目总投资20亿元，占地28.67万平方米，建筑面积约16万平方米，包含商业街、民宿集群、酒店及景点公建、停车场等。水街采取线上线下联动、实体店体验等方式，带动地方特色产品销售，为宿豫乡村振兴树立新标杆。图为水街夜景一角（邬 刚 供图）

2021年，宿豫区着力优化生产、生活、生态“三生空间”布局，以精心规划、精美设计、精致建设、精细管理、精准服务、精明增长“六精”理念加快城市更新，推进镇区“1+5”精品建设工程和农房改善工作，聚力建设精致宿豫。图为优化布局后的宿迁高新区一角

（孙寒洁 供图）

来龙镇白鹿湖新型农村社区

新庄镇振友新型农村社区

（汪　文 供图）

来龙镇朱岭新型农村社区

（王 垠 供图）

（王 垠 供图） 顺河街道绿城·梨园湾小镇 （汪 文 供图）

环卫工人在清理世纪河内杂物　（汪小兰 供图）

提升改造后的洪泽洪东路北侧分带景观　　（孙维兵 供图）

杉荷园内的水杉　　（陆启辉 供图）

2021年7月9日，骑行江苏看美丽农路宿迁站专题宣传活动暨全省“四好农村路”助力乡村振兴现场会在宿豫区举行。图为活动启动仪式（韩　琦 供图）

2021年12月，宿豫区幸福大道获评江苏省优秀农村公路品牌称号（区委宣传部 供图）

2021年12月，宿豫区顺兴线彩虹路获评江苏“平安放心路”样板路　（董　璇 供图）

2021年12月，宿豫区小河西路获评江苏“美丽农村路”样板路　（董　璇 供图）

2021年，宿豫区持续完善全民健身设施建设，着力打造15分钟健身圈。图为运河宿迁大桥北侧的篮球场

（徐江海 供图）

审图号：宿N（2022）03号

江苏图博地理信息科技有限公司 编制

宿豫区城区图

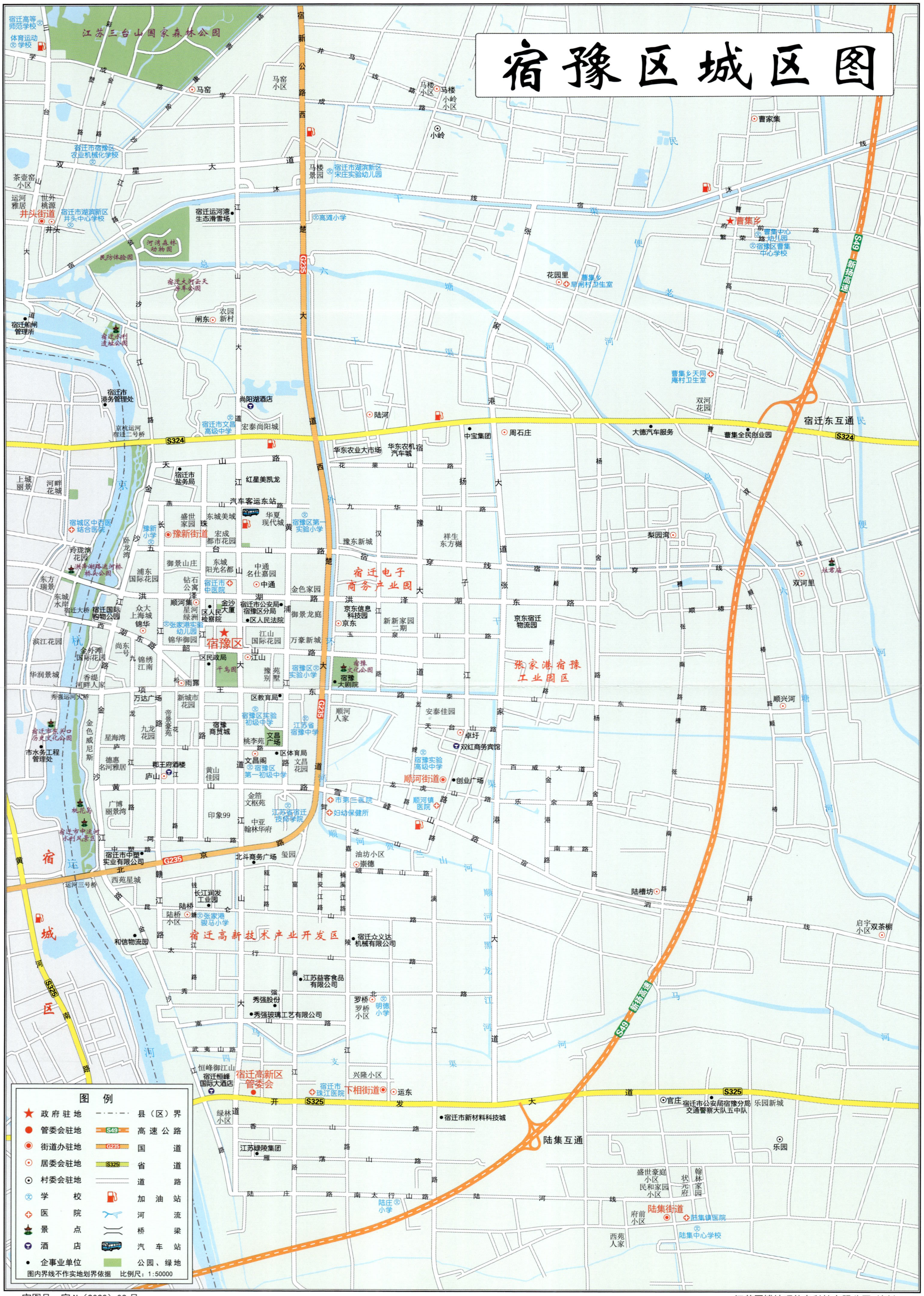

审图号：宿 N（2022）02 号

江苏图博地理信息科技有限公司 编制

编辑说明

一、《宿豫年鉴（2022）》坚持以马克思列宁主义、毛泽东思想、邓小平理论、“三个代表”重要思想、科学发展观、习近平新时代中国特色社会主义思想为指导，坚持辩证唯物主义和历史唯物主义的立场、观点和方法，实事求是地记载2021年宿豫区经济、政治、文化、社会、生态文明等方面的基本面貌和发展情况，充分反映宿豫地方特色，为社会各界人士了解、研究宿豫提供准确、详实的地情资料。

二、宿豫年鉴是由中共宿迁市宿豫区委员会、宿迁市宿豫区人民政府主办，宿迁市宿豫区地方志编纂委员会办公室负责逐年编纂的宿豫区地方综合性年鉴。《宿豫年鉴（2022）》为第21卷。

三、《宿豫年鉴（2022）》记述时限原则上是2021年1月1日至2021年12月31日。为保持内容完整性，部分内容适当上溯或下延。

四、《宿豫年鉴（2022）》采用分类编纂。基本结构分为类目、分目、条目三级结构层次，不同层次的标题用不同颜色、字号、字体和辅助标志区别。条目为全书主要记述实体，其标题统一加“【 】”表示。

五、《宿豫年鉴（2022）》采用双重检索系统，书前有目录，书后有索引。卷尾索引款目按汉语拼音字母顺序排列。

六、《宿豫年鉴（2022）》收录的信息资料主要是由各园区、区直机关各部门、各乡镇（街道）及驻宿豫各单位提供，专人撰写，并经供稿单位领导审核。撰稿人姓名均加圆括号紧随该条目之后，书中一些分目中所有条目均由一人撰写的，撰写人姓名则放在分目中最后一个条目之后。

七、《宿豫年鉴（2022）》中使用的阿拉伯数字，凡不具有统计意义且超过四位数的，均以万为单位，有小数的一般保留小数点后两位小数。

八、《宿豫年鉴（2022）》中的计量单位除了耕地面积采用亩（公顷）、农产品产量采用斤（公斤）和货运周转量采用吨公里外，其余的采用法定计量单位。

九、《宿豫年鉴（2022）》中采用的数据，原则上依据统计部门的《2021年度国民经济和社会发展统计资料》。有些数据因统计口径不同而有所差异，请读者在引用时加以注意。

十、《宿豫年鉴（2022）》电子版登载于宿迁市宿豫区人民政府网站，网址http://www.suyu.gov.cn/suyu/synj/list.shtml，全文可检索。

总　目

目 录
CONTENT

中共宿豫区委

宿豫区人民代表大会

宿豫区人民政府

政协宿豫区委员会

宿豫区纪委　宿豫区监委

法治　军事

民主党派 工商联

群众团体

经济管理

农 业

工业 建筑业

商贸服务

金融业

开放型经济

城乡建设与管理

乡村振兴

生态文明

科技 信息化建设

教　育

文化传媒

卫生健康　体育健身

人力资源

社会事务

公共安全

街道 乡镇

人物　荣誉

附　录

索　引

特　载

党史学习教育

宿豫区获评平安中国建设示范区

宿豫年鉴

2022 SUYU YEARBOOK

党史学习教育

3月中旬，宿豫区启动党史学习教育，坚持高标准起步、高质量推进，通过“四强化四提升”（即强化组织领导、提升工作覆盖面，强化资源整合、提升阵地功能性，强化分众引领、提升活动参与度，强化民生融入、提升群众满意率），开展一批形式多样、内容丰富的党史学习教育主题活动，打造一批特色鲜明、成效显著的红色阵地、品牌活动，实施一批群众关切、改善民生的实事工程，形成党史学习教育的“宿豫特色”，为聚力建设创新宿豫、开放宿豫、精致宿豫、幸福宿豫汇聚强大精神动力。

“点、线、面”三维矩阵让“百年党史”触手可及

2021年，宿豫区发挥全国首批革命文物保护利用片区优势，用好红色教育资源，打造党史学习三维阵地，方便党员干群就近就地参与学习接受教育。

示范点位“遍地开花”。结合区、镇、村三级新时代文明实践活动阵地，深入挖掘焦裕禄、马仑、李柏等红色人物在宿豫期间的革命经历，分级打造九龙花园、怀仑社区、玉泉山路小学等区级党史学习教育示范点9个，建设乡情馆、文化广场、红书房等学习体验阵地112个。其中，来龙镇白鹿湖社区发挥宿北大战遗址公园的区位优势及“红色阵地+文体活动+信息枢纽”集约化、立体化建设模式作用，将非遗文化充分融入党史学习教育，依托党群服务中心、新时代文明实践中心等精心打造红色党史长廊、红色文化亭等党史微阵地，精塑集红色教育、网格治理、文化惠民等多种功能的综合性服务阵地；豫新街道星海湾小区依托小区党群活动阵地，提升打造星海湾“党史小馆”，开设小区“红书坊”、红船精神打卡点、“红色放映厅”等，全力营造“红色诗词中的党史”学习氛围；宿迁高新区非公企业党群服务中心依托党群服务中心打造“红色加油站”，内设红书馆、人才市场等功能区10个，并着力搭建党群直通车、先锋工作室、党史互动体验馆等红色微阵地70余个，推动红色阵地成为各类资源整合的“微枢纽”及联系服务群众的红色“加油站”；九龙花园致力打造焦裕禄文化广场、红色精神步道、城市发展文化墙、红色人物宣传栏、宿豫红书房等红色阵地，让党史学习教育氛围触目可及；玉泉山路小学以“童心向党学在宿豫”为主线，在校园内布置“我和党旗合个影”打卡点、电商科技馆、党史原创作品展、红色经典朗读亭等，打造红色校园微阵地16个，让红色文化浸润校园。

“红旅融合”串点成线。坚持“红旅融合”设计思路，创新推出情景式、体验式、沉浸式的宿豫游学“一百四线”，加快提升红色旅游体验度、融合度。发布宿豫区“红色一号线”，形成宿北大战遗址公园、水利遗址公园、红十五军三师纪念园、淮北江南展陈馆“三园一馆”红色游学线路。其中，宿北大战遗址公园以革命文化为络，系统打造“五大组团、18个版块、31所主题场馆、9间互动课堂”，全面实行革命文化收藏、保护、展陈、教育、学习、体验、传播、交流、弘扬“九位一体”发展；淮北江南展陈馆以“历史、对话、传承”为主线，精心打造“战斗天地”“两赶江南”“乡村振兴”3个主题展厅，多角度展现宿迁地区“导沂整沭”“旱改水”等多个时期重大历史事件，创新探索实施乡村振兴战略成果。打造“我心向党 红动宿豫”红色游学线路。在红石榴广场等6个红色教育基地设置“与党旗同框”“向党表白”等不同造型的合影框、景观小品等，开展线下打卡、线上晒照赢好礼活动，动员广大党员群众前往打卡合影，点亮宿豫“红色地图”。沿宿豫幸福大道一路向东打造“幸福长征路”乡村振兴一号线，组织广大党员群众游览体验沿线的新型社区、乡村美景、高效农业、文明乡风，在“行走的课堂”中感受在党的带领下宿豫乡村振兴带来的巨大变化和新农村发展的历史变迁，铭记党的恩情，凝聚振兴乡村的强大力量。其中，新庄镇振友社区以“学习胡振友烈士精神”为主线，着力打造“振振有声”党史小村，设立“振友广场”“党史百年路”“红色经典墙绘”等群众家门口的实景教学微阵地20余个，组建“振振有声”党史宣讲队，提升“百姓大食堂”“党员爱心田”等便民服务功能；仰化镇涧河新型社区打造初心红色广场、先锋亭等红色微阵地，并邀请全民阅读推广人进小区开展“红书阅享会”，为群众带来“家门口的党史课堂”；新庄镇杉荷园社区打造“15分钟党史学习生活圈”，深入打造党史学习主题广场、“初心长廊”的同时，依托“豫美杉荷”村情馆带领村民重温村史变迁“悟”党史，并通过开辟“荷美爱心菜地”“爱心超市”等系列民生实事项目，为群众带去便利。推出“幸福长征路”乡村振兴二号线，从北到南打造卓水河社区、怀仑社区、双茶棚社区、利民社区、涧河社区5个“党史小村”，并依托新时代文明实践站、社区广场、农家书屋等打造“党史小馆”“红色广场”“红书房”“红色文化墙”等，用乡村本土的红色人物、红色物件和红色故事教育、感染、激励党员群众。其中，陆集街道利民社区用好红色资源，打造党群服务站、文明实践工作站及主题乡情馆“两站一馆”，形成集党史宣讲、党建宣传、党群服务、活动组织为一体的红色阵地；大兴镇怀仑社区打造“党史小村”，以马仑诞生地纪念碑为中心点，形成“党性教育圈”，激活党史阵地“红磁场”效应；关庙镇卓水河

村依托新时代文明实践站打造“党史小馆”，馆内设有红书房、红色文化墙、非遗老物件、实景党史教育课堂等，让红色文化进一步形象化、概念化。年内，全区各级党史学习教育基地参学人数累计达到46.9万人次。

“红色地图”连线成面。打造群众身边“软课堂”。充分用好辖区内公共车辆、“党史巴士”以及社区内的“党史广场”“红色长廊”等阵地资源，以机动展牌、移动荧幕等方式，打造流动党史体验馆350余个，开展各类巡回展览、流动服务4800余次，让基层群众能够在触手可及的商超、校园、家门口清清楚楚观展、就近就便学习。其中，宿豫万达广场在影城、人气餐饮店等处营造党史学习教育氛围，开展红色电影展映、“红书阅享汇”等活动，推动党史学习教育进商圈；宿北大战遗址公园和宿迁学院共建“红色教育基地”“思想政治实践教育基地”；宿迁市水利遗址公园在景区内设置“红色之旅”项目，设置“星星之火”“烽火岁月”“改革春天”“继往开来”“不忘初心”等主题党史展板。打造云端学习“根据地”。联合网易传媒（宿迁）文创中心，以“e心向党 学在宿豫”为主线，通过整合与宿豫相关的党史知识、红色书籍和革命歌曲等资讯进行“云上展播”，创新打造网易云党史学习阵地，并提供“党建公开课”“三分钟理论快讲”等线上学习服务，有效提高网民参与党史学习教育的便捷性与实用性。打造党史学习“随身听”。为让“党的好声音”传进千家万户，宿豫将《百名支书读党史》《宿豫红色非遗大集》等100余部本土红色音频与全区各类音频设备共享，依托区、乡、村三级应急广播系统和小区喇叭、广场音响、景区广播等1845个移动音响设备滚动播放。同时，在“豫见精彩”APP开设“红色回响”专栏，定期上传红色音频，方便群众随时随地“掌上听”。

“讲、赏、演”三类活动让“学习路径”丰富多元

宿豫区围绕增强感染力、吸引力、影响力，准确把握党史学习教育的规律特点，精心设计编排特色主题活动。

声入人心“讲”好党史。让党史学习教育与主题宣讲融合。围绕党史学习教育宣讲工作组建由党员领导干部、区委党校讲师、思政课教师等200余人构成的区委宣讲团，围绕党史学习教育、学习贯彻习近平总书记“七一”重要讲话精神等在全区开展巡回宣讲480余次。组建巾帼志愿队、“夕阳红”党史宣讲队、“青苗”学史小分队等“草根”宣讲队50余支，重点打造“党史学习小喇叭”“红色影厅看党史”等重点项目30余个，将党课搬到社区里、送到群众家门口，深入开展“她心向党·巾帼说”、“身边人讲身边事”、“我家学堂”、“百年光影”红色影厅看党史、“板凳小会”居民小区议党史、“银发童心颂党恩‘别样党课’学党史”等特色党史微课堂活动2980余场，开展“吾心向党 学在宿豫”梨园寻宝、“听李智爷爷说党史”等特色活动1.3万余场次。其中，曹集乡将党史学习教育课堂搬进抗战老兵的“农家小院”活动被江苏公共频道《新闻空间站》报道。让党史学习教育与“三个课堂”融合。用好研学课堂，开发万名党员进党校、党史宣讲面对面等学习教育课程7期，在中青年干部培训班、周末2.5天培训班中强化党史学习教育；用好实境课堂，以宿北大战遗址公园、水利遗址公园、新庄镇振友社区“党史小村”等为学习地点，依托实景教学微阵地，以氛围营造、音像感化等教学手法，引导领导干部学习和传承革命精神；用好影音课堂，打造“红色影厅看党史”项目，在万达影院开设“四史”教育电影课，组织全区党员观看《小兵张嘎》《英雄儿女》等红色电影，累计放映1200余场，受众13.6万余人。让党史学习教育与“红色党课”融合。宿豫区充分发挥“表情包”家书的示范带动作用，围绕革命烈士李征明、胡振友等英雄事迹，深入开展“听李智爷爷讲党课”“热土长铭烈士魂”等系列校园宣讲活动90余次，并组织全区1200余名中小学生以“表情包”家书的形式给烈士写信，引领全区中小学生感悟向善向上的信念力量；邀请李智、张衣广等老党员，组建“乡土党校”宣讲队，走进街头巷尾、田间地头，开展“田间党课”“小院党课”“十分钟党课”等活动150余场次，多角度讲好党史故事。

特色铸魂“赏”析党史。让党史学习教育与主轴主线融合。聚焦“创新驱动先行区”建设主轴主线，开展“七进十百”党史学习教育系列活动，打造党史学习教育“七进十百”系列活动方案和重点活动项目168个，开展“一百四线自助游”“寻访：身边的红色印记”“党史知识进长廊”等主题活动1080余场。同时，宿豫区结合“七一”，在宿北大战遗址公园举行“薪火相承 豫见风华”新党员集中宣誓暨“光荣在党50年”纪念章颁发仪式，为“光荣在党50年”老党员颁发纪念章，350名2021年上半年新入党的党员集体入党宣誓，现场还有一堂生动的微党课带领大家重温峥嵘岁月。让党史学习教育与家校共建融合。全区各学校组织开展“红书阅读进校园”“童心向党 书香向上”“书香伴韶华 阅读颂百年”“童心绘党史 画卷言传承”“红心向党 千人百事”等各类经典诵读、主题演讲等活动620余场。其中，玉泉山路小学通过“小手拉小手”“周五无作业 家校学党史”“家长开放日 一起学党史”“家校联谊”等活动形式，以孩子带动孩子、以孩子带动家庭，让学生家长听得到、听得清、听得懂党史知识，让红色基因、革命薪火代代传承。同时，深入开展“一颗红心跟党走 百年风华正青春”宿豫区暑期夜学课堂系列活动，同步开展“‘豫’心永向党”星光加油站、“学四史‘豫’传承”夜读会、“大手牵小手 一起跟党走”亲子DIY、“三行情书，对党表白”“学宿迁典型 传红色基因 立时代新功”图片展等活动，通过互动访谈“议”、互动分享“读”、集中展示“看”、亲子携手“画”、现场随机“答”等形式，引导群众“花样学史”。截2021年年底，活动征集宿豫发展建议2600余条、红色书籍分享1200余次、拍照打卡集赞8500余人次、现场提供服务180余次等，覆

盖群众2.3万余人次，推动党史学习教育深入基层、走进家庭。在全区22所学校集中开展2021年秋季《开学第一课》暨“请党放心 强国有我”主题实践活动，以“共升一面旗、同唱一首歌、讲好一堂课、演绎一本书、表白一段话、描绘一幅画”“六个一”主题活动开展好“开学第一课”，探索“线上学习+线下教育”“课堂教学+基地教育”“党史宣讲+实践养成”等多种青少年党史学习教育。让党史学习教育与文化活动融合。在党史学习教育阵地和景区、商超、学校等人流量较多的地方设置了“我与党旗合张影”主题背景，组织党员群众合影打卡；以“宿豫区第十届梨花文化节活动”为契机，组织“吾心向党 学在宿豫”梨园寻宝活动，通过“我与党旗合个影”“党史知识知多少”等环节打卡接力、“花样”学史；结合清明节开展“学党史 祭英烈”活动，组织干群赴宿北大战遗址公园等红色教育基地开展清明祭扫活动2万余人次，线上线下累计开展网上敬献花圈、缅怀英烈活动1000余人次；组织开展“书写建党百年·记录时代风云”主题剧目作品征稿活动，用戏剧、小品、曲艺的形式反映建党百年的时代变迁和人民生活的变化；举办“唱支村歌给党听”宿豫区首届村歌大赛，通过征集、表演原创歌曲的方式，赞颂党的百年辉煌历程和党在宿豫的浴血奋战史、艰苦创业史、改革创新史。共收到红色主题原创作品1800余个，其中原创歌曲、剧目等700余个；创新开展“请党放心 强国有我”红色游学线路之幸福新长征花式徒步活动，组织包括党员群众、烈士遗属、退伍军人代表等在内的10支队伍100余名参与队员，跨越宿北大战遗址公园北片区的“情景式”红色教育中心和南片区的“战壕式”遗址公园，打卡完成“信仰的力量”“来龙阻击战”“党史大问答”“战役大胜利”“战区情报信”“红心永向党”6项任务，引导全区广大干群在重温红色印记中，深悟“长征魂”、铸就“长征人”、走好新时代“长征路”。

文艺舞台“演”绎党史。让党史学习教育与传承非遗相融合。探索“党史+故事宣讲”“党史+图片巡展”“党史+曲艺演出”“党史+图书阅读”“党史+电影展播”“党史+拍照打卡”等群众喜闻乐见的形式，深入开展“红色诵读进村居”“乡村阅读季”“党史超市进千村”“非遗进千村”“百姓大舞台”“西楚星火进社区”等文化巡演活动3500余场次，覆盖群众14.6万余人。让党史学习教育与红色经典相融合。推出“百年党史 红色剧场”经典剧目，邀请西安话剧院等专业团队在宿豫大剧院上演话剧《共产党宣言》、黄梅戏《江姐》等经典剧目，为市民送上红色剧目盛宴，重温革命峥嵘岁月。同时邀请话剧《共产党宣言》的部分主创主演与宿豫区党员干部代表、市区党史专家等举办区委中心组党史学习沙龙，切实发挥红色经典存史、资政、育人作用。

“细、严、实”三项标尺让“教育成果”践行见效

坚持把党史学习教育同解决群众实际问题结合起来，抓实抓牢“编排+实施+增效+推广”的操作路径，切实把党史学习教育贯彻成效转化为观照现实、推动工作的硬实举措。

立足“为民”，抓“细”项目编排。将党史学习教育与“改革创新作表率、争先进位走在前”大讨论大调研大实践活动相结合，组织全区各部门各单位围绕进社区、进机关、进学校等“七进”深入走访调研。聚焦生产一线，组织开展优化营商环境大走访活动。联合区发展和改革局、区工业和信息化局、区人力资源和社会保障局等20家部门，对全区100余家重点企业进行走访，摸清企业在生产经营中的需求和困难，走访前期梳理出资源环境、创新能力、风险防范等6大类问题共计1050条，全区各级领导班子成员摸排群众诉求问题383条。同时，全区成立“人社背包客”等10个“助企服务团”全面深化助企服务。聚焦弱势群体，开展“‘豫’心永向党 点亮微心愿”活动。组织党员干部深入城乡基层开展学习调研，集中征集一批困难群众和需要关爱群众的“微心愿”进行发布并结对认领。各部门各单位共征集微心愿1.08万个，已认领9200个。聚焦基层治理解决民生所盼。依托农房改善后形成的新型农村社区，创新探索“一委两站五岗”党建模式，健全“四议两公开”等民主议事制度，通过推广“同心议事会”“小院说事”“板凳小会”等村事民议做法，排查区镇村各类需求期盼1.16万余件，已办结9200余件办结率为79.3%。创新开展村干部述职评议，收集群众关于新型农村社区治理的意见建议共计1.23万余条，探索基层党组织领导下民主协商决策、民主监督实施的自治模式，激发群众自治力。设立红色公益创投资金、“豫见先锋”暖心资金，推广幸福邻里中心、红色物业等做法，引入更多社会机构参与乡村治理，持续提高社会共治力，集成打造现代化乡村治理“宿豫样板”。年内，全区排定“为民办实事”项目188项2580个，办结2166个，办结率83.86%。

着眼“便民”，抓“严”项目实施。更加突出民计民生导向，以“两清单一张表”动态管理机制推动民生实事项目有力有序开展。制定急难愁盼问题清单。围绕188项实事项目，科学设置10项“重点任务”、6条“方法举措”及5个“目标要求”等可量化指标，确保“为民办实事”推进有方向、落实有抓手。抓好“即知即改”落实清单。细化项目落实举措，明确牵头领导、责任单位、完成时限，推动工作资源向基层倾斜、民生实事在一线解决。压紧压实“督查督办”一张表。按月制定党史学习教育重点督导清单，将“实事”办理落实情况纳入巡回指导范围。截至11月初，全区9个巡回指导组对75家重点单位全面开展第三轮巡回督导，重点做好“我为群众办实事”实践活动中期评估，对188项民生实事进展情况进行跟踪问效，有力保证所有项目均按序时推进。

聚焦“惠民”，抓“实”项目增效。深入开展“三重四专两示范”专项行动。突出抓好“三重”项目，将农房改

善与乡村振兴重点工作紧密结合，深化“支部+合作社+农户”等多元化利益联结机制，引导农民参与现代农业发展，农村居民人均可支配收入增长8%以上；围绕打造“宿迁速办、宿迁帮办、宿迁免费办”服务品牌的要求，探索拓展“异地代收代办”渠道，开展长三角户口迁移“跨省通办”，2021年为外省籍员工办理户籍迁移、社保转移、公积金异地办理等事项600余项。深入实施“四专”行动。推进“大手牵小手 一起跟党走”，实施帮困助学行动，统筹拨付春季学期各类扶贫助学资金1149.628万元，资助学生12212人；围绕“党徽闪耀 情暖夕阳”为老年人群体办实事专项行动，制定宿豫区为老年人群体办实事项目5个，打造“送爱上门”养老服务平台、“十分钟”居家养老服务圈、智慧养老“云服务”、“联防联助”应急保障模式等，为全区有需求的困难老人和80周岁及以上老人免费提供上门服务，服务人数约1.45万余人，占比15.8%。扎实开展“我为群众办实事”实事项目质询评议。开展区级“我为群众办实事”中期评估成果展2场，“我为群众办实事”实事项目质询会2场。组建区级“我为群众办实事”实事观察员队伍9组共计54人；成立“千人评议团”，深入各部门各单位开展48场群众评议工作，向群众展示全区1031个实事项目的进展情况，向群众介绍全区和本部门本单位的项目情况，营造浓厚的社会氛围，有效提升群众知晓率、参与率和满意度。重点化解群众急难愁盼。以解决突出问题为抓手，主动作为、积极履职，大胆创新工作方式，为解决群众身边难点、堵点、痛点问题，全区各部门各展所能，涌现一系列行之有效的模式、措施和做法。其中，区残疾人联合会重点围绕残疾人辅助器具适配问题，创新辅具适配方式，利用“互联网+”等现代信息技术，建设辅具“共享小屋”，解决残疾人、伤病人群的出行难题；区公安分局创新推出“项目警官制”，通过一人“一站式”集成服务、靠前“菜单式”精准服务、归口“管家式”上门服务，全力打通护企助企“最后一纳米”，为辖区企业发展保驾护航；区行政审批局以高效办成“一件事”为目标，创新推出“一件事”窗口，通过大事小事“一窗办”、线上线下“一次办”、台前幕后“一网办”，开设“一件事”窗口123个，为群众“一次性”办理事项3万余件，让政务服务触手可及；区城市管理局创新推出“智慧公厕”，通过组建“厕所开放联盟”、全场景“小设施”、全智能化监测，新建、改建新型公厕140余座，持续推动“公厕革命”；区委组织部组织策划“支部建进小区里 实事做到家门口”活动，推动红色物业服务和综合执法服务进小区、“双结双联”服务进小区、社会组织服务进小区、志愿服务进小区工作。广泛开展党员志愿服务。依托新时代文明实践活动阵地，农村、社区党员干部常态开展专项志愿服务2400余次。其中，下相街道推进“三官一律”进社区工作机制，按照一个社区配备一名法官、一名检察官、一名警官、一名律师的原则，围绕社区内矛盾隐患、信访纠纷、法律盲区等开展“援法议事”，提升群众安全感、满意度。来龙镇开通“便民巴士”，走村入户为群众提供粮食政策咨询、农技宣传、法律宣传、小家电维修、免费理发、义诊等便民服务项目10余项，累计服务群众3500余人次；新庄镇振友社区联合“振兴有我”志愿服务队开展“怡老爱心餐”志愿服务项目，为300余名特殊困难群体每日免费送餐上门，并通过“党员爱心田”为孤寡老人、留守儿童等家庭免费提供送新鲜蔬菜上门服务；曹集乡打造“红色便民百宝箱”项目，走进群众集聚地，为群众免费提供剪刀、针线包、血压仪、打气筒等工具，以解群众燃眉之急；迅哥有约志愿者协会组织16人赶赴西南山区，为少数民族聚集的坝力小学送去2000多册图书，建起书香驿站。

“学、宣、推”三种方式让“示范引领”成风化人

融合媒体平台，用好红色资源，持续推动党史学习教育方式方法创新，打响工作品牌。

专题学习引导“红”舆论。统筹全媒体资源，打造以区融媒体中心“宿豫发布”公众号、“豫见精彩”APP和视频号“三位一体”的党史学习教育融媒体传播矩阵，构建“一次采编、多媒呈现、全网推送”的工作机制。广泛开展“优秀党课展播”活动，“宿豫发布”公众号开设“党史百年 红色回响”“党史百年 红色印记”党课展播专栏，“豫见精彩”APP开设“百名支书读党史”“百年党史 学在宿豫”“主播说党史”等专题专栏8个，“宿豫融媒”视频号推出“百年党史 红色榜样”“百年党史 红色回响”“一分钟学党史”等专题短视频，好“视”不断掀起全区党史学习热潮，点亮宿豫“红色地图”，让红色基因“‘飞’入寻常百姓家”。同时，全区各媒体平台同步开设“落实习近平总书记‘七一’重要讲话精神”“奋斗百年路 启航新征程——牢记初心使命争取更大光荣”等党史学习教育专栏10余个，通过报、台、网、新媒体、全媒体矩阵360度广角宣传。

网宣活动点燃“红”热情。网易善用“红平台”，提供微课堂。发挥互联网特色，打造“网易云红歌单”“网易云红书单”“网易云红课堂”三个云端微课堂，整合宿豫相关的党史知识、红色书籍、红色歌曲等资讯进行“云上展播”，提供“党建公开课”“三分钟理论快讲”等线上学习服务，提高网民党史学习教育的便捷性与实用性；录制“初心视频”，动员全区各级党组织、党员干部以及知名学者、朗诵名师等群体录制“初心视频”，同时区融媒体中心挑选优秀视频制作祝福集锦，依托新媒体矩阵在全区推送播放，共收到“表白视频”等作品900余个，相关做法在省市级以上媒体宣传报道36次；开展“说说我身边的红色故事”，“宿豫融媒”视频号通过发起“说说我身边的红色故事”话题讨论，以“微基因”讲述“大历史”的方式，让更多的党员群众走进历史、走近榜样，在鲜活事迹中感悟民族精神、汲取经验智慧、坚守人民立场、凝聚前行力量；开展“学党史‘豫’传承”党史知识线上竞赛等活

动，并设置相关奖项。

示范推广形成“红”声势。2021年，宿豫区党史学习教育宣传稿件被中央级媒体采用230余篇、省级媒体采用900余篇。在人民网上稿80篇，被新华网采用30篇等。4月6日，央视《新闻联播》“奋斗百年路启程新征程——学党史 悟思想 办实事 开新局”专栏中，报道新庄镇振友社区让“空巢”老人吃上爱心餐的“为民办实事”项目。《宿迁宿豫：非遗唱响百年党史 党史学习教育走深走实》《江苏宿迁宿豫：学党史进万家 老中青助力红色传承》《宿迁宿豫：“两清单一张表”推进为民办实事走深走实》《江苏宿迁宿豫区：乡村响起大喇叭 党史教育进万家》《宿迁宿豫：用好“三本教材”打造党史学习教育“示范课”》《宿迁宿豫：让党的创新理论润泽百姓心田》《宿迁宿豫：紧抓“家门口红色资源”夯实党史教育“红色堡垒”》等新闻稿件先后被党史学习教育官网、人民网、新华网、“学习强国”等媒体平台采用。《江苏宿迁宿豫依托网络用好“红色资源”扎实开展党史教育》一文被中央网信办官网刊发。

（韦 尚）

宿豫区获评平安中国建设示范区

2021年12月，宿豫区获评2017—2020年度平安中国建设示范区，成为全省五个获评县（市、区）之一，是宿迁唯一。一直以来，宿豫区围绕平安建设总体目标，牢固树立“大平安”理念，切实扛起护一方稳定、保一方平安、促一方发展的政治责任，以扎实的平安建设成效助推全区经济社会高质量发展。

强化统筹领导 压实“大平安”责任

建强组织机构，责任明确到位。贯彻综治平安领导责任制，构建党委总揽全局、协调各方的指挥调度体系，区乡两级成立党委主要负责人挂帅的平安建设领导小组，统筹推进平安建设工作。政法单位发挥平安建设“主力军”作用，各成员单位依据职责，推动系统内平安建设有力有序开展。

完善考核体系，责任分解到位。坚持目标导向，每年度出台平安建设考核细则，明确考核目标，细化考核清单，分解考核任务，切实做到有的放矢、精准施策。注重考核结果运用，完善和落实权责统一、利益关联、奖罚分明的考核机制，在干部选拔任用、考核奖惩上严格落实综治工作“一票否决”，形成奖优罚劣的工作导向。

突出共建共享，责任落实到位。加强区、乡、村三级综治中心建设，打通各级平台之间数据通道，形成上下贯通的运行体系。大力引导社会组织、企事业单位、群众参与平安建设，持续开展“红袖标”群防群治工作，推进平安志愿者队伍规范化建设，常态开展“法治文明示范家庭”“平安无诈家庭”评选活动，以典型示范促进平安建设责任落实。

聚焦社会维稳 营造“大稳定”环境

维护政治安全。贯彻总体国家安全观，切实防范化解政治安全领域风险，坚决守住政治安全底线，深入推进反邪教工作，全面排查化解政治安全风险隐患。

抓好安保维稳。健全完善风险研判、决策风险评估、风险防控协同、风险防控责任“四项机制”，创新建立重大涉稳风险“红、黄、蓝”分级管控机制。聚焦中华人民共和国成立70周年、中国共产党成立100周年等重要节点安保维稳，全面落实隐患排查、信息研判、纠纷化解、应急处置、督查督办等重点任务。建党百年大庆安保维稳期间，连续召开研判会13次，会办督办重点信访问题16个。

化解矛盾纠纷。大力推进矛盾纠纷非诉讼解决机制建设，不断完善人民调解、行政调解、司法调解三位一体的“大调解”工作体系，将矛盾纠纷稳控在源头、化解在萌芽。深入推进“两项行动”，加强涉法涉诉信访积案化解，加大打击非访力度，做到“领导包案、逐案化解”。

重拳惩治犯罪 构筑“大安全”屏障

深入开展扫黑除恶专项斗争。对照“六个围绕”要求，聚力“打伞破网”“打财断血”，全区政治生态持续净化、治安环境明显改善。共侦破涉黑涉恶类刑事案件67起，抓获涉黑涉恶犯罪嫌疑人291人，查封、冻结涉案资产近亿元。审判全国扫黑办挂牌督办重大案件1起。扫黑除恶成效被中央第17督导组组长盛茂林肯定。

聚力推进专项行动。在全市率先开展打击“盗抢骗”“黄赌毒”“套路贷”三项违法犯罪专项行动，打掉“盗抢骗”犯罪团伙20个、“套路贷”犯罪团伙10个，查扣涉案资产7763万元。破获涉毒刑事案件16起，抓获涉毒犯罪嫌疑人22人。破获涉黄赌娼刑事案件15起，查处涉赌人员160人、涉娼113人。

健全治安防控体系。深化联勤联防，组织保安员、专兼职巡防队员、网格员等力量，常态化开展社会面大巡防，严格落实屯警街面、动中备勤和“1、3、5分钟”快速反应机制，提高见警率、管事率。抓好群众安全感10项指标提升工作，创新开展全区千名政法干警“三走进三推动”活动，深入基层“无死角”排查治安隐患，解决群众急难愁盼问题，不断提升群众安全感和满意度。全区未发生重特大暴力恐怖活动、重特大刑事案件、重特大群体性事件、重特大公共安全事故。

夯实基层基础 建立“大治理”格局

建强组织中枢。全面推行新型农村社区“一委两站五岗”、城市社区“一委五站”党建模式，理顺社区党组织、自治组织、集体经济组织、监督组织等四种关系，健全覆盖城乡治理各个方面的组织架构，确保党的建设与城乡发展、社会治理一体推进、同步发力。宿豫区获评“首批全国乡村治理体系建设试点单位”，新型农村社区“一委两站五岗”经验被省委、省政府推广，以“三定四专五化”为抓手推进乡村治理现代化工作方法获评“全国乡村治理典型案例”，城市社区“双结双联”融合共建获评“全国城市基层党建创新案例”。

做优治理网络。以市域社会治理现代化试点为引领，抓实网格化社会治理，健全完善“1+4+5+N”联动机制，上报联动事件办结率达98%。加强网格员队伍建设，城市网格100%配备专职网格员，农村网格在配齐兼职网格员基础上，逐步提高专职比例。建立网格学院，开展网格员职业技能培训、“最美网格员”评选，充分发挥“大数据+网格化+铁脚板”治理优势，常态化开展网格化战“疫”工作，提升网格化工作成效。人民群众对网格化知晓率和满意率在全市排名第一，连续四年网格化考核在全市名列第一。

激活基层末梢。按照“五个过硬”要求，深入开展政法队伍教育整顿，充分发挥政法队伍在社会治理中的主体作用，深化以自治为核心、法治为保障、德治为支撑的“三治”融合管理试点，推动基层治理创新，涌现出“同心议事会”“红雨伞议事会”等一些鲜活做法和经验，“三治”融合积分制管理获第二届长三角基层依法治理十大优秀案例，受到司法部高度肯定。

9月15日，宿豫区开展“无诈家庭”创建活动启动仪式　（周琴斯　供图）

加强创新驱动 打造“大特色”品牌

开展“平安联创”活动。以16项联创项目为基础，持续深化平安园区、平安乡村、平安机关、平安社区等区域平安创建及平安企业、平安医院、平安市场等行业平安创建，形成“条块结合、主体明确”责任体系。开展试点示范，推动各主管单位培育典型、创出特色、形成经验，以区域、行业平安带动整体平安。

加强“智慧平安”建设。开展新一代雪亮技防工程建设和“平安乡村·小管家”建设，坚持每年投入5000万元以上，着力夯实“智慧平安”根基。在城乡集中居住区安装监控点3.2万个，全区可防性案件同比下降20.14%，打通服务群众“最后一米”。

推进“全民反诈”行动。创新“425”工作法，即落实会商研判、联动联防、督查通报、考核问责“四项机制”，抓牢公安机关和行业监管“两大主体责任”，推进组建一支反诈队伍、制作一批反诈作品、搭建一个反诈平台、创新一批反诈载体、选树一批反诈典型“五个一”宣传措施。2021年，宿豫区万人发案率0.938，在全省市辖区排名41，位居上游。在全省打击治理电信网络诈骗犯罪工作推进会上，宿豫区作典型经验交流发言，受到省委政法委副书记田洪高度评价。

加强社会心理服务体系建设。制定出台《宿豫区社会心理服务体系建设（2020—2022年）实施方案》，依托镇村综治中心，建立心理服务站及咨询室，推动心理服务和矛盾化解有效结合。截至2021年年底，全区累计建成镇街级心理服务站10个，村级心理服务室55个，较好发挥心理服务作用，防范重点人群引发突发事件，促进地方稳定。

（凌冬冬）

大事记

宿豫年鉴

2022　SUYU YEARBOOK

1月

11日　市委书记王昊带领市直相关部门负责人到宿豫区调研基层党建工作。市委常委、组织部部长高飞，区领导刘海红、张贤永、任杰、臧其永参加。

13—15日　政协宿迁市宿豫区第十四届委员会第五次会议召开。大会应出席委员200名，因事、因病请假30人，实到会委员170名，超过应到会委员的三分之二，符合法定人数。区委书记、宿迁高新区党工委书记刘海红在会上作题为《凝心聚力 携手前行 奋力谱写社会主义现代化建设新篇章》讲话；区政协党组书记、主席袁恒作《政协宿迁市宿豫区第十四届委员会常务委员会工作报告》。区委副书记、区长殷其国在听取政协委员发言后讲话。会议通过《关于推进宿豫乡村治理现代化建设的建议案》《政协宿迁市宿豫区第十四届委员会第五次会议提案审查情况报告》《政协宿迁市宿豫区第十四届委员会第五次会议决议》。

14—15日　宿豫区第十七届人民代表大会第五次会议召开。会议选举赵彦、曹原、高原补选为宿豫区第十七届人民代表大会常务委员会委员。区委书记、宿迁高新区党工委书记刘海红发表讲话。会议表决通过区十七届人大常委会《关于区人民政府工作报告的决议》《关于区人大常委会工作报告的决议》《关于宿豫区国民经济和社会发展第十四个五年规划和2035年远景目标纲要的决议》《关于2020年国民经济社会发展计划执行情况和2021年国民经济社会发展计划报告的决议》《关于2020年财政预算执行情况和2021年财政预算报告的决议》《关于区人民法院工作报告的决议》《关于区人民检察院工作报告的决议》《关于全力推进“一区多园”发展，加快打造全市创新驱动发展先行区的议案的决议》《以幸福大道为轴线，深化农旅融合发展，打响宿豫乡村振兴品牌的决议》。

23日　宿豫区召开2020年度履行全面从严治党主体责任述职会。区委书记、宿迁高新区党工委书记刘海红主持会议并作点评讲话，市委组织部副部长、党建办主任胡赣江一行到会指导。

24日　京东智慧城项目封顶仪式在宿迁电子商务产业园举行。副市长曹秀明，市政府副秘书长、市京东办主任徐宜军，区领导刘海红、陈磊、任杰，京东集团副总裁吴洁出席。

28日　宿豫区召开2020年度民主生活会督导工作会议。区委常委、组织部部长、党校校长张贤永出席会议并讲话。

1月24日，京东智慧城项目封顶。图为封顶仪式现场　（韩　琦　供图）

29日　市委常委、组织部部长高飞，副市长曹秀明带领调研组，到宿豫区调研酿造（酒）产业链工作。

30日　宿豫区召开全区领导干部会议。区委书记、宿迁高新区党工委书记刘海红出席并讲话。会上，区人大常委会主任袁昌华传达学习省十三届人大四次会议和市五届人大五次会议精神，区政协党组书记、主席袁恒传达学习省政协十二届四次会议和市政协五届五次会议精神。

31日　市委副书记、市长陈忠伟到宿豫区调研经济社会发展情况。

2月

2日　宿豫区与省环保集团有限公司举行战略合作协议签约仪式。区委副书记、区长殷其国，市生态环境局局长王燕枫，省环保集团党委委员、副总经理冯旭松参加。区委副书记、副区长徐源主持。

7日　区委常委会召开2020年度民主生活会。区委书记、宿迁高新区党工委书记刘海红主持会议。市委督导组组长、市二级巡视员孙维一行到会指导。区人大常委会党组书记、主任袁昌华，区政协党组书记、主席袁恒列席。

8日　市委书记、市人大常委会主任王昊到宿豫区开展新春走访慰问活动。市委常委、组织部部长高飞参加，区领导刘海红、殷其国、张贤永陪同。

9日　中国共产党宿豫区第十二届纪律检查委员会第六次全体会议召开。区委书记、宿迁高新区党工委书记刘海红出席会议并讲话，殷其国、袁昌华、袁恒等区级领导班子全体成员出席会议。区委常委、区纪委书记、区监委主任李笋主持会议，并作题为《砥砺奋进担使命 守正创新再出发 为开启宿豫现代化建设新征程提供坚强保障》的工作报告。

19日　宿豫区召开改革创新暨高质量发展综合考核总结表彰大会。区委副书记温士才主持。会上，区委常委、组织部部长、党校校长张贤永宣读《区委区政府关于2020年度全区高质量发展综合考核的奖励决定》；会议为获得“高质量发展综合考核一等奖”、“高质量发展综合考核优秀单位”、“党的建设”先进单位、“工业招商引资”先进单位、“重点项目建设”先进单位现场颁奖；宿迁高新区、区改革办、区工信局、区住建局、新庄镇5家单位依次进行交流发言。

3月

5日　宿豫区举行“智汇宿豫 创赢未来”首届“宿豫英才杯”创业大赛颁奖典礼。市委组织部副部长、党建办主任胡赣江，区领导殷其国、孟凯、张贤永、唐善林、任杰、樊磊、康建平等市、区领导参加，并分别为获奖项目颁奖。

8日　全区作风建设暨营商环境建设大会在区文化公园小剧场召开。区委书记、宿迁高新区党工委书记刘海红出席会议并讲话，区委副书记、区长殷其国主持会议。会上，与会人员共同观看营商环境专题片；区委副书记、副区长徐源传达全市作风建设暨营商环境建设大会精神，通报2020年度企业全生命周期营商环境建设情况，并部署2021年重点工作；区委常委、区纪委书记、区监委主任李笋通报作风建设典型案例，部署作风建设工作。

是日　宿豫区召开加快工业经济高质量发展暨招商引资、科技创新大会。区委书记、宿迁高新区党工委书记刘海红出席会议并讲话，区委副书记、区长殷其国主持会议。会上，区委常委、宿迁高新区党工委副书记、管委会副主任孟凯总结2020年全区招商引资工作，安排部署2021年全区招商引资工作；副区长、宿迁生态化工科技产业园党工委书记唐善林总结2020年全区工业经济发展情况，安排部署2021年工业经济重点工作；副区长、宿迁电子商务产业园区党工委书记任杰总结2020年全区科技创新工作，安排部署2021年全区科技创新工作；区委副书记、副区长徐源宣读有关表彰决定；现场为2020年度全区A股上市企业、2020年度全区功勋企业家颁奖。

15日　宿豫区召开领导干部会议暨党史学习教育动员大会。区委书记、宿迁高新区党工委书记刘海红出席会议并讲话。区委副书记、区长殷其国主持会议。区委常委、宣传部部长陈慧敏传达全国两会精神和中央、省、市党史学习教育动员会精神。

16日　区委书记、宿迁高新区党工委书记刘海红主持召开十二届区委第十四轮巡察书记专题会。

25日　全国工商联常委、省工商联主席、省人大常委会副主任许仲梓带领全省人大教科文卫工委2021年度工作座谈会与会人员一行，到新庄镇振友新型社区观摩。市领导叶辉、赵丽丽，区领导殷其国、袁昌华陪同。

30日　市人大常委会党组书记、常务副主任叶辉带队到宿豫区调研新型农村社区治理工作，研究探讨新型农村社区治理的方向和路径。

31日　宿豫区第十届梨花文化节开幕，主题为相“豫”梨“缘”。

4月

2日　省政法队伍教育整顿驻宿迁指导组组长高晓平带队到宿豫区调研扫黑除恶专项斗争工作。区委书记、宿迁高新区党工委书记刘海红，区委常委、政法委书记张成龙陪同。

7日　国家乡村振兴局宣传教育中心副主任骆艾荣带领调研组到宿豫区调研乡村振兴干部教育培训工作开展情况。副市长林小异，区领导刘海红、殷其国、温士才、张贤永陪同。

8日　省政协党组书记、主席黄莉新率调研组就“大力推进妇幼健康体系建设”到宿豫区开展调研。省政协副主席周健民，市领导王昊、王益、薛启书，区领导刘海红、殷其国、袁恒、刘培禄陪同。

是日　北京师范大学社会治理智库调研基地揭牌仪式在宿豫区举行。国务院研究室原主任、北京师范大学中国社会管理研究院院长魏礼群，市领导王昊、光华，区领导刘海红、陈慧敏、孟凯参加。

12日　宿豫区与世茂集团签订战略合作协议。副市长章其波，区领导刘海红、殷其国、徐源，世茂集团董事局副主席兼集团总裁许世坛参加。

14日　连云港市政协副主席黄咏梅带领考察组，到宿豫区考察乡村振兴工作。市政协党组副书记、副主席、市乡贤协会顾问华志明，区政协党组书记、主席袁恒，区政协副主席张秀梅陪同。

15日　国家卫健委药政司司长于竞进到宿豫区督导新冠病毒疫苗接种工作。副市长薛启书，区领导刘海红、刘培禄陪同。

是日　新庄镇振友社区被司法部、民政部联合命名为第八批“全国民主法治示范村（社区）”。

20日　省委常委、宣传部部长，省委党史学习教育领导小组副组长、办公室主任张爱军到宿豫区调研党史学习教育开展情况。市领导王昊、光华，区领导刘海红、殷其国、陈慧敏、臧其永陪同。

是日　大兴镇被农业农村部、财政部选入全国2021年农业产业强镇创建名单，为全市唯一。

28日　省审计厅党组书记、厅长侯学元带领调研组，到宿豫区调研党史学习教育工作。市审计局党组书记、局长沈家山，区委书记、宿迁高新区党工委书记刘海红，区委副书记、区长殷其国陪同。

30日　宿豫区召开区委常委会（扩大）会议。区委书记、宿迁高新区党工委书记刘海红出席会议并讲话，殷其国、袁昌华、袁恒等区级领导班子成员参加。区委副书记、副区长徐源传达一季度全市经济形势分析暨高质量发展点评会议精神；区委常委、组织部部长张贤永通报一季度高质量发展考核指标总体情况；区委常委、区纪委书记、区监委主任李笋通报全区一季度作风效能建设“流动红黄旗”评定况；区领导徐源、温士才、孟凯、唐善林分别通报相关指标完成情况并部署安排下一步工作。

5月

11日　党史学习教育市委宣讲团到宿豫区开展宣讲，党史学习教育市委宣讲团成员、宿迁日报社社长、党委书记杨卫国作专题宣讲。区委书记、宿迁高新区党工委书记刘海红主持。

12日　宿豫（苏州）新材料招商恳谈会在苏州市吴中区举办。区委副书记、区长殷其国；宿迁市驻上海招商局局长唐文；区委常委，宿迁国家高新区党工委副书记、管委会副主任孟凯参加。副区长、宿迁电子商务产业园区党工委书记任杰主持。

是日　宿豫区举行以“美德润万家·家风永传承”为主题的第28个国际家庭日活动。区委常委、组织部部长、党校校长张贤永出席并致辞。

13日　海关总署副署长王令浚率队到宿豫区考察调研。海关总署科技司司长康川，南京海关党委书记、关长吴海平参加。市领导王昊、张昊、曹秀明，区领导刘海红陪同。

是日　市委书记、市人大常委会主任王昊带领全市“把支部建进小区”工作现场推进会的与会人员到宿豫区观摩。省委组织部组织二处处长、一级调研员叶智勇，市委常委、组织部部长高飞，副市长林小异，区领导刘海红、温士才、张贤永、臧其永参加。

17日　市委常委、统战部部长、政法委书记冯岩到宿豫区调研指导政法队伍教育整顿工作开展情况。区领导刘海红、张成龙、钟永久陪同。

19日　商务部原副部长蒋耀平带领调研组到宿豫区调研电商产业发展情况。副市长曹秀明，区委书记、宿迁高新区党工委书记刘海红，副区长、宿迁电子商务产业园区党工委书记任杰陪同。

是日　全市政务公开工作推进会在宿豫区召开。省政府办公厅副主任、一级巡视员吴剑铭，省政府办公厅政务公开办主任朱熹，市委常委、常务副市长史志军，区委副书记、区长殷其国，各县、区政府及市各功能区管委会分管领导参加。

20日　由宿豫区人民政府、宿迁市商务局共同承办的第三届运河品牌电商大会跨境电商论坛举办。省贸促会副会长黄政，市委常委、常务副市长史志军，区委书记、宿迁高新区党工委书记刘海红，区委副书记、区长殷其国参加。

22日　澳门中联办人事部副部长霍海斌带领代表团到宿豫区观摩。区委副书记、区长殷其国，副区长、宿迁电子商务产业园区党工委书记任杰陪同。

25日　财政部江苏监管局党组书记、局长臧雪涛带领调研组到宿豫区调研。市委常委、常务副市长史志军，区领导刘海红、徐源、任杰陪同。

是日　全市产业工人队伍建设改革第三次联席会议暨现场推进会在宿豫区召开。市委常委、组织部部长高飞出席会议并讲话，市人大常委会副主任、市总工会主席杨明强，副市长林小异，区领导刘海红、张贤永参加。

28日　全市帮扶救助体系建设现场推进会在宿豫区召开。省民政厅副厅长戚锡生，副市长林小异，区领导殷其国、温士才、朱静波参加。

29日　宿豫区召开打好污染防治攻坚战工作推进会暨2021年度夏季秸秆禁烧工作动员会。区委副书记、区长殷其国出席并讲话，区领导温士才、朱静波、唐善林参加。

30日　区委中心组举行党史学习沙龙活动，分享党史学习教育心得体会，并现场观看话剧《共产党宣言》。刘海红、殷其国、袁昌华、袁恒等区级领导班子成员，其他县处级党员领导干部参加。市委宣传部副部长、市社科联主席周长胜，区政协四级调研员蔡兆银围绕中国共产党在宿迁（宿豫）的奋斗史，详细解读党员领导干部如何践行初心使命；区委常委、宣传部部长陈慧敏，区委常委、组织部部长、党校校长张贤永，副区长唐善林围绕《共产党宣言》分享读后感。

5月12日，宿豫区举办“美德润万家　家风永传承”5·15国际家庭日主题活动　　（高洁雨　供图）

6月

5日　宿豫区举办十二届区委中心组第51次（扩大）学习会暨全区领

导干部大讲堂活动。市司法局党组书记、局长房庆忠应邀到会作专题授课，区委书记、宿迁高新区党工委书记刘海红主持。殷其国、袁昌华、袁恒等领导班子成员参加。

是日　宿迁市第六届“非遗大集”暨宿豫区特色非遗项目展演在筑梦小镇举行。市政协副主席、市文化广电和旅游局局长武倩，市文化广电和旅游局党组成员、总工程师陈浩，区领导殷其国、陈慧敏、任杰参加。

是日　宿豫区召开“百团进百万企业千万员工”安全生产专题宣讲报告会。区委书记、宿迁高新区党工委书记刘海红以“全面推进安全生产治理体系和治理能力现代化”为题开展宣讲。

是日　宿豫区乡村振兴局正式挂牌成立。区委副书记温士才、副区长朱静波出席挂牌仪式并为宿豫区乡村振兴局揭牌。

9日　副省长潘贤掌带领调研组到宿豫调研“三夏”工作。市领导王昊、卞建军、林小异，区领导刘海红、殷其国、温士才、朱静波及省、市、区相关单位负责人陪同。

是日　市委常委、常务副市长史志军带领相关部门负责人调研检查宿迁生态化工科技产业园升级认定和安全生产工作。区领导殷其国、赵伦军、唐善林参加。

是日　宿豫区举行“把支部建进小区里　将实事做到家门口”活动启动仪式。区委书记、宿迁高新区党工委书记刘海红出席并讲话，区委副书记温士才主持，区领导陈慧敏、张贤永、臧其永参加。

10—11日　区委理论学习中心组（扩大）党史学习教育专题读书班在新庄镇振友社区开班。市新四军研究会副会长、秘书长、市文史专家、市“红色丰碑”宣讲团成员赵连军以《学习中共宿迁历史　继承发扬革命精神》作专题辅导。市委党史学习教育第四巡回指导组组长，市公安局党委副书记、二级巡视员孙维；刘海红、殷其国、袁昌华等区级领导班子成员参加。

10日　全市危险化学品应急救援队授旗仪式在宿豫区举行。市安委办主任，市应急管理局党委书记、局长徐宜军；区委副书记、区长殷其国；区委常委、常务副区长赵伦军出席。

18日　全市妇联系统“维护妇儿权益　共享美好生活”助力市域社会治理现代化工作会议在宿豫区召开。市妇联党组书记、主席刘娟，区委常委、组织部部长、党校校长张贤永参加。

22日　市委常委、秘书长卞建军到宿豫区调研党史学习教育开展情况。区领导刘海红、陈慧敏、张贤永、臧其永陪同。

23日　宿豫区在宿北大战遗址公园举行“薪火相承　豫见风华”新党员集中宣誓暨“光荣在党50年”纪念章颁发仪式。区委常委、组织部部长、党校校长张贤永出席，并为10名“光荣在党50年”老党员代表颁发纪念章。

是日　“唱支村歌给党听”全区首届村歌大赛在新庄镇振友社区举行。区委常委、宣传部部长陈慧敏出席活动并为特等奖获奖单位颁奖。

24日　省人大常委会党组成员、副主任马秋林带领全国人大代表江苏省直二组一行，到宿豫区调研美丽乡村建设和电商工作开展情况。省检察院党组书记、检察长刘华，市领导史志军、叶辉、何通，区领导刘海红、殷其国、袁昌华、温士才、袁彩、任杰陪同。

25日　“颂歌献给党”宿豫区庆祝中国共产党成立100周年歌咏大会在区文化大剧院举行。区级领导班子全体成员、“光荣在党五十年”老党员代表、离退休老干部代表和党员干部群众代表参加。区委书记、宿迁高新区党工委书记刘海红为特等奖获得单位颁奖。

28日　市委书记、市人大常委会主任王昊带领参加全市乡村振兴重点工作暨黄河故道生态富民廊道建设推进会的与会人员到宿豫区观摩。区领导刘海红、殷其国、温士才、朱静波参加。

是日　宿豫区举行江苏苏华达新材料有限公司600t/d汽车玻璃生产线点火投产暨宿迁中玻新能源材料产业园项目开工仪式。副市长曹秀明，区领导刘海红、殷其国、徐源、孟凯、赵伦军，中国玻璃控股执行董事、行政总裁吕国出席。

7月

1日　刘海红、殷其国、袁昌华、袁恒等区级领导班子全体人员在宿豫分会场收听收看庆祝中国共产党成立100周年大会实况。

是日　宿豫区举行宿北大战红色教育中心开园仪式。刘海红、殷其国、袁昌华、袁恒等区级领导班子全体人员参加。

2日　宿豫区召开庆祝中国共产党成立100周年座谈会暨“两优一先”表彰会议。会上，区委副书记温士才传达习近平总书记在庆祝中国共产党成立100周年大会上的讲话以及省市会议精神；区委常委、组织部部长张贤永宣读《关于表彰全区优秀共产党员、优秀党务工作者和先进基层党组织的决定》。

3日　宿豫区召开领导干部会议，宣布省委、市委关于区委、区政府主要负责人职务调整的决定：刘海红不再担任宿豫区委书记、宿迁高新技术产业开发区党工委书记职务（保留副厅级），另有任用；殷其国任宿豫区委书记，不再担任宿豫区区长职务；徐源任宿豫区委副书记、提名为宿豫区区长候选人。市委书记、市人大常委会主任王昊出席会议并讲话，市委常委、组织部部长高飞主持会议并宣读省委、市委干部调整决定。

是日　宿豫区第十七届人大常委会举行第三十四次会议，同意殷其国辞去宿豫区人民政府区长职务，任命徐源为宿豫区人民政府代区长。区人大常委会主任袁昌华向徐源颁发任命书，区委书记殷其国见证监督。

8日　“骑行江苏看美丽农路”专题宣传活动暨“四好农村路”助力乡村振兴现场会在宿豫区召开。副市长章其波，省交通运输厅副厅长丁峰、金凌，市交通运输局局长、党委书记、地方铁路办主任冯如意，区委书记殷其国，区委副书记、代区长徐源出席活动，并共同启动“骑行江苏看美丽农路”宿迁站专题宣传活动。

10日　宿豫区召开高质量发展综合考核指标调度会暨半年考核迎考推进会。区委书记殷其国参加会议并讲话，区委副书记、代区长徐源主持。

20日　宿豫区召开作风建设大会。殷其国、徐源、袁昌华、袁恒等区级领导班子成员参加。与会人员共同观看作风建设专题片；区委常委、区纪委书记、区监委代主任李叶超通报作风建设典型案例；区委常委、区委组织部部长、区委党校校长张贤永解读《宿豫区干部不担当不作为靶向监督实施办法》。

24—26日　中国共产党宿迁市宿豫区第十三次代表大会在枫华丽致环球会议室召开。本次会议应出席代表280名，实到会代表273名，因事、因病请假7名，实到代表人数符合规定。区委书记殷其国作题为《聚力“四个宿豫”目标，扛起“半壁江山”责任，矢志不渝当好全市经济社会发展先行军》的工作报告；书面听取并审议《中共宿迁市宿豫区第十二届纪律检查委员会工作报告》《关于党费收缴、使用和管理情况的报告》。通过《中国共产党宿迁市宿豫区第十三次代表大会关于中国共产党宿迁市宿豫区第十二届委员会工作报告的决议》《中国共产党宿迁市宿豫区第十三次代表大会关于中共宿迁市宿豫区第十二届纪律检查委员会工作报告的决议》。

24日　区委副书记、代区长徐源主持召开区政府十七届四十七次常务会议。区人大常委会、区政协有关领导列席。会议听取当前疫情防控工作有关情况及下一步工作打算。研究《关于进一步优化招商引资工作的实施方案》《宿豫区2021年优化营商环境“五心”服务承诺清单》《关于进一步完善重大产业项目推进机制的实施方案》《关于高质量推进园区建设的实施意见》《宿豫区现代服务业扶持政策兑现方案》等相关文件。

27日　市委书记、市人大常委会主任王昊带领市委五届十三次全会与会人员到宿豫区观摩重点产业发展和重大项目建设情况。区领导殷其国、徐源参加。

29日　省防指副指挥、副省长潘贤掌到宿豫区检查指导防汛抗台工作。市委常委、宣传部部长光华，区领导殷其国、徐源、朱静波陪同。

30日　宿豫区新增1例新冠肺炎确诊病例，系扬州报告确诊病例的关联病例

8月

1—3日　区领导分别带队调研检查宿豫区疫情防控工作开展情况。

7日　中国共产党宿迁市宿豫区第十三届委员会第二次全体会议召开。区委书记殷其国代表常委会作题为《狠抓实体经济 加快转型升级 全面激发当好先行军的强劲动能》的报告。会上，与会人员共同观看专题片《克难奋进抓项目，凝心聚力开新局》；宿迁高新区、区发展和改革局、区住房和城乡建设局等5家单位主要负责人围绕相关工作作表态发言；会议审议并通过《全会决议》。

9日　宿豫区开展区域性全员核酸检测实战应急演练。副区长刘培禄讲解核酸采样点选择要求。

11日　宿豫区人民法院被全国创建“青少年维权岗”活动领导小组评定为2019—2020年度全国“青少年维权岗”，成为全省唯一入选的基层法院。

14日　区委书记殷其国主持召开区委全面依法治区委员会第三次会议。区委常委、政法委书记、统战部部长张成龙传达中央省委市委相关会议精神，审议并原则通过《中共宿迁市宿豫区委全面依法治区委员会2021年工作要点》《关于贯彻落实习近平法治思想加快推进新时代全面依法治区工作的实施方案》。

是日　宿豫区召开打击治理电信网络诈骗“百日攻坚”专项行动动员会议。区委常委、政法委书记、统战部部长张成龙到会讲话。区政府党组成员、宿豫公安分局局长武胜主持。

19日　市委书记、市人大常委会主任王昊到宿豫区调研经济社会发展情况。市委常委、秘书长卞建军，副市长章其波参加，区领导殷其国、徐源、袁昌华、袁恒陪同。

24日　全市开展新冠肺炎疫情处置工作实战演练。区领导徐源、陈慧敏、刘培禄、唐善林在区综合指挥中心参加演练。

23—24日　宿豫区举行第一期专业招商人员培训班，主题是“坚决扛起中心城市建设发展半壁江山重任，争当全市经济社会发展先行军”。市商务局局长朱长途以《坚决扛起“为全省多作宿迁贡献”的招商担当》为题授课。

25日　宿豫区举行招商引资出征仪式，区委书记殷其国出席并讲话。区委副书记、代区长徐源主持。区委常委、组织部部长、党校校长张贤永宣读驻点招商局、园区专业招商局、乡镇专业招商局人员名单。

9月

3日　宿豫区召开人武部党委第一书记任职大会。市委常委、宿迁军分区司令员夏卫平出席会议，并宣读增补殷其国为中共宿迁市宿豫区人民武装部委员会委员、第一书记的任职批复。区委书记、区人武部党委第一书记殷其国作表态发言，区委常委、人武部部长管锡冬主持，宿豫区人武部政委时爱民参加。

4日　宿豫区召开全国文明诚信高地建设动员大会。区委书记殷其国出席并讲话。区领导徐源、袁昌华、袁恒、温士才、陈慧敏、李伟、臧其永参加。

6日　九三学社中央宿迁市宿豫区乡村振兴实践基地揭牌仪式在宿豫区振友社区举行。全国人大常委会委员、宪法和法律委员会副主任，九三学

社中央副主席，中国工程院院士丛斌；市委书记、市人大常委会主任王昊；省住房和城乡建设厅厅长、九三学社江苏省委主委周岚；市委常委、秘书长卞建军；市委统战部部长刘海红；区领导殷其国、温士才、张成龙出席。市政协副主席、市文广旅局局长、九三学社宿迁市委主委武倩主持仪式。

7日　宿豫区召开“百团进百万企业千万员工”专题宣讲报告会。区委副书记、代区长徐源为全区相关党政干部和部分企业家代表作专题宣讲。

是日　区文化馆和新庄镇综合文化服务中心两家单位入选2021年度江苏省“最美公共文化空间”打造对象名单。

9日　宿豫区召开省第十四批科技镇长团宿豫团迎新会。区委书记殷其国出席会议并讲话，区委副书记、代区长徐源，区委常委、组织部部长、党校校长张贤永参加。会上，省第十四批科技镇长团宿豫团团长、省农业科学院办公室副主任樊磊作表态发言；殷其国为科技镇长团授团旗；徐源向各团员颁发“双招双引”工作站引才大使聘书。

11日　区委书记殷其国主持召开习近平总书记“七一”重要讲话精神市委宣讲团宣讲报告会。市委宣讲团成员、市委宣传部副部长、市社科联主席周长胜到会作宣讲报告。区级领导班子全体成员参加。

16日　宿豫（张家港）投资环境说明会在张家港市举办。区委副书记、代区长徐源，张家港市副市长徐平观，副区长唐善林出席。区委副书记、张家港宿豫工业园党工委书记沈浩主持。

22日　区委书记殷其国主持召开2022年“三类项目”编排汇报会。区领导徐源、温士才、孟凯、赵伦军、李伟、刘培禄、朱静波、唐善林、任杰、臧其永、康建平参加。

是日　宿豫区的景尚佳园、东方花园小区成为住房和城乡建设部“我为群众办实事”联系示范点。

是日　宿豫区的东方花园、锦绣江南和新新家园小区入选江苏省住建厅公示2019—2020年度省级宜居示范居住区项目名单，入选数量名列全市第一。

9月30日，宿豫区举行“烈士纪念日”纪念活动　（韩　琦　摄）

23日　科思化学有限公司被工业和信息化部评定第三批专精特新“小巨人”企业。

是日　宿豫区的水利遗址博物馆、中运河老粮库文化创意产业园、宿北大战遗址公园三大景区被省文化和旅游厅评定为江苏“运河百景”标志性运河文旅产品。

26日　宿豫区举行区乡两级人大换届选举工作会议。区委书记殷其国出席并讲话，区人大常委会党组书记、主任袁昌华，区委常委、组织部部长张贤永参加。

27日　“江苏省方志馆联盟”揭牌仪式在宿豫区举行。省地方志办公室党组书记、主任左健伟，区委副书记、代区长徐源，副区长、宿迁技师学院院长刘培禄参加。

28日　全省政务信息工作培训班（苏北片区）开班仪式在宿豫区举行。省政府副秘书长、办公厅主任、参事室主任谢润盛出席开班仪式并讲话，省政府办公厅副主任邹宁华主持。副市长曹秀明，区委副书记、代区长徐源，区委常委、常务副区长赵伦军参加。

是日　宿豫区举办新材料产业发展论坛暨投资环境说明会。副市长曹秀明，区领导殷其国、徐源、沈浩、孟凯、唐善林参加。

是日　2021年中国宿迁绿色产业洽谈会开幕式暨投资环境说明会在会展中心举行。宿豫区现场签约项目10个，协议总投资185.3亿元。

30日　宿豫区举行“烈士纪念日”纪念活动。殷其国、徐源、袁昌华、袁恒等区级领导班子全体成员到宿北大战烈士陵园参加。

10月

6日　新庄镇国土空间全域综合整治项目（国家试点）获省财政厅、省自然资源厅下达2021年国土空间全域综合整治项目补助资金1.3亿元。

9日 宿豫区召开区委常委会（扩大）会议，传达全市“四化”同步集成改革动员大会精神。区委书记殷其国出席并讲话，区委副书记、代区长徐源主持。

11日　以“网络安全为人民，网络安全靠人民”为主题的宿豫区2021年国家网络安全宣传周活动在筑梦小镇拉开帷幕。区委副书记、区网信委副主任温士才，副区长、区公安分局局长、区网信委委员武胜出席。

12日　2021“苏韵乡情”乡村休闲旅游农业（宿迁）专场推介活动暨

京东（宿迁）全国乡村振兴示范基地启动仪式在宿豫区举行。省农业农村厅副厅长朱新华，副市长曹秀明，区领导殷其国、徐源、温士才、朱静波、任杰、樊磊参加。

14日　市委第二巡察组对宿豫区涉粮职能部门和国有粮食企业党组织开展涉粮问题专项巡察工作动员会召开。市委第二巡察组组长卢静作动员讲话，区委书记殷其国主持会议并提出相关要求。

是日　宿豫区召开选举委员会第一次会议。区人大常委会党组书记、主任、区选举委员会主任袁昌华，区人大常委会副主任、区选举委员会副主任王立新、张为民、袁彩等出席。

15日　江苏省政府投资基金园区行——宿迁站活动在宿迁高新区举办。省财政厅基金管理处处长熊洁，区领导温士才、孟凯出席。

19日　宿豫区召开高水平推进“四化”同步 高质量建设“四个宿豫”动员大会。区委书记殷其国出席大会并作动员部署讲话，区委副书记、代区长徐源主持，区级领导班子全体成员参加。

是日　市政协党组书记、主席王益带领市直相关部门负责人到宿豫区调研乡贤参与诉前调解工作。市政协党组副书记、副主席华志明，市中级人民法院院长金飚，区政协党组书记、主席袁恒陪同。

23日　区委召开巡察工作会议暨十三届区委第一轮巡察工作动员部署会。区委书记殷其国出席会议并讲话，区委副书记、代区长徐源主持。

26日　国家督学、省督学、江苏第二师范学院、江苏省教科院原党委书记李洪天带领督导组，到宿豫区开展区政府履行教育职责督导评价工作，并召开介绍会。区委副书记、代区长徐源，副区长、宿迁技师学院院长刘培禄参加。

28日　区委书记殷其国带领党政代表团赴张家港市考察学习。张家港市委书记韩卫，市委副书记、代市长蔡剑峰接待代表团一行。宿豫区领导徐源、沈浩、孟凯、赵伦军、刘培禄、唐善林参加。双方签订张家港市——宿豫区南北挂钩合作协议。

29日　全国政协委员、中国民用航空局原副局长李健带领全国政协经济委员会调研组，到宿豫区开展“加快智慧物流发展、推进现代物流体系建设”专题调研活动。区政协党组书记、主席袁恒，副区长、宿迁电子商务产业园区党工委书记任杰陪同。

30日　市第六次党代会精神市委宣讲团到宿豫区宣讲，市委宣讲团成员、市委组织部副部长、党建办主任胡赣江作专题宣讲。区委书记殷其国主持宣讲会，区级领导班子全体成员参加。

10月28日，区委书记殷其国带领党政代表团赴张家港市考察学习，并就两地交流、产业转移、开发区共建、社会事业合作等方面签订张家港市—宿豫区南北挂钩合作协议　（韩　琦　供图）

11月

5日　宿豫区与国家能源集团江苏电力有限公司签订战略合作框架协议。国家能源集团江苏电力有限公司党委书记、董事长李巍，区委书记殷其国，区委常委、常务副区长赵伦军参加，区委副书记温士才主持。

10日　省委宣传部副部长、省文明办主任葛莱带领调研组，到宿豫区开展统筹推动城乡精神文明融合发展专题调研活动。区领导徐源、陈慧敏、臧其永陪同。

12日　宿豫区下相街道运东社区被国家卫健委、全国老龄办公布2021年“全国示范性老年友好型社区”。

13日　区委书记殷其国带队观摩全区乡村振兴工作推进情况。

15日　宿豫区举行首批双拥场所、双拥示范基地命名暨宿优享加盟单位授牌仪式。宿北大战烈士陵园、玉泉山路小学等10家单位被命名为“宿豫区双拥示范基地”；庐山路景观公园等8家单位被命名为“双拥主题场所”；枫华丽致大酒店、宿豫区法律援助中心等4家单位获颁“宿优享”加盟单位牌匾。

19日　交通运输部公路局副局长周荣峰带领调研组，到宿豫区调研农村道路交通安全工作。市交通运输局党委书记、局长冯如意，区委副书记、代区长徐源，区委常委、副区长李伟陪同。

是日　区人大常委会召开2021年度工作评议会。区委副书记、代区长徐源，区人大常委会党组书记、主任袁昌华，副区长唐善林，区人大常委会全体组成人员出席。

20日　宿豫区举行福臻智能制造及数字化工厂项目签约仪式。区领导殷其国、徐源、孟凯、唐善林出席。

22日　宿豫区与中国银行宿迁分行签订战略合作框架协议。区委副书记、代区长徐源，中国银行宿迁分行党委书记、行长戴雪松，区委常委、常务副区长赵伦军参加。

24日　来龙灌区被省水利厅评为2021年度省级节水型灌区。

25日　全市化工产业绿色低碳提质增效暨有机新材料产业链培育推进会在宿豫区召开。副市长曹秀明出席并讲话。

是日　筑梦小镇被省文化和旅游厅公布第二批江苏省省级夜间文化和旅游消费集聚区建设单位。

27日　宿迁时代储能科技有限公司举行开工奠基仪式。区领导徐源、孟凯、唐善林，教育部特聘教授徐铜文，宿迁联盛科技集团董事长项瞻波出席，并共同为项目培土奠基。区委常委、常务副区长赵伦军主持。

28日　区委书记殷其国主持召开全区领导干部会议，专题传达学习省第十四次党代会精神。

12月

2日　全市党建引领新型农村社区治理现场会在宿豫区召开。市领导王昊、杭海、高飞、卞建军出席会议。区委书记殷其国介绍宿豫区新型农村社区治理工作开展情况及经验做法。

3日　龙创（宿迁）光电智能项目举行开工奠基仪式。区领导殷其国、徐源、孟凯、李伟、唐善林出席。区委常委、常务副区长赵伦军主持。

4日　杉荷园创建为国家AAA级旅游景区。

9日　江苏秀强玻璃工艺股份有限公司生产的淋浴房玻璃被国家标准化管理委员会纳为第二批消费品标准化试点项目，成为本批唯一入选的非金属制造业/家居装饰装修产品，为宿迁市第一个消费品标准化试点项目。

10日　宿豫区举行新庄镇第一选区区、镇人大代表候选人与选民见面会。殷其国以区第十八届人大代表正式候选人身份参加。

是日　江苏耀徐特种玻璃有限公司、江苏北斗星通汽车电子有限公司、江苏奇纳新材料科技有限公司、宿迁至诚纺织品股份有限公司、江苏慈星药业有限公司5家企业被省生产力促进中心评估为2021年江苏省“瞪羚”企业。

12日　区委书记殷其国主持召开2021年度高质量发展综合考核年终迎考工作部署会。袁昌华、袁恒等区级领导班子成员参加。

14日　市委书记、市人大常委会主任王昊带领市直相关部门负责人，到宿豫区调研宿连高速项目建设情况。市领导卞建军、章其波，区领导徐源、李伟参加。

是日　宿豫区大兴镇第一选区区、镇人大代表候选人与选民见面会召开。区委副书记、代区长徐源以区第十八届人大代表正式候选人身份参加。

15日　市人大常委会党组成员、副主任徐勤忠带领督导组到宿豫区督导人大代表直接选举投票工作。区人大常委会党组书记、主任袁昌华，区人大常委会副主任袁彩参加。

16日　南京银行宿豫支行开业。区委常委，宿迁高新区党工委副书记、管委会副主任孟凯出席。

17日　市委宣讲团成员、市政府副秘书长、办公室（研究室）主任骆志弘到宿豫区宣讲中共十九届六中全会精神。区委书记殷其国主持宣讲会，区级领导班子全体成员参加。

18日　区委书记殷其国召开“学党史·开新局”交流研讨暨2022年度工作务虚会。区级领导班子全体成员参加。

20日　庐山路小学、豫新小学、曹集中心学校、陆集中心学校4校被江苏省水利厅评定为2021年新增省级节水型学校。

21日　市委副书记、市长陈忠伟到宿豫区调研部分交通重点工程建设情况，并督办市政协关于《构建外联内畅交通体系，全面推进交通强市》的重点提案。市领导薛永干，区领导殷其国、徐源陪同。

是日　全市乡贤诉前调解工作现场会在宿豫区召开。市政协党组副书记、副主席、市乡贤协会顾问华志明，区领导徐源、袁恒、张成龙、丁必江参加。

是日　江苏惠然实业有限公司、江苏阿尔法药业股份有限公司被省协调劳动关系三方委员会公布为2021年“江苏省优秀劳动关系和谐企业名单”。

24日　市委书记、市人大常委会主任王昊率领在宿全国和省人大代表，到宿豫区视察城市公共空间治理和重点交通工程建设情况。市领导叶辉、卞建军、章其波、何通，区领导殷其国、李伟陪同。

是日　宿豫区召开2021年度党委（党组）书记抓基层党建工作述职评议考核会。区委书记殷其国主持会议并讲话，市委党建办副主任张行全程与会指导。

27日　张家港市委副书记、代市长蔡剑峰一行到宿豫区考察南北挂钩合作事宜。区委书记殷其国，区委副书记、代区长徐源陪同。

（区档案馆　区地方志办）

地情概览

自然地理

建置区划

名艺名品

经济和社会发展

宿豫年鉴

2022 SUYU YEARBOOK

自然地理

【位置面积】 宿豫区位于江苏省北部，东接沭阳县、泗阳县，南靠洋河新区，西邻徐州市睢宁县，北隔沂河与徐州市的新沂、邳州两市相望。地跨北纬33° 48′ 34″ ~34° 09′ 40″，东经117° 56′ 15″ ~118° 35′ 40″。全区行政区域面积685.82平方千米（不含托管给湖滨新区部分）。

【地形地貌】 宿豫地处鲁南丘陵与苏北平原过渡带，地势呈西北高、东南低，最高点位于晓店镇东南的嶂山林场附近，海拔为71.2米，最低处位于关庙镇东南袁王荡，海拔为8.8米。全区除北部一带为低山丘陵岗外，其余皆为平原。

（张美慧）

【气候气象】 宿豫处于亚热带向暖温带过渡地区，具有较明显的季风性、过渡性和不稳定性等特征。该地区气候温和，四季明显；春暖温润，夏热多雨，秋旱少雨，冬晴干燥。日照充足，无霜期长，年际降水、温度变化较大。具有较明显的季风性、过渡性和不稳定性的气候特征。

2021年，区域平均气温16.2℃，较常年偏高1.7℃。冬季、秋季气温较常年偏高，春季、夏季气温较常年略偏高。年平均气温空间分布南高北低。年极端最高气温为37.4℃，出现在6月7日；年极端最低气温为-11.5℃，出现在1月8日。总降水量为1180.9毫米，较常年偏多282.2毫米，空间分布北多南少。夏季、秋季降水量较常年偏多，冬季和春季降水量较常年偏少。大于等于0.1毫米的降水日数91天；大于等于50毫米的暴雨日数5天，分别是6月14日、7月7日、7月15日、7月16日、7月28日；大于等于100毫米的大暴雨日数1天，是7月28日。降雪日数2天，无积雪。总日照时数2036.7小时，较常年略偏少88.1小时，空间分布北多南少。冬季日照时数偏多，春季、夏季和秋季日照时数偏少。平均相对湿度72%，年最小相对湿度14%，出现在6月7日。

（崔晓玉）

【土地资源】 成方连片，水田利用系数、复种指数较高，基本实现自流灌溉和境内农田林网化。全区总面积（不含湖滨新区）为685.81平方千米，其中湿地0.49平方千米、耕地384.89平方千米、园地15.39平方千米、林地23.88平方千米、草地1.69平方千米、城镇村及工矿用地129.74平方千米、交通运输用地10.95平方千米、水工建筑用地6.78平方千米、水域87.98平方千米、其他用地24.02平方千米（农村道路占地18.1平方千米、农用设施占地5.92平方千米）。湿地属内陆滩涂。耕地中，水田面积364.3平方千米、水浇地面积14平方千米、旱地面积6.59平方千米。园地中，果园面积9.44平方千米、其他园地5.95平方千米。城镇村及工矿用地中，城市占地26.1平方千米、镇村占地102.58平方千米。水域中，河流水面16.78平方千米、坑塘水面占地28.92平方千米、沟渠占地42.28平方千米。

（张美慧）

【水资源】 宿豫属于暖温带季风气候，全境气候温和，四季分明，日照充足，雨量丰沛，年平均降水量985.7毫米，水资源总量3.69亿立方米。骆马湖、大运河、六塘河是宿豫区主要的地表水资源，中运河是境内主要洪水出路之一，也是境内主要灌溉水源及城区工业、生活用水水源，同时也是国家南水北调东线向北输水的河道。境内地表水资源量，丰水年为1.86亿立方米，中等干旱年0.85亿立方米。宿豫区境内河网密布，水面达446.89平方千米；有中运河、新沂河2个流域性河道；柴沂河、北崇河等9条区域性河道；砂礓河、耿大沟等14条县级河道。宿豫区内有大型灌区（来龙灌区）1个，灌区土地总面积96.5万亩（643.34平方千米），耕地面积50.9万亩（339.34平方千米），灌区设计灌溉面积44.6万亩（297.33平方千米），2021年有效灌溉面积41.9万亩（279.33平方千米）。农业灌溉用水水源主要通过嶂山电灌站、井头翻水站、何塘电灌站及仰化涵洞4座渠首建筑物翻（引）骆马湖或中运河水进行灌溉，其中井头翻水站设计流量达80米^3/秒，何塘电灌站设计流量7.1米^3/秒，仰化涵洞取水流量6.4米^3/秒，总翻引水能力达93.5米^3/秒。2021年11月，来龙灌区创成省级节水型灌区，12月创成省级水效领跑者。

（冯承东）

【矿产资源】 全区探明的矿产资源均为非金属矿产，主要有建筑用黄砂、砖瓦用黏土和地热等，其中黄砂储量大、品位高，总储量9490亿千克以上。主要分布于骆马湖、黄墩湖和新沂河（宿豫境内）水域，其化学成分为二氧化硅、三氧化二铝等，经吸砂泵机械分程序淘洗后，呈松散状砂粒，多具玻璃光泽，呈角颗粒状，棱角多，粒度模数为2.3—28，日含泥量小于0.5%。2013年，市政府下发《宿迁市人民政府关于新沂河宿迁境内区域禁止采砂的通告》；2015年5月，市政府下发《关于禁止在骆马湖水域非法采砂通告》，宿迁骆马湖、新沂河水域实行全面禁采。

【野生动植物资源】 全区常见的陆生野生动物有1000余种，其中昆虫约740种，陆栖野生脊椎动物336种（鸟类289种、兽类25种、两栖类8种、爬行类14种）。国家二级保护野生动物有苍鹰、红隼、短耳鸮等39种；省重点保护的野生动物有129种，常见的有喜鹊、戴胜、画眉、黑斑蛙、赤链蛇等。全区拥有森林动物园1个、野生动物人工驯养繁殖场10个。

【森林资源】 全区森林覆盖面积279.92平方千米，其中有林地240.88平方千米，特灌林20.76平方千米，“四旁”树18.28平方千米。森林覆盖率21.15%，林木覆盖率26.95%，全区拥有林木（乔木）总量约1600万株，活立木总蓄积量450万立方米。全区拥有林木种苗保障基地3个，基地面积34.67万平方米(520亩)。全区主要树种为雄株杨树、栾树、榉树、水杉、楝树、无患子等，主要为落叶树种。

(张美慧)

【湿地资源】 宿豫区拥有自然湿地面积8.55平方千米，已建成自然湿地保护小区4个，自然湿地保护率63.1%。

建置区划

【建置沿革】 宿豫区历史积淀深厚。据考古发掘，早在新石器时代(距今10000年到4000年)，境内即有先民聚居，为传说中的远古东夷族首领少昊的活动地域之一。春秋时曾为钟吾国的一部分，自周敬王八年(公元前512年)至秦王政二十四年(公元前223年)间，相继为吴国、楚国的属地。

秦置下相县，城址在今宿迁市宿城区西南古城村。东晋义熙元年(405年)置宿预县，城址在今泗阳县郑楼乡，宿预县与下相县并置。至北齐，废下相县，其境由宿预县统辖。唐宝应元年(762年)，为避皇帝李豫名讳改称宿迁县，一直沿袭至1987年撤县建市(县级)。1996年7月经国务院批准，设立地级宿迁市，原县级宿迁市划分为宿豫县和宿城区两大区域分。2004年3月，宿豫撤县设区。境域历代多有变动，北宋时宿迁县境域最大，包括今宿城区、宿豫区、新沂市的大部分和睢宁县、泗阳县及淮安市淮阴区的渔沟镇等。元代划出睢宁县、桃园(今泗阳)县。中华人民共和国成立初期，析出县北境(今新沂市)部分地区，宿迁县辖境缩小近50%。至设立宿豫区，辖境仅为县级宿迁市的2/3。2021年，宿豫仅辖运河以东10个乡镇(街道)，区域面积不足县级宿迁市的1/3。

【行政区划】 1996年7月，根据国务院国函〔1996〕58号批复，批准撤销县级宿迁市，设立地级宿迁市，新设宿豫县和宿城区。宿豫县辖原县级宿迁市的顺河、耿车、皂河、埠子、大兴、来龙、蔡集、王官集8个镇和骆马湖、龙河、关庙、黄墩、陆集、罗圩、丁嘴、保安、曹集、晓店、塘湖、仰化、三棵树、侍岭、新庄、洋北、卓圩、赵埝、南蔡19个乡，县人民政府驻顺河镇黄运东路，新建县城。宿城区辖原县级宿迁市的宿城镇、井头乡、支口乡、双庄乡、果园乡和原种场。

2004年3月，根据国务院2004年1月15日国函〔2004〕6号批复和省政府2004年2月25日苏政发〔2004〕2号文件，撤销宿豫县，设立宿迁市宿豫区。原宿豫县的耿车镇、埠子镇、洋北镇、龙河镇、罗圩乡、南蔡乡和三棵树乡划归宿城区管辖，原宿城区的井头乡划归宿豫区管辖。调整后，宿豫区辖顺河、皂河、大兴、来龙、蔡集、王官集、仰化、丁嘴、黄墩、陆集、关庙、侍岭、新庄、晓店14个镇，曹集、保安、井头3个乡和嶂山林场。

2005年11月下旬，市委决定成立宿迁市湖滨新城开发区，把晓店镇、嶂山林场、井头乡的部分村居划归湖滨新城开发区托管。

2011年7月，市委决定将井头乡整建制托管到市湖滨新城开发区；10月，按照宿迁市人民政府市长办公会会议纪要第84号精神要求，将宿豫区皂河镇整体建制托管到市湖滨新城开发区。

2013年6月，市委决定将宿豫区蔡集镇、王官集镇整建制托管给宿城区；将宿豫区黄墩镇整建制托管给市湖滨新区。

2014年11月21日，顺河镇撤镇设顺河、豫新、下相3个街道，区政府驻豫新街道。

2021年3月，根据市政府《关于变更宿城区宿豫区和沭阳县部分行政区划的通知》精神，将宿城区托管的蔡集镇划给宿城区；陆集镇变更为陆集街道，行政区域、办公地址不变；来龙镇、侍岭镇、保安乡合并为新的来龙镇，镇政府驻来龙居，镇域行政面积在原3个乡镇行政区域基础上再并入晓店镇的光前、刘圩2个居的区域；大兴镇、丁嘴镇合并为新的大兴镇，镇政府驻大兴居。晓店镇析出光前、刘圩两个居后，变更为晓店街道。井头乡变更为井头街道。皂河镇、黄墩镇合并为新的皂河镇，镇政府驻街东社区。

(区地方志办)

2021年宿豫区乡镇村居情况一览表

表1

乡镇(街道、场)的名称	政府(办事处)的驻地	村(居)数量	村(居)名称
豫新街道	顺河集社区	9个居委会	中通、闸东、庐山、锦华、江山、文昌阁、顺河集、陆河、雨露
顺河街道	卓圩社区	4个居委会	京东、顺兴河、卓圩、梨园湾
下相街道	运东社区	5个居委会	运东、崇德、南苑星城、罗桥、陆桥
陆集街道	陆集社区	2个村委会	虎山、官庄
		2个居委会	陆集、利民

续表1

乡镇(街道、场)的名称	政府(办事处)的驻地	村(居)数量		村(居)名称
井头街道	井头社区		5个居委会	井头、马窑、马楼、九里、安圩
			1个村委会	许庄
			1个农场	良种繁育场
晓店街道	晓店社区		1个村委会	三巨
			9个居委会	晓店、峰山、周庄、湖滨、新站、洋河滩、王沟、新窑、陆庄
大兴镇	大兴社区	大兴片区	5个村委会	怀仑、兴南、先锋、六塘河、双茶棚
			2个居委会	大兴、吉庆
		丁嘴片区	4个村委会	立旺、六里、仓基湖、周夏
			1个居委会	丁嘴
来龙镇	来龙社区	来龙片区	5个村委会	光明、白鹿湖、尖墩湖、玉皇、路墩
			2个居委会	来龙、胜利
		保安片区	2个村委会	土楼、韩集
			2个居委会	保安、丰庄
		侍岭片区	3个村委会	人合圩、租口城、双和岭
			1个居委会	侍岭
		化工园区	1个居委会	豫北
仰化镇	仰化社区		2个村委会	复隆、建新
			3个居委会	仰化、永兴、涧河
关庙镇	红旗社区		5个村委会	东兴、和平、泰山、林河、卓水河
			1个居委会	红旗
新庄镇	新庄社区		1个村委会	时济泉
			3个居委会	新庄、振友、杉荷园
曹集乡	曹家集社区		2个村委会	伍员里、花园里
			2个居委会	双河里、曹家集
皂河镇	街东社区		20个村委会	戴场、要武、三湾、七堡、八井、王圩、谢庄、金庄、龙岗、袁甸、刘庄、王营、闫南、闫集、尚营、柳湖、英庄、马桥、魏场、曹甸
			6个居委会	街东、街西、船闸、新农、李甸、曹瓦
王官集镇	王集社区		12个村委会	花园、仝李、九城、程庄、王林、唐圩、牛刘圩、欧庙、苗圩、尹黄、朱海、万林
			1个居委会	王集
嶂山林场	晓店社区		2个居委会	枣林、林西

说明：全区共有6个街道、7个镇、1个乡、1个场，62个居民委员会、65个村民委员会、1个场。其中，王官集镇托管给宿城区，皂河镇、井头街道、晓店街道、嶂山林场托管给湖滨新区。

(区民政局)

【乡镇街道地名由来】 顺河街道 清康熙二十一年（1682年）黄河泛滥，侍丘湖淤为平地。因黄河宿迁段不利航运，清政府采取“避黄济运”治水措施，1686—1688年开挖支河口，使沿河的今顺河一带形成集市，即顺河集。中华人民共和国成立后属顺河区，1957年撤区并乡。2014年11月，成立顺河街道。

豫新街道 地处宿豫主城区，成立于2014年11月，因是宿豫最新的街道故取名豫新街道。

下相街道 古县名，秦时宿豫境内设下相县，“下相”因置于古相水下游而得名。2014年11月，成立下相街道。

陆集街道 清中叶，地方士绅陆云亭筑圩防匪，居民聚居。乾隆五十三年（1788年）建成龙台庙，云集四方香客，催生了餐饮、祭祀、理发等服务业和农副产品交易的兴起。嘉庆二十五年（1820年）设陆家集。2000年7月撤乡建镇。2021年3月，陆集镇变更为陆集街道。

大兴镇 明朝末年山东寿张县的李大兴和张大兴在此垦荒生产，后与刘三虎合作开客栈，接待来往客商食宿，生意兴隆，村民集居，兴起集市，众称“大兴集”。1987年2月，大兴撤乡建镇，称大兴镇。2021年3月，丁嘴镇并入大兴镇。

来龙镇 相传明朝中叶，原是方圆百里的湖泊，名曰“白鹿湖”，湖边垂柳依依，湖内波光粼粼，风光秀丽，景色宜人，一游僧露宿湖边，梦见一条巨龙盘旋湖上，遂就地结庐建庙，取名“来龙庵”，镇名因此而得。1987年2月撤乡建镇。2021年3月，侍岭镇、保安乡2个乡镇并入来龙镇。

曹集乡 乡以曹家集集市得名。1955年小乡并大乡，命名曹集乡。

仰化镇 传说清乾隆皇帝下江南，船经此地，见两岸多围观百姓，曾说“河干百姓，都是仰化民”，此地遂名仰化集。2000年2月撤乡建镇。

关庙镇 清末，域有关帝庙，民国时渐为集市，称关老庙，简称关庙。2000年7月撤乡建镇。

（区地方志办）

【自然村消失】 2018年初，全区共有散落村庄964个，农户70474户。截至2021年年底，累计搬迁自然村庄421个、农户23085户；还剩余自然村庄543个、农户47389户。2018年，搬迁自然村庄80个、农户3136户；2019年，搬迁自然村庄162个、农户9795户；2020年，搬迁自然村庄88个、农户4918户；2021年，搬迁自然村庄91个、农户5236户。

（王 垠）

【区位交通】 宿豫区是宿迁中心城市“一体两翼”的东翼，主城区位于京杭大运河东岸，与宿城区隔河相望。宿豫区位置优势明显，处于沿海经济带、沿江经济带和陇海经济带的交叉辐射区，位于苏鲁豫皖淮海经济区的中心。辖区内贯穿全境的道路为“六横五纵”，东西横向道路6条，分别是老宿沭路、省道S324、宿穿线、顺兴线、省道S325、京杭大道；南北纵向道路5条，分别是张家港大道、新扬（新沂—扬州）高速、新大线、省道S268、晓仰线。省道S324域内线长26.07千米，沿线有曹集、新庄、关庙、来龙（保安片区）4个乡镇；省道S325长26.4千米，沿线有顺河、陆集、大兴、仰化4个乡镇（街道）；省道S268长35千米，沿线有来龙、曹集、关庙、仰化4个乡镇。新扬高速长29.8千米，在高新区、曹集乡、来龙镇（侍岭区）各有一个出口。辖区有新沂河、中运河流域性河道2条，中运河域内起点宿迁闸，终点至宿泗界，河道全长39.7千米；新沂河域内起点为晓店侍岭界，终点至宿沭界，河道全长17.5千米。

（区地方志办 区水利局）

名艺名品

【文化遗存】 丁嘴跑驴 北方的一种地方传统舞蹈，乡土味浓厚，有一百年多年历史，主要流传于宿豫区大兴镇，并影响到泗阳、泗洪等周边地区。跑驴队逢年过节时走村串户，诙谐幽默的表演，显得热闹非凡，深受当地群众喜爱。丁嘴跑驴的道具一般是由竹子扎成毛驴状，外面用灰色毛绒布进行装扮，扎制两条人腿模型并分别固定在毛驴两侧，拴上缰绳，毛驴中间扎成直径能够容一人腰围大小的孔。丁嘴跑驴的难度在于上半身和下半身要分开，上半身表演骑驴者，塑人的形象；下半身表演驴的动作，塑造驴的形象。上半身通过头、手臂、腰的动作以表现骑驴者的喜怒哀乐；下半身通过不同的走、跑、跳、扭、蹲步的节奏和造型的变化以表现丁嘴跑驴的俏皮、淘气、活泼的形象及倔犟的性格特点。

丁嘴跑驴 （朱瑞 供图）

大兴旱船　旱船又名花船，是宿迁地区流行的一种以旱船伴舞为主，说唱为辅，群众自娱自乐的民间广场舞蹈。在每年春节、庙会、民俗节日期间表演居多。旱船是用秸秆、细竹竿、竹篾、麻绳等材料扎成的船框架，船亭顶端为四方形装饰色泽鲜艳，船身用绸布围起。表演者进船用背带将船身背起扎牢，双手少许用力扶握船柜，船身便于前行、后退或旋转运动。表演中，"篙拐子"为头，各种招式、花样的变化都有约定。旱船的基本舞步为十字步、碎步、垫步、弓箭步、趾步、矮步、挪步。表演过程主要为开船、荡船、篙拐子、浅船、四门斗、三叩首。

顺河舞龙　北方一种地方传统舞蹈，主要流传于宿豫城区的顺河、豫新、下相3个街道，并影响到泗阳、睢宁、盱眙等周边地区。顺河舞龙表演灵活形式多样有单龙、双龙、四龙等多种组合形式。能表演"二龙戏珠""水漫金山""跳八节""梅花桩"等二十多种舞龙套路，每种套路各显神通又互相融合。其中，四龙组合表演规格最高，主要由白、青、黄、金四条龙组成，每条龙的龙身长达20余米，色彩绚丽、气势非凡，在各种打击乐器的伴奏下时而腾云驾雾、时而盘躯赏月、时而翘首相戏，变化多端，惟妙惟肖，十分逼真，深受观众欢迎。

面塑　宿迁民间传统手工艺术，主要发源于宿豫区大兴镇。面塑手艺人用面粉、糯米粉为主料，甘油、蜂蜜等为辅料，用各色颜料调成不同色彩面团，用手和简单工具，塑造出各种栩栩如生的作品。面塑主要制作摆件、挂件、人物肖像、彩蛋面塑、传统人物等手工艺品。

宿豫剪纸　地方乡土艺术，其历史悠久，源远流长，分布于全区大部分乡镇。宿豫剪纸主要取材于人们的日常生活，内容有人物、花鸟、虫鱼、瑞兽、神话传说、民间故事、生活场景、山村小景以及一些象征和寓意福、禄、寿、喜、财的各种物象。剪纸制作过程通常是剪纸艺人先进行构思，然后用铅笔绘图，作品成熟后再动手制作。剪纸用途广泛，用于实际生活的大多是剪花样，如鞋花、帽花、肚兜花、枕皮花、帐围花、荷包花以及各种服饰花样等，用于观赏的有窗花、喜花、盆花、灯花、果盆花、供花、礼花、烛台花等。

泥塑　宿迁民间传统手工艺术，主要发源于宿豫区来龙镇。泥塑艺人用当地的粘泥捏制一些诸如鸡、猴、牛、狗、猪等玩具摆件，晾干后彩绘。当地的大人们在制作泥人，村里的一帮小孩也跟着捏一些小动物、小房子和一些农具等。泥塑主要制作摆件、挂件等手工艺品，其"搓印甩拉以手为模、捏粘挤压以指达意"独到的捏塑工艺技法日趋成熟，已形成宿迁泥塑特有的表现形态。

（徐春雷）

面塑　（徐春雷　供图）

【地方特产】丁嘴金针菜　早在清末民国时期，上海、镇江等地的客商便与宿迁境内丁嘴集丁姓、大兴集陆姓、仰化集朱姓等行商联合坐庄收购金针菜，运销浙江、广东、上海及苏南一带。金针菜的品种有大乌嘴、大枚椒、小黄壳等，尤以宿豫区丁嘴镇产的大乌嘴最为出名。丁嘴金针菜花大肉厚，粗壮整齐，长短均匀，色泽淡黄，干而光泽，紧实柔软，久煮不烂，微带脆感，风味独到。金针菜又名黄花菜，是一种多年生草本植物萱草的花蕾，味鲜质嫩，含有丰富的糖、蛋白质、维生素C、钙、脂肪、胡萝卜素、氨基酸等人体所必需的养分。其性味甘凉，有清热解毒、生津去火和安眠功效。2016年1月，"丁嘴金菜"获国家农产品地理标志登记认证，由农业部备案登记，依法保护。2020年1月，丁嘴金针菜生产系统获评第五批中国重要农业文化遗产。

杉荷园莲藕　杉荷园莲藕主产区位于宿豫区新庄镇，属暖温带季风气候，四季分明、日照充足、雨量适中；镇内河道纵横、灌排方便；土壤为砂姜黑土，保水性好，偏中性，有机质丰富，钾磷及微量元素含量丰富；域内植被茂密，野生动物繁多，生态环境优越。新庄镇莲藕种植历史悠久，唐贞观年间曾作为唐军重要的军需物资，后成为民间普遍种植和食用的农作物。20世纪五六十年代，新庄镇知青组在朱瓦村种植莲藕、杉树，并推广到附近村，形成了绵延万亩的杉荷带，成为如今杉荷园的雏形。杉荷园莲藕主要选用当地传统品种杉荷藕，利用当地独特的湿地环境资源，进行生态种植，主要采收时间为每年的10—12月。主藕粗壮，4节以上，顶芽米黄色、藕段表皮米白色、无锈斑，拗断少丝，气味清香；生食味甜、多汁、无渣，熟食脆嫩、爽口。杉荷园莲藕种植面积约1340万平方米，总产4000万千克。近年，当地依托优越的自然环境和莲藕产业的人文景观价值，重点推进高效农业向生态农业、品牌农业发展，打造特色莲藕产业，塑造莲藕品牌形象，产业前景广阔。2019年1月，杉荷园莲藕获得农业农村部颁发的农产品地理标志登记证书。

顺河酥梨　顺河酥梨是宿豫区果品特产，主要种植在顺河街道辖区内的林苗圃、张圩、蔡老庄3个社区，总面积600万余平方米，约50万株。据考证，“顺河酥梨”栽培始于1938年，时张圩村村民张少桐父亲身患咳喘病，他听说酥梨有助治病，就在老宅

顺河酥梨

周边栽植酥梨树近10亩。受宿豫特殊地理环境影响，长出的酥梨口味甜爽，口感好，能治病，引得周围乡亲陆续在庄前屋后栽植了大量的酥梨树。据《宿迁宿豫志》记载，民国时期顺河栽植的酥梨树有2000余株，至20世纪80年代，林苗圃酥梨树种植面积已达80万余平方米，渐成规模。周边的张圩、蔡老庄等地继续拓展栽植，21世纪起，林苗圃梨园湾成为宿豫旅游景点，林苗圃酥梨随之走向市场，深受江苏及周边地区消费者喜爱。顺河酥梨肉质细，松脆，石细胞少（颗粒感若有似无），汁多，味甜稍淡，糖酸比适中（28—30），含可溶性固形物11.0%—13.0%，平均可溶性糖7.43%、可滴定酸0.30%，每100克含维生素C3.5毫克，品质上乘。2017年，林苗圃酥梨被选为宿豫区在京东网销的十大“东哥家乡礼”农产品品牌之一，年销量两万余箱，2.5万千克。2018年1月，林苗圃酥梨获农业部颁发的“中华人民共和国农产品地理标志”。

关庙稻虾米　关庙稻虾米是宿豫区的特产。关庙镇的袁王荡荡区（仁和村、永平村、太山村、二元、董圩、水汉等村居）是宿豫区“稻虾共作”的主产区，周边的来龙等乡镇也在大力推广这种养新模式。2017年，宿豫区新调整土地533.34万平方米用于“稻虾共作”，全区总面积已经达到1000万平方米。宿豫区是传统的“鱼米之乡”，近年来按照生态、绿色的发展理念进行农业结构调整，积极推出“稻虾共作”这一生态立体种养新模式。“稻虾共作”是综合利用小龙虾和水稻的生态特点达到稻虾共生，以生态相克的原理防治田间病虫害，从而实现稻虾双丰收的一种高效立体生态农业，是农村立体开发水稻田资源的新途径，可增加农业的经济效益。每年4—9月是小龙虾捕捞销售旺季，10月收割水稻，春冬两季是休耕季节，在水稻种植期间小龙虾与水稻在稻田中共同生长。应用虾稻共生技术，每亩可生产小龙虾120—130千克、生态水稻450—550千克。宿豫区本土企业宿迁市袁王荡贸易有限公司，利用稻虾共作的优势，将收获的小龙虾和稻虾米销往上海及苏南等地。实现每亩效益增收6000元，成为农民增收、产业扶贫的典范。关庙镇以其特有的生态环境造就了“宿豫稻虾米”口感醇厚清香、洁白如脂、黏而不腻、油润回味的独有品味。

大兴瓜蒌　“大兴瓜蒌”主产区位于大兴镇内，地域保护面积1300万平方米，年生产总量为3400万千克。瓜蒌种植区土壤为棕色砂壤土，土层深厚，厚度大于80厘米，多为河流沉淀物覆盖。土壤保水、保肥性好，透气、透水适中，有机质、钾、磷及微量元素含量丰富，适应瓜蒌根系的生长和瓜蒌养分的需求。大兴瓜蒌为多年生草本植物，茎上有卷须，叶子心脏形，花白色，雌雄异株，果实卵圆形或近圆形，收获

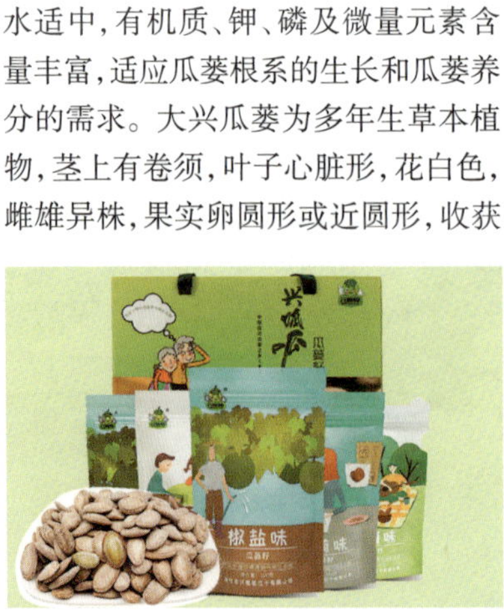

大兴瓜蒌

时为深绿色，晾干后皮为黄色，鲜果重300—400克，少数500克左右，晾干后果重150克左右。其瓜蒌籽外观呈浅棕色或棕褐色，双边微凸，籽粒饱满，采用传统工艺加工后，入口有独特的清香，破壳后籽仁鲜美，润脆可口，香味纯正，具备壳薄、仁肥、质脆、香浓、口感好的特色，深受国内外消费者青睐。2020年4月，大兴瓜蒌获农业农村部颁发的农产品地理标志登记证书。

陆集芦蒿　亦名“小叶芦蒿”，为宿豫区传统种植农作物，主食其茎，20世纪60年代开始初具规模。因其产区主要集中在陆集镇及其周边区域，故得名“陆集芦蒿”。该区域地处黄河故道，地势低洼，四面环水，土壤为沙淤两合土类型，土质肥沃、松润，富含有机质、氮、磷、钾及微量元素；气候为温带季风气候，四季分明，年平均气温13.8℃，日照时数2363.7小时，光照充足。优质的自然资源为芦蒿种植提供了良好的生长环境。芦蒿产高质优，通体浅绿，色泽均匀，茎体脆嫩多汁，香味浓郁；烹饪后气味清香，入口脆爽，味甘鲜香，纤维适中；嫩茎长约20厘米，茎粗0.4—0.5厘米，铁元素含量高，每百克含铁元素大于等于3.2毫克，每百克含蛋白质大于等于3.91克、维生素C大于等于50毫克、胡萝卜素大于等于1.4毫克。深受市场青睐，农户不断扩种。仅2018年陆集镇域新增种植面积就达60余万平方米，核心区集中连片种植芦蒿面积260余万平方米，年产量1300余万千克，产品畅销上海、安徽、山东等多个省市，为当地农民主要收入来源，成为陆集农业支柱产业。2020年4月，利民芦蒿获农业农村部颁发的农产品地理标志登记证书。

水晶山楂糕　宿豫糕点茶食，从清末就颇为出名。其中，山楂糕和桂花糕销往苏南等地，并远销国外。1927年，水晶山楂糕获巴拿马国际博览会金奖。水晶山楂糕色泽赭黄透明如水晶状，放在报纸上能透过糕体看清文字，酷似一枚红色的水晶。放于手上，似有弹性，入口细腻，酸甜适口，百吃不厌。水晶山楂糕能开胃消食、生津养颜、活血化瘀，对心血管系统疾

山楂糕

病有一定疗效。

陆集粉皮　陆集粉皮作为宿迁市市级非物质文化遗产，秉承悠久的制作工艺，并将其传承、发扬。相传早在秦时，下相民间制作的粉皮就深受楚霸王的喜爱。清乾隆皇帝南巡，驻跸宿迁，品尝陆集粉皮后龙颜大悦，问掌柜此菜何名，掌柜曰："粉皮"。乾隆说："此菜薄如蝉翼，晶莹剔透，叫明膜更为妥当。"从此粉皮又有了"明膜"的雅称。陆集粉皮质地滑润，口感娇嫩、爽口，主要是以绿豆、山芋、豌豆等淀粉为原料制作，尤以绿豆粉皮最好。2010年起，陆集镇建立陆集粉皮产业协会，产品销往徐州、南京、上海等大中城市。2017年，陆集镇从事粉皮加工的个体工商户有16家，从业人员130余人。其中，手工制作14家，机械制作2家，年产粉皮300余万千克。特色品牌"陆氏粉皮""宝华粉皮""高二姑"凭借其优质、价廉、绿色健康的特点，受到消费者的青睐。2017年，全市有80余家地产网店上架陆集粉皮，其中皇冠级别的就有10家。

仰化荷藕　仰化荷藕主产区位于宿豫区仰化镇，生产规模1680万平方米，年产量5000万千克。仰化镇种植荷藕的历史悠久，据《宿迁市志》等文献记载，明代域内仓基湖、白鹿湖中均生长荷藕，主要分布在仰化等乡镇。由于仰化水资源丰富，适宜荷藕种植，多年选育出适宜当地种植的荷藕品种——仰化荷藕。1965年起，开始大面积推广种植。截至2020年，发展规模已达1600多万平方米。2000年，仰化荷藕种植技术获宿迁市科技进步三等奖。

仰化荷藕主藕5节，粗壮均匀，藕段长20—30厘米，直径6—8厘米；花香藕表皮乳白无锈，生食脆嫩清香、汁多味甜，熟食细腻脆爽、藕香浓郁，富含多种营养物质，花香藕每100克含水量大于等于85%、淀粉含量5%—7%、蛋白质含量大于等于1.5%；成熟藕含水量大于等于80%、淀粉含量12%—15%、蛋白质含量大于等于1.8%，广受消费者喜爱。"十三五"期间，仰化镇推进藕虾套养，加强湿地建设和地理标志产品保护，提升仰化荷藕经济效益和生态效益，并发展乡村生态旅游，实现"产+销+游"一体化发展，推动一、二、三产业融合发展。2020年12月，仰化荷藕获农业农村部颁发的农产品地理标志登记证书。

（沈　瑶）

经济和社会发展

·综　合·

【经济指标】 2021年，宿豫区实现地区生产总值383.13亿元，按可比价计算，比上年增长9.3%，增速分别快于全国、全省、全市1.2个、0.7个、0.2个百分点。其中，第一产业增加值34.14亿元，同比增长4.4%；第二产业增加值170.13亿元，同比增长8.6%；第三产业增加值178.86亿元，同比增长11.0%。三次产业结构优化为8.9∶44.4∶46.7，转型步伐不断提速。

【新兴动能】 全区高新技术产业快速发展，规模以上工业中高新技术产业实现产值220.57亿元，比上年增长26.0%，快于上年9.7个百分点；占规模以上工业总产值比重为50.0%，较上年提升1.5个百分点，占比稳居三县两区首位。全区限额以上贸易库在库列统互联网批发、零售企业共实现销售额247.18亿元，比上年增长61.1%。全区高技术产业投资比上年增长11.4%，快于全部投资5.3个百分点；占固定资产投资比重为19.8%，较上年提升0.6个百分点。

【就业稳定】 全区城镇新增就业0.9万人，比上年增加0.39万人，同比增长76.5%。城镇登记失业率控制在预期目标以内。着力保障重点群体就业，先后组织线上、线下招聘活动60余场，援助城乡就业困难人员再就业0.3万人，实现返乡就业创业0.4万人。实施积极的就业政策，开展职业技能培训行动，累计培训0.71万人次，群众就业技能和质量不断提高。

·农林牧渔业·

【农林牧渔业概况】 全区实现农林牧渔业总产值60.08亿元，比上年增长6.1%，增速快于全市2.1个百分点。分行业看，农业35.79亿元、林业1.49亿元、牧业16.72亿元、渔业3.00亿元、农林牧渔服务业3.08亿元，占比分别为59.6%、2.5%、27.8%、5.0%、5.1%。全区实现农林牧渔业增加值35.98亿元，按可比价计算，比上年增长4.6%，增速比上年提高2.7个百分点，快于全市1.4个百分点。

【粮食作物稳产增收】 全区粮食总产量连续六年保持在4亿千克以上。粮食亩产上升，拉动总产增收，粮食作物播种面积85.07万亩（533.8平方千米），较上年减少0.04万亩；亩均产量490.6千克，较上年增产1.5千克；总产量4.17亿千克，较上年增产110万千克。其中，夏粮面积37.89万亩（252.6平方千米），亩均产量395.6千克，总产1.5亿千克；秋粮面积47.18万亩（314.53平方千米），亩均产量567千克，总产2.68亿千克。

【蔬菜瓜果供应平稳】 全区蔬菜播种面积18.73万亩（124.88平方千米），蔬菜及食用菌产量60360万千克。瓜果播种面积1.82万亩（12.13平方千米），同比增长0.5%。瓜果总产3000万千克，同比增长0.3%。其中，西瓜种植面积1.38万亩（9.2平方千米），同比下降0.4%；西瓜总产量2270万千克，同比下降0.4%。草莓种植面积0.23万亩（1.53平方千米），同比增长6.8%；草莓总产量370万千克，同比增长4.7%。

【畜牧规模提升】 全区生猪养殖恢复常年规模，新投产年出栏万头以上规模养殖场2个，出栏生猪18.30万头，比上年增长40.6%；年末存栏11.02万头，同比下降13.0%。全年家禽出栏3674.76万只，比上年增长49.6%；年末家禽存栏901.75万只，同比增长74.6%。猪牛羊禽肉产量7520万千克，同比增长46.0%；禽蛋产量2570万千克，同比增长178.1%。

【林渔业生产平稳】 全区新增造林面积0.12万亩，森林木覆盖率达26.95%；渔业放养面积1.6万亩，其中特色水产养殖面积0.35万亩。水产品总产量1430万千克，比上年下降2.1%。其中，鱼类产量1220万千克，占比85.3%；虾蟹等甲壳类产量160万千克，占比11.2%；牛蛙和水蛭产量50万千克，占比3.5%。

【现代农业建设】 深化"三片四带"全域振兴格局，新增国家级、省级龙头企业各1家，新引进农业重大项目41个，新增生态高效农业面积1.85万亩。绿色优质农产品比重达85.5%，全省领先。获批国家农产品质量安全县创建单位和全国主要农作物生产全程机械化示范区。休闲农业、农村电商等新业态有序发展，"一村一品一店"线上销售额达29.5亿元，其中农产品销售额达14.8亿元。

2021年宿豫区主要农业产品产量一览表

表2

产品名称	产量（万千克）	同比增长（%）
粮食	41740	0.3
蔬菜及食用菌	60360	-2.0
猪牛羊禽肉	7520	46.0
禽蛋	2570	178.1
水产品	1430	-2.1

·工业和建筑业·

【工业概况】 工业生产增势良好。全区规模以上工业总产值441.53亿元，比上年增长20.7%，较上年提升12.6个百分点；规模以上工业增加值增长16.4%，较上年提升10.2个百分点。从行业发展情况看，26个行业大类中22个行业实现正增长，增长面达84.6%。园区经济稳步提升，宿迁高新区、生态化工科技产业园、张家港宿豫工业园137家规模以上工业企业实现总产值391.63亿元，占全区比重达88.7%；比上年增长22.1%，增速高于全区1.3个百分点。

【工业企业盈利】 全区规模以上工业实现营业收入445.83亿元，比上年增长20.2%；利润总额26.77亿元，增长33.2%，分别高于全省、全市平均水平7.5个、26.9个百分点；规模以上工业企业营业收入利润率为6.0%，比上年同期提高0.6个百分点，企业盈利能力显著提升。

【工业主导产业】 全区六大主导产业产值391.65亿元，比上年增长21.8%，快于规模以上工业增速1.1个百分点；占全区规模以上工业总产值比重达88.7%。其中，新材料实现产值147.13亿元，同比增长30.4%，占全市新材料产业比重37.6%，支撑作用明显；绿色食品实现产值66.91亿元，同比增长8.4%，产值居三县两区前列；高端纺织、机电装备分别增长29.8%、21.0%，增速居全市三县两区前列。

【工业产品产量】 主要产品产量有增有降，列入全区统计范围的工业产品共计37个，其中18个产品产量实现增长，占比48.6%；有9个产品增幅在30%以上的，占比24.3%。

【建筑业发展】 全年列统总承包和专业承包建筑业企业45家，实现建筑业总产值98.78亿元，比上年增长10.5%，增速快于全市3.0个百分点；签订合同金额132.07亿元，同比增长14.8%。房屋建筑施工面积1078万平方米，同比增长28.9%，增速比上年提升8.6个百分点；房屋建筑竣工面积141.85万平方米，同比增长14.3倍。其中，住宅竣工面积126.16万平方米，同比增长18.4倍。

2021年宿豫区主要工业产品产量情况表

表3

产品名称	计量单位	产　量	增长（%）
化学纤维	万千克	35860.9	-5.0
水泥	万千克	92832.7	-2.8
铸铁件	万千克	1518	-1.6

续表3

产品名称	计量单位	产　量	增长(%)
化学药品原药	万千克	273.5	2.9
合成氨(无水氨)	万千克	9919.9	7.7
合成橡胶	万千克	8810.5	11.8
化学试剂	万千克	214.2	13.0
食品添加剂	万千克	1130.1	15.9
饲　料	万千克	18094.9	16.1
熟肉制品	万千克	2416.0	33.7
钢结构	万千克	1484.7	52.1
阀　门	万千克	581	62.6
机制纸及纸板(外购原纸加工除外)	万千克	109.5	70.0
纸制品	万千克	762.6	535.5
中空玻璃	万平方米	27.70	8.6
钢化玻璃	万平方米	1668	10.7
复合木地板	万平方米	18.86	97.4
实木木地板	万平方米	78.59	1427.6
铅酸蓄电池	万伏安时	333872	31.7
饮料酒	万升	30363	46.4
电工仪器仪表	万台	205.71	14.9
服　装	万件	2080.63	-1.0

·固定资产投资和房地产·

【固定资产投资】 全区固定资产投资比上年增长6.1%，呈前高后低、平稳回落、稳中提质的态势。其中，工业投资增长21.5%，房地产开发投资增长12.2%。分产业看"一升两降"，第二产业投资增速较快，增长21.5%，高于全部投资增速15.4个百分点；第一产业投资下降18.0%，第三产业投资下降8.1%。在建投资项目238个，其中新开工106个。

【房地产投资】 全区房地产开发投资完成39.55亿元，比上年增长12.2%，增速高于全市9.2个百分点。其中，住宅投资38.24亿元，增长15.9%。商品房施工面积361.36万平方米，比上年增长1.2%。其中，住宅施工面积314.25万平方米，增长7.4%。商品房销售面积87.33万平方米，比上年增长20.2%。其中，住宅销售面积83.25万平方米，增长22.1%。

2021年宿豫区房地产开发投资和销售情况表

表4

指　标　名　称	单　位	实　绩	增长(%)
房地产开发投资	亿元	39.55	12.2
其中:住宅	亿元	38.24	15.9
商品房施工面积	万平方米	361.36	1.2
其中:住宅	万平方米	314.25	7.4
商品房销售面积	万平方米	87.33	20.2
其中:住宅	万平方米	83.25	22.1

·国内贸易和对外经济·

【市场消费】 全区实现社会消费品零售总额317.35亿元，比上年增长14.0%，快于上年18.9个百分点。其中，限额以上单位实现社会消费品零售总额135.77亿元，增长3.7%，增速较上年提升10.9个百分点。从消费形态看，批发零售业135.18亿元，增长3.7%；住宿餐饮业0.59亿元，增长0.6%。从商品类别看，化妆品类增长402.4%，粮油、食品类增长244.8%，通信器材类141.7%，日用品类增长132.7%。

【对外贸易】 全区实现进出口总额9.76亿美元，比上年增长28.9%。其中，出口8.18亿美元，增长36.3%；进口1.58亿美元，下降9.7%。全年完成实际使用外资3.01亿美元，同比增长124.0%；完成新批外商投资企业8个，协议注册外资17.77亿美元，同比增长58.3%。

2021年宿豫区限额以上社会消费品零售额情况表

表5

指标名称	总量（亿元）	增长（%）
限额以上单位社会消费品零售总额	135.77	3.7
其中：批发零售业	135.18	3.7
粮油、食品类	6.16	244.8
饮料类	5.24	195.5
烟酒类	3.46	221.7
服装、鞋帽、针纺织品类	2.55	192.1
日用品类	8.97	132.7
体育、娱乐用品类	5.82	107.9
书报杂志类	0	-100
家用电器和音像器材类	56.31	20.2
文化办公用品类	9.67	66.1
中西药品类	0.10	-45.6
通信器材类	15.50	141.7
化妆品类	9.68	402.4
住宿餐饮业	0.59	0.6

2021年宿豫区对外贸易情况表

表6

指标名称	总量（亿美元）	增长（%）
进出口总额	9.76	28.9
其中：出口总额	8.18	36.3
进口总额	1.58	-9.7
实际使用外资	3.01	124.0

·交通运输和旅游业·

【交通运输】 全区完成货运量935万吨，比上年增长0.8%。其中，公路货运879万吨，增长0.3%；水路货运56万吨，增长7.7%。完成货物运输周转量27.8亿吨公里，比上年增长19.3%。其中，公路货物周转量26亿吨公里，增长18.2%；水路货物周转量1.8亿吨公里，增长38.5%。新建、改造洪泽湖东路、西楚大道等市政道路11条，省道S268全线通车，省道S346城区段具备通车条件。

2021年宿豫区客货运输量情况表

表7

指标名称	单位	实绩	增速（%）
货运量	万吨	935.0	0.8
其中：公路	万吨	879.0	0.3
其中：水路	万吨	56.0	7.7
货物周转量	亿吨公里	27.8	19.3
其中：公路	亿吨公里	26.0	18.2
其中：水路	亿吨公里	1.8	38.5

【旅游业】 全区接待国内外游客334.9万人次，比上年增长11.2%；实现旅游总收入31.65亿元，增长10.3%；完成旅游项目投资22.62亿元，增长1.3%。全区共有国家级水利风景区2个、国家AAA级景区4个、省级湿地公园1个，其中梨园湾创成国家级休闲农业与乡村旅游五星级园区。全区AAA级以上景区接待游客100.47万人次，增长11.2%。年末旅行社数量达到7家，比上年增加2家。

·财政和金融·

【财政收支】 全区实现一般公共预算收入34.87亿元，比上年增长26.0%，增速高于全市4.9个百分点。其中，税收收入31.04亿元，增长17.2%；税收占比达89.0%，高于全市平均值2.2个百分点。从税收构成看，增值税13.08亿元，增长22.2%；企业所得税4.89亿元，增长35.5%；印花税0.59亿元，增长37.6%。

全区实现一般公共预算支出59.04亿元，比上年下降1.9%。其中，教育支出9.78亿元，增长9.5%；科学技术支出2.91亿元，增长91.1%；医疗卫生支出3.39亿元，增长14.0%；城乡社区事务支出7.35亿元，增长74.9%；农林水支出7.21亿元，增长4.6%；住房保障支出1.41亿元，增长539.6%。

【金融业发展】 全区拥有银行类金融机构13家，小额贷款公司4家，担保机构4家，新增银行分支机构3家，集聚宿迁智能制造产业投资基金、高投知来股权投资基金、疌泉（宿迁）化工产业结构调整投资基金等基金3支；共有保险机构7家，与上年持平。全区实现金融业增加值26.60亿元，可比价增长13.5%，增速高于上年3.3个百分点。年末金融机构人民币各项存款余额316.52亿元，比年初增加67.88亿元，比年初增长27.3%；年末金融机构人民币各项贷款余额610.66亿元，比年初增加140.55亿元，比年初增长29.9%。实现保费收入7.45亿元，比去年同期减少0.11亿元，比上年下降1.4%；其中，车险保费收入5.08亿元，比上年同期减少0.49亿元，下降8.7%。

2021年宿豫区主要税种税收情况表

表8

指标	总量（亿元）	增长（%）
一般公共预算收入	34.87	26.0
税收收入	31.04	17.2
其中：增值税	13.08	22.2
企业所得税	4.89	35.5
个人所得税	2.60	20.0
城市维护建设税	2.25	20.7
印花税	0.59	37.6
契税	3.19	13.7
环保税	0.12	18.4

·科技创新和社会事业·

【科技创新】 科创能力不断增强。全区专利授权量2135件，比上年增长10%；年末有效发明专利量439件，增长21%；万人有效发明专利量8.6件，增长18.8%。高新技术企业102家，国家科技型中小企业备案达283家。新增省级研发机构7个、省级以上新产品新技术43个、省级以上科创载体3家，奇梦空间、北斗光合2家获批省级众创空间、全市唯一。

创新转型成效明显。全区新增36家省级三星级以上“上云”企业，1家国家级、4家省级专精特新“小巨人”企业，5家企业通过国家两化融合管理体系贯标评定。新亚强、景宏新材料获批国家制造业单项冠军产品企业，实现市、区“零”的突破。

【社会事业】 教育发展持续提升。全区普通初中教育招生6516人，在校生16612人，毕业生4559人。小学教育招生7361人，在校生45357人，毕业生6691人。特殊教育学校招生24人，在校生131人。全区共有幼儿园48所，比上年增加1所；在园幼儿18248人。新建玉泉山路初中、黄山路初中等5所学校，完成20余所学校校舍及设施改造提升；创成省市优质园7所、市优质校6所。

文化事业蓬勃发展。全区共有区级文化馆1个，公共图书馆2个，博物馆2个，美术馆1个；建成“红书房”20个、24小时自助图书馆7个，区文化馆顺利通过国家一级馆验收。开展文化惠民活动700余场，“宿豫小大姐”合唱团获省紫金合唱节金奖，《我在上甘岭一切都好》获全国县级融媒体中心优秀作品一等奖。广播电视台1座，有线电视用户52363户，广播综合人口覆盖率和电视综合人口覆盖率均达100%。

卫生事业持续提升。全区共有各

2021年宿豫区教育学生情况表

表9

指 标	招生数		在校生数		毕业生数	
	总量(人)	增长(%)	总量(人)	增长(%)	总量(人)	增长(%)
普通初中教育	6516	22.1	16612	13.6	4559	9.3
小学教育	7361	-3.6	45357	1.5	6691	20.1

类卫生机构191个,其中医院21个;疾病预防控制中心1个,妇幼卫生保健机构1个;各类卫生机构拥有病床2838张,其中宿迁市中医院拥有病床616张;卫生技术人员2561人,其中执业医师及执业助理医师1123人,注册护士1438人。每千人口执业(助理)医师2.5人,每千人口注册护士3.2人,每千人拥有床位数6.38张。

·环境保护和节能降耗·

【生态环境建设】 打好蓝天、碧水、净土保卫战,狠抓扬尘管控,开展散乱污企业"回头看",巩固餐饮油烟治理成效,全区$PM_{2.5}$浓度降至38.8微克/米^3、空气优良天数比率提升至78.3%,空气质量达近年来最好水平。实施24项水环境治理重点工程,国省考断面平均水质均达Ⅲ类以上。督促44家重点VOCs排放企业制定年度错峰生产计划,压实全区范围重点涉VOCs企业贯标,推进VOCs综合治理项目18项。

【节能降耗】 全区规模以上工业能源利用效率不断提升,单位产值能耗0.29准煤/万元,比上年下降17.8%。围绕"双碳"目标,严控高耗能、高污染行业产能,强化重点企业节能监察,高耗能产业万元产值能耗下降25%,单位经济产值能耗下降1.02%。

·人口、人民生活和社会保障·

【人口规模】 全区户籍人口为49.63万人,比上年下降0.42%;出生人口3958人,出生率7.97‰;死亡人口4180人,死亡率8.42‰。年末全区常住人口为44.57万人,比上年末增加0.06万人,增长0.13%。新型城镇化建设步伐加快,年末常住人口城镇化率达67.88%,比上年末提高0.9个百分点。

【居民收入】 全区居民人均可支配收入29325元,比上年增长10.3%。按收入来源分,工资性收入16803元,增长10.6%;经营净收入7490元,增长8.3%;财产净收入1471元,增长12.2%;转移净收入3561元,增长12.6%。按常住地分,城镇居民人均可支配收入34449元,增长9.6%;农村居民人均可支配收入21868元,增长10.8%。全区居民人均消费支出18307元,比上年增长18.5%;其中,食品烟酒支出5579元,占比30.5%,较上年回落2.7个百分点。

【社会保障】 年末,全区城乡基本养老、失业、工伤保险参保人数分别为30.36万人、5.81万人、7.49万人,城乡基本养老保险比上年末同口径减少0.4万人,失业、工伤保险比上年末同口径分别增加0.8万人、0.43万人。基本养老、医疗保险覆盖率分别达98.4%、98.2%。60岁以上人员养老金发放率100%,全年为15.39万名60岁以上人员累计发放养老金3.67亿元。

数据说明

1.此分目中使用的数据为快报数。

2.地区生产总值、规模以上工业增加值及其分类项目增长速度按可比价计算,为实际增长速度;其他指标除特殊说明外,按现价计算,为名义增长速度。

3.部分数据因四舍五入问题,存在总计与分项合计不等的情况。

4.部分指标数据因统计口径调整,较上年不具可比性。

5.规模以上工业统计范围为年主营业务收入2000万元及以上的工业企业。

6.固定资产投资统计范围为计划总投资500万元及以上建设项目。

7.社会消费品零售总额统计中限额以上单位是指年主营业务收入2000万元及以上的批发业企业(单位)、500万元及以上的零售业企业(单位)、200万元及以上的住宿和餐饮业企业(单位)。

8.就业、农业、建筑、投资、旅游、外资外贸、交通、财政、金融、教育、科技、文化、卫生、人口、社会保障、生态环境等相关数据均来源于部门提供。

(区统计局)

中共宿豫区委

综　述

重要会议

重要决策

重要活动

区委办工作

组织工作

宣传工作

统战工作

侨务事务

机构编制

综合考核

机关党建

党史编研

党校工作

老干部工作

宿豫年鉴

2022　SUYU YEARBOOK

综　述

【概况】 2021年，宿豫区坚持以习近平新时代中国特色社会主义思想为指导，立足新发展阶段、贯彻新发展理念、融入新发展格局，在市委、市政府坚强领导下，主动扛起中心城区“半壁江山”责任，以“四化”同步集成改革为牵引，系统谋划工作思路、务实举措推进落实，高质量发展取得新成效、现代化建设全面开好局。地区生产总值同比增长9.3%，一般公共预算收入增长26%，位居全市前列；13项列统指标保持两位数增长。“双创”政策落地、农村人居环境整治等获省级激励支持；12月，宿豫区获评“平安中国建设示范县（区）”，全市唯一。

【产业发展】 狠抓项目引建，优化调整“1+10+10”招商模式，开展“全员全域全年”招商活动，新签约亿元以上项目60个，其中50亿元以上项目4个，宿迁中玻电子玻璃有限公司和宿迁逸达新材料有限公司二期等重大产业项目有序推进，江苏三元轮胎有限公司二期建成投产。狠抓集聚发展，组建产业强链专班，建立健全“五个一”推进机制，“一链一策”推动产业链发展，规模以上工业总产值、工业开票销售分别增长20.7%、25.1%，“大数据+”产业链产值突破百亿元。狠抓企业培育，扎实推进“5321”工程，新增开票超10亿元企业2户、超30亿元企业1户；5月，京东物流于香港联交所主板上市；宿迁联盛科技股份有限公司完成A股上市报会；国家级专精特新“小巨人”、单项冠军产品企业全市占比最高；10月，江苏北斗星通汽车电子有限公司入选省工业互联网发展示范企业，全市唯一。

【改革开放】 深化改革，率先探索“把支部建进小区”等原创性改革事项，新增省级以上试点30余项，党建引领乡村治理相关做法被省委、省政府推广，并获评全国典型案例，精准扶贫标准化试点以优秀等次通过国家考核评估。深化创新，高新技术产业产值占比稳居全市首位，高于全省平均值；宿迁高新技术产业开发区获评中国（江苏）自由贸易试验区联动创新发展区，在2021年全国高新技术产业开发区考核中跃升17个位次；12月，宿迁电子商务产业园区获评国家小型微型企业创业创新示范基地。深化开放，做好合宿新高铁、宿连航道等重大交通工程建设服务保障，启动陆集、来龙港口规划建设；推进外资外贸稳定发展，进出口总额突破9亿美元，实际利用外资实现翻倍增长；成立京东办公室，并挂宿豫区京东合作促进中心牌子，加强与京东合作，新引进京东京喜、京东科技等项目，创成省级跨境电子商务产业园区，电子商务交易额达850亿元，占全市47.37%，跨境电子商务交易额超过1000万美元。

【城乡发展】 全面推进城市更新，高标准开展国土空间规划编制和金三角、高铁东站、顺河等片区城市设计，实施中心城市重点工程100项，建成书香园、洪泽湖东路等“五园十一路”，完成棚户区改造43万平方米，新增公园绿地12万平方米。全域推进乡村振兴，构建“三片四带”振兴架构，推进“水路林田居产景”一体提升。3月，宿豫被农业农村部办公厅确定为第三批国家农产品质量安全县（区）创建单位；4月，宿豫作为江苏肉鸡产业集群的核心区和江苏省肉鸡生产基地随着江苏肉鸡产业集群入选2021年农业优势特色产业集群而进入全国优势特色产业集群序列；启动来龙小城市建设，改善农民住房条件2.2万户，白鹿湖社区被确定为全国红色美丽村庄建设试点，12月袁家村试运营。全力提升治理效能，开展城乡公共空间治理行动，加快文明全域创建，文明指数保持全省第一方阵。坚决守牢安全环保底线，安全生产事故起数和死亡人数保持“双下降”，空气优良天数占比79%，国省考断面平均水质达标。

【民生改善】 推进增收富民，开展富民强村帮促行动，新增就业人数9000余人，居民人均可支配收入增长10.3%，村均集体经营性收入突破110万元，城乡居民收入比缩小到158∶100，全市最低。完善公共服务，优化教育布局，新建玉泉山路初级中学等学校4所，合作办学不断深化；推动市中医院改扩建、大兴区域医疗卫生中心建设，与省中医院合作办医；启动文化艺术中心、全民健身中心等公共文体设施建设，推进中运河老粮库文化创意园招商运营。强化社会保障，大力实施全民参保计划，深入巩固脱贫致富奔小康成效，深化城乡居民“小康托底险”试点，近50万城乡居民纳入托底保障范围，做好易返贫致贫群体的兜底保障。

【党的建设】 坚定不移落实新时代党的建设总要求，走好现代化建设赶考之路，加强党建呈现新气象。筑牢政治根基，扎实开展党史学习教育，实施理论武装三年行动计划，深刻领悟“两个确立”的伟大意义，坚决做到“两个维护”；实施“345”意识形态管理提升工程，牢牢把握意识形态工作主导权。夯实基层堡垒，完成各项换届任务，开展党支部“标准+示范”建设、村（社区）党群服务中心“四提一创”行动，8月31日，承办全市园区“三高”企业党建工作调研座谈会。锻造过硬队伍，优化年轻干部培养选拔机制，树立实干、实效、实绩的工作导向，成立干部担当作为监督管理中心，深化运用“三项机制”，激发干事创业热情。营造清正风气，完善“三不”一体推进机制，启动新一届区委首轮巡察，探索负面清单靶向监督机制，实施“‘三真三实’作风提优”专项行动等，全力整治旧理念、碎片化等“八种作风问题”。

（王　彪）

重要会议

【中共宿豫区十三次代表大会】 7月25日，中国共产党宿迁市宿豫区第十三次代表大会开幕。会议由区委副书记、代区长徐源主持。区委书记殷其国作题为《聚力“四个宿豫”目标，扛起“半壁江山”责任，矢志不渝当好全市经济社会发展先行军》的工作报告；书面听取并审议《中共宿迁市宿豫区第十二届纪律检查委员会工作报告》《关于党费收缴、使用和管理情况的报告》。会议高举习近平新时代中国特色社会主义思想伟大旗帜，深入学习贯彻习近平总书记在庆祝中国共产党成立100周年大会上的重要讲话精神和视察江苏重要讲话精神，动员全区各级党组织、广大党员和干部群众，在践行“争当表率、争做示范、走在前列”重大使命、开启社会主义现代化建设新征程中，同心同德、务实苦干，聚力建设创新宿豫、开放宿豫、精致宿豫、幸福宿豫，坚决扛起中心城市“半壁江山”责任，矢志不渝当好全市经济社会发展先行军。号召各级党组织和广大党员干部在2021—2025年围绕奋斗目标，抢抓战略机遇，突出发展重点，加大推进力度，狠抓工作落实，推动宿豫经济社会发展迈上新的更高台阶。会议指出，要聚焦转型升级，强化工业经济支撑，彰显数字经济优势，放大现代农业特色，夯实产业根基；要聚焦开放引领，战略化融入发展大局，全方位提升开放层次，系统性重塑工业园区，扩大竞争优势；要聚焦改革创新，优化政务服务环境、资源要素配置、科技创新生态，释放发展活力；要聚焦有机更新，突出统筹联动优布局、精致建设提品质、治理创新促文明，提升城市能级；要聚焦示范引领，完善全域振兴格局，丰富美丽乡村内涵，提升基础设施配套，推动乡村振兴；要聚焦共建共享，提高居民生活水平、公共服务质量和社会保障能力，增进民生福祉；要聚焦和谐稳定，提升本质安全水平，改善生态环境质量，营造和谐稳定环境，提升治理水平。

【区委十三届二次全会】 8月7日，中国共产党宿迁市宿豫区第十三届委员会第二次全体会议召开。区委书记殷其国代表常委会作题为《狠抓实体经济 加快转型升级 全面激发当好先行军的强劲动能》报告。全会指出，要突出实体经济，以更加坚决的态度当好先行军；要突出产业转型，以更加雄厚的实力当好先行军；要突出环境优化，以更加鲜明的优势当好先行军；要突出齐头并进，以更加多元的发展当好先行军；要突出强基赋能，以更加强大的合力当好先行军。号召全区上下凝心聚力、攻坚克难，构建更加科学的工作机制、培养更加实干的干部队伍、提振更加务实的工作作风，锐意进取、担当作为，全力打造区域发展新优势。徐源总结了上半年经济工作，安排部署了下半年工作任务，并就新出台的招商引资、项目推进、园区建设相关文件进行详细解读，要求全区上下深入贯彻落实全会精神，聚力招商引资大突破，打造“当好先行军”的“主引擎”；聚力项目推进大提速，夯实“当好先行军”的“主支撑”；聚力园区建设大提档，建强“当好先行军”的“主阵地”。会上，与会人员共同观看专题片《克难奋进抓项目，凝心聚力开新局》；宿迁高新区、区发展和改革局、区住房和城乡建设局等5家单位主要负责人围绕相关工作作表态发言；会议审议并通过了全会决议。

【区委常委会会议】 2021年，区委常委会共召开31次区委常委会会议，其中十二届区委常委会会议21次，从第94次会议到第114次会议；十三届区委常委会会议10次，从第1次会议到第10次会议。

十二届区委常委会第94次会议 1月5日召开，传达学习五届市委常委会第119次会议精神，听取相关工作汇报。

十二届区委常委会第95次会议 2月4日召开，传达学习市委常委会（扩大）会议精神、市政府主要领导调研宿豫区经济社会发展工作座谈会精神，听取区人大常委会、区政府、区政协、区人民法院、区人民检察院党组2020年工作情况汇报，听取安全生产工作情况汇报，研究《关于坚持对标对表强化改革创新聚力推动四区建设的意见》《中共宿豫区委 宿豫区人民政府关于落实“三重一大”制度的实施办法》《区委理论学习中心组2021年度理论学习计划》等文件，听取区纪委全会相关筹备情况，研究部署相关工作。

十二届区委常委会第96次会议 2月10日召开，通报宿迁市高质量发展考核情况，听取2020年度目标管理工作奖惩决定有关情况以及改革创新暨高质量发展目标管理总结表彰大会建议方案和2020年度村（社区）综合考核情况，研究部署相关工作。

十二届区委常委会第98次会议 3月6日召开，深入学习贯彻习近平总书记在中央政治局第二十七次集体学习时的重要讲话精神，传达学习全国全省全市宣传部长会议、全省全市政法工作会议以及全省政法队伍教育整顿动员部署会议精神，研究讨论作风建设、营商环境和工业经济、农业农村有关工作。

十二届区委常委会第99次会议 3月12日召开，深入学习贯彻习近平总书记在党史学习教育动员大会上的重要讲话精神以及省市党史学习教育动员会议精神，传达学习全国两会精神、省市组织部长会议精神以及省市关于县乡领导班子换届工作会议精神，研究部署相关工作。

十二届区委常委会第102次会议 4月29日召开，深入学习贯彻习近平总书记关于防范和惩治统计造假、弄虚作假重要讲话指示批示精神，传达学习《中国共产党组织处理规定（试行）》文件精神和省委全面依法治省工作会议和江苏省争创全国法治政府建设示范市县活动动员部署会精神，听取统计事项、区委全会情况汇报，研究部署相关工作。

十二届区委常委会第107次会议 6月18日召开，深入学习贯彻习近平总书记关于生态文明建设的重要讲话精神，开展统计违纪违法警示教育和法律法规学习，传达学习相关精神并分析研判当前安全生产形势，听取信访工作情况、全区“两优一先”表彰对象评选工作情况，研究部署相关工作。

十二届区委常委会第110次会议 7月8日召开，深入学习贯彻习近平总书记在庆祝中国共产党成立100周年"七一勋章"颁授仪式上的重要讲话、在庆祝中国共产党成立100周年大会上的重要讲话、在中央政治局第三十一次集体学习时的重要讲话和在青海考察时的重要讲话精神，传达学习市委书记王昊在宿豫区领导干部会议上的讲话精神，研究部署下一阶段工作。

十二届区委常委会第114次会议 7月23日召开，研究部署宿豫区第十三次党代会相关工作。

十三届区委常委会第1次会议 7月29日召开，听取新冠疫情防控、区委全会、高质量考核及巡察有关工作情况，讨论《关于高质量推进园区建设的实施意见》《关于进一步优化招商引资工作的实施方案》等文件，研究部署有关工作。

十三届区委常委会第2次会议 8月4日召开，亦为区新冠疫情防控工作领导小组会议，会议传达国务院、省委、市委有关新冠疫情防控工作会议精神和有关文件精神，听取当前疫情防控面上工作及项目工地、企业防控组和社会及社区防控组等工作开展情况，研究部署下一阶段疫情防控工作。

十三届区委常委会第4次会议 8月28日召开，深入学习贯彻习近平总书记关于宗教工作重要论述，传达省委十三届十次全会精神和《中国共产党统一战线工作条例》《江苏省宗教事务条例》等文件精神，讨论《关于加强园区"三高"企业党建工作的实施意见（试行）》等文件，研究部署相关工作。

十三届区委常委会第5次会议 9月18日召开，深入学习贯彻习近平总书记关于网络强国战略思想重要论述和关于档案工作的重要批示精神，传达学习全市档案工作会议精神，研究区乡两级人大换届选举工作，讨论《关于加大人才创新创业支持力度促进高质量发展的十条意见》2.0版和《2021年度软弱涣散村（社区）党组织整顿工作实施方案》等文件，听取全区安全生产、能耗双控工作情况，研究部署相关工作。

十三届区委常委会第7次会议 10月18日召开，传达学习粮食购销领域腐败问题专项整治暨涉粮问题专项巡视巡察有关精神，听取信访有关情况汇报，研究四化同步集成改革有关事项。

十三届区委常委会第9次会议 11月29日召开，传达学习中央和省市有关党史学习教育的文件会议精神、全国加强换届风气监督工作电视电话会议及省市推进会精神、全省海外引才工作专题会议精神和全国拓展新时代文明实践中心建设工作电视电话会议及江苏省续会会议精神，讨论《宿豫区环境空气质量区考监测站点"点位长"履职规则（试行）》《关于优化城乡污水治理体制机制的实施意见》等文件，研究部署相关工作。

十三届区委常委会第10次会议 12月25日召开，传达学习中央、省委经济工作会议和省委人才工作会议精神，讨论2022年重大产业项目、民生实事项目和中心城市建设重点工程项目编排计划，研究部署下一阶段工作。

【2020年度履行全面从严治党主体责任述职会】 1月23日，宿豫区召开2020年度履行全面从严治党主体责任述职会，区委书记、宿迁高新区党工委书记刘海红主持会议并作点评讲话，市委组织部副部长、党建办主任胡赣江一行到会指导。区委常委，区人大常委会主任、区政协主席，区委党的建设工作领导小组成员，各乡镇党委书记，各街道、园区党工委书记，区直部门单位党委（党组）书记，部分"两代表一委员"、基层党务工作者参加会议。会上，刘海红强调要增强政治判断力、政治领悟力、政治执行力，聚焦会抓党建、善抓党建、抓好党建，坚持强化责任、问题导向、常态长效，突出系统思维、改革创新、抓好落实，重点做好党建强基、党建助企、党建富民、党建惠民四大"党建+"工程，以更高质量党建促进全区经济社会更高质量发展。胡赣江对2020年度宿豫的基层党建工作给予充分肯定和高度评价，并就做好下一步基层党建工作提出三点要求。

【新冠疫情防控工作领导小组会议】 1月30日，宿豫区召开疫情防控工作领导小组会议，区委书记、宿迁高新区党工委书记刘海红出席会议并讲话，区委副书记、区长殷其国主持会议，区级领导班子全体成员，区人民法院院长、区人民检察院检察长，区直各部门、各单位，各乡镇、街道、园区主要负责人参加会议。刘海红指出，基于近期严峻的疫情防控形势，各部门要把上一年宿豫区疫情防控中形成的好经验、好做法运用好，迅速行动起来，把各项防控措施落细落实落到位，确保全区疫情防控工作疏而不漏、万无一失。要系统谋划，加强防控。疫情防控事关重大，相关责任岗位要24小时在位，做好值班值守。相关单位要加强疫情形势研判，科学制定防控措施，规范管理，确保面上情况稳定。区新冠疫情防控指挥办公室以及各专项工作组要加强工作统筹，各司其职、同向发力，做好疫情防控和维护正常生产生活秩序。要准确把握当前疫情防控的重点难点。关注重点人、重点物、重点地区和重点事项，确保重点人员精准摸排到位、重点场所精准防控到位、聚集活动精准管控到位、预防措施精准落实到位，坚决巩固来之不易的疫情防控成果。同时，要广泛发动群众自觉参与到疫情防控工作中来，构建人人参与的疫情防控格局。要强化责任落实。相关责任单位要提高政治站位，树牢底线思维，加大力度，强化责任，从严从细落实各项常态化疫情防控措施，确保把疫情防控措施落到实处。

【2020年度民主生活会】 2月7日，区委常委会召开2020年度民主生活会。区委书记、宿迁高新区党工委书记刘海红主持会议，市委督导组组长、市二级巡视员孙维一行到会指导。区

人大常委会党组书记、主任袁昌华，区政协党组书记、主席袁恒列席会议。会议主题是“认真学习贯彻习近平新时代中国特色社会主义思想，加强政治建设，提高政治能力，坚守人民情怀，夺取决胜全面建成小康社会、实现第一个百年奋斗目标的伟大胜利，开启全面建设社会主义现代化国家新征程”。会上，首先通报了区委常委班子2019年度“不忘初心、牢记使命”主题教育专题民主生活会整改措施落实情况。刘海红代表区委常委班子作了对照检查，并带头作个人对照检查。随后，其他区委常委班子成员围绕会议主题，把自己摆进去、把职责摆进去、把工作摆进去，逐一作对照检查，进行批评和自我批评。孙维从“聚焦会议主题，思想动员深刻到位；主动担当负责，认真查摆突出问题；勇于自我批评，开展批评动真碰硬；坚持问题导向，整改措施扎实有力”四个方面对宿豫区委常委会民主生活会进行肯定，并代表督导组提出“提高政治站位，在理论武装上更加过硬；突出固本培元，在加强政治建设上久久为功；勇于直面问题，在全面从严治党上善作善成；注重改革创新，在推动高质量发展上走在前列”四点意见。最后，刘海红代表区委作从“强化理论武装中提升党性修养；在推动问题整改中改进工作作风；在服务发展大局中展现使命担当”三个方面作总结讲话。

【改革创新暨高质量发展综合考核总结表彰大会】 2月19日，宿豫区召开改革创新暨高质量发展综合考核总结表彰大会。区委副书记温士才主持会议。区委常委、组织部部长、党校校长张贤永宣读《区委区政府关于2020年度全区高质量发展综合考核的奖励决定》。会上，区领导为获得“高质量发展综合考核一等奖”、“高质量发展综合考核优秀单位”、“党的建设”先进单位、“工业招商引资”先进单位、“重点项目建设”先进单位颁奖；宿迁高新区、区改革办、区工业和信息化局、区住房和城乡建设局、新庄镇5家单位依次作交流发言。区委书记、宿迁高新区党工委书记刘海红强调，要在现代化建设中走在前列，必须要有高点定位、赶超先进的目标追求；要在高质量发展中争当表率，必须要有改革攻坚、创新发展的路径选择；要在新发展格局中争做示范，必须要有敢于争先、勇于突破的精神状态。区委副书记、区长殷其国指出，全区上下要立足新起点、开启新征程，更加主动扛起高质量发展担当，进一步增强干事创业的精气神，脚踏实地、开拓进取，确保高标准完成全年目标任务。要强化目标引领，在比学赶超上有新突破；要强化攻坚意识，在项目建设上有新成效；要强化改革精神，在争当先锋上有新作为；要强化底线思维，在安全发展上有新担当，确保“十四五”开好局、起好步，以优异成绩迎接党的百年华诞。

【作风建设暨营商环境建设大会】 3月9日，全区作风建设暨营商环境建设大会在区文化公园小剧场召开。区委书记、宿迁高新区党工委书记刘海红出席会议并讲话，区委副书记、区长殷其国主持会议。会上，与会人员共同观看营商环境专题片；区委副书记、副区长徐源传达全市作风建设暨营商环境建设大会精神，通报2020年度企业全生命周期营商环境建设情况，并部署2021年重点工作；区委常委、区纪委书记、区监委主任李笋通报作风建设典型案例，部署作风建设工作；区市场监督管理局、区行政审批局、区工信局相关负责人分别作交流发言。

7月20日，宿豫区召开作风建设大会。区委书记、宿迁高新区党工委书记殷其国出席会议并讲话，区委副书记、区长徐源主持会议。会上，与会人员共同观看作风建设专题片；区委常委、区纪委书记、区监委代主任李叶超通报作风建设典型案例；区委常委、区委组织部部长、区委党校校长张贤永解读《宿豫区干部不担当不作为靶向监督实施办法》。殷其国强调，要以更高的思想自觉扛起“当好先行军”的职责使命；要以更强的问题意识找准“当好先行军”的症结所在；要以更优的实干精神厚植“当好先行军”的发展优势；要以更严的工作导向强化“当好先行军”的作风保障，持之以恒抓好作风建设，做到以上率下带出好作风、常态长效管出好作风、严格督查抓出好作风、营造氛围育出好作风，不断以作风建设的新成效推动宿豫经济社会高质量发展。徐源要求强化思想认识，狠抓作风提升；突出问题整改，务求高质高效；紧扣中心大局，勇于担当作为，切实以推动发展的新业绩检验作风建设的新成效、展现宿豫干部的新风采。

【加快工业经济高质量发展暨招商引资、科技创新大会】 3月9日，宿豫区召开加快工业经济高质量发展暨招商引资、科技创新大会。区委书记、宿迁高新区党工委书记刘海红出席会议并讲话。会上，区委常委、宿迁高新区党工委副书记、管委会副主任孟凯总结了2020年全区招商引资工作，安排部署2021年全区招商引资工作；副区长、宿迁生态化工科技产业园党工委书记唐善林总结了2020年全区工业经济发展情况，安排部署2021年工业经济重点工作；副区长、宿迁电子商务产业园区党工委书记任杰总结了2020年全区科技创新工作，安排部署2021年全区科技创新工作；区委副书记、副区长徐源宣读了有关表彰决定；现场为2020年度全区A股上市企业、2020年度全区功勋企业家颁奖。

【政法队伍教育整顿工作推进会】 3月11日，宿豫区召开政法队伍教育整顿工作推进会。深入学习贯彻习近平总书记关于加强政法队伍建设的重要指示精神，按照全国、全省、全市会议部署要求，对全区政法队伍教育整顿进行系统安排，着力提升新时代宿豫区政法队伍建设和政法工作水平。区委书记、宿迁高新区党工委书记刘海红到会讲话。区委常委、政法委书记张成龙主持会议。会上，副区长、区公安局局长钟永久传达了省、市关于政法队伍教育整顿工作会议精神。区委政法委、区公安局、区人民法院、区人民检察院和区司法局就开展好政法队伍教育整顿工作作了表态发言。本次教育整顿总体上分为学习教育、查纠整改、总结提升三个环节。从2月底开始，至6月底结束。

【农村工作会议】 3月15日，宿豫区召开农村工作会议。区委书记、宿迁高新区党工委书记刘海红出席会议并讲话。区委副书记、区长殷其国主持会议。副区长朱静波通报2020年度全区农业招商引资、人居环境整治、公共空间治理工作情况，部署2021年度相关工作；区委副书记温士才传达中央和省、市农村工作会议精神，安排部署农业农村重点工作。区级领导班子全体成员，区人民法院院长、区人民检察院检察长，各部委办局主要负责人，各乡镇、街道、园区主要负责人参加会议。刘海红强调，全区上下要深入贯彻习近平总书记关于“三农”工作重要讲话指示精神，以“争当表率、争做示范、走在前列”的使命担当，巩固拓展脱贫攻坚成果，深入实施乡村振兴战略，加快城乡融合发展，全力以赴推进农业农村现代化。

【领导干部会议暨党史学习教育动员大会】 3月15日，宿豫召开领导干部会议暨党史学习教育动员大会。区委书记、宿迁高新区党工委书记刘海红出席会议并讲话。区委副书记、区长殷其国主持会议。区委常委、宣传部部长陈慧敏传达全国两会精神和中央、省、市党史学习教育动员会精神。区级领导班子全体成员，区人民法院院长、区人民检察院检察长，各部委办局主要负责人，各乡镇、街道、园区主要负责人以及党史学习教育区委宣讲团成员参加会议。关于学习贯彻全国两会精神，刘海红强调，要旗帜鲜明讲政治，领会两会精神丰富内涵；要全力以赴抓落实，推动两会精神落地生根；要持之以恒强改革，提升两会精神贯彻实效。关于党史学习教育，刘海红指出，全区上下要把开展党史学习教育作为当前一项重大政治任务，切实学深悟透，凝聚力量、指导实践、推动发展。要聚焦学史明理，感悟思想伟力；要聚焦学史增信，筑牢信仰之基；要聚焦学史崇德，赓续精神血脉；要聚焦学史力行，扛起时代重任。

【领导干部会议】 7月3日，宿豫区召开领导干部会议，宣布省委、市委关于宿豫区委、区政府主要负责人职务调整的决定：刘海红不再担任宿豫区委书记、宿迁高新技术产业开发区党工委书记职务（保留副厅级），另有任用；殷其国任宿豫区委书记，不再担任宿豫区区长职务；徐源任宿豫区委副书记，提名为宿豫区区长候选人。市委书记、市人大常委会主任王昊出席会议并讲话，市委常委、组织部部长高飞主持会议并宣读省委、市委干部调整决定。王昊对宿豫区发展提出五点要求：要当好先行军，必须把牢政治方向，在明辨大势中提高政治判断力，在深化学习中提高政治领悟力，在担当作为中提高政治执行力，忠诚履职尽责；要当好先行军，必须紧抓发展要务，扛起产业转型升级、城市能级提升、美丽乡村建设的“半壁江山”；要当好先行军，必须高举改革旗帜，以更大力度解放思想，以更强决心深化改革，以更实举措强化创新，激发创新动能；要当好先行军，必须站稳群众立场，聚力聚焦群众关切，扎实办好民生实事，始终做到群众满意，增进民生福祉；要当好先行军，必须锤炼过硬作风，弘扬拼搏进取的实干精神，营造风清气正的政治生态，凝聚团结奋斗的整体合力，树立优良形象。刘海红以《感恩宿豫人民》为题，作了临别感言。殷其国表示，完全拥护、坚决服从省委、市委对宿豫区主要负责人的调整，并衷心感谢组织的培养、信任，并对今后的工作进行表态。徐源作任职发言。

【区委常委会（扩大）会议】 4月30日，宿豫区召开区委常委会（扩大）会议。区委书记、宿迁高新区党工委书记刘海红出席会议并讲话。会上，区委副书记、副区长徐源传达一季度全市经济形势分析暨高质量发展点评会议精神；区委常委、组织部部长张贤永通报一季度高质量发展考核指标总体情况；区委常委、区纪委书记、区监委主任李笋通报全区一季度作风效能建设“流动红黄旗”评定情况；区领导徐源、温士才、孟凯、唐善林分别通报相关指标完成情况并部署安排下一步工作；宿迁生态化工科技产业园区、区商务局、大兴镇等单位负责人进行会议发言。

【庆祝中国共产党成立100周年座谈会暨“两优一先”表彰会议】 7月2日，宿豫召开庆祝中国共产党成立100周年座谈会暨“两优一先”表彰会议，动员全区广大党员干部重温百年历程、永葆初心使命，坚决扛起全市主城区的“半壁江山”责任。区委书记、宿迁高新区党工委书记刘海红出席会议并讲话，区委副书记、区长殷其国主持会议。会上，区委副书记温士才传达习近平总书记在庆祝中国共产党成立100周年大会上的讲话以及省市会议精神；区委常委、组织部部长张贤永宣读《关于表彰全区优秀共产党员、优秀党务工作者和先进基层党组织的决定》；部分获表彰的“两优一先”代表上台领奖。刘海红强调，要对党忠诚，始终做到与党同心同向同行；要凝心聚力，坚定干事成事的信心决心恒心；要从严从实，增强新时代党的建设动力活力合力。

【全区“奋力开新局 当好先行军”交流研讨暨工作务虚会】 为全面贯彻市委书记王昊对宿豫提出的“当好全市经济社会发展先行军”工作要求，进一步推动思想解放，理清发展思路，确保“十四五”发展开好局、现代化建设起好步，7月11日，区委书记殷其国主持召开“奋力开新局、当好先行军”交流研讨暨工作务虚会。徐源、袁昌华、袁恒等区级领导班子全体成员和区人民法院院长、区人民检察院检察长参加会议。会议通报全区“奋力开新局、当好先行军”大学习大调研大讨论活动进展情况。每位区领导立足分管工作实际、聚焦全区发展需求，汇报工作开展情况，分析存在问题短板，提出下一步计划和建议策略。

【区人武部党委第一书记任职大会】 9月3日，宿豫区召开人武部党委第一书记任职大会。市委常委、宿迁军分区司令员夏卫平出席会议，并宣读任职批复：增补殷其国为中共宿迁市宿豫区人民武装部委员会委员、第一书记。区委书记、区人武部党委第一书记殷其国作表态发言，区委常委、人武部部长管锡冬主持会议，宿豫区人武部政委时爱民等参加会议。夏卫平代表宿迁军分区党委对殷其国任宿豫区人武部党委第一书记表示祝贺，并就更好推进宿豫区党管武装工作提出四点希望。殷其国作任职发言。

【全国文明诚信高地建设动员大会】 9月4日，宿豫区召开全国文明诚信高地建设动员大会，区委书记殷其国出席会议并讲话。会上，与会人员共同观看了宿豫区全国文明城市长效建设专题片；区委常委、宣传部部长陈慧敏传达宿迁市全国文明诚信高地建设动员暨全国文明城市表彰大会精神，部署安排了全国文明诚信高地建设任务、2021年度重点工作和书香城市创建工作；区城市管理局、区住房和城乡建设局、区发展和改革局、区市场监督管理局、豫新街道、大兴镇主要负责人进行交流发言。殷其国强调，要按照市委、市政府提出的打造“全国文明诚信高地”要求，开展文明城市“升级版”创建，推动宿豫文明城市创建工作向更深的层次、更广的范围、更高的水平迈进。徐源强调，要明确差距不足，增强忧患意识；要坚持问题导向，坚决抓好整改；要坚持“一盘棋”思想，凝聚强大合力。

【教育工作会议】 9月10日，宿豫区召开教育工作会议，认真贯彻习近平总书记关于教育的重要论述，全面贯彻党的教育方针，围绕“十四五”发展趋势研究部署教育工作，全力办好人民满意的教育，推动教育现代化走在前列。区委书记殷其国出席会议并讲话，区委副书记、代区长徐源主持会议，副区长、宿迁技师学院院长刘培禄总结部署教育工作。殷其国向全区广大教育工作者致以节日问候，向受到表彰的优秀教师、先进单位表示祝贺。就进一步做好教育工作，殷其国强调，要立足新阶段，科学回答“办什么样的教育”时代课题；要聚焦高标准，确保教育现代化建设走在前列；要突出高水平，全面争创“学在宿豫”的品牌；要围绕高素质，着力加强新时代教师队伍建设。徐源强调，要强化争先意识，全力提高教育质量水平；要强化问题意识，聚力推进教育优质均衡发展；要强化品牌意识，奋力推动教育事业再上新台阶。会议表彰了一批尊师重教先进单位、教育工作先进集体、优秀教育工作者，部分单位作了交流发言。

【“学党史·开新局”交流研讨暨2022年度工作务虚会】 12月18日，区委书记殷其国召开“学党史·开新局”交流研讨暨2022年度工作务虚会。会议深入贯彻中共十九届六中全会、中央经济工作会议精神，落实省第十四次党代会、市第六次党代会部署要求，深化党史学习教育，研究谋划2022年工作。区级领导班子全体成员，区人民法院院长、区人民检察院检察长，区直各单位、部门主要负责人，乡镇（街道）、园区党政主要负责人参加会议。会上，区委副书记、代区长徐源传达学习市“学党史·开新局”交流研讨暨2022年度工作务虚会精神。袁昌华、袁恒、温士才等区级党政领导班子成员围绕谋划各自分管领域重点工作结合全区工作建议作交流发言，回顾总结2021年工作成绩，客观分析存在问题，提出2022年工作目标和计划。区人民法院、区人民检察院，各乡镇、街道、化工园区、区直各部门主要负责人作书面发言。殷其国就做好2022年工作，提出实施项目引建、集成改革、城市更新、乡村振兴、民生改善等“五大攻坚”行动，并强调各单位、部门负责人都是“关键少数”，要扛起责任担当，冲在最前面、走在最前列，勇担时代之责、树立领先之志、提升解题之能，大力开展党建引领、能力本领、作风效能“三大提升行动”，激发全区上下坚决扛起中心城市“半壁江山”责任，高水平推进“四化”同步，高质量建设“四个宿豫”，奋力“当好全市经济社会发展先行军”。围绕2022年经济工作，徐源强调要紧紧抓住国家、省市层面的宏观政策机遇，精准把握宿豫在区位交通、空间资源等方面的有利条件，务实苦干、攻坚克难，全面推进“两高一先”战略各项任务落地落实；要吃透上级的最新精神，坚持“稳字当头、稳中求进”主基调，坚定不移推进招商引资，在提升招商的系统化、科学化、精准化、多样化、专业化、品牌化上下功夫；要聚力推进项目投产达效，持续优化营商环境；要准确把握适度超前开展基础设施投资建设的宏观政策，谋划、实施一批重点项目，把政策优势转化为发展优势；要探索建设数字经济商务区，高点定位、积极争取，以坚定的信心、过硬的举措，为推进“两高一先”战略贡献更大力量。

【2021年度党委（党组）书记抓基层党建工作述职评议考核会】 12月24日，宿豫区召开2021年度党委（党组）书记抓基层党建工作述职评议考核会。区委书记殷其国主持会议并讲话，市委党建办副主任张行全程与会指导，区委常委，区人大常委会、区政协主要领导，各乡镇（街道、园区）党（工）委书记及区直部门单位党委（党组）书记参加会议。殷其国从“提高站位，想清楚‘为什么抓’；立足本位，弄明白‘怎么抓’；精准定位，考虑好‘抓什么’”三个方面，对党委（党组）书记抓基层党建工作作了强调，要求全区各级党组织全面落实新时代党的建设总要求，进一步从政治高度抓好党建，从全局高度抓牢党建，从战略高度抓强党建，切实为高水平推进“四化”同步，高质量建设“四个宿豫”贡献智慧和力量。通过听取汇报，张行对宿豫区2021年度党委（党组）书记抓基层党建工作给予充分肯定，同时希望宿豫区对基层党建工作要始终做到登高望远、始终聚焦基层基础、始终关注民心向背、始终压紧压实责任，推动基层党建工作取得更好成绩。

（王　彪）

重要决策

【概况】 2021年，宿豫区召开区委常委会会议31次，区委常委会（扩大）会议4次。区委发文和区委、区政府联合发文256份；区委办发文和区委办、区政府办联合发文154份。重要决策涉及“四化”同步集成改革、党史学习教育、乡村振兴、改革创新等方面。

【谋划“四个宿豫”建设】 在全面开启现代化建设新征程中，市委赋予宿豫中心城市“半壁江山”定位，要求宿豫“当好全市经济社会发展先行军”。宿豫区围绕“先行军”的使命、担当，谋划建设“四个宿豫”，即创新宿豫、开放宿豫、精致宿豫、幸福宿豫，以着力扩大竞争优势，补齐发展短板，推动整体工作全面发展、重点工作树立标杆，在全市现代化建设中承担更大责任。10月18日，区委、区政府联合印发《关于高水平推进“四化”同步高质量建设“四个宿豫”的实施方案（2021—2025年）的通知》，紧扣省委“把改革创新的基因注入现代化”和市委“为全省在率先实现社会主义现代化上走在前列多做贡献”总要求，在更高坐标、更大范围、更深层次推进集成改革，促进“四化”在互动中实现同步，在同步中实现协调，全力当好全市“四化”同步集成改革示范区建设的先行军，为全市现代化建设多作宿豫贡献。

【产业发展决策】 2021年，宿豫区，坚持“产业为纲、项目为王”理念，实施“创新驱动、产业强区”战略，分别于3月8日和7月30日制定并印发《关于实施重点产业链链长制加快产业集群集聚发展的意见》和《关于进一步完善重大产业项目推进机制的实施方案》，以促进特色产业集群发展，延伸产业链、提升价值链、融通供应链，培育全区产业发展新增长极，发挥重大产业项目对转方式、调结构、稳投资、促增长的重要作用，强化全区重大产业项目建设工作。

【园区发展决策】 2021年，宿豫区围绕“改革创新做表率，争先进位走在前”工作要求，推进园区高质量发展。6月16日，区委办、区政府办联合印发《关于印发宿迁高新区2021年度争先进位工作实施方案的通知》，引导宿迁高新区坚持全面对标对表盐城高新区发展理念，聚焦聚力推进争先进位工作，以促进经济快速增长和科技创新能力快速提升为要求，将宿迁高新区建设成为以新材料产业为主导、多种特色新兴产业联动发展、高端要素集聚、创新创业活跃、管理服务高效、城市功能完善、生态环境优美的现代化园区，力争到“十四五”末进入全国百强行列。7月30日，区委、区政府联合印发《关于高质量推进园区建设的实施意见》，有效解决园区建设中存在的系统谋划不足、规划衔接不到位、工程建设质量不高、对外形象不佳、城市管理存在盲点等实际问题，科学重塑系统化、精致化、精细化的规划建设管理格局。8月28日，区委办公室印发《关于加强园区“三高”企业党建工作的实施意见（试行）的通知》，以各园区和乡镇工业园区为载体，围绕“五个基本”共性要求，坚持抓党建、联人才、兴产业、强园区，瞄准“双强六好两倍增”目标，实现党建工作与企业发展深度融合，促进产业向高技术、高成长、高附加值方向发展，形成一批有示范带动效应的党建品牌。

【招商引资决策】 2021年，宿豫区立足产业兴城，构建“1+10+10”招商模式，把好项目支撑，分别于6月8日、7月30日以区委办、区政府办联合印发《关于进一步加强全区招商引资工作的实施意见》和《关于进一步优化招商引资工作的实施方案》，优化招商引资体制机制，强化招商责任，动员全区上下凝心聚力，全力攻坚大产业，聚力推进大项目，努力实现新形势下招商引资工作新跨越，加快推进“四区建设”。

【国企改革决策】 2021年，宿豫区坚持和加强党对国有企业的全面领导，坚持和完善基本经济制度，坚持社会主义市场经济改革方向，提高运营能力，以做强做优做大国有资本和国有企业。先后分别于7月5日、12月17日以区委办、区政府办名义联合印发《关于印发宿豫区国企改革三年行动实施方案（2020—2022年）的通知》《关于印发宿豫区国有企业整合提升实施方案的通知》，构建新发展格局，明确经营职能，切实增强国有经济竞争力、创新力、控制力、影响力、抗风险能力。

【来龙镇小城市建设决策】 2021年，宿豫区围绕新型城镇化目标任务，大力提升小城市综合承载能力，制定完善配套政策，加快推动来龙镇小城市建设工作。11月26日，先后以区委、区政府名义联合印发《关于进一步促进来龙镇小城市建设发展的实施意见》，以区委办、区政府办名义联合印发《关于印发宿豫区来龙镇小城市建设发展三年行动计划（2021—2023）的通知》，文件结合小城市发展规划，以问题和需求为导向，编排项目清单，力争把来龙镇小城市建设成功能齐全、配套完善、环境优美、宜居宜业的现代化小城市，促进农村人口就近就地城镇化，以发挥小城市在市域城镇空间体系中的要素集聚、辐射带动和示范引领效应，探索形成传统农业地区实现乡村振兴的可复制、可推广经验做法，为高质量建设“四个宿豫”贡献力量。

【公共空间治理决策】 2021年，宿豫区坚持专班化运作、项目化运行、预警化研判，持续推动城乡公共空间治理深化。11月26日，区委办、区政府办联合印发《关于印发全面深化推进乡村公共空间治理实施方案的通知》，持续巩固深化全区乡村公共空间治理成果，推动乡村生产、生活、生态“三生”空间一体治理、深度融合、协同发展。12月27日，区委办、区政府办联合印发《关于印发宿豫区城市公共空间治理“三年行动”计划实施方案（2021—2023年）》，在城区深入开展城市公共空间治理“三年行动计划”，通过制定方案、率先试点、全面推进、长效管理等措施，到2023年底，全面构建起“产权明晰、干净整洁、设施完善、秩序井然、生活便捷、文明和谐”的城市公共空间格局。

【安全生产决策】 2021年，宿豫区全面贯彻习近平总书记关于安全生产的重要指示批示精神，牢固树立安全发展理念，以防控系统性安全风险为重点，强化企业主体责任落实，完善和落实安全生产责任和管理制度，建立健全安全隐患排查和安全预防控制体系。1月28日，区委办、区政府办联合印发《关于进一步深化安全生产三年专项整治工作的意见》，全力抓好安全生产专项整治三年行动方案的推进落实，有力有序有效推动“三年大灶”向纵深发展。2月24日，区委办、区政府办联合印发《关于全面加强危险化学品安全生产工作的实施意见的通知》，加强源头治理、综合治理、精准治理，着力解决危险化学品领域基础性、源头性、瓶颈性问题，提升本质安全水平，守住安全生产底线，推动安全生产形势持续稳定好转，为经济社会高质量发展营造安全稳定环境。

【基层党建决策】 2021年，宿豫区深入贯彻落实中央、省委、市委关于基层党组织及阵地建设相关要求，全面加强全区村（社区）、小区等基层党组织建设，夯实基层堡垒。3月8日，区委办、区政府办联合印发《关于集成推进村（社区）党群服务中心功能“四提一创”的实施意见（试行）的通知》，突出“服务功能最大化、办公面积最小化”，全面规范“建管用”制度，把村（社区）党群服务中心建设成为“党建强、功能优、服务好、人气旺”的“红磁场”。6月8日，区委办、区政府办联合印发《关于集成推进“把支部建进小区”的若干措施（试行）的通知》，加强党对城市工作的领导，弘扬“支部建在连上”光荣传统，推动党的组织和工作进小区、入楼栋、联到户，让党员群众在“家门口”就能找到组织、享受优质服务。12月2日，区委办、区政府办联合印发《关于印发村（社区）干部专职化管理“1+7”系列文件的通知》，探索实行村（社区）党组织书记“专职五级”管理，深化落实“区乡共管”和“员额备案”制度，通过健全完善选拔任用、教育培训、考核评价、报酬保障、鼓励激励、管理监督“六项机制”，着力建设一支发展有思路、心中有情怀、脚下有泥土、肩上有担当、行为有规尺的村（社区）干部队伍，锻造一批政治素质好、道德品行好、群众基础好、发展能力强、治理能力强、协调能力强的“三好三强”型村（社区）党组织书记。

【思想引领决策】 2021年，宿豫区以习近平新时代中国特色社会主义思想为指导，紧紧围绕“两争一前列”“‘四化’同步集成改革示范区”“五个先行军”部署要求，分别于2月18日以区委办、区政府办名义联合印发《关于开展“改革创新作表率 争先进位走在前”大讨论大调研大实践活动的实施方案》，于7月5日以区委办公室名义印发《关于开展“奋力开新局 当好先行军”大学习大调研大讨论活动的实施方案的通知》，于8月23日以区委办公室名义印发《关于在全区党员干部中开展“两在两同”建新功行动的实施方案的通知》，依次开展“改革创新作表率 争先进位走在前”大讨论大调研大实践、“奋力开新局 当好先行军”大学习大调研大讨论、“两在两同”建新功等思想引领活动，以锤炼党性、为民服务、推动发展的实际行动践初心担使命，引领全区上下以更加高昂的政治热情、炽热的为民情怀、务实的工作作风，把握新发展阶段、贯彻新发展理念、构建新发展格局、推动高质量发展，践行“争当表率、争做示范、走在前列”重大使命，聚焦“‘四化’同步集成改革示范区”重大政治任务，切实扛起中心城市“半壁江山”责任，聚力建设创新宿豫、开放宿豫、精致宿豫、幸福宿豫，全面激发“当好先行军”的强劲动能，奋力谱写现代化建设新篇章。

【作风建设决策】 2021年，宿豫区深入贯彻落实中央、省、市关于加强作风建设的部署要求，坚持系统思维和问题导向，解决作风建设重点难点问题，锤炼好作风、聚力谋发展，为宿豫扛起中心城市“半壁江山”责任、当好全市经济社会发展“先行军”提供作风保障。先后分别于4月25日、7月12日、7月20日、12月9日，以区委办、区政府办名义依次联合印发《关于在全区开展“三真三实”作风提优行动的实施方案的通知》《关于进一步完善重点工作推进机制的通知》《关于在全区开展作风建设大提升活动的实施方案的通知》《关于高效推进工作落实9条措施的通知》等文件，逐步紧拧作风建设螺丝，巩固“强‘三真’、比担当”作风建设成果，激发“敢”的精神，鼓足“闯”的劲头，砥砺“争”的作风，彰显“进”的追求，高效推进“两高一先”各项工作任务落实，凝聚“十四五”攻坚突破奋进力量。

（王 彪）

重要活动

【京东智慧城项目封顶仪式】 1月24日，京东智慧城项目封顶仪式在宿迁电子商务产业园举行。副市长曹秀明，市政府副秘书长、市京东办公室主任徐宜军，区领导刘海红、陈磊、任杰，京东集团副总裁吴洁等出席仪式。开工仪式上，京东智慧城项目负责人许翔介绍了京东智慧城项目有关情况；中建科工集团有限公司副总经理蔡玉龙介绍了京东智慧城项目建设情况；与会领导和嘉宾共同启动了京东智慧城项目封顶仪式。

【北京师范大学社会治理智库调研基地揭牌仪式】 4月8日，北京师范大学社会治理智库调研基地揭牌仪式在宿豫区举行。国务院研究室原主任、北京师范大学中国社会管理研究院院长魏礼群，市委书记、市人大常委会主任王昊，市委常委、宣传部部长光华，区领导刘海红、陈慧敏、孟凯等参加活动。揭牌仪式上，江苏秀强玻璃工艺股份有限公司董事长卢秀强作欢迎致辞；北京师范大学中国社会管理研究院社会学院教授、博导、民生保障研究中心主任谢琼作题为《孝善文化与幸福社会：社会治理体系与模式研究》的课题介绍；魏礼群、王昊共同为北京师范大学社会治理智库调研基地揭牌。

【宿豫区与世茂集团战略合作签约仪式】 4月12日，宿豫区与世茂集团签订战略合作协议。副市长章其波，区领导刘海红、殷其国、徐源，世茂集团董事局副主席兼集团总裁许世坛以及公司相关负责人等参加签约仪式。仪式上，世茂集团苏沪区域公司助理总裁、环沪城市公司总经理仲其安介绍了公司情况；区委副书记、区长殷其国与世茂集团高级副总裁，苏沪区域公司、山东地区公司董事长兼总裁蒋立丰签订战略合作协议。

【第三届运河品牌电商大会跨境电商论坛】 5月20日，由宿豫区人民政府、宿迁市商务局共同承办的第三届运河品牌电商大会跨境电商论坛举办。省贸促会副会长黄政，市委常委、常务副市长史志军，区委书记、宿迁高新区党工委书记刘海红，区委副书记、区长殷其国以及部分专家学者、企业代表等参加活动。论坛上，省贸促会贸易促进部部长吴文闻介绍江苏品牌产品线上丝路行活动背景及开展情况；史志军、黄政、刘海红，市政府副秘书长杜陆军、市商务局局长朱长途、吴文闻、商务部贸研院信用研究所副所长王惠敏、迪拜MIE集团执行副总裁肖锋共同启动江苏品牌产品线上丝路行（宿迁专场）活动。随后，商务部贸研院信用研究所副所长王惠敏、湖南鲸鱼跨境电商综合服务有限公司董事长田洪波等专家学者分别作主题演讲。在圆桌对话环节，焦点研究院总监王海清，北京慧聪互联信息技术有限公司副总裁姚永超，浪潮集团副总裁、浪潮大数据总裁徐宏伟，广东省跨境电子商务协会常务副会长、江苏苏粤跨境电商综合服务有限公司总裁孙镭以推进跨境电子商务综合试验区制度创新为主题，现场分享各自观点和感悟。

【“把支部建进小区里 将实事做到家门口”活动启动仪式】 6月9日，宿豫区举行“把支部建进小区里 将实事做到家门口”活动启动仪式。区委书记、宿迁高新区党工委书记刘海红出席仪式并讲话，区委副书记温士才主持仪式，区领导陈慧敏、张贤永、臧其永等参加仪式。启动仪式上，大家共同观看“把支部建进小区”工作专题片；区委常委、组织部部长张贤永解读《关于集成推进“把支部建进小区”的若干措施（试行）》，并部署安排2021年工作任务；区城市管理局、区委区级机关工委、区民政局等单位主要负责人现场交流工作推进计划；为首批“把支部建进小区”示范点培育对象授牌，并为“豫见先锋”社会组织党校揭牌；现场进行“双结双联”共建项目签约。

【苏华达600t/d汽车玻璃生产线点火投产暨宿迁中玻新能源材料产业园项目开工仪式】 6月28日，宿豫区举行江苏苏华达新材料有限公司600t/d汽车玻璃生产线点火投产暨宿迁中玻新能源材料产业园项目开工仪式。副市长曹秀明，区领导刘海红、殷其国、徐源、孟凯、赵伦军，中国玻璃控股执行董事、行政总裁吕国等出席仪式。仪式上，曹秀明与吕国共同为苏华达600t/d汽车玻璃项目点火；曹秀明，区委书记、宿迁高新区党工委书记刘海红，吕国，中国建材蚌埠院常务副院长陶立纲共同为中玻新能源材料产业园项目开工启动水晶球。

【宿北大战红色教育中心开园仪式】 7月1日，宿豫区举行宿北大战红色教育中心开园仪式。刘海红、殷其国、袁昌华、袁恒等区级领导班子全体人员，区人民法院院长、区人民检察院检察长，区委各部委办、区各办局以及区各直属单位主要负责人等参加仪式。仪式上，区委副书记温士才介绍宿北大战红色教育中心建设总体情况；区委常委、宣传部部长陈慧敏，区委常委、组织部部长、党校校长张贤永共同为红色教育中心揭牌；区委书记、宿迁高新区党工委书记刘海红，区委副书记、区长殷其国，区人大常委会主任、党组书记袁昌华，区政协主席、党组书记袁恒，区委副书记、副区长徐源，区委副书记、张家港宿豫工业园区党工委书记沈浩，区委副书记温士才共同启动开园。

【“烈士纪念日”纪念活动】 9月30日，宿豫区举行“烈士纪念日”纪念活动。殷其国、徐源、袁昌华、袁恒等区级领导班子全体成员，区人民法院院长、区人民检察院检察长、区直各单位主要负责人，各乡镇（街道、园区）党政主要负责人，公安民警、消防员、老复员军人、军烈属、退役军人、双拥先进典型、中小学生和群众代表等共同来到宿北大战烈士陵园，祭奠烈士英灵、缅怀革命先烈。区委副书记温士才主持仪式，随着《义勇军进行曲》响起，全体人员凝望高大雄伟烈士纪念碑，齐声高唱。唱毕后，全场肃立并向为人民解放事业和国家建设事业英勇献身的烈士默哀。少先队员献唱《我们是共产主义接班人》，以表达对革命烈士的敬意。随后《献花曲》奏响，武警礼仪士兵托起花篮向纪念碑走去，区领导上前整理花篮缎带。之后，全体人员依次绕行一周瞻仰烈士纪念碑、英烈墙，深切缅怀为人民解放事业英勇捐躯的革命烈士。

【2021“苏韵乡情”乡村休闲旅游农业（宿迁）专场推介活动暨京东（宿迁）全国乡村振兴示范基地启动仪式】 10月12日，2021“苏韵乡情”乡村休闲旅游农业（宿迁）专场推介活动暨京东（宿迁）全国乡村振兴示范基地启动仪式在宿豫区举行。省农业农村厅副厅长朱新华，副市长曹秀明，区领导殷其国、徐源、温士才、朱静波、任杰、樊磊及市、区农业农村局主要负责人等参加活动。启动仪式上，与会领导和嘉宾共同观看宿豫区乡村休闲旅游宣传片；区委副书记温士才作宿豫区休闲农业精品旅游线路推荐；市农

业农村局局长王占武为“宿有千香”十佳主题创意农园授牌；京东集团党委副书记、集团副总裁曾晨作了京东（宿迁）全国乡村振兴示范基地专题推介；采用视频形式推介全省“一园两基地”典型；区委书记殷其国和曾晨共同为“京东（宿迁）乡村振兴学堂”揭牌。

（王 彪）

区委办工作

【信息调研】 围绕区委中心工作部署，提高站位、加强研究、精确分析，深度挖掘宿豫区在改革创新、经济建设、社会管理等工作中形成的特色做法、发展亮点和社情民意，及时形成信息上报，为领导决策提供科学翔实的参考依据。2021年，区委办向省委办公厅报送各类信息220余篇，其中被中央办公厅采用2篇，获得省领导批示1篇；向市委办公室报送信息400余篇，被采用150余篇，综合考评位列全市第二名，并收到市委办公室感谢函；完成省、市约稿20余篇。

【综合协调】 围绕区委中心工作，全面提高文件、会议办理规范化、精细化、专业化水平，较好完成办文办会工作。2021年，区委办牵头组织各类观摩活动30余次、会议120余次，办理各级来文2000余份，有力保障区委各项工作顺利开展。

【督查督办】 围绕区委决策部署和“四个宿豫”“两高一先”工作目标，聚焦区委主要领导交办各类事项以及区委重大决策部署，全力做好党委督查工作。2021年，起草区委督查快报、专报、督查周报共计63期，持续跟踪中心城市建设、农业农村项目建设、重大产业项目建设、民生实事项目建设、党委政策性制度建设等交办事项1500余件，完成率100%，完成市委主要领导66件批示件办理工作。梳理编排出2022—2024年度全区重点项目992项，并建成项目数据库；编排全区工业、交通、住建等项目全流程示意图。

【公务接待】 围绕区委、区政府中心工作，发扬“忠诚、敬业、奉献”的党办精神，致力“服务中心、服务大局”，做到严谨严格、精准精细、周到周密，顺利完成年内的各项保障任务，为全区中心工作开展和对外交流合作做出贡献。2021年，接待国家、省及市委市政府主要领导到访宿豫30余起，参与保障省政务信息培训会、2021“苏韵乡情”乡村休闲旅游农业（宿迁）专场推介会、全市党建引领新型农村社区治理现场会、区党代会以及区党政代表团赴张家港考察等数十起大型会务活动，参与接待各地客商150余次。

（王 彪）

组织工作

【概况】 截至2021年年底，中共宿迁市宿豫区委下辖基层党组织1033个，其中直属党（工）委35个、二级党委91个、党总支19个、党支部888个。全区基层党员总数25617人，总数比上年增加363人，新增党员1597人，其中新发展党员611人，因转出、死亡减少党员1218人。2021年，全区组织系统坚决贯彻中央和省委、市委、区委决策部署，深入落实新时代党的建设总要求和新时代党的组织路线，全力抓好庆祝建党100周年、区乡村换届两项重点任务，扎实推进干部队伍、基层党建、人才队伍建设，突出改革创新、规范入轨，全区组织工作科学化、系统化程度明显提升，涌现出一批具有鲜明特色和广泛影响力的宿豫组织工作亮点、品牌。

【新思想学习贯彻】 以庆祝中国共产党成立100周年系列活动为主线，坚持典型引领，向2035名老党员颁发“光荣在党50年”纪念章，评选表彰区级“两优一先”100个，获省、市“两优一先”表彰21个。坚持理论武装，全面落实“五个一百”“1368先锋绽放”工程等各项任务，组织开展新党员“七一”集中宣誓，举办线上、线下各类培训班34期，培训党员干部超过1.8万人次。坚持举旗定向，协同抓好党史学习教育，融合推进“两在两同”建新功行动、“我为群众办实事”实践活动，引导广大党员群众听党话、跟党走。

【干部教育培训】 2021年，宿豫区认真贯彻落实中央和省、市关于干部教育培训有关要求，着力整合培训资源、拓展教育阵地、拓宽渠道方式，为党员干部“量身定制”培训计划，提升培训针对性、实效性。完善机制保障，凝聚工作合力。理顺干教领导小组成员单位关系，拟定下发《关于明确区干部教育培训领导小组工作职责意见》，条目化设置17个成员单位、28条职责清单，解决工作缺位、不到位等问题，形成组织部门牵头抓总、职能部门各司其职、密切配合的大教育格局。建立培训报备制度，形成《宿豫区2021年度干部教育培训工作要点》，逐步解决

资料拓展

“1368先锋绽放”工程

2021年，宿迁市深化探索抓党员教育促乡村振兴实施路径，创新实施“1368先锋绽放”工程，计划在三年内，建成100个市级党员教育培训示范基地、培育300名市级党课名师，每年推动6000节较高质量党课进支部进基层、组织推动8万名党员进党校（分校）轮训，形成成熟稳定的党员教育促乡村振兴方法路径。

各单位培训交叉、资源浪费等问题。优化培训供给，强化培训实效。着眼换届后领导班子建设，紧扣干部专业素养需求，将干部教育培训嵌入工作大局，着力化解干部工学矛盾。探索“组织集训+自主培训”，在常态设置主体班基础上，探索“自办、联办、合办”的办班模式，创新开展“研学课堂”9期、组织“2.5天”短训班180场、干部夜校28期，累计覆盖对象1.57万余人次。立足宿豫党建引领乡村振兴、党建引领基层社会治理等实践探索，开发工业强区、工业经济、电商发展“1+3”系列课程，围绕乡村振兴“20字方针”开发“1+5”系列课程，相关课程已经在党校专题培训中应用。凸显地域特色，建强培训载体。聘任9名基层工作经验丰富干部任党校“兼职教师”，组建一支身处意识形态、行政执法、为民服务、应急处突等基层一线的“本土名师”队伍。秉持处处有资源，事事可教育的理念，挖掘地方红色资源和乡村振兴探索成效，打造宿豫“红”“绿”两个教育培训主题，开发现场教学点27处，设计优选出宿北大战遗址公园、振友社区、淮北江南展陈馆、京东二期、筑梦小镇等，并进行集中授牌，真正实现“套餐式”配课，满足干部教育培训的多样化需求。

【基层党建】 紧盯“五聚焦五落实”30项重点任务，以基础工作全面规范、农村和城市领域全面示范为目标，持续加强基层党组织和党员队伍建设。深化推进村（社区）干部专业化管理，制定《村（社区）干部专业化管理1+7系列文件》，村（社区）干部待遇较2019年翻了一番。规范党建为民服务专项资金使用，筹集设立800余万元“豫见先锋”暖心专项资金、1000余万元“红色公益创投”专项资金。5月，振友社区“党建爱心餐”被央视《新闻联播》报道。开展规范党的组织生活专项行动，进行3轮全覆盖巡查和4轮重点抽查，全区各级党组织组织生活严肃性、规范性得到制度化保证。持续深化探索新型农村社区党建。9月22日，“一委两站五岗”模式写入省委、省政府《支持宿迁“四化”同步集成改革推进现代化建设的意见》；12月2日，全市党建引领新型农村社区治理现场会在宿豫区召开；12月，白鹿湖社区入选中组部“红色美丽村庄”试点。扎实推进“把支部建进小区”，出台专门工作导则，覆盖工作全环节。“双结双联”做法，先后分别被中组部《城市基层党建》电视期刊报道、被市委书记王昊肯定、被省委《江苏改革简报》刊载。

【公务员管理】 2021年，区委组织部坚持问题导向、结果导向，以增强基础性保障能力为目标，全面提升规范化管理水平，为建设高素质专业化公务员队伍打下坚实基础。在人员招录上，科学合理、分层分类设置职位，切实把好“入口关”。年内，新招录公务员（含参公管理事业单位人员）23人，定向黑龙江大学选聘生4人，紧缺专业选聘生1人。在考核机制上，坚持科学规范，探索平时考核、年度考核和试用期考核“三位一体”的考核体系。开发“宿豫区平时考核民主测评”二维码，完成2020年招录的44名公务员（含省选调生）试用期考核工作，科学评定干部年度考核等次，嘉奖366人，记三等功65人。在待遇保障上，严格依规依标核定发放津补贴，及时提高乡镇工作补贴标准。通过分阶段分批次集中审批全区公务员晋级晋档、职务职级变动，确保所有人员工作应调尽调。2021年，共计调资2000余人次。严格落实带薪年休假相关制度，全年共备案1563人次。

【干部队伍建设】 巧借区乡两级换届契机，优化乡科级领导班子搭建。换届过程中，综合分析研判班子结构、工作实绩、运转质态和刚性需求，结合不同乡镇发展定位，选优配强领导班子。同期，同步对区直部门和街道、园区干部进行拉动调整，推动一批年轻干部、专业干部走上领导岗位，各单位干部年龄结构、专业结构得到优化。做到换届过程全程监管，实现换届风清气正。宿豫区强化换届风气监督的“三公开”（公开宣誓、公开承诺、公开动态）做法被《江苏省组工信息》专题推介。围绕“四个宿豫”建设，优化干部资源配置。采取挂职、兼职、工作专班等形式保障全区招商引资、重点工程、乡村振兴等重点岗位工作需要。搭建“1+10+10”招商组织架构，选派74名干部充实专业招商队伍，组建重点工作专班，选派“第一书记”到村任职；优先安排一批干部到经济社会发展一线锻炼，为项目建设、民生事业提供组织保障。立足职务职级空间，彰显鲜明用人导向。坚持“三重三先”（发展为重、事业为重、一线为重，以德为先、实绩当先、基层优先）选人用人导向，注重规划规则，遵循规律规矩，通过“辛苦指数”评估和不担当不作为靶向监督推动“三项机制”落地见效，提拔晋升一批吃劲岗位上敢于担当、实绩突出干部。2021年，提拔和晋升干部中，基层一线干部占比达56.6%；提拔和重用干部中，高质量考核优秀单位干部占比达76.4%。

（朱永伟）

宣传工作

【思想理论建设】 2021年，宿豫区紧扣学习宣传贯彻习近平新时代中国特色社会主义思想政治任务，突出习近平总书记“七一”重要讲话和中共十九届六中全会精神等内容，组织开展区委理论学习中心组学习22次，示范带动全区乡科级中心组开展专题学习2100余次，区委宣讲团组织大规模集中宣讲5轮230余场，全区上下学习贯彻新思想更加自觉。对基层理论宣教资源进行整合提升，构建“核心层”“辐射层”“基础层”三级宣讲体系，全年利用“红书房”“我家学堂”等平台开展理论宣讲3000余场，实现地域、行业、群体全覆盖。建立党委（党组）中心组学习“三项机制”，即“菜单式”选学、“课题化”促学、“巡听式”督学的学习机制。围绕党史学习教育等系列专题，高质量组织集中学习会22场，开展现场教学3场，推荐自学阅读书目24册，对75家乡科级党委中心组学习进行巡学旁听、量化评估全覆盖。整合宿北大战遗址公园、淮北江南展陈馆等红色载体，打造区级理论素养提升基地5家。开设“党史百年 红色回响”等栏目，发布《百名支书读党史》《红色回响》等音视频170余条，累计收听收看人数超百万。基层党员冬训期间，先进开展新思想理论进万家、新风尚文明伴我行等主题活动，开创推广实施基层党员冬训“四个在一线”工作法，该做法获评全省党员冬训创新项目，宿豫区连续四年摘得创新项目之冠。

【新闻宣传】 围绕学习宣传习近平新时代中国特色社会主义思想、贯彻落实市区党代会精神等阶段重点工作，开展专题宣传20余个，做到报纸、电视、广播、新媒体同频共振。全年，共计刊发各类主题宣传稿件3000余篇（条），其中党史学习教育在省级以上媒体用稿1200余篇，位列全市前列。深化媒体融合发展，打造“豫见精彩”APP便民惠民政务平台，全年发布新闻、音视频数据总量2万余条，开展各类互动直播22场次，吸纳注册用户达16万人。修改完善《宿豫区关于进一步规范新闻发布工作的通知》等文件，推出1+X+媒体、第一发布、线上发布、专题发布的“四位联动”发布机制，召开党史学习教育、“当好先行军 奋力开新局”等线上线下新闻发布会62期，在密切联系群众、促进党务政务公开、有效引导社会舆论等方面发挥向上引导作用。

【舆情处置】 严格落实“0213数化限时”办结机制，共监测、处置涉宿豫网络舆情961件，编写《今日舆情》294期、《舆情快报》2期，下发舆情交办单73期，协调网站及网民处置敏感舆情20余次，舆情整体态势平稳可控。

【精神文明建设】 紧扣建设全国文明诚信高地目标定位，精心谋划实施全国文明城市常态长效建设内涵提升三年行动计划，落实好督察整改闭环管理。全年，交办重点问题2.3万个，整改率97.8%，为全市最高，有力推动文明城市建设从“突击备战”向“常态长效”转变。着力加强典型选树。全年，全区当选“中国好人”2人、当选“江苏好人”3人，当选“省最美人物”1人，使广大干部群众学有榜样、行有标杆。常态开展“文明村镇”“五星文明家庭”等文明创建活动，全区文明乡镇占比达到100%，文明村占比达到52%。持续以先进典型引领乡风文明建设。致力破除陈规陋习，创新发布丧事活动管控工作流程图，对不文明办丧行为进行专项整治。着力构建新时代文明实践中心、所、站、点“四级矩阵”，吸纳6万名新时代文明实践志愿者，开展各类志愿服务活动2万余次，队伍数量和活动次数均居全市第一。

【推动党史学习教育】 在全市率先开展“七进十百”系列活动，开发整合全区红色资源，串联九龙花园、网易传媒等七类党史学习教育体验阵地，推出党史游学“红色一号线”，省委宣传部部长张爱军调研“红色一号线”时给予肯定。注重发挥县处级党员干部表率作用，创新举办话剧《共产党宣言》党史学习沙龙，组织中心组党史学习现场交流会、专题读书班等活动，“学在宿豫”党史学教品牌的影响持续扩大。扎实开展“我为群众办实事”实践活动，建立“两清单一张表”动态管理机制，办理各类民生实事2500余件，办结率达到100%，基层群众的获得感、幸福感、满意度不断提升。全区党史学习教育成果在省级以上主流媒体平台得到充分展现，其中国家级媒体用稿280余篇、省级媒体用稿900余篇，上稿数量居全市第一。

（韦　尚）

统战工作

【概况】 2021年，宿豫区委统战部通过强化政治交接、强化网格治理、强化凝聚人心、强化构建大局“四个强化”增强民主党派工作的针对性，引导广大统战成员始终与中国共产党同心同德、同心同向、同心同行，推动统战工作高质量发展。年内，撰写上报提案、议案20余件，形成专题调研报告3篇；完成民革宿豫总支、民盟宿豫总支、民进宿豫总支、民建宿豫支部、宿豫区党外知识分子联谊会等换届选举工作；成立“九三学社中央宿迁市宿豫区乡村振兴实践基地”1个，成为苏北首个挂牌基地。

【编印《统一战线工作政策法规汇编》】 2021年，宿豫区委统战部在全省县区级统战部门中率先开展编排《统一战线工作政策法规汇编》（以下简称《汇编》）。该《汇编》将与统一战线工作直接相关的各级各类制度、规定、规范性文件进行全面系统梳理，汇集入册，内容涵盖民主党派和无党派人士工作、党外知识分子工作、民族宗教工作、非公经济领域统战工作、港澳台统战工作、海外统战工作和侨务工作、党外代表人士队伍建设等九大体系，为统战干部掌握中央及地方统战工作政策、法规提供帮助，为新形势下开展各级统战工作提供政策理论指导。

【党外人士思想引领】 2021年，区委统战部结合庆祝中国共产党成立100周年及党史学习教育，开展“同心向党 砥砺奋进”系列主题活动。先后组织党外人士赴泗洪大王庄、沂蒙孟良崮等红色教育基地进行现场观摩和集中学习，累计参与人数170余人次。10月，组织40余名党派团体骨干成员赴江苏省社会主义学院开展专题培训，综合运用讲授式、互动式、体验式、模拟式等教学方法，学习《中国共产党统一战线工作条例》、中国共产党的执政使命和行动方略、新的社会阶层人士统战理论和实践等相关理论知识，增强党外干部参政水平和履职能力。11月，召开党外人士市六次党代会精神宣讲报告会，全区各民主党派、各民主团体近30余人参加会议。

【新的社会阶层统战工作】 2021年，区委统战部联合宿迁电子商务产业园区、宿迁高新技术产业开发区共同对“新菁季”社区、“同心·智荟空间”两个实践创新基地进行提升打造。11月，“新菁季”社区挂牌成为省社会主义学院教学基地，按照“充分尊重、广泛联系、加强团结、热情帮助、积极引导”原则，强化政治参与，引导新的社会阶层人士围绕全区经济社会发展的热点、难点开展专题调研，及时反映社情民意、报送建言信息。春节期间，充分发挥资源优势，组织新的社会阶层联合会（以下简称“新联会”）会员慰问社区抗疫一线，送去食品、口罩、消毒液等抗疫物资。区新联会联合启明实验学校开展“温暖阳光助力成长”公益阅读活动，向学校捐赠书柜及党史书籍等，合计折价3.98万元。

【非公经济统战工作】 2021年，区委统战部组织非公经济人士参与“学党史 明初心 知使命”主题教育培训、“缅怀先烈 初心永传”党性教育等，引导企业家听党话，跟党走，主动承担社会责任。6月1日，联合区税务局举办“春雨润苗”纳税人需求座谈会，深入开展2021年助力小微企业“春雨润苗”专项行动，确保小微企业尽享各项税收优惠政策，为企业健康发展保驾护航。10月11日，联合区司法局、区人民法院成立“豫法”法律服务体检团，为企业提供门诊式、上门式法律体检服务，帮助企业健康发展，助力营商环境优化。10月19日，联合区营商办举办优化营商环境企业家沙龙活动，与企业家代表面对面沟通、“零距离”交流，了解企业发展中存在的实际困难和问题，并进行分类梳理、逐一交办，努力营造“亲商、重商、爱商、护商”的浓厚氛围。

（陈晓薇）

侨务事务

【概况】 2021年，宿豫区侨联印发《关于开展侨情调查的通知》，部署侨情调查工作。5月，侨情调研工作在全区各乡镇（街道）园区同步开展，做好重点人士材料收集、整理工作。6月底，完成全区侨情档案库建立，为加强重点人员及其亲属联系、强化海外华人华侨服务工作提供基础。并将侨情调查工作与健全侨联组织机构相结合，把握新形势下侨情变化和特点，打造宿豫基层工作阵地。2021年11月，豫新街道江山社区被省委统战部评为省级侨务工作示范社区，并获省经费支持。

9月26日，省委统战部侨务综合处处长麻建科带领调研组到宿豫区调研基层侨务工作 （韩琦 供图）

【侨务活动】 全年，宿豫区侨联组织开展或参与各项侨务活动20余次。借助中医资源优势，持续开展中医惠侨“云义诊”活动，为侨界群众送去关心关爱。3月，组织归侨侨眷参加市委统战部、市侨联举办的“迎三·八侨心向党”主题活动。4月，组织宿豫区港澳台侨界开展“感怀清明、走进古城”主题活动。6月9日，组织归侨侨眷参与宿迁市侨联举办的第四期“围炉夜话”活动和；6月20日，开展“侨心向党代代传”专题活动；6月23日，组织归侨侨眷参与宿迁市侨联举办的以“当代文学视野下的革命史建构”为主题的第七期“侨智讲坛”活动。9月14—15日，组织归侨侨眷参加苏北片区基层侨联建设推进会。10月13日，组织归侨侨眷开展“喜看家乡变化 共度重阳佳节”主题活动。

【侨法宣传“你我Ta”特色品牌打造】 2021年上半年，宿豫区侨联先后开展“护侨益·听你说”走访调研、“强队伍·跟我学”学习培训、“广宣传·对Ta讲”线上宣传等专题活动，创新打造侨法宣传“你我Ta”特色品牌。“护侨益·听你说”走访调研期间，为全区侨企、侨界群众代表送上《涉侨法律法规选编》，倾听侨界群众心声，了解他们存在的困难、问题，为涉侨维权提供帮助。“强队伍·跟我学”学习培训活动，结合法治建设需求，将侨法学习纳入基层相关人员工作日常，采取集中学习、自学、交流互学等方式，提升队伍法治水平。“广宣传·对Ta讲”线上宣传活动，依托网络新媒体，将涉侨法律法规链入二维码并制成侨法宣传海报进行线上线下传播，实现读者扫码学习。该做法被江苏统一战线、江苏省侨联等网站推介。

（吴欣欣）

机构编制

【基层“三整合”改革】 6月，印发《宿豫区关于进一步深化基层“三整合”改革的实施方案》（“三整合”，即审批、服务、执法力量整合），完善改革举措，深化改革成果。规范新设机构运行。印发全区10个乡镇（街道）“三定”规定，明确职能配置、机构编制和人员编制设置，搭建基层组织架构，并加强检查评估，推动基层各职能机构规范运行。厘清区、乡事权边界。梳理区、乡两级社会关注度比较高、乡镇街道反映比较集中的事项，参考借鉴其他地区工作经验，印发《宿豫区第二批区、乡“属地管理”主体责任和配合责任清单》（以下简称“清单”），厘清区、乡两级职责边界。《清单》共涉及城市管理、农业农村、市场监管等7个领域35个管理事项，其中区级部门主体责任事项23项、乡镇（街道）主体责任事项12项。创新创优领域特色。在便民服务领域，对乡镇、街道第一批125项社会事务无差别全科受理事项清单实施“颗粒化”拆分，丰富“全科窗口”办理权限，群众办事基本实现“大事不出镇，小事不出村”；在综合执法领域，开展乡镇综合执法案例案卷评查，评选优秀案例，引导推动各乡镇规范执法程序，提升执法效能；在指挥调度领域，加强一体化指挥平台建设，打通乡镇行政审批、“12345”热线、网格管理、部门执法等28个平台数据，推动公安“雪亮工程”、数字城管7500余个监控摄像头连入平台，构建覆盖全区的实时图像信息采集网络。打造改革创建品牌。按照省、市“三整合”改革示范创建标准，重点在大兴镇开展省级改革示范点创建，在新庄镇、来龙镇、曹集乡开展市级改革示范点创建，打造改革创新示范品牌。截至2021年年底，4个乡镇均通过上级验收。

【行政区划涉变乡镇街道机构调整】 根据《省政府关于同意变更宿迁市宿城区、宿豫区和沭阳县部分行政区划的批复》精神，对涉变乡镇街道的机构进行调整。撤销侍岭镇、保安乡、丁嘴镇及相关机构；设置来龙镇便民服务中心侍岭分中心、保安分中心，来龙镇综合行政执法局侍岭分局、保安分局，大兴镇便民服务中心丁嘴分中心，大兴镇综合行政执法局丁嘴分局；撤销区司法局丁嘴司法所、侍岭司法所、保安司法所；撤销丁嘴镇综合服务中心、侍岭镇综合服务中心、保安乡综合服务中心；陆集镇总工会更名为陆集街道总工会；陆集镇综合服务中心更名为陆集街道综合服务中心；陆集镇畜牧兽医服务站更名为陆集街道畜牧兽医服务站；陆集镇水利服务站更名为陆集街道水利服务站；陆集镇卫生和计划生育服务中心更名为陆集街道社区卫生服务中心，不再挂陆集镇妇幼保健站牌子；撤销丁嘴镇水利服务站、侍岭镇水利服务站、保安乡水利服务站、丁嘴镇畜牧兽医站、侍岭镇畜牧兽医站、保安乡畜牧兽医站、丁嘴镇卫生和计划生育服务中心、侍岭镇卫生和计划生育服务中心、保安乡卫生和计划生育服务中心。撤销区监委第四派出监察员办公室，区纪委监委第八、第九、第十纪检监察室分别挂区监委第一、第二、第三派出监察员办公室牌子。

【行政机构编制管理】 2021年，在宿迁电子商务产业园区、宿迁生态化工科技园、宿豫现代农业产业园区分别设置安全环保局，宿迁电子商务产业园区管委会增设京东办公室（挂宿豫区京东合作促进中心牌子）；区委组织部党员管理科更名为组织三科（挂区委非公有制企业和社会组织工作委员会办公室牌子），青年干部科更名为干部队伍建设规划办公室；区农业农村局挂区乡村振兴局牌子，不再保留区政府扶贫工作办公室牌子，撤销扶贫开发科，设置乡村振兴工作科；撤销各乡镇、街道扶贫工作办公室牌子，农村工作局挂乡村振兴局牌子；区司法局增设行政复议与行政应诉科；区行政审批局审批科分设审批一科和审批二科，政策法规科由单设改为在办公室挂牌；区退役军人事务局安置和权益保障科分设为移交安置和就业创业科、思想政治和权益维护科；区统计局政策法规科由在办公室挂牌改为单设。印发区纪委监委机关，张家港宿豫工业园区党工委、管委会，现代农园党工委、管委会，各乡镇、街道党政机关“三定”规定。

【事业机构编制管理】 成立区委督查室（挂区档案指导中心牌子），撤销区委办综合三科的区委督查室牌子；区委机要局技术服务站增挂区专用通信服务站牌子；成立区政府督查室，撤销区政府办秘书一科的区政府督查室牌子；成立来龙灌区管理处、区水利工程建设服务中心、区供排水服务中心（挂区海绵城市建设服务中心牌子）、区铁路事业发展中心、区民营经济服务中心、区市场监督管理局物价检查站；区综合指挥调度中心更名为区区域治理现代化指挥中心，区党员干部现代化远程教育办公室更名为区委组织部党员教育中心（挂区党员干部现代远程教育中心牌子），区重点工程建设管理中心划归区政府办管理，区网络信息中心增挂区网络安全应急指挥中心牌子，区社会组织服务中心增挂区慈善事业服务中心牌子，区减贫救助中心、乡镇（街道）减贫救助中心均更名为帮扶救助中心，区扶贫开发指导中心更名为区乡村振兴指导中心，区法律援助中心增挂区行政复议与行政应诉服务中心牌子，区退役军人服务中心增挂区双拥工作服务中心牌子，区军队离退休干部休养所由挂牌机构改为单设，区陵园管理处更名为区烈士纪念设施保护中心，区科学技术协会由使用行政编制的群众团体机关调整为使用参公事业编制的群众团体机关，区哲学社会科学界联合会设置为使用事业编制的群众团体机关，区地震防灾减灾中心增挂区消防救援保障中心牌子，区社会福利有奖募捐办公室更名为区社会福利有奖募捐服务中心，区节约用水管理办公室更名为区节约用水管理中心，区财政稽查办公室更名为区财政稽查中心。区计划生育协会明确为事业单位，区计划生育协会办公室不再作为事业单位管理。撤销区水利规划设计室、来龙灌区管理所、路北电灌站、何塘电灌站、区城市水务发展保障中心、区物价局大兴检查分局、区物价局皂河检查分局、区物价局来龙检查分局，撤销区政务服务中心的“12345”网络问政服务中心牌子和内设的网络问政科，改设代办帮办服务科。印发区红十字会、区事业单位登记服务中心、区公共就业和人才服务中心、区社会保险基金管理中心、区非税收入服务中心、区水旱灾害防御调度中心、区爱国卫生运动指导中心、区疾病预防控制中心、区卫生计生综合监督行政执法大队、区公共资源交易中心、区政务服务中心等单位“三定”规定。

【事业单位监督管理】 完成事业单位登记管理，办理设立登记9家、变更登记57家、撤销登记16家。做好2020年度事业单位法人年度报告公示工作，将232家事业单位法人年度报告书上传至区政府网站事业单位信用信息公示专栏进行公示。开展事业单位法人公示信息抽查，对区融媒体中心、区交通运输综合行政执法大队、区大数据中心等8家科级事业单位进行实地核查。开展2020年度事业单位信用等级评价，对191家事业单位进行信用评价，将评价结果向社会公示，并纳入成果运用。开展教育类事业单位公益性评估，将教育局所属的30家中小学、利用国有资产举办的21家幼儿园纳入评价范畴，委托第三方开展评估，共评出A级学校46家、B级学校5家。开展双重法人清理工作，注销11家乡镇（街道）敬老院的事业单位法人证书，消除事业单位法人与社会服务机构“双重法人”现象。

【行政权力事项管理】 动态更新区级部门权力事项。根据权力清单动态调整相关精神，以及上级取消下放、法律法规“立改废”等情况，先后2批次对区住房和城乡建设局、区城市管理局、区公安分局、区市场监督管理局、区商务局等12个部门92项行政权力事项进行动态调整，形成新版部门行政权力清单，并对社会公布。对照省最新“五级四同”权力清单，对区级31个部门5618项行政权力进行增补完善。编制乡镇、街道行政权力事项清单。根据省委编办《关于全面建立乡镇（街道）权力清单的通知》精神，结合《江苏省乡镇（街道）法定权力事项清单通用目录》、“三整合”改革中乡镇街道赋权事项以及基层实际情况，将全区乡镇街道分为乡、镇、涉农街道、城市街道4种类型，编制印发“宿豫区乡镇（街道）行政权力事项清单”，其中乡154项、镇164项、涉农街道73项、陆集街道（含涉农街道事项和赋权的行政处罚类事项两类）144项、城市街道38项。

【机构编制监督检查】 开展机构编制监督检查。结合事业单位调研和专项检查，对区民政局、区退役军人事务局、区水利局和区大数据中心等42家机关事业单位开展机构编制检查，发现机构编制管理问题21项，全部督促整改到位。将机构编制监督检查纳入区委巡察和选人用人专项检查等监督范围，配合区委巡察部门开展监督检查；促进机构编制管理规范化。开展“三定”规定职能履行情况考核。将各区直部门主要职能履行情况、机构编制管理情况、事业单位管理情况等纳入2021年度高质量考核，实行量化评分，强化机构编制管理刚性约束。开展机构编制核查。通过单位自查、数据比对、群众监督、信息上报、实地核查5个环节，对所有机关事业单位的机构编制、人员信息、管理措施等情况进行全面盘点摸底和汇总分析，并核查结果报省、市相关部门。

（李友法　王　朴　王子晗）

9月2日，省、市编办领导赴新庄镇调研“三整合”改革工作开展情况

（区编办　供图）

综合考核

【列市考核管理】 2021年，宿豫区紧围列市考核指标建立市考四级责任体系，逐项进行任务分解，明确分管区领导和责任部门的主要负责人、分管责任人、责任科室负责人，推动一级抓一级、层层抓落实。深入分析研判。会同相关部门定期分析指标推进过程中存在的问题，深入挖掘深层次原因，提升分析精准度，报领导阅研参考。强化过程调度。考核前加强预警提醒，对指标全过程进展进行严密监测，在每季度全区经济形势分析会暨高质量发展考核分析会上通报市考指标落实情况；市考半年、三季度考核结果反馈后，全面梳理各项指标进展情况、短板不足，点对点反馈至牵头单位，推动全区上下找准重点、全力突破，实现高质量发展再上新台阶。在2021年度全市高质量发展综合考核中，宿豫区被市委、市政府授予“改革创新奖”“推进高质量发展重大贡献单位”“重大项目建设先进单位”等。

【区级考核管理】 2021年，宿豫区根据《宿豫区2021年度高质量发展综合考核办法》，由区考核办牵头，对全区59个区直单位、5个园区和10个乡镇（街道）进行全面考核管理。完善指标体系。直接承接或有机吸收市考内容，结合宿豫区中心工作，在对象分组、指标分类、权重分配上，统筹考虑乡镇街道、园区、区直部门之间的不同发展定位、资源禀赋和工作分工，突出差异化考核。压实考核责任。将市考成绩与区考核等次、奖励系数直接挂钩，年终结果运用实行“双提双降”，传递压力、激发动力。优化考核过程。全区面上首次开展前三季度考核，考核过程坚持求真务实，统筹考虑基层减负，推动全区上下跨越赶超、争先进位。在2021年度全区高质量发展综合考核中，全区评出乡镇街道高质量发展综合考核第一等次3，占比30%；评出园区高质量发展综合考核第一等次2家，占比40%；评选出区直单位高质量发展综合考核第一等次26家，占比44%。同时，设立党的建设、改革创新、招商引资及优化营商环境、工业经济和科技创新、重点项目建设、乡村振兴、文明城市常态长效建设、信访工作和依法治区、高质量发展创先争优、安全生产及公共卫生防疫等单项奖10个；表彰先进个人31名。

（朱永伟）

机关党建

【概况】 2021年，区级机关下设基层党组织99个，其中二级党委6个、党总支12个、直属党支部25个。年底，共有党员1722名，转进327名，转出315名，培养入党积极分子55人，接收预备党员34人。年内，区级机关实施“思想领航、筑基领航、先锋领航、合力领航”四大行动，全面落实机关党建责任制，推进区级机关党的建设高质量发展。6月，区委区级机关工委被省委省级机关工委、省人力资源和社会保障局评选为全省机关党建工作先进集体。

【党史学习教育】 4月，协同区委组织部、区委宣传部、区委党史工委等共同举办宿豫区“学党史 强党性 做先锋”党史知识竞赛活动，全区共有40多家单位120余名选手参赛。经初赛、复赛后，共有6支代表队进入决赛。决赛以“四史”内容为主，分风采展示、必答题、抢答题、风险题四个环节。最终，区交通运输局代表队获评一等奖，区住房和城乡建设局、宿迁技师学院两支代表队获评二等奖。9月，组织区级机关全体党员干部开展党史读书分享活动，在好书推荐座谈会上，要求每名党员干部畅谈读书体会，实现在分享中互学，促进理解。此次活动中，推荐书目最多的是《共产党宣言》《中国共产党简史》《论中国共产党历史》等。将红色主题阅读活动纳入区级机关主题党日活动，成为每期主题党日的必修课，以保证党史学习教育常态。

【思想政治引领】 2021年，宿豫区委区级机关工委组织举办专题宣讲活动3场次。7月，举办学习贯彻“七一”重要讲话精神专题宣讲机关专场活动；11月，举办宿迁市第六次党代会精神宣讲动；12月，举办中共十九届六中全会精神宣讲报告会。开展全民阅读“进机关”暨书香机关建设专场活动2场。组织机关党员参加区委宣传部等单位中心组学习，全年开展巡学、旁听30余次。

【机关党建责任落实】 对照《中国共产党党和国家机关基层组织工作条例》，压实机关党建责任。举办条例培训1期，开展党建巡查12家次，印发《关于开展规范党的组织生活专项行动的实施方案》。组织40余家各机关基层党组织排查规范化建设落实情况，全年印发通报3期，下发反馈单200余份。创新党建工作形式，聘请党建督导员20名，定期组织业务培训，参与党建巡查5次。年初，会同区委组织部印发《2021年度全区示范党支部创评活动实施方案》，定期开展评比活动，推荐3个机关党组织参与市级示范党支部评比。优化党务干部队伍，严禁频繁调整党务干部，对党务干部设置不到位的党组织实施约谈，全年约谈1家次。

【机关党员管理】 2021年，培养入党积极分子55人，接收预备党员34人，其中研究生6人、本科22人、大专5人。开展专题培训2期。6月9日，举办2021年入党积极分子和发展对象培训班，区直机关共有114名入党积极分子、发展对象参加；11月22日，在无锡市锡山区委党校牵头举办2021年度宿豫区区直机关党务干部履职能力提升专题培训班，共有50余名区直机关党务干部参加训。以先进为标杆、以典型为榜样强化全区机关党员管理。在庆祝中国共产党成立100周年之际，组织开展“两优一先”评选活动，评选出优秀共产党员18名、优秀党务干部8名、先进基层党组织10家。全年，在60余家区级机关中持续开展“双创一争”活动，根据月、季评比情况，最终评选出2021年度“双创一争”群众满意机关5家、“效能示范岗”10个、“勤廉标兵”20名。做好优秀党员向上推荐工作。年内，推荐10名机关党员参与宿豫区“两在两同”十大先锋评选活动；向市级推荐“作风之星”“月度范例”各2例，宿迁高新区韩华建获市级表彰。按照“三专六有”标准加强党员档案管理，设置档案室1间，配置党员档案管理专柜6个，并明确1名正式党员作为档案管理员。

【机关党员进小区】 2021年5月，市委发出“把支部建进小区”号召。区委区级机关工委第一时间做出响应，以“党建引领、部门联动、干部下沉、小区统筹”为着力点，印发《宿豫区机关在职党员进小区实施方案》《宿豫区机关在职党员志愿服务手册》等，从报到注册、信息对接、志愿服务等方面对区直机关在职党员进小区工作进行部署。截至9月，全区60余家区直机关党组织的2859名机关在职党员全部完成报到工作。年内，累计开展志愿服务1000余次，认领志愿服务岗位2000余个，征集微心愿500余个，有效推动机关在职党员服务进小区走深走实。

（张　晴）

党史编研

【概况】 2021年，区委党史工委拟定

并以区委办公室、区政府办公室名义印发《宿豫区关于高质量推进党史、地方志工作的实施方案》；联合区委宣传部制定《宿豫区地方党史文本审读工作实施办法》。新文件进一步明确新阶段党史工作重点和任务目标，为助推宿豫“四化同步”建设、高质量建设“四个宿豫”贡献党史力量。5月，“宿北战役粟裕回忆录音”和“沙风回忆录”两件红色档案入选“江苏省百件红色珍档”名录。7月，宿北大战红色教育中心、淮北江南展陈馆入选宿迁市党史教育基地。9月，宿迁水利遗址博物馆入选江苏省方志馆联盟，成为全市首家，省方志办主任左健伟到宿豫参与“江苏省方志馆联盟”揭牌仪式并致辞。

9月27日，宿迁水利遗址博物馆加入“江苏省方志馆联盟”的揭牌仪式在宿豫举行（区志办　供图）

【资政服务】 党史文本审读工作。对乡镇（街道）、部门和园区公开的党史材料开展常态化审读工作。组织专家对宿北大战红色教育中心的党史馆展陈内容进行审读。全年，为相关部门审读党史题材稿件近20篇。助力“纪录小康工程”数据库建设。按照区里统一安排部署，结合单位职能组织人员搜集、整理资料，撰写并上传大事记（1949—2006年）900余条，为宿豫区脱贫攻坚和全面小康工作留存翔实史料。

【党史研究】 2021年，区委党史工委获评全市优秀论文2篇。6月，在全市庆祝中国共产党成立100周年理论研讨会上，获评优秀论文1篇；12月，在学习宣传贯彻中共十九届六中全会精神“坚持党的历史经验　推动宿迁多做贡献”理论研讨会上，获评优秀论文1篇。8月，由区委党史工委牵头组织拍摄的宿豫地方史专题片《星火耀宿豫》，在市委党史工办组织的庆祝中国共产党成立100周年党史微视频征集活动中获全市二等奖。9月，由区委党史工委负责主编的《宿豫百年印记：1921—2021》图册出版发行。12月底，由区委党史工委负责拍摄的地方党史文献纪录片《宿豫红色印记》完成初稿打磨。

【党史宣教】 2021年，是中国共产党建党100周年，也是党史学习教育主题年。区委党史工委发挥职能优势，为全区庆祝建党100周年和党史学习教育提供服务。4月，推荐2人担任区委党史学习教育宣讲团成员，累计开展党史宣讲活动20余场次；在宿豫区“学党史 强党性 做先锋”党史知识竞赛活动中，区委党史工委负责承担地方党史赛题编制工作。5月，1人担任党史学习教育巡回指导组组长，负责8个部门、1个乡镇党史学习教育巡回指导工作。

年内，组织实施党史“七进”工程，让党史“活”起来、“动”起来，“走进”百姓身边。7月，打造群众身边的红色教育阵地，在“双结双联”结对小区紫金园小区建设党史书屋、党史广场各1个，并利用其为社区党员群众讲党史、送党课10余场次。8月，向区内机关、乡镇、社区开展赠书活动，累计赠送《中国共产党宿迁县历史》《宿北大战》《宿迁的记忆》等书籍300余册。9—10月，组织开展“中国共产党在宿豫”图片巡展。精选200余张典型图片，以“百年印记　初心永恒”为主题，用7个专题篇章系统、翔实地展现中国共产党在宿豫100年来的风雨征程，使社区党员群众更系统地了解宿豫百年党史的全貌。

（庞　烁）

党校工作

【概况】 2021年，区委党校在区委领导和市委党校指导支持下，突出百年党史学习教育，筑牢教育培训主阵地，彰显科研咨政新成效，唱响理论宣讲主旋律，推动党校发展迈向新阶段。4月，参加宿豫区“学党史 强党性 做先锋”党史知识竞赛，获得优秀组织奖。6月，组织开展全区“百部精品党课”评选活动，用精品党课引导广大党员干部在传承红色基因中勇挑时代重任，以更加饱满的精神状态扛起主城区发展“半壁江山”责任，加快推动“四区”建设。

【干部培训】 2021年，区委党校聚焦区委、区政府的工作重心，突出广大党员干部思想实际和现实需要，创新培训模式，建立“课堂教学+现场观摩+交流讨论”三位一体形式，先后举办万名党员进党校、党史学习教育、青年干部培训班、国家安全和保密等各类专题班、主体班共17期，受训人员1300余人。组织教师开发党史学习教育专题党课8节，录制“党校教师话党史”视频微党课6节。围绕宿豫改革创新精神，筹备区情和乡村振兴专题党课10节。2021年，区委党校获评全市党校系统精品课1节，全市干部教育培训精品课程2节，全市党校系统党课微视频一等奖2个、三等奖1个。

【科研咨政】 2021年，区委党校完成省委党校结项课题2个，分别是李冬冬撰写的《苏北地区实施乡村振兴的实践与思考——以宿迁市宿豫区为例》、周效撰写的《全面小康目标实现后建立巩固脱贫成果长效体制机制的思考——以宿迁市宿豫区为例》。完成市委党校结项课题6个，参与市委党校教研招标课题3个，新立项市委党校课题7个。组织教师围绕乡村振兴、红色文化、党史学习教育等课题，深入苏北、山东等地开展调查研究，撰写主题征文20余篇。5月，《宿北战役宝贵经验在山东战场的进一步运用考察》一文入选由省委宣传部、《红旗文稿》杂志社、省委党校（江苏行政学院）等联合举办的第十届江苏党的建设高层论坛暨庆祝中国共产党成立100周年理论研讨会文集。7月，入选宿迁市党校系统庆祝建党百年理论研讨交流文集6篇，其中3篇文章获评会议优秀论文。8月，入选市学习贯彻习近平总书记“七一”重要讲话理论研讨文集2篇，均获优秀论文。年内，在《宿迁日报》“理论视窗”发表专栏文章20余篇。

【理论宣讲】 2021年，区委党校共组织教师到区直单位、乡镇街道、村居（社区）开展“党史宣讲面对面”60余场次，受训学员5000余人次。围绕习近平总书记“七一”重要讲话精神、中共十九届六中全会精神、宿迁第六次党代会精神等，分别成立专题宣讲课题组，分批次为各部门各单位送课上门，第一时间做好政策宣讲、精神传达，累计宣讲送课40余场次。

（刘淑颖）

老干部工作

【概况】 截至2021年年底，宿豫区共有离休干部62人，平均年龄94岁，离退休干部党支部42个，占全区基层党组织4.06%，其中机关党支部22个、乡镇党支部5个、街道社区党支部12个、非建制功能型党支部3个，覆盖离退休干部党员1347人，占全区党员5.3%。2021年，新增离退休干部党支部9个，同比增长27%。6月，仰化镇老干部党支部被省委老干部局、省委离退休干部工作委员会表彰为江苏省百佳离退休干部党支部；退休人员、宿豫区夕阳红报道组组长刘聿平被省委老干部局、省委离退休干部工作委员会表彰为百佳离退休干部个人。同月，宿豫区获评全市示范 离退休干部党支部5个，获评全市优秀离退休干部党支部书记9人。

【离退休干部党建】 2021年，宿豫区共举办离退休干部党支部书记培训班2期，采取“市内+市外”教学、“课堂+现场”教学相结合的方式进行，内容涵盖党史理论教育、老年人健康知识讲座、智能手机应用讲解、红色文化教育等方面。开展“回望百年路 助力新征程”活动，组织离退休党员赴农村改革先行者小岗村开展现场教学，组织3个老干部临时党支部参观红十五军三师纪念馆。利用信息化平台，组织收看全国、全省离退休干部网上报告会6次。开展好离退休党员干部党史学习教育，引导他们不忘革命初心、珍惜光荣历史、永葆政治本色。组织离退休他们现身说法，组建党史宣讲团，通过专题党课、巡回宣讲等形式，宣讲红色故事、传承红色基因。组建夕阳红文艺宣传队，通过舞蹈、锣鼓说唱、诗朗诵等演出形式，宣传歌颂党的丰功伟绩，弘扬文明新风，传承红色基因。

【离退休干部服务保障】 落实荣誉退休制度，明确谈心谈话、转接保障、信息录入等荣誉退休流程。落实情况通报制度，结合换届选举、建党百年组织离退休干部参观考察，形成通报5次。按1000元每人每年标准落实全区退休干部公用经费制度，春节、中秋节期间走访慰问离退休老干部达360余人次，其中赴南京、徐州等地慰问异地安置离休干部4人次。落实离休干部医疗费使用管理办法，畅通离休干部就医绿色通道，落实主动上门为离休干部报销自选门诊医药费制度。完成离休干部家庭医生续签全覆盖。强化培训，引领离退休人员紧跟时代步伐。5月22日，举办老干部运用智能技术培训班，对如何使用手机APP进行微信聊天、预约挂号、健康扫码、手机支付、网约车出行以及防范网络诈骗等重点内容进行培训。5月27日，联合江苏京东党委开展“暖阳计划”，邀请专业人员为离退休老干部开展网络培训，介绍京东长辈版、普及网购知识、指导手机软件操作等，帮助他们跟上网购的智能时代。6月，组织区四套班子退休领导开展“迎党的百年华诞 看宿豫发展变化”观摩活动。10月29日，举办宿迁市第六次党代会精神宣讲离退休干部专场报告会。

【离退休干部作用发挥】 2021年，宿豫区开展“赋能夕阳红 银发再出发”项目，引导离退休干部实现自我价值发挥，被列为宿迁市老干部工作创新重点项目。建立与老干部特点相适应的赋能体系，通过召开离退休干部作用发挥座谈会、动员部署会、业务培训会，印发实施方案，采取个性化点题，按“规定动作到位，自选动作出彩”要求有序推进项目开展。6月，举办书画摄影作品展，展出书画诗歌作品39个，推荐17幅优秀作品到省、市展出；召开“我看建党百年新成就”专题座谈会，邀请10余名退休人员畅谈建党百年成就，回顾党史百年辉煌。开展离退休干部助力青年农民创业工作，7月推进会上邀请区农业农村局、区关工委、区老科协分管负责人和老干部代表、创业青年农民代表参会，激励引导广大离退休干部为加快实现乡村振兴和农业农村现代化贡献银发力量。在全区离退休干部党员中开展“两在两同”建新功行动，将离退休干部党员纳入全区党员“两在两同”建新功行动中，统一部署、统一管理、统一推进，引导320名离退休干部党员在党史宣讲、经济发展、基层治理、关心下一代等方面发挥作用。

（朱永伟）

宿豫区人民代表大会

综　述

区人大及其常委会会议

人大专题会议

人大监督

宿豫年鉴

2022　SUYU YEARBOOK

综　述

2021年，宿豫区完成区乡两级人大换届选举工作。根据省人大常委会的有关决定，宿豫区第十八届人民代表大会代表总名额为264名，共分配到109个选区进行选举。依照《中华人民共和国全国人民代表大会和地方各级人民代表大会选举法》和《江苏省各级人民代表大会选举实施细则》的规定，各选区依法选举产生了宿豫区第十八届人民代表大会代表，选出代表264名。

宿豫区人大常委会机关，下设区人大常委会办公室（研究室），法制委员会、财政经济委员会、社会建设委员会、监察和司法委员会等4个专门委员会，区人大常委会人代联委、区人大常委会社会建设和教科文卫委、区人大常委会财经委（预算工委）、区人大常委会环城委、区人大常委会内司委（法制工委）、区人大常委会农业委6个工作委员会。区人大常务委员会办公室下设信息中心。

2021年，宿豫区第十七届人民代表大会举行全体代表大会1次，人大常委会会议9次、主任会议10次，举行专题询问会1次，工作评议会1次，组织人大代表调研、视察、执法检查活动20次。听取并审议“一府一委两院”工作报告32项，作出决议决定5项，受理人民群众来信13件次、来访14人次。依法任免地方国家机关工作人员51人。区十七届人大五次会议共收到议案、建议94件。截至2021年年末，各类议案建议代表答复率100%，办结率94.68%。

（仲　凯）

区人大及其常委会会议

【区第十七届人大五次会议】 1月13—15日，宿豫区召开第十七届人民代表大会第五次会议。

14日，大会开幕。应到代表252名，实到会代表213名，符合法定人数。会议执行主席在主席台前排就座。区人大常委会主任袁昌华主持会议。区委副书记、区长殷其国代表宿豫区人民政府向大会作工作报告。大会书面审议《区国民经济和社会发展第十四个五年规划和2035年远景目标纲要（草案）》《区2020年国民经济社会发展计划执行情况及2021年国民经济社会发展计划（草案）报告》《区2020年财政预算执行情况和2021年财政预算（草案）报告》，通过《选举办法》。出席区政协十四届五次会议的政协委员、历届离退休老干部、现任区级领导班子成员中非人大代表、上级人大代表，区直部门和各乡镇负责人列席会议。当日下午，召开第二次全体会议。会议由区人大常委会副主任张为民主持。会议听取区人大常委会主任袁昌华作的区人大常委会工作报告；听取区人民法院院长冯莉作的区人民法院工作报告；听取区人民检察院检察长许兴军作的区人民检察院工作报告；宣布区政府2021年民生实事项目计划票决结果。15日下午，大会闭幕。宣布赵彦、曹原、高原补选为宿豫区第十七届人民代表大会常务委员会委员。

会议表决通过了区十七届人大常委会《关于区人民政府工作报告的决议》《关于区人大常委会工作报告的决议》《关于宿豫区国民经济和社会发展第十四个五年规划和2035年远景目标纲要的决议》《关于2020年国民经济社会发展计划执行情况和2021年国民经济社会发展计划报告的决议》《关于2020年财政预算执行情况和2021年财政预算报告的决议》《关于区人民法院工作报告的决议》《关于区人民检察院工作报告的决议》《关于全力推进“一区多园”发展，加快打造全市创新驱动发展先行区的议案的决议》《以幸福大道为轴线，深化农旅融合发展，打响宿豫乡村振兴品牌的决议》。书面听取了区人大财经委员会关于宿豫区国民经济和社会发展第十四个五年规划和2035年远景目标纲要、国民经济社会发展计划和财政预算的审查报告以及大会议案审查委员会关于代表议案、建议、批评和意见的审查报告。

【区第十七届人大常委会会议】 2021年，宿豫区召开人大常委会9次，即区十七届人大常委会第三十次会议至第三十八次会议。

第三十次会议　1月13日在区党政办公楼第三会议室召开。会议审议通过《补选代表资格审查情况报告》、区十七届人大五次会议主席团成员和秘书长建议名单、主席团常务主席建议名单、执行主席分组建议名单。

第三十一次会议　2月23日在区人大常委会会议室召开。会议传达学习省十三届人大四次会议、市五届人大五次会议精神。会议听取并审议2020年度环境状况和环保目标完成情况报告。会议审议通过《区人大常委会2021年工作要点》《区人大各专门委员会2021年工作要点》和2021年度兼职委员、专家组成员名单。会议对区住房和城乡建设局和区财政局贯彻落实区第十七届人大常委会第二十七次会议审议意见情况进行满意度测评。会议听取并审议通过相关人事任免事项，免去张雨寒区人民法院审判员职务。会议表彰区第十七届人民代表大会代表履职先进个人、2020年度优秀议案建议和代表议案建议先进承办单位。

第三十二次会议　4月25日在区人大常委会会议室召开。会议听取并审议《关于〈中华人民共和国就业促进法〉贯彻执行情况的报告》《关于〈中华人民共和国种子法〉贯彻执行情况的报告》《关于全区垃圾收储转运处理体制机制建设情况的报告》《关于全区股改上市工作开展情况的报告》。会议听取王青松、江小军、许兴军、袁凤彬、高华华、崔学洲、戴少东、江国荣、何川等市五届人大代表履职情况报告。会议听取并审议通过相关人事任免事项，免去杨邦中区人大常委会农业委主任职务，免去张海明区人大常委会环城委副主任职务，免去郝景延区人大常委会办公室副主任职务，免去温冠军区住房和城乡建设局局长，免去周永科区监察委副主任职务，免去杨立江区人民法院审判委员会委员、民事审判第二庭庭长、审判员职务，免去章周平区人民法院审判员职务，接受陈磊辞去区人民政府副区长职务；任命周业齐为区人大常委会社会建设和教科文卫委副主任，任命高美红为区人大常委会环城委副主任，任命卓成燕为陆集街道人大工委主任，任命池永超为区住房和城乡建设局局长。

第三十三次会议　6月28日在区人大常委会会议室召开。会议听取并审议《关于〈中华人民共和国民法典〉贯彻执行情况的报告》《关于〈固体废物污染环境防治法〉贯彻执行情况的报告》《关于全区普惠性幼儿园建设情况的报告》。会议听取并审议通过相关人事任免事项，接受曹原辞去区第十七届人民代表大会常务委员会委员职务，批准李笋辞去区监察委员会主任职务；任命赵伦军为区人民政府副区长，任命李伟为区人民政府副区长，任命李叶超为区监察委员会副主任、代理主任，任命刘守国为区人民检察院检察员，任命曹艳荃为区人民检察院检察员。

第三十四次会议　7月3日在区人大常委会会议室召开。会议听取并审议通过相关人事任免事项，同意殷其国辞去区人民政府区长职务，任命徐源为区人民政府代区长。

第三十五次会议　8月23日在区人大常委会会议室召开。会议听取并审议《宿豫区2021年上半年国民经济和社会发展计划执行情况报告》《2020年区级财政决算和2021年上半年财政预算执行情况的报告》《2020年度本级财政预算执行和其他财政收支的审计工作报告》《全区招商引资工作开展情况的报告》《全区农旅融合工作发展情况的报告》《城市道路建设情况的报告》《全区公共卫生服务体系建设情况报告》《全区警务工作站建设情况的报告》《区法院人民法庭“一庭一品牌”创建工作开展情况的报告》《全区“平安乡村小管家”建设工作的报告》。会议审议通过《关于许可对区第十七届人大代表罗前彬采取强制措施的决定》。会议对区城市管理局贯彻落实区第十七次人大常委会第三十二次审议意见情况进行满意度测评。会议听取并审议通过了相关人事任免事项，同意钟永久辞去区人民政府副区长职务，同意许兴军辞去区人民检察院检察长、检察委员会委员、检察员职务，免去曹原区人大常委会人代联委主任职务，免去李桥区信访局局长职务；任命武胜为区人民政府副区长，任命张耀阳为区人民检察院检察员、检察委员会委员、副检察长，决定张耀阳代理区人民检察院检察长职务，任命李桥为区监察委员会副主任。

第三十六次会议　9月22日在区人大常委会会议室召开。会议审议通过《宿豫区人大常委会关于建立街道议政代表会制度的实施意见》、《关于成立宿豫区选举委员会的决定》、《关于全区区乡两级人民代表大会换届选举时间的决定》、《关于宿豫区第十八届人民代表大会代表名额分配和选举问题的决定》、《关于确定各乡镇人民代表大会代表名额的决定》、关于召开宿迁市宿豫区第十八届人民代表大会第一次会议的公告。

第三十七次会议　10月26日在区人大常委会会议室召开。会议听取并审议《2020年度全区国有资产管理情况报告》《宿豫区人民检察院认罪认罚从宽制度落实情况报告》《全区〈工会法〉贯彻执行情况报告》《来龙灌区“十四五”规划续建配套和现代化改造项目实施情况报告》《全区养老工作开展情况报告》。会议表决通过《关于许可对区第十七届人大代表采取强制措施的决定》，同意张春红和张德强提交的关于辞去区第十七届人民代表大会代表职务的申请。会议听取并审议通过相关人事任免事项，免去高永下相街道人大工委主任职务，免去王新新区卫生健康局局长职务，免去孙由伟区发展和改革局局长职务，免去殷朝霞区行政审批局局长职务，免去张少建区民政局局长职务，免去李彦区司法局局长职务，免去徐敏俐区人民法院立案庭副庭长职务，免去钱月梅区人民法院民事审判第二庭副庭长职务；任命张少建为区人大常委会农业工作委员会主任，任命秦猛为下相街道人大工委主任，任命袁雪梅为区发展和改革局局长，任命王新新为区民政局局长，任命孙由伟为区司法局局长，任命殷朝霞为区卫生健康局局长，任命张玉军为区行政审批局局长，任命陈先扬为区信访局局长，任命徐敏俐为区人民法院审判委员会委员、立案庭庭长，任命钱月梅为区人法院审判委员会委员、民事审判第二庭庭长，任命于海秋为区人民法院立案庭副庭长，任命陆文婷为区人民法院高新技术产业开发区法庭副庭长，任命张蕾为区人民法院审判员，任命翟晓敏为区人民法院审判员，任命戴维为区人民法院审判员。

第三十八次会议　12月24日在区人大常委会会议室召开。会议审议通过《代表资格审查情况报告》、区乡两级选举委员会部分成员辞职申请，并对区第十七届人大常委会第三十五次会议审议意见贯彻落实情况进行满意度测评。会议听取并审议通过相关人事任免事项，免去刘书戎区人大常委会社会建设和教科文卫委主任职务，免去赵彦区人大常委会环城委主任职务，免去王勇区人大常委会内司委主任职务，免去高美红区人大常委会环城委副主任职务，免去倪周区人大常委会内司委副主任职务，免去张红梅豫新街道人大工委主任职务，免去卓成燕下相街道人大工委主任职务，免去陈谨慎区工业和信息化局局长职务，免去郑家宝区人力资源和社会保障局局长职务，免去李群区市场监督管理局局长职务；免去蔡萌区人民法院审判员职务；任命陈谨慎为区人大常委会社会建设和教科文卫委主任，任命李群为区人大常委会环城委主任，任命徐超为区人大常委会内司委主任，任命马勇为区人大常委会环城委副主任，任命乔伟为区人大常委会内司委副主任，任命曹冬梅为豫新街道人大工委主任，任命张平为陆集街道人大工委主任，任命仲熠为区工业和信息化局局长，任命池华祥为区人力资源和社会保障局局长，任命胡茂学为区市场监督管理局局长。

（仲 凯）

人大专题会议

【安全工作专题询问会】 8月12日，在区党政办公楼第二会议室召开。区委书记殷其国出席会议并讲话，区人大常委会主任袁昌华，区委常委、常务副区长赵伦军以及区人大常委会全体人员，区监察委、区人民法院、区人民检察院有关负责人和部分区人大常委会兼职委员、专家组成员、人大代表、群众代表等参加会议。与会人员共同观看全区安全生产专题片；赵伦军汇报全区安全生产工作开展情况，并代表区政府进行交流发言；会议还对此次安全生产专题询问会应询单位进行满意度测评。专题询问会现场，部分区人大代表、群众代表与有关部门负责人通过一问一答的方式，解答群众当前最关心关注的企业危废物的安全管理、食品安全的督查整改、校外培训机构的安全监管等问题。殷其国指出，此次专题询问议题鲜明、重点突出、针对性强，询出了不足，问出了压力，找到了短板，明确了方向，是一次很好的工作推进会、督查会，取得了预期效果。同时强调，要坚持警钟长鸣，树牢安全发展红线。针对省内外安全生产事故频发，全区上下要切实做到引以为戒、举一反三，思想认识不能麻痹大意，工作作风不能浮于表面，专项整治不能流于形式，增强防范意识和风险意识。要强化标本兼治，筑牢安全发展底线。深入开展安全生产大排查大整治，切实强化隐患排查、深化专项整治、加快转型升级、加强能力建设，坚持抓早抓小、标本兼治，有效防范遏制各类安全生产事故发生。要压紧压实责任，织密安全发展防线。健全完善安全生产责任体系，抓细化、抓考核、抓追责，切实压实领导责任、抓实监管责任、夯实主体责任、严实督导责任，把责任真正落实到每一个环节、每一个岗位。

【2021年度工作评议会】 11月19日召开，会议主要对年初人代会一号议案办理和高新区高质量发展情况进行评议。区委副书记、代区长徐源，区人大常委会主任、党组书记袁昌华，副区长唐善林，区人大常委会全体组成人员，区人民政府、区监察委、区人民法院、区人民检察院有关负责人等出席会议。会上，唐善林代表区政府介绍区十七届人大五次会议大会一号议案办理情况；与会人员共同观看宿迁高新区高质量发展工作专题片；群众代表、企业界代表、专家组成员代表、人大代表、议案提出代表等分别成立评议组并发表评议词，并就有关问题进行提问，涉及单位主要负责人现场答复；各参评人员现场对评议单位的工作进行满意度测评。徐源对此次会议给予肯定——各位代表问题点得准、画像描得像、建议提得实，体现了人大代表、企业家和社会各界对宿迁高新区的高度关注以及发展的期待；各相关单位负责人态度诚恳、实事求是，对提出的问题给予中肯回答，取得预期效果。徐源强调，宿迁高新区是宿豫“一区多园”的龙头和独一无二的载体，园区的高质量发展是各方关注的焦点，全区上下要充分认识其中重要性，切实凝聚支持高新区发展的思想共识，不断发挥园区带动作用，用好用足各项政策，全面激发对标一流、比学赶超的内生动力，推动园区高质量发展走在前列。要聚焦重点难点，综合发力，在招商引资方面，要坚持专业招商和全员招商结合，按照“瞄准高端、有取有舍”的思路，围绕主导产业招引大项目、好项目；在项目推进方面，要全力做好企业帮办服务，针对项目推进中存在的问题逐一解决，确保项目落地见效；在园区建设方面，要进一步调整园区相关的体制机制，坚持高水平制定园区发展规划，完善基础配套，加快产城融合，开创园区建设发展新局面。同时，高新区的高质量发展离不开人大的支持和帮助，希望区人大常委会能够继续围绕中心大局，为高新区发展提出宝贵意见和建议；在招商引资和项目服务帮办等工作上贡献人大资源，汇聚人大力量；在政府工作上切实担负起监督和评议的职责，督促各相关部门时刻保持清醒，全力推动经济社会高质量发展。

（仲 凯）

人大监督

【法治建设监督】 2021年，区人大常委会深入基层开展法治建设监督指导8批次。

3月17日，区人大常委会副主任袁彩带领执法检查组，对《中华人民共和国就业促进法》在区内贯彻落实情况进行执法检查。执法检查组先后实地查看宿迁龙净环保科技有限公司、宿迁清大东方消防职业培训学校、江苏京东信息技术有限公司，听取区人力资源和社会保障局专题汇报，并召开座谈会，征求与会代表和专家组成员意见和建议。

3月24日，区人大常委会副主任王立新带领执法检查组，对全区《中华人民共和国种子法》贯彻落实情况进行执法检查。执法检查组实地查看种子经营户经营情况，听取区农业农村局的专题汇报，并召开座谈会，征求与会代表和专家组成员的意见和建议。

5月初，区人大常委会副主任张为民带领执法检查组，对全区《固体废物污染环境防治法》贯彻落实情况进行为期一周的执法检查。

6月3日，区人大常委会副主任王立新带领执法检查组，对全区《中华人民共和国民法典》贯彻落实情况进行执法检查。执法检查组实地查看大运河水利遗址公园、下相南苑星城社区等现场，听取区司法局的专题汇报，并召开座谈会，征求与会代表和专家组成员的意见和建议。

6月22日，区人大常委会副主任王立新带领调研组，于对全区警务工作站建设情况进行专题调研。调研组先后实地查看万达警务工作站、商贸城警网中心等相关现场，并召开座谈会听取工作开展情况汇报。

7月28日，区人大常委会副主任王立新带领视察组，对全区人民法庭“一庭一品牌”创建工作开展情况组织专题视察活动。视察组实地查看宿迁高新区人民法庭、骆马湖旅游度假区人民法庭等现场，并召开座谈会听取人民法庭“一庭一品牌”创建工作开展情况汇报。

9月14日，区人大常委会副主任袁彩带领执法检查组，对全区《中华人民共和国工会法》贯彻落实情况进行执法检查。执法检查组先后实地查看宿迁永星化工有限公司、江苏联盛科技有限公司、江苏景宏新材料科技有限公司，听取区总工会专题汇报，并召开座谈会，征求与会代表和专家组成员意见和建议。

9月15日，区人大常委会副主任王立新带领调研组，对区人民检察院认罪认罚从宽制度落实情况进行专题调研。调研组观摩区人民检察院认罪认罚从宽案件公开听证现场，并召开座谈会听取工作开展情况汇报。

【民生实事项目监督】 2021年，区人大常委会深入基层开展民生实事项目监督指导5批次。

4月14日，区人大常委会副主任张为民带领调研组，对全区垃圾收储转运处理体制机制建设情况进行专题调研。调研组先后到达景尚佳园、金沙江路垃圾中转站、新庄镇杉荷园社区、新庄镇垃圾转运站等现场，实地查看工作开展情况，并召开座谈会，征求与会代表和专家组成员的意见和建议。

6月9日，区人大常委会副主任袁彩带领视察组，对全区普惠性幼儿园建设情况进行专题视察。视察组先后实地查看豫新幼儿园、玉泉山路幼儿园，听取区教育局专题汇报，并召开座谈会，征求与会代表和专家组成员意见和建议。

7月15日，区人大常委会副主任袁彩带领调研组，对全区公共卫生服务体系建设情况进行专题调研。调研组实地察看京东社区家庭医生签约室、区疾病预防控制中心、市中医院，详细了解全区公共卫生服务体系建设情况。在随后召开的座谈会上，听取区卫生健康局的专题报告，与会代表就进一步提升全区公共卫生服务体系建设提出意见建议。

8月17日，区人大常委会党组成员闫苏洲带领视察组，对全区“平安乡村·小管家”建设工作开展情况组织专题视察活动。视察组实地察看来龙镇光明社区，并召开座谈会听取宿豫区“平安乡村·小管家”建设工作开展情况汇报。

8月24日，区人大常委会副主任袁彩带领视察组，对全区养老工作开展情况进行专题视察。视察组实地察看相关项目现场，并召开专题座谈会，听取区民政局关于全区养老服务体系建设工作开展情况汇报，征求与会代表和专家组成员意见和建议。

【经济运行监督】 2021年，区人大常委会深入基层开展经济运行监督指导3批次。

3月19日，区人大常委会副主任张为民带领视察组，对全区股改上市工作开展情况进行专题视察。视察组实地察看相关企业，并召开座谈会听取区工业和信息化局主要负责人和企业负责人相关情况介绍，并提出意见建议。

8月17日，区人大常委会副主任张为民带领导调研组，对全区招商引资工作开展专题调研。调研组听取区招商办的招商引资工作开展情况汇报。8月13日，区人大常委会副主任张为民带领调研组，对全区财税工作和全区上半年国民经济和社会发展情况进行调研。调研组采取座谈交流、查阅资料等方式，较为全面地掌握相关情况，取得调研效果。

10月15日，区人大常委会副主任张为民带领导调研组，对全区国有资产管理工作开展情况进行调研。调研组实地察看相关项目现场，并召开座谈会听取相关工作开展情况报告，并就下一步工作的开展提出意见建议。

【重点项目建设】 2021年，区人大常委会深入基层开展重点项目建设监督指导3批次。

7月14日，区人大常委会副主任王立新带领调研组，对全区农旅融合工作开展情况进行专题调研。调研组实地察看了袁家村·宿迁印象、淮北江南展馆、葡萄小镇等项目现场，听取区农业农村局、区文化广电和旅游局、区旅游公司的专题汇报，并召开座谈会，征求与会代表和专家组成员的意见和建议。

7月16日，区人大常委会副主任张为民带领视察组，对城市道路建设情况进行专题视察。视察组先后到达洪泽湖东路绿化工程、天柱山路等施工现场，实地查看工程建设情况，并召开座谈会，征求与会代表和专家组成员的意见和建议。

10月12日，区人大常委会副主任王立新带领视察组，对来龙灌区“十四五”规划续建配套和现代化改造项目实施情况进行专题视察。视察组实地查看一分干渠（新庄桥）和白鹭沟等项目现场，听取区水利局的专题汇报，并召开座谈会，征求与会代表和专家组成员的意见和建议。

（仲　凯）

宿豫区人民政府

综述

重要会议

政府施政

外事工作

政务服务

改革创新

政务信息管理

区域治理

机关事务管理

信访工作

对台事务

宿豫年鉴

2022 SUYU YEARBOOK

综　述

2021年，是中国共产党成立100周年和“十四五”规划开局之年，面对严峻复杂的宏观经济形势，宿豫区人民政府坚持以习近平新时代中国特色社会主义思想为指导，按照市委赋予宿豫“建设中心城市半壁江山”和“当好全市经济社会发展先行军”的新定位，围绕区委建设“创新宿豫、开放宿豫、精致宿豫、幸福宿豫”的新目标，坚持稳中求进工作总基调，统筹推进疫情防控和经济社会发展，经济保持稳健发展，发展后劲持续增强，改革创新深入推进，城乡功能稳步提升，民生福祉不断改善，较好完成区十七届人大会议确定的目标任务，实现“十四五”良好开局。

政府信息公开　2021年，区政府围绕打造政府信息公开标准化国家级试点，着力推进政府信息公开规范化、标准化、信息化建设。打造基层政务公开体验区，实现辖区各乡镇街道政务公开体验区全覆盖，推动政务公开向村居延伸。坚持政务公开标准化，编制政府信息公开标准目录清单，以标准化引领优质公开，夯实公开基础。坚持信息发布规范化，明确政府信息公开标准和流程，严格把关信息发布，强化政策文件信息主动公开，其中发布政策文件260余件、人事信息90余条、公示公告400余条、财政信息110余条、政府会议70余次、重点领域信息460余条；制作“政策简明问答”12期，全市最多。坚持申请办理高效化，畅通线上和线下申请渠道，勤勉履职检索申请信息，规范细致制作答复文书，着力提升办理工作质量，依法合规办理依申请公开93件，同比增长244%，办结率100%。

议案提案办理　2021年，区政府认真做好区十七届人大五次会议代表议案建议和区政协十四届五次会议提案办理工作。创新办理形式、提升办理水平、增强办理实效，推动一批事关全区经济社会发展的重大问题和人民群众普遍关心、关注的热点难点问题有效解决。按期办结市区人大代表建议100件、市区政协委员提案105件，满意率均达100%。

（胡雨亭）

督查督办　8月30日，宿豫区组建区政府督查室；年底，区委编委会批复区政府督查室成立。2021年，区政府督查室充分发挥政务督查职能作用，创新工作机制、提升工作质量，推动区委、区政府各项决策部署全面落实。建立和完善区政府督查室工作流程、职责分工和工作制度等，制定政府投资工程项目变更实施细则、加强政府督查工作实施方案。高度重视区主要领导交办事项，高质量办结区主要领导交办的66件督促事项。及时准确报告督查工作情况，印发政府督查专报33期、工程质量督查专报14期，区主要领导签批率90%以上，形成高质量工作汇报1期、调研报告2篇。在新冠疫情防控、安全生产、生态环境、工程质量等事关经济社会发展、人民群众人身财产安全的各项工作中，主动作为，迅速出击，发挥政府督查保驾护航的作用。完善双月观摩工作实施方案，建立乡村振兴观摩项目库，在做好平时督查工作基础上，双月组织观摩活动，对观摩项目进行评比打分，并运用到高质量综合考核结果中，有力提升项目建设质效。

（倪伟凯）

重要会议

【政府常务会议】2021年，区政府共召开10次政府常务会议。

十七届四十一次常务会议　2月3日，区委副书记、区长殷其国主持召开。传达学习市长陈忠伟在宿豫经济社会发展工作座谈会上的讲话精神、全国全省疫情防控工作电视电话会议精神、国家省市宗教工作督查整改交流会议精神、全国全省安全生产电视电话会议精神。研究审议《关于全面加强危险化学品安全生产工作的实施意见》《关于落实“三重一大”制度的实施办法》。

十七届四十二次常务会议　3月2日，区委副书记、区长殷其国主持召开。传达学习全国“两会”安全防范工作视频会议精神。研究审议《宿豫区全面推进乡村振兴加快农业农村现代化三年行动计划（2021—2023）》《2021年全区生态高效农业招商引资实施意见》《2021年宿豫区农业农村重点项目清单》《表彰2020年度宿豫区工业经济、科技创新高质量发展先进企业和企业家的决定》《2021年全区工业经济、科技创新高质量发展目标考核办法》《宿豫区2021年度服务实体经济发展挂钩帮扶活动实施方案》《关于实施重点产业链链长制加快产业集群集聚发展的意见》《关于对2020年度招商引资项目奖励的决定》《关于进一步加强全区招商引资工作的实施意见》《宿豫区2021年招商活动方案》。

十七届四十三次常务会议　4月10日，区委副书记、区长殷其国主持召开。传达学习习近平总书记在党史学习教育动员大会、全国脱贫攻坚总结表彰大会上的重要讲话精神，学习习近平总书记在全国“两会”期间发表的重要讲话、李克强总理参加江苏代表团审议时的重要讲话和全国“两会”精神。研究审议《区政府党组党史学习教育工作方案》《关于鼓励和扶持企业上市（挂牌）的实施意见》《宿豫区化工行业安全发展规划（2020—2030年）》《江苏宿迁生态化工科技产业园产业发展规划（2021—2030年）》《宿豫区人民政府重大行政决策程序实施办法》《宿豫区人民政府重大民生决策事项民意调查制度》《宿豫区2021年度“小康托底险”试点工作实施方案》《关于设立宿迁化工产业结构调整投资基金的建议方案》《宿豫区人民政府与世茂集团战略合作协议》。

十七届四十四次常务会议　4月25日，区委副书记、区长殷其国主持召开。传达学习习近平总书记关于防范和惩治统计造假、弄虚作假重要讲话指示批示精神以及中央办公厅、国务院办公厅印发的《关于深化统计管理体制改革提高统计数据真实性的意见》《统计违纪违法责任人处分处理建议办法》《防范和惩治统计造假、弄虚作假督察工作规定》等文件内容，听取雨露片区城市更新贷款情况、关于调整全区职工上下班交通补贴及应休未休年假报酬的情况、关于申请追加区内消防救援队伍工资套改相关保障经费的报告。研究审议《宿豫区党政领导干部防范和惩治统计造假、弄虚作假责任制实施办法》《宿豫区贯彻落实江苏省统计局第1统计督察组督察反馈意见整改方案》《宿豫区关于全力配合国务院安委会开展深化江苏安全生产专项整治指导工作实施方案》《文体活动中心运营建议方案》。

十七届四十五次常务会议　6月2日，区委副书记、区长殷其国主持召开。传达学习习近平总书记在中央政治局第二十九次集体学习会上关于生态文明建设的讲话精神、近期安全生产有关会议精神，部署安排下一阶段重点工作，听取相关单位安全生产三年专项整治情况汇报，通报2017—2020年三县两区获国务院、省政府督查激励有关情况及下一步工作建议。研究审议《关于开展低效工业企业清理整治提升 促进工业经济高质量发展的实施方案》《承接国务院和省政府取消和下放一批行政权力事项清单》《宿豫区国企改革三年行动实施方案（2020—2022年）》《骆运库房置换协议书》《宿豫区农民资金互助社风险处置专项维稳资金使用管理办法》。

十七届四十六次常务会议　6月19日，区委副书记、区长殷其国主持召开。传达学习习近平总书记重要文章《学好“四史”，永葆初心、永担使命》和总书记给淮安市新安小学五（8）班中队少先队员重要回信精神以及总书记在推进南水北调后续工程高质量发展座谈会上和在河南考察时的重要讲话精神。观看统计警示教育片，专题学习《中华人民共和国统计法》《中华人民共和国统计实施条例》。观看《生命重于泰山》电视专题片，传达学习习近平总书记、李克强总理对湖北省十堰市燃气爆炸事故重要指示批示精神，6月15日省安委会会议精神及市委书记王昊续会讲话精神，6月17日全国安全生产电视电话会议及省、市续会精神，区政府领导班子交流心得体会并分析研判分管领域安全生产风险，区相关单位围绕各自分管行业领域安全生产工作交流发言。研究审议《关于进一步加强和规范部门统计工作的实施意见》《关于与东方雨虹集团合作相关事宜的报告》。

十七届四十七次常务会议　7月24日，区委副书记、代区长徐源主持召开。听取新冠疫情防控工作有关情况及下一步工作打算，研究审议《宿豫区2021年优化营商环境“五心”服务承诺清单》。

十七届四十八次常务会议　9月8日，区委副书记、代区长徐源主持召开。传达学习全国加强安全生产执法暨水上安全防范工作视频会议精神，听取全区招商引资和安全生产工作情况汇报并进行安全生产述职问询测评，研究审议《关于加大人才创新创业支持力度促进高质量发展的十条意见2.0版》。

十七届四十九次常务会议　10月27日，区委副书记、代区长徐源主持召开。传达学习习近平总书记在中央人才工作会议、纪念辛亥革命一百一十周年大会、中共中央政治局第三十三次集体学习和在陕西榆林考察期间重要讲话精神和批示精神，学习区委、区政府关于请销假和重大事项请示报告相关文件精神，传达全省秋粮收购工作视频会议精神并听取区内相关工作情况汇报。研究审议《宿迁电子商务产业园区“十四五”产业规划》。

十七届五十次常务会议　12月9日，区委副书记、代区长徐源主持召开。学习《中华人民共和国政府信息公开条例》《江苏省人民政府关于促进全省高新技术产业开发区高质量发展的实施意见》《宿迁市人民政府关于支持宿迁高新技术开发区高质量发展若干政策》等文件精神，传达学习习近平总书记关于食品安全工作重要论述、全市债务化解工作调度会、国务院今冬明春保暖保供工作电视电话会议及省续会、全国城镇燃气安全排查整治动员部署会等会议精神，听取宿豫区贯彻落实情况汇报。研究审议《宿豫区创建“江苏省义务教育优质均衡发展县（市、区）”实施方案》。

（胡雨亭）

【区长办公会议】2月1日，区委副书记、区长殷其国主持召开，会办2021年度春节慰问（救助）活动等相关工作，会议要求严格落实新冠疫情防控有关规定，加强对困难群众的关心关爱，确保困难群众安心过年、温暖过冬。

2月6日，区委副书记、区长殷其国主持召开，会办全区棚改暨房屋征收工作。会议要求科学谋划宿豫城市片区空间布局，细化制定征收目标计划，坚持一体化推进落实，全面抓好2021年棚户区改造和房屋征收项目实施推进。

4月6日，区委副书记、区长殷其国主持召开，会办教育教学高质量发展评价有关问题，会议要求区政府每年设立300万元奖励基金的教学质量奖，纳入区教育局对学校学年度综合目标考核评价体系，重点奖励教学实绩突出的学校。

4月26日，区委副书记、区长殷其国主持召开，会办优化调整部分养老服务奖补政策有关问题，会议同意继续执行现行养老服务奖补政策，要求区民政局牵头开展居家养老上门服务对象扩面工作，优先将60周岁以上、确有上门服务需求的老年人确定为扩面对象，并将失能特困人员供养费由每人每月608元，提高至每人每月754元。

4月27日，区委副书记、区长殷其国主持召开，会办区域治理现代化指挥中心建设工作，会议明确指挥中心功能定位，要求按照宿迁市“一屏观全城、一网统全城、一端惠全城”目标要求，做好指挥平台架构设计、数据归集标准建立、运转体系搭建等，强化实战运用，严格防范数据安全风险。

5月10日，区委副书记、区长殷其

国主持召开，会办成立宿豫区永泽明清殡葬服务有限公司相关事项，要求迅速成立区级殡葬服务运营公司，做好公司人员选聘，明确由宿豫区永泽明清殡葬服务有限公司负责承担区级殡葬服务公司实际运营管理工作，区民政局负责做好业务监管。会议要求加快推进全区乡镇公益性公墓用地手续规范完善，确保公墓能够顺利移交。

8月2日，区委副书记、代区长徐源主持召开，会办顺河人家片区、商贸城片区、城市北区（原农园片区）城市更新贷款有关问题。会议明确顺河人家片区、商贸城片区以宿迁城开建设集团有限公司为实施主体，城市北区以宿迁市玉河湾开发建设有限公司为实施主体，统筹前期拆迁和后期住房建设，并牵头做好资金筹措工作。

11月23日，区委副书记、代区长徐源主持召开，会办全区打好污染防治攻坚战相关工作，会议要求各相关单位高度重视，加强配合，将工作责任明确到人，并协同做好各项重点工程实施。要深入开展农村黑臭水体整治，确保完成目标任务。

12月13日，区委副书记、代区长徐源主持召开，会办张家港市人民政府、宿豫区人民政府全面加强南北挂钩合作有关事项，会议要求从共建园区建设、经贸交流、社会事业、干部人才、其他领域五个方面全面深化与张家港市合作，有关单位要在协议整体框架下细化任务分解，压实工作责任，推动协议条款落地落细落实。

（胡雨亭）

政府施政

【民生实事项目建设】 2021年，宿豫区实施收入增长、教育发展、卫生健康、城乡功能、人居环境、社会保障等六大类民生实事项目100个，98个项目完成年度目标任务，完成率98%。

2021年宿豫区民生实事项目建设情况表

表10

序号	项目名称	实 施 内 容	完成情况	牵头单位
1	职业技能培训行动	开展职业技能培训行动，完成培训工人5000人	完成	区人力资源和社会保障局
		开展残疾人职业技能培训行动，完成职业技能培训100人，实现就业90人		区残联
		培训高素质农民2000人次		区农业农村局
		开展电商人才提升培训行动，通过“走出去”“请进来”等不同方式，针对电商企业、网络创业者、农村电商带头人等，开展线上线下培训不少于138人次		区商务局
2	就业促进行动	组织举办招聘会35场，提供就业岗位7000个，达成企业就业意向3000人	完成	区人力资源和社会保障局
3	创业富民行动	实施“普惠金融”，发放富民创业担保贷款1050万元；打造市级及以上返乡创业园不少于1家；选树一批返乡就业创业典型	完成	区人力资源和社会保障局
4	返乡创业就业支持行动	建成人才资源产业服务综合中心，引导和扶持在外人员返乡就业创业	完成	区人力资源和社会保障局
5	乡土人才培育行动	组织开展乡土人才初、中、高级职称推荐上报，培育一支懂技术、善经营、会管理的具有职称的乡土人才队伍	完成	区人力资源和社会保障局
6	退役军人就业创业提质行动	开展退役军人就业创业提质行动，全年开展退役军人培训不少于2场，参训不少于100人次；组织专场招聘会不少于2场	完成	区退役军人事务局
7	青年创业提质行动	对全区有创业需求的青年，助力创业项目落地孵化，年计划集中培训创业青年1000人次	完成	团区委
8	巾帼家政提质扩容行动	组织培训巾帼家政服务员500人；推动家政企业入驻宿迁市巾帼家政信用平台；试点推进政企联建巾帼家政进社区；组织选手参加市巾帼家政技能大赛	完成	区妇联
9	黄山路初级中学（含特教学校）建设	占地约8万平方米，建筑面积约8.1万平方米，建设规模初中12轨36班和特教学校25班	完成	区教育局
10	玉泉山路初级中学建设	占地约5.4万平方米，建筑面积约4.79万平方米，建设规模12轨36班	完成	区教育局
11	宿豫中学校区建设	占地15.55万平方米，总建设面积约11万平方米，建设规模24轨72班	完成	宿豫区豫润发展管理有限公司
12	昆仑山路小学建设	占地3.6万平方米，扩建3.2万平方米，校舍及配套设施	完成	区教育局
13	豫新小学增建工程	增建教学楼8000平方米及道路附属、设施设备添置等	完成	区教育局

续表10

序号	项目名称	实施内容	完成情况	牵头单位
14	宿迁技师学院扩建工程	大学生活动中心A栋总建筑面积26393平方米，地上五层1.82万平方米，地下一层8242平方米以及附属、绿化及配电室等	完成	宿迁技师学院
15	城乡校舍改造提升工程	城乡老旧校舍改造，即第一实验小学原有校舍改建增容、装修、附属改造、设施设备添置等，陆集中心学校、仰化中心小学、仰化初级中学、丁嘴中心学校、保安中心学校、新庄中心学校、侍岭中心学校、曹集中心学校、顺河小学、来龙初级中学、启明实验学校、宿迁高新区中心小学12所公办学校屋面漏水维修	完成	区教育局
		校园消防设施改造，即宿迁高新区小学、关庙中心学校、来龙初级中学、来龙小学、陆集中心学校、启明实验学校、侍岭中心学校、仰化初级中学、仰化小学、大兴幼儿园、仰化幼儿园、丁嘴幼儿园、浦东幼儿园、豫园幼儿园14所公办学校及幼儿园消防设施改造		区教育局
		不合格校舍消除险患建设，即改建曹集中心幼儿园3000平方米，含附属、道路、绿化、活动场地及设施设备添置等；重建侍岭中心幼儿园3600平方米，含附属、道路、绿化、活动场地及设施设备添置等；装修保安中心幼儿园3000平方米，含附属、道路、绿化、活动场地及设备设施添置等；改建提升大兴初级中学校舍2万平方米（新建1万平方米），含装修、附属、绿化、运动场及设施设备添置等；张家港实验小学、关庙中心学校校舍改造续建		区教育局
		全区中小学及职业中学校舍空调配备		区教育局
16	城区配套幼儿园建设工程	黄浦江路幼儿园建设，项目位于第一实验小学南侧城市之家，占地7333.37平方米，总建筑面积约6000平方米	完成	区教育局
		金色威尼斯幼儿园装修工程，面积2800平方米，装修、附属、设施设备等		区教育局
		未来城幼儿园装修工程，面积3000平方米，装修、附属、设施设备等		区教育局
		恒峰·御江山幼儿园装修工程，面积3800平方米，装修、附属、设施设备等		区教育局
17	省市优质幼儿园创建行动	创成省市优质幼儿园共4所，其中省优质幼儿园1所、市优质幼儿园3所	完成	区教育局
18	中心城区市级优质学校创建行动	落实《中心城区基础教育质量提升三年行动计划（2019—2021年）》部署，中心城区每年评估认定一批市级优质学校，2021年认定不少于1所	完成	区教育局
19	学校安保建设提升行动	委托第三方专业安保公司为学校提供安保人员，实现各级各类学校安保建设全达标	完成	区教育局
20	中小学教师信息技术应用能力提升行动	组织全区3000名以上中小学教师开展信息技术应用能力提升培训和实践考核	完成	区教育局
21	教师资源拓展行动	全区招聘在编教师450名	完成	区教育局
22	宿迁市中医院改扩建工程	总建筑面积7.1万平方米，其中新建门诊楼2.5万平方米、感染疾病楼3000平方米、综合楼7000平方米，地下建筑3.6万平方米	完成	宿迁市中医院
23	宿迁高新区人民医院改造工程	南院一期改造面积4.8万平方米，含门急诊楼、公共卫生服务中心及老年病医疗、保健等	完成	宿迁市中医院
24	大兴区域医疗卫生中心建设	在大兴镇规划建设1.2万平方米的公立医院，设置床位120张	完成	区卫生健康局
25	等级医院创建行动	宿迁市中医院三甲复审准备	完成	宿迁市中医院
26	医技人才提升行动	公开招聘基层医技人员20名以上；为基层定向培养本专科层次医学生20名以上，委托卫校培养农村医学专业学生10名	完成	区卫生健康局
27	新生儿心脏健康行动	开展新生儿先天性心脏病筛查约4000人，筛查阳性诊断95人，随访95人，治疗46人	完成	区卫生健康局
28	医疗巡诊和短期疗养优抚对象关爱行动	组织重点优抚对象共200名参加疗养、巡诊活动	完成	区退役军人事务局
29	自动体外心脏除颤仪投放行动	在人群集中公共场所投放自动体外心脏除颤仪（AED）6台	完成	区红十字会
30	棚户区改造工程	6个项目（宿沭路北侧地块、扬子江路西侧、闸东片区、陆河片区、雨露小区、锦泰花园），改造住户4829户，改造面积97.59万平方米	完成	区征收办

续表10

序号	项目名称	实施内容	完成情况	牵头单位
31	老旧小区改造提升工程	综合改造安泰佳园、豫东新城2个老旧小区，完善园林绿化、消防设施、亮化监控、停车位、道路管网等内容	完成	顺河街道
		综合改造天一苑、陆桥小区、豫苑小区、星河绿洲4个老旧小区，完善园林绿化、消防设施、亮化监控，道路管网等内容		区住房和城乡建设局
		小区雨污分流改造工程：实施盛世家园、锦华名园、众大上海城等22个小区雨污分流改造		区住房和城乡建设局
32	主街道形象提升行动	围绕主次街道建筑立面提升（门头招牌翻新、外立面出新及改造、空调外机罩增设）、杆线管线提升、广告亮化提升、城市家具提升及停车管理提升等方面组织实施	完成	区城市管理局
33	城市亮化工程	路灯改造提升：宿迁高新区、电子商务产业园区和城区外围的路灯光源全面改造，更换为LED光源、路灯智能控制安装工程	完成	区城市管理局
		楼体亮化建设：金沙江路两侧楼体亮化工程		区城市管理局
		千岛园亮化提升：对千岛园广场及周边夜景亮化进行整体提升，打造突出亮化景点，增设灯光亮化类型		区城市管理局
34	公共文化服务中心建设	总建筑面积7.88万平方米，建设图书馆、会展中心、影视城三幢建筑及地下车库	完成	宿豫区裕丰资产经营管理股份有限公司
35	顺河大营遗址建设	占地面积约1.72万平方米，依托顺河集兵营遗址建设，打造集遗址展示、模拟考古、军事教育等功能为一体的互动性遗址公园	完成	区住房和城乡建设局
36	健身中心建设工程	体育馆维修改造工程：对屋面和平台漏水、外墙装饰松动、消防设施维修改造、室内粉刷脱落、灯光照明维修、室外环境改造等	完成	区教育局
37	户外健身设施建设工程	新增2个笼式篮球场、2个笼式足球场、8套健身路径	完成	区教育局
38	新时代文明实践中心建设	高标准建设新时代文明实践中心：方案设计、内部装潢、必备设备、文创产品、大数据平台	完成	区委宣传部
39	城区垃圾转运站建设	建设规模不低于日转运能力40万千克的环保型垃圾中转站	完成	区城市管理局
40	停车便利化工程	增加城区机动停车位1500个	完成	区城市管理局
41	城区道路提升改造工程	西楚大道提升改造工程，北起宿支路、南至富春江路，长4600米，宽65米，主要建设内容：路基、路面工程、雨污水工程等	完成	区交通运输局
		洪泽湖东路提升改造工程，西起金沙江路、东至西楚大道，长2300米，宽93米，主要建设内容：路基、路面工程、雨污水工程、综合管线、供水、供电、燃气、通信、绿化等综合改造提升工程		区住房和城乡建设局
		燕山路提升改造工程，西起金沙江路、东至西楚大道，长2180米，宽46米，主要工程为路基、路面工程、雨污水工程、交通、信号灯、综合管线、路灯等绿化、路灯、标线、供水、电力、桥梁		区住房和城乡建设局
		天山路提升改造工程，西起金沙江路、东至黄浦江路，长1600米，宽40米，主要建设内容：路基、路面工程、雨污水工程、交通、信号灯、综合管线、路灯、绿化等		区住房和城乡建设局
42	农村公路提档升级和安全生命防护工程	提升改造农村公路80千米，安全生命防护工程40千米，危桥改造1座；顺陆线长2.4千米，宽7米；振兴路建设长1.9千米，宽8米；宿北大战纪念馆周边道路长1.3千米，宽6米；白鹿湖社区周边道路长1.2千米，宽6米；关庙关永路长10.3千米，宽8米	完成	区交通运输局
43	杨舍路南延建设	建设长2.7千米，双向四车道的沥青道路	完成	区交通运输局
44	新沂河堤顶道路建设	铺设新沂河南岸堤顶混凝土道路8.4千米	完成	区水利局
45	仰顺线建设	建设长5.4千米，路面宽14米沥青道路，道路设计标准为公路二级，路面宽14米，城镇段配套雨污水管网	完成	区交通运输局
46	供水管网建设工程	为省道S346（张家港大道—兴张线）、杨舍路南延（宿泗路—省道S325）、仰顺线（省道S325—翔盛大道）等沿线共计约32.85千米供水管网铺设球墨铸铁管	完成	宿豫区水务建设投资集团有限责任公司
47	高标准农田建设工程	建设高标准农田面积3.2万亩，新建电灌站5座，新建混凝土防渗渠75.49千米，建设配套渠系建筑物2306座，铺设简易混凝土生产路45.05千米，建设农田林网6000米	完成	区农业农村局

续表10

序号	项目名称	实施内容	完成情况	牵头单位
48	骆马湖搬迁群众生产生活困难扶持建设工程	为骆马湖搬迁群众铺设道路、标准化厂房等生产生活配套设施	完成	区水利局
49	建制镇管道天然气通达工程	敷设燃气管道23千米及附属设施	完成	区住房和城乡建设局
50	消防能力提升工程	在大兴镇新建1个乡镇政府专职消防队，购置消防器材，征招队员16人投入执勤	完成	区消防大队
51	文化惠民行动	开展文艺演出、文化展览等惠民活动200场	完成	区文化广电和旅游局
52	新一代雪亮技防工程	完成公安自建公共安全技防监控前端感知升级任务，更换摄像机500台，新增智能摄像机600台。完成智慧小区建设任务，建设视频监控等技防设备和安防管理中心的小区比率达85%，建设单元门智能门禁系统的小区比率达20%。建成可支撑5万路视频联网能力的宿豫融合安防平台。建成一机一档监控资料管理平台，对宿豫全区技防设施进行户籍化管理。完成交通智能防控圈建设，更换摄像机450台，新增智能超级卡口240台	完成	区委政法委
53	排水管网管控平台建设	对宿豫城区排水管网进行摸查，建立排水设施动态监测系统、排水管网提质增效管控平台服务与平台运维及设备养护	完成	区住房和城乡建设局
54	智慧城市建设	建设智慧城管，对国控点1—3千米范围内餐饮饭店安装油烟监测设备，对油烟不达标的餐饮单位及时预警提醒	完成	区城市管理局
		建设智慧信访，完善在建线下接访智能辅助系统，新建网上智能接访大厅和信访大数据应用平台		区信访局
		建设智慧校园食堂，围绕学校食堂食材"阳光配送"平台建设，完善阳光执法系统，加强校园食品安全监管		区市场监督管理局
55	城区居民小区电梯车阻系统建设	为城区范围内28个居民小区517部电梯安装电动自行车车阻系统，同时需配套安装电动自行车充电车棚	完成	区城市管理局
56	宿迁市城管阳光执法精准监管平台（宿豫区配套建设项目）建设行动	宿迁市城管阳光执法精准监管平台软件开发、试运行；执法（移动）终端、调查取证等设施设备的配备；进行人员培训、系统运行维护	完成	区城市管理局
57	基层民主治理体系建设	规范社区管理，强化社区功能服务，维护社区稳定，以发展基层民主、完善基层群众自治制度为方向，加强部分社区提档升级，努力打造宿豫区社区建设新格局	完成	区民政局
58	基层文化阵地服务能力提升行动	乡镇街道文化阵地服务人员培训及设施设备添置	完成	区城市管理局
59	景观绿化提升建设	西楚大道至顺兴线六塘河两侧绿化景观（骑行道、节点打造、草阶、绿化）	完成	区住房和城乡建设局
		城区各小区及学院等围墙周边立体绿化		区住房和城乡建设局
		阿里山河至和信物流景观绿化提升		区住房和城乡建设局
60	高标准公园建设	天柱山路公园建设，项目占地6万平方米，高标准建设城市公园	完成	区住房和城乡建设局
		庐山路社区公园建设，项目占地3万平方米，高标准建设社区公园		区住房和城乡建设局
61	城北水厂建设工程	取水规模30万米^3/天，完成水厂第一期（15万米^3/天）的水资源论证、项目立项、方案编制、图纸设计、监理施工招标等工作并开工建设	完成	宿豫区水务建设投资集团有限责任公司
62	污水处理厂提标改造工程	张家港污水厂扩建：3.0万米^3/天，扩建工程完成后，出水水质达到准Ⅳ类标准	完成	区住房和城乡建设局
63	中心城区污水管网建设	将中心片区约5000万千克污水调度至张家港污水处理厂进行处理，从江山大道连接到泰山河南岸污水主管网，污水压力管道长6千米，管的直径为600毫米（DN600）	完成	宿豫区水务建设投资集团有限责任公司
64	湿地建设工程	9个乡镇污水厂人工湿地建设工程	完成	区生态环境局

续表10

序号	项目名称	实施内容	完成情况	牵头单位
65	农村生活污水治理及监管行动	新建4处农村生活污水治理设施	完成	区住房和城乡建设局
		对已建的农村生活污水处理站，在村级污水处理站进（出）水口安装自动监测设备（流量计）并联网，安装用电工况监控系统，实现运行情况24小时不间断监控		区水利局
66	泵站建设	嶂山泵站：拆除嶂山泵站北、东机房，安装5台水泵，设计流量15.56米^3/秒	完成	区水利局
		经一河生态补水泵站：向北连通至六塘河，在六塘河交汇处新建城区生态补水泵站1座，保障城区河道补水水源		区水利局
67	中运河堤防宿迁闸至刘老涧整治工程	加固堤防、铺设堤防汛道路	完成	区水利局
68	大中型灌区配套改造工程	二干渠整治25千米，景观节点打造，沿线配套建筑物改造	完成	区水利局
		二干一支渠整治8.4千米，景观节点打造，沿线配套建筑物改造		
		白鹭沟整治7.5千米，新型农村社区段景观节点打造，沿线配套建筑物改造		
		砂礓河整治1.3千米，沿线配套建筑物改造		
69	河道整治工程	宿迁高新区河道及小区管网排查、整治合流制雨污水智能调蓄工程：昆仑山河、嘉陵江河、利民河、宿泗路边沟、马河、全线沿河排口排查；陆桥小区三期、豫园小区、陆桥小区五期小区雨污管网排查、雨污分流改造及三个强排站前端分别建设雨污智能调蓄截流井	完成	区生态环境局
		马河河道疏通：清淤治理河道3.3千米，铺设截污管道3千米，新建紫荆山路东延段与张家港大道连通，新建景观节点3处，新建蓄水钢坝1座		区水利局
		江山河水系：清淤疏浚河道3.2千米，绿化景观提升3.2千米，新建生态蓄水坝保障河道生态水位		区水利局
		嘉陵江河水系：清淤疏浚河道2.5千米，绿化景观提升2.5千米，新建生态蓄水坝1座保障河道生态水位		区水利局
		昆仑山河水系：阿里山河至和信物流园，与昆仑山河联通作为补水通道；清淤疏浚河道1.3千米，生态河道改造1.3千米		区水利局
		利民河水系：清淤整治河道10.9千米，新建拆建配套建筑物33座，陆集镇区段新建生态岸坡1千米		区水利局
		金沙江河水系：清淤疏浚河道3千米，新建生态岸坡3千米，沿河铺设截污管网		区水利局
		阿里山河水系：北京路北侧，江山河至牡丹江河联通工程，清淤整治河道1.6千米，设置生态护坡		区住房和城乡建设局
		新建顺堤河穿陆运河地涵1座，涵洞上下游疏浚河道150米，生态护砌50米；涵洞下游河道疏浚170米，生态护砌70米；涵洞上下游河道岸坡绿化		区水利局
		疏浚农村河道汪塘75条（面），长137.21千米，土方108.17万立方米		区水利局
		陆庄河：整治；生态清淤		区水利局
70	河道雨污管网排查提升工程	黑龙江河、东民便河、陆庄河等河道排污口排查	完成	区生态环境局
		黑龙江河、陆庄河管网排查		区住房和城乡建设局
71	公厕改造工程	改造书山路公厕、商贸城东侧公厕、电信长线分局公厕、东城美域公厕4座，宿迁高新区新建公厕1座	完成	区城市管理局
72	小区垃圾分类智能化建设	对尚海湾、润景苑、豫和苑、阳光东郡等新建小区安装垃圾分类智能投递设备	完成	区城市管理局
		对景尚佳园等5个小区生活垃圾桶进行集中并点，更换扫码智能封闭式垃圾桶		区城市管理局
73	加油站三次油气回收装置改造工程	对全区5家加油站实施三次油气回收装置改造	完成	区生态环境局
74	农业面源治理示范工程	农业面源尾水收集净化示范，农业面源综合治理体系构建示范：试点位于东民便河东支东侧杉荷园梦缘莲藕种植田，结合杉荷园景区及其生态旅游项目，建设农业面源污染治理示范工程	完成	区农业农村局
75	智慧水环境工程	配套建设生态环境指挥中心、生态环境监测系统，后期集成区内相关监测监控信息数据	完成	区生态环境局

续表10

序号	项目名称	实施内容	完成情况	牵头单位
76	服务能力保障体系提升工程	建设街道综合性日间照料中心1个；建成农村区域性养老服务中心1个；接受上门服务的居家老人数占比达15%	完成	区民政局
		做好市救助管理站建设各项保障工作，推进工程有序进展		区民政局
		建设区级退役军人服务中心及荣耀之家，建成镇级示范型服务站4家、村级示范型服务站10家，建设市级荣耀之家10个		区退役军人事务局
77	65岁以上老年人健康关爱行动	为3.1万名65岁以上老年人提供一次免费健康体检服务	完成	区卫生健康局
78	残疾人帮扶救助行动	残疾人意外伤害保险：为全区1万余名残疾人购买保险	完成	区残联
		残疾人日间照料托养服务：为全区400名残疾人提供日间照料等残疾人托养服务		区残联
		0—14岁残疾儿童康复救助：实施残疾儿童康复救助，将全区有康复需求的250名0—6周岁智力、听力言语、视力、肢体残疾、孤独症儿童及50名7—14周岁肢体残疾、孤独症儿童纳入康复救助范围		区残联
		残疾人辅助器具适配服务：为全区700名残疾人适配辅助器具		区残联
79	特殊困难群体保障提标行动	构建全区大救助体系，整合救助资源，切实提高对困难群众综合救助帮扶能力	完成	区民政局
		实施特殊困难老人家庭适老化改造工程，对260户分散供养特困人员、城乡低保对象、建档立卡低收入人员等经济困难人群中的高龄、失能、重度残疾老年人家庭实施适老化改造		区民政局
		继续开展教育扶贫助学，对各学段家庭经济困难学生教育资助实现全覆盖		区教育局
		对特殊困难群众、农村低保、特困供养人群、农村留守儿童开展系列人道救助，全年受益群众1500人		区红十字会
		在全区范围内开展3次农民工工资清欠专项行动		区人力资源和社会保障局
80	困境儿童帮扶工程	为全区孤儿和困境儿童建设改造"梦想小屋"100间	完成	团区委
81	老兵及老烈子免费体检关爱行动	为全区60周岁农村老兵及烈士子女共2942人提供免费体检	完成	区退役军人事务局
82	退役军人解难济困关爱行动	面向全区困难退役军人及重点优抚对象开展帮扶，建立帮扶解困信息平台，帮助重点优抚对象解决生活困难问题，年帮扶200人次	完成	区退役军人事务局
83	社保便民服务提升行动	建成2个标准化"人社24小时自助服务厅"或社银合作网点，包含社保自助办理终端、就业自助查询终端和社会保障卡自助制卡机	完成	区人力资源和社会保障局
84	失业保障行动	年内发放失业保险金800万元；为失业人员代缴医疗保险费120万元	完成	区人力资源和社会保障局
85	社会保险扩面行动	实施全民参保计划，2021年职工"三险"扩面新增1.36万人次	完成	区人力资源和社会保障局
86	医保惠民行动	建档立卡低收入人口县域内定点医疗机构住院个人自付费用降低到政策范围内费用的10%以内；低收入人口中的重度残疾人县域内定点医疗机构住院个人自付费用降低到政策范围内费用的5%以内	完成	区医疗保障局
87	居民医保"两病"门诊保障行动	配合市医保局落实居民医保高血压、糖尿病"两病"门诊保障制度，提升居民医保慢性病门诊保障水平	完成	区医疗保障局
88	食品安全监测行动	食品抽检率达6批次/千人	完成	区市场监管局
89	食用农产品批发市场食品安全质量提升行动	对华东大市场食品安全快检室进行建设改造，提升检测和信息化管理水平	完成	区市场监督管理局
90	安全生产类和环保类产品质量监测提升行动	组织开展生产、销售领域涉及安全生产的相关产品（危化品及其包装物和容器、燃气器具及配件产品、消防产品、电动自行车、液化石油气、劳动安全防护用品等）和环境保护的相关产品（成品油、车用尿素、煤炭、给排水管材、油墨、胶黏剂等）质量监督抽查	完成	区市场监督管理局

续表10

序号	项目名称	实施内容	完成情况	牵头单位
91	网络安全403专网及附属设备提升行动	依托区网络安全应急指挥中心，建设403专网，实现市区组网，提供数据传输和视频会议的应用服务	完成	区委宣传部
92	工伤保险护航行动	开展农民工工伤保险“同舟计划”，推进建筑、交通、水利工程项目参加工伤保险全覆盖，全年工程项目工伤保险参保率达80%以上。开展工伤预防宣传5场次，培训300人；实施现场互动与持续改善式培训5家	完成	区人力资源和社会保障局
93	生命安全护航行动	培训救护员900人，普及性培训1万人	完成	区红十字会
94	公益创投行动	在城市社区建成2个特色护理站、开展2个慢性病康复管理项目、建立2个教学点，为社区老人开展康复护理、上门诊疗和老年教育；为近200名农村困境儿童开展救助帮扶、爱心寒暑班、预防未成年人犯罪等关爱保护服务，缓解留守儿童监护人假期“看护难”问题	完成	区民政局
95	公共法律服务广覆盖行动	一村（社区）一法律顾问全覆盖，全年法律顾问到村居开展法律服务活动不少于8次；全年办理法律援助及帮助案件700件；矛盾纠纷化解案件4500件；法律明白人培训不少于12次	完成	区司法局
96	和谐婚姻幸福家庭服务行动	开展线上线下普法宣传20场；培训婚姻家事调解员20人；个性化调解婚姻家事纠纷40件；开展妇女议事会规范化建设培训；关爱服务困境妇女儿童120人	完成	区妇联
97	信访积案化解行动	排查梳理集中治理重复信访、化解信访积案专项工作中国家、省交办案件，以及2020年以来进京、赴省、到市信访事项约60件，提交区党政领导领办会办，推动问题解决，实现案结事了、停诉息访	完成	区信访局
98	殡葬服务能力提升工程	对全区乡镇公益性公墓运营机制实施改革，提升乡镇公益性公墓建设和运营水平	完成	区民政局
		保障市101项目建设顺利实施		区民政局
99	定销商品房工程	盛世农园：项目方案总建筑面积约13.10万平方米，住宅总户数为912户，配套机动车位数量962个	完成	宿迁市玉河湾开发建设有限公司
		盛世蓝城：总用地面积约7.31万平方米，总建筑面积约19.80万平方米		宿豫区城镇建设开发有限公司
		陆桥安置小区（六期）：占地面积约5.46万平方米，建筑面积约19.73万平方米，绿地面积约1.8万平方米。住宅总户数1294户，配套建设机动车地下停车位1334个，非机动车为2723个		宿豫区城镇建设开发有限公司
		花园里·雅居：项目方案总建筑面积约15.80万平方米，住宅总户数为1050户，配套机动车位数量869个	结转推进	宿豫区城镇建设开发有限公司
		盛世东城：项目方案总建筑面积约38.76万平方米，住宅总户数为2496户，配套机动车位数量5748个		宿豫区城镇建设开发有限公司
100	农民群众住房条件改善工程	曹集幸福家园：建设496户，约6.66万平方米	完成	区农房办
		来龙幸福家园：建设326户，4.6万平方米		区农房办
		来龙土楼新型社区：建设268套，约3.37万平方米		区农房办
		关庙陆相新型社区：建设496户，约6.49万平方米		区农房办
		新庄陈墩新型社区：新建265户，约3.48万平方米		区农房办
		新庄袁庄新型社区：新建361户，约4.70万平方米		区农房办
		大兴倪牌坊新型社区：建设361户，约4.43万平方米		区农房办
		大兴河畔人家：建设740户，约8.38万平方米	结转推进	区农房办
		大兴镇陈洼新型社区：建设336户，4.46万平方米		区农房办
		陆集幸福家园：建设558户，约8.05万平方米		区农房办
		仰化复隆新型社区：建设260户，3万平方米		区农房办

（章林春）

【重大产业项目建设】 2021年，宿豫区牢固树立“项目为王”理念，坚持把“大抓产业、大干项目”作为推进高质量发展的重要抓手，不断优化项目推进机制，提升帮办服务水平，系统谋划推进一批具有引领性、带动性的重大项目，持续扩大有效投资。2021年，全区共完成新开工项目46个，计划总投资149.5亿元；新竣工项目40个，完成投资167亿元；完成超10亿元新开工项目7个，新竣工项目7个；44个列市重大产业项目有序推进，完成投资228亿元，增长15.7%。

2021年宿豫区新竣工重大产业项目汇总表

表11

序号	落户园区	项目名称	完成资额（亿元）	引资单位	认定时间
1	宿迁高新区	宏盛尼龙	2	宿迁高新区	2月
2	宿迁高新区	华原新材料	3	宿迁高新区	2月
3	宿迁生态化工科技产业园	盛基医药	10	宿迁生态化工科技产业园	2月
4	宿迁高新区	坤奇电子	10	产业招商一局	3月
5	宿迁高新区	昶盛机械	1	曹集乡	4月
6	宿迁高新区	坤唐科技	10	电子商务产业园区	4月
7	宿迁高新区	璞真科技	2	广东专业招商局	4月
8	宿迁高新区	楚霸体育	1	区商务局	5月
9	宿迁生态化工科技产业园	联盛亚克力	5	区应急管理局	5月
10	宿迁高新区	苏华达新材料	3	宿迁高新区	5月
11	宿迁高新区	宙际杰智能科技	5	宿迁高新区	5月
12	宿迁高新区	达顺通机电	3	招商服务局	6月
13	宿迁高新区	曼特思智能物联	2	产业招商二局	6月
14	宿迁高新区	拓强智能	1	宿迁高新区	6月
15	宿迁高新区	夕川科技	1	产业招商二局	6月
16	张家港宿豫工业园区	浩欣机械	1	仰化镇	7月
17	张家港宿豫工业园区	峻马科技	5	张家港宿豫工业园区	7月
18	张家港宿豫工业园区	联美环境	1	张家港宿豫工业园区	7月
19	宿迁高新区	库曼家居	1.5	下相街道	7月
20	宿迁高新区	广博控股	10	宿迁高新区	8月
21	宿迁高新区	晨升科技	1	区行政审批局	9月
22	宿迁高新区	秀强玻璃	3	宿迁高新区	9月
23	宿迁生态化工科技产业园	先帅科技	1	区水利局	9月
24	宿迁高新区	南钢特种钢	1	宿迁高新区	10月
25	宿迁高新区	益客饲料	1	宿迁高新区	10月
26	宿迁高新区	优美特塑胶制品	2	区市场监督管理局	10月
27	宿迁高新区	和敦检测	1	区商务局	11月
28	宿迁高新区	恒望机械	1	豫新街道	11月
29	宿迁高新区	瞬芯半导体	1	招商服务局	11月
30	宿迁高新区	万祥高科	2	区人力资源和社会保障局	11月

续表 11

序号	落户园区	项目名称	完成资额（亿元）	引资单位	认定时间
31	张家港宿豫工业园区	宇宏电力	5	区委办	11月
32	宿迁高新区	东方雨虹	10	浙江专业招商局	12月
33	宿迁高新区	恩达电气	1	产业招商四局	12月
34	宿迁高新区	合信包装	1	区教育局	12月
35	张家港宿豫工业园区	沪帆纺织	1	区发展和改革局	12月
36	电子商务产业园区	京东智慧城	20	电子商务产业园区	12月
37	宿迁高新区	三元轮胎二期	30	宿迁高新区	12月
38	宿迁高新区	腾辉机械	1.5	陆集镇	12月
39	宿迁高新区	项王机械	5	区委办	12月
40	宿迁高新区	雅泽科技	1	区交通运输局	12月
合计		—	167	—	—

2021年宿豫区44个列市重大产业项目完成情况表

表 12　　单位：亿元

下达序号	项目名称	项目性质	2021年建设内容	开竣工时间	计划总投资	2021年计划投资	形象进度
—	合计	—	—	—	616.7	218.8	—
56	宿豫坤唐科技	新建	总建筑面积6万平方米，建设年产金属精密零件200万套及无线充电模组800万套项目	2021年7月—2022年12月	10	1	竣工投产
57	宿豫项王机械二期	新建	总建筑面积5万平方米，新建厂房及办公用房，年产300台精馏塔、1500台反应釜、2000台换热装置、150台蓄热式焚烧炉（RTO）、40台环保成套设备、5000台泵	2021年3月—2022年6月	5	3	2栋车间试生产，北侧厂房及附属完工，设备安装调试
58	宿豫洪硕新材料	新建	总建筑面积约2.5万平方米，年产8万吨热塑性弹性体材料（TPE）及制品	2021年3月—2022年12月	6	3	西侧厂房主体施工，东侧厂房改造完成，设备进场安装
59	宿豫建友科技	新建	总建筑面积4万平方米，新建厂房及办公用房，年产3000台建筑机械	2021年10月—2022年12月	5	2	厂房主体施工，设备订购
60	宿豫达顺通机电	续建	总建筑面积2万平方米，引进国内外先进加工中心，建设10条微型马达生产线，年产1亿只微型马达	2020年11月—2021年8月	3.5	3	竣工投产
61	宿豫东方雨虹	续建	总建筑面积7万平方米，年产5000万平方米高分子防水卷材、1200万支美缝剂、3亿千克砂浆及堵漏宝等新型防水建材项目	2020年9月—2021年11月	10	6	竣工投产
62	宿豫坤奇电子	续建	总建筑面积4.5万平方米，年产500万片各类显示屏及显示模组件	2020年11月—2021年10月	8	5	竣工投产
63	宿豫璞真科技	续建	总建筑面积2万平方米，年产手机整机及电子产品1000万台	2020年10月—2021年6月	4	2	竣工投产
64	宿豫宇宏科技	续建	总建筑面积2.5万平方米，新建厂房，高低压配电设施生产线，年产高低压配电柜1万台、高低压开关20万台（只）、节能变压器1万台	2020年11月—2021年12月	3	2.5	竣工投产
113	宿豫骏马科技	新建	总建筑面积2万平方米，新建40条高性能锦纶生产线，年产2000万千克锦纶帘子布	2021年4月—2021年12月	5	5	竣工投产

续表12

下达序号	项目名称	项目性质	2021年建设内容	开竣工时间	计划总投资	2021年计划投资	形象进度
143	宿豫趣园食品产业园	续建	总建筑面积20万平方米，新建厂房及配套设施，主要生产休闲食品、功能性饮料	2020年10月—2022年6月	30	10	竣工投产
144	宿豫正大食品产业园	续建	总建筑面积2万平方米，其中新建厂房1万平方米，新建肉食、水产、蔬菜加工等生产线，年加工肉鸡5000万千克	2020年10月—2022年12月	5	3	附属完工，部分设备安装调试
199	宿豫高功能聚酯膜材料产业园	新建	总建筑面积40万平方米，2021年启动建设20万平方米，新建厂房及配套设施，生产高功能聚酯膜	2021年5月—2023年3月	50	10	厂房主体施工，订购设备
200	宿豫中玻新材料产业园	新建	总建筑面积20万平方米，新建厂房及配套设施，建成72亿千克/日光伏玻璃及深加工生产线	2021年5月—2023年4月	50	10	仓库、附属房、钢结构厂房主体施工，锅炉地下工程完工，设备订购
201	宿豫盛锦新材料	新建	总建筑面积5万平方米，新建厂房及附属设施，其中厂房3万平方米，年产6000万千克耐候助剂系列产品	2021年7月—2022年12月	15	10	行政楼完工，4栋仓库主体完工，厂房主体及附属施工，设备订购，部分设备安装调试
202	宿豫新亚强硅化学	新建	总建筑面积3万平方米，其中新建厂房2万平方米，年产1500万千克有机硅甲基系列产品	2021年7月—2022年12月	10	3.5	设备安装调试，试生产
203	宿豫博迁新材料二期	新建	总建筑面积10万平方米，新建厂房及配套设施，分两期建设100条镍粉生产线	2021年6月—2022年12月	10	3	竣工投产
204	宿豫盛泰新材料	续建	总建筑面积1.5万平方米，其中新建厂房1.2万平方米，年产800亿千克光稳定剂	2020年11月—2021年12月	5	3	竣工投产
205	宿豫先帅科技	续建	总建筑面积0.7万平方米，新建厂房、办公楼等设施，年产5000万千克聚羧酸及5000万千克脂肪族化合物	2020年11月—2021年12月	1.2	1	竣工投产
206	宿豫逸达新材料二期	续建	总建筑面积50万平方米，引进年产11亿千克新型环保差别化纤维生产设备，2021年新建25.9万平方米厂房及配套设施	2020年6月—2022年12月	110	30	120米烟囱封顶；锅炉岛、锅炉房、干煤棚完工；研发楼、食堂完工；锅炉1号炉完成约90%，2号炉完成约80%；化水站与空压站设备基础完工，内部墙体砌筑；聚酯车间C三层浇筑；短纤车间C二层浇筑；锅炉岛全部设备、聚酯车间109台（套）生产设备、短纤车间28条前后纺生产线以及13台打包机设备订购完成，部分设备进场安装
207	宿豫永星化工	续建	总建筑面积1.2万平方米，其中新建厂房0.8万平方米，年产170亿千克聚酯类光电材料单体	2020年10月—2021年12月	5	4	竣工投产
208	宿豫三元轮胎二期	续建	总建筑面积25万平方米，引进国内外先进的全钢子午胎生产技术及设备，年产320万套全钢子午线轮胎	2020年10月—2022年6月	50	30	竣工投产
209	宿豫盛瑞新材料	续建	总建筑面积12万平方米，2021年建筑面积4万平方米，新建厂房3万平方米，年产2700万千克光稳定剂及500万千克阻聚剂	2019年8月—2022年6月	30	10	一期投产；二期附属设施完工，厂房主体施工，部分设备安装调试
251	宿豫迪利安环保光固色	续建	总建筑面积2.8万平方米，引进国内外先进环保光固色生产设备，分三期建设26条环保光固色生产线	2020年11月—2022年12月	10	5	一期、二期投产
252	宿豫澹一生物医药	新建	规划总建筑面积约5.1万平方米，建设年产50亿千克金耳菌保健食品及中药制品项目	2021年10月—2022年12月	5	2	主体施工

续表12

下达序号	项目名称	项目性质	2021年建设内容	开竣工时间	计划总投资	2021年计划投资	形象进度
253	宿豫福赛乙德药业	续建	总建筑面积2.2万平方米，新建厂房及相关配套附属设施，其中新建厂房1.8万平方米，年产千吨级含氟麻醉剂和碘造影剂原料药	2020年9月—2022年12月	10	4	竣工投产
275	宿豫文化艺术中心	新建	总建筑面积7.8万平方米，新建3栋多层主体建筑物、管理用房、配套、景观绿化	2021年7月—2023年12月	5.8	2	地下室完工
276	宿豫粮食产业园	新建	总建筑面积4.5万平方米，新建储粮2亿千克仓库，建设集仓储、产后服务中心、粮油检测中心等为一体的综合型项目	2021年7月—2023年12月	5	2.5	仓库主体施工，综合楼主体施工
277	宿豫电商双子楼	新建	总建筑面积8.3万平方米，新建2栋24层主楼及裙楼	2021年7月—2023年12月	5	1	主体施工
278	宿豫电力物流园	新建	总建筑面积3.5万平方米，建设物流仓储用房、研发中心、停车场及配套设施	2021年9月—2022年12月	2	0.5	厂房主体施工
279	宿豫金三角商业中心	续建	总建筑面积30万平方米，新建集星级酒店、商铺、休闲区等业态于一体的综合性商业街区	2020年11月—2023年11月	30	8	主体施工
280	宿豫袁家村·宿迁印象	续建	总建筑面积13万平方米，新建商业街、主题景点、客栈、禅舍及相关附属设施等	2020年10月—2022年10月	15	5	试经营
281	宿豫中运河（老粮库）文化创意产业园	续建	总建筑面积0.8万平方米，建设涵盖中运河历史展示、文化创意与实践中心、艺术展陈等功能为一体的文化创意产业园	2020年9月—2021年12月	1.2	0.7	项目完工，督促入驻的招商业态进行装修，持续招商
282	宿豫御江山生活广场	续建	总建筑面积3万平方米，新建综合型生活广场	2020年10月—2021年9月	1	0.6	试营业
309	宿豫宿迁高新区核心区科技综合体	新建	总建筑面积22万平方米，分两期新建集研发、总部办公为一体的综合体项目	2021年5月—2023年12月	10	2	厂房主体施工
310	宿豫新港产业园	新建	总建筑面积13万平方米，新建标准化厂房及研发中心等，入驻欣丰新材料、诚鑫纺织等项目	2021年7月—2022年6月	6	2	竣工验收，交付使用
311	宿豫绿色建材产业园	新建	总建筑面积约13万平方米，新建厂房及配套设施，入驻通泰绿色建材、顺加新材料等项目	2021年9月—2023年12月	5	1	厂房主体施工
312	宿豫京东智能制造产业园	新建	总建筑面积11.1万平方米，新建厂房、综合楼、研发楼及附属设施，招引智能制造项目入园	2021年4月—2022年6月	5	3	厂房主体完工，附属施工
313	宿迁高新技术孵化园	新建	总建筑面积15万平方米，分两期建设标准化厂房及附属设施	2021年5月—2022年12月	5	2	厂房主体施工
314	宿豫食品饮料产业园	新建	总建筑面积10万平方米，新建研发用房、检测认证用房等，打造集科研创新、快速检测、体系认证为一体的食品产业生产孵化基地	2021年10月—2023年6月	5	1.5	厂房主体施工
315	宿豫众创产业园	新建	总建筑面积12万平方米，新建3万平方米标准化厂房，入驻奥源新材料、迎商户外用品、鹏辉纺织等项目	2021年6月—2023年12月	5	1	设备安装调试
316	宿豫机械产业园二期	新建	总建筑面积11万平方米，新建厂房、综合楼及附属设施，入驻凯骏环保设备、鑫得旺纺织、旌文机械等项目	2021年3月—2022年12月	5	2	试生产
317	宿豫京东智慧城	续建	总建筑面积53万平方米，新建超高层、京东事业部、配套商业楼及SOHO等，2021年基本完工	2019年4月—2021年12月	40	11	1—8栋非高层楼宇玻璃安装完成，退台部位铝板安装；9栋楼幕墙单元板块安装完成60%；附属工程雨污水管网安装施工
318	宿豫富民产业园	续建	总建筑面积26万平方米，新建两层标准化厂房，入驻兴泰包装容器、新雅布业、润邦科技、旺香缘米业等项目	2019年5月—2022年12月	10	2	一期正式投产，二期厂房主体施工，附属施工，设备订购

（房小停）

外事工作

【涉外新冠疫情防控】 严格落实中央、省、市、区新冠疫情防控相关文件精神，实时关注入境人员动态，及时向各相关单位预报，执行“3+25”防控隔离要求，做好涉外新冠疫情防控隔离转运工作。先后成立昆山、南京、徐州3个工作专班，共计10个批次60名工作人员参与入境到宿人员集中转运，累计转运155人，全部落实集中隔离措施。

【外事服务优化】 向园区企业宣传推介APEC商务旅行卡，为企业“走出去”开辟绿色通道。2021年，联系2家意向企业（旭派电源、联盛科技）准备办理APEC商务旅行卡。排查因公出国（境）存量档案资料，并进行补充完善，从严审核上报2022年因公出国（境）年度计划编制表，确保因公出国（境）管理规范有序，外事服务水平全面提升。

【重要外事活动】 2021年，宿豫区开展重要外事活动4起。4月19日，接待澳中自贸区商业协会联盟主席爱德华·唐一行11人，实地考察宿豫中运河老粮库文化创意产业园、宿迁电子商务产业园区等地，双方在文旅市场开发等方面探讨交流合作。5月8日，选派南非籍选手PEAR LEEN参加江苏外国人唱中文歌曲大赛，决赛中选手以一曲《我爱你中国》获得三等奖，为宿迁市选手首次闯进决赛并获奖。9月22日，邀请外国友人参加市委宣传部、市外事办公室联合举办“Today’s Suqian 今日宿迁”在宿外籍人士摄影比赛，选手娜娜、凯特、乌斯曼作品分别获得大赛二等奖、三等奖、优秀奖，区外事办公室获优秀组织奖。10月22日，邀请外国友人参加市外事办公室、市人民对外友好协会举办的“I Suqian 爱宿迁”外籍人士看宿迁暨专题采风活动。

（蔡　岩）

政务服务

【政务服务建设】 全面推进政务服务一体化平台及“互联网+监管”系统建设，推行“网上办”“掌上办”等线上办事模式，常态优化政务服务流程。宿豫区六大类权力事项入库率、办事指南完整度、不见面办理情况、最多跑一次办理情况、网上办件率占比均为100%；政务服务事项标准化认领率86.5%，政务服务事项编制率100%；政务服务网上办件量45.69万件、企业法人类网上办件量36.29万件、免费邮寄1703件；电子证照种类88类，完成率73%，汇聚电子证照量60.5万个，提前超额完成全年10万件的任务量；移动服务对接量350个；监管行为覆盖率达100%，监管行为数据汇聚11.94万条，覆盖辖区企业和个体户。

【政务服务监管】 制定区政务服务中心制度汇编，涵盖中心管理、服务规范等18项制度，修改完善《宿豫区政务服务中心窗口绩效考核办法》，制定窗口形象、作风建设、民意测评等方面考核标准。建立投诉处理机制，在大厅显著位置公开投诉处理流程、电话，办事企业、群众可以通过12345热线、“好差评”系统评价和公开的投诉电话等渠道进行投诉。2021年，通过12345热线投诉16件，通过政务服务“好差评”评价系统，区、乡、村三级政务服务机构累计收到评价12.4万个，其中反馈差评13个，差评整改率100%，回访满意率100%。通过督查巡查发现窗口空岗、AB岗制度执行不严、服务态度差等问题51起，及时纳入月度通报，问题严重的，及时函告后方单位处理。

（孙晓勇）

改革创新

【“一窗”集成改革】 5月，与一窗（北京）互联网科技研究院合作，探索“一窗”集成改革，上线智能导办系统，为无差别全科窗口受理提供信息化支撑，为全市探索“前台综合受理、后台分类审批、综窗统一出件”模式，提供可复制可推广经验，该做法获得“人民网”《新华日报》、省政务办内刊等媒体宣传推广。

【“一件事”集成改革】 制定出台《关于推进法人和自然人全生命周期“一件事”集成改革实施方案》及24个具体实施方案，包含“婚育”“帮扶救

8月，宿豫区行政服务中心“综合窗口”挂牌运行　（陶胜男　供图）

助”“就业创业登记”等。5月28日，宿迁“帮扶救助一件事”在宿豫试点，21个部门38个帮扶救助事项实现集成办理，得到省民政厅领导肯定，作为全市可复制可推广典型予以推广。“一件事”相关经验做法被《新华日报》、“学习强国”、《宿迁日报》等主流媒体多次报道。

【省级智慧商事登记改革省级试点建设】 7月起，宿豫区承接省级智慧商事登记改革试点建设。构建企业在线申报住所核验，无人干预审批模式，打造“24小时”不打烊智能审批新场景。截至年底，工程处于按序时进度推进阶段。

（孙晓勇）

政务信息管理

【概况】 2021年，区大数据中心开展全区信息化建设基础调研，走访委、办、局50余家，梳理信息化平台150余个，全面开展政务数据资源梳理与挂接工作，完成39个平台与区域治理现代化指挥中心的对接、挂接数据资源目录640余条。强化政务新媒体运营，持续推动政府网站建设管理工作，优化网站栏目，创新网站内容。2021年，区政府办公室被表彰为全省政府网站工作先进单位，政务新媒体在上级全年数次检查抽查中合格率100%。

【政务信息化项目监管】 制定《宿豫区区级政务信息化项目建设管理办法》，进一步完善政务信息化项目的管理机制，推进信息化项目扎口管理，全年累计评审智慧社区、智慧农园、政府投资工程建设监管系统、“一网管全域”项目群等信息化项目11个，登记备案信息化项目14个。持续推动新建信息化平台“上云”部署，完成涉疫人员信息管理平台、机关食堂管理平台的迁移“上云”工作。

（季　飞）

区域治理

【区域治理现代化指挥中心建设】 2021年4月，宿豫区启动区域治理现代化指挥中心（以下简称“指挥中心”）建设，明确将数字化城管、“12345”政府热线职能整合后并入指挥中心。经省委编办验收、区委编办审批同意，指挥中心定为区政府办公室下属事业单位，核定编制21人，负责“一网管全域”项目平台搭建和系统运行，促进“一网管全域”向乡镇指挥调度延伸，分拨处置“12345”、数字城管、物联感知、监测预警、网上公众投诉等各类事项，承担新冠肺炎联防联控指挥部视频调度系统的维护和使用，提升科学研判、预警预测能力等。年内，坚持人员、阵地、平台统筹推进，区、乡两级同步建设，建成1个区级、10个乡级指挥中心，启动建设总投资1.6亿元，建成总建筑面积2.6万平方米的指挥中心新阵地。

【信息管理平台建设】 2021年，按照全市“一网管全域”工作要求，印发《宿豫区“一网管全域”工作实施方案》，制定3类19个项目，涵盖市域治理下发的标准版11个项目和特色自建8个项目，出台《宿豫区智慧信息化项目建设工作流程》，成立咨询专家库，实现全区信息化项目扎口管理，有效解决重复建设、建而不用等问题。注重数据归集，横向统筹全区已建和拟建各类视频监控和物联网设备，纵向对接市指挥中心，打通39个平台数据，覆盖全区20个单位，归集各类数据17.5万条。年内，发现并破解新平台运转“壁垒”20余处，派遣案件12.95万件，其中“12345”政府热线61561件、省工单2940件、数字城管64819件、四大治理120件、监测预警20件，处理网格事件7.5万件，执法案件1.1万件，编发民声专报26期，有效化解群众关注的急难愁案件。

【应急调度】 依托视频监控资源、地图资源等，开展数据分析和信息挖掘，高质量保障防汛应急处置、常态化疫情防控实战演练等重大事件的指挥调度，突出实战化运用。在台风“烟花”引发大规模降雨期间，提前通过大数据分析梳理出全区易涝点位102处，发布汛情实时通报30份，为掌握城区汛情提供可视化保障。在新冠疫情防控工作中，24小时不间断滚动调阅视频监控，对各小区、门岗及公共区域测温、苏康码查验等疫情防控措施落实情况进行督查；开发“宿豫区涉疫人员信息管理平台”，累计跟踪收集相关人员信息5万余条，提升风险人员排查准确性和时效性，为全区疫情防控提供技术支撑。

（倪伟凯）

机关事务管理

【公共机构节能管理】 2021年，区机关事务管理中心做好公共机构节能工作，制定出台《公共机构生活垃圾分类工作实施方案》，做好先行示范，设置分类垃圾桶、张贴垃圾分类指南，向全区各级公共机构发放《公共机构生活垃圾分类倡议书》，宣传生活垃圾分类常识，引导广大干部职工积极参与垃圾分类投放。出台《宿豫区公共机构节能降耗工作实施方案》，实施“十大行动”。2021年，全区公共机构能耗持续降低，1家单位被评为省公共机构节能低碳示范单位。

【机关食堂】 推动文体活动中心建成投用，高标准建设文体中心餐厅，新增餐位600个。探索食堂与第三方市场化合作，供餐方式由一次中餐拓展为一日三餐，有力保障机关单位干部职工就餐。

【办公用房管理】 按照“总量不突破、个体不超标”的“双控”标准，完成区生态环境局、区统计局、区卫生健康局等10余家单位办公用房调整工作。制定区级党政机关事业单位办公用房维修标准，植入预算标准审核环节，完成对不同性质的行政事业单位办公用房维修监督审核。对办公用房使用面积核定、调剂使用流程及新旧用房置换审批程序等进行全面监督管理。将区级机关集中统一管理的商铺、闲置办公房等房产进行委托经营管理并对其过程进行监督，有效盘活存量房产。

【公车管理】2021年，区机关事务中心严格执行车辆编制、配备、使用、更新及处置“五统”管理，落实定点保险、定点加油、定点维修“三定”制度，实现全过程监督管理。在全区范围开展违规使用公务加油卡“私车公养”专项整治活动，彻底遏制“私车公养”，有效促进党风廉政建设和节约型机关建设。调整司勤人员工资薪酬制度，推行绩效考核，印发《进一步明确工作纪律的通知》，严肃工作纪律，明确管理责任，有效规范司勤人员管理。2021年，共7家单位向区政府提出购置车辆书面申请，区公务用车调度平台向全区65家单位累计派车2750余次，安全行车总里程40余万千米，未发生重特大责任交通安全事故。

（张　娜）

信访工作

【概况】2021年，宿豫区以“治理重复信访、化解信访积案”为主线，开展各类信访案件化解专项工作，不断提升信访工作质效，维护群众合法权益，信访形势总体平稳。全年共发生群众走访793批3254人次，通过网络发帖上访682件，借助邮寄信件上访142件，其中领导信箱收件76件。各类信访案件均按程序性办理，全年初信初访化解率高达84.7%。完成庆祝中国共产党成立100周年安保工作，完成全国“两会”、中共十九届六中全会和省、市党代会等重大活动期间信访保障任务。1月28日，市公安局宿豫区分局和宿迁生态化工科技产业园被市信访局表彰为信访积案化解先进单位。

【城乡建设领域信访问题专项整治】随着城镇化进程不断推进，城乡建设领域信访问题愈发突出。2021年，宿豫区成立住房城乡建设领域突出信访问题专项整治工作领导小组，印发《城乡建设信访问题督查方案》，通过综合施策、集中攻坚，有效深化该领域信访问题专项整治。

【为民办实事积案化解】2021年，宿豫区梳理出为民办实事信访积案48件。区级党政领导率先垂范，主动包案，常态化开展接访、下访和约访活动，通过会商、会办化解信访积案，扎实推进为民办实事积案化解。全年，15名区级党政领导累计开展接访、下访、会办102次，攻坚化解积案45件，报结48件，化解率93.3%，报结率100%，完成市定考核化解指标。

【人民满意信访接待窗口创建】2021年，宿豫区持续开展省、市“人民满意窗口”提升工程和示范乡镇（街道）创建活动，推进基层信访窗口提质升效。次年1月25日，关庙镇、下相街道、曹集乡、顺河街道被认定为市级信访工作示范乡镇（街道）；2月9日，曹集乡、新庄镇被认定为省级人民满意信访接待窗口建设质量提升工程示范单位。

（冯正伟）

对台事务

【台胞台属服务】新冠病毒性肺炎疫情防控期间，及时跟踪掌握宿豫台商入境返宿人员30人次，帮助台商台干协调解决住宿、饮食、核酸检测、疫苗接种等问题。加强胞台属之间沟通交流，在春节、中秋、植树节等重大节日期间累计组织开展慰问、公益植树活动、参观摄影展等活动6次。

联系京东为台湾青年提供客服实习岗位100个。

年内，组织参加2021年市台办举办的对台主题宣传系列活动推进会、“得来宿”——台胞宿迁创业生活指南线上服务系统正式上线仪式、“宿台同框 两地连‘县’”2021年宿迁市对台主题交流系列活动等会议活动8次，累计组织台商台胞参加市台办举办的台商讲坛等各项交流、座谈、培训等活动30人次。

【涉台走访交流接待】年内，做好涉台走访调研接待活动7次。1月21日，省台办副主任孙继兵一行4人走访阿土伯都市果蔬园；4月21日，南京市台办联络处处长及南京市台属联谊会刘兵一行9人到宿调研；6月8日，省台办副主任芮经忠一行3人调研电商产业；7月12日，省台办副主任吴伟荣一行慰问困难台属张守苏；7月13日，接待“我与宿迁有个约会”2021台湾大学生研学团队；9月7日，省委台办副主任封志成一行到宿豫走访台资企业；9月16日，省台办一级巡视员王鲁宁一行到宿豫调研惠台政策落实情况。

【台企环境优化】认真贯彻落实国台办《关于促进两岸经济文化交流合作的若干措施》《关于进一步促进两岸经济文化交流合作的若干措施》《关于深化苏台经济文化交流合作的若干实施意见》和市相关政策精神，坚持“结对走访、精准服务”，对全区16家台企进行全面排查调研，了解企业生产经营情况，及时协调及帮助企业招工。帮助台企做好新冠病毒性肺炎疫情防控。2021年，为台资企业送去口罩1万个及消毒液、净化器等防疫物资，为企业提供疫苗接种、核酸检测、居住证办理、农业保险参保、医保政策等咨询服务。年内，通过宿豫台办微信公众号更新各类文章35篇，及时宣传惠台政策措施。

（吕曼曼）

政协宿豫区委员会

综述

政协会议

参政议政

协商议事

民主监督

“一委一品”打造

宿豫年鉴

2022 SUYU YEARBOOK

综　述

【概况】 2021年，政协宿迁市宿豫区第十四届委员会举行全会1次、常委会会议5次、主席会议12次，组织部分委员到红旗渠开展党性教育培训1次、开展视察调研15次、组织界别活动1次，形成视察调研报告12篇，提交区委、区政府及有关部门调研报告6篇、意见建议40余条。年内，共立案提案101件，其中集体提案14件，提案办复率为100%，提案人满意率为99%。

【政协委员队伍建设】 2021年，政协宿迁市宿豫区第十四届委员会共有区级政协委员200人，按照界别分成十一个界别小组，其中第一组中共界组18人，第二组科技界组15人，第三组教卫体界组19人，第四组文化艺术界组12人，第五组民主党派无党派界组18人，第六组群众团体界组17人，第七组民宗、台侨联界组16人，第八组工商联界组23人，第九组农业农村（人资环）界组27人，第十组经济界组23人，第十一组特邀人士界组12人。

（区政协办）

政协会议

【区政协十四届五次会议】 1月12—15日，政协宿迁市宿豫区第十四届委员会第五次会议召开。

13日，会议开幕。区委、区人大、区政府、区政协领导班子全体成员，区人民法院，区人民检察院负责人，离任的政协老领导在主席台就座，住宿豫区市政协委员、既不是区人大代表也不是区政协委员的区直部门主要负责人等应邀列席。区政协副主席朱义和主持会议。区委书记、宿迁高新区党工委书记刘海红在会上作题为《凝心聚力 携手前行 奋力谱写社会主义现代化建设新篇章》的讲话。区政协党组书记、主席袁恒作《政协宿迁市宿豫区第十四届委员会常务委员会工作报告》；区政协副主席丁必江作《政协宿迁市宿豫区第十四届委员会常务委员会提案工作报告》。会上，区政协副主席张秀梅宣读对2020年度优秀政协委员、政协宿迁市宿豫区第十四届委员会第四次会议之后优秀提案和提案办理单位的表彰决定，并对有关单位和委员进行表彰。

15日，会议闭幕。区委、区人大、区政府和区人民法院、区人民检察院主要负责人，原政协老领导在主席台就座。本次大会应出席委员200名，因事、因病请假30名，实到会委员170名，超过应到会委员的三分之二，符合法定人数。区政协党组书记、主席袁恒主持。会议通过《关于推进乡村治理现代化建设的建议案》《政协宿迁市宿豫区第十四届委员会提案委员会关于十四届五次会议提案审查情况报告》《政协宿迁市宿豫区第十四届委员会第五次会议决议》。

【区政协常委会会议】 2021年，区政协共召开常委会会议5次，即第二十四次常委会会议至二十八次常委会会议。

十四届第二十四次常委会会议　1月6日召开。会上，开展建议案、重点提案办理民主评议。协商区政协十四届二十五次会议有关事项。

十四届第二十五次常委会会议　1月14日召开。会上，听取各组关于政府工作报告、《关于推进乡村治理现代化建设的建议案（草案）》、宿豫区国民经济和社会发展第十四个五年规划和二〇三五年远景目标纲要（草案）及其他报告讨论情况报告（草案）；审议会议决议（草案）。

十四届第二十六次常委会会议　3月31日，区政协召开十四届第二十六次常委会会议暨“高新技术产业（企业）招引”专题协商会议。会上，区招商办负责人汇报高新技术产业（企业）招引情况；部分政协常委、委员代表、政协工作联络组代表就高新技术产业（企业）招引进行交流发言，招商办、科技局相关负责人分别作回应发言；任杰充分肯定政协常委、委员们的发言，并一一点评。会议还书面学习全国两会精神，协商有关人事事项。

十四届第二十七次常委会会议　6月24日，区政协召开十四届第二十七次常委会会议暨“数字经济示范区建设”专题协商会议。会上，电子商务产业园负责人汇报数字经济示范区建设情况；部分政协常委、委员代表、政协工作联络组代表就数字经济示范区建设进行交流发言，区发展和改革局、区工业和信息化局、区统计局、区大数据局负责人分别作回应发言；任杰充分肯定政协常委、委员们的发言，并一一点评。

十四届第二十八次常委会会议　9月29日，区政协召开十四届第二十八次常委会会议暨“现代农业产业园建设”专题协商会议。会上，现代农业产业园负责人汇报园区建设情况；部分政协常委、委员代表、政协工作联络组代表就现代农业产业园建设进行交流发言，区农业农村局、区财政局、区自然资源和规划局、区科技局分别作回应发言；温士才对政协常委、委员们的发言给予肯定，并一一点评。相关乡镇（街道）政协工作联络组进行述职。

（区政协办）

参政议政

【建言献策】 围绕“四区战略”开展建言献策。始终坚持目标导向，重点围绕科技招商协商问效，助力打造全市创新驱动发展先行区；围绕数字经济示范区建设协商问政，助力打造苏北产城融合发展示范区；围绕现代农园核心区建设协商咨政，助力打造美丽江苏样板区；围绕乡村路网建设协商建言，助力打造城乡融合发展试验区。以4次政协常委会专题协商，形成一批有分量、可操作的协商成果，助力主城区发展的“半壁江山”蓝图早日实现。先后形成《“高新技术产业（企业）招引”协商专报》《“数字经济示范区建设”协商专报》

《关于统筹谋划实施精准招商的几点建议》《关于全区职业教育发展情况的调研报告》等4篇调研报告，为区委决策提供依据。提出《关于推进项目“精细化”管理的建议》《关于制定招商项目“负面清单”“豁免清单”的建议》《关于加大宿豫区城市公园建设的建议》《关于加强本土知名品牌建设的建议》等8篇社情民意，助推涉及群众切身利益的问题得到妥善解决。

【区政协提案办理】 聚焦“一个主题”推动落实，围绕助力打造城乡融合发展试验区，形成推进宿豫乡村治理现代化建设的建议案，作为2021年“一号提案”，推动办实办透。以“界别活动月”抓协商办理，组织界别委员现场调研、座谈协商，促进提办双方充分沟通，做到先协商再办理。以“政协提案月”抓督办落实。由专委会牵头联合区考核办带领委员进行现场督办，提出意见建议，推动问题整改落实。以政协常委会会议抓评议提效。常委会专题听取办理情况汇报，组织常委、委员现场评议打分，形成建议案工作闭环，促进建议案办理质效并提。

【提案办前协商“333”工作法】 由注重提案“办后评”转变为突出“办前商”，通过“点对点、面对面、线对线”推进，探索实践“333”提案办前协商工作法。点对点分解，商前坚持“三步走”。实施“点对点”精准分解提案是办理协商的基础。由提案委根据提案内容，结合各专委会工作职能，将一件件提案“点对点”分解至各专委会，由专委会牵头界别通过“深梳理、划重点、排难点”三步走，做足商前准备工作。面对面协商，商中做到“三必谈”。由牵头专委会邀请区政协分管领导参加，组织提案人、办理单位、界别召集人通过“面对面”协商方式，对提案办理开展“三必谈”。线对线跟进，商后落实“三联单”。为推动共识建议落地落实，提案办理协商会议后，根据专委会对口联系部门，采取“条线对条线”方式跟踪推动落实，并通过“三联单”形式固化协商成果转化流程。

（区政协办）

协商议事

【概况】 围绕2021年度为民办实事项目开展全过程协商，聚焦乡村食品安全、妇幼保健体系建设、慈善事业发展等开展重点协商。将“界别活动月”“民生专题协商月”“政协提案月”固化为集中活动，统一组织协商议事，确保各级协商平台全年协商不少于4次。议事室召集人负责按照“一体三商”模式，邀请市区政协委员开展协商活动；委员按照“一村一委员”工作安排，主动到联系点收集社情民意、参与协商议事，把政协制度优势转化为参与基层治理的效能。

【“有事好商量”协商议事】 深入贯彻全省政协系统“有事好商量”协商议事巩固提升年要求，结合宿豫实际，创新实施“四个嵌入”推动政协协商与乡村治理有机融合，联合区委组织部在曹集乡双河里社区召开现场推进会，推动“有事好商量”协商议事工作

5月20日，区政协工作人员到宿迁高新区调研“有事好商量”协商议事工作开展情况 （孙寒洁 供图）

资料拓展

“四个嵌入”工作模式，即把委员嵌入网格、机制嵌入程序、平台嵌入载体、协商嵌入考核。

把政协委员嵌入社区网格“集民意”。建立政协委员“双结双联”下沉社区制度，将全区200名委员挂钩联系到社区网格，收集社情民意，梳理治理难题，议定协商选题。把协商机制嵌入决策程序“促规范”。

把村居“开门商量”协商议事机制融入《村民议事制度》，固化“说明议题、协商讨论、书记回应、形成共识”协商流程，推动村民议事程序更规范。把协商平台嵌入议事载体“聚合力”。

把“有事好商量”协商议事室融入“小院说事”“同心议事会”“板凳小会”等村民议事载体，凝聚智慧力量。

把协商工作嵌入党建考核“提质效”。把协商议事工作纳入基层党建高质量考核体系，融入镇村全局工作统筹部署推进，推动政协协商落地见效，进而推动乡村社会治理提质增效。 （区政协办）

9月16日，省政协副主席、民盟省委主委、南京中医药大学校长胡刚一行到宿迁高新区指导"有事好商量"协商议事工作　（韩琦　供图）

深化开展，把政协制度优势转化为参与基层治理的效能。2021年，各级协商平台共开展协商议事活动186次。省政协主席黄莉新，省政协副主席阎立、麻建国、胡刚先后莅临顺河街道、新庄镇、来龙镇、科技界别等地调研，对宿豫区"四个嵌入""有事好商量"工作创新给予充分肯定，该经验做法被《人民政协报》《江苏政协》等主流媒体多次报道。

（区政协办）

民主监督

【省政协民主监督】 2021年，省政协到宿豫区开展现场民主监督4次。

4月8日，省政协主席、党组书记黄莉新率调研组就"大力推进妇幼健康体系建设"到宿豫区开展调研。省政协副主席周健民，市领导王昊、王益、薛启书，区领导刘海红、殷其国、袁恒、刘培禄等陪同调研。调研中，黄莉新对宿豫区委、区政府高度重视卫生健康事业发展，特别是在推进妇幼健康体系建设、着眼妇女儿童全生命周期健康服务方面取得的显著成效给予充分肯定，认为宿豫区妇女儿童工作基础实、发展势头好、干群劲头足、工作推动力度大，妇幼健康服务能力不断提升。强调要坚持以人民为中心的发展理念，清醒看到当前妇幼健康体系建设与人民群众对美好生活向往的差距，以强烈的责任感，加快推进同人民群众需求相结合，同未来发展要求相适应。

4月15日，全国政协常委、江苏省政协副主席、致公党江苏省委主委麻建国带队到宿豫区调研电商产业发展工作。区政协主席、党组书记袁恒参加活动。麻建国一行观摩宿迁电子商务产业园展厅、京东二期和筑梦小镇，听取电商产业发展和产业工人队伍建设情况介绍，对宿豫电商产业发展取得的成绩表示肯定，并强调要进一步增强机遇意识，抓住全国跨境电商发展试点的良机，集聚人才资源，优化产业园区配套功能，全面提升电商产业发展的更新空间。

4月26日，省政协副主席阎立带领调研组到宿豫区调研特色田园乡村建设工作。副市长章其波，区领导徐源、丁必江等陪同调研。阎立一行先后到达梨园湾社区、淮北江南展陈馆、振友社区、新庄镇小镇客厅、白鹿湖社区等地，听取相关情况介绍，了解宿豫区特色田园乡村建设工作。调研中，阎立对宿豫区特色田园乡村建设工作取得的成绩给予肯定，希望宿豫要继续加快推进特色田园乡村建设步伐，进一步激发和营造乡村活力，让乡村更具魅力，更加美丽。

9月16日，省政协副主席、民盟省委主委、南京中医药大学校长胡刚带队到宿豫区调研指导"有事好商量"协商议事工作，并参加省政协港澳台侨（外事）委员会办公室党支部对口联系杉荷园社区帮扶活动。市领导王益、华志明，区领导殷其国、袁恒、张秀梅陪同活动。胡刚一行先后到达宿迁市中医院（南京中医药大学附属医院）、曹集乡双河里社区、新庄杉荷园、淮北江南展陈馆、袁家村、宿迁高新区等地，详细听取"有事好商量"协商议事室建设及运行情况并参加对口联系帮扶活动。胡刚鼓励大家要加强学习，锻炼本领，争取为健康江苏、健康中国多做贡献。

【市政协民主监督】 4月15日，市政协副主席、宿迁历史文化研究会会长薛永干带队到宿豫区调研文史工作并召开座谈会。区政协主席、党组书记袁恒，副主席丁必江参加活动。薛永干一行到位于国防园的红十五军三师纪念馆、袁家村·宿迁印象建设场地、小河西"淮北江南展陈馆"等地，详细了解红色文化资源的保护、挖掘和研究成果运用情况，对宿豫区政协文史工作成绩予以充分肯定。

9月13日，市政协副主席王柏生带领安全生产专项民主监督小组成员到宿豫区围绕危废固废安全情况开展调研，区政协副主席朱义和陪同视察。监督小组先后到宿迁联盛科技有限公司和光大环保（宿迁）固废处置有限公司实地察看，王柏生强调安全生产事关人民群众生命财产安全，事关经济发展和社会稳定大局，各地、各部门要进一步提高政治站位，把"危废固废"处理摆在重要位置，杜绝"危废固废"处置隐患发生。

10月19日，市政协主席王益带领市政协、市中级人民法院、市政协乡贤工作相关人员到宿豫区调研指导乡贤参与诉前调解工作，区政协主席、党组书记袁恒，区政协副主席、党组成员丁必江，区人民法院、区政协乡贤工作相关负责人陪同调研。王益一行先后到来龙人民法庭、高新区人民法庭实地调研。王益对宿豫区乡贤诉前调解工作给予充分肯定，指出宿豫基础工作做得扎实，落实市政协“333”工作机制不走样，阵地建设强、制度机制全、人员选配优、三率指标提升大，工作落地见效快而好。

【区政协民主监督】 2021年，区政协围绕区委区政府决策部署和惠民实事的贯彻落实情况，紧扣科技创新驱动发展、城市更新品质提升、生态富民廊道建设“三项重点”开展专项民主监督，履行民主监督职能。坚持协商式监督特色优势，把协商民主贯彻监督全过程，实事求是反映情况，认真负责提出意见，定期报送监督专报，协助区委区政府解决问题、推进工作。针对数字经济示范区建设、乡村路网建设等开展主席会议视察，提出针对性、操作性强的对策建议，促进工作落实。

（区政协办）

“一委一品”打造

【《古今六塘河》编写出版】 2月中旬，区政协启动《古今六塘河》编纂工作。3月29日至4月2日，全体编纂人员在分管主席丁必江的带领下，到六塘河沿线泗阳、沭阳、灌南、涟水等地实地考察，座谈了解，搜集资料。5月6日，区政协党组书记、袁恒主持召开《古今六塘河》编纂工作推进会。全书充分挖掘追溯六塘河的“前世今生”，约30万字，分为前言、后记和七个篇章。11月，该书由人民出版社出版发行。

【乡贤工作】 深化乡贤工作，凝聚乡贤力量，发挥乡贤三项职能作用。持续抓好“五小水体”管护及示范水体创建，助力美丽宿豫建设；规范开展诉前调解，抓好调解员队伍建设，形成“分类交、规范调、三方评”的工作链条，提高矛盾纠纷化解率。发挥乡贤在道德引领、技艺传承等方面优势，打造更多特色鲜明、亮点突出的乡贤工作室，引领道德风尚、涵养社会新风。挖掘乡贤资源，搭建更多乡贤助乡平台，通过组织科创乡贤返乡投资、合作，医疗专家乡贤回乡坐诊、讲座，以更多项目、资金、技术反哺家乡，助力全区经济社会发展。组织乡贤进学校、进社区、进企业宣讲《红色丰碑》宿豫党史、乡贤事迹60余场次，汇聚乡贤智慧力量。

3月19日，区乡贤协会（区乡村发展促进会）召开一届四次会议。审议通过2020年度协会工作报告；研究通过2020年度区十佳乡贤参事会，评选出乡贤护水之星、乡贤协商之星、乡贤调解之星、乡贤传承之星、乡贤公益奉献之星等。年内，宿豫区潘宝珍获评市乡贤工作十大标兵之“诉前调解标兵”。12月21日，全市乡贤诉前调解现场推进会在宿豫区召开，创新“五好工作法”在全市推广。

（区政协办）

12月21日，全市乡贤诉前调解工作现场会在宿豫区召开。图为与会人员在区行政服务中心观摩 （韩 琦 供图）

宿豫区纪委　宿豫区监委

综述

重要会议

党风政风建设

正风肃纪反腐

巡察工作

宿豫年鉴

2022 SUYU YEARBOOK

综　述

2021年，全区纪检监察机关在区委和市纪委的坚强领导下，紧扣高质量发展主题主线，围绕中心大局，忠诚履职尽责，坚定不移正风肃纪反腐，充分发挥监督保障执行、促进完善发展作用，为“两高一先”发展战略提供了坚强纪律保障。构建三级监督网络，调整委机关职能室、派驻机构联系范围、监督职能，完善监察员办公室和乡镇纪委联合监督办案、捆绑考核机制，选优配强71名村级纪委书记，调整充实教育系统47名纪检委员，形成上下联动、横向联合的监督格局。加强对“一把手”和领导班子“五个强化”落实的监督检查，对巡察整改不到位、主体责任不落实、基本职责不履行等问题，通过抓好“关键少数”带动“绝大多数”。开展家风课堂4期，600余名区管干部家属接受廉洁教育，督促16家单位开展“一案一警示”活动，用身边事警示教育身边人，推动廉政警示教育制度化常态化。严肃查处粮食、供销、政法等系统中社会反响强烈的严重违纪违法案件，教育、墓葬、养老等民生领域专项治理取得显著成效，公职人员违规挂证取酬、医疗领域收受“回扣”专项整治经验做法获市纪委监委主要领导签批并在全市推广，全区纪检监察工作向更高质量发展。

（宋　侯）

重要会议

【区纪委十二届六次全会】 2月9日，中国共产党宿迁市宿豫区第十二届纪律检查委员会第六次全体会议召开。区委书记、宿迁高新区党工委书记刘海红出席会议并讲话，殷其国、袁昌华、袁恒等区级领导班子全体成员出席会议。区委常委、区纪委书记、区监委主任李笋主持会议。会上，李笋作题为《砥砺奋进担使命 守正创新再出发 为开启宿豫现代化建设新征程提供坚强保障》的工作报告；传达学习中央、省、市纪委全会主要精神；观看警示教育片《清风浩然扬远帆》。

【区纪委十三届一次全会】 7月26日，中国共产党宿迁市宿豫区第十三届纪律检查委员会第一次全体会议召开，会议通过《中国共产党宿迁市宿豫区纪律检查委员会第一次全体会议选举办法》。会议选举产生了区纪委领导班子，李叶超、林远、李桥、韩宇波、张丛飞等5人当选区纪委常务委员会委员，李叶超当选为区纪委书记，林远、李桥当选为区纪委副书记。

（宋　侯）

党风政风建设

【推动重大决策实施】 针对新冠肺炎疫情，成立监督工作专班，深入村居（社区）、集中隔离点等抗疫一线监督检查，推动纠改问题300余个，立案查处4人，常态推动防控措施落实。紧跟安全生产专项整治三年行动部署，复查安全生产行政处罚件、举报件，严肃纠治危化品违规存储使用、消防设施形同虚设等问题，追责问责19人，全区安全生产事故起数和死亡人数继续保持“双下降”。开展污染防治突出问题专项整治，发挥污防监管平台作用，深化运用生态环境追责问责事项移送办法，立案查处“散乱污”整治不到位、非法养殖监管不力等问题21件，有效解决影响生态环境质量、群众反映强烈问题。

【“四风”纠治】 严格落实中央八项规定及其实施细则精神，坚持不懈改作风转作风，推动党风政风明显改善。紧盯违规公款吃喝、违规发放津补贴等突出问题，加强部门联动，常态开展“小切口”检查，强化节庆假期重要节点警示提醒，畅通举报渠道，狠刹享乐主义、奢靡之风，立案查处35人。聚焦贯彻决策部署打折扣搞变通、履职尽责不担当不作为、漠视损害群众利益等问题，严肃查处农村公厕建而不用、扬尘污染禁而不绝、乱占耕地拖而不管等形式主义、官僚主义问题，立案查处31人。

【作风专项整治】 协助区委开展作风建设大提升活动，大力弘扬“三真三实”作风，深入探索负面清单靶向监督机制，全力整治旧理念、碎片化、粗线条、低标准、守成式、慢速度、推诿办、等事干“八种作风问题”，编发通报专报11期，推动纠改问题180余个，警示提醒9家单位，追责问责18人，以问责倒逼履职尽责。围绕营商环境作风提优、“五心”服务承诺、“一件事一次办”改革等方面，严查推诿扯皮、吃拿卡要、懒政怠政等问题14起21人，持续推动一流营商环境建设。开展公职人员违规挂证取酬专项整治，立案查处30人，上缴违规所得123万元，促进公职人员廉洁履职。坚持“三个区分开来”，容错减责免责5人，澄清不实举报10起，开展受处分人员回访教育300余人次，有效激励干部担当作为。

（宋　侯）

正风肃纪反腐

【腐败惩治】 严肃查处供销合作社和农民资金互助合作社系列案件，根据区委统一部署，会同区委政法委、区公安分局等部门，稳妥有序推进风险化解和规模压缩，依法留置姚某某等2名正科级干部，3人被采取监视居住措施，形成较大震慑。结合涉粮问题专项巡视巡察，深入开展粮食购销领域专项整治，重点查办张某某等严重违纪违法案件，留置6人、移送检察机关1人。推动主管部门围绕基层粮库收购、销售等环节进行改革探索，切实保障粮食安全。督促政法部门党组织切实履行主体责任，深挖彻查执法司法腐败问题，重点查处时某某等一批“面上有影响、基层有反映”案件，立案查处23人，留置3人，移送检察机关5人。坚决惩治工程土地领域多发问题。开展工程土地领域专项治理，立案查处32人，重点查处申某某违纪违法案件，有效制止和纠治工程土地领域突出问题。

【民生问题整治】 始终坚持执纪为民工作导向，紧盯"事情小影响大、金额小性质坏"问题，严肃查处费某某等靠教吃教、与生"夺食"系列案件，督促整改和取缔6所无证幼儿园、2家临时看护点。督促市场监管部门规范企业准入、清退流程，助力"阳光直采"APP推广使用。集中整治医疗乱象，从查处基层医务人员收受"回扣"问题入手，留置行贿医药代表4人，立案查处86名村居卫生室主任，125名基层医务工作人员主动向组织说明情况，累计退缴违法所得728万元，督促区卫生健康部门加强监管、出台专项制度，为全市医疗领域专项治理提供"宿豫经验"。紧盯免费墓穴申请审批、公益性墓地出售等方面存在问题，立案查处6件，切实减轻群众丧葬负担。加强对"101项目"征地拆迁等工作监督检查，推动554户房屋拆除，助力项目建设有序推进。坚决纠治养老社保"微腐败"，针对65岁以上老人免费体检工作中存在的流于形式、漠视群众健康等问题，立案查处7人，推动建设老年人免费体检公立机构。开展城乡居民养老保险发放、集中供养五保户经费使用情况专项监督检查，立案查处失职失责、贪污侵占等问题32人，追回资金127万元，推动养老敬老政策落到实处。

（宋　保）

巡察工作

【概况】 2021年，宿豫区坚持政治巡察定位，认真贯彻落实巡视巡察工作新部署、新要求，紧紧围绕"三个聚焦"，组织开展三轮区委巡察、配合做好市委提级交叉巡察和涉粮领域专项巡察，共巡察乡科级单位21家、村（社区）15家，其中区委巡察共发现被巡察党组织各类问题339个、问题线索37条，如期完成十二届宿豫区委任期内巡察"全覆盖"任务，村（社区）巡察覆盖率达到93.24%，并高标准启动十三届区委巡察工作。

【区委巡察】 2021年，区委共开展常规巡察3轮、专项巡察1次。2020年12月4日至2021年1月29日，开展十二届区委第十四轮巡察，巡察对象为区人大办、区政协办、区委编办、区农业农村局、区委研究室、区退役军人事务局、区医疗保障局7家单位。2021年3月31日至5月17日，开展十二届区委第十五轮巡察，巡察对象为区市场监督管理局、区统计局、区供销总社、区总工会、区商务局、区档案馆、区粮食集团7家单位。2021年10月29日至12月28日，开展十三届区委第一轮巡察，巡察对象为区交通运输局、顺河街道及所辖4个（社区）、下相街道及所辖5个社区、关庙镇及所辖6个村（社区）。2021年9月1日至15日，对全区各部门各单位"规章制度建设及贯彻执行情况"开展机动巡察。

【市委巡察】 2020年11月30日至2021年1月31日，市委第一提级交叉巡察组巡察宿豫区委政法委、宿豫公安分局2家单位。2021年4月12日至6月11日，市委第四提级交叉巡察组对宿豫区委教育工委开展巡察整改"回头看"。2021年10月14日至11月15日，市委第二巡察组对宿豫区涉粮职能部门和国有粮食企业党组织开展涉粮问题专项巡察。

【省市指导督导】 10月30日，省委巡视组副组长董文娟一行到宿豫区调研涉粮领域工作。10月下旬至12月上旬，市巡察指导督导组组长孙志远带队对宿豫区巡察工作开展现场指导督导，期间进行了个别访谈、专题授课、跟组调研等，并先后反馈了4期参考建议、指出了13个方面问题。

【巡察整改推动】 7月下旬至8月下旬，区委巡察机构组建5个督查组，对市委提级（交叉）巡察的10家单位、区委巡察的66家单位进行整改质效系统评估，并对整改存在突出问题的20家单位进行通报。

3月，结合巡察发现的党建方面问题，推动区委组织部等部门联合开展"规范党的组织生活专项行动"。8月30日，下发《关于开展巡察发现突出共性问题对照整改工作的通知》，推动全区各部门、各单位针对十二届区委巡察发现的十个方面突出问题开展对照整改。9月下旬，深入调研并撰写《全区中小学校"大班额"反弹情况需引起重视》专题报告，获区委书记殷其国签批肯定并交办。

（赵　畅）

法治　军事

政法委及综治

法治政府建设

公　安

检　察

法　院

司法行政

人民武装

宿豫年鉴

2022　SUYU YEARBOOK

政法委与综治

【概况】 2021年，区委政法委深入推进政法队伍教育整顿、综治平安建设、网格化社会治理、社会维稳、改革创新等重点工作，为推进“四化”同步、建设“四个宿豫”营造安全和谐稳定的社会环境。12月，宿豫区被平安中国建设协调小组评定为2017—2020年平安中国建设示范区。

【改革创新】 将深化政法领域改革纳入目标管理考核体系，与其他工作同部署、同落实，印发《宿豫区政法领域和司改督导工作要点》，统筹推进改革创新工作。利用区委政法委员会全体委员会议等契机，召集区政法单位定期对改革创新工作进行研究会办，解决突出问题，谋划工作举措，深入推进政法领域改革。结合政法工作实际，确定“1+4+5+N”网格化社会治理联动机制、涉案财物集中保管、八方联谈矛盾纠纷化解、打造法治化园区等20项全区改革重点项目，并按要求制定项目实施计划表，细化项目清单，明确推进计划、推进措施、完成时限等，确保改革创新有目标、有人抓、有实效。按照项目推进计划安排，督促项目实施单位每季度报送一次进展情况，项目成果定期晾晒。先后召开全区政法业务推进会、改革创新工作推进会等，听取工作开展情况，通报项目进展，交流经验做法，实地观摩部分重点项目，加快项目落实。

【平安建设】 惩治电信网络诈骗犯罪。开展打击电信网络诈骗犯罪“百日攻坚”专项行动，建立会商研判、联动联防、督查通报、考核问责“四项机制”，创新落实“425”工作法。4月，在全省打击治理电信网络诈骗犯罪工作推进会上，宿豫区作典型经验交流发言。

开展平安建设联创活动。结合区情实际，制定全区平安联创活动方案，以16个平安建设联创项目为抓手，着力打造特色品牌，推进平安联创试点示范，充分发挥先进典型示范引领作用。联合区妇联开展“平安家庭”示范户评选活动，评选表彰一批“平安家庭”，推动全区“平安家庭”创建活动深入开展。

推进社会心理服务体系建设。依托镇村两级综治中心，建立乡镇（街道）社会心理服务站和村（社区）心理咨询室，推动心理服务和矛盾化解有效结合。选定15家作为示范点建设，村级心理咨询室建成率达100%。

全面提升群众安全感指标。召开全区政法工作重点指标推进会，部署开展群众安全感百日提升行动，落实“五个一”宣传措施，发放《致居民一封信》10万余份。领导班子带队常态化深入乡镇（街道、园区）、有关单位开展群众安全感督查，发现问题及时交办整改。2021年，共编发4期督查通报，交办督办问题16个。

2021年，宿豫区开展“守护钱袋子 普法先锋行”主题法律宣传活动。图为7月20日法院干警在关庙镇卓水河村向社区居民发放谨防电信诈骗的宣传材料（周孟韬　供图）

【社会维稳】 重大活动安保维稳。抓实中国共产党成立百年大庆、中共十九届六中全会等重大活动安保维稳，落实风险隐患排查、矛盾纠纷化解、重点群体稳控、应急预警处置等重点任务。开展战时联合研判13次，下发交办单16期。

重大涉稳风险联合研判和社会稳定风险评估。完善联合研判工作机制，严格落实《宿豫区重大涉稳风险“红、黄、蓝”分级管控工作方案》，召开情报信息联合研判会议21次，编发联合研判信息21期，交办事项34件，并全部反馈。做好社会稳定风险评估工作，做到重大事项“应评尽评”，全年共完成38个评估项目，召开稳评专题会4场，排查化解矛盾纠纷36起。

【网格化社会治理】 夯实基层基础。持续优化网格布局，厘清网格边界，将网格调整增加为504个。加强中心软硬件建设，配备网格员和网格通手机，对新增网格数据进行完善补充，夯实网格化治理联动基础。召开全区政法重点工作观摩推进会，对各乡镇（街道）村级网格化中心进行观摩评比，加快推进中心建设。健全联动机制。健全“1+4+5+N”网格化联动机制，组织网格员通过网格化平台移动终端上报联动处置事件，通过综合执法一体化平台进行交办处置，实现全区社会治理相关部门优势互补、联动共治。全区网格员共上报事件4424条，及时处置率达99.86%。建强网格队伍。城市网格100%配备专职网格员，农村网格在配齐兼职网格员基础上，逐步提高专职比例。建立网格学院，开展网格员职业技能培训、“最美网格员”评选，充分发挥“大数据+网格化+铁脚板”治理优势，常态化开展网格化战“疫”工作，提升网格化工作成效。强化指标提升。常态化监测网格化考核指标，坚持周研判分析、旬督查考核、月总结通报，印发《宿豫区网格服务管理群众知晓满意率提升方案》，列出10项任务清单，制作便民联系卡，组织网格员张贴入户，委机关领导班子定期带队到乡镇街道开展网格服务知晓满意率宣传、督查，着力提升网格服务管理的知晓率满意度。

【执法监督】 开展案件评查活动。抽调区政法单位业务骨干成立评查小组，在全区政法机关开展案件评查活动，围绕不捕不诉、改变定性、社区矫正、群众反映强烈的执法信访案件问题等120余件重点案件开展抽查。联合区人民检察院对区人民法院、区公安分局涉企案件、财产刑执行案件开展专项监督检查，发现问题及时通报、督促整改。加强案件协调督办。牵头组织公、检、法等部门，对有较大影响、群众反映强烈的复杂案件开展协调督办，包括蔡某某、席某某、太平洋玻璃破产、尚东一号房屋违约、时某某收监难等案件。通过对个案的协调督办，加强执法监督力度，增强办案机关严格执法意识。推进“两个专项行动”。按照市统一部署要求，实行“逐级负责、一包到底”领导责任制，落实“四定一包”工作措施，即定包案领导、定承办责任人、定化解方案、定处理期限、包案件有效处理。深入开展涉法涉诉信访案件集中清查活动，共清查案件40余件，未发现问题瑕疵案件。

【政法队伍建设】 推进政法队伍教育整顿。围绕“五个过硬”要求，紧扣“三个环节”，落实“四项任务”，有力有序推进全区政法队伍教育整顿工作。组织干警到宿北大战纪念馆、淮安周恩来纪念馆等处开展现场教学1000余人次。开展谈心谈话670余人次，填报自查表1200余份，累计利用“四种形态”处理干警47人。创新制定“八个从严”规定、党支部联系点制度，组织开展“五学五强”活动，有力提升全区政法队伍教育整顿规范化、制度化水平。

贯彻《中国共产党政法工作条例》。制定年度《政法队伍建设工作要点》，将贯彻《中国共产党政法工作条例》（以下简称“条例”）纳入年终考核范畴。常态化开展条例学习，坚持政法机关向区委汇报工作制度、派员参加政法单位党委（党组）民主生活会制度，严格执行重大事项请示报告制度，每季度常态召开区委政法委员会全体委员会议。

加强作风建设。推进全面从严治党，压实党风廉政建设责任，严格落实“一岗双责”。深入推进“我为群众办实事”活动，创新开展全区千名政法干警“三走进三推动”活动，利用每周六固定走访日，领导班子成员带队下沉到村居（社区）、企业，广泛收集民情，切实化解矛盾，落实为民服务，全区政法系统组织开展集中走访活动30余次，走访群众3万余人次，发放各类宣传资料5万余份。

（凌冬冬）

法治政府建设

【概况】 坚持把法治建设纳入区委巡察工作，强化法治巡察全覆盖，推动党政主要负责人严格履行法治建设第一责任人职责。举办习近平法治思想专题学习培训班，为全区领导干部讲授法治建设专题课。提请召开区委全面依法治区工作会议、区委全面依法治区委员会会议，审议并通过《关于贯彻落实习近平法治思想加快推进新时代全面依法治区工作的实施方案》《中共宿豫区委全面依法治区委员会2021年工作要点》。建立“一个口子”对外模式，由区司法局承担区政府行政复议机构职能，办理行政复议事项，强化行政复议实质性化解行政争议的主渠道作用。

【行政案办理】 2021年，共受理行政复议案件30件，结案23件，其中调撤17件，协调、调解结案率73.9%。履行政府合同审核职能，审核43件。强化行政应诉工作，2021年，办理以区政府为被告的行政应诉12件，无一起败诉。全区行政机关负责人出庭应诉率达到100%。

（嵇光前　刘志杰）

公　安

【概况】 宿豫公安分局设有综合管理机构4个，执法勤务机构26个（含派出机构15个）。其中，副科级建制单位23个、股级建制单位7个，现有民警290人，全区万人占警比约5.8。2021年，宿豫公安分局以习近平新时代中国特色社会主义思想为指导，在宿豫区委区政府和宿迁市公安局党委的坚强领导下，围绕“创新智慧警务，打造幸福警营”两大主题，认真履行职责使命，在统筹维护稳定、疫情防控、惩治犯罪、队伍建设上担当履职、恪尽职守，各项工作取得显著成效。全年，区公安分局获得市公安局及以上表彰78人次，其中获市公安局个人三等功表彰33人次。2021年8月，珠江路派出所被省公安厅评为“全省公安机关抗击新冠肺炎疫情成绩突出集体”；2021年11月，卓圩派出所获得宿迁市公安局集体三等功表彰。2021年2月，陆迅被公安部授予“全国公安系统二级英雄模范”称号，是宿豫公安史上该项荣誉“零”的突破；2021年4月，蔡忠被公安部授予全国公安机关“昆仑”专项行动先进个人，全市唯一；2021年8月，范肖获江苏省公安厅二等功表彰。2021年，宿豫公安分局工作获副市长、公安局局长韩军及区委区政府主要领导批示31次。工作经验做法、典型案件先后被中央电视台、中国新闻网、“学习强国”等中央级媒体、平台宣传报道50余次。

【社会维稳】 2021年，宿豫公安分局

把维护社会大局稳定作为头等政治任务抓紧抓实，坚持守土有责、守土尽责，紧盯敏感节点和重大活动，梯次推进各类专项行动，全面强化矛盾纠纷排查化解，顺利完成中国共产党建党100周年、中共十九届六中全会等系列安保维稳任务，实现社会大局持续和谐稳定。12月，宿豫区被平安中国建设协调小组授牌命名为“平安中国建设示范县区”。

【新冠肺炎疫情防控】 2021年，宿豫公安分局牢记“疫情就是命令，防控就是责任”，全局广大民辅警不分昼夜坚守防疫一线，全力守护宿豫人民群众平安。利用大数据精准服务人员核查、轨迹分析，梳理出3万余条重点人员信息，全部核查到位并落实包保稳控措施。妥善应对处置相关确诊病例以及宿迁联盛科技集团有限公司、华东农贸市场疫情关联情况，精准快速做好流调核查、外围封控、核酸采样等工作。配合开展核酸大规模检测和应急演练32场次24万余人次。

【惩治违法犯罪】 2021年，宿豫公安分局坚持严打方针不动摇，构建打击犯罪新格局，全面构筑社会治安防控新体系，惩治刑事犯罪力度和水平明显提升。深入实施“豫安”“冬季攻势”等专项行动，严打严防违法犯罪。2021年，全区刑事案件立案2214起，破案851起，破案率为38.4%，破案率同比上升7.34%，查扣涉案资金2532.4万元。创新反诈宣传，持续构筑全民反诈大格局，全区通信网络诈骗案件发案数呈环比下降趋势，同比上年破案率上升5.6%。

【警务方舟建设】 2021年，宿豫公安分局坚定走求变之路不动摇，在现代警务探索之路上聚力攻坚。4月，在公安分局办公大楼12楼建启动智慧警务方舟建设，7月建成运营。方舟下设风险防控、智慧防控、智慧侦查、舆情监测、执法办案5个分中心，形成宿豫公安“一号作战体系”，让“情指勤舆”一体化实战化更专业、更高效。体系建成后，处警反应时间缩短近28.8%，发案数同比下降19.4%，破案率同比上升11.4%，全区群众对公安满意度显著提升。

【防控体系建设】 2021年，宿豫公安分局投入7000余万元布设公安摄像机，建成四道闭合监控圈、七道沿线监控带；在全区重点单位、营业场所建成监控点，布设摄像机，实现“一个人进入辖区能够全程掌控”目标；完成视频围栏软件平台安装调试；完成AR三维实景融合平台建设，实现三维实景信息采集。

【警务服务】 2021年，宿豫公安分局严格落实“只跑一次”工作制度、“全国通办”等便利措施，不断简化手续，为群众提供便捷服务。在万达广场公安自助服务区内开展24小时不停业出入境便民服务，实现办理出入境业务“15分钟便民圈”。户籍窗口“一站式”办理各项业务，在12个户籍派出所设立居民身份证异地办理点，实现全国居民身份证异地通办。运用公安微警务，政务服务一张网深入推进“互联网+服务”，实现网上咨询、网上查询、网上办理业务，全区群众对公安满意度显著提升。优化营商环境，推行实施“项目警官制”，为全区重点建设工程项目、重点企业确定责任民警，确保每个项目有一名民警作为“项目警官”，实现“一站式”解决涉及公安的诸多事项，打通服务企业“最后一米”。深入推进“政法队伍教育整顿”“党史学习教育”，把政法队伍教育整顿与解决实际问题结合起来，发动全体党员民警开展“我为群众守钥匙”“组建反诈联盟”“追赃挽损雷霆行动”“零距离惠民窗口服务”“护校护苗”“娱乐场所专项整治”“三走进三推动”等系列为民办实事活动。

（申向楠　欧　野）

检　察

【概况】 2021年，宿豫区人民检察院办理各类案件1230件。其中，审查逮捕200件，审查起诉582件，刑事、民事、行政诉讼监督335件，公益诉讼113件。年内，单位获得市级以上各类表彰57项。3月3日，对唐某等人聚众斗殴案的办理被最高人民检察院列为指导性案例，实现宿迁人民检察系统在此领域“零”的突破；4月15日，对蔡某某故意伤害案的办理获评全省检察机关十大优秀亲职教育案例；6月17日，剑锋办案团队获评“十三五”江苏检察名团队，全省6个、宿迁唯一；11月，区人民检察院获评全国检察宣传先进集体。

【司法办案】 依法惩治侵财类犯罪。切实保障人民群众人身财产安全，起诉故意伤害致人重伤或死亡、抢劫等严重暴力犯罪25件26人，起诉非法吸收公众存款、盗窃、诈骗、敲诈勒索等犯罪186件234人。关注新类型犯罪，对利用“埋雷”扫码诈骗1800余万元的网络犯罪团伙21名被告人提起公诉；在办理曾某某用贷款APP跨境诈骗致1名宿豫籍被害人死亡案中，提出对贷款APP溯源分析、电子数据勘验等意见，引导查清上下游犯罪事实，在审查逮捕阶段推动抓捕2名境外在逃同案犯。参与“断卡”行动，依法惩治非法买卖银行卡、电话卡犯罪，坚决遏制电信网络诈骗案件高发态势，筑牢公民个人信息安全防护网，对侵犯公民个人信息数量达100万余条的23名被告人依法提起公诉。

优化法治营商环境。开展企业合规改革试点，对多名涉罪企业负责人运用“电子手铐”监外执行，为企业发展松绑。主动为企业提供法律服务，向企业制发风险提示函4封，帮助企业防范化解经营风险。严厉打击扰乱市场秩序等犯罪，及时介入“天下农”农业科技发展公司及张某某虚假广告案，引导改变案件定性，并联合区司法局为39名受损严重的养殖户提供法律援助。

加强生态环境检察保护。践行“绿水青山就是金山银山”理念，建立“河长+检察长”等联动工作机制，探索“乡贤+公益诉讼”新模式，集聚污染防治合力，守护碧水蓝天。开展京杭大运河检察保护，依法督促有关部门履职尽责，取缔运河沿岸11家船厂，清淤疏浚河道12千米，补植绿化河岸36亩(12.4万平方米)；关注运河沿岸非法码头问题，现场巡河、调查，并向相关部门发出检察建议。

【群众权益保护】 坚持群众信访"7日内程序回复、3个月内实体答复"，对疑难复杂信访案件实行院领导包案化解，切实将矛盾化解在检察环节。某申诉人从1983年开始因土地承包经营、财产损失赔偿等问题持续信访，2021年4月省人民检察院将该重复信访积案交由宿豫区人民检察院办理，通过耐心释法、公开听证、多元救助，38年争议终得化解。调查发现某社区在建的46户安置房存在安全隐患，向4家责任单位发出检察建议，推动加固10栋、拆除重建16栋。开展司法救助"进湖区""进家门""集中供暖"等行动，向65名案件当事人或其亲属发放救助金54.3万元。牵头破解强制医疗"解除难""转诊难""费用落实难"等问题，推动市委政法委建立长效机制。开展"三走进三推动""全民反诈"等活动，全院人员走进19个村居、310户农户、16家企业，排查矛盾纠纷、风险隐患7个。

12月21日，区人民检察院举行暖冬行动·国家司法救助金集中发放仪式，向22名刑事被害人发放救助金21.2万元 (车颖 供图)

【未成年人检察工作】 依法严惩侵害未成年人犯罪，批捕42人，起诉40人；落实未成年人特殊保护政策，对未成年人犯罪不批捕12人、不起诉19人，附条件不起诉41人。坚持宽容不纵容，对某聚众斗殴案中的未成年人唐某作出撤销附条件不起诉决定，提起公诉后被判实刑，该案于2021年3月3日被评为最高人民检察院指导性案例。在办理蔡某某故意伤害其子案中，更多关注案件背后的家庭，综合采用家庭教育指导、心理疏导、司法救助等方式，帮助改善亲子关系，为未成年被害人营造良好的成长环境，该案于2021年4月15日被省人民检察院列为全省检察机关十大优秀亲子教育案例。开展"你成长·我成长"家庭教育指导120余次，发出"督促监护令"30份，帮助22名涉案未成年人回归家庭。推进检校共建，履行法治副校长职责，开展"青春与法同行"系列法治教育活动，深入宿豫区各中小学举办法治讲座22场，受教育人数3万余人，让法治浸入教育、滋润童心。

6月1日，区人民检察院举办"检爱同行，共护未来"检察开放日活动。图为检察官带领学生参观"七彩藤"未成年人司法社会服务中心

(车颖 供图)

【诉讼监督】 刑事诉讼监督。坚持在办案中监督、在监督中办案，不批捕69人，不起诉104人，监督立案撤案61件，纠正漏捕漏诉16人，纠正违法87件次。着力减少当事人讼累，严格控制退回补充侦查、延长审查起诉期限等情形，努力降低"案—件比"，比值下降到1∶1.058。对判实刑罪犯未交付、财产刑、社区矫正等刑罚执行环节中的问题提出纠正违法35件，保障刑事判决执行到位。

民事行政诉讼监督。回应民众呼声，加强民事检察监督，办理民事生效裁判监督52件。开展民事审判活动和民事执行监督，发出检察建议69件。加强行政检察工作，发出行政非诉执行监督、行政审判活动违法监督检察建议9件。

公益保护。发出公益诉讼诉前检察建议104件。守护百姓“舌尖上”的安全，对张某某等17人销售有毒、有害食品案提起刑事附带民事公益诉讼，提出十倍惩罚性赔偿金并要求被告人公开赔礼道歉。关注公共安全，治理住宅小区电动车“飞线充电”安全隐患，公开送达检察建议，推动消防部门开展专项清理。开展英烈保护公益诉讼专项行动，针对实地调查发现的某烈士陵园存在垃圾堆砌、设施损坏等问题，发出检察建议，推动整改修缮。

【社会治理】 深入贯彻认罪认罚从宽制度，761人认罪悔罪得到从宽处理，适用率达到92.8%，节约司法资源，促进社会关系修复。秉持“应听尽听”理念，举办拟不起诉、羁押必要性审查、司法救助等案件公开听证24件次，在办理一起交通肇事被害人司法救助案中，考虑到被害人行动不便，将听证会“搬”到被害人家中，让公平正义看得见、听得到。围绕办案发现的制度缺失、监管漏洞等问题，制发社会治理类检察建议15份。在全省率先开展社区服刑人员不符合担任法定代表人身份调研，推动7家企业变更法定代表人。

【法治宣传】 选准突破口，找准创新点，传播检察好声音，传递法治正能量。开展“全民反诈”“精准普法月月行”“青春与法同行”“三走进 三推动”等法治宣传活动，引导群众知法懂法守法。由宿豫区人民检察院真实案例改编及干警参与编剧、拍摄的《我的青春，你来过》在央视法治频道播出，微视频点击率超千万，系国内首部未成年人检察公益微电影；2月4日，《“喵”说民法典》获评全省民法典普法短视频征集活动三等奖。

（车 颖）

法 院

【概 况】 2021年，全区新收案件14788件，结案15565件，分别同比增长12.97%和11.12%。刑事收案526件，同比下降7.72%；民商事收案7785件，同比增长12.96%；执行收案8670件，同比增长33.14%。法定正常审限内结案率为97.31%，同比增长4.23%，高出全市平均值1.91个百分点，位居全市第一。审判质效指标全市领先，被宿迁市中级人民法院表彰为“审判管理先进法院”。在2021年度全区高质量发展综合考核中位列第一等次，获评区“招商引资及优化营商环境先进单位”。

【刑事审判】 审结电信网络犯罪案件26件，判处犯罪分子62人，包括涉公民信息条数98万余条的侵犯公民个人信息罪案件、涉案金额1800余万元的“雷台”诈骗案件。首次组成七人合议庭公开开庭审理涉食品药品附带民事公益诉讼案件，切实维护群众“舌尖上的安全”。审结组织、领导传销活动罪案件4件38人，涉案金额6亿余元的网络平台非法吸收公众存款案件2件2人，与宿迁市公安局宿豫分局、宿豫区人民检察院联合制定《关于打击非法吸收公众存款类刑事犯罪案件的联动工作机制》，规范宿豫区非法集资类案件的处理。审查涉嫌“套路贷”、虚假诉讼案件28件，移送公安机关立案侦查15件。刑事审判庭获评“2021年度平安宿迁建设工作先进集体”。

【破产审判】 探索构建经营异常企业公益强制清算退出机制，审结公益清算案件160件，压降经营异常企业数量，推动“僵尸企业”有序退出市场。全面适用预重整制度，推进企业按照重整和解程序进行脱困自救。成立破产案件管理人评审委员会，推行办案承诺和动态考核制度，压实破产管理人职责。开通破产案件信息公开监督服务热线，安排专人提供业务咨询、案件信息、审判流程查询等“一对一”在线服务。审结破产案件76件，释放土地资源152万平方米，化解不良债务90亿元，盘活企业资产22亿元，促进区域经济和企业健康发展。

【诉前调解】 探索乡贤参与诉前调解新模式，制定《宿豫乡贤参与诉前调解工作实施方案》，联合宿豫区政协、宿豫乡贤协会聘任47名乡贤担任调解员，在各乡镇（街道）乡贤参事室设立10个乡贤调解工作室，在宿豫区人民法院及3个人民法庭设立4个乡贤诉前调解工作站，实现乡贤参与调解工

1月28日，宿豫区人民法院组织召开律师诉前调解工作推进会（周孟韬 供图）

作在乡镇（街道）全覆盖，打造驻院调解、律师调解、乡贤调解、行业调解四大调解阵地。诉前调解收案8652件，结案8525件，调解成功3415件，调解成功率40.06%。

【执行攻坚】 推动出台《综合治理从源头切实解决执行难实施方案》，构建形成“党委领导、人大监督、政府支持、法院主办、部门联动”的综合治理执行难工作格局。与宿豫区人民检察院签订《民事执行检察监督暨协作备忘录》，推动律师参与、监督执行，提升执行规范化建设。组织开展“五一·安薪”“中秋猎赖”等涉民生专项行动40余场次，强制清空住房、厂房13处，执行到位金额3990余万元。深入开展“打财断血”集中执行行动，执行到位涉黑恶案件财产刑4500余万元，到案发地向李某某“墓霸”案的260余名受害人发放退赃退赔款73.4万元，1名执行干警被江苏省高级人民法院评为“扫黑除恶专项斗争先进个人”。年内，执结案件8498件，执行到位标的17.4亿元，执行质效指标连续四个季度在全市执行条线单独考核中获第一名。

【青少年维权】 持续开展法治宣传、心理咨询、综合帮教工作，共邀请30所学校2800余名师生走进青少年法治教育基地参观学习。组织法官前往各中小学校开展专题授课25场次，受教师生6000余人次，发放《青少年自我保护手册》等法治宣传材料8000余册。承办第五届宿迁市中等职业学校在校生模拟法庭大赛，指导宿迁技师学院获得比赛一等奖并晋级全省决赛。建成“豫帆”青少年维权品牌，下设“领航”“护航”“启航”“助航”四个子项目，分别与法治教育、自我保护、帮扶帮教、心理疏导相对应。7月，宿豫区人民法院被共青团中央、最高人民法院表彰为2019—2020年度全国“青少年维权岗”。

【改革创新】 开展人民法庭“一庭一品牌”创建工作，形成“豫法护航 聚力高新”“豫法护航 振兴乡村”“豫法护航 筑梦新城”三个特色品牌。成立刑事速裁中心，对交通肇事、危险驾驶以及盗窃、寻衅滋事等简单刑事案件，实行公检法一体化快速审理，节省当事人的诉讼时间。在宿迁高新区人民法庭设立法治园区司法保障中心，成立“涉企纠纷调解工作室”，从宿豫区总工会、宿豫区工商业联合会选聘13名特邀调解员，化解涉企矛盾纠纷426件。联合宿豫区司法局、宿豫区工商联成立“豫法”法律体检服务团，开展“豫法护航”系列活动86场次，为企业提供法律体检、普法宣传、纠纷调解等服务，帮助企业规范经营行为，防范法律风险。

8月25日，宿豫区人民法院举行法治园区司法保障中心揭牌仪式（周孟韬　摄）

【线上办案】 主动应对新冠肺炎疫情给当事人应诉带来的不便，推行在线诉讼，通过互联网“云上”法庭和刑事远程提讯开庭系统，开展线上开庭、调解、听证质证等诉讼活动1800余件次，推行网上立案、跨域立案等便民诉讼服务，建成“24小时自助诉讼服务站”，为当事人提供全天候的自助立案、信息查询、材料收转等服务。全面启动诉讼费、涉案款项财政电子票据管理改革试点工作，方便当事人诉讼缴费。

【司法公开】 召开新闻发布会、组织法院开放日活动15场次，在互联网公开生效裁判文书1万余份，网络庭审直播4700余件。在法院官方网站、微博、微信累计发布工作动态、庭审排期、拍卖预告等资讯1000余条，更大程度满足群众知情权。主动拓展监督渠道，认真办理人大议案、政协提案，邀请人大代表旁听庭审、调研座谈90余人次，走访代表委员征求工作意见或建议100余件次。邀请检察长列席审委会，接受检察监督。

【队伍建设】 扎实开展政法队伍教育整顿，组织开展“筑牢政治忠诚 践行法治理念”法官宣誓仪式，进一步筑牢政治忠诚，组织开展“点亮红色地标 烛照奋斗征程”、红色基地现场实践等各类主题活动20余场次，开展专题党课、廉政授课、红色观影、旁听庭审等活动40余场次。深入推进顽瘴痼疾专项整治，制定出台、修订完善各类规章制度60余项，健全符合司法规律的执法司法制约监督机制和廉政风险防控机制。组织开展学术研讨、法官沙龙等活动，切实提升法官司法裁判能力。开展“一支部一品牌”特色创建活动，组织党员干警开展脱贫攻坚、疫情防控、文明城市创建、“两在两同”建新功、“我为群众办实事”活动2000余人次，以党建引领带动司法效能持续提升。

（姚　燕）

司法行政

【法治宣传】2021年，宿豫区深入开展“德法涵养文明·共建绿色生活”主题普法活动。先后开展“3·8”“3·15”“4·8”送法进校园、“依法信访、理性维权”信访法治宣传月、十朵金花护航婚姻家庭、农民工学法活动月、“法润宿豫·2021春风行动”、防范电信诈骗、民法典宣传等专题普法30余场次。

【“三治”融合积分制管理模式】2021年，宿豫区把“坚持发展‘枫桥经验’，实现矛盾不上交”试点工作与实施乡村振兴战略有机结合，将自治、法治、德治“三治”融合积分制管理作为“治理优”一项主要工作，在总结前期试点经验基础上，加快全域推进、形成示范效应。12月2日，市委书记、市人大常委会主任王昊带队调研宿豫区“三治”融合积分制管理模式，实地参观了关庙镇卓水河社区“三治”融合积分制开展情况，对宿豫“三治”融合积分制管理模式给予肯定。随后，市委宣传部等四部门联合下文在全市推广该模式。3月，新庄镇振友社区被命名为“全国民主法治示范村（社区）”。

【公共法律服务】打造“运河品牌电商法治保障中心”“打造豫检护航民营经济发展法律空间”等十大法治惠民实事项目，实施村（社区）“法律明白人”培育工程，建设群众身边的法治宣传队伍，全年共计培育法律明白人504名。深化“法援惠民生·拓展工程”，实现困难人群应援尽援，尽援优援。全区办理法律援助和法律帮助案件1535件，同比增长4.5%。完善《关于深入推进一村（社区）一法律顾问工作的实施方案》，通过落实“456”工作法（“四项机制”“五项要求”“六项服务”），村（社区）法律顾问共入村（社区）服务时长累计8400余小时，开展法治讲座和法治宣传610余次，建立法润民生微信群82个，每日推送法律法规、法律资讯、以案释法等法律资讯。全区82个村（社区）配备法律顾问，实现了法律顾问100%“全覆盖”。

【维护社会稳定】巩固深化宿豫区社区矫正委员会统筹协调和指导作用，全力打造实战化、智慧化、信息化社区矫正指挥中心和来龙、大兴2个社区矫正分中心，实现远程视频会见、远程点验、实时定位监控等功能。抓好庆祝中国共产党成立100周年安保工作，对辖区内社区矫正对象开展全面排查，全区社区矫正对象无脱管、漏管和重新犯罪现象。完善非诉讼纠纷解决综合平台“1+2+N”模式（设置1个区非诉讼服务中心，成立区人民法院、区交巡警事故处理中心2个非诉讼服务分中心），深化诉调对接、公调对接工作，推广“苏解纷”“宿调和”工作模式，开展矛盾纠纷排查化解专项行动和“枫桥式司法所”“枫桥式公安派出所”联建活动。全年，全区共排查调处各类矛盾纠纷4703件，调处成功4691件，调解成功率达到99%。全区未发生一起因矛盾纠纷排查调解不及时、不得力而引发的矛盾激化、群体性事件和民转刑案件。

【党建铸魂强基】坚持党建引领，党的全面领导贯穿于司法行政工作全过程。坚持建强组织，制定党建工作要点，项目化推进落实党建主体责任，构建“一平台两学院”学习模式提升全系统党员理论学习水平，健全完善律师行业党组织建设，规范提升支部建设标准化水平，局机关党支部被评为“2021年度全区示范党支部”。强化实践带动，以党史学习教育为契机，每月开展1次特色主题活动，大力实施法治惠民实事项目，有力提升司法便民满意度。深化队伍建设，扎实开展司法行政队伍教育整顿，把全面从严治党作为队伍建设的生命线，开展谈心谈话2轮，全面排查、根治顽瘴痼疾2个，完善出台相关机制6个，进一步提升全系统干部队伍的精神面貌，筑牢政治忠诚根基。

（嵇光前　刘志杰）

4月8日，宿豫区举办“4·8”司法日送法进校园暨法治教育名师工作室启动仪式

（区司法局　供图）

人民武装

【思想建设】2021年，宿豫区人民武装部（以下简称“人武部”）深入学习贯彻习近平军事战略思想，铸魂励

志、凝魂聚气、改造思想、指导实践，牢固树立备战打仗意识。按照上级统一部署，抓好以庆祝中国共产党建党100周年为主要内容的党史教育活动，采取党委中心组带机关理论学习模式，专题组织学习中共十九届历次全会精神和习总书记在中国共产党成立100周年大会上讲话精神，在党员干部中广泛开展读习近平主席原著、写心得体会、抄党章党规活动，集中开展理论讲用，深化对重大思想观点的理解把握，夯实举旗铸魂思想根基。深入开展“弘扬优良传统，整顿作风纪律”学习教育活动，着眼持续加强政治建设，以全面从严治党、治军为出发点，以党组织和干部骨干为重点，深入整治单位管理、内部关系、干部骨干作风等方面不良风气。坚持思想引领、纪律约束，典型示范和反面警示，整纠问题与整改完善相结合，把学习整顿步步引向深入。组织观看红色教育片《守岛人》《共产党宣言》大型话剧和《奋进新时代，永远跟党走》庆祝中国共产党成立100周年暨国防教育专题晚会，参观红十五军三师纪念馆、彭雪枫纪念馆、宿北大战遗址公园，悼念革命先辈，利用红色资源对干部职工进行革命传统教育，引导干部职工和专武干部感悟先烈精神，赓续红色基因。

【党管武装】 2021年，人武部党委班子高举备战打仗旗帜，坚持党委统揽，落实每月党委集体研究制度，重点突出问题导向、倾听群众呼声，压实“两个责任”、发挥党管干部党管党员作用，班子成员以上率下，在工程建设、经费使用、兵员征集等敏感事务上，严格标准程序、实行阳光操作、主动接受监督。将党管武装贯穿人武部工作全过程，实施目标考核制，区分内容、明确标准、量化计分、奖惩分明，确保各项工作有组织管、有责任人抓、有突出成效。认真组织人武部党委第一书记任职仪式，抓好专武干部任职谈话培训，推开任职考核模式，着力在全区上下营造关心武装、大抓武装的浓厚氛围。

【军事训练】 2021年，人武部聚焦强军目标，深入贯彻军分区党委扩大会议精神，突出抓好机关动员业务、应急应战业务和指挥技能训练，抓好周四夜校组织自学模拟考核和每日最后一小时体能训练，多方式多渠道提高首长机关军事训练质效，在江苏省军区、宿迁军分区首长机关军事训练考核中，首长批示总体成绩良好以上。健全人武部军事训练领导小组和军事检查督导领导小组，开展人武部军事和督导。

【民兵整组】 3月，人武部联合区政府机关多部门审核民兵潜力数据，并参加全省潜力数据会审，深入研究年度民兵整组方案，结合辖区区划调整特点，逐一部署，分类指导同步开展民兵队伍结构优化和人员调整，全面开展基干民兵体检、政审、预建党组织和装备预征预储工作。6月，完成年度民兵队伍结构优化、布局调整和编制工作；组织开展全区民兵分队点验和入队训练；参加全市“永远跟着党整组大点验”活动；区法理斗争排接受省军区拉动点验，总体考核成绩良好，顺利通过全省民兵工作考评验收。

【征兵工作】 2021年，人武部以“五率”量化考评细则为抓手、以廉洁征兵“十不准”为准则、以责任担当为突破口。严格落实军委国防动员部《关于新冠疫情常态化防控开展征兵工作的通知》精神，建立疫情防控日报告、零报告制度，合格人员全部进行核酸检测和抗体检测，高标准组织预定新兵役前教育训练和集中管理，开展欢送新兵活动，所有新兵入营由集中管理状态直接入营，防止因管理不当造成感染，确保输送新兵零感染。

【安全管理】 2021年，人武部始终把安全稳定作为一项重大政治任务抓紧抓好，坚持把安全作为做好各项工作的前提。每季度召开安全形势分析会，组织拉网式排查，及时查找问题、消除隐患、堵住漏洞。加强兵器室、保密室等重点部位的安全防范，确保营院管理正规安全有序。协调公安部门建立联防联动机制，定期组织防暴演练，应急处突能力不断增强。严格抓好学习教育，对法规文件、警示案例、安全形势等内容不断学习强化，增强全体人员自我约束力。严格车辆管控，注重把好行车手续、驾驶员和安全技术检测“三个环节”；严格落实酒后驾车教育整顿，提供安全行车、健康驾驶；严格保密安全，巩固深化集中文印室建设成果，进一步规范机关办公秩序；结合大项任务，组织安全管理风险评估，制定训练期间安全管理规定，全年单位安全形势总体平稳。

（董　智）

民主党派　工商联

民革宿豫区总支

民盟宿豫区总支

民建宿豫区支部

民进宿豫区总支

农工民主党宿豫区支部

九三学社宿豫支社

区工商联

宿豫年鉴

2022 SUYU YEARBOOK

民革宿豫区总支

【概况】 2021年，民革宿豫总支有党员74人，来自法律、教育、文化、卫生、城建、城管、农业、工商企业等多个行业。党员中，研究生5人、本科56人、大专13人；中级以上职称48人；区人大代表2人、市政协委员5人（含常委1人）、区政协委员21人（含常委2人）。

【民革换届】 2021年，民革宿豫总支召开第四次全体党员大会，选举产生第四届总支委员会，共有委员9人。总支四届一次会议选举孙晓霞为民革宿豫总支主任委员，柳明亮、苏衍坤、张明敏当选为副主任委员。经民革市委批准，总支由5个支部调整为4个支部，王柳、穆猛、李静、陆勇分别为四个支部主任委员。张正雨被区政协评为2021年度优秀政协委员，方彬被表彰为2021平安宿豫建设工作先进个人和2021宿豫区司法行政系统先进个人。

【民革参政议政】 2021年，在专题议政及市、区政协会议上形成调研报告6篇，在市、区"两会"上提交集体和个人提案建议25件，采纳立案25件，其中《关于加快农产品品牌培育，助推乡村振兴的建议》被区政协评为优秀提案。年内，参与民革市委会专题调研2次，上报专题调研报告2篇。

【民革社会服务】 2021年，开展社会公益志愿服务活动。新型冠状病毒肺炎疫情防控期间，在疫情可控范围内开展复工、复课、复市等工作，常态化参与区内居民小区门禁值守、核酸检测点秩序维护、疫情防控知识宣讲等。12月1日，组织党员到宿豫区仁爱老年公寓开展志愿服务，为老人们送去1万元慰问金和过冬棉衣，3名医务党员为老人进行常规体检，其他党员为老人整理房间、读报谈心。部分党员结合自身工作，长期开展养老照护、应急救护等知识进社区、进学校活动，促进群众提升自救互救能力，受益人数达1万余名。

【民革队伍培育】 2021年，采用线上线下结合、现场讲学等方式，组织全体党员围绕中共党史、中共十九届历次全会精神和民革发展史等开展政治理论学习，提高党员政治素养。5月，总支选派党员参加市政协举办的"学党史 筑同心"专题培训班。6月，组织骨干党员赴孟良崮参加全区统战系统"传承红色基因 同心砥砺奋进"党史学习教育。7月，在宿迁联盛科技股份有限公司举行庆祝建党百年、牢记合作使命"党在我心中 共筑中国梦"主题演讲比赛。10月，组织全体总支委员到江苏省社会主义学院参加全区统战干部暨党外干部培训班学习。

（孙晓霞　柳明亮）

民盟宿豫区总支

【概况】 民盟宿豫区总支以教育、卫生和科技类型人才为主，下设10个支部，有盟员95人。连续七年被民盟市委表彰为盟务工作先进集体。2021年，总支被民盟省委表彰为"新冠疫情防控先进集体""庆祝中国民主同盟成立80周年先进集体"；史波被民盟省委表彰为"新冠疫情防控先进个人"，张智勇、杨秋梅被民盟省委表彰为"庆祝中国民主同盟成立80周年表彰先进个人"。4人获评宿豫区优秀政协委员，11人被民盟市委评为优秀盟员。

【民盟换届】 9月，完成换届工作，选举产生新一届总支委员会，共有委员13人，张智勇当选民盟宿豫区总支主任委员，张秀梅、李海霞、罗斌、张娜当选副主任委员。在民盟宿迁市第五次代表大会会议上，张智勇当选为民盟市委委员、副主任委员，出席民盟江苏省第十三次代表大会代表；张秀梅当选为民盟市委委员。

【民盟参政议政】 围绕"四化同步"和"四个宿豫"高质量发展要求，民盟总支开展"一支部一调研、一盟员一建议"活动。8月，开展"聚力'四个宿豫'目标、扛起'半壁江山'责任"大讨论活动；11月，开展"政协提案月"和"四化"同步集成改革大讨论活动，围绕区委、区政府中心工作和民盟市委会关注的共性问题，找准参政议政选题、完善参政议政工作机制，深入调查研究。2021年，上报到民盟市委会调研课题3个，上报到区委统战部调研课题10个，上报到区政协调研报告3个。完成民盟总支集体提案5件、个人提案19件，其中3件提案被区政协表彰为优秀提案。

【民盟社会服务】 2021年，民盟总支组织开展义诊、送教助学、扶贫救助等社区公益活动10余场次。8月，民盟总支组织庆祝中国医师节活动，慰问盟员医生；9月10日，组织开展庆祝教师节活动，慰问盟员教师。新型冠状病毒肺炎疫情防控期间，民盟总支组织盟员捐钱捐物、保障物资供应，协助疫情防控，盟员医生奋战抗疫一线，盟员教师奋战网课一线，机关盟员奋战商超或小区包保一线，盟员企业家先后组织捐款捐物7批次，累计约6.5万元，相关事迹被《江苏民盟》宣传2次，被市、区媒体多次宣传。

（李海霞）

民建宿豫区支部

【概况】 2017年3月24日，民建宿豫区支部委员会成立。2021年9月，支部召开换届大会，成立民建宿豫区支部委员会第二届委员会，汪鹏任支部主委，梁国昌、翟根银任支部副主委，邵童、寇永、蔡易衡、王敏任支部委员。支部有会员37人，涉及教育、法律、经济等多个领域，其中本科以上22人，科级干部1人。担任市区人大代表和政协委员职务14人。

【民建参政议政】 全年，组织会员参与区委统战部、区政协等组织的各类调研活动，多次召开骨干会员会议，协商研讨区“两会”提案、议案。3月，组织会员召开调研课题研讨会，确定调研课题并及时上报区委统战部，累计提交调研文章3篇。

【社会服务】 2月8日，组织会员到保安乡丰庄社区走访慰问贫困户，送上春节祝福。参与宿迁市衡寰纺织涂塑有限公司关爱孤困儿童志愿服务活动。9月19日，组织宿豫民建部分会员到大兴、关庙看望孤困儿童10名。新冠疫情防控期间，支部会员主动捐款捐物，助力抗击疫情。

（汪　鹏）

民进宿豫区总支

【概况】 民进宿豫区总支委员会下设机关、教育、文法和综合四个支部，陈梅生任总支主委，张莉、史艳任总支副主委，共有会员49名，其中新发展会员5名，涉及环保、教育、规划、文化、司法、卫生、市场监管等多个行业，本科及以上学历占90%，其中有研究生2名，高级知识分子3名，副处级干部1名，科级干部3名。担任市、区人大代表、政协委员22人次，其中市区人大代表4人，市政协委员6人，区政协委员12人。

【民进总支换届】 9月27日，民进宿迁宿豫总支换届大会召开，总支全体会员参加会议，民进宿迁市委常务副主委董振班，中共宿豫区委常委政法委书记、区委统战部部长张成龙以及友好党派代表应邀出席会议。会议选举民进宿迁宿豫总支第四届委员会班子成员和民进宿迁市第五次代表大会代表，陈梅生当选为民进宿迁宿豫总支第四届委员会主任委员，张莉、史艳当选为副主任委员，费娟当选为监督委员，7人当选为委员，5人当选为民进宿迁市第五次代表大会代表。

【民进参政议政】 2021年，民进宿豫区总支组织会员调研全区经济、政治、文化和生态建设等，支部中市、区人大代表和政协委员利用自身优势，关注社会上的热点难点问题，向有关部门反映社情民意。年内，围绕新常态下经济转型发展、文明城市建设、城乡环境综合整治、中小学教育、医疗卫生改革等问题撰写提案、议案、建议20余篇，并被有关部门采纳和落实。

【民进社会服务】 2021年，民进宿豫总支共组织开展社会服务活动7批次，其中关爱慰问3批次、专题调研3批次、文明志愿活动1批次，同时常年常态组织开展抗击新冠疫情志愿活动，有3人抗疫文艺作品获广泛传播。1月20日，民进宿豫总支共筹集资金5000余元，实地慰问困难群众。4月9日，开展义工基地帮扶活动，为贫困学生及残疾人士送温暖，累计发放慰问金3600元。6月1日，到宿豫区实验小学给孩子们送去节日祝福，并捐赠慰问金3000元。9月8日，组织会员到大兴镇双茶棚社区开展农村老人卫生健康状况调研，为10余户农户提供义诊、健康咨询、讲解保健知识，并在村部组织专题调研座谈会，就农村新型医疗保险、老人关爱工程等内容展开交流。9月26日，组织会员开展农民安置住房调研，实地了解调研转型期农民住房需求，并给相关部门提供建议和对策。11月3日，组织会员到宿豫区陆集镇开展乡村治污情况调研，实地了解农村环境污染及治理情况。12月8日，民进宿豫区总支组织会员开展全国文明城市长效管理志愿宣传活动，参与红绿灯路口交通执勤工作，设置靠牌，散发宣传单，宣传创建知识及道德模范先进事迹。

【民进队伍建设】 2021年，民进宿豫区总支注重加强思想建设和组织建设，定期组织会员学习中共省、市、区委有关文件和会议精神，提高会员政治素养。3月6日，民进宿豫总支组织全体会员集中观看电影《长津湖》，激发会员爱国情怀，增强民主党派凝聚力。做好会员发展和建档登记工作，对新会员开展民主党派知识培训，提高会员参政议政水平和履职能力。利用“三・八”妇女节、教师节等节日开展会员座谈交流活动，促进会员团结向上，推动基层组织健康发展。

（丁　玲）

农工民主党宿豫区支部

【概况】 农工民主党宿豫区支部成立于2019年3月30日，力辉任支部主委，李洪、杨爱玲、张允良任支部委员。共有党员12人，涉及卫生、建设、水利等多个行业。其中，本科以上学历占比100%，高级以上职称4人、中级职称6人，处级干部1名、科级干部2名。担任市、区人大代表和政协委员累计5人。年内，向市农工民主党基层委员会推荐党员发展对象3名，批复发展2名。

【农工民主党参政议政】 结合区委、区政府中心工作，参加市、区委统战部组织的调研活动2批次。8月20日，到豫新街道、顺河街道调研社区农家书屋利用情况；9月17日，到宿迁高新区、宿豫区城东污水处理厂、宿豫区城市水务中心等调研城区黑臭水体整治情况。2021年，共完成、上报专题调研报告2篇，向区“两会”提交议案提案4篇。

【社会服务】 5月7日，农工党宿豫支部组织部分党员与市中医院内分泌科、心内科、妇产科的6名医护人员，到曹集乡冒店村和仰化镇建新村开展“健康中国村村行”义诊活动，宣讲健康知识，为村民量血压、测血糖，先后义诊群众80余名，并为村中老年人送去钙片40瓶。6月12日，支部党员到仰化镇建新村开展同心助学活动，为困难学生发放书包、文具等学习用品及助学金500元。新型冠状病毒肺炎疫情防控期间，支部党员争当志愿者，坚守在防疫一线，捐赠物资。

九三学社宿豫支社

【概况】 2018年8月，九三学社宿豫支社成立。袁雪梅任支社主委，徐梦琼、孙超为支社委员。截至2021年年底，支社共有社员25名，其中拥有中高级职称社员占比68%，研究生以上学历社员占比24%，拥有市、区人大代表和政协委员身份的社员4人，占比16%。2021年，宿豫支社被九三学社江苏省委表彰为社会服务先进集体，4人被九三学社市委表彰为先进个人。9月，九三学社中央在宿豫区新庄镇振友社区成立苏北乡村振兴实践基地。

【参政议政】 全年，支社外出考察学习3次，区内调研学习2次，完成调研报告、议案、提案累计12篇，其中会员完成专题调研报告5篇，党派集体调研报告1篇，担任人大代表、政协委员完成议案和建议6篇。

（徐梦琼）

9月6日，九三学社中央宿迁市宿豫区乡村振兴实践基地揭牌仪式在振友社区举行
（韩 琦 供图）

区工商联

【思想政治引领】 3月16日，举办“学党史 明初心 知使命”主题教育培训，组织65名企业家共同学习中国人民解放军少将、国防大学教授金一南的党史主题教育课《苦难辉煌：中国共产党百年筑梦之路》。4月1日，组织40余名企业家赴泗洪大王庄党性教育基地开展“缅怀先烈 初心永传”党性教育活动，在缅怀革命先辈、学史明理增信崇德中激发接续奋斗力量。5月26日，承办全市第三十七期“宿商讲坛”，邀请深圳市国防教育促进会副会长、国防教育教授刘子军讲解“十四五”规划下中国企业的高质量发展。10月21日，宿北大战红色教育中心被推成为宿迁市民营经济人士理想信念教育基地，并于当日举行授牌仪式。11月25日，举办中共十九届六中全会精神学习会。年内，借助省级、市级平台，组织部分企业家参与“不忘初心 与党同行——江苏省民营经济人士理想信念教育”、“学党史 悟初心 感党恩 跟党走”宿迁市民营经济人士理想信念报告会等活动4场，引导企业家听党话，跟党走，承担社会责任。

3月16日，宿豫区工商联举办“学党史 明初心 知使命”主题教育培训（顾秀芬 供图）

【社会责任引领】 组织商会、企业家在春节、中秋等节假日开展爱心慰问活动，为困难群体送温暖，累计捐款捐物30余万元。5月30日，区工商联副主席、曹集乡商会会长周咸材成立“宿迁市手牵手关爱少年儿童志愿服务中心”，帮助孤困儿童成长。截至2021年年底，该志愿服务中心登记志愿者近500人。8月20日，区工商联执委施俊山被省委宣传部评为江苏“最美退役军人”。12月21日，宿迁联盛科技股份有限公司被全国工商业联合会评为中国民营企业社会责任优秀案例。

【服务会员企业】 常态化落实企业走访制度。2021年，区工商联领导班子成员累计走访企业80余次、商会11次，及时掌握企业发展运营情况，协助企业解决存在的难题。实施线上、线下“双轨”培训模式。围绕企业需求，通过微信工作群“区工商联执委会群”，推介各类政策解读、课程培训、教育内容信息50余条；线下定期召开专题培训讲座、企业家沙龙、政策解读会，组织企业家外出交流学习等，各项

10月19日，区工商联、区营商办联合举办宿豫区优化营商环境企业家沙龙（顾秀芬　供图）

活动累计20余场，900余人次参加。10月11日，与区人民法院、区司法局联合成立“豫法”法律服务体检团，通过为企业提供法律体检、普法宣传、法治培训、纠纷调解等法律服务，帮助企业规范经营行为、优化治理结构、提升治理能力、防范经营风险。10月19日，联合区营商环境办公室举办民营企业营商环境座谈会，听取民营企业管理者对营商环境建设的意见和建议，汇总梳理相关问题29条，全部交办解决。11月19日，联合区总工会举办全区民营企业家产业工人队伍建设改革专题培训班，推动新时代宿豫产业工人队伍建设改革走深走实。11月25日，召开优化营商环境政策宣讲会。印发惠企政策文件132份，发放“宿迁市民营经济营商环境满意度调查问卷”和“宿豫区工商联优化营商环境意见征集表”累计44份，收回有效问卷32份。12月31日，成立宿豫区民营经济服务中心，核定编制2名，领导职数设主任1名，中心负责联系对接异地宿迁商会和异地宿豫企业发展情况，搭建与宿豫的合作交流平台；负责区工商联会员数据库建设工作；收集宣传促进民营经济发展的系列政策等。

【参政议政】 引导会员企业参政议政，发挥商会协商监督作用。组织开展“界别活动月”“政协提案月”等活动，围绕宿豫区高水平全面建成小康社会和高质量发展目标，组织撰写提案、议案20余件。组织企业完成线上调研任务6项。深入会员企业走访调研，年内累计走访企业80余家、商会11家，发放调查问卷132份，收集企业反馈意见建议30余条，并及时报至相关部门，及时为企业纾困解难、出谋划策，形成《宿豫区民营经济代表人士队伍建设情况调研报告》《民营经济发展面临的困难、问题及建议》《弘扬企业家精神 助推民营经济高质量发展》调研报告3篇。推荐35名民营企业家入选为市工商联副主席、常执委。推荐45名企业家成为市级、区两级人大代表和政协委员人选。推荐宿迁联盛科技股份有限公司、旭派电源有限公司等4家企业成为省级、市级劳动关系和谐单位。

【商会建设】 区工商联主要领导多次赴来龙、关庙、侍岭等乡镇（街道）商会督促指导“四好”商会建设，组织商会会员企业交流座谈，集思广益，共同推动商会工作更好发展。3月，区工商联围绕“四好”商会建设标准，通过印发《2021年“四好”商会建设工作实施方案》、评议乡镇（街道）商会上年度工作开展情况等方式，推动2021年全区商会规范化发展。2021年12月19日陆集街道、顺河街道、来龙镇商会被宿迁市工商联评定为市“四好”商会；2021年12月27日，宿豫区工商业联合会（总商会）被全国工商联评为全国“五好”工商联。

（袁梦笛）

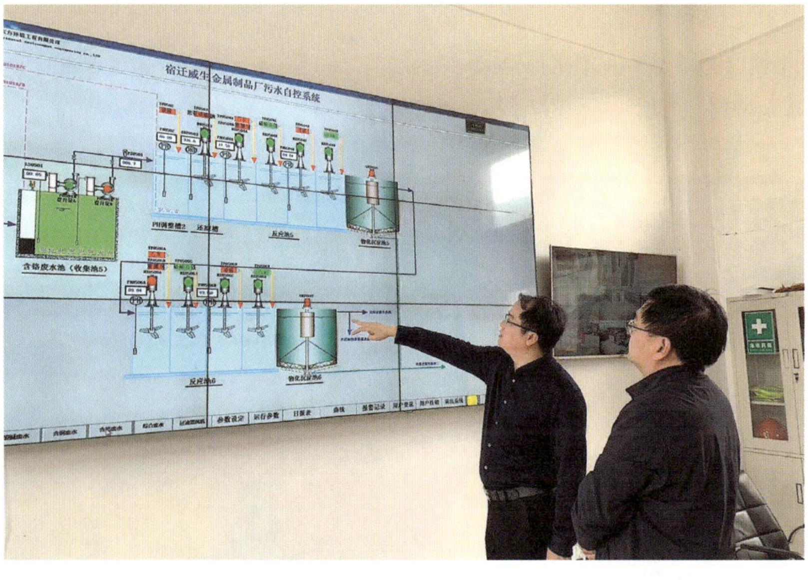

4月14日，区工商联主要负责人到威生金属制品厂调研污水治理情况

（顾秀芬　供图）

群众团体

区总工会

区妇联

团区委

区科协

区文联

区残联

区红十字会

区关工委

区总工会

【概况】 2021年，宿豫区总工会下设基层工会组织608个，其中新建工会组织74家；拥有工会会员57112人，年内新增会员5495人。员工超过25人的法人单位动态建会率达100%、职工入会率达99%，工人工资集体协商覆盖面达95%。

【政（厂、校）务公开】 2021年，宿豫区工会组织加强基层民主政治建设，推进政（厂、校）务公开，助推职工代表大会（以下简称“职代会”）制度规范化建设，严格落实职工代表大会各项权利与义务，为职工代表大会作用发挥提供保障。2021年，全区机关事业单位政（校）务公开制度建立率100%，非公企业利用微信工作群、公司宣传栏等形式进行厂务公开，占非公企业总数85%。

【职工代表提案】 2021年，宿豫区总工会组织开展职工代表提案征集工作，共征集提案22篇，向上级工会推荐参评的提案8篇，其中获评省总工会优秀提案1篇，百威英博（宿迁）啤酒有限公司王浩然撰写的提案《酿造幸福项目》获评2021年度全省优秀职工代表提案，被江苏省厂务公开协调小组命名通报表彰。获市总工会表彰提案4篇，其中江苏益客食品集团股份有限公司的《关于实施“群链长制”推进畜禽产业集群化高质量发展的建议》、江苏秀强玻璃工艺股份有限公司的《强化技能提升，提高职工技能补贴》2篇提案获评2021年度全市优秀职工代表提案，宿豫区丁嘴中心学校的《构建小学语文线上线下融合的“三环九步”教学模式，助力小学生语文成绩提升》和江苏苏华达新材料有限公司的《拉边机电机维修》2篇提案获评2021年度全市优秀职工代表提案提名。

【党史学习教育】 开设学教专栏。在微信公众号“宿豫工会”上开设“党史百年·天天读”栏目，一日一更新，专门用于推送中国共产党在历史上今天所发生的大事要事，把握时间节点，加深读者认识，为全区广大职工党史学习教育提供便捷。截至年底，累计更新300余条。举办学教培训。3月20日，在江山社区举办“不忘初心 追根溯源说党章”宣讲活动，组织“工会宣讲团”成员深入社区为社区60名党员宣讲党的章程。5月1日，在枫华丽致酒店举办党史知识专题讲座，组织全区工会主席参学。7月2日，到江苏惠然实业有限公司开展送课活动，为企业送去“习近平新时代中国特色社会主义思想”专题讲座。7月8日，到江苏景宏新材料科技有限公司开展送课活动，为企业送去“以人民为中心”专题讲座。强化学教宣传。6月24日，《学史见行动，精准救助更暖心》被《新华日报》23版采用。10月12日，《深学细悟百年党史 纵深推进产改工作》被《新华日报》20版采用。8月29日，《宿豫区总工会：真心“为群众”真情“办实事”》被“中国江苏网”采用。4月1日，《“五拓展”推进党史学习教育》被《宿迁日报》A版采用。

【典型选树】 评选表彰。4月30日，宿豫区召开庆祝“五一”国际劳动节表彰大会，对从各行各业、各条战线评选出的10家单位、20名职工、10个集体进行表彰，分别授予“宿豫区五一劳动奖状”“宿豫区五一劳动奖章”“宿豫区工人先锋号”称号。

申报推荐。宿豫区获市级“五一”

2021年宿豫区获宿迁市“五一”表彰情况一览表

表13

表彰奖项	获表彰对象
宿迁市五一劳动奖状（3个）	江苏景宏新材料科技有限公司
	宿豫区烟草专卖局
	宿豫区融媒体中心
宿迁市工人先锋号（5个）	宿迁南钢金鑫轧钢有限公司大甲轧机班
	江苏益客食品集团股份有限公司餐饮部
	江苏建友工程机械有限公司生产部拉杆组
	宿迁市宿豫区教育局校园安全稳定服务中心
	宿迁市宿豫区住房和城乡建设局园林绿化管理中心
宿迁市五一劳动奖章（6个）	李元虎（百威〈宿迁〉啤酒有限公司行政副科长）
	曹戎格（江苏北斗星通汽车电子有限公司软件部部长）
	祝利华（宿迁逸达新材料有限公司动力部技师）
	项瞻波（宿迁联盛科技集团董事长）
	孙远辉（国家税务总局宿迁市宿豫区税务局副局长）
	郭明利（宿豫区教育局副局长、产业招商三局局长）

表彰14家(名),其中市工人先锋号5家、市五一劳动奖状3家、市五一劳动奖章6名;获省级劳动表彰6人,其中获得省劳动模范4人、省先进工作者1人、省五一劳动奖章1人;获得全国五一劳动奖章1人。

宣传推广。宿豫区通过区广播电台、"宿豫总工会"网站、"宿豫工会"微信公众号等媒体,对选树出的劳模、工匠、五一标兵岗等先进劳动典型进行广泛宣传,大力弘扬干事创业精神,让身边的劳模精神、劳动精神、工匠精神激励全区广大职工在奋进新征程、建功新时代的进程中爱岗敬业当标兵。4人获选宿迁市"五一巾帼标兵",4个岗位获选宿迁市"五一巾帼标兵岗"。

【丰富职工文化生活】 2021年,宿豫区结合建党百年,举办大型职工文化活动3场次,丰富职工文化生活,强化思想政治引领,凝聚干事创业合力。3月,启动"庆祝建党百年·劳动创造幸福"主题征文、摄影、短视频大赛活动,面向社会征集反映中国共产党百年辉煌历程,展现宿豫人民在中国共产党的领导下取得的卓越成就,引导职工听党话、跟党走。活动期间,累计收到各类参赛作品109幅,评选出征文类、摄影类、微视频类金奖各1名、银奖各1名、优秀奖19名。6月10日,宿豫区总工会举办颁奖大会,为20余名获奖选手颁奖。4月13日,开展"听党话跟党走"演讲比赛。参赛选手们围绕"听党话、跟党走"的活动主题,瞄准"学史明理、学史增信、学史崇德、学史力行"的目标要求,以饱满的热情、激昂的语言,深情回顾党的光辉历程、热情讴歌党的伟大贡献、感悟党的初心使命。4月,举办"唱党歌、颂党恩、齐奋进"歌手大赛,比赛分为民美、流行两个组别进行评选,评选出一等奖各1名。

【女工权益维护】 女职工权益调研。组织女工部工作人员深入宿迁南钢金鑫轧钢有限公司、正大食品(宿迁)有限公司等大中型企业,走访工会干部、管理人员、一线职工等各层面女职工近百人,重点调研女职工平等就业、同工同酬、女职工特殊权益专项集体合同等方面落实情况。针对江苏健谷化工有限公司、江苏秀强玻璃工艺股份有限公司、江苏阿尔法药业有限公司等女职工较多的企业,要求如实填写女职工特殊权益监督评估表。通过此次调研,取得了全区女职工权益保护落实情况的第一手资料,针对问题单位,强力督促整改落实。年内,促成江苏阿尔法药业有限公司、宿迁科思化学有限公司、宿迁宇新固体废物有限公司等10家企业与女职工们签订《女职工特殊权益专项集体合同》,确保女工特殊权益得到保护。

女职工权益宣传。3月,组织开展"情系女职工 法在你身边"女职工维权月活动,通过印发宣传彩页、接受现场咨询、举办讲座等方式宣传推广女职工权益保护相关法律法规,提升《妇女权益保障法》《女职工劳动保护特别规定》等在全区职工群众中的知晓率和覆盖率。

女职工健康保护。年内,联合宿豫区卫生健康局印发《宿豫区2021年城乡妇女"两癌"检查项目实施方案》,为辖区35—64周岁城乡妇女进行宫颈癌和乳腺癌免费检查,督促企业落实筛查工作,确保5877名女职工享受国家基本公卫服务。

【职工法律维权】 完善维权载体。按照"六有"(有场所、有设备、有标牌、有指南、有台账、有资料)标准,全力推进基层职工法律援助服务站规范化建设,健全规章制度,切实履行工会维权职责,努力把矛盾纠纷化解在基层和萌芽状态。壮大调解队伍。有序培训劳动争议调解员,不断提高调解员队伍素质,充分发挥其监控和调解功能。联动解决争议。区总工会联合区人力资源和社会保障局、区人民法院、区司法局等相关部门,共同协调解决职工劳动争议、劳动报酬等多方面问题,实现"同心圆"维权。对来电、来访和调解失败的职工,区总职工法律援助中心委托律师队伍主动跟进,无偿提供法律援助。年内,共援助办理法律援助案件15起,为15名职工追回劳资累计56.69万元,受助职工满意率达100%。

【劳动者关心关爱】 走访慰问。2021年,宿豫区持续开展"工会进万家"走访慰问活动。深入基层工会、产改企业,走访慰问劳动模范、先进工作者、"五一劳动奖章"获得者以及工匠、高技能人才等。在11月活动中,慰问职工50余人,发放慰问金5万余元。在新就业形态劳动者送温暖关爱活动中,共慰问快递员、外卖配送员、网约车司机和货车司机等新就业形态劳动者80余人,为每人送去价值600元的慰问金和一份冬日暖心礼包,累计送出慰问金近10万元。

健康关爱。6月中旬,宿豫区启动"八大群体"(货车司机、快递员、护工护理员、家政服务员、商场信息员、网约送餐员、房产中介员、保安员)送健康活动,为新业态群体劳动者提供免费健康体检服务并赠送重大疾病保险。8月,完成首批89位新就业形态劳动者健康体检;10月,完成第二批455人健康体检。年内,完成江苏健安物流有限公司、江苏众服信息技术有限公司等单位812名新业态群体劳动者重大疾病保险赠送工作。

【职工劳动竞赛】 2021年,围绕全区重大建设工程,将年度"三类项目"(列市重大产业项目、列市中心城市建设重点工程、民生实事项目)100个民生重点工程纳入劳动竞赛范围,开展"建功杯"重点项目劳动竞赛活动。设立"六比"竞赛标准,按季度评选优胜单位,颁发锦旗、证书和慰问品;各优胜单位再择优推荐表现突出的一线工人或技术管理人员,由竞赛组委会颁发"宿豫区劳动建功纪念章"和荣誉证书。全年,评选优胜单位4家。10月25—26日,宿豫区万和泰化工有限公司组队代表宿迁市参加全省化工行业安全技能竞赛,获得三等奖。

【产业工人队伍建设改革】 宿豫区坚持高位统筹,落实产业工人队伍建设改革试点工作（以下简称“产改”），把产改作为服务全区发展的战略抓手，聚力《新时代宿豫产业工人队伍建设改革实施方案》精神，区委常委会、区深改委会议和区政府常务会专题研究产改工作，产改工作同步被列入全区改革重点督查事项，明确5个方面24条具体措施，形成改革推进“时间表”“任务书”；建立产改联席会议制度，切实构建党委统一领导、工会牵头抓总、部门各司其职的工作格局，推进改革试点各项任务，求实开展思想政治建设行动、素质技能提升行动、维权服务优化行动和支撑保障体系构建行动。强化职工思想引领抓教育、强化职工素质技能抓提升、强化职工权益维护抓保障、强化困难职工帮扶抓效果，全力打造新时代产业工人队伍。3月10日，区产改办召开2021年产业工人队伍改革试点企业工作推进会；5月25日，市产改联席会在宿豫区召开；6月25日下午，宿豫区召开新时代宿豫产业工人队伍建设改革第三次全体（扩大）会议；11月19日，举办民营企业家产业工人队伍建设改革培训班，观摩京东校园馆、产教融合性实训基地和校企共建企业二级学院等现场，明确各单位工作责任，加强产改联系部署、督查指导。强化部门联动，以区委、区政府文件形式下发《改革实施方案》和《重点项目计划表》，明确29家相关部门和10家试点企业，共梳理55个项目重点推进。宿豫区产改工作多次被《新华日报》和“学习强国”《工人日报》《江苏工人报》等媒体、平台宣传报道。

（陶　训）

区妇联

【概述】 2021年，区妇联以女性素质提升、巾帼振兴发展、家庭幸福安康、自我改革创新“四大工程”为抓手，精心组织开展思想引领、创业创新、维权关爱、家庭建设等工作，为全区妇女工作贡献新业绩。年内，推荐入选全国“巾帼文明岗”1个、全国“巾帼建功标兵”1名、省级“最美家庭”2户；选树区级“三八”红旗手51名、“三八”红旗集体26家、“迎华诞 建新功”巾帼创业标兵20人，多项工作和经验做法被《人民日报》《新华日报》《宿迁日报》和“交汇点”“学习强国”“速新闻”等主流媒体和平台报道。3月，获得江苏省妇女儿童福利基金会2020年“99公益网络募捐”优秀项目奖和优秀组织奖，获得2020年度江苏妇女儿童慈善优秀组织奖；6月 18日，在宿豫召开的全市妇联系统助力市域社会治理现代化工作会议上，九龙花园妇女议事会、双河里社区红石榴妇女议事会、杉荷园社区妇女议事会获评“全市标准化妇女议事会”；11月，《全国劳模董玉红：科技创新推动产业变革》获得宿迁市“巾帼心向党　奋斗新征程”融媒体创意大赛二等奖；12月，区妇联被宿豫区委区级机关工委、宿豫区作风办评为2021年度区级机关“双创一争”工作“群众满意机关”，《融媒触网编织巾帼“连心桥”》获评2021年度全省妇联优秀融媒体工作案例。

【党史学习教育】 将党史学习教育融入纪念“三八”国际劳动妇女节、国际家庭日等主题活动，组织党员家庭讲述红色家风故事，签署“学史崇德常修身 共颂齐家爱国情”倡议书，通过情景朗诵《中国红》、情景红歌串烧《永远跟党走》等节目，歌颂百年党史，推动党史学习教育扎根家庭，引导妇女听党话、跟党走。3月7日，开展“学党史　论巾帼”——“遇”汝于成女性成长座谈；3月27日，举办“童心向党　放飞梦想”风筝艺术节；6月13日，开展“讲红色故事、拓红色印记”“巾帼心向党　奋斗新征程”——党史知识进家庭巾帼大宣讲等活动，针对青年、儿童、妇女等不同群体，开设不同专题，推动党史学习教育向基层深入。

【家政技能培训】 2021年，区妇联全面启动“巾帼家政提质扩容行动”。3月，组建宿豫区家庭服务业协会。深入社区开展“送技能、送培训、送岗位”活动，聚焦工资高、就业前景广阔的月嫂、家政员等工种开展就业培训，培训范围覆盖全区10个乡镇（街道），受益人数达1500余人。9月，联合区人力资源和社会保障局、区总工会、宿迁技师学院等单位举办宿豫区首届职业技能大赛，共50余人参赛。大赛共分家政服务员、育婴员、保育员等赛项，采取理论测试和实操展示相结合的方式进行评比打分，最终评选出一等奖1名、二等奖2名、三等奖3名。

【妇女儿童权益维护】 建立妇女维权“四级”工作法制度，按照信访反馈问题的严重程度分为“蓝、黄、橙、红”四个等级，对应“宣传教育、介入调解、法律援助、安全庇护”处理办法，形成“妇联+社会组织+社区+公检法”“四方联动”局面，提高妇女权益维护的精准性和有效性。开展“三八”维权周等法治宣传活动，发放宣传单1000余份，开展线上线下普法宣传5场。搭建“维权会客厅”，为妇女儿童提供专业迅捷的法律咨询、权益维护等服务，开展“进社区”活动10场，线上宣讲8场，惠及各类群众1200余人。9月，联合区委政法委、区公安分局举办“无诈家庭”创建活动启动仪式，评选区级“平安家庭”20户，予以表彰，发挥“平安家庭”建设的示范引领作用，推动全区“平安家庭”建设。

【社会关爱】 年内，共慰问基层困境妇联干部、特困家庭和困境妇女儿童等128人，发放救助金和慰问金10万余元。助力新冠肺炎疫情防控，向结对社区赠送物资累计达2.16万元。联合区卫生健康局、区总工会实施宿豫区2021年度城乡妇女“两癌”检查项目，为辖区35—64岁妇女免费进行宫颈癌和乳腺癌筛查，提高城乡妇女自我保健意识和防治知识知晓率。通过实地走访、资质核查等方式，帮助辖区内生活较为困难的56名农村妇女申请市级就业创业引导专项资金。

2021年3月27日，宿豫区妇联在三台山森林公园组织“童心向党 放飞梦想”风筝艺术节活动 （高洁雨 摄）

【文明家庭建设】 依托社会公益组织、志愿服务队力量组建专家库，开展送课进校园活动。根据家长需求拟定课程菜单，开展“好妈妈公益课堂”进社区活动10场，受益群众680余人。长效常态建设“五美庭院”，以美化人居环境为工作抓手，实行积分奖励和末位摘牌政策。年内，新增市级“五美庭院”示范村8个，区级“五美庭院”示范户500户。精选7个城乡社区试点，推动“三全社区”（社区全域、家长全程、家庭全类型）建设，组建巾帼志愿服务队伍44支，走访摸排建立家庭档案1283户，开展各类家庭教育专题活动64场次，组织亲子关爱活动15场，服务家长儿童2156人。

【基层妇联组织建设】 率先启动村（社区）妇联换届工作。2020年12月，在新庄镇振友社区举行全市集中换届试点推进会，2021年2月底完成全区村（社区）妇联组织换届工作，共选举产生村（社区）妇联主席82名，专兼职副主席242名，执委委员588人。村（社区）妇联主席平均年龄46岁；中共党员244人，占比33.4%；大专及以上学历63人，占比76.8%。7月底，完成全区乡镇（街道、园区）妇联换届工作，共选出妇联主席10人、专职副主席8人、兼职副主席22人、妇联执委300人。妇联干部平均年龄37岁，中共党员195人，高中及以上学历278人，妇联干部队伍更加年轻化、知识化、专业化。11月，组织各乡镇（街道、园区）妇联主席、村（社区）妇联主席、“四新”（新领域、新业态、新阶层、新群体）领域妇联主席开展基层“领头雁”培训，省、市级专家学者讲课，提升基层妇联干部担当意识和工作能力。

（高洁雨）

团区委

【概述】 2021年，宿豫团区委紧紧围绕党政中心工作，切实履行组织青年、引导青年、服务青年、维护青少年合法权益的职能，全力做好青年发展规划落实、党史学习教育、“梦想改造+”关爱计划、青年学习社线路打造、智慧团建系统建设、中小学团队建设、团组织换届等重点工作。获评2021年度全省团属报刊宣传工作先进典型；“人民的力量”青年学习社线路获评省级青年学习社线路；打造社区青春行动省级试点2个，该项工作受到团省委相关领导肯定，被《中青报》、《新华日报》、“团省委工作专报”报道并交流经验；拍摄的《五月——宿豫正青春》宣传视频在“多Young江苏 强国有我”短视频大赛中获得网络宣传奖。

【青年思想引领】 突出庆祝中国共产党成立100周年主线，认真贯彻落实青少年党史学习教育各项部署要求，形成一批“青字号”品牌，引领全区青少年在百年党史中汲取精神营养。以团支部为单位，组织全区1113个团组织开展党史组织化学习全覆盖，全区各级团组织开展“学党史、强信念、跟党走”主题团日活动。发挥“青年讲师团”理论武装“轻骑兵”作用，组织开展“小众化、互动式”宣讲活动38场次，组织红领巾讲师团成员开展基层宣讲，举办“流动党史馆”“红色微课堂”“优秀电影展”走进乡镇村居、教学点活动，组织化优势充分彰显。全年，动态发布“青年大学习”网上主题团课35期，常态组织青少年参与网上团课学习，团员青年线上参学累计超54.4万人次；推出“团青学党史”专栏，网络直播“学党史、强信念、跟党走”主题音乐党课，扩大学习覆盖面。组织各行各业青少年开展红色主题快闪活动，打造省级青年学习社线路——“人民的力量”青年学习社线路，1.8万名青少年在开展红色寻访中上好“行走的党课”。全区各中小学开展“强国有我”主题拉歌比赛、主题团课、一年级入学仪式红歌比赛等系列活动，实践育人平台不断丰富。

【青年志愿服务】 坚持把服务青年寓于服务大局之中，引领全区广大团员青年为宿豫高质量发展贡献智慧力量。10月22日，举办青年志愿服务进小区公益项目大赛，在新新家园、豫东新城等小区建立“青壳公益超市”，探索构建“2+5+N”一站式社区服务体系（“2”即依托“青年之家”和“青壳公益超市”两个阵地，“5”即建设青春书画室、青春科普室、青春健身馆、青春读书角、青春议事厅五大活动空间，“N”即开展N类青年服务），开展“诚10条”宣传、智慧助老行动等志愿服务活动，社区青春行动打响新品牌。7—8月，南京（禄口机场）、扬州（毛老太引发的）新冠肺炎疫情暴发期间，迅速组建疫情防控青年突击队，发动近700余名青年志愿者向社区基层开展疫情防控工作。青年志愿者持续奋战在采样检测、突击攻坚、防疫宣传、关爱保障“四个一线”，有效补充基层一线抗疫力量。带领青年志愿者完成市、区重大活动志愿服务保障工作，志愿服务展现新形象。

【“百团进百万企业千万员工”活动开展】 6月，到江苏华展金属科技股份有限公司、江苏景宏新材料科技有限公司、宿迁市建友建筑机械有限公司等青商会员企业进行专题宣讲、消防演练，深化落实“百团进百万企业千万员工”活动。动员全区各企业一线生产车间、班组评选创建“青年安全生产示范岗”，推广青安岗“安全十法”，开展青年安全说、千岗走千企活动，全区获评市级青年安全示范岗企业2家，“安全生产 青年当先”的氛围更加浓厚。

【服务青年高质量发展】 坚持青年优先发展工作导向，倾心服务青少年全面发展，制定《2021年宿豫区落实〈宿迁市青年发展规划（2021—2025年）〉实施重点工作方案》，推动实施青年发展重点项目10项，助力构建青年友好型城市。7—8月，开展大学生暑期见习活动，搭建大学生就业创业实践平台，为创新创业找准新抓手。11月1—3日，组织青商会员企业赴张家港市交流培训，搭建合作平台；11月19日，开展“对话青商 服务大局”活动，组织青商企业走进职能部门，助推青商企业高质量发展，为青年建功搭建宽广舞台。年内，组织开展线下青年创业培训1000人次。

【困境青少年成长护航】 扎实推进“梦想改造+”关爱计划，“建设100个梦想小屋”列入区政府民生实事项目，全年超前超额完成，切实改善无人抚养儿童的生活和学习环境，持续做好关爱帮扶工作。8月中下旬，依托“广博暖基金”组织开展爱心助学、暖心救助活动，分别在新庄镇和来龙镇侍岭镇区为200名困境青少年实现“微心愿”，常态化开展“爱心巴士”等关爱活动。持续实施“爱心暑托班”项目。全区开设“爱心暑托班”办班点18个，服务农村留守、困境儿童400余人。11月，开展“阳光体育进乡村”活动，实施希望工程“圆梦行动”，资助19名大一新生圆梦大学，协助政府做好兜底帮扶工作。

【基层团组织建设】 按照团省委《关于做好全省乡镇、村（社区）团组织换届工作的通知》要求，规范有序实施基层团组织换届，全区村（社区）团组织、乡镇团组织全部完成换届，街道团工委参照乡镇换届要求优化配备团干部，对新上任的团组织书记全员轮训，狠抓规范化建设。会同区委教育工委将少先队工作纳入教育督导评估和学校党建考核。12月，在全市少先队辅导员基本功大赛中，宿豫区蝉联团体奖金奖，获得特等奖3个、一等奖4个、二等奖2个。密切团青联系，通过团代表联络站、联青服务站等载体，深入困境青少年家庭送温暖，深入企业、社区与青年交流，组织服务团员和青少年活动200余次。推进“智慧团建”平台建设，实现1355个团组织、18117名团员、18690名干部网上管理。

（夏文泽）

区科协

【科普宣教】 2021年，区科协举行科普宣教3批次，累计受益群众数万人。5月10—14日，组织“流动科普放映队”进小区，为居民放映食品安全、应急避险、预防接种等科教电影5场次。5月21—27日，区科协联合全区全民科学素质领导小组成员单位举办2021年宿豫区第三十三届科普宣传周活动，围绕“百年回望：中国共产党领导科技发展”主线，开设节约能源资源、保护生态环境、保障安全健康等科普专题，深入乡镇和社区开展科普书籍、资料、挂图赠阅及科普知识讲解活动，现场接受群众科普咨询900余人，发放宣传资料5000余份。6—11月，邀请市中医院中西医专家深入社区，为社区居民提供科学、安全、健康生活等专题科普宣传讲座5次，免费义诊2场次。

【科普创新】 2021年，区科协利用抖音号、微信视频号、微信公众号及宿豫广播电视台、《宿迁日报》、《宿迁晚报》等平台和媒体开展科技传播，打造立体式科普宣传体系。做到微信视频号每周至少更新1次。通过微信公众号，开展有奖问答活动2次，春节期间开展的“科普抗疫有奖竞答”活动，页面浏览量达5.54万余人次，答题量3.81万人次；科普宣传周期间，开展的新冠疫苗接种知识有奖问答活动，3天浏览量达9.53万余人次，答题数1.56余人次。实现抖音短视频每日更新1次，吸众人数110万余人、获得点赞量超1290万次，播放量过12亿次。科普宣传周期间，开通抖音24小时慢直播2次，观看人数达5000余人次。

【第七届青少年科技创新大赛举办】 4月25日—5月25日，区科协联合区教育局举办第七届青少年科技创新大赛。竞赛分预赛和决赛两个阶段，预赛由全区各中小学校（含职业技术学校）自行组织，时间为4月25日—5月20日。各学校分别以班级、校级为单位进行评比，评出优秀作品。决赛是在预赛的基础上评选出区级优秀作品，并于5月25日予以颁奖。此次活动共评出优秀组织单位12个，优秀组织工作者12名；科技创新成果奖一等奖8名，二等奖9名；科技制作奖一等奖18名，二等奖26名；少年儿童科技幻想画奖一等奖5名，二等奖10名。

【科普阵地建设】 2021年，在恒开

滨河城和黄山佳园累计新添可拆换式科普画廊2处。6—9月，在来龙镇白鹿湖社区新时代文明实践站内新建社区科普馆1处，项目投资25.68万元，占地22平方米，共安装科普器材15件。

【科普队伍建设】 优秀人物宣传。在"全国科技工作者日"期间，区科协联合区科技局、区教育局、区农业农村局、区卫生健康局等单位精选近百名优秀科技工作者拍摄人物视频5期，以向党和人民忆初心话担当，展现科技工作者"众心向党、自立自强"的精神风貌。截至9月，完成农业科技工作者、教育科技工作者、企业科技工作者、医疗卫生科技工作者视频拍摄，并分别在微信视频号"宿豫科普"、微信"豫见精彩"和"宿豫发布"等平台展播。先进典型选树。9月17日，区科协举办2021年宿豫区乡镇（街道）、村（社区）科普工作者培训暨科普示范村（社区）表彰会议。会议第一阶段，对评选出的下相街道南苑星城社区、豫新街道顺河集社区、顺河街道京东社区3个"科普示范社区"，3个"优秀基层'三长'"，11户"科普示范家庭"，22名"优秀科技工作者"进行表彰。会议第二阶段，由江苏省农学会秘书长、农业经济管理博士李寅秋，从科学普及工作形势、科学普及内涵与外延、农业农村科普理念创新等方面，对基层科普工作者进行培训，讲授做好基层科普工作的路径。

【"科学工作室"培育】 2021年，区科协组织全区各单位参与宿迁市科协开展的"基层科普行动计划"暨"科学工作室"项目申报，累计获得全市"科学工作室"称号4个，获奖补资金13万元。其中，宿豫区新庄镇草莓种植专业合作社获得乡村振兴"科学工作室"称号，获奖补资金4万元；江苏北斗星通汽车电子有限公司获得企业创新"科学工作室"称号，宿豫区张家港实验小学获评STEM教育"科学工作室"称号，下相街道南苑星城社区获评社区科普"科学工作室"称号，分别获奖补资金3万元。

（伍士娟　李　萍）

区文联

【文艺活动】 春节前夕，组织开展"新春有理　给您拜年"文艺进社区活动；6月起，举办"百年风华"宿豫区庆祝建党100周年艺术展；12月，联合相关部门举办庆祝宿北大战胜利75周年书法美术摄影展。精心打造豫新街道九龙花园小区"社区书画室"，为社区捐赠书画作品33幅，并定期开展公益讲座和作品展示活动。

【文艺惠民】 组织相关协会开展"建设美丽村居 共享文明家园"主题摄影采风巡展、送文艺课到校园等活动。3月27日，在宿豫大剧院组织举办"一千零一个愿望"专场音乐会；4—11月，组织参加宿迁市首届金鼎文化艺术节专场音乐会并获银奖。创作文艺节目十余个，深入江山、阳光名都、九龙花园等社区为居民免费演出60余次。

【文艺创作成就】《宿豫文艺》与江苏省一级期刊《三角洲》合作，办刊质量和档次显著提升，全年编印期刊4期，编发作品160余篇。出版《父老乡亲》《拥抱春天》《梨园小憩》《布谷声声》和《霜风劲草》等6部文学作品。在《北京文学》《中国文艺报》《解放军报》《新华日报》等省级以上刊物发表各类文学作品50余篇。有40余（幅）篇文艺作品获市级以上表彰奖励。

【文艺人才培养】 成立首个专业篆刻印社，填补宿豫区篆刻艺术团体的空白。举办宿豫区书法美术公益班130余次，选拔优秀文艺骨干参加省、市文艺家读书班。各协会新晋会员40余人，4名会员晋升成省级会员，2名晋升成国家级会员。

（姜　澍）

区残联

【残疾人康复服务】 2021年，宿豫区残疾人联合会（以下简称区残联）落实残疾儿童免费康复随报制度，与专业康复机构、定点医疗机构保持常态联动。开展残疾儿童诊断筛查，做到发现一例及时安排康复一例。全年转介0—6周岁残疾儿童328名、7—14周岁残疾儿童54名。落实精神残疾免费服药救助项目，为480名精神残疾人提供服药救助。推进白内障免费复明工程，做到随发现随手术，全年落实白内障复明手术249例。推进残疾人辅助器具适配和贫困残疾人家庭无障碍环境改造项目，全年适配各类辅具2049件，安装假肢37名，落实无障碍环境改造50户。

【残疾人社会福利保障】 2021年，区残联加强与保险公司沟通协调，建立理赔"快速通道"，保证出险残疾人家庭应赔尽赔、应赔快赔，切实维护残疾人权益。年内，为7069名残疾人办理意外伤害保险，做到即办证即入保。开展残疾人托养服务，依托各乡镇（街道、园区）"残疾人之家"、区托养中心，长年开展一二级重度肢体、精神残疾人托养服务和轻度精神智力残疾人"日间照料"服务，有效减轻残疾人家庭负担。建立残疾学生信息库，动态掌握残疾学生基本情况，落实残疾学生教育补贴及奖励政策，向高中及以上残疾人学生发放教育专项补贴、一次性奖励5.6万元。发放残疾人机动轮椅车燃油补贴3万元。

【残疾人辅具服务"共享小屋"建设】 2021年，宿豫区依托现代互联网技术在宿北大战遗址公园、千鸟园广场街坊公舍、张家港实验小学街坊公舍建成残疾人辅具服务"共享小屋"3座，分别放入轮椅车、助行器、洗澡椅等残疾人辅助器具，以方便服务对象扫码使用，实现残疾人辅具借用共享、精准适配，解决残疾人辅助器具免费配发形成的资源沉淀浪费问题，进一步满足残疾人个性化需求，实现辅助器具资源利用效益最大化。宿豫区“共享小屋”建设为全省第二家、苏北第一家，先后被江苏省电视台、宿迁市电视台、“学习强国”等媒体宣传报道。

【残疾人就业创业】 2021年，区残联在区委、区政府支持下，在宿迁电子商务产业园区宿迁馆8楼建成集残疾人网络就业创业培训、心理疏导、职业规划、能力评估等为一体的“残疾人就业创业孵化基地”；开发建成“京东阳光天使”“江苏博畅通讯”“丰硕制衣”3家企业残疾人集中就业基地，形成以电子商务产业园区为中心，辐射到区内企业的残疾人培训就业链。依托基地常态化开展培训，针对残疾人不同情况制定具有针对性的培训方案，开发办公系统使用、互联网软硬件维护、信息系统交流技术等课程，帮助残疾人了解账户注册、商品下单、物流配送等电商知识。2021年，共组织开展培训9批次，培训残疾人135人次，促成65名残疾人实现就业。

【“残疾人之家”运行监管】 2021年，区残联对全区“残疾人之家”的安全应急、财务管理、服务项目落实等制度进行梳理规范，持续推进“残疾人之家”规范化建设。安装远程监控系统，每日抽查残疾人之家人员到岗、辅助性就业开展等情况，有效杜绝虚假运行、光打卡不服务等不良现象发生。委托会计师事务所对“残疾人之家”账目进行全面审计，组织管理人员开展财务知识培训，实现规范记账。组织督导组深入“残疾人之家”开展督查指导，排查整改水、电、气等安全隐患15条；投入近10万元，配齐配全灭火器、报警器等安全器材。邀请安全专家开展安全知识培训，组织安全应急演练，提升安全保障能力。对存在问题较多的“残疾人之家”，由区派驻纪检组和区残联主要领导对专委进行约谈，限期整改到位。

（陈学化）

区红十字会

【红十字宣传】 在“世界红十字日”“防灾减灾日”“世界急救日”等红十字特色节日，先后开展健康义诊、防病宣教、急救知识讲座等活动60余场次，发放新冠肺炎防控知识、红十字会运动基本知识、红十字急救常识等宣传资料1.1万余条册，受益群众约1.1万人。6月12日，以纪念第18个“世界献血者日”为契机，在新庄镇振友社区召开庆祝第十八个“世界献血者日”表彰活动暨无偿献血志愿服务队成立仪式。仪式上，红十字会会长刘培禄为无偿献血志愿服务队授旗，50余名队员参加现场活动；对10名无偿献血优秀志愿者和10家无偿献血宣传工作先进单位进行表彰。无偿献血志愿服务队的成立，进一步激发全社会对无偿献血的关注和参与热情，引导社会各界关注无偿献血、支持无偿献血、参与无偿献血。

【人道救助】 开展“博爱送万家”活动，着力实施“特殊困难群体保障行动”。春节期间，组织志愿者开展“红十字博爱送万家活动”，走访慰问豫新街道庐山社区、侍岭镇、仁爱老年公寓、丁嘴中心学校等乡镇和单位的困难群体，为低保户、贫困户、残疾人、失能老人、三留守人员等送去慰问金和慰问品，共发放各类款物约18.4万元，其中省红十字会下拨物资7.5万元，区红十字会自筹资金约10.9万元。全区10个乡镇（街道）35个村730余户近4000人受益。实施“红恤班”助学项目，全年为23名在班学生发放助学经费8万余元，帮助他们解决学习和生活困难。联合区第三医院眼科实施“江苏省红十字博爱光明行”项目，在全区“十三五”期间建档立卡户中开展白内障筛查，对60余名患者进行白内障复明手术，每人给予1000元资助。组织冠名医疗机构开展送健康活动。结合“5·8”世界红十字日和“博爱光明行”活动，组织冠名医院到曹集乡曹家集社区、豫新街道珠江花园小区等开展送健康服务活动8次，为1000余名群众提供健康体检、义诊服务，并宣传疾病和疫情防控等相关知识，增强群众卫生健康意识。开展非血缘造血干细胞志愿者血样采集入库宣传活动，全年高质量完成80份血样信息采集入库。配合上级红十字会做好“小天使”

2021年6月12日，区红十字会在新庄镇振友社区举办庆祝第十八个“世界献血者日”颁奖活动暨宿豫区无偿献血志愿服务队成立仪式

和“天使阳光”基金项目实施，为区内白血病和先天性心脏病儿童争取到救助资金20万余元。开展资金募集活动，线上线下共为河南水灾、宿豫新冠肺炎疫情防控等筹集物款30余万元。

【博爱项目】 实施“生命安全护航行动”。2021年，完成救护员培训922人、普及性培训10644人，分别完成年度目标的102.44%和106.44%。开展公益应急救护培训，配合新冠肺炎疫情防控，利用微信等网络新媒体对京东、赛得利(江苏)纤维有限公司、宿迁市佳宜工贸有限公司等企业员工进行急救知识培训。助力宿豫中学、张家港实验小学、庐山路小学等学校新冠肺炎防控工作，采取线上线下相结合方式，为学生讲解新冠肺炎疫情防控注意事项和应急救护知识，提高学生自救、互救能力，促进卫生应急救护知识在校园内普及。

建立“生命安全护航行动”进校园常态长效机制。在庐山路小学选址试点进行红十字青少年生命健康安全体验教室建设，因地制宜设置防灾减灾、应急救护等知识宣传栏，配置自动体外除颤器(AED)、心肺复苏模拟人等设施设备，初步具备生命安全体验、应急救护培训、心理健康教育等功能。进行应急救护师资培训，通过传帮带，建立“生命安全护航行动”进校园常态长效机制。

实施自动体外心脏除颤仪投放行动。年初对区行政审批中心、区社保服务大厅、梨园湾社区、庐山路小学等4个省级支持投放点的50余名人员进行自动体外除颤器(AED)操作复训，确保所投放的设备正常运行。根据市、区两级政府民生实事项目要求，开展投放现场调研活动3次，在人群集中的区政府办公楼、宿豫中学、万达广场等公共场所投放自动体外心脏除颤仪(AED)11台，并为宿豫中学、文昌高中等8家单位配备AED训练机。

开展“博爱家园”项目建设。立足城市社区和乡镇村居实际，以“推动社区治理、提升社区能力、促进社区发展”为目标，开展“人道传播、防灾减灾、健康促进、志愿服务”等活动，致力于打造群众身边红十字会的公益项目。按照“4+6”模式在关庙镇泰山村、曹集乡双河里社区、下相街道开展项目建设，通过在社区进行“四项建设”(成立一个组织、建立一支队伍、设立一个讲堂、建强一个阵地)，搭建“六个平台”(应急救护、留守关爱、生计发展、法制服务、科普文化、文明宣传)，参与社区治理、开展人道服务、传播“人道、博爱、奉献”的红十字精神，不断增强社区发展综合实力，让群众有更多获得感。依托“博爱家园”项目，开展养老照护、防病知识、新冠疫苗接种等宣讲活动3次，受益群众500余人。

(柳明亮)

区关工委

【概况】 2021年，宿豫区关心下一代工作委员会(以下简称“区关工委”)完成基层关工委组织调整。调整后，共有基层关工委组织95个，其中乡镇(街道)关工委10个、村居(社区)关工委85个。实现乡镇(街道)关工委“五有”(有班子、有活动经费、有办公室、有通信工具、有工作计划和制度)达标率100%。引领基层关工委开展领导班子配备好、“五老”队伍建设好、活动阵地建设好、保障机制落实好、活动经常效果好“五好”活动。10月22日，举办省、市关心下一代基金会助学金、省《关心下一代周报》“冰凌花”奖学金发放仪式，为34名学生发放助学、奖学金3.06万元。11月4号，省关工委常务副主任张艳到宿豫区调研指导校外教育辅导站工作。12月，区关工委在江苏省“童声齐颂建党百年”书画大赛中被省关工委授予优秀组织奖，2人被省关工委、省文明办评为“优秀个人”。

【校外教育辅导站建设】 2021年，全区10个乡镇(街道)校外教育中心辅导站全部建有达100%；社区(村居)累计建有校外教育辅导站85个。站内电子阅览室配有达100%，共有在职教师260人、大学生志愿者110人、“五老”辅导员230人、其他社会志愿者158人，累计辅导学生6万人次。2021年，区财政投入10万元专项经费为来龙镇光明社区、丰庄社区，大兴镇周夏社区，陆集街道陆集社区，关庙镇淖水河社区等校外辅导站的电子阅览室添置电脑等设备。省、市关工委下拨专项经费扶持基层校外教育辅导站建设，推动社区(村)校外辅导站硬件设施提升。

【庆祝中国共产党成立100周年专题活动】 在举国上下欢庆中国共产党成立100周年之际，区关工委邀请臧健、张用宪等“五老”代表到学校及乡镇(街道)校外教育辅导站开展党爱国主义教育，累计举办党史、国史专题讲座230余场次。

(陈　凤)

经济管理

规划计划

财政工作

税务工作

行政审批

公共资源交易监管

土地资源管理

审计监督

市场监督管理

信用体系建设

营商环境建设

宿豫年鉴

2022 SUYU YEARBOOK

规划计划

【“十四五”规划编制】 根据省、市“十四五”规划编制工作要求，经过公开招标、前期调研、统筹编制、意见征求、补充完善等环节，形成《宿迁市宿豫区国民经济和社会发展第十四个五年规划和二〇三五年远景目标纲要》（以下简称“规划”），为“十四五”时期明确发展方向和目标任务，并通过宿豫区第十七届人民代表大会第五次会议审议，于2021年4月印发实施。规划从稳中求进谋发展，全面实现小康社会目标；行稳致远展宏图，开启现代化建设新征程；厚植根基促转提，打造产业发展新地标；协同创新育动能，打造创新驱动发展先行区；新型城镇化再提质，打造城乡融合发展示范区；基础设施强支撑，打造高质量发展强引擎；提质增效惠民生，全面打造和谐幸福宿豫；绿色生态靓底色，打造美丽江苏建设样板区；文化凝练聚力量，树新时代文明宿豫标杆；改革开放再出发，有效融入新发展格局；安全治理现代化，建设更高水平平安宿豫；凝心聚力强保障，有力推进规划顺利实施十二个方面进行具体阐述，擘画“十四五”时期发展蓝图。

【年度发展计划编制】 按照区委、区政府的发展思路，在充分调研的基础上，于2021年12月编制完成《宿豫区2021年国民经济和社会发展计划执行情况与2022年国民经济和社会发展计划（草案）》（以下简称“草案”），并通过宿豫区第十八届人民代表大会第一次会议审议。草案共分三个部分：从主要计划目标完成情况、重点工作开展情况两方面回顾2021年经济社会发展计划执行情况，包含项目建设取得新突破、产业发展构建新动能、城乡内涵得到新提升、科技文化实现新进步、民生福祉达到新水平、生态文明展现新成效、改革创新迈出新步伐、社会治理获得新保障等内容。紧扣“四化”同步和“十四五”发展任务要求，参考全市指标设置情况设置全区2022年国民经济和社会发展计划主要指标和预期目标23项。从构建特色高端现代产业体系、坚持创新激活发展内生动力、加快推进城乡一体化建设、推动美丽宿豫建设创新实践、增进民生福祉改善生活品质、提升管理效能守牢安全底线六个方面进行具体阐述，对2022年国民经济和社会发展的重点工作进行部署安排。

（姜春蕾）

财政工作

【概况】 2021年是“十四五”的开局之年，在新冠肺炎疫情反复、“双减”政策、经济下行对经济社会发展冲击的多重压力下，全区财政系统紧紧围绕区委、区政府决策部署，奋勇担当、攻坚克难，持续推进财政稳定运行，有力落实好基本保障、稳控风险、促进发展、改革创新等各项任务，为全区经济社会高质量发展提供强有力的支撑，各项事业取得较好成果。区财政局连续三年被市财政局评选为全市目标考核一等奖，被区委、区政府表彰为全区高质量发展考核第一等次。预算科2人受到财政部江苏监管局致信表扬，金融办1人受到区委国安办致信表扬。

【财政收入】 2021年，全区实现一般公共预算收入34.87亿元，完成年度任务的125.9%，同比增长26%，税收占比89%，收入总量、增幅和税收占比在三县两区中均排名第二，与对标赶超县区徐州贾汪区相比，收入总量上高出9.58亿元，增幅高出0.5个百分点。其中，区本级（含区直单位、宿迁高新区、电子商务产业园、生态化工科技产业园区、张家港宿豫工业园区、顺河街道、豫新街道）收入33.55亿元，完成调整预算的101.02%，同比增长27.2%；乡镇收入1.32亿元，完成调整预算的101.5%，同比下降12%。区本级收入中，区直收入11.59亿元，宿迁高新区（核心区，含下相街道）收入4.8亿元，电子商务产业园收入12.79亿元，生态化工科技产业园区收入2.46亿元，张家港宿豫工业园区收入0.81亿元，顺河街道收入1.1亿元。

【财政支出】 2021年，全区预计完成一般公共预算支出59.45亿元，完成调整预算的99.8%，下降1.2%。其中，区本级支出57.92亿元，完成调整预算的99.9%，下降0.9%；乡镇级支出1.53亿元，完成调整预算的99.6%，下降8.6%。区本级支出中，区直支出42.95亿元，宿迁高新区支出4.55亿元，电子商务产业园支出5.8亿元，生态化工科技产业园区支出2.38亿元，张家港宿豫工业园区支出0.78亿元，顺河街道支出0.96亿元，豫新街道支出0.5亿元。

【财政促发展】 2021年，区财政局始终把全区经济发展当作首要任务，不断聚合财政、金融政策效能，有力支撑工业经济高质量发展。资金争取。2021年累计向上争取各类政策扶持资金5.68亿元，争取再融资债券4.308亿元，新增债券1.62亿元，争取顺河人家、宿豫商贸城城市更新贷款60亿元，促进银行、国企对接乡镇标厂融资需求15.7亿元，围绕为民办实事等重大项目，强化财力统筹和资金保障，年度压减两非资金10%，盘活存量资金1.94亿元，推动区委、区政府重大决策部署落实。产业扶持。落细落实国家出台的各项减税降费政策，减免各项税费3200万元、缓税2075万元；加强财政精准投入和政策兑现，全年支持企业各类资金7559.76万元，惠及企业169家，实现工业入库税收14.6亿元，同比增长35.8%。金融协同发力。开展“市级金融机构进宿豫”等银企对接会5次，印发《宿豫区银行机构产品政策汇编》300余册，实现金融服务平台企业线上融资21.53亿元，线上对接率达到80%。推动纯信用、无抵押信贷产品增额、降息、宽限，解决企业发展“融资难、融资贵”等问题。“获得信贷”指标全面完成，区内张家港农商行、东吴村镇银行两家银行机构贷款净增加5.02亿元，其中前者净增3.31亿元、后者净增1.71亿元，超额完成年度任务。“普惠金融指标”排名靠前，普惠型金融重点领域贷款余额109.52亿元，占比23.39%，比年初占比增幅2.41%，实现连续三年增长。开展非法集资风险专项排查活动11次，开展防范非法集资宣传教育活动50余次，致力营造和谐的金融环境。培育企业上市。出台《关于鼓励和扶持企业上市(挂牌)的实施意见》，及时完善健全上市奖补政策，申请上市奖补资金共计929万元，惠及企业18家，培育益客食品集团股份有限公司在深交所创业板上市，全区A股上市企业达到4家，全市第一。加大基金投放。举办省产业基金园区行活动，培育区级产业基金3支，累计规模9亿元，按50%配套市产业基金，市、区产业基金共在宿豫区投放企业6家，累计投放4.25亿元。

【财政惠民】 2021年，全区财政实现一般公共预算支出59.04亿元，其中民生支出47.3亿元，占一般公共预算支出80.1%，超过全市平均水准。在补齐民生短板方面，统筹拨付2.71亿元，支持玉泉山路等学校建设，推动教育布局优化；统筹拨付0.33亿元，稳定和扩大就业；统筹拨付2.74亿元，落实基本公共卫生服务补助政策，加快中医院改扩建进度；统筹拨付9.84亿元，推动洪泽湖东路、张家港快速通道等道路建设，城市交通体系进一步完善；公共文化支出1.07亿元，人均达到240元。在统筹城乡协调发展方面，坚持把财政投入同乡村振兴有效衔接，全区“三农”投入19.27亿元，同比增长3.3%。其中，投入农房改善项目资金3.65亿元，投入农村人居环境治理3.42亿元，落实各项惠农补贴2368.87万元，投入脱贫攻坚成果巩固相关资金8142.67万元等，有力促进全区乡村振兴和城乡统筹协调发展。在筑牢群众安全底线方面，全年安排新冠肺炎疫情防控资金2274万元，支持全区疫情防控工作有序开展；狠抓安全生产管理工作经费保障，统筹拨付资金404万元；打造安全生态环境，拨付污染防治资金8023.72万元，为安全生态宿豫建设提供强劲的财力保障。

【风险管控】 政府债务管控。2021年，全区债务率和债务风险等级实现“双降”，对标省、市下达的年度化解任务，政府债务率达到109.97%，较年初下降32.03个百分点，达到绿色等级(债务率小于120%)，隐性债务化解完成省定任务的166.86%、市定任务的100.62%。风险预警完善。建立数据信息动态台账，按月函告相关主体提前谋划到期债务置换、延续等问题，将全区所有国有公司纳入监测体系，摸清全区经营性债务规模和融资状况，制定完善《宿豫区国有公司到期债务风险预警和处置工作暂行办法》，有效封堵违规举债途径，强化风险管控。金融风险化解。持续推进区内民营企业“担保链”问题彻底化解、平稳落地，全力做好互助社风险化解工作，获评“2018—2020年度江苏省金融生态达标县(区)”，省风险处置防范办公室专门下发表扬信对互助社风险处置化解工作予以肯定表扬。

【财政改革】 2021年，财政局系统推进集成改革创新，坚持从全局谋划，以创新思维提升管理工作水平。1月3日，历时一年开发的预算一体化系统上线运行。财政绩效管理平台实现全面运行，30万元以上资金支出全部纳入绩效管理，并首次纳入年度考核。完成国库集中支付预算单位公务卡全覆盖。创新政府采购投诉处理机制，明确“受理—调查(调解)—审查—决定及送达”政府采购投诉案件办理流程，搭建调解沟通平台，在全区范围推广政府采购投诉预防化解机制，发生调解投诉案件2例，调解率达100%。争取金融服务乡村振兴试点，推动乡镇金融服务工作，为新庄镇授牌试点示范乡镇，助力全市“四化”集成同步示范区建设。根据省、市国企改革领导小组工作安排部署，制定出台《宿豫区国有企业改革三年行动方案(2020—2022)》《宿豫区国有企业整合提升方案》等系列制度，有序推进并完成255家全民所有制企业公司制改革，构建区内国有企业6大集团框架，优化国企组织架构，规范企业经营职能，为后续国企改革提供蓝本和依据。全年，财政创新工作在全区改革创新中排名靠前。

(韩　亮)

税务工作

【概况】 国家税务总局江苏省宿迁市宿豫区税务局(以下简称“区税务局”)成立于2018年7月20日，由原宿豫区国家税务局和原宿豫地方税务局合并而来，位于宿豫区项王东路11号。宿豫区税务局为正科级全职能局，区局机关设置内设机构13个，事业单位1个，派出机构7个。有正式税干202名，平均年龄45.39岁，本科以上学历167人，占82.7%，共产党员164人，占81.2%。2021年，区税务局先后获全省“节约型机关”称号、全省安排残疾人就业工作优秀单位，保持江苏省文明单位称号，在2021年度全区高质量发展综合考核中保持第一等次，并获全区招商引资及优化营商环境先进单位。在乡村振兴工作中，坚持“税地企”联建，搭建“穗来邦”乡村振兴展厅，助力全国税务系统及宿迁地方特色助农产品销售，该工作做法得到省税务局局长侍鹏批示肯定。

【组织收入】 2021年，宿豫区组织税费收入78.89亿元，其中税收收入57.69亿元，同比增收9.72亿元，增长20.26%。地方级一般预算收入31.07亿元，同比增收4.58亿元，增长17.29%。社会保险费收入17.2亿元，同比增长49.16%。其他非税收入4.01亿元，同比增长21.64%。累计风险应对总成效1.7亿元，其中直接入库税收及滞纳金收入1.3亿元，户均成效44.7万元，应对成效贡献率3.45%。税收两年平均增幅居全市第一，税收收入总量及增幅均在三县两区中位列第二。联合区财政部门开展财政收入虚假问题专项整治活动，把严收入质量关，收入质量全面提升。

【纳税服务】 强化办税服务厅规范化建设，着力提升热线服务质效，重点拓展线上办税和自助办税终端建设，“纳税时间”和“报税后流程指数”两项核心指标均达到目标用时。2021年，全区累计受理实体办税8.8万户次，线上办税138.5万户次，累计特服号接听电话2.45万个，接通率96.8%，服务8个微信群，服务咨询人次3.9万次。落实先进制造业企业留抵退税扩围、企业加计扣除比例提高等新政，高效落实制造业中小微企业缓缴税费措施，累计办理减免税费16.76亿元，其中办理出口退税3.22亿元、免抵调库0.62亿元、增值税留抵退税3.79亿元。4月，在“便民办税春风行动”中，组织开展“访百企、送政策、优服务、办实事”专项调研。通过点面结合、上下联动，组建6个工作团队。党委班子成员，分头带领调研组实地走访辖区内具有代表性的企业，通过调研走访和交流座谈，实行个性化的培训辅导。

【税收征管】 全面落实省税务局《江苏省进一步深化税收征管改革的实施方案》、“苏政50条”和市税务局税收征管实施方案，区税务局出台《深化税收征管改革实施方案》及“专业团队建设方案”等系列文件，初步构建起全区征管改革的大框架。坚持风险前置、业务统筹，及时有效开展数据安全风险排查和问题整改专项行动，对全区征管信息系统权限进行全面排查，根据反馈及最小化授权原则及时调整相关人员身份岗位。重点加强对日常征管和服务中发现疑点的监管，及时应对和化解风险，先后组织对42户成品油商贸企业、48户个人所得税股权转让企业、8户低开虚开机动车发票疑点企业开展专项应对。认真落实执法督察，严格按规定启动执法问责程序，依法对12名税务干部实施执法责任追究。着力加强平台经济和虚拟地址注册个体工商户管理，全面规范委托代征，集中清理11家乡镇街道、1家平台经济企业的代征资格，优化税邮合作，规范各代征点的日常运行。强调融入地方体系，出台土增税协同共治方案，先后开展税收优惠政策财政返还、成品油税收专项整治等活动。创新开发防空地下室易地建设费征管平台，为其他非税收入划转做好准备。

【税务系统队伍建设】 做好职级晋升以及股级干部消超工作。推进基层分局建设，提请区政府出台《关于税务基层分局（所）办公用房问题的会办纪要》。落实职务与职级并行工作的相关规定，分级分类开展谈心谈话，全局共有9名工作人员晋升职级。严格遵守时间节点，完成消化超职数配备干部的工作，消化9名超职数配备干部。大力实施干部培训计划，组织参加国家税务总局、省税务局、市税务局各类视频培训67期，受训人数2600余人次。采取“请进来”和“走出去”相结合、全员培训和小班化培训相结合、线上和线下培训相结合等多种培训方式，有效运用好“学习兴税”等平台，认真组织“岗位大练兵、业务大比武”活动，干部综合素质得到较大提升，2人被省税务局评为全省业务骨干，3人获市税务局二等奖表彰，6人获市税务局三等奖表彰。在社保和非税条线测试中，区税务局选派10人参赛，其中7人获得表彰，团队成绩排名居全市第一。在新入职干部执法资格考试中，通过率100%，1人得分排名全省第二。区税务局教育培训工作得到市税务局肯定，1人被市税务局表彰为教育培训先进个人。

（周毓弢）

行政审批

【机构及职能调整】 区行政审批局为区政府派出机构，正科级行政单位；下设政务服务中心和公共资源交易中心，均为副科级事业单位。12月31日，根据区编委文件，区行政审批局及区政务服务中心进行机构设置调整，将政策法规科职能并入办公室（财务室），将审批科调整为审批一科、审批二科，将政务服务中心网络问政科调整为代办帮办服务科，将政务服务中心综合科增加电子政务外网职能，调整为综合科（信息科）。调整后，区行政审批局有行政编制10名，实有11名，内设办公室（财务室、政策法规科）、行政审批制度改革科、审批一科、审批二科4个行政科室；区政务服务中心有事业编制18名，实有13名，内设综合科（信息科）、业务科、督查科、代办帮办服务科；区公共资源交易中心有事业编制6名，实有3名，内设市场科、政府采购科、招标控制价复审科。4月起，区行政审批局承接区发展和改革局、区经济和信息化局、区住房和城乡建设局、区市场监督管理局等部门市场准入、投资建设相关行政许可职责，其中区发展和改革局、区住房和城乡建设局的投资建设类审批事项达15个。

【投资建设审批】 2021年，区行政审批局共办理备案、核准项目117个，计划投资348.34亿元；施工许可85件，建设规模约213.83万平方米；竣工验收备案20件，备案面积约67.83万平方米；受理环评预审18个；许可人防项目。

【企业开办审批】 2021年，宿豫区印发《宿豫区企业开办“一件事”全流程办结实施方案》，明确各单位责任分工，设立企业开办“一件事”服务专区及专窗，将企业登记、刻章、税务、银行开户四个环节整合为一个环节，全面落实企业开办0.5个工作日办结。2021年，新设企业4685户，较上年同期增长46.4%，通过“一件事”模式办理达2000件。

【“放管服”改革】 2021年，宿豫区取消区级行政权力事项15项，承接省级下放行政权力事项13项。对承接市级赋予宿豫区的93项及向宿迁高新区赋予的104项审批事项回头看，建立赋权评估机制。构建“一窗接件、一次告知、一表申请、一次办结”模式，将15个部门31个窗口业务整合为7个综合接件和2个综合出件窗口进行集中办理。

（孙晓勇）

公共资源交易监管

【工程项目招投标】 实施“不见面”招投标，升级改造招投标平台。3月，建设工程不见面招投标平台全新上线，实现网上招标、网上投标、网上开评标、网上公示，全程招投标不见面，不见面率100%。2021年，进入该平台进行招标的项目145个，完成招投标交易的项目139个，交易预算金额2.97亿元，实际中标金额2.44亿元，节约资金5305.11万元，节约率17.88%。

【政府采购】 对进入公共资源交易中心交易的采购项目，原则上全部实行电子化交易，各采购单位在项目采购前及时办理CA证书及电子签章，在线签发中标、成交通知书，在线与中标、成交供应商签订采购合同；取消政府采购的投标保证金和履约保证金，降低采购成本。2021年，进入区政府采购平台进行交易的项目111个，年内完成交易项目108个，预算金额6673.54万元，签订采购金额5982.07万元，节约资金691.47万元，资金节约率为10.36%。

【招标控制价复审】 2021年，登记标前控制价复审项目1178个，完成评审1145个，送审金额39.2亿元，审定金额34.4亿元，节约财政资金4.8亿元，核减率12.2%。

（孙晓勇）

土地资源管理

【耕地保护】 严格遵守规划管控作用，推进耕地数量、质量、生态“三位一体”保护，将全区耕地保护纳入重点经济工作目标考核内容，层层落实耕地和永久基本农田保护制度，健全保护图表册、设立保护标识、建立保护数据库，开展永久基本农田补划工作，确保全区耕地保有量和基本农田数量不减少、质量不下降、用途不改变。2021年，全区耕地面积约57.74万亩（384.94平方千米），超出目标任务5.22万亩（34.8平方千米）。

【土地征转用】 6月17日，《宿迁市宿豫区2021-01号土地征收成片开发方案》获省自然资源厅首批通过，涉及10个片区8989.5亩（599.3万平方米），在全省通过的28个片区开发方案中，宿豫占比35.7%。全年，完成征地报批39批次，约11359.3亩（757.29万平方米），实现重大项目“应保尽保”。其中，工业用地挂牌出让19宗约1458.4亩（97.23万平方米），成交金额约1.28亿元；经营性建设用地挂牌出让570.98亩（38.07万平方米），成交金额35.5亿元。

【土地综合整治】 编制完成《宿豫区城乡建设用地增减挂钩专项规划（2021—2023年）》，该方案报省自然资源厅审查待批，涉及城乡建设用地增减拆旧复垦项目102个，拆旧复垦规模3753.2亩（250.21万平方米）。1月4日，新庄镇国土空间全域土地综合整治试点项目（国家级）获自然资源部批准；《江苏省宿迁市宿豫区新庄镇全域土地综合整治项目实施方案》通过初审，《〈江苏省宿迁市宿豫区新庄镇全域土地综合整治项目实施方案〉涉及永久基本农田调整方案》通过省自然资源厅批复，获批资金1.3亿元。年内，40个城乡建设用地增减挂钩项目通过市自然资源和规划局验收，新增农用地约3678.7亩（245.25万平方米）。完成区政府与市自然资源和规划局签约的2021年度增减挂钩节余指标收储协议，收储面积453.7亩（30.18万平方米），到账资金13611万元。

【土地节约集约利用】 2021年，宿豫区优化土地利用结构和布局，提高土地利用效率，先后开展存量建设用地盘活、批而未供和闲置土地专项清理，编制“宿豫区工业用地一张图”，贯彻落实“增存挂钩”机制，实化细化低效用地处置规定，建立低效用地退出机制。全年，完成批而未供土地处置32宗5377.3亩（358.49万平方米），清理低效闲置土地6232亩（415.47万平方米）。全区单位生产总值（GDP）建设用地占比下降至42.36米²/万元。

【土地资源监察】 2021年，宿豫区实施以事前事中监管为重点的全程监管，明确存量违法“全清零”、新增违法“零发生”的“双零”目标，将部级、省级下发的550个卫片图斑拆分为720个，逐一剖析问题根源，逐宗进行现场核查举证填报，完成率100%。6月23日，宿豫区政府召开“大棚房”问题“回头看”专题交办会，排查出5宗违规项目，7月31日前全面整治整改到位，顺利通过区级验收。

（张美慧）

审计监督

【概况】 2021年，宿豫区审计局围绕上级审计机关统一部署和区委、区政府中心工作，全年完成计划内审计项目24个，临时交办审计事项9个，移送案件线索6条。2021年12月，被区委区级机关工委表彰为2021年度区级机关“双创一争”工作群众满意机关；2022年2月，被区委、区政府表彰为2021年度财务管理工作先进单位，被市审计局授予2021年度县（区）审计局综合目标考核先进奖。2022年2月，王曙被市审计局评为“先进工作者”。

【财政审计】 财政预决算类审计。完成全区2020年度部门预算执行审计，现场核查区级部门一级预算单位13家；完成大兴镇财政决算审计；完成

2020年度财政同级审计工作。经济责任类审计。2021年11月，出台《宿豫区经济责任审计工作联席会议制度》，发挥经济责任审计工作联席会议职能，研究解决经济责任审计工作中出现的问题，确保经济责任审计工作有序开展。完成区市场监督管理局、区卫生健康局、张家港宿豫工业园区管理委员会、区行政审批局、区科学技术协会、大兴镇等6家单位7名领导的经济责任审计，查出决策管理、项目建设等方面违规问题34个，移送案件线索3条，提出审计建议15条，促进被审计单位出台管理制度4项。审计监督。完成宿迁裕丰产业投资发展管理集团有限公司、江苏邦丰道勤投资担保公司、宿迁市裕农农业发展集团有限公司、宿迁市宿豫区城镇建设开发有限公司、宿迁豫见旅游开发有限公司、宿迁豫润产业投资集团有限公司6家国有公司财务收支和运营管理情况审计，有效防范化解金融风险；在对大兴镇党委书记开展任期经济责任审计时，延伸完成自然资源资产审计项目1个，助力打好蓝天碧水净土保卫战。

【政府投资工程审计】 完成电子信息产业园生产区4和生产区5项目土建及安装工程决算审计，送审价1.32亿元，核减1618.29万元；对洪泽湖东路改造提升工程等11个重点工程实施跟踪审计，形成跟踪审计专报1期，获区主要领导签批；对政府投资工程竣工结算审计项目进行备案抽查复审，备案项目119个，复审项目6个；对全区开工建设项目进行动态审计监督，开工报备项目18个，动态监督4个项目。

【审计服务】 根据区委、区政府安排，抽调业务骨干，会同市自然资源和规划局宿豫分局、区财政局联合开展清障复核工作，完成华东农贸大市场周边区域、张家港宿豫工业园区污水处理厂改建项目、贺兰山河水系改造工程等8个项目地面附着物清障复核工作。抽调业务骨干加入区主要领导牵头组建的宿豫区农民资金互助社工作专班，对资金互助社设立以来的财务收支及管理运营情况进行审计。对社内债权开展穿透性审查，督促其申报遗漏债权，梳理并确认债权2.28亿元；对该社增资扩股情况进行专项调查，全面梳理损益、以资抵债、股权投入和分红等情况；移交审计线索3条，司法机关批准逮捕2人，区纪委、区监委留置1人，助力潜在金融风险化解。

【上级审计业务衔接】 响应上级审计机关“一盘棋”号召，选派王曙等多名业务骨干参与到上级审计机关相关工作；做好审计署、省审计厅和市审计局交办业务，包括中小学教育经费专项审计、地方隐性债务化解情况审计、税收征管审计等项目，融合开展网络安全和信息化建设审计。推进“金审三期”工程，抓牢审计信息化建设。

【国有资金投资审计创新】 9月，以区政府名义起草出台《关于实现国有资金投资建设项目审计监督全覆盖的意见》，实现国有资金投资建设项目审计“全区域覆盖、全流程监督”，促进建设项目规范管理，提高财政资金使用效益。探索将经济责任审计、财政财务收支审计、专项审计调查、国有企业审计和投资审计相结合，开展融合审计，构建政府投资建设项目审计监督新型工作机制。

（姜　潮）

市场监督管理

【市场监管执法】 2021年，累计出动执法人员7800余人次，检查各类经营主体3200余家次，查办各类案件359件。其中，张某某在食品中添加食品添加剂以外的化学物质和其他可能危害人体健康物质的食品案被表彰为长三角地区食品抽检监测核查处置“十佳案例”，“浙江飞天门业有限公司生产销售不合格钢质隔热防火门案”被表彰为2021江苏省民生领域案件查办“铁拳”行动典型案例。

【标准化建设】 2021年，全区获批国家、省、市级标准化试点项目各1个，其中国家级消费品标准化试点为全市首家。组织新亚强硅化学股份有限公司等6家单位申报2020年度市级产业发展引导资金（标准化建设）项目，涉及资金62万元。

【质量品牌建设】 按照高质量发展“六增六强”要求，以“工业强区”为抓手，坚持培育和申报两手抓，全区获评2020年度宿迁市市长质量奖企业1家，获评2020年度“宿迁精品”荣誉企业3家，获评2020年度江苏省质量信用AA级企业称号1家。

【民生项目建设】 高标准完成华东农业大市场快检室改造工程，建成面积约200平方米的快检室，快检常规项目达70余项，日均检测量可达300批次以上，实现源头监控。依托“阳光直采”APP平台，实现监管部门与学校、养老院、餐饮企业、食材集中配送单位等之间信息的互通互联。

【改革创新】 探索食品安全智慧化监管模式。建立并运营宿豫区食品安全智慧监管平台，利用大数据分析技术，实现智能化、可视化、靶向性管理。平台上线运营后，初期同类食品抽检合格率达99.1%，比2020年同期上升0.7个百分点。探索市场主体强制退出机制。对列入经营异常的市场主体采取有效规范一批、引导注销一批、强制退出一批处理方式，着力破解企业退出难“顽疾”。全年采取“双随机、一公开”方式共排查市场主体283户，其中规范经营40户，引导注销32户，剔除不符合吊销条件99户，启动立案程序112户。

（王　楠）

信用体系建设

【概况】 2021年，区信用办紧紧围绕打造全国文明诚信高地工作总要求，站位全局，统筹推进，打造最有感受度的信用城市。夯实信用建设基础，强化公共信用数据归集。2021年9月，全面实施应用省市一体化归集平台，全年共归集数据3.19万条。聚焦“双公示”指标三个100%要求，持续落实“双公示”工作，共归集数据信息2.47万条，同比增长270.55%。推进政务诚信建设，建立完善各领域诚信机制。排查401家政府机构信用情况，化解涉政府机构失信案件2起，化解金额2063.5万元。在省级政务诚信建设专项测评中，得分位居全市第一。贯彻落实国家失信约束措施清理规范相关文件精神，在全区开展涉失信行为认定、记录、归集、共享、公开、惩戒等失信约束措施清理规范工作。举办《宿迁市社会信用条例》暨信用体系建设政策宣讲培训会、《政务诚信建设和公务员诚信履职》培训会等宣传教育活动4次。举办“珍爱信用记录 享受美好生活”“诚实守信 一路畅行”等诚信主题活动，全方位提高群众诚信意识。推动信用建设各成员单位立足各自领域开展信用创新。区市场监督管理局利用信用分级分类监管，创新市场主体退出机制；区财政局创新建立政府采购投诉预防调解制度；区城市管理局推出“信用+城管”管理模式。

2021年宿豫区信用管理贯标、市级信用示范企业创建情况一览表

表14

序号	企业名称	类型
1	江苏省恒通市政建设有限公司	信用管理贯标企业
2	江苏政泰建筑设计集团有限公司	信用管理贯标企业
3	江苏联旺信息科技有限公司	信用管理贯标企业
4	宿迁江山大酒店有限公司	信用管理贯标企业
5	宿迁逸达新材料有限公司	信用管理贯标企业
6	江苏永飞物业管理有限公司	信用管理贯标企业
7	江苏三元轮胎有限公司	市级信用示范企业
8	江苏建友工程机械有限公司	市级信用示范企业

【企业诚信建设】 在全区开展信用管理贯标和示范创建，加强对企业的信用建设引导，增强企业风险防范能力。组织6家企业申报信用管理贯标企业，组织2家企业申报市级信用示范企业。举办信用修复培训班，为信用“问题企业”提供救济途径，引导、鼓励失信主体纠正失信行为、履行法定责任和义务。

（田春艳）

营商环境建设

【概况】 2021年，全区上下严格按照省市关于优化营商环境部署要求，以争创全省最优营商环境区为目标，聚焦市场主体需求，围绕企业生命周期，出台《宿豫区2021年优化企业全生命周期营商环境建设工作要点》《优化营商环境“五心”服务承诺清单“90条”》等文件，细化任务分解，逐项推进落实，着力解决企业发展过程中存在的痛点、堵点和难点问题，推动企业全生命周期营商环境优化。

扎实推进营商环境评价工作，牵头做好开办企业工作，企业开办耗时及便利度不断提升，统筹推进“双随机、一公开”检查工作，及时督促各单位及时上传行政处罚、行政许可等信息。年内，宿豫区证照联办成员单位共上传行政处罚信息909条，其中对外公示881条，信用修复28条，公示率100%。

【行政服务“一窗集成改革”】 区行政审批局深化“一窗”集成改革，推行“一窗集成”受理，办理环节、申报材料、办理时限分别压缩54.9%、53.2%、70%以上。区人民法院创新纠纷解决机制，成立“涉企纠纷调解工作室”，开展涉企解纷诉前调解工作，调解、审结涉企纠纷案件326件；设立法律体检中心，深入企业开展法律体检服务，帮助企业防范化解法律风险。区住房和城乡建设局通过部门联动、预审代办、容缺办理、先证后核、线上联动+线下预审等创新举措，三元轮胎、正大食业等项目实现一窗办结，一窗出件，多证齐发。区税务局上线纳税信用预警提醒服务推送功能，为纳税人精准画像、精确推送纳税信用预警提醒信息，全区1.2万户企业全部列入信用预警范围，推送预警信息2.6万条、修复0.6万户。区财政局开展金融助企行动，搭建全区综合金融服务平台，实现银企线上对接，融资服务线上办理，帮助企业实现融资21.33亿元，线上融资对接率达74%。区自然资源和规划分局实行不动产登记“一窗受理集成服务”，优化办理程序，缩短办结时限，实现查询、查封登记当场办结，新建商品房、二手房交易登记即时办结，全过程零收费。

（欧玉华）

农　业

综　述

种植业

蚕桑业

畜牧业

水产业

农产品质量监管

动植物检验检疫

农业商务

农业产业开发

农业综合行政执法

农业机械化

宿豫年鉴

2022　SUYU YEARBOOK

综 述

2021年，全区农业工作以“四化”同步集成改革示范区建设为统揽，聚焦“四个宿豫”建设，深入推进各项工作取得明显成效。产业发展迈上新台阶。引建农业重大项目24个，完成固定资产投资22.57亿元。累计建成高标准农田44.17万亩，占比81%，全市第一；粮食种植面积85.98万亩、总产4.2亿千克；新培育国家级和省级农业龙头企业各1家，益客集团实现上市；绿色优质农产品比重达到85.53%，全市第一；举办2021“苏韵乡情”乡村休闲旅游农业（宿迁）专场推介活动，京东（宿迁）全国乡村振兴示范基地、乡村振兴学堂落户宿豫区，宿北大战遗址公园、袁家村一期、葡萄小镇等项目建成。宿豫区入选第三批“国家农产品质量安全县”创建单位；“江苏苏系肉鸡产业集群”被农业农村部、财政部批准为2021年优势特色产业集群，大兴镇入选全国农业产业强镇创建名单；宿豫区获评全省农村人居环境整治评估第一等次、2021年省政府督查激励；区政府扶贫办被省委、省政府表彰为“全省脱贫攻坚暨对口帮扶支援合作先进集体”；区农业农村局被省农业农村厅评为“农村产权交易先进单位”，被市委农办、市农业农村局、市乡村振兴局评为“2021年度全市农业农村系统先进单位”，连续三年被区委、区政府评为“区直部门绩效考核先进单位”等荣誉。

（沈 瑶）

种植业

【粮食生产】 2021年，宿豫区粮食再获丰收，全年小麦种植面积37.89万亩，单产395.6千克/亩，总产14.99万吨；水稻种植面积44.69万亩，其中籼稻39.99万亩、粳稻4.70万亩，水稻单产584千克/亩，总产26.09万吨；玉米种植面积0.66万亩，豆类种植面积1.74万亩，薯类种植面积0.09万亩。宿豫区粮食单产保持8年全市第一，播种面积达85.07万亩，因实施粮油轮作0.91万亩，粮食种植面积比2020年85.11万亩减少450亩，减幅0.05%。全年，累计建成5000亩以上水稻绿色高质高效示范片2个，即位于来龙镇左庄村5105亩和新庄镇陈墩村5008亩等水稻示范片；建成1000亩以上水稻绿色高质高效示范方5个，分别位于来龙镇高圩村1100亩、来龙镇陵园村1300亩、大兴镇吉庆社区1300亩、来龙镇保安社区3070亩、陆集街道利民社区1372亩等水稻示范方。累计投资177.6万元。

（赵 婕）

【果蔬生产】 2021年，全区果蔬复种总面积达28.76万亩，总产值近10亿元左右，其中设施蔬菜面积4.6万亩、水生蔬菜面积4.45万亩，全区果蔬总产量48.6万吨。设施蔬菜生产分布，丁嘴镇“永久”菜篮子工程占地1.41万亩，其中金针菜基地0.62万亩、香菇基地0.02万亩；顺河街道茄果基地占地0.2万亩；曹集、大兴镇设施蔬菜基地占地0.25万亩；新庄、侍岭镇草莓基地占地0.28万亩；陆集镇芦蒿基地占地0.4万亩；大兴镇瓜蒌基地占地1.23万亩，葡萄基地占地0.2万亩；关庙猕猴桃基地占地0.23万亩。浅水藕基地分布，仰化镇浅水藕占地2.6万亩，陆集浅水藕占地0.45万亩，新庄镇浅水藕占地1.5万亩等。截至2021年年底，全区共有6个果蔬产品通过国家地理标志认证，即陆集芦蒿、仰化莲藕、新庄莲藕、顺河早酥梨以及大兴瓜蒌和金针菜，获批绿色果蔬品种19个，产地认定面积达6.82万亩。

（梁万和）

【农作物病虫草害与防治】 2021年，宿豫区农作物病虫草鼠害发生面积共373.06万亩次，防治面积841.33万亩次。全区农用药使用量406.8吨，较2020年下降了1.26%。病虫害中等偏重至重发生，发生程度总体与往年持平。其中小麦病虫害中等偏重至重发生，小麦赤霉病发生程度较2020年重；水稻病虫害中等至偏重发生，纹枯病偏重发生，稻曲病中等发生，螟虫中等发生，“两迁害虫”中等至偏重发生。开展小麦和水稻病虫草害、重大检疫性病虫、草地贪夜蛾、蝗虫和田间鼠害系统监测1063次，病虫汇报360余次，及时发布《小麦穗期病虫害发生趋势与防治技术》和《水稻中后期病虫害发生趋势及防治技术》等植保信息20期，实现全区专业化统防统治覆盖率61.12%，绿

圣女果种植 （孙东城 供图）

色防控产品使用面积占比80.68%，主要农作物病虫害绿色防控覆盖率达到56.04%，粮食生产病虫害损失率总体控制在5%以内。

（孙学磊）

【农田灌溉】 实施来龙灌区续建配套与现代化改造项目，整治渠道3条23千米、排（灌）沟2条9千米，建设配套建筑物71座；实施嶂山泵站更新改造项目，拆除嶂山泵站北、东机房，安装水泵5台，设计流量15.56米³/秒。

（冯承东）

【耕地质量保护】 2021年，宿豫区建成来龙镇、大兴镇、关庙镇和仰化镇4个省级耕地质量提升与化肥减量增效示范区，示范面积1091亩，推广商品有机肥62万千克，推广有机无机复混肥5.68万千克吨。在仰化镇和大兴镇建设市级耕地质量提升与化肥减量增效示范区1个，示范面积800亩，推广水稻专用缓释肥料2.73万千克吨。全区主要农作物测土配方施肥技术覆盖率达到90.6%，肥料利用率达到40.3%，化肥使用量（折纯）较2020年减少15.9万千克，削减率达0.603%。全区耕地进行周期性采土检测150个，完成指标检测1380项次。在仰化、大兴和来龙完成水稻不同施肥方式肥效试验、侧深施肥不同缓释肥料用量试验、有机肥替代化肥试验、有机无机复混肥试验等共计9个。全区开展36个耕地质量监测点例行监测工作，其中含国家级监测点1个、省级监测点5个、市级监测点12个、县级监测点18个，形成省市县1∶2∶3耕地质量监测网络。先后完成耕地质量变更调查83个点位例行监测及耕地质量评价，32个农产品产地土壤环境监测点例行监测，270个畜禽规模养殖场土壤环境质量监测点监测，6个土壤墒情监测点例行监测及墒情动态发布工作。年内，宿豫区农业支持保护补贴（耕地地力保护）补贴户数82944户，应享受补贴面积50.69万亩，按每亩120元标准计算，补贴总金额为6082.45万元。

（李跃飞　吕舟州）

【高素质农民培训】 2021年，宿豫区开展不同形式的高素质农民培训13期，累计培训高素质农民2057人，组织专家40余人次，推广20多项农业新技术，发放各类农民培训技术资料3000多份，开展农民党史教育专题培训8场次，受众达1600余人，为发展现代农业提供人才支撑。

（靳辉勇）

蚕桑业

【概况】 2021年，宿豫区桑园种植面积达1201亩，蚕桑产业总产值700万元左右。其中，果桑、茶桑100亩，饲料桑550亩，用于养蚕桑园551亩。全区桑园主要分布在仰化、大兴、陆集和来龙4个乡镇。全年培育高标准蚕桑示范基地1个，即涧河社区特色农业培育基地，基地示范面积300亩，全部推广省力化大棚养蚕技术、大蚕条桑地面育技术和方格蔟自动上蔟营茧技术。举办专题技术培训班2期，组织外出学习观摩2次，生产季节零散现场培训30期，累计培训蚕农800人次，发放各类实用技术资料1000余份。

【蚕茧饲养】 2021年，宿豫区春蚕发种时间为5月2日，主要品种为钟晔×苏豪（抗）；晚秋蚕发种时间为9月4日，主要品种为华康3号，全部为宿迁蚕种场生产的优质蚕品种。全年全区养蚕1368张，生产蚕茧5.53万千克，蚕茧总产值311.8万元。生产方面，春蚕每张蚕均产45千克，与上年基本持平；晚秋每张蚕均产35千克，受飞防影响，同比上年略有下降。蚕茧收购方面，全年蚕茧收购均价每千克54.9元，同比上年每千克30.2元增加24.7元，增幅达82%。其中，春季收购均价每千克58.32元，同比上年34.84元上升23.48元；秋季收购均价每千克为49.32元，同比上年35.98元上升13.34元。全年蚕农养蚕效益增加明显，全区每张蚕平均产值2220元，同比上年张蚕增收700元，每亩桑地均产值超7000元，同比上年增收1800元以上。

【新型经营主体培育】 2021年，宿豫区以蚕桑科技示范主体培育补助项目为依托，培育新型经营主体200户，其中仰化镇120户、大兴镇80户。年饲养量达150张以上的规模化养蚕大户1户，位于仰化镇涧河社区七组唐小菊，年养蚕155张，产值24.17万元。通过集中招标采购为200户示范主体发放优质复合肥料2万千克，安装农技耘APP，为重点户发放消毒撒粉机、方格蔟等新型养蚕用设备，提高蚕桑产业养蚕科技含量和技术装备水平。

（王路成）

村民在采摘蚕茧　　（刘丽芳　供图）

畜牧业

【概况】 2021年6月，启动正大中央厨房项目建设，投资3.5亿元，建设标准化厂房1.03万平方米，引进国际先进的全自动食品加工生产线，运用世界领先的食品加工技术，生产便当、寿司小食、蔬菜饼、水煮包等产品。全区百亿级肉鸡产业链日趋成熟，形成从饲料加工、种鸡饲养、苗鸡孵化、肉鸡养殖、病死鸡无害化处理、屠宰分割、熟食加工、有机肥生产为一体的产业化体系，并带动物流配送、冷藏、运输等相关产业的发展。全区年生产肉禽饲料2亿千克，屠宰肉鸡1.2亿羽，熟食加工0.75亿千克，存栏种鸡50余万套，孵化白羽苗鸡6000万羽。

【畜禽养殖】 全区存栏生猪12.51万头，出栏生猪14.28万头；牛存栏0.39万头，出栏0.19万头；羊存栏0.78万只，出栏1.23万只；蛋禽存栏81.93万羽，出栏肉鸡8470.57万羽。全区县级以上畜禽规模养殖场528个，畜禽污染治理配套设施配套率100%，验收达标率100%。

（李崎川）

水产业

【概况】 2021年，宿豫区共争取省级支付转移项目2个，扶持资金8万元，用于支持渔业病害防治和水产种质资源普查补助等。通过项目实施、技术培训等形式推广稻（藕）田套养小龙虾、甲鱼养殖技术，扩大特种水产品养殖。深入乡镇塘口宣传水产品质量安全和池塘尾水达标排放等，发放用药明白纸和池塘尾水排放标准等宣传资料，指导养殖户科学治理池塘尾水。完成辖区内水产养殖现状普查，做好养殖主体、具体地点、养殖品种、苗种来源、面积产量等信息登记。截至年底，全区池塘养殖面积达1.64万亩，水产品生产总量达0.14亿千克，渔业经济总产值达3.52亿元。

（陈 建）

【渔政监督】 2021年，宿豫区组织开展“内陆重点水域专项执法行动”和“打击电鱼活动专项执法行动”，开展水陆巡回检查220余次，加强京杭大运河、六塘河、二干渠等易发、高发水域非法捕捞行为执法检查。在渔业违法捕捞的高发时段，实施蹲守、驻守检查，开展突击行动，出动渔政快艇和执法车辆，实行高频巡查。重点打击“电毒炸”、无证捕捞等违法违规行为，清理取缔涉渔“三无”船舶、“绝户网”等违规网具。开展跨部门、跨区域联合执法3次，突出重点对象和重点区域的执法监管，强化交界水域禁渔共管共治，严厉打击涉渔非法犯罪行为，提高执法威慑。全年累计出动人员420余次，出动车辆180余次、执法快艇20余次，立案查处违法违规案件17件，没收非法捕捞工具20件，清理拆除地龙1000余米。开展水产养殖用投入品规范使用整治专项执法行动，共检查水产品生产经营单位160余户，立案查处水产品质量安全案件1件，确保产地监督抽检不合格案件查处率达100%。

（王秀春）

农产品质量监管

【农产品质量安全监测】 2021年，宿豫区持续开展区级农畜产品风险监测及监督抽查工作，蔬菜样品做甲胺磷、乙酰甲胺磷等40种农药残留定量检测，畜产品做盐酸克仑特罗、沙丁胺醇、莱克多巴胺等13种兽药残留定量检测。全年，共定量抽检农畜产品734样次，其中例行监测抽检300个，合格率99%；专项风险监测抽检240个，合格率100%；开展监督抽查检测样品194份，出具监督抽查检测报告194份，印发《农产品质量安全监测通报》27期。开展区级快速定性检测蔬菜类样品4033份，畜产品瘦肉精快速检测样品4101份，合格率100%；指导各乡镇监管站开展蔬菜产品快速定性检测5.76万样次，合格率100%。

（卞 军）

【绿色优质农产品建设】 2021年，宿豫区新增绿色食品认证23个，绿色食品续展36个；批准创建省级绿色优质农产品基地（建设期）3个，扶持打造“五有”绿色食品企业29家。截至2021年年底，全区共获证绿色食品139个、地理标志农产品6个，认定全国绿色食品标准化生产基地40万亩，绿色优质农产品比重达85.53%，全市排名持续首位。

（卞 军）

【水产品质量安全】 2021年，宿豫区水产、渔政人员多次深入塘口开展水产品安全执法与宣传活动，查看养殖三项记录，发放宣传资料，签订水产品安全生产责任书等，扎实开展水产品质量安全和安全生产宣传工作。对宿豫区主要养殖品种进行抽检，重点检测禁用渔药残留和苗种的重大疫病

来龙镇水蛭养殖户为水蛭消毒 （王四海 供图）

情况,全年共抽检水产品样品68个批次,合格率98.5%。

(陈　建)

【规模主体入网监管】2021年,宿豫区大力实施“十万规模主体入网监管行动”,全面落实农产品规模主体入网监管行动,全区入网注册生产主体达1028家,打印溯源标签200.47万张。组织实施“治违禁 控药残 促提升”三年行动,推动重点品种治理“两摸清、两落实、两到位”(底数摸清、问题根源摸清,工作任务落实、管控措施落实,监管工作到位,执法到位),全年出动执法人员850人次,共查处农产品质量安全违法案件15起,均已结案,查办率100%。

(费绍彦)

动植物检验检疫

【动物疫病防控】2021年,宿豫区建立健全区、乡(镇)、村三级动物防疫体系,落实防疫一对一责任制,全面打好“非洲猪瘟”防控攻坚战,全年未发生一起区域性重大动物疫情。全区春秋防共免疫生猪21.6万头次、免疫家禽869.4万羽次、免疫牛羊2.43万头次,O型口蹄疫、高致病性禽流感、猪瘟、高致病性猪蓝耳病群体免疫密度达到100%。常态化开展畜禽规模场免疫抗体监测,完成检测禽样品5100份,猪、牛、羊样品4216份,畜禽免疫抗体合格率达70%以上。

(丁后超)

【动物检疫】2021年,累计产地检疫生猪14.28万头、牛0.19万头,羊1.23万只,家禽8470.57万羽,屠宰检疫生猪4.95万头、禽产品3.2亿千克。实施生猪尿液样品抽样快速筛查4887份,牛、羊尿液样品抽样快速筛查119份,“瘦肉精”监督检测实现全覆盖。从畜禽定点屠宰厂、规模养殖场抽样送检猪肉样品54份、猪肝样品54份、鸡肉样品72份、鸡蛋样品160份、饲料样品6批次,检测合格率100%,有效保障畜禽产品质量安全。全年养殖环节病死猪无害化处理数量1.95万头,家禽197.98万羽;屠宰环节无害化处理病死猪173头,病死畜禽无害化处理率100%。

(黄侣荣)

【植物检疫】2021年,宿豫区累计受理产地检疫申请2批次,制种面积1000亩,总产量40万千克,开具植物产地检疫合格证2批次,开具调运检疫证书11批次。集中开展春播和秋播种子植物检疫证书检查,累计出动检疫人员5批次,检查门店26家,种子检疫证书带证率100%。组织开展植物检疫宣传月活动,培训人员124人次,发放《农田加拿大一枝黄花生物学特性与防控技术》《水稻细菌性条斑病综合防控技术》等宣传资料1万余份。

(孙学磊)

农业商务

【农业招商引资】2021年,宿豫区共招引农业项目41个,协议总投资63.91亿

资料拓展

农业重大项目简介

京东农业科技示范园　项目位于新庄镇省道S324以北、新大线以东区域,占地面积48.8万平方米(732亩),总投资约2亿元。规划建设智慧农业展示区(电子商务中心)、智能化果蔬生产示范区、果蔬种苗繁育区、观光休闲采摘区、日光温室生产区和果蔬分拣加工区六大主功能区,建设智能化玻璃温室4万平方米、连栋薄膜温室7万平方米、日光温室9万平方米、生产配套1.1万平方米、生活配套0.55万平方米。年内该项目温室大棚启动建设,正进行骨架安装。

宿豫区畜禽养殖废弃物资源化利用中心　项目位于来龙镇保安社区(宿迁市谷浪多肥业有限公司原址),占地面积约4万平方米(60亩),现有厂房和办公楼约2万平方米。项目一期计划投资7000万元,建成后每年可处理6亿千克畜禽粪污,产出2亿千克生物有机肥,从根本上解决全区畜禽粪污污染问题。年内,完成对原厂址的拍卖回收和项目备案工作,处于厂房改造和设备考察阶段。

裕农仰化智慧养殖场　项目计划总投资2.7亿元,总占地面积约36.67万平方米(550亩),由宿豫裕农公司与正大食品(宿迁)有限公司联手共建,共分二期建设。其中,一期项目位于大兴镇吉庆社区,占地面积18.93万平方米(284亩),建设标准化鸡舍32栋,投资约1.2亿元,于2021年4月启动建设,预计2022年2月建成交付使用;二期项目位于仰化镇保祥村,投资约1.5亿元,完成部分主体工程,预计2022年8月底前竣工并交付使用。项目全部建成后,年可出栏优质白羽肉鸡1400万羽,带动用工约100人,年产值可达3.2亿元,将为进一步提升全区肉鸡产能,做大做强百亿级精深加工型肉禽产业提供更加坚实的基础保障。

葡萄产业园示范区项目　项目位于大兴镇六塘河社区,占地23.33万平方米(350亩),一期建设连栋温室9万平方米,玻璃温室4000平方米,配套建设“印象六塘—藤蔓世界”展馆、葡萄科技种植展馆、农耕体验展馆和分拣、保鲜、管理用房等。年内该项目基本完工,2022年将交由第三方运营主体种植。

(陆安利)

元。其中,现代种养类项目29个,占比70.7%;农产品加工类项目10个,占比24.4%;农业服务类项目2个,占比4.9%。投资额超亿元项目23个,占比56.1%。

(姚 乾)

【"一村一品一店"】 2021年,宿豫区"一村一品一店"标准村达标率95%,其中经营农产品类达标率68%。线上销售额达29.5亿元,完成区目标任务(28亿元)的105.3%,农产品网络销售额14.8亿元,完成区目标任务(13亿元)的113.8%。根据全省"互联网+"农产品出村进城工程建设要求,开展农产品电子商务培训人数150人,帮扶带动周边的农业经营主体和小农户发展电商新业态,助力乡村振兴发展和农民就业增收。先后组织企业参加中国宿迁绿色洽谈会、"骑行宿迁 看美丽农路"新庄农产品展销会、"苏韵乡情"来龙农产品展销会、"京东京喜"宿迁项目对接会,聚焦产业带,助力宿迁农特产品上行。

(刘继乐)

农业产业开发

【生态高效农业项目建设】 2021年,宿豫区新竣工市级生态高效农业重大项目17个,共完成投资12.79亿元,建成面积1.12万亩。其中,新建成大兴镇裕农公司葡萄示范园、大兴镇硕之丰葡萄种植家庭农场、顺河街道品轩葡萄产业园、陆集街道民惠芦蒿基地、曹集乡七彩农园家庭农场、曹集乡伍员里香菇基地、新庄镇花药间彩色苗木基地7个设施种植基地项目;新建来龙镇牧原生猪产业化基地(全市首家多层楼养项目)、裕农大兴智慧养殖场、大兴镇立华牧业标准化猪场、大兴镇江苏采麦生态养殖场、大兴镇生宝生态养殖场、仰化镇正大智慧养殖场、关庙镇航宇农牧7个现代化畜禽养殖项目。新增正大饲料(宿迁)有限公司、江苏益汇宠物用品科技有限公司、宿迁市春朝禽业禽蛋生产与分拣加工项目3个农产品加工项目。

(吕宏生)

【高标准农田建设】 2021年,宿豫区续建高标准农田项目3.2万亩,其中发展高效节水灌溉1320亩,总投资5825万元。项目分别是来龙镇高标准农田1.4万亩、大兴镇高标准农田6000亩、新庄镇高标准农田建设零散地治理项目1000亩(均为高效节水灌溉)、陆集街道高标准农田3000亩(其中高效节水灌溉面积320亩)、关庙镇高标准农田8000亩,该批项目于5月底全面完工,并高质量通过省、市级验收。新建高标准农田项目5万亩,其中发展高效节水灌溉面积3000亩,总投资8750万元。项目分别是来龙镇高标准农田1.2万亩、关庙镇高标准农田1.7万亩、曹集乡高标准农田1.2万亩(其中高效节水灌溉1900亩)、仰化镇高标准农田6000亩、新庄镇高标准农田3000亩(其中高效节水灌溉1100亩),年内已完成工程量的60%。新规划建设高标准农田32850亩,其中发展高效节水灌溉面积1500万亩,预计总投资10005万元。项目分别为来龙镇高标准农田16450亩,大兴镇高标准农田6800亩,陆集街道高标准农田2200亩,关庙镇高标准农田6000亩(其中高效节水灌溉1500亩),新庄镇高标准农田1400亩。年内,已完成以上项目初步设计编制工作。2022年3月,宿豫区被省农业农村厅通报表扬为2021年全省高标准农田建设成效显著单位。

(卜 凡)

【农技推广应用】 2021年,宿豫区在更高效、更实用、更新模式上谋划科技支农、强农富农工作,构建农业产业技术支撑体系和农技推广服务体系,提升农业装备水平,促进农业转型升级和农民增收致富。全年,培育稻麦、蚕桑科技示范户600户,建设草莓、稻虾科技示范基地2个,示范推广水稻机插绿色高质高效栽培、小麦优质高产高效绿色栽培、草莓超高垄立体种植、水肥一体化、稻田高效生态综合种养模式等多项农业生产新技术。推进数字农业基地建设,加快发展智慧农业,新建农业物联网技术应用示范基地5个。加强与省农业物联网管理服务平台对接,接入省平台的物联网应用主体72个,强化数据采集监测、数据挖掘分析和智能决策调控,实现与省级管理平台数据共享。

(郑志军)

【龙头企业和产业化联合体培育】 2021年,宿豫区坚持产业链发展为主导,重点围绕优质籼米、精深加工型肉禽、标准化果蔬等优势产业,把培育企业作为第一工程,实施企业梯度培育行动,形成"龙头企业拉动、骨干企业稳产、小微企业提档"格局。开展国家级龙头企业和省级龙头企业动态监测及认定工作。江苏锦家农业发展有限公司被农业农村部认定为国家级龙头企业,宿迁市宿豫区粮食购销公司被省农业农村厅认定为省级龙头企业。大兴镇入选全国农业产业强镇创建名单。

(甘凤东 王乐天)

【农民专业合作社和家庭农场】 2021年,宿豫区新增省级示范家庭农场2个、市级示范家庭农场26个、区级示范家庭农场145个;列入省级农民合作社示范社监测的合作社达15个,合格率达100%,创建"三社共建"示范村4个。开展小农户社会化服务项目,探索果蔬特色主导产业、稻麦种植等生产托管服务,支持农业生产托管服务关键环节和薄弱环节,促进形成稳定活跃的农业生产托管服务市场,培育壮大农业生产托管服务组织。全年,争取财政补助资金250万元,任务面积2.5万亩,实施项目3个,完成面积2.5万亩,服务小农户744户1926次,服务小农户面积8468亩。

【休闲农业打造】 8月,宿豫区来龙蝴蝶兰主题创意园获评省级主题创意农园;同月,杉荷园景区获评省级农耕实践基地;同月,荷林莲藕基地获评省级康美基地;10月,举办2021"苏韵乡情"乡村休闲旅游(宿迁)专场推介暨

蝴蝶兰基地　　　　（宿豫发布　供图）

京东（宿迁）全国乡村振兴示范基地启动仪式。

（甘凤东　王乐天　周措）

农业综合行政执法

【农业法律培训】 2021年，开展全区农资生产经营经者、畜禽养殖者等法律法规培训。讲解涉及农牧业方面的法律法规，告知严禁生产、经营、使用国家明令禁止的农兽药等行为，做好购销登记台账，做好销售出去商品技术指导。全年开办培训班2期，参加培训人员300余人次。

【农业执法监管】 2021年，宿豫区农业综合行政执法大队与全区生产经营者签订《宿豫区2021年生产、经营者承诺书》，督促他们依法依规生产、经营。对重点监管对象进行法律法规宣传、教育培训，指导其建立健全各项自律制度，督促其诚实守信依法从事生产、经营活动。采取例行检查为主，在适当时机，有重点、有针对性地开展专项执法检查。全年出动执法人员2200余人次，立案查处各类违法违规案件57起，清理整顿各类农资市场36余次，检查农资门市991余家次，抽检种子样品37份、肥料样品15份、饲料样品11份、农药样品55份、兽药样品13份，发放宣传材料6000余份。

（王　勇）

【农业行政审批】 2021年，宿豫区共审批办理各类行政许可87025件。其中，动物防疫条件合格证18件、兽药经营许可证8件、农药经营许可证8件，动物诊疗许可证1件，种畜禽生产经营许可证2件、农作物种子生产经营备案212件、拖拉机和联合收割机登记证书392件，拖拉机和联合收割机行驶证392件，拖拉机和联合收割机驾驶证723件、登记备案1134件、农机报废163件、动物及动物产品检疫证83972件。

【农业“放管服”改革】 2021年，宿豫区持续深化农业农村领域“放管服”改革，纵深推进“一件事”集成服务。通过部门联动，当场领取营业执照和兽药经营许可证，实现多部门证照优化为“一件事一次办”，发放全省首张跨层级跨部门联办《兽药经营许可证》。该创新做法被“江苏政务服务管理办公室网站”、“速新闻”、《宿迁日报》等新闻媒体报道。

（孙艳群　张　巍　南方利）

农业机械化

【概况】 2021年，宿豫区农机具保有量2.64万台（套），其中大中型拖拉机1260台、谷物联合收割机2280台、无人植保机182台、粮食烘干机280台、乘坐式插秧机298余台，农机总动力达到66.98万千瓦，稻麦耕种收机械化水平达到94%。组织农机职业技能培训4期，受训人数达230人，培训高素质农民（农机）人员80人。

【秸秆还田】 2021年，宿豫区坚持以“麦秸秆还田全覆盖，适度推广稻秸秆犁耕深翻还田”原则推进秸秆机械化还田工作。完成夏季秸秆机械化还田42.89万亩，秋季犁耕深翻还田1.48万亩。全区有98个农机合作组织和9个农机大户参与秸秆还田作业，共投入大中型拖拉机配套秸秆还田机具1000余台套，兑付秸秆机械化还田补助资金1115.67万元。

【农机安全监理】 2021年，宿豫区开展农机安全检查215批次，投入农机安全检查人员785人次，检查农机生产经营主体36家，检查拖拉机、联合收割机965台次，排查一般安全隐患105条，整改105条，整改率100%。免费实地检验大中拖649台，联合收割机1134台。注册登记大中拖173台，联合收割机392台。培训农机驾驶人18期，723人次，发放农机驾驶操作证723本，农机三率水平达96.4%。开展农机安全宣教、专题培训活动15场次，受教育农机驾驶员和群众8500多人次。报废更新联合收割机163台，农户享受报废补贴资金合计188.6万元。免费发放农机跨区作业证865张。全年未发生一例重特大道路外农机安全生产事故，发生农机事故率为零。

【农机补贴】 2021年，宿豫区结算兑付农机购置补贴资金2010.98万元，推广100马力以上大型拖拉机112台、高性能联合收割机292台、粮食烘干机17台、水稻插秧机103台，各种配套农机具1000多台（套），按人口或土地面积比在全市领先。

（刘　钧　胡洪志　南方利）

工业　建筑业

工业综述

新材料产业

装备制造业

食品饮料产业

其他工业产业

上市发展

实体经济服务

重点企业简介

建筑业

宿豫年鉴

2022 SUYU YEARBOOK

工业综述

宿豫区贯彻落实市委、市政府《关于加快重点产业链培育推动产业集群集聚发展的意见》精神，根据全市重点产业链培育工作推进会议明确的系统化研究、清单化管理、常态化推进和全链条服务、全过程帮办、全方位推进要求，重点围绕产业链培育，推进全区工业企业向上向好发展。2021年，加强产业链培育工作组织推进，强化运行监测，推进重大项目建设，大力培育重点企业。全区重点产业链企业实现产值468.54亿元，同比增长23.85%。发挥重点地区作用，加大产业链招商力度，配合市各产业链牵头单位举办专题招商活动，全年引进投资超亿元项目35个，完成比例194.44%。加快推进16个产业链列市重大项目建设，年内完成投资127.5亿元。推动31个设备投资超千万元技术改造项目建设，年内完成投资17.3亿元。

列为全市千百亿级产业培育行列的特种钢铁、橡胶制品、光伏玻璃、新材料、化工及肥料、肉鸡养殖及加工为代表的六大产业均实现增长，完成市定目标任务，总量稳居全市第三。其中，新材料产业企业实现产值占全市新材料产业37.67%，排名全市第一。全市工业企业50强中宿豫区占据8席、工业税收总额前50名企业占据9席、利润总额前50名企业均占12席。

全区列市重大项目44个，共计完成投资228亿元。其中，宿豫趣园食品产业园完成投资10亿元，总建筑面积20万平方米，新建厂房及配套设施，主要生产休闲食品、功能性饮料；宿豫三元轮胎二期完成投资30亿元，总建筑面积25万平方米，引进国内外先进的全钢子午胎生产技术及设备，年产320万套全钢子午线轮胎。

（孙建华）

2021年，全区共有列入统计的规模以上工业企业232户，实现工业开票销售492.33亿元，同比增长25.6%；实现工业总产值441.53亿元，同比增长20.7%；实现工业入库税收14.61亿元，同比增长35.8%；实现工业增值税5.88亿元，同比增长27.4%。列市“6+3”产业中，全区新材料、生物医药、数字经济三个产业总量均为全市第一，新材料产业规模以上企业产值增长率超30%。持续深化“5321”工程，骨干企业培育、A股上市、专精特新发展等方面取得新突破，赛得利（宿迁）纤维有限公司开票销售首超30亿元，益客食品集团股份有限公司A股上市通过IPO注册，联盛科技股份有限公司完成上交所主板报会；获批国家制造业单项冠军2户，即新亚强硅化学股份有限公司、江苏景宏新材料科技有限公司，数量占全市三分之二，实现市、区两级首次突破；新增国家级专精特新“小巨人”1户，即宿迁科思化学有限公司，全区累计3户，全市最多；新获认定省级互联网标杆工厂1个，即江苏北斗星通汽车电子有限公司，年度全市唯一。

（张　颖　王　鹏　徐福高）

2021年宿豫区工业经济主要指标情况一览表

表15

类　别	累计（亿元）	增速（%）	全市排名
规模以上工业产值	441.53	20.7	5
规模以上工业增加值	99.87	16.4	5
工业开票销售	450.31	25.6	5
工业税收	14.61	35.8	1
工业增值税	5.88	27.4	2
工业用电量	28.05	1.8	5

备注：数据来源区税务局、市工业和信息化局

2021年宿豫区进入全市营业收入50强企业一览表

表16

序号	全市排名	企业名称
1	12	赛得利（江苏）纤维有限公司
2	16	江苏益客食品集团股份有限公司
3	18	正大食品（宿迁）有限公司

续表17

序号	全市排名	企业名称
4	20	宿迁逸达新材料有限公司
5	25	宿迁南钢金鑫轧钢有限公司
6	28	江苏惠然实业有限公司
7	36	江苏秀强玻璃工艺股份有限公司
8	43	江苏北斗星通汽车电子有限公司

备注：数据来源市工业和信息化局

2021年宿豫区进入全市利润前50名工业企业一览表

表17

序号	全市排名	企业名称
1	9	新亚强硅化学股份有限公司
2	14	宿迁联盛科技股份有限公司
3	20	江苏秀强玻璃工艺股份有限公司
4	22	宿迁格林手套有限公司
5	27	江苏博迁新材料股份有限公司
6	28	宿迁新亚科技有限公司
7	29	江苏益客食品集团股份有限公司
8	30	江山景宏新材料科技有限公司
9	35	赛得利（宿迁）纤维有限公司
10	36	江苏丹霞新材料有限公司
11	44	宿迁联盛助剂有限公司
12	49	百威（宿迁）啤酒有限公司

备注：数据来源市工业和信息化局

2021年宿豫区完成全市长三角先进制造业基地“5321”工程情况一览表

表18

指标内容	单位	任务	完成情况	完成目标
新增销售超2000万元企业	户	45	59	131.1%
新增销售超亿元企业	户	12	15	125%
新增销售超10亿元企业	户	2	2	100%
新增股改企业	户	6	8	133.3%
并购额超3000万元兼并重组项目	个	3	4	133.3%
实施设备投资超千万元技术改造项目数	个	—	50	—
设备投资额超千万元技术改造竣工项目	个	32	34	106.3%
设备投资额超千万元技术改造项目完成投资	亿元	27.1	34.5	127.3%
实施淘汰落后产能项目	个	5	5	100%
实施产业链核心技术攻关项目	个	3	6	200%
新增省级以上新产品新技术	个	30	43	143.3%
转化科技成果	个	56	63	112.5%

续表19

指 标 内 容	单位	任务	完成情况	完成目标
新增企业发明专利授权	个	70	112	160%
新增市级生产性服务业示范企业(机构)	个	1	1	100%
新增市级服务型制造示范企业	户	2	3	150%

备注:数据来源市工业和信息化局

(张 颖 王 鹏)

新材料产业

【概况】 新材料产业是宿豫区重点产业,也是传统优势产业。2021年,全区拥有规模以上新材料企业62户,实现销售收入184.2亿元,同比增长25.3%;入库税收8.77亿元,同比增长47.2%。

【产业覆盖】 宿豫区新材料产业主要包含无机非金属材料、金属(粉体)材料、医药和化工新材料、橡塑制品及材料、功能膜材料等5个细分产业。无机非金属材料产业以功能玻璃材料为主,龙头企业有江苏秀强玻璃工艺股份有限公司、宿迁中玻电子玻璃有限公司、江苏耀徐特种玻璃有限公司、宿迁澳中玻璃股份有限公司等,主要产品为玻璃深加工,多处于产业链下游环节,产品主要为家电玻璃、彩晶玻璃、装饰玻璃等。金属(粉体)材料产业龙头企业有宿迁南钢金鑫轧钢有限公司、苏钢中亚特种钢业宿迁有限公司等钢铁材料生产企业,江苏惠然实业有限公司有色金属材料生产企业,长江润发(宿迁)集团有限公司、宿迁市鑫宏铝业开发有限公司等铝类材料生产企业,江苏博迁新材料股份有限公司、江苏奇纳新材料科技有限公司等特种金属材料生产企业,主要产品为钢铁合金、铝材、纳米金属粉体材料、建筑用钢、家电用钢、船用钢、铁塔用钢等。医药和化工新材料产业龙头企业有宿迁阿尔法科技有限公司、江苏慈星药业有限公司等医药生产企业,宿迁联盛科技股份有限公司、新亚强硅化学股份有限公司等化工生产企业。医药材料主要产品为他汀类医药中间体和基因保护类助剂等;化工新材料主要产品为硅氟材料、功能性纤维材料、橡胶塑料助剂、日化用品添加剂、功能性涂料等。重点企业质态较好,阿尔法药业为全国重点他汀类医药中间体产品生产商,联盛科技为亚洲最大光稳定剂产品生产商,新亚强硅化学为全球有机硅细分领域领军企业,新亚科技甲酰胺全球产量较高,思睿屹新材料和华星新材料在液晶高分子中间体材料和橡胶助剂市场中占较大份额。橡塑制品及材料龙头企业为江苏三元轮胎有限公司、宿迁格林手套有限公司等,主要产品为轮胎、聚丙烯、PVC手套等。功能膜材料龙头企业为江苏景宏新材料科技有限公司、宿迁市日茂新材料有限公司等,主要产品为PETG聚酯切片、收缩膜、标签等,产业基础较好,全市范围内产业链条完整。

【产业培育】 2021年,宿豫区完成宿迁市万尚新材料科技股份有限公司、江苏苏钨新材料科技股份有限公司、东恩高分子材料(宿迁)股份有限公司3户企业股份制改造,通过省级鉴定新产品、新技术27个(项),新增市级企业技术中心4个,新增国家"小巨人"企业1户、省级"小巨人"企业2户、市级科技"小巨人"企业4户,新增省级专精特新产品1个、市级专精特新产品3个,新增单项冠军产品2个,有11户小微企业进规模。

【重点项目简介】 江苏三元轮胎有限公司年产240万条高性能全钢子午线轮胎项目,计划投资15亿元,建成厂房10万平方米,引进430密炼机、钢压延机、全自动成型机、硫化机等设备500台套。2021年,完成投资7亿元,进厂设备处于调试阶段,已形成年产100万条轮胎生产能力。

新亚强硅化学股份有限公司年产810万千克乙烯基硅烷系列产品、445万千克苯基氯硅烷系列产品、300万千克六甲基二硅氧烷技改项目,计划投资3.3亿元,项目运用自主研发的先进工艺技术,购置固废进料系统、废液进料系统、回转窑系统等国产设备。对生产线环保、安全水平进行本质提升。2021年,完成投资1.2亿元,已建成试产。

宿迁联盛亚克力有限公司年产800万千克光稳定剂3529技改项目,计划投资3亿元,利用公司原有部分配套公共设施,改建生产车间约2000平方米,购置反应釜、冷凝器、离心机等增产设备约400台套,对厂房、水电进行适应性改造。2021年,项目完成投资2.6亿元,已建成试产。

宿迁南钢金鑫轧钢有限公司年产5000万千克工程用特种钢技术改造项目,计划投资5000万元,利用原有厂房3万平方米,对厂房进行升级改造,购置国产设备150余台套。2021年,完成投资4000万元,项目已建成投产。

江苏永星化工股份有限公司年产176万千克聚酯类光电材料单体(60万千克BF1、40万千克BF2、40万千克BF3、36万千克BF4)及75万千克工业硫酸钠、60万千克工业石膏技术改造项目(南厂区),计划投资2亿元,项目购置搪玻璃反应釜、离心机、蒸发器、压滤机、空分制氮机等国产设备,对厂房、水电等公用工程进行适应性改造,新增建筑面积8000平方米。2021年,完成投资1.3亿元,项目已建成试产。

(赵桂贤)

装备制造业

【概况】 2021年,宿豫区装备制造业拥有规模企业41户,实现开票销售52.7亿元,同比增长37.8%;实现入库税收1.49亿元,同比增长26%。主要产品有20余种,龙头企业达10余家。

【产业培育】 2021年,宿豫区通过省级鉴定新产品、新技术12个(项);新增市级以上企业技术中心4个,其中省级2个;新增市级以上"小巨人"企业3个,其是省级1个;新增市级专精特新产品4个。

【重点项目简介】 旭派电源有限公司年产60万千瓦安时新型聚合物动力电池技术改造项目,计划投资5000万元,引进行业内最为先进的新型聚合物动力电池生产设备190台(套),配套建设环保设施、消防设施、供配电、给排水及其他公用工程。采用连铸连冲板栅连涂连分极板、浸胶一体化结构设计、高温高压快速固化和恒温多阶段电网回馈式快速充电等新技术、新工艺。2021年,项目完成投资4200万元,已建成投产。

江苏北斗星通汽车电子有限公司智能网联汽车电子产品产能改扩建项目,计划投资1.2亿元,利用自有厂房4万平方米,建设超净无尘车间,新增10条贴片线,5条波峰焊,4条选择焊,一座EMC测试暗室,一套空调机组等,形成年产120万台智能终端电子产品。2021年,项目完成投资2500万元,已建成投产。

(赵桂贤)

食品饮料产业

【概况】 2021年,全区列统规上食品饮料企业38户,其中农副食品加工业33户,食品制造业3户,酒、饮料和精制茶制造业2户。产业企业总户数占全区规模企业总数16.9%,累计用工人数为3729人。年内,规上食品饮料总产值66.91亿元,同比增长8.4%。开票销售超20亿元企业1户,即江苏益客食品有限公司;10亿—20亿元企业1户,即正大食品(宿迁)有限公司;1亿—10亿元企业5户,即江苏益和宠物用品有限公司、江苏省农垦米业集团宿迁有限公司、江苏正邦农友饲料有限公司、宿迁益客饲料有限公司、百威英博(宿迁)啤酒有限公司。

【产业技改】 2021年,正大食品(宿迁)有限公司实施年产4200万千克食品中央厨房项目,总投资23000万元;江苏益客食品有限公司实施年产500万千克禽肉酱卤食品改扩建项目,总投资2000万元;江苏致远食品科技有限公司实施年产6000万千克健康再生米项目,总投资3000万元。

2021年宿豫区食品饮料重点工业企业固定资产投资完成情况一览表

表19

序号	企业名称	项目名称	项目内容	起止时间	累计投资(万元)	验收情况
1	正大食品(宿迁)有限公司	年产4200万千克食品中央厨房项目。	项目占地面积1.2万平方米,引进美国、德国食品加工处理设备,打造自动化程度最高的中央厨房,项目建成后,形成生产便当、蔬菜水产加工、轻食食品、快捷菜、小食等食品生产能力。	2020年12月至2021年12月	23000	通过验收
2	江苏致远食品科技有限公司	年产6000万千克健康再生米项目	租赁趣园食品股份有限公司1.2万平方米厂房,购置4条再生米食品生产线,项目建成后,年可生产6000万千克营养再生米。	2020年8月至2021年6月	3000	通过验收
3	江苏益客食品集团股份有限公司	年产500万千克禽肉酱卤食品改扩建项目	计划投资4000万元,其中土投资1600万元,主要包括土建8000平方米;恒温保温1125平方米;地面/墙面保温8000平方米以及其他辅助设施;设备投资1300万元,主要包括夹层锅、滚揉机等42台/套/宗和立体智慧仓储	2020年4月至2021年11月	2000	通过验收

(张先友)

其他工业产业

【冶金工业】 2021年,宿豫区冶金工业实现产业开票销售17.56亿元,同比下降1%;入库税收1.7亿元,同比增长122.24%。其龙头企业为江苏惠然实业有限公司,成立于2011年,2013年投入生产,注册资金1.2亿元。员工数量830余人,是宿豫区依托千亿级运河产业带,聚力打造新材料产业园新引进国际先进的RKEF(回转窑工艺+矿热炉)。建有生产线3条,主要产品为国家战略金属——镍合金,具有低磷、低硫的特点。年产量达1.5亿千克,年需进口红土镍矿约20亿千克。2015年5月,公司通过兼并重组,成为浙江力勤资源科技股份有限公司旗下专业冶炼镍合金的生产型企业,是其聚力打造百亿级企业的重要组成部分。公司经济效益连年实现增长,2021年,公司纳税额名列宿迁高新区企业之冠,被评为2021年度"宿迁市贡献10强企业”，被省科技厅评选为江苏“瞪羚”企业。连续三年被市政府认定为“宿迁市工业50强企业”。

（赵桂贤）

【生物医药】 2021年，宿豫区依托化工生态科技产业园区培育壮大生物医药产业，共有生物医药企业10户，实现产值19.11亿元，同比下降0.45%。其中，宿迁市科莱博生物化学有限公司实现产值2.5亿元、江苏慈星药业有限公司实现产值1.5亿元。

【纺织服装工业】 2021年，宿豫区规模以上纺织工业企业37户，实现产值83.5亿元。列区重点企业6家，分别为赛得利（江苏）纤维有限公司、宿迁逸达新材料有限公司、江苏泰韵制衣有限公司、江苏嘉韵服装有限公司、宿迁市群英纺织印染科技有限公司、宿迁市骏马化纤有限公司等。其中，赛得利（江苏）纤维有限公司实现开票销售31.26亿元，同比增长18.3%；宿迁逸达新材料有限公司实现开票销售19.97亿元，同比增长3.57%。年内，纺织工业龙头骨干企业宿迁逸达新材料有限公司实现项目建设投资累计32亿元。

【建材工业】 2021年，宿豫区建材规模以上工业企业（列入千百亿级）共22户，实现产值22.32亿元。其中，江苏秀强玻璃工艺股份有限公司实现开票销售15.14亿元，同比增长21%；入库税收0.37亿元，同比增长179.84%。江苏力引建材科技股份有限公司实现开票销售2.14亿元，同比下降30.48%；入库税收0.063亿元，同比下降51.73%。

（王茜茜　施小卡）

上市发展

【概况】 2021年，宿豫区培育上市公司1家，完成企业上市报会1家，取得IPO批文企业1家，完成股份制改造企业8家。

【企业股份制改造】 6月25日，宿迁市万尚新材料科技股份有限公司完成股份制改造；6月28日，江苏千川智能科技股份有限公司、江苏苏钨新材料科技股份有限公司2家企业完成股份制改造；7月8日，江苏绿寿食品商贸股份有限公司完成股份制改造；9月27日，东恩高分子材料（宿迁）股份有限公司完成股份制改造；9月29日，宿迁市宏帛纺织股份有限公司完成股份制改造；11月15日，宿迁市天帆篷布股份有限公司完成股份制改造；12月31日，宿迁华力桩业股份有限公司完成股份制改造。

【企业上市】 5月28日，京东物流供应链有限公司在港交所上市，全年实现上市融资100亿元。9月16日，宿迁联盛科技股份有限公司完成上市报会，并获得中国证监会行政许可；12月1日，江苏益客食品集团股份有限公司获得中国证监会关于企业首次公开发行股票注册的批复。

（张先友）

实体经济服务

【统筹推进】 印发《宿豫区2021年度服务实体经济发展挂钩帮扶活动实施方案》，将92户重点企业的“5321”工程和科技创新项目分解到区领导、部门单位，全力帮助企业解决融资、用工、手续办理等问题。建立完善通报、会办、走访、考核等推进机制，区工业办会同区考核办定期、不定期对各帮扶单位帮扶企业情况进行抽查，对受帮扶企业经济指标任务完成情况进行监测，以召开企业家沙龙、企业座谈会等形式，邀请帮办服务单位主要负责人参会，集中会办企业反馈重难点问题，切实提高帮扶成效。

【企业培育】 组织企业经营管理人员参加省、市、区“英才名匠”产业人才系列培训活动5期，培训人员390人次；组织6名企业负责人参加“宿迁企业家苏南名企行”考察学习活动；组织企业选手参加“创客中国及2021年江苏省中小企业创新创业大赛”；组织申报小微企业创业创新示范基地、中小企业公共服务平台认定，2021年获批国家级小微企业创业创新示范基地1个（宿迁电子商务产业园）、省级中小企业公共服务平台1个（筑梦小镇）。

【优化“三级”政企沟通机制】 依托市级千百亿级产业调研暨重点企业解难帮扶会办会机制，组织宿迁联盛科技股份有限公司、宿迁新亚科技有限公司参加市级科技创新问题会办会，帮助解决40余名专业技术人才招引问题；以区级企业家沙龙、企业问题会办会等形式，区委、区政府主要领导分别带头会办重点企业问题，形成“企业反馈—集中会办—交办落实”问题解决闭环机制，集中解决企业在上市、项目推进等过程中存在的问题；深入开展全区性挂钩帮扶工作，各帮责任单位发挥牵头协调解决作用，主动对接有关职能部门或其他涉及单位，全力帮助企业解决手续办理、人才引进、用工、融资等问题100余项，促进企业问题收集、反馈、解决渠道畅通无阻，确保问题得到及时有效办理。

（张先友）

重点企业简介

【江苏秀强玻璃工艺股份有限公司】 创建于2001年，是中国最大的加工玻璃制造商之一，2011年1月13日在深圳证券交易所创业板上市。主要产品有触摸屏盖板玻璃、薄膜电池（TCO）玻璃、光伏镀膜玻璃（AR）、ITO玻璃、家电彩晶玻璃、家居玻璃等六大系列近千个品种，远销世界30余个国家和地区，是英利、阿特斯、国电光伏、晶澳、协鑫集成、中节能等太阳能电池公司的重要供应商，与海尔、海信、美的、美菱、新飞、格力、三洋、日立、松下、夏普、东芝、三星、LG、惠而浦、伊莱克斯、三菱、博西华（西门子）、ARCELIK、Gorenje、POLYTRON、ADEO等20余个国内外著名家电企业有密切的业务往来。公司通过ISO9001、ISO14001、IECQ QC080000等体系认证和CCC等产品认证，被认定为“国家级高新技术企业”和“江苏省百强民营科技企业”。技术研发中心被评为省级研发中心；与国内知名高校联手建设省级玻璃深加工工程研究院，是彩晶装饰玻璃国家标准的主要起草人之一。作为全国工业玻璃和特种玻璃标准化技术委员会家居工业玻璃分技术委员会秘书处承担单位，在家居工业玻璃领域内从事国家标准化工作的全国性非法人技术组织工作。玻璃产业园集玻璃文化中心、玻璃科技中心、玻璃产业中心三者为一体，其理想是打造一流的中国玻璃科技城。

【江苏博迁新材料股份有限公司】 成立于2010年，是一家集高端纳米金属粉体材料研发、生产、销售为一体的国家高新技术企业，是中国纳米金属材料研发与产业化应用的开拓者之一，旗下拥有四家境内外子公司与分公司。自设立初始，公司致力于纳米金属材料的前瞻性研发，拥有专业的研发团队，旨在为客户提供轻量化、小型化产品整体方案，开发的新材料在消费电子、汽车电子、通信以及工业自动化、航空航天等领域应用前景良好。公司采用常压下物理气相冷凝法（PVD）制备超细金属粉末，填补了国内该技术产业化的空白，起草与制定了我国第一项电容器电极镍粉行业标准，是全球领先实现纳米级电子专用高端金属粉体材料规模化量产及商业销售的企业。

【百威（宿迁）啤酒有限公司】 百威集团是世界500强企业，也是全球五大消费品公司之一。总部位于比利时鲁汶，分别在欧洲交易所和纽约证券交易所上市。百威旗下经营200余个啤酒品牌，包括全球旗舰品牌百威啤酒、科罗娜啤酒和时代啤酒，国际品牌贝克啤酒、乐飞啤酒和福佳啤酒，以及本土明星品牌哈尔滨啤酒、雪津啤酒。公司业务遍及全球24个国家和地区，拥有员工约15万名。百威（宿迁）啤酒有限公司是百威啤酒集团斥巨资兴建的节能环保型绿色啤酒酿造基地，公司位于张家港宿豫工业园区，项目规划占地面积33.33万平方米（500亩），注册资本2亿元，总体规划年产啤酒10亿千克。按照市场需求分期实施，项目一期总投资约合人民币6亿元，年产能3亿千克，2012年6月开工建设，建筑面积6.2万平方米，2014年6月5日正式开业。2016年7月，第三条生产线顺利运营。公司主产的哈尔滨、百威系列啤酒以陆运、船运等形式运销江苏、上海、安徽、山东等市场。

百威英博（宿迁）啤酒有限公司生产线 （朱瑞 供图）

【江苏北斗星通汽车电子有限公司】 江苏北斗星通汽车电子有限公司为北斗星通旗下全资子公司。2010年，公司落户宿豫经济开发区（宿迁高新区），占地4.2万平方米（63亩），注册资金2亿元，有员工700余人，其中中心研发人员148人；主营业务为智能中控导航、液晶仪表、智能座舱电子等电子产品的研发、生产、销售。公司技术力量雄厚，实验设备和检测设备齐全，是国内高水平、规模化的汽车电子与导航产品自主研发与生产基地，先后被认定为国家高新技术企业、江苏省民营科技企业、江苏省中小企业管理创新示范企业、江苏省科技“小巨人”企业、众泰优秀开发合作供应商、四川长虹佳华电子生产基地、江苏省两化融合研发设计类示范企业，江苏省信息化与工业化融合试点企业，已通过ISO/TS16949：2009质量认证和环境体系认证，并于同年通过新版IATF16949质量体系认证。2017年，分别被省发改委和省科技厅授予省级工程中心和省级工程技术研究中心称号；2018年，通过职业健康安全管理体系认证、安全生产标准化三级企业验收、美国ESD防静电体系验收，10月获批江苏高新技术产业开发区“瞪羚”企业，12月通过宿迁市清洁生产审核，获批为宿迁市绿色示范企业；2019年，获江苏高新技术产业开发区瞪羚企业。

【江苏益客食品集团股份有限公司】 江苏益客食品集团股份有限公司是宿迁市政府重点招商引资企业，是集肉鸡屠宰、饲料生产、肉鸡标准化养殖、畜禽产品深加工、销售为一体的农业产业化国家重点龙头企业，企业注册资本40408万元，占地约13.33万平方米（200亩）。有职工2200人，管理人员130人，各类专家技术服务人员350人。公司日屠宰加工肉鸡30万只，2019年实现销售额25亿元，纳税1900万元，产品主要销往全国各主要省市区，是麦当劳、肯德基等大型快餐业的固定供应商，与双汇、金锣、苏食、安井等国内大中型熟食企业建立原料供应关系，月产销率均保持在100%。

【江苏阿尔法药业有限公司】 公司是一家从事医药化学中间体、原料药、化药制剂、生物发酵研发与生产的国家高新技术企业，拥有7个全资子公司和2个医药研发机构，总占地面积36万平方米，员工近800人。公司拥有一支高素质、专业化、经验丰富的管理团队，采用自主研发及与著名科研机构紧密合作的方式，形成“生产一代、储备一代、开发一代、研制一代”的新产品格局，具有低成本、高效益的特征。公司按照国家药品监督管理局GMP认证体系标准建设生产研发基地，通过CFDA、PMDA、FDA的审计，引进国际领先、国内一流的生产、检测设备，拥有高效液相仪等80余台套，通过ISO9001国际质量管理体系认证、ISO14001环境管理体系认证和OHSMS18000认证。公司产品涵盖心血管药物——他汀类及其中间体、哮喘炎症药物——孟鲁司特钠及其中间体、丙肝药物——索非布韦原料药及其中间体、糖尿病药物——西他列汀及其中间体等30余种，远销印度、日本、东南亚、欧美等国家和地区。公司致力于常年用药、预防性用药等大宗药物研制，是全球他汀类药物重要供应商，全球市场占有率近80%。2019年公司完成销售6.2亿元，利润总额1.3亿元，研发投入4078万元。

【宿迁龙净环保科技有限公司】 公司是国内环保行业首家上市公司——福建龙净环保股份有限公司在宿迁投资兴建的子公司，注册资金6000万元，位于江苏省宿迁市经济开发区东区（宿迁高新区）昆仑山路98号，占地13.33万平方米（200余亩），有职工300余人。公司产品全面通过ISO9001、ISO14001国际质量管理体系认证，先后获得国家级科技进步奖及部、省级科技进步成果奖等奖项60多项，为国家级高新技术企业，技术水平达到当前国际先进水平并居国内领先地位。主要产品包括电除尘器、烟气脱硫装置、气力输送装置、电袋除尘器、IPC智能电除尘控制系统、微机控制高压硅整流设备、微机控制低压电控设备等。依托总公司的资金和技术优势，宿迁龙净参与国内外众多除尘、脱硫及物料输送系统的设计、制造。

【旭派电源有限公司】 公司是从事电池研发、制造、销售和服务为一体的高新技术企业，在动力电池、锂电池、储能电池、通讯电池、UPS电池、起动电池、起停电池方面拥有丰富的产品研发与制造经验，掌控核心制造技术，是行业内成熟掌握蓄电池无镉内化成高新技术，并运用于生产的企业之一，所产蓄电池无镉无砷，绿色环保。

【江苏宙际杰智能科技股份有限公司】 公司新建项目为嘉兴捷顺旅游制品有限公司（以下简称嘉兴捷顺）的总部整体搬迁项目。嘉兴捷顺成立于2001年12月，是一家集研发、生产和销售为一体的合资企业，坐落于浙江省嘉兴市秀洲高新技术产业开发区加创路229号，主要生产清洁用品、箱包配件、塑料制品等三系列产品。2017年08月，公司整总部搬迁到宿豫，注册为江苏宙际杰智能科技股份有限公司，注册资金6000万元，计划投资15亿元，总占地30.67万平方米（460亩）。分两期建成，其中一期占地170亩、二期用地290亩，公司设有热塑成型车间、五金车间管业制造车间、表面处理车间、家用金属制品组装车间、表面处理车间、家用金属制品组装车间、清洁用具组装车间、旅游制品组装车间等。作为世界最大的清洁用品生产企业，拥有1个省级研发中心和200余项专利，其中发明30余项，年产各类清洁用品4000余万套，产品远销美国、俄罗斯、日本、韩国、加拿大、德国等国家和地区，为Rubbermaid、3M、妙洁供应商。

【宿迁南钢金鑫轧钢有限公司】 公司是南京钢铁联合有限公司旗下具有独立法人地位的子公司，前身是无锡金鑫轧钢有限公司。2008年，响应省委、省政府关于南北产业转移号召，整建制搬迁至宿迁市宿豫区。2009年6月，公司建成投产，在册职工近600人，主要生产球扁钢、电力角钢、人防工程用门框钢、汽车用轮辋钢、工程机械用单齿履带钢等。先后获“江苏省高新技术企业”“江苏省五一劳动奖状”“江苏重大科技成果转化”“江苏省双创团队”“江苏省两化融合试点”“宿迁市质量管理优秀奖”“宿迁市模范职工之家”等称号。

【江苏三元轮胎有限公司】 公司于2006年8月建于宿迁高新区嘉陵江路99号，注册资金1.2亿元人民币，占地24万平方米，其中建筑面积约17万平方米，拥有各类先进生产、辅助设备

三元轮胎　　（朱　瑞　供图）

4000余台（套），各类先进检测、实验设备170台（套），企业总资产6.2亿元，员工2000人。2013年，公司受工信部批准获废旧轮胎综合利用行业准入资质，是江苏省级产业园（宿迁市百亿级橡塑工业园）骨干龙头企业，企业规模在同行业中处于领先地位，公司为中国轮胎翻修与循环利用协会副会长单位。2009年，公司被评为江苏省“两化”融合试点企业；2015年，企业技术中心被江苏省经信委认定为省级企业技术中心，同年企业获宿豫区区长质量奖；2016年，获宿迁市市长质量奖，并通过国家级高新技术企业认定。

（王茜茜　施小卡）

建筑业

【概况】　2021年，宿豫区拥有本土建筑业企业130家，施工总承包企业81家，其中特级资质1家，一级资质2家。实现总产值173.07亿元，同比下降17.13%。其中，本省151.05亿元，同比下降10.15%；外省22.03亿元，同比减少45.91%。企业营业额175.57亿元，同比下降16.70%。房屋建筑施工面积约1172.65万平方米，与上年同期增长26.48%，其中新开工面积约240.38万平方米，与上年同期下降57.23%。房屋建筑竣工面积约323.56万平方米，与上年同期上升154.5%。2021年，建筑从业人数5.97万人，与上年同期下降2.29%。

【建筑市场管理】　2021年，依法狠抓建筑企业规范运行管理，对企业资质、安全、质量、扬尘防治、文明工地实行标准化、规范化监管，重点加强对违法发包、转包、分包、挂靠等违法行为的监管，推进宿豫区建筑业市场健康运营。创省“扬子杯”优质工程1个，创市“项羽杯”优质工程14个，创宿迁市建筑施工标准化文明示范工地23个，创江苏省建筑施工标准化星级工地4个，创江苏省级绿色智慧示范片区项目4个，京东智慧城9号楼、黄山路初级中学及特教学校创建江苏省2021年度装配式示范项目，江苏兴邦建工集团有限公司被江苏省评为“综合实力百强企业”称号。

【建设领域清欠监管】　推行实名制考勤管理，对城区在建项目工程款及农民工工资支付情况进行动态监管，及时协调处置存在拖欠隐患的项目。2021年，实名制考勤工资代发约7.05万人次，累计工资代发金额达4.77亿元。联合区人力资源和社会保障局联动开展农民工工资专项检查8次，约谈问题企业16家，协调兑现拖欠工资约1835万元，保障建设领域农民工工资发放。

【建筑工地安全管理】　2021年，在监建筑工地67个，监管面积约730万平方米，在监总造价约201.4亿元。迎接省级安全检查4次，市级安全检查6次。区住房和城乡建设局开展拉网式安全大检查4次，现场下发交办单50份，系统下发交办单243份，交办问题1200余条，年末整改完成率98.27%。其中抽查记录单70份、隐患整改单162份、停工整改单11份。召开安全生产会议14次，约谈问题企业、项目17家。2021年，建筑工地未发生一起人员死亡和重伤事故。

（李波　张波　陈昊　吴磊）

2021年宿豫区获得江苏省“扬子杯”、宿迁市“项羽杯”优质工程一览表

表20

序号	类别	工程名称	施工单位	项目经理
1	省“扬子杯”	帝景豪苑20号楼	通州建总集团有限公司	韦玉明
2	市“项羽杯”	浦东国际花园北21—23号楼工程	宿迁市恒立建筑安装工程有限公司	李方松
3		广博·丽景湾45号楼	江苏兴邦建工集团有限公司	王　永
4		华夏现代城S1号楼	宿迁华夏建设（集团）工程有限公司	张成瑞
5		电商第一街立体综合停车楼	江苏兴洲建设集团有限公司	陆　鹏
6		印象99花园9、12、13号楼、地下车库（三期工程）防火分区7工程	江苏泰铂尔建设工程有限公司	张　军
7		印象99花园4、8号楼及地下车库（三期工程）防火分区6	江苏恒大建设有限公司	葛　彬
8		五台山路运动广场工程	中伟达建设集团有限责任公司	张海涛
9		高新区商务中心及北侧广场改造工程	江苏省天宏园林建设工程有限公司	邹　龙
10		宿豫区黄浦江路、五台山路、玉泉山路绿化补植工程	江苏兰亭市政园林有限公司	李　纬
11		宿豫区长江路南、北延段绿化工程	江苏省丰景园林建设工程有限公司	姚晓玉
12		宿豫区城区2019—2021年度绿化养护项目第二标段	江苏大楚建设工程有限公司	刘祖兵
13		金山钢材市场地块项目（二期）G6号楼	江苏兴邦建工集团有限公司	马树宾
14		沈阳锦园项目建设工程2号楼	江苏兴邦建工集团有限公司	王明镇
15		百合商业楼1栋	江苏兴邦建工集团有限公司	李政权

商贸服务

商贸流通

餐饮监管

供销合作

粮食经营

烟草专卖

旅游发展

运输管理

宿豫年鉴

2022 SUYU YEARBOOK

商贸流通

【综述】2021年，宿豫区增速达46.7%，围绕“四化”同步集成改革总体部署，提升全区电子商务产业竞争力，打造电商名城，发挥电子商务在精准扶贫、乡村振兴等方面的作用。社会消费品零售总额317.35亿元，同比增长14.0%，限额以上贸易额316.07亿元。

【商品交易市场监管】加强市场运行监测。通过商务部业务系统统一平台系统，共对17家重点企业的销售单价、销售额等市场信息进行日常监测。做好市场保供监管。对城区大型商超米面油、肉蛋奶、蔬菜等生活必需品销量和库存情况开展日常监测，组织对重要生活物资产能和储备情况的摸排，重点摸排政府粮油储备情况、全区在田蔬菜种植情况、全区省定畜禽规模养殖场养殖情况、全区液化石油气供应情况，宿豫区生活必需品供应整体平稳。做好市场体系建设。指导宿迁震东农副产品批发市场管理有限公司申报2021年省商务发展专项资金农产品流通体系建设项目，获批建设资金13.5万元；指导万达广场申报2021年商务发展专项资金，获批促进消费项目、农商对接、消费帮扶项目等资金8.85万元。

【电商培育】2021年，全区实现电子商务交易额850亿元，同比增长21.4%；网络零售额约97.6亿元，电商从业人员约5.2万人。重点监测的54家农村电子商务企业，2021年网络销售额达3.28亿元，同比增长40%。累计组织农村电商企业主、从业人员、主播等超300人次，参加省市各类线上线下电商培训活动。开展千名拔尖人才——电商人才申报评选工作，全区获评第二层次电商人才6人，获评第三层次电商人才11人。获评省级数字商务企业1家。宿迁电子商务产业园入选市级“红色电商示范基地”，京东信息技术、博畅信息科技、苏粤跨境电商3家企业入选市级红色电商标杆企业；入选市级红色电商创业先锋4人。

【安全监管】2021年，强化安全生产检查，通过自行排查、帮扶互查、日常巡查、专家检查、专项督查等方式切实履行行业安全生产监管职责，重抓隐患查改，责令限期整改，闭环管理。在加油站点、大型商超发现安全隐患192处，全部完成整改，整改率及覆盖面均达100%。严厉打击成品油非法经营行为。联合成品油综合整治领导小组成员，共同对省级反馈线索进行查处反馈，确保问题解决形成全闭环。

【外向型经济】2021年，全区实际利用外资突破3亿美元，增速达124%，引进单体突破百亿的京东物流供应链外资项目；对外投资3584万美元，增幅518.26%，总量均居全市前列；全区货物进出口总额突破9.7亿美元，增幅28.9%。

【连锁经营】截至2021年年底，正大食品（宿迁）有限公司在宿迁市中心城区开设终端连锁门店11家，其中宿豫6家；宿豫区共有京东加盟便利店17家，华诚超市加盟店11家；益客食品在宿迁有72家店（直营2家、加盟店70家），其中宿豫7家。

【批发零售】聚焦城市商业经济发展，以区内重点商贸企业为核心开展消费促进活动。先后开展“2021嗨在宿迁·新春购物节”“嗨在宿迁·惠购两天半”“2021年全省品质生活·苏新消费系列活动”“2021嗨在宿迁·国庆消费季”以及“2021酒都不打烊·魅力嗨宿迁”等主题活动50余场，内容涵盖消费促进、餐饮娱乐、文化休闲、主题旅游、宣传推广等多个方面，通过购物抽奖、品牌打折、活动满减等方式刺激群众消费，掀起消费热潮。

（周　青）

餐饮监管

【餐饮证照监管】2021年，区市场监督管理局联合区城市管理局、区生态环境局及豫新街道，建立餐饮单位证照联动监管工作群，对城区新设立的餐饮单位严格审批，由各单位按照职能对餐饮单位地理布局、油烟净化、从业资格进行实地核查，对不符合条件的坚决不予发证，有效控制城区餐饮单位油烟污染问题。全年，共办理餐饮食品经营许可285户。

【餐饮业安全监管】2021年，推进餐饮场所燃气安全专项整治。推广省危化品使用专项治理信息系统，组织属地通过网格化治理体系，完善使用餐饮单位一户一档信息，指导餐饮场所常态登录系统填报相关数据，全区使用燃气餐饮单位937户，全部完成信息填报和审核工作。对123家餐饮单位燃气安全开展检查，累计交办隐患问题286个，均整改完毕。

（周　青）

【餐饮模范店建设】2021年，建成省级餐饮示范街区1个，即京东餐饮集中区；建成省级餐饮质量示范店（食堂）20家；宿迁万达广场创建成省级餐饮质量示范街，并以此为模板组织餐饮单位参观学习，通过典型发挥示范和引领作用，推动全区餐饮业服务质量提升。

【餐饮业执法行动】2021年，检查餐饮单位1458家次，发现各类食品安全问题32条，下达责令整改通知4份，餐饮环节监督抽检633批次，发现国家、省、市、区各类抽检不合格食品16件，均立案处理，大中型餐饮单位明厨亮灶率达90%。

（王　楠）

供销合作

【概况】2021年，研究制定《宿豫区供销合作总社“十四五”发展规划》，确定未来5年宿豫区社发展方向及目标任务。制定出台社属企业全面监管办法、《财务集中核算制度》、年度审计制度、资产出租处置办法等，实现监管无盲区，资产保值增值。引进鸿旭农业科技发展有限公司生态循环肉鸡养殖项目、兴东农牧有限公司禽类(鹅)深加工项目、宿迁润万果蔬生鲜有限公司农产品电商项目3个项目;跟踪服务农批农产品批发市场项目、扬州宇家环保科技有限公司有机智能发酵设备研发生产项目2个项目。

【推动基层社恢复重建】 2021年,完成来龙、仰化2个供销合作社提升改造、恢复运行。曹集冒店、关庙水汉、仰化建新、仰化涧河、大兴高圩、来龙王庄、大兴莫庄等7个省定经济薄弱村综合服务社正常运营。

【区农民资金互助联社监管】 2021年,全区农民资金互助联社网点由18个撤并至1个,员工从115人裁减至26人,互助金吸纳规模从8.13亿元压降至1.4亿元,储户人数从8400人减少至1866人。回收资金3.3亿元,资产变现1.24亿元,查封资产3026万元。互助金投放规模从6.52亿元回降至3.2亿元。

(金向南)

粮食经营

【概况】 2021年,江苏豫粮粮食贸易集团有限公司下属9家独立法人企业:宿豫区豫粮粮食购销有限公司(含大兴储备库、保安储备库、陵园收储库)、来龙粮库有限公司(省级储备库)、江苏豫粮集团千香稻米(宿迁)有限公司,以及仰化、丁嘴、关庙、侍岭、曹集、黄墩6家粮食储销有限公司。全系统共有粮食收储库点12个,仓房160口,仓容2.6亿千克。在册职工136人,其中在岗95人。年内,宿豫区豫粮粮食购销有限公司获批2021年度"农业产业化省级龙头企业"称号。

【粮食购销】 2021年,收购粮食1.75亿千克(小麦1.07亿千克,籼稻0.68亿千克),同比增长153%;销售粮食2.88亿千克(小麦2.21亿千克、籼稻0.67亿千克);同比增长195%;实现主营业务收入4.54亿元,同比增长269%;实现利润550万元,同比增长93%。开展托市粮拍卖和腾仓并库工作,通过国家粮油市场交易平台拍卖托市粮小麦1.18亿千克、省级储备粮籼稻500万千克、市级储备粮籼稻250万千克,共腾出仓容1.5亿千克,创近10年之最,有效满足农民售粮和企业经营需求。争取区财政局、区发展和改革局、农发行宿豫支行支持,新增1000万元粮食收购共同担保基金,建立规模2000万元的粮食收购共同担保基金,可向农发行申请收购贷款2亿元,保证收购资金供应充足。发挥企业仓房、资金、技术、设备、场地等自身优势作用,与25家粮食经营贸易公司、加工企业、合作社、家庭农场等经营主体签订粮食经营协作协议,收购贸易粮小麦1.06亿千克,收购贸易粮籼稻6060万千克。

【粮食收购价格】 2021年,国家继续在粮食主产区实行最低收购价政策。经国务院批准,以2021年生产的国标三等小麦和稻谷为标准品,小麦、中晚籼稻、粳稻最低收购价格分别是每500克1.13元、每500克1.28元、每500克1.30元,相邻等级之间等级差价按每500克0.02元掌握。受全球新冠肺炎疫情蔓延、国际经贸摩擦不断,以及蝗虫和草地贪夜蛾肆虐等因素影响,国际粮价上涨,并影响国内粮价走势。加之国内玉米供需趋于紧平衡,"金玉米""金豆粕"引发投资者进入粮食市场掘金,热钱炒作粮价,导致粮食价格上涨,托市收购无法启动。2021年,全区国有粮食购销企业贸易粮小麦收购均价为每500克1.23元,贸易粮籼稻收购均价为每500克1.34元。

【安全储粮】 全区国有粮食企业严格落实安全生产责任制,构建常态长效工作机制,筑牢粮食安全和生产安全屏障。强化安全体系建设。编制《江苏豫粮集团安全事故应急预案》及9家独立法人单位应急预案,自上而下成立安全生产工作领导小组。强化安全隐患排查。开展危险化学品使用安全专项治理行动,提高储粮化学药剂的使用和管理水平。采取随机抽查、回头看复查等方式,加强企业储粮安全、消防安全、用电安全、施工安全的检查排查,限期整改问题11个,并投入资金近40万元,提升改造消防安全设施。强化粮食储存管理。组织开展春、秋季最低收购价粮食库存普查,指导企业严格执行储粮技术规范,加强粮情检测系统、监管考勤系统和"一卡通"出入库系统的维护管理,提升安全管理智能化水平。全系统17万吨在库存粮数量真实、质量良好、储存安全。

【仓储建设】 针对全系统粮食仓储设施"小散旧"现象突出问题,为优化仓储布局,提升收储能力,江苏豫粮集团在新庄镇陈墩村启动建设储粮库容2.2亿千克、占地面积13.4万平方米(201亩)、建筑面积5.6万平方米,集应急物资储备、粮食产后服务、大米加工、仓储物流为一体的新庄粮食储备库(粮食产业园)项目。项目总投资5亿元,被列为全市重大产业项目,并纳入江苏省"十四五"粮食仓储设施重点规划项目。年内,完成项目用地预审与选址意见书办理,社会稳定风险评估报告书备案,以及项目征地搬迁、地表清理、地质勘探工作,并支付新庄镇政府2000万元土地出让金。

(华顺怀)

烟草专卖

【概况】 2021年,宿豫区卷烟销售总量同比增长1.53%,销售收入同比增长10.80%,单箱结构同比上升9.15%,卷烟零售户毛利率达到15.30%。办结"4·21""8·07"两个假烟网络案,涉案金额350余万元。3月,宿迁市烟草公司宿豫分公司被中共宿迁市烟草专卖局党组授予"2020年全国'安康杯'竞赛优胜单位创建标兵集体"。4月,宿豫区烟草专卖局被宿迁市总工会授予"宿迁市五一劳动奖状"。7月,中共宿豫区烟草专卖局支部委员会被中共宿迁市烟草专卖局党组授予宿迁市烟草系统“先进基层党组织”，获得“庆祝中国共产党成立100周年党史知识竞赛”团体一等奖、“学党史·庆百年”每日答题竞赛优胜单位等。12月，通过宿豫区委组织部复评并蝉联全区“示范党支部”称号。年内，2名员工通过质量控制（QC）中级诊断师考试，4条合理化意见被市烟草专卖局采纳，1个创新项目列为市烟草专卖局基层创新课题，4个QC课题列入年度重点突破项目。19人获得宿迁市烟草系统“优秀共产党员”“优秀党务工作者”“‘学党史·庆百年’每日答题竞赛达人”等称号。1人被宿豫区委授予全区“优秀党务工作者”。

【卷烟营销】 注重提升全省烟草商业系统“金丝利·通”（全省卷烟零售户店铺管理系统）、“金丝利·家”（全省烟草工作系统）、“金丝利·号”（全省烟草社会公众号）三平台的应用质效，持续发力现代卷烟零售终端建设、卷烟零售户信用体系建设，稳步推进新型冠状病毒肺炎疫情下的卷烟营销工作，实现保安全、保销售、促经营水平提升。年内，“金丝利·通”上线运行客户70户，均正常扫码销售、聚合收款；“金丝利·家”注册客户激活率达100%，客户黏性及平台活跃度明显增强；推广“金丝利·号”达2万人，发表短文48篇。建成加盟终端（烟草公司加盟店）10户、新零售终端（注册使用“金丝利·通”卷烟零售商户）147户，覆盖城区、乡镇，其他类客户占比降至28.89%。借助直营终端（金丝利·零售 宿迁直营店）、加盟终端、新零售终端和金丝利三平台等资源，先后结对30个诚信互助小组，开展品牌宣讲、驻店营销、经营指导等66场次“五个一”（一名公司领导及管理员工、一名客户经理、一名专卖稽查员、一名工业营销代表）结对共建主题活动。在“黄金叶”杯2021年全省最美店铺评选大赛中，辖区有1家卷烟零售店铺获得一等奖，4家卷烟零售店铺获得三等奖；20家卷烟零售店铺入围苏烟“彩中”杯“靓彩有礼”店铺管理与卷烟陈列竞赛；在“荷花杯”全省系统第二届优秀诚信互助小组评比中，辖区有1个诚信互助小组获得二等奖，2个诚信互助小组获得三等奖，1名诚信互助小组组长获评优秀诚信互助小组组长三等奖；在江苏中烟“晶彩杯”全省卷烟零售客户“开口营销”大赛中，辖区有5名卷烟零售客户获得二等奖，7名卷烟零售客户获得三等奖。

【烟草专卖市场管理】 采取调片、错时等多种方式，联合公安、交通运输、市场监督管理等部门，开展“利剑8号”“百日会战”“电子烟排查”等专项整治行动。全年，查获涉烟案件157起，案值134.84万元。员工黄晓清被江苏省烟草专卖局评为全省卷烟打假打私工作成绩突出个人。排查出服务区域内销售电子烟商户52户，中小学和幼儿园周边卷烟零售户240户。分级分类监管客户信用459户次，现场、案件信用扣分管理273户，列入重点监管违法违规大户35户，取缔违法违规大户15户。办理卷烟零售许可887件，注销、收回、歇业810户；全区卷烟零售持证数量为2600个，较“放管服”改革以来持证数量下降10.74%。

（潘苏军）

旅游发展

【概况】 全区拥有国家级水利风景区2处，国家AAA级旅游景区4处，省四星级乡村旅游区2处，省三星级乡村旅游区2处，省工业旅游示范点1处，省级文化产业示范园区1处，省级夜间文化和旅游消费集聚区1处，旅行社7家，星级酒店4家。2021年，全区接待游客334.9万人次，同比增长11.2%；旅游总收入31.65亿元，同比增10.3%。

【市场开发】 2021年，坚持把握多规合一、科技创新、空间优化、文旅融合以及全域思维等方向，编制完成《宿豫区“十四五”文化和旅游发展规划》。

建设夜间文化和旅游消费集聚区，培育夜间文娱消费增长点，提升文化和旅游场所夜间服务水平。结合宿迁市打造“酒都不打烊”夜经济主题，打造宿豫区夜间经济发展新名片——筑梦市集。筑梦市集总体建设集中区为筑梦小镇的西区，已建成投入使用面积1.8万平方米。截至2021年年底，高端商务休闲区引入多种业态商家23家，多种类经营固定摊位80家。

【景区建设】 2021年，加大景区品质提升建设。10月，筑梦小镇获批为江苏省第二批省级夜间文化和旅游消费集聚区建设单位；11月，杉荷园创成国家AAA级旅游景区；12月，秀强晶莹之旅通过省级工业旅游区复核，电商文创园入选省级文化产业示范园区创建名单。10月，袁家村·宿迁印象一期项目建设完成，开街纳客。AAA级景区宿北大战遗

资料拓展

宿北大战红色教育基地运营

基地分两期，一期为宿北大战遗址公园，资产为宿豫区退役军人事务局所有；二期为红色教育中心，资产为城开集团所有。基地运营主体为城开集团下属子公司宿迁市齐智文化传播有限公司，采取自营管理模式，设置项目有旅客接待讲解、学员研学培训、餐饮、住宿（白鹿湖新型农村社区配建33套民宿）等，讲解和物业采取劳务外包方式，累计带动周边居民就业约20人。2021年，基地礼堂单次接待最大规模为196人，餐饮单次接待规模为190人，民宿日最大接待规模为175人。全年，累计接待活动人数约20万人次，提供区级观摩点位100余次、市级观摩点位20余次。

（豫润集团）

址公园，获得区级奖补资金50万元；7月1日，宿北大战红色教育中心正式开园。深化“厕所革命”，提升旅游公共服务能力，完成新改造旅游厕所4座。完善乡村旅游服务配套设施，加快推进全区特色田园乡村发展，全面提升旅游服务质量，对幸福大道内环线导视系统进行维护和修缮，新建标识牌3座。

【旅游行业管理】 持之以恒推进疫情防控和平安旅游建设工作。2021年底，江山大酒店和枫华丽致酒店获评宿迁市“平安饭店建设工作先进单位”称号。持之以恒推进游客满意度提升工作。依托全国旅游监管服务平台深化“放管服”改革，全面推进旅行社业务“不见面”办理、备案。2021年新增2家旅行社，全部实现网上实时监控。受疫情影响，为3家旅行社申请暂退质保金40万元。推进酒店星级标准化管理，2021年枫华丽致酒店和江山大酒店顺利通过省星评检查组评定性复核。开元曼居酒店创成省三星级旅游饭店。枫华丽致酒店荣获市级“文明旅游示范饭店”称号，杉荷园景区荣获市级“文明旅游示范景区”称号。

运输管理

【概况】 2021年，全区完成货运量1328.17万吨，比上年增长30.13%。其中，公路货运879万吨，增长0.34%；水路货运449.17万吨，增长88.42%。实现货物运输周转量27.36亿吨公里，比上年增长14.83%。其中，公路货物周转量26亿吨公里，增长18.18%；水路货物周转量1.36亿吨公里，增长4.12%。2021年，完成港口货物吞吐量197.66万吨，同比减少30.3%。

【运输审批】 2021年新增个体业户487户，新增物流企业55家，新增车辆1490辆，年审车辆6632辆，注销车辆609辆、道路运输企业241家。探索营运车辆转籍过户全国通办、联办新模式。4月12日，办理完成省内首例、跨省首例营运车辆异地转籍业务，率先在全省、全国实现通办联办。推出货车ETC套餐式服务，审批环节由4个优化为1个，审批时限由2个工作日压减至0.5个工作日，申请材料由17份精简至6份，交通窗口实现经营许可证、道路运输证、ETC等业务“一站式办理”。实施运输车辆年审终端前置，使《道路运输证》年审申请简便化、前置化。

【运输安全监管】 全年，共排查整改公路基础设施安全隐患235条，整改率100%；排查整改“两客一危”、镇村公交等领域隐患54个，全面压紧压实企业安全生产主体责任。做好安全生产前置性风险评估、重大风险隐患排查、应急预案编制工作。

【维修驾培市场管理】 严把机动车维修市场准入关，全年，共完成备案机动车维修业户74家，检测治理尾气超标车辆267辆。培训初驾学员6000余人，客货运营业性驾驶员3549名，继续教育人员319名。

【城乡公共交通】 截至年底，全区范围内开辟城市公交线路35条，镇村公交21条。其中，城市公交由市交通运输局统一管理，城乡公共交通车辆拥有量为14.53标台/万人；镇村公交交由宿迁市顺达镇村公共交通有限公司经营，管理人员11名，驾驶员26名，公交车22辆，其中新能源车辆9台，营运线路总里程198.8千米。全区镇村公交开通率达100%。

【运输综合执法】 加大超限超载治理力度。落实治超长效机制，不断加强执法检查力度，全年查获违法超限运输440台次，卸驳载6800余吨。强化科技治超运用，于省道S325的27K+400处由西向东方向新建货车专用通道和不停车动态称重系统，开启宿豫治超“机器换人”的新局面，公路超限超载率明显下降。

严查车辆运输违规行为。以“两客一危”为重点，持续开展旅客运输“春雷行动”、非法营运百日整治、超限专项治理、危险化学品运输安全整治、白酒市场打假、成品油非法运输治理、扫黑除恶专项斗争、猪瘟管控等执法活动，始终保持对非法经营行为的严查严管状态。全年查获案件1100余件，其中网约车（黑车）案件310件、超限运输440件，改装35件、其他违章运输325件。首次开出宿豫区货运车辆因超限超载吊销道路运输证处罚案件1件。落实“一超四罚”和信用监管制度。采取现场调查取证和约谈企业两种方式，严格落实“一超四罚”，运用信用监管手段，有效遏制货车超限超载违法违规行为，营造安全畅通的道路运输环境。

扬尘污染防治执法检查。开展汽车维修行业VOCs排放整治。持续对区政府国控点三千米范围内的19家烤漆房进行整改，其中13家按照要求完成搬迁；6家拆除烤漆设备，改为无尘车间、不再从事喷涂业务。落实港口码头大气扬尘管控。推动辖区5家内河港口码头进行规范提升，关停中石油、国际港、金通港口、宏远4家码头，批复惠然实业码头港口岸线投入使用。

【物流运输】 截至2021年年底，宿豫区拥有证照的物流企业208家，其中普货运输企业197家、网络货运1家、危险品运输企业7家、水路运输企业2家、客运企业1家。营运车辆共5154辆，其中运输企业车辆1661辆、危险品运输车辆168辆、个体营运车辆共3301辆，镇村公交车辆24辆，船舶263艘。物流从业人员达5000余人，年运输营业额约35亿元，年货运量约1300万吨，年货运周转量约27亿吨公里。拥有快货线路28条，干线运输车辆900辆，分别有宿迁至上海、天津、陕西、浙江、山东等省市线路。物流园区主要有京东淮海经济区电子商务运营中心、京东信息科技园快递配送中心、质押仓库，龙头物流企业有江苏健安物流、京东网络货运和琛港物流等3家。

（董　璇　马四杰）

金融业

金融监管
水投集团
豫润集团
道勤集团
工行宿豫支行
中行宿豫支行
建行宿豫支行
农行宿豫支行
农发行宿豫支行
邮储银行宿豫支行
交行宿豫支行
江苏银行宿豫支行
南京银行宿豫支行
张家港农商银行宿豫支行
宿豫东吴村镇银行
中信建投宿迁营业部
人保财险宿豫支公司
太平洋财险宿豫支公司
太平财险宿迁中支公司
华泰财险宿迁支公司
大地财险宿迁中支公司

宿豫年鉴

2022 SUYU YEARBOOK

金融监管

【概况】 2021年，宿豫区围绕服务实体经济、防控金融风险、深化金融改革三项任务，先后印发《宿豫区2021年度金融工作考核办法》和《关于印发2021年全区金融工作要点的通知》等文件，以加大信贷投放、防范化解金融风险、加快多层次资本市场建设为目标，提升金融供给质量，助力地方经济高质量发展。截至2021年年底，全区综合金融服务平台注册市场主体6468户。其中，年内新增（注册）市场主体558户，发布融资需求1045笔，解决融资需求752笔、金额22.33亿元。12月末，区内外银行机构人民币各项贷款余额610.66亿元，比年初净增加140.55亿元，增幅29.90%。其中，普惠型金融占比24.27%，位列全市第二。

【政银企合作】 10月，印制《宿迁市宿豫区银行机构产品政策汇编》，助推政银企合作交流。全年，共组织开展银企对接会4次。4月，组织10余家意向企业开展政银企恳谈会，为2家企业争得4000万元授信贷款支持。5月，组织市级金融机构走进宿豫融资对接活动，推送企业贷款需求91条，政、银、企三方围绕企业需求信息开展广泛深入交流，进一步密切业务联系，加强工作互动，拓展合作范围。10月，组织开展“市级银行业、保险业服务乡村振兴试点乡镇工作推进会”，进一步探索融资模式，服务乡村振兴工作。12月，协调中国银行宿豫支行联合宿迁高新区举办政银企金融服务对接会，20余名企业代表当场对中国银行普惠金融授信政策及融资产品表示认可，并明确合作意向。

【企业上市推动】 10月，出台《区政府办公室关于鼓励和扶持企业上市（挂牌）的实施意见》，完善企业上市奖补政策，促进区内各类企业对接多层次资本市场，加快挂牌、上市步伐。2021年，江苏益客食品集团股份有限公司获批在深圳证券交易所创业板上市，并于2022年1月18日实现首发上市。宿迁市万尚新材料科技有限公司、宿迁网博信息科技有限公司、宿迁市宸龙米业有限公司、宿迁市宿豫区正强米业有限公司等4家企业分别于6月1日、7月9日、9月15日、10月19日在江苏省股交中心成长板完成挂牌。9月，宿迁联盛科技股份有限公司完成证监会报备。2月28日，江苏阿尔法药业有限公司进入上市辅导阶段。截至2021年年底，全区已挂牌上市企业66家，其中在上海证券交易所主板上市企业2家，即新亚强硅化学股份有限公司和江苏博迁新材料股份有限公司；在深圳证券交易所创业板上市企业1家，江苏秀强玻璃工艺股份有限公司；在新三板上市企业4家，宿迁市永星化工有限公司、江苏力引建材科技股份有限公司、江苏华星新材料科技股份有限公司、江苏众客食品股份有限公司；在江苏股权交易中心上市企业59家，价值板18家、成长板41家。

11月22日，宿豫区与中国银行宿迁分行签订战略合作框架协议

（韩 琦 供图）

【融资推动】 2021年，全区新增直接融资345660万元。高新区平台投融资租赁2亿元；高新区平台投发行债券7亿元，其中非公开定向债务融资（PPN）3亿元、中期票据4亿元。宿迁高森绿化工程有限公司私募约10369万元。宿迁市宿豫区水务建设投资集团有限责任公司融资租赁1.5亿元。宿迁裕丰资产经营管理有限公司实现融资租赁2.1亿元，发行债券10亿元。宿迁电子商务产业园区发行私募债8797万元。宿迁中医院完成债券专项资金0.36亿元。江苏秀强玻璃工艺股份有限公司发生权益变动9.7亿元。

【金融风险防控】 2021年，宿豫区先后印发《关于组织开展涉嫌非法集资风险常态化排查的通知》《关于开展非法集资风险专项排查整治活动的通知》等文件，组织各乡镇、街道、园区及区打击和处置非法集资工作领导小组各成员单位对重点风险点开展涉嫌非法集资风险线索排查处置活动10余次，累计移交涉嫌非法集资线索3条。印发《关于常态化开展防范非法集资宣传教育活动的通知》，组织各乡镇、街道、园区及区打击和处置非法集资工作领导小组各成员单位常态化开展防范非法集资现场宣传活动4次，发放宣传材料6000余份，接受咨询近1000人次。拓展宣传渠道，与区融媒体中心合作，通过其中心车载广播、公众号、应急广播等形式，扩大“线上”宣传触及面，加大防范非法集资宣传力度。加强对小贷、担保等融资企业监管。全年，累计处理关于小贷公司投诉事件30余次；劝退区内不合规经营企业2家，10月12日注销保丰担保公司融资担保业务许可证，12月9日终止半边天小贷公司经营资格。全年，压降吸纳互助金金额3.95亿元，压降投放互助金金额1.52亿元；互助金吸纳规模压降至余额1.34亿元，互助金投放余额压降至3.18亿元。完成黄墩、王官集、农园、侍岭、下相、保安、关庙、丁嘴、陆集、新庄、仰化、城宇、曹集、皂河、蔡集、来龙、大兴、顺河18家互助网点撤并。筹集维稳应急资金3亿元、到账2亿元，通过国有平台完成资金回收3.3亿元，资产变现1.24亿元。保证储户兑付需求。

【金融服务】 围绕重点产业链培育开展金融服务2批次。协调辖区内银行机构为江苏劲鹿新能源科技有限公司提供金融服务，其中张家港农商银行宿豫支行于1月为其续贷，并降低年息至4.65%；中国银行宿豫支行于12月为其提供500万元信贷支持，另江苏银行宿豫支行等银行将其纳入存量客户；协调银行机构帮助赛得利（江苏）纤维有限公司解决融资需求。全面落实《关于落实全区综合金融服务平台有关任务的通知》精神，督促相关单位加快平台宣传推广，扩大综合金融服务平台知晓率；督促各银行机构及时将存量及增量的企业、个体工商户普惠贷款录入平台，实现普惠业务应上尽上、做大平台普惠贷款余额，确保线上线下普惠业务齐头并进。协调银行机构优化信贷结构，提高贷款审批和发放效率，从管理机制、审批流程、业务环节上创新服务模式，逐步提高中小微企业贷款满足率、覆盖率和服务满意率；协调银行机构创新金融产品，精准对接资金需求主体，构建“线上+线下”相结合的综合金融服务新模式。切实落实省市对投资类企业工商登记会商要求。全年组织区公安分局、区税务局、区市场监督管理局等有关部门开展股权投资类企业会商10次，通过会商变更登记企业32家。

（卢　颖）

水投集团

【概况】 2021年，宿迁市宿豫区水务建设投资集团有限责任公司（以下简称“水投集团”）总收入1.64亿元，同比增长26.2%，实现利润2390.97万元，同比增长27.1%。

【担保工作】 截至2021年年底，水投集团对外担保总额为16.4亿元，其中包括宿迁城开建设集团有限公司向农业发展银行贷款5.9亿元，宿迁裕丰产业投资发展管理集团有限公司向江苏国际信托贷款10亿元，宿迁市运河湾自然农园有限责任公司向华夏银行贷款5000万元。

【融资工作】 2021年底，水投集团融资余额为163368万元，其中自身生产经营使用融资10800万元，其余152568万元均转借给区财政及有关平台公司使用，其中区财政局所属宿迁市豫荣产业投资发展管理有限公司使用104713万元、宿迁城开建设集团有限公司使用6000万元、宿迁高新区所属江苏宿豫经济开发区开发投资有限公司使用2.8亿元、宿迁裕丰产业投资发展管理集团有限公司使用8855万元、宿迁市运河湾自然农园有限责任公司使用5000万元。

（袁凤江）

豫润集团

【概况】 2019年2月，宿迁豫润产业投资集团有限公司（以下简称“豫润集团”）成立，位于宿迁市宿豫区洪泽湖东路金莎大厦。主要从事自有资金投资与管理，游览景区、酒店、餐饮管理，工程管理、土地整治、会议及展览等服务。2021年12月，根据《宿豫区国有企业整合提升实施方案》（宿豫办发〔2021〕83号）精神整合后，豫润集团下辖宿迁豫尚科技发展有限公司、宿迁市宿豫区永泽明清殡葬服务有限公司、宿迁预和堂健康管理有限公司、宿迁豫智文化产业发展有限公司、宿迁鑫融资产经营管理有限公司等5家二级子公司。

【融资保障】 截至2021年年底，豫润集团完成融资到账2.43亿元，保障宿豫中学、宿豫实验初中等4校稳定运营，以全额支付方式完成来龙中心医院（农村区域性医疗卫生中心）设备代采购，为宿豫中学和区公共卫生服务中心建设提供资金支持。

（豫润集团）

道勤集团

【企业重组】 12月，根据《宿豫区

来龙中心医院门诊楼　（区融媒体中心　供图）

国有企业整合提升实施方案》(宿豫办发〔2021〕83号)精神,整合成立宿迁道勤投资集团有限公司(以下简称“道勤集团”),为宿迁市宿豫区全资国有公司,集团业务涵盖融资性担保、授权范围内的国有资产营运。辖江苏道勤融资担保有限公司、江苏邦丰融资担保有限公司和江苏玖天科技有限责任公司3家二级子公司。2021年,江苏道勤融资担保有限公司、江苏邦丰融资担保有限公司分别被区政府表彰为“金融先进单位”。

【主营业务】 道勤集团紧紧围绕区委、区政府“工业强区、电商名城、幸福家园”决策部署,专注主业,不断开拓业务发展,为地方中小企业提供多元化融资担保服务;集中精力做好资产盘活工作,实现国有资产保值增值,较好地完成区委、区政府下达的各项工作任务。截至2021年12月,公司累计完成担保金额60亿元,年末在保余额7.09亿元,累计上缴国有资本收益2164.7万元,公司总资产达6.85亿元,全年实现主营业收入1512.2万元。

(朱 青)

工行宿豫支行

【概况】 1992年7月,中国工商银行股份有限公司宿迁宿豫支行(以下简称“工行宿豫支行”)成立,主要为宿豫区重大项目和重点企业投放信贷资金,满足区内广大人民个人贷款和金融产品需求。2021年,工行宿豫支行年末贷款余额比年初增加4.8亿元;存款余额比年初增加2.5亿元,较好完成全年工作任务。

【存款业务】 截至2021年12月末,工行宿豫支行各项存款余额32.97亿元,较年初增长4.4亿元。其中,储蓄存款时点新增1.5亿元,对公存款时点新增2.9亿元。

【贷款业务】 截至2021年12月末,工行宿豫支行各项贷款余额37.3亿元,较年初新增3.46亿元。其中,个人贷款余额18.45亿元,较年初新增2.52亿元;公司贷款余额18.88亿元,较年初新增0.94亿元。在个人贷款余额中,个人住房贷款较年初新增1.92亿元,个人经营贷款较年初新增0.62亿元。在公司贷款余额中,项目贷款较年初新增1.83亿元。

【普惠金融】 2021年,工行宿豫支行通过“线上+线下”模式,在风险不扩大的情况下,做好存量转贷与新户扩容,支持实体经济稳健发展,做实做活普惠金融业务,对数字供应链、e抵快贷、e企快贷、e税快贷和经营快贷等线上重点产品开展营销,利用首贷扩面行动、金融服务乡村振兴战略等活动,加强与网点联动营销,扩展客户资源及服务范围,全年办理个人“e抵快贷”74笔,金额6470万元;新拓展公司信贷客户5家,为3家老客户新增融资2500万元。截至2021年12月末,工行宿豫支行普惠人行降准口径较年初新增1.03亿元,完成工行宿迁分行下达的任务指标。

(张 嫱)

中行宿豫支行

【负债业务】 截至2021年12月末,中行宿豫支行(以下简称“支行”)全量金融资产时点余额40.3亿元,较年初减少1.5亿元;支行全量金融资产日均余额34.57亿元,较年初新增6.41亿元;人民币支行存款时点余额32.68亿元,较年初新增5.08亿元。截至2021年11月末,个人客户全量金融资产日均余额17.73亿元,新增2.35亿元,增幅15.27%。

【资产业务】 截至2021年12月末,支行表内外贷款余额39.78亿元,较年初新增8.19亿元,增幅25.93%。截至2021年11月末,支行个贷余额为43.15亿元,新增9.54亿元,银行卡透支及分期新增2.13亿元。总体增长率为12.01%。

【营业收入】 截至2021年11月末,支行金融业务本期营收9377.44万元,比上年同期增幅72.34%;个人金融业务本期营收10552.13万元,比上年同期增幅32.57%;宿豫支行本期营收19929.57万元,比上年增幅48.72%。

(袁 昊)

建行宿豫支行

【概况】 2021年,建行宿豫支行综合金融服务平台新增注册市场主体101户。年末,行内贷存比为323.56%。普惠金融贷款余额为37452.8 万元,较年初新增10266.48万元,增长率为137.76%。

【存款业务】 截至2021年12月31日,建行宿豫支行一般性存款余额84412.87万元,较年初新增21541.48万元。其中,个人存款余额64875万元,较年初新增17028万元;对公存款余额19537.87万元,较年初新增4513.48万元。

【贷款业务】 截至2021年12月31日,建行宿豫支行各项贷款余额为273127万元,比年初增加57792万元。其中,工业贷款余额83015万元,比年初增加51924万元;制造业贷款余额18655万元,比年初增加8714万元;农业贷款余额3929万元,比年初减少50万元;个人消费贷款余额155943万元,较年初减少2796万元。

【金融服务】 2021年,建行宿豫支行为宿豫区城镇建设开发有限公司投放苏北农房改善贷款9560万元,城市更新贷款33750万元,助力城镇化建设。代收职工养老保险约2.3万笔,金额18600万元;代收医疗保险约1.6万笔,金额6000万元;代收居民医保4300笔,金额129万元。配合司法机关打击经济犯罪，防范金融诈骗。全年，累计协助司法查询、冻结、扣划业务共51笔，堵截电信诈骗13起。

（李子昂）

农行宿豫支行

【概况】 2021年，农行宿豫支行以党建为统领，贯彻执行上级行党委决策部署，锚定年度目标考核，抓好业务经营，在农行宿迁分行营业网点考评中，宿豫支行位列核心网点第一名。截至2021年12月末，宿豫支行存款总额217852万元，较年初增加31205万元；贷款总额562706万元，较年初增加70780万元；新增借记卡200余张，E收款50余户。

【主营业务】 2021年，农行宿豫支行从以周边稻米加工项目为重点营销突破，推进“一项目一方案一授权”普惠贷款营销；持续开展“万人进千村”农户贷款营销；落实和提升规上企业金融服务；增强普惠金融综合服务能力四个方面高质量推进信贷投放，稳步提升服务实体经济和“三农”质效。截至12月末，支行制造业贷款117081万元，较年初增加11111万元；农业贷款余额426325万元，较年初增加59669万元，其中发放惠农贷款64笔，金额1650万元。

（王　勇）

农发行宿豫支行

【概况】 中国农业发展银行宿迁市宿豫支行（以下简称“农发行宿豫支行”）成立于1997年9月10日，属农业政策性银行，主要办理粮食等重要农产品收储贷款、农业基础设施改造建设贷款等涉及“三农”类贷款业务，有职工18人。截至2021年年底，农发行宿豫支行各类贷款余额32.77亿元，比年初净增3.88亿元；全年累放各类贷款8.97亿元，日均存款余额7.10亿元。

【信贷支农】 2021年，农发行宿豫支行认真贯彻落实国家各项惠农政策，以服务乡村振兴、支持地方经济为中心，以加快自身发展为主题，进一步扩大信贷投入。全年，累计发放粮食收购贷款2.62亿元，收购粮食10526.28万千克，有力地促进宿豫地区农民的增收。

持续推进宿豫区农房改善项目。2021年，共申报农房项目8个，累计金额10.86亿元，支持项目数量和贷款规模均位于全区金融系统首位，有效支持地方经济发展。2022年2月21日，农发行宿豫支行被宿豫区人民政府表彰为2021年度服务地方经济发展先进金融机构。

（张大海）

邮储银行宿豫支行

【概况】 邮储银行宿豫支行推进业务规模与转型协调发展，实现存贷稳中有进，超额完成全年目标。全年累计票据贴现量5.08亿元，任务完成率122.02%；保险销量4784万元，长期险销量290万元，完成率118%；新增代发单位21户，完成率111%，代发金额累计发放44396万元，完成率121%；新发信用卡4777张，完成率109%，激活首刷率46.64%。

【存款业务】 邮储银行宿豫支行个人储蓄存款余额18.20亿元，年日均净增1.30亿元，计划完成率101%。公司存款余额13.14亿元，年日均余额14.07亿元，本年净增4.06亿元，计划完成率116.70%。

【贷款业务】 截至12月末，邮储银行宿豫支行小企业贷款当年净增5446万元，年计划完成率104%。小额贷款年净增20037万元，全年计划完成率102%；非房消费贷款年净增13657万元，全年计划完成率197%；住房贷款年净增29987万元，全年计划完成率176%。

【网络金融服务】 2021年，邮储银行宿豫支行新增网络收单户数1097户，目标完成率119%；净增日均联动余额3284万元，目标完成率151%；手机银行宿豫支行年激活客户数7833户，完成率124%，快捷绑卡本年激活客户数12589户，完成率119%。

【信用金融建设】 2021年，邮储银行宿豫支行加强辖区内重点乡镇、街道、社区走访，强化邮银协同，与重点社区开展信用村创建签约授牌，促进惠农贷款走访营销。截至年末，成为市区第一家完成惠农经营贷目标的支行，创成信用村207个，建档信用户7850户。

（徐　欢）

交行宿豫支行

【概况】 2021年，交通银行宿豫支行以“补短板、调结构、强基础、稳内控”四项基本工作和四大金融江苏行动为落脚点，深度融合党建与中心工作，用好党史学习教育成果。2022年1月，交行宿豫支行被区金融办表彰为宿豫区2021年度服务地方经济发展先进金融机构；被交通银行江苏省分行表彰为交通银行江苏省分行先进基层经营单位。

【信贷投放】 截至2021年年末，支行各项贷款余额17亿元，同比增幅64.23%。其中，制造业贷款总额7.2亿元，同比增幅49.2%；涉农贷款1232万元，同比增幅23%；个人消费贷款余额3.9亿元，较年初净增2.3亿元，非购房消费贷款余额2200万元，较年初净增1800万元。

【金融普惠】 上线定制普惠e贷和“宿易贷”系统，组织开展多场银企交流会，落实疫情防控期间各项到惠企政策，将延期还本付息政策落到实处，对所有符合条件的小微企业做到“应延尽延”“应贷尽贷”，多措并举助力小微企业发展。2021年年末，普惠“两增”（普惠型小微企业贷款的增速和户数的增长）中贷款余额1.56亿元，较年初净增0.74亿元；普惠“两增”中客户数108户，较年初净增44户；制造业普惠贷款余额7061万元，较年初净增1175万元。

【改革创新】 2021年2月初，为宿迁高新技术产业开发区创建的智慧园区平台投入运营，依托该平台为宿迁高新技术产业开发区发行3亿元定向债务融资工具，并配置宿迁市首笔信用风险缓释凭证。优化开户流程，推进电子印章开户业务运用，实现15分钟内完成开户申请和账户备案流程。围绕开放银行支付API输出，落地2户收单商户以及交通银行宿迁分行辖区第一个小程序托管收银台商户项目，在商户结算业务的技术和渠道转型有新突破。

（孟思远）

江苏银行宿豫支行

【概况】 2021年，江苏银行宿豫支行（以下简称“支行”）内设综合管理部、公司业务部、小微企业部、零售业务部、营业室5个部室，共26人。截至2021年年底，支行表内外贷款余额58.47亿元，比年初新增6.3亿元，增长12.07%。其中，公司授信余额43.59亿元，比年初新增5.69亿元，增长15.01%；个人贷款余额14.88亿元，比年初新增0.61亿元，增长4.27%。

【存款业务】 截至2021年12月末，支行存款余额11.92亿元，比年初下降1.28亿元，下降9.72%。其中，公司存款余额6.69亿元，比年初下降2.34亿元，下降25.91%；储蓄存款余额5.24亿元，比年初新增1.05亿元，增长25.21%。

【贷款业务】 截至2021年12月末，支行表内外贷款余额58.47亿元，比年初新增6.3亿元，增长12.07%。其中，公司贷款余额43.59亿元，比年初新增5.69亿元，增长15.01%；个人贷款余额14.88亿元，比年初新增0.61亿元，增长4.27%。

【金融服务】 2021年，支行紧跟宿豫区经济发展的新思路，多措并举助力地方经济发展，不断加大对实体企业，尤其是制造业贷款支持力度，制造业贷款比年初新增5.55亿元；依托特色产品助力绿色企业经营发展，打造绿色金融品牌，绿色信贷余额11.18亿元；深耕细作高新技术企业，提升高新技术企业和人才客户信贷总量，高新技术企业贷款余额7.91亿元；推进宿豫区城市更新项目和重点房地产项目，为城市品质提升贡献金融力量；运用“经营随e贷”等优势产品，推出无还本续贷和信用贷款工具，普惠贷款比重提升3.59个百分点。

（葛晓磊）

南京银行宿豫支行

【概况】 2021年12月16日，南京银行宿豫支行正式开业。开业当日，向宿豫区慈善总会捐款10万元。年内，支行坚持“做强做精做出特色”发展思路，发挥科技金融引领作用，强化“专精特新”中小企业赋能提升，紧紧围绕“6+3+X”产业体系及产业链，有效拓展客户，服务实体，实现基础客群稳定增长。

【存贷业务】 2021年，南京银行宿豫支行牢固树立“存款立行、资产兴行、质量强行、内控先行”经营理念，各项业务工作稳步推进。截至2021年12月31日，存款余额11.92亿元，表内贷款余额27.11亿元。其中，储蓄存款余额0.55亿元，个人贷款余额4.05亿元。

（左璇子）

张家港农商银行宿豫支行

【概况】 2021年，张家港农商银行宿豫支行（以下简称“支行”）响应地方政府和监管部门要求，全力做好疫情防控和普惠金融服务实体经济工作，加大小微和民营企业，尤其是防疫重点企业的普惠力度，提升金融服务效率。年内，支行先后被授予宿迁市“2021年度银行业工作先进单位普惠金融贡献奖”、宿迁市“2021年度银行业工作先进单位综合考核二等奖”、“2021年宿迁市反假货币工作先进单位”、“2021年度宿豫区服务地方经济发展先进金融机构”等称号。支行营业部获评“2021年宿迁市青年安全生产示范岗”。行内，1人获宿迁市

12月16日，南京银行宿迁宿豫支行开业　（左璇子　供图）

"巾帼建功标兵"和宿豫区"三八红旗手"；1人获宿迁市"2021年度全市打击治理电信网络诈骗犯罪工作（金融业）先进个人"、宿豫区"2021年度金融工作先进个人"；1人获"2021年度宿迁市反假货币工作先进个人"。

【存款业务】 截至2021年12月末，张家港农商银行宿豫支行本外币各项存款余额197603.82万元，较年初增加2183.2万元，存款日均为190789.48万元，其中：对公存款日均170,151.20万元，较年初增长43,388.04万元。储蓄存款日均20,638.28万元，较年初净增2,579.35万元。

【贷款业务】 截至2021年12月末，该行共发放表内外业务合计融资为305926.4万元，较年初净增长29100万元，增幅10.51%。其中，表内授信295161.4万元，较年初净增29408.93万元；表外敞口授信10765万元，较年初减少325万元。展期贷款3794.56万元，借新还旧贷款8380.79万元。全年，行内总贷款授信户数为5623户，授信余额295161.4万元，户均为52.49万元。敞口总户数6户，总授信余额10765万元，全年累计贴现22090.56万元。关注类贷款7966.23万元，次级类贷款959.98万元，可疑类贷款677.47万元，损失类贷款188.12万元。全年累计处置不良贷款965.60万元。

【金融普惠】 2021年，支行落实普惠金融政策导向，坚守"支农支小"市场定位，全力做好普惠金融服务实体经济工作。与宿豫区农业农村局对接，参与农户宣讲活动，帮助农户补充农业发展资金。与省农业担保公司合作创新"惠农快贷"产品，审批快捷，大力支持解决辖区种养殖业的融资难、融资贵、无担保的难题。年内，该行共投放农户贷款3016户，余额92747.36万元；发放小微企业贷款1629户，余额138115.20万元，户数、余额分别较年初增加400户、16540.26万元，增幅分别为32.55%和13.60%。农户和小微企业贷款占全行总授信的71.07%。

【金融抗疫】 2021年，张家港农商银行宿豫支行依据张家港农商银行总行推出金融抗疫政策，通过切出专项优惠利率额度，推出"复工优贷""优农贷"等新产品，调低线上产品"房抵e点贷"利率、提高"省心快贷"贷款额度等举措，降低融资成本。

【金融防骗】 2021年，支行关注老年人、青少年、贫困人群和残障人员的金融知识需求，开展防范非法集资、普及金融知识进乡镇、新版人民币宣传、反假币宣传、防范网络诈骗、金融消费者权益保护等宣传活动20场。加强涉案账户管理，其中1起防范涉案案例被宿迁市人民银行作为典型案例推送至南京市人民银行。该案中两名嫌疑客户被公安机关确认为涉嫌协助网络诈骗而被抓捕。行内2名员工被宿豫区人民政府授予"见义勇为"称号。

（陆冬惠）

宿豫东吴村镇银行

【概况】 2021年，宿豫东吴村镇银行营业收入6292.43万元，较上年同期增加714.66万元，增幅12.81%；营业支出2009.57万元；营业净收入4282.85万元，较上年同期增加658.17万元，增幅18.16%；利润总额974.54万元、净利润753.92万元。2021年4月，被中国人民银行南京分行表彰为江苏省金融统计"四星示范统计单位"；2022年3月，被中国人民银行宿迁市中心支行表彰为2021年度反假货币先进单位；2022年2月，被宿豫区人民政府表彰为宿豫区2021年度服务地方经济发展"先进金融机构"；2022年2月，被中国人民银行宿迁市中心支行表彰为2021年度金融统计工作先进集体；6月，在2021年第十届新型金融机构论坛上被授予"十佳普惠金融村镇银行"称号。

【存款业务】 截至2021年12月末，全行存款余额67039.92万元，其中储蓄存款余额47062.43万元，较年初增加10906.74万元，增幅30.17%。

【贷款业务】 截至2021年12月末，全行贷款余额102488.09万元，其中零售（含小微）贷款余额94798.33万元，较年初增加16274.66万元，增

宿豫东吴村镇银行在来龙镇租口城村开设农村普惠金融综合服务点。图为10月28日的开业仪式 （董梦 供图）

幅20.73%。年内，全行逾期贷款余额836.83万元，较年初增加236.43万元；逾期90天以上不良贷款636.83万元，占不良贷款比例76.10%。全行不良贷款余额836.83万元，较年初增加236.43万元；不良率0.82%，较年初上升0.13%。

【行内客户】 截至2021年12月末，全行存款总户数38880户，较年初增加3337户，增幅9.39%。贷款总户数2487户，较年初增加270户，增幅12.18%。发行银行卡35044张，较年初增加3046张，增幅9.52%。手机银行19916户，较年初增加3361户，增幅20.30%。

【金融服务点增设】 落实金融“上网+进村”战略部署，践行金融普惠，深化基础金融服务和其他特色服务，服务国家乡村振兴战略实施，全年累计增设普惠金融服务点6处。10月，在顺河街道、曹集乡、来龙镇分别开设服务点3处；11月，在兴南社区服务点开业、土楼服务点试营业。12月，运东社区服务点试营业。

【产品推广】 强化申请数量、授信通过率、授信完成率、用信完成率“四个指标”考核，促进“东吴E贷”产品营销。截至2021年12月末，累计授信342户、授信金额2889万元，用信户224个，用信余额1791万元。全行信用村惠民贷共收集13个村、45个组、5018户的信息，做好1个村、2组、50户的测评工作，完成大兴镇先进村2个小组50名农户的信息分配工作。通过微信表单转发、存量贷款客户转换、电话营销获客300余户。“微易贷”累计上报15户，共计290万元，平均利率为7.36%。7月，宿豫东吴村镇银行与通联支付合作，开展收单业务，拓展收单商户304户，交易笔数135713笔，交易金额8803.40万元。同时，开展微信支付绑定消费立减活动。

（董　梦）

中信建投宿迁营业部

【概况】 中信建投证券股份有限公司宿迁恒山路证券营业部（以下简称“中信建投宿迁营业部”）成立于2011年11月8日，注册（办公）地址为宿豫区锦华名园B栋B4—6商铺。2021年，中信建投宿迁营业部共有11名员工，其中年内新入职4名。年内，实现营业收入536.53万元，获得利润254.76万元，均较上年有较大提升。

【主营业务】 2021年，中信建投宿迁营业部实现新开户657户，完成率23%。其中，有效户214户，完成率为42%；中高端客户27户，完成率102%。完成民丰农商行的账内投顾签约以及泗洪农商行和沭阳农商行自营投顾展期续作，累计资金规模14亿元。通过“固益联”“稳富”等系列产品，实现固收产品认购10.09亿元，销量位居全公司第一。年内，营业部实现利润254.76万元，其中产品收入79.33万元。

（娄园红）

人保财险宿豫支公司

【概况】 中国人民财产保险股份有限公司宿迁市宿豫支公司（简称“人保财险宿豫支公司”）是四级分支机构，经营范围包括企业财产保险、运输工具保险、家庭财产保险、货物运输保险、责任保险、信用和保证保险、健康保险和意外伤害保险、政策性农业保险等。下设8个部门和4家营销服务部，共有员工106名，公司营业场所位于宿迁市宿豫区井冈山路1号。2021年，公司实现保费收入3.8亿元，完成协作纳税2986.3万元，其中车船使用税2154.7万元，税收贡献率位居宿豫区金融行业前列，蝉联“服务地方经济发展先进金融机构”称号。

【主营业绩】 2021年，人保财险宿迁市宿豫支公司保费收入3.8亿元，其中车险保费2.9亿、非车险保费6610万元、农险保费2525万元，三大业务板块持续保持稳定增长态势。累计支付各项赔款1.96亿元，补偿各类出险案件5万余件，为全区人民提供安全可靠的保险保障。

【保险支农】 2021年，人保财险宿豫支公司承保由宿豫区扶贫工作办公室主办的宿豫区“缓解低收入人口因贫致困保险”项目，为宿豫区5.3万低收入人群人身意外提供保障。

创新推出商业性肉鸡扩展保额保险、政策性肉鸡保险等新型农业保险，并开办出全市肉鸡扩展保额保险第一单、全市政策性肉鸡保单第一单，弥补肉鸡养殖环节风险防范空白，实现肉鸡养殖全程风险保障。融入宿豫“中国藕庄”打造，全力做好保险关联保障供给。截至2021年12月26日，人保财险宿豫支公司累计承保莲藕面积19.13平方千米，实现保费收入143.58万元，为辖区内藕农提供总价值2871.56万元的种植风险保障。持续加大蔬菜大棚保险推广力度，截至2021年12月31日，全区设施大棚保险保费收入199.65万元，同比增速38%，为参保农户提供2462万元的种植风险保障。截至年底，支公司累计开办农险险种产品50个，其中主要种植业险种产品9个、高效设施农业险种产品41个。公司累计承担农业风险7.02亿元，处理案件1200余件，赔付1412万元。

【“江苏医惠保1号”推行】 2021年，人保财险宿豫支公司按照政府引导、市场主导、个人自愿参保原则，做好“江苏医惠保1号”推行工作，为区内参保群众做好基本医疗保险之后的衔接补充，重点解决参保人员在享受大病、重病基本医保保障之后而面临的个人重负难题，对基本医疗保险进行有益补充。截至2021年12月31日，公司共吸1.4万余人参保。

（周江红）

太平洋财险宿豫支公司

【概况】 2021年，中国太平洋财产保险股份有限公司宿豫支公司（以下简称“太平洋财险宿豫支公司”）聚焦新渠道经营，加强保代渠道及个销渠道铺设，增设来龙镇、大兴镇2个“三农”服务站点，承保宿豫区小康托底保险项目（创新险种）、宿豫区卫生健康管理局意外险项目、宿豫区保安公司雇主责任险项目等政保业务，中标新庄镇、关庙镇2021—2024年度政策性农业保险服务项目及宿豫区政府用车车辆保险项目。从产品、客户、渠道、区域等方面制定全面的发展策略，全年实现保费收入2285.76万元。

【保费收入】 2021年，太平洋财险宿豫支公司实现保费收入2285.76万元，完成全年计划99.38%，保费同比减少11.7%。其中，车险保费收入1925万元，同比减少17.1%；非车险保费收入301万元，同比增长6%；农险保费收入59.76万元，同比增长100%。

【利润分析】 至2021年12月底，公司报表利润为704.1万元，全险种综合成本率94.6%，其中车辆保险综合成本率96.9%、非车险综合成本率85%、农业保险综合成本率224.6%。

（薛　影）

太平财险宿迁中支公司

【概况】 2021年，太平财产保险有限公司宿迁中心支公司（以下简称“太平财险宿迁中支公司”）位于洪泽湖东路19号。2021年，在稳中求进的基础上，保持整体保费呈正增长。创新开展商业肉牛保险项目，实现保费约30万元。在理赔反欺诈打假、专票回收、物损减损、人伤调解及人伤减损均超额完成年度目标。车险立案结案率达成年度目标，居全省第二。

【主营业务】 2021年，太平财险宿迁中支公司完成保费1588万元，同比减少54%，序时进度101.2%；其中车险保费1180万元，同比减少62.9%，达成序时；非车险保费408万元，上年同期保费279万，同比增长46.23%，其中财产保险保费序时达成36.5%，意外健康险序时达成123.18%。

（高曼曼）

华泰财险宿迁中支公司

【概况】 华泰财产保险宿迁中心支公司（以下简称“华泰财险宿迁中支”）位于宿豫区洪泽湖东路19号B2幢（永成大厦）6楼，拥有门店总量21家。2021年，公司立足EA主渠道应对行业新变局，实现门店高质量发展，提升整体业务平台，在车险经营困难的转型期，提升非车险产能，实现年产利润124万元，基本实现年度发展目标。

【主营业绩】 2021年，华泰财险宿迁中支承保保单13495件，其中车险保单件数8730件、非车险件数4765件。承保保费1233.99万元，其中车险保费1097.45万元、非车险保费136.54万元。承担保险金额1319015.70万元，其中车险保险金额119359.07万元、非车险保险金额1199656.63万元。赔款支出822.35万元，其中车险赔款818.26万元、非车险赔款4.09万元。保费收入同比减少22.74%。

（付　勇）

大地财险宿迁中支公司

【概况】 中国大地财产保险股份有限公司宿迁中心支公司（以下简称“大地财险宿迁中心支公司”）成立于2007年6月29日。2017年5月，从宿城区清海湖路78—79号迁到宿豫区洪泽湖东路19号东苑大厦7楼。2021年，大地财险宿迁中心支公司本着“稳中有序、着眼未来”的思路拓展市场，截至2021年年底，公司市场份额为3.45%，市场排名居行业第六。

【保费收入】 2021年，大地财险宿迁中心支公司实现保费收入11006.7万元，同比增长1.33%，完成年度计划100.1%。其中，车险保费收入7002.5万元，同比降低3.6%；财产险保费收入3406万元，同比增长10.3%；意外险保费收入503.4万元，同比增长13.9%；健康险保费收入94.8万元，同比增长45.1%。

【利润分析】 截至2021年年底，大地财险宿迁中心支公司报表利润为319.84万元，全险种综合成本率96.17%。其中车险实现报表利润-111.6万元，较上年同期增加234.86 万元，车险综合成本率为101.86%；非车险实现报表利润417.33 万元，较上年同期减少157.01万元，非车险综合成本率为 79.96 %；意外险实现报表利润5.47万元，较上年同期减少23.68万元，意外险综合成本率98.95%；健康险实现报表利润8.64万元，较上年同期减少20.51万元，健康险综合成本率为84.85%。

（周晓宇）

开放型经济

综　述

宿迁高新技术产业开发区

宿迁生态化工科技产业园

宿迁电子商务产业园区

张家港宿豫工业园区

现代农业产业园区

宿豫年鉴

2022　SUYU YEARBOOK

综 述

【概况】 2021年，全区完成亿元以上达开工条件项目51个，超额21%完成市目标任务；实际利用外资突破3亿美元，增长1.24倍，引进单体突破百亿元的京东物流供应链项目，对外投资3584万美元，增幅5.18倍，总量全市第一；全区货物进出口总额突破9.7亿美元，增幅28.9%。

【招商引资】 新签约项目。市考核认定亿元以上新签约项目60个，超额9%完成市目标任务，协议总投资736.4亿元；其中，百亿元项目1个、50亿元项目4个、10亿—50亿元以上项目24个，5亿—10亿元项目9个，1亿—5亿元项目22个。达开工条件项目。市考核认定亿元以上达开工条件项目51个，超额21%完成市目标任务，协议总投资210亿元，其中10亿元以上项目11个（中玻新材料产业园50亿元，博迁新材料、东方雨虹、盛瑞新材料、新亚强科技、雅泽科技、洪硕科技、盛锦新材料、宁欣龙机械、杰芯半导体、华笙声学），5亿—10亿元项目5个，1亿—5亿元项目35个。科技型企业。市考核认定科技型企业37个，超额9%完成市目标任务。

【服务贸易（服务外包）】 2021年，通过调研、走访等各种途径掌握服贸存量企业状况，拟定工作推进方案，召开园区工作人员座谈会，讲解服贸业务商务部系统录入，推动目标任务落实。全年，实现服务贸易进出口3242.95万美元。

【对外及对港澳台贸易】 组织动员企业参加第129、130届广交会，第31届华交会，“江苏优品 · 畅行全球”线上对接会，2021年中国跨交会（秋季）等重点贸易展会，累计申请展位51个。密切关注国际贸易争端、贸易摩擦，对接省市商务部门指导阿尔法药业应对印度反倾销案件。引导企业加强自主品牌建设，3家企业入选“2021—2023年度江苏省重点培育和发展的国际知名品牌培育后备库”，4家企业被评为市级“外贸优进优出示范企业”。2021年，全区货物进出口总额突破9.7亿美元，增幅28.9%。

加强跨境电商载体建设，跨境电商展厅建成并正式运营，2家单位被评为市跨境电商人才孵化中心，宿迁跨境电商产业园创成省级跨境电商产业园。加强跨境电商宣传，举办第三届运河品牌电商大会跨境电商论坛、“宿贸迁云 迁帆出海——带你淘金亚马逊”首场跨境电商沙龙、第一期亚马逊跨境电商特训孵化营等活动，累计培训跨境电商人才200余人次，24家跨境电商平台和企业签约入驻园区。

【利用外资及港澳台资】 高度重视外商投资对全区经济的拉动作用，加强外商投资企业招引，落实国家外商投资准入负面清单制度，推动存量外资到账和新项目落地，强化外资到账的政策扶持，指导帮助企业申报省级外资提质增效扶持资金项目。2021年，全区实际利用外资突破3亿美元，增长124%。

【对外及对港澳台投资】 加强宣传“一带一路”、RCEP政策，鼓励有条件的企业开展对外投资，优化境外投资合作服务，指导企业拓展境外投资，落实投资计划。全区实现境外投资项目1个，同比下降66.67%，中方协议投资额30.58万美元，同比下降98.16%，中方实际投资额3584万美元，同比增长518.26%。

（周　青）

宿迁高新技术产业开发区

【概况】 宿迁高新技术产业开发区（简称“宿迁高新区”）始建于2001年。2017年2月，经国务院批准升级为国家高新区。2021年，面对新冠肺炎疫情防控等困难挑战和“双碳”“双控”等政策影响，在市、区党委政府正确领导下，宿迁高新区紧紧围绕建设国家一流高新区目标，深入贯彻“两高一先”发展战略，聚焦聚力招商引资、项目推进、企业培育、科技创新、环境提升等重点工作，园区呈现稳中有进、走势向好的发展态势。2021年，园区获批中国（江苏）自由贸易试验区联动创新发展区、省知识产权示范园区；“省考”进位4位，位列全省第39位，“国考”进位17位，位列全国第115位，创历史新高。

【经济发展】 主要指标稳步提升。规上工业总产值、工业开票销售、工业入库税收、制造业投资等重点指标分别同比增长16%、22%、46%、24%，产、销、利、投实现同步增长，园区经济质态得到持续优化，综合实力得到有力提升。项目引建持续发力。全年完成新开工项目37个，新竣工项目31个，完成投资118亿元，三元轮胎二期、东方雨虹等5个投资超10亿元重点项目建成投产，产业发展后劲稳步增强。企业培育成效初显。完成28个投资千万元以上技改项目，新增规上企业22家，益客食品春节前A股上市，12家企业名列全市100强工业企业排行榜。秀强股份获批国家级消费品标准化试点企业，北斗星通获评省工业互联网发展示范企业，均创全市唯一。要素保障更加有力。加大企业扶持力度，兑现各类奖补资金1.15亿元，帮助企业融资2.4亿元；清理盘活低效用地3300亩（220万平方米），为项目落地提供有力保障；大力推进行政审批流程优化，在全市率先完成“双信地”出让模式改革。

【科技创新】 加大科技工作投入。出台《宿迁高新区关于鼓励自主创新若干政策》，组织开展各类产学研对接、科技专题培训等活动15场次，兑现奖补资金7000余万元。创新平台建设加快。与省产业技术研究院、江苏海洋大学、西安交通大学等共建产业技术研究院、技术转移中心，奇梦空间、北斗光合获批省级众创空间，园区科技金融服务平台上线，入驻企业以及科技、金融服务机构250余家。企业创新发展提速。新获批国家科技型中小企业134家、高企17家、"瞪羚"企业5家，新增省级企业工程技术研究中心4家，奇纳新材料获批省双创人才项目，培育省市各类高层次创新人才22人。创新创优成果明显。获批省级以上科技计划项目2项，实施产业链核心技术攻关项目4个，转化高科技成果24个，新增省级以上新产品新技术20个，顺利通过省知识产权示范园区复核验收。

【环境提升】 基础设施不断完善。实施长江路南延、太行山路等4条道路提升改造，完成江山大道节点、杨北大桥出入口等景观提升。围绕"水清、岸绿、路畅、景美"目标，坚持"两步并作一步迈"，启动昆仑山路、金沙江路等11条道路提升改造；实施昆仑山河、江山河等全流域10条河道综合治理，如意湖、慧湖等10项景观绿化工程。生态环境质量提升。深入推进企业VOCs排放、建筑工地扬尘、"散乱污"企业等专项治理，园区空气质量优良天数比率、$PM_{2.5}$年均浓度通过上级考核验收。完成金沙江河、马河等4条河道清淤整治，疏浚河道5.3千米；启动涉水企业"一企一管"建设，有效提升园区河道生态环境。统筹推进社会治理。组建城管中队，全面加强园区公共空间治理；统筹抓好安全生产、社会治安、疫情防控、文明城市长效建设等工作，园区社会大局和谐稳定。

（刘　威）

宿迁生态化工科技产业园

【概况】 2021年，宿迁生态化工科技产业园在区委、区政府的领导下，坚持党建引领，聚力产业突破，健全完善"1+8+1"（前"1"代表发挥好"党建引领"，"8"是以专班形式集中人力财力精力抓好园区提档升级、重点指标重点项目、股改上市规模培育、清理盘活和空间储备、项目招引、"花园式"园区建设、安全环保整治提升、封闭化管理8个方面重点工作，后"1"表示严格抓好"作风建设和营商环境建设"的基础性、底线性保障）重点工作推进体系，在高水平推进"四化"同步、高质量建设"四个宿豫"中确立绿色园区、智慧园区、花园式园区、科技创新型园区"四个园区"创建目标，各项工作取得新成效。园区规模以上工业企业总产值达143.14亿元，同比增长32.64%；实现工业开票销售收入133.76亿元，同比增长26.80%；完成工业入库税收4.53亿元，同比增长24.78%；实现工业增值税1.64亿元，同比增长89.68%；实现外贸进出口额5.08亿元，同比增长14.94%；完成固定资产投资25.3亿元，同比增长91.66%。

生态环境质量提升后的高新区　　（孙寒洁　供图）

【产业发展】 2021年，园区委托江苏省化工行业协会编制《江苏宿迁生态化工科技产业园产业发展规划（2021—2030年）》。4月10日，区政府十七届四十三次常务会议审议并通过，确立"2+X"产业体系，即重点发展有机新材料和医药大健康化学品两大主导产业。年内，园区有机新材料产业链企业25家，实现开票销售收入52.1亿元，同比增长33.25%。其中光稳定剂、有机硅甲基、乙烯基、N–甲基甲酰胺和2–羟基–6–萘甲酸（2，6酸）等产品占据全球市场领先地位。园区医药大健康产业链企业14家，实现开票销售收入22.11亿元，同比增长26.13%。

【科技创新】 园区深入实施创新驱动战略，持续提升企业科技创新能力，各项指标快速推进、创新成果持续涌现，差别比较优势不断扩大，园区科技创新工作占据全区半壁江山。8月，宿迁科思化学有限公司入选工业和信息化部第三批专精特新"小巨人"企业名单；宿迁新亚科技有限公司光刻胶剥离液关键材料G3+级N–甲基甲酰胺研发及产业化项目入选江苏省重大科技成果转化专项资金项目。11月，新亚强硅化学股份有限公司六甲基二硅氮烷产品入选工业和信息化部第六批制造业单项冠军企业（产品）名单；新亚强硅化学股份有限公司年产2万吨高性能苯基氯硅烷下游产品项目（一期）入选江苏省战略性新兴产业项目；江苏华星助剂新材料应用与开发工程技术研究中心通过省级验收。12月，旭派电源有限公司电动道路车辆用铅酸蓄电池和电动自行车用铅酸蓄电池2个产品入选工业和信息化部绿色制造名单；江苏慈星药业有限公司入选省瞪羚企业。宿迁新亚科技有限公司、江苏阿尔法药业股份有限公司入选江苏省专精特新"小巨人"企业（制造类）。江苏福瑞康泰药业有限公司获批江苏省合成生物化学工程研究中心。旭派电源有限公司获批江苏省新型高效动力电池工程技术研究中心；宿迁科思化学有限公司获批江苏省香原料开发工程技术研究中心；赛得利（江苏）纤维有限公司获批江苏省企业技术中心。

【园区建设】 4月，园区启动景观提升工程（一期）设计方案编制工作；10月，开始进场施工。年内，实施经一路、南化路西段、燕山路等路段提升改造，完成南化路卡口景观提升和经一河生态治理、园区内涝治理、金陵河疏浚等工程。同期开展空间规划拓展和路网交通体系建设研究，编制《宿迁生态化工科技产业园发展研究规划》，确定"内优南拓"空间发展方向。编制《宿迁生态化工科技产业园厂区风貌建设控制设计导则》，选取江苏卡乐新材料有限公司、宿迁新亚科技有限公司、江苏阿尔法药业股份有限公司、新亚强硅化学股份有限公司、宿迁联盛助剂有限公司、江苏慈星药业有限公司6家企业开展厂容厂貌提升试点。编制《宿迁生态化工科技产业园景观提升工程（二期）设计方案》，推动景观提升二期工程实施，打造"天蓝、水清、景美"的花园式园区。

【安全监管】 构建"3+2+1"安全生产治理体系，即围绕园区提档升级"3"个目标，抓牢企业安全生产"2"项工作，用好安全执法监督"1"把利剑，全面提升园区安全发展水平，推动安全生产形式持续稳中向好。开展安全风险等级D级园区和化工企业安全生产二级标准化创建，年内二级标准化率达96.8%。为适应能耗双控形势需要，园区推动企业普遍设立能源总监岗位，开展能源总监培训5期。构建安全总监、环保总监、能源总监"一企三岗"内部构架，全方位强化企业风险控制，全要素落实企业主体责任。

【生态文明建设】 构建"1+1+4+1"环境治理体系，即明确创建绿色园区总目标，以限值限量管理为抓手，做好水、气、固废、土壤四个重点板块，守牢环境底线。形成"四个一"环境监管体系，即一个智慧化工园区管理平台，一套大气环境监控体系，一套水环境监控体系，一个专业实验室。投入1亿元，完成污水处理厂提标改造，出水指标稳定达到《城镇污水处理厂污染物排放标准》（GB18918—2002）一级A标准。投资1000万元新建有毒有害气体环境风险预警系统，在园区风险单元点、厂界点、扩散途径点和周边环境敏感点新增监测点60个，结合园区超级站、走航车组成多渠道、全方位、智慧互证的高效监测体系。推动21家企业参与宿迁市"绿色标杆"示范企业创建。7月，宿迁科思化学有限公司获评全市首批"绿色标杆"示范企业。

园区工作人员通过监控系统时时监管生产安全 （徐佩 供图）

【园区封闭管理】 建成省内一流的危险化学品专用停车场。总投资3500万元，占地74.9亩，设有1个调度中心、50个停车位（40个空载、10个重载），配套建设给排水系统、供配电系统等公用设施，配备必要的应急救援器材、个体防护设施、消防喷淋及其他消防器材设施，并设置视频监控系统、可燃有毒气体探测报警系统、火灾自动报警系统，实现危化品车辆进入、停放、驶离全流程实时监控监测。对9.9平方千米实施全域物理封闭，新建、改造提升卡口6个，规划危化品专用通道，配套雷达测速、热成像设备、围栏警戒、车辆抓拍等监控设备326个。建成视频监控系统、车辆定位系统、周界入侵报警系统、电子巡更系统、公共广播系统等公共区域监测系统，实现园区公共区域实时监控全覆盖。

【党的建设】 夯实党建基础。4月，撤销原机关党支部，成立第一、第二、第三机关党支部，领导班子成员按照部门分别编入三个支部，严格落实双重组织生活制度；同时将派驻人员、临时人员纳入党组织生活管理。增配党建工作人员4名，其中非公企业党建指导员2名、社区返乡新村干2名。开展党史学习教育。在党史学习教育中设立"大化课堂"学习平台，组织开展"追寻红色足迹，弘扬革命精神"主题党日、"宣党史、话安全"安全生产知识竞赛、"庆建党百年 忆红色初心"党史学习教育素质拓展等学习活动20余次。开展"我为群众办实事"实践活动。实施并完成启明实验学校共建教育基地建设、祥和家园农贸市场盘活、便民服务中心改造、豫北社区农机具停放点修建、豫北社区街道整治、豫北社区党群服务中心提升改造、祥和家园小区文化广场改造等民生实施项目。软弱涣散党组织整顿。按照"人岗相适、人尽其才”原则，对社区“一委两站五岗”工作人员重新分配，社区班子的凝聚力和战斗力得到进一步加强。将豫北社区重新划分为八个网格，构建“社区党委—网格党支部—片区党小组—党员中心户”四级网络组织体系。投资150万元对豫北社区党群服务中心进行提升改造，重新规划设置各功能室，外立标牌，内设制度，配备必需的办公设备和便民设施，提升服务党员群众的能力。对社区人口处存在安全隐患的连片违建棚户彻底拆除并复耕；将闲置2年多的3000平方米农贸市场以市场化方式盘活投入使用；修整社区主入口道路300米，亮化商业街广告牌102处（间），社区整体面貌焕然一新。

（徐　佩）

宿迁电子商务产业园区

【概况】 2015年1月，宿迁电子商务产业园区（以下简称“园区”）成立。2017年9月，园区正式获批参照省级开发区管理。园区规划面积6.39平方千米，截至2021年年底建成面积3.72平方千米，累计建筑面积280余万平方米。2021年，园区实现入库税收24.86亿元，同比增长18.62%，占全区总数的24.27%；完成一般公共预算收入12.89亿元，同比增长22.44%，占全区总数的36.97%。

11月，宿迁电子商务产业园被工业和信息化部中小企业局授予“2021年度国家小型微型企业创新创业示范基地”称号；同月，被省商务厅列为江苏省跨境电子商务产业园。

【“1+3”产业发展】 2021年，园区稳步推进“1+3”产业（电子商务产业为核心，信息技术、数字金融、科技服务为支撑产业）发展。电子商务方面。电商客服产业集聚了京东、当当、途牛、天天拍车等多个知名电商企业全国客服中心，园区客服座席达2.5万个，是全国最大的商务类呼叫中心产业基地；电商运营产业初具规模，集聚电商企业300余家，拥有省级电子商务示范企业2家和省级数字商务企业1家；跨境电商产业紧扣“宿迁跨境电商综试区综合承载区”定位，建成跨境电商综试区展厅和选品中心，引入中国制造网、江苏苏粤跨境综服等跨境电商企业25家；现代物流产业以京东物流为核心，建成30万平方米现代物流仓库。信息技术方面。“大数据+”产业集聚江苏京世大数据管理有限公司、江苏联旺信息科技有限公司、宿迁数睿数据科技有限公司等企业23家，年内“大数据+”产业链企业实现销售收入114.48亿元，同比增长29.67%；软件研发产业大力引进智慧城市、地理信息、医疗信息等软件开发企业，以科技型中小企业、高企培育为重点，形成科技企业梯度培育库，推动科技企业稳步发展。截至年底，园区培育科技型中小企业54家、高新技术企业8家；数字文创产业借助宿豫大剧院、筑梦小镇西区“筑梦市集”等文化产业载体，发展图书零售、创意设计等业态。数字金融产业方面。截至年底，园区落户股权类投资基金110只，总注册资金规模160亿元。科技服务产业方面。以创业创新孵化、科技成果转化、研发设计服务为主攻服务方向，筑梦小镇科技综合体按照“三年行动计划”要求高标准高水平进行建设。年内，筑梦云创科技企业孵化器申报成为省级科技企业孵化器；云创智联数字科技众创空间、宿迁网易文创众创空间申报成为市级众创空间；建设省级孵化器2家，省级众创空间1家，市级众创空间2家。

【数字经济中心建设规划】 高标准规划设计数字经济中心，统筹考虑复合功能、生态城市、海绵城市、智慧园区，打造“一轴+一带+四大功能区”的空间结构，即中央休闲景观轴，绿色景观步行带和金融与数字经济集聚区、京东物流全球总部暨数字经济总部集聚区、上市公司总部集聚区、人才公寓区。建设以金融为主体，集总部经济、商务办公、商业服务等于一体的现代化数字经济集聚区。全面推进数字产业化、产业数字化、城市数字化，加快培育信息技术、数字金融等新兴产业，支持发展平台经济，打造智慧园区和数字经济发展平台，形成智慧园区和共享经济平台、阳光配送平台、跨境电商平台、人才招引平台、工业互联网平台、京东产业集群六个数字经济发展平台。

【产业引培】 放大京东物流辐射效应，采用“线上互联+线下互通”产业引培模式。2021年，园区引进电商企业105家，其中包括百安居、蔚车网、万物新生、焦点科技、京东科技、元素商城、苏宁集团7家知名电商企业；完成新竣工项目认定1个，总投资10亿元的坤唐科技；推进宿迁跨境电商服务中心建设，引入中国制造网、江苏苏粤跨境综服等跨境电商企业25家。举办跨境电商各类沙龙、孵化班等专题培训5场，培养跨境电商人才100余人；引进京东物流平行总部项目，加快发展电商物流、特色物流和智慧物流；争取京喜物流及社区团购业务核心部门落户，大力支持江苏健安物流有限公司、京东通联物流公司及相关平台发展，完善立足宿迁、服务淮海经济圈、辐射全国的大物流体系。

【重点工程建设】 2021年，园区涉有列区重点服务业项目3个，即京东智慧城、电商大厦、园区道路绿化提升工程。京东智慧城项目主要进行玻璃幕墙和附属工程施工，年内完成1—8号楼约92%玻璃幕墙和9号楼90%玻璃幕墙单元板块的安装，同步进行道路施工。电商大厦项目完成所需土地手续办理，并形成地质勘察报告，相关材料已移交裕丰电子商务（宿迁）有限公司，配合建设单位办理前期手续。完成园区内洪泽湖东路、五台山路、汉江路的绿化提升建设，累计长达6.4千米，建成临时停车场1.2万平方米，完成洪泽湖东路、五台山路、汉江路、宿豫大道北侧地下污水管网检测，累计长达6千米。围绕精致园区打造，调整优化园区楼宇企业产业布局，完善园区内幼儿园、中小学校、商业街、商场、星级酒店、写字楼、公园等设施，将“一站式购物”和“一站式休闲”融为一体，打造宜业宜居产业新城和15分钟生活圈。

【创新创优】2021年，园区按照“统一审核、线上采购、阳光配送、全程管控、信用管理”的思路，开发上线宿迁市“阳光采购”平台，通过“互联网+”信息化手段和物联网技术，严把食品准入关。截至年底，平台共有在线配送商家237户、在线采购用户700余家，产生有效订单14.9万笔，线上总交易金额7亿余元。年内，未发生1例食品安全事故。该经验做法被《中国市场监察报》《新华日报》和省政府《专报信息》刊发。自主研发“企快快电子政务服务平台”。该平台是多部门协同全线上共享经济电子政务服务平台，日办理量可达1万户，可提供个体工商户全程电子化批量注册、批量办税、批量注销等综合服务。平台用户只需四步操作、终端用户只需两步操作，打造“极简”“极准”“极通”的三极用户体验。截至年底，平台入驻企业43家，注册会员人数7万余人，共缴纳税款1468.32万元，入驻平台企业在园区实现纳税约1.80亿元。

【营商环境优化】2021年，园区实施青年友好型园区建设，涵盖“惠企暖心”工程、筑梦市集等23个惠民助企项目。创新实施“无界”党建，打造智慧平台管理系统，围绕企业发展难题、企业员工成长、亲清政商关系，从政策引导、企业减负、服务保障等方面，做企业不占股份的“合伙人”、成长壮大的“引路人”，着力打造有温度、有认同、有口碑的服务品牌。

【新冠疫情防控】2021年，园区利用新媒体等平台，及时发布疫情和防控工作信息，处理负面疫情，提高公众自我保护意识。截至年底，门户网站、微信、微博共发布防控科普知识1287条，印制新型冠状病毒感染肺炎防治知识宣传折页、宣传单8万余份，大屏滚动信息120余条，园区共开展疫苗接种第二针次1.4万人、第三针次0.9万人，组织高风险区司机、货物查验1.8万人次，检查率100%。

（马海舰）

张家港宿豫工业园区

【概况】2007年5月23日，张家港宿豫工业园区（以下简称“园区”）经江苏省发展和改革委员会、江苏省外经贸厅批准成立，是张家港市和宿豫区响应省委、省政府号召，实施“南北挂钩、合作共建”的重要项目，是全省首批十个共建园区之一。园区位于宿豫主城区东部，与宿迁高新区接壤，规划面积7.27平方千米，已开发区域面积约2.2平方千米。已开发区域四至范围，东至杨舍路、北至泰山河、西至张家港大道、南至宿泗路，区域内道路、通信、供电、供气、供热、供排水等配套设施全部到位，日处理3万吨污水的污水处理厂投产运营，园区配套达到“八通一平”。2021年，园区注册资金达2.3亿元，形成食品饮料和智能制造两大主导产业。实现一般公共预算收入8180万元，同比增长23.2%；完成工业开票销售收入20.23亿元，同比增长19.75%；完成工业入库税收1.36亿元，同比增长28.35%；完成固定资产投资（制造业投资）11亿元，同比增长52.8%。2月，园区被区委、区政府表彰为工业经济和科技创新先进单位。

【机构调整】2021年12月31日，园区管委会增设经济发展局；撤销安全和环保监管中心，将其职能并入安全环保局。年底，园区管委会共设置办公室、招商局、规划建设（国土）局、财政局、经济发展局和安全环保局6个内设机构，其中办公室、招商局、规划建设（国土）局和财政局为正科级建制，经济发展局和安全环保局为股级建制。园区共有专职常驻人员18人，其中张家港市选派3人、宿豫区选派15人。

【两地合作共建】2021年，是宿豫和张家港两地挂钩帮扶的第20年。9月16日，2021年宿豫（张家港）投资环境说明会在张家港市举行。张家港及周边城市的60余位客商参会，共叙合作友情、共谋发展机遇。会上，现场签约7个项目，总投资51亿元，涉及有机新材料、化学纤维、装备制造等产业。10月28日，宿豫区委书记殷其国带领党政代表团赴张家港市考察学习，并就两地交流、产业转移、开发区共建、社会事业合作等方面签订《张家

10月28日，张家港市和宿豫区签订新一轮南北挂钩合作协议

（韩　琦　供图）

港市—宿豫区2021年度南北挂钩合作协议》，为新一轮南北挂钩合作工作定框架绘蓝图。张家港市第一人民医院、第三人民医院、梁丰高级中学、第一中学、实验小学分别与宿迁高新区人民医院、来龙区域公共卫生服务中心、文昌中学、玉泉山路初中、玉泉山路小学达成对口协作等。12月27日，张家港市委副书记、代市长蔡剑峰带领考察团到宿豫区考察南北挂钩合作事宜。

【项目建设】 2021年，园区新签约澹一生物医药（江苏）有限公司、建友科技、联美环境艺术工程宿迁有限公司、宿迁市威龙机械制造有限公司、江苏沪帆纺织新材料有限公司、宿迁华晶电子科技有限公司、宿迁市嵘隆紧固件科技有限公司7个项目，宿迁市浩欣机械有限公司、联美环境艺术工程宿迁有限公司、宿迁市威龙机械制造有限公司、江苏沪帆纺织新材料有限公司4个项目达开工条件。联美环境艺术工程宿迁有限公司、宿迁市浩欣机械有限公司、江苏沪帆纺织新材料有限公司、宿迁市峻马科技有限公司4个项目顺利开工，项目总投资8亿元，前3个项目均被认定投资1亿元，第四个项目被认定投资5亿元。宿迁市峻马科技有限公司、联美环境艺术工程宿迁有限公司、宿迁市浩欣机械有限公司、宿迁宇宏电力科技有限公司、江苏沪帆纺织新材料有限公司5个项目竣工投产，总投资13亿元。

【产业培育】 2021年，园区完成2家国家高新技术企业申报、1家国家高新技术企业复审工作，投入研发经费3500万元，完成技术合同交易6080万元，新增规模以上工业企业1户，实施设备投资超千万元技改项目2个，申报市级智能车间1个、省级以上智能车间1个，完成高科技成果转化6个，新增企业发明专利5个，申报市级以上企业技术中心2个，完成三星级以上“上云”企业2个，完成“两化”融合贯标企业、工业互联网标杆企业各1个。

（施冬云）

现代农业产业园区

【机构调整】 2021年3月，根据《宿迁高新技术产业开发区、现代农业产业园区管理委员会职能配置、内设机构和人员编制规定》文件精神，现代农业产业园区（以下简称“农园”）管委会进行机构调整。调整后，管委会内设“一办三局”，即党政办公室（财务与资产管理办公室）、产业规划与项目建设局、农旅招商局、经济发展与科技局，同时下设宿豫农旅融合发展示范园管理办公室、宿豫生态循环农业示范园管理办公室、宿豫农业科技示范园管理办公室3个二级园区管理机构。同时，增设纪工委，为区纪委派驻机构。调整后，管委会核定人员配备控制数30人，其中行政人员15名、事业人员15名。

【重点项目建设】 *农业科创中心项目* 位于新庄镇杉荷园社区。年内，做好项目设计对接，在保留杉荷园“两馆一中心”的基础上进行整体规划设计。项目总建筑面积约1万平方米，占地面积7.33万平方米（110亩），总投资约8000万元。

京东农业科技示范园项目 位于新庄镇区北侧，占地48.8万平方米（732亩），总投资约2亿元，规划建设智慧农业展示区、智能化果蔬生产示范区、果蔬种苗繁育区、观光休闲采摘区、日光温室生产区和果蔬分拣加工区等六大主功能区，累计建设智能化玻璃温室4万平方米、连栋薄膜温室7万平方米、日光温室9万平方米。11月，项目开工建设，预计2022年6月建成投产。

裕农肉鸡标准化养殖场建设项目 位于宿豫区大兴镇，占地面积18.8万平方米（282亩），其中设施农业用地12.33万平方米（185亩）、标准化鸡舍32栋。该项目建成投产后，年出栏白羽肉鸡约1000万羽，用工60余人，年产值达2.5亿元。

【基础设施建设】 2021年，园区先后规划核心区、先行区、农产品精深加工区、生态循环农业示范园区，并与区交通运输局、区水利局等部门对生态循环农业示范园、先行区内的道路、生态景观、沟渠等进行规划建设。铺设道路1.78万米，其中新建1.41万米、改建道路（水泥路改柏油路）0.37万米；建设生态景观河3条，累计长达6892米，桥梁1座，铺生产路0.55万米；按照省级示范园建设标准，完成15处标识标牌树立。

【示范创建】 2021年，园区对照建设方案，依托宿迁市裕农农业发展集团有限公司，围绕省级现代农业产业示范园的64项验收考核指标和19项重点项目建设，统筹推进各项创建工作，为迎接省级现代农业产业示范园复检做好充分准备，实现验收资料与项目点位高度匹配。10月22日，农园顺利通过省农业农村厅年度验收，获得省级奖补资金5000万元，并先行拨付2000万元作为启动资金。

（殷　锦）

城乡建设与管理

城乡规划

住建行政审批

建设工程质量监管

城乡道路

城镇开发

房地产开发

城市水务

城市管理

文明城市常态长效建设

宿豫年鉴

2022 SUYU YEARBOOK

城乡规划

【土地空间规划编制】 2020年4月，启动编制《宿迁市国土空间总体规划宿豫分区规划（2021—2035）》，截至2021年年底，完成规划成果“三区三线”划定工作，并上报省自然资源厅审查。2021年5月，《宿豫区国土空间规划近期实施方案》通过省政府授权批复，该方案为苏北首家、全省第三家获省政府批准使用。

【中心城区城市设计编制】 2021年7月，开展《宿迁市宿豫区中心城区城市设计》编制工作。该项目由中标单位中国建筑上海设计研究院有限公司负责设计编制，设计范围主要涉及运河外湾、宿豫中心城区、宿迁高铁东站、顺河街道、宿迁高新区、张家港宿豫工业园区、陆集临港产业园、曹集乐活等众多片区，总用地规模约100平方千米，实现中心城区城市设计编制范围全覆盖。截至2021年年底，该项城市设计通过区规划委员会审查，并上报市级审查。

【乡镇总体发展规划编制】 2021年，宿豫区编制2个乡镇总体发展规划，即《宿豫区来龙小城市总体发展规划》和《宿豫区大兴镇总体发展规划》。6月，启动《宿豫区来龙小城市总体发展规划》编制。项目从规划总则、现状概况、目标愿景、镇域规划、镇区规划、近期实施六个方面入手，采取“古今共存、产城共进、蓝绿共荣、智联共生”的规划策略，综合考虑来龙现状条件、用地布局等要素，引导镇区有序开发。截至年底，该项规划通过市政府会办会，区委书记、区委常委及相关部门的审查会。7月，宿豫区对标宿迁市小城市启动《宿豫区大兴镇总体发展规划》编制。截至2021年年底，《宿豫区大兴镇总体发展规划》通过区委书记、区委常委及相关部门的审查。该规划着力分析大兴镇区位条件、社会经济发展、产业发展、资源禀赋、土地利用等多个方面状况，查找发展弱项及重点，综合相关要素提出规划期内大兴镇发展目标及定位；预测人口及空间规模并提出相应发展思路；根据前期分析及发展目标，谋划总体空间格局及用地布局，构建镇村体系及综合交通体系，完善产业发展链条，加大基础设施建设，提升市政设施承载能力；提出分期引导策略及三年行动计划。

【乡镇村布局规划编制】 5月，宿豫区启动编制《宿迁市宿豫区镇村布局规划2021版（修编）》。12月，该规划获市政府批复。规划范围涉及宿豫区9个乡镇街道（涉农街道），60个村（居），647个自然村。规划到2035年全区发展村庄46个，其中集聚提升类村庄30个、特色保护类村庄15个、城郊融合类1个，搬迁撤并类村庄393个，其他一般村庄208个。

（张美慧）

住建行政审批

【概况】 2021年，区住房和城乡建设局在区委、区政府的正确领导下，紧紧围绕“高水平推进‘四化’同步，高质量建设‘四个宿豫’”总目标，坚决扛起城乡建设“半壁江山”责任。牵头完成列市48项重点工程建设任务，独立完成承担的40项城乡重点工程建设任务。在列市高质量发展综合考核指标的5个大项中，有3项在全市排名第一、1项排名第二、1项排名第三。深化工程建设项目审批制度改革，通过推行“一站式”综合服务、容缺受理、多图联审、并联审批、联合验收等改革，所有工程建设事项审批均为零差评，满意度达100%。在2021年全省营商环境评价考核中，宿豫区工程建设项目审批工作考核分值为满分10分。取得全年“零死亡、零重伤”的成效，两次通过国务院安全生产督导组督查。2021年，区住房和城乡建设局被区委、区政府评为“高质量发展综合考核优秀等次”“推进高质量发展先进单位”“重点项目建设先进单位”。

（孙维兵）

【窗口业务办理】 2021年，发放商品房预售许可证63件，办理商品房合同网签11165件、商品房合同变更319件、法院查解封房源223件、房屋租赁备案登记25件、特殊建设工程消防设计审查56件、特殊建设工程消防验收18件、建设工程消防验收备案101件、二手房过户5035件，出具工业项目档案验收意见书11件，办理事项在数量上和质量上都创历史新高。区住建局窗口被宿豫区政务服务中心评为优质服务窗口，全年收到企业和群众赠送锦旗19面。

【行政审批改革】 2021年，根据《区政府办公室关于公布首批划转至区行政审批局行政权力事项目录的通知》精神，区住房和城乡建设局将十个投资建设审批事项权转交至区行政审批局。根据《宿迁市建设工程项目施工图审查工作改革方案》精神，将技术性审查和政策性审查分离，对信用良好的市场主体实行容缺受理机制，项目手续办理减少7—10个工作日。宿豫区通过施工图容缺方式为宿迁宇宏电力科技有限公司办理施工许可，为全市首例。推行数字化联合审图，将消防、民防等技术审查并入施工图设计文件审查。学府名都房地产项目的消防图纳入施工图一并审查，为宿豫区多图联审首例。对统一类别验收事项组织联合验收，统一竣工验收图纸和验收标准，统一出具验收意见，实现“同时受理、并联核实、限时办结”的联合验收模式。宿豫区实现档案验收、消防验收、规划核实与土地核验联合验收，共培育联合验收案例81个。培育2个“拿地即开工”案例，即江苏三元轮胎有限公司、江苏智佳企新材料有限公司，正大食业（宿迁）有限公司项目建设用地规划许可证、建设工程规划许可证、建筑工程施工许可证审批环节由4个压缩为1个，审批时限从28个工作日变为“即办件”，实现“四证齐发”“拿地即开工”。

【营商环境建设】 牵头宿豫区营商环境“工程建设项目审批制度改革”指标评价工作。按照江苏省营商环境评价考核标准，对全区工程建设项目审批系统运行数据监控，通过区主要领导专题工作部署，工改成员单位紧密配合，宿豫区所有工程建设事项审批均为零差评，满意度达100%。

【市政公用报装系统建设】 建设市政公用服务系统，对接工改系统，实现排水、供水、燃气报装事项工程审批系统办理。通过工改系统，完成办理供水报装26件，排水报装23件，燃气报装16件，通信报装13件，广播电视6件。

（郭玉春）

建设工程质量监管

【概况】 全年共受理报监工程282项，报监项目总建筑面积1018.06万平方米，监督竣工验收工程总项目数为44项，建筑面积152.95万平方米。下发质量问题整改通知书53份，局部暂停施工通知书27份，下发监督抽查记录530份，开展监督抽测84次。受理房屋开裂、渗水、空鼓等质量通报及其他各类工程质量投诉525件，处置率达100%。

【“住建杯”劳动技能竞赛】 6月18日，区住房和城乡建设局联合区总工会以“学党史、铸工匠、强技能、提品质”为主题，举行2021年第五届“宿豫区‘住建杯’劳动技能大赛”。比赛项目为墙体砌筑、钢筋绑扎、钢筋焊接3项，有22工地38支队伍参赛。通过3个多小时比赛，玉泉山路项目中建科工、陆桥六期兴邦集团、广东大成建设集团有限公司等单位分别获得墙体砌筑、钢筋绑扎、钢筋焊接比赛项目一等奖。

【扬尘管控】 落实市、区《扬尘污染防治导则》，在常态执法检查的同时，联合区污防指办开展联合专项检查4次，检查发现问题300余起，下发限时整改单127份，停工通知单81份，扬尘管控不到位问题立案32起，处罚金额310万元。通过严控，扬尘污染防治工作成效明显。

【绿色建材产业链培育】 完成绿色建材总产值16.03亿元、技改投入0.95亿元、新引进亿元以上项目4个，超额完成市政府下达的绿色建材年度目标任务，推动绿色建材产业链培育。截至2021年年底，宿豫区共有绿色建材企业20家。

（韩杨州）

6月18日，区住房和城乡建设局联合区总工会以“学党史、铸工匠、强技能、提品质”为主题，举办2021年度第五届“住建杯”劳动技能大赛

（张爱全 供图）

城乡道路建设

【概况】 2021年，区交通运输局新建、改建道路总里程约72千米，完成农村公路安全生命防护工程175千米。全区公路总里程达1201千米，其中高速公路29.8千米、一级公路76.8千米、二级公路231.8千米、三级公路105.4千米。干线公路桥梁23座，农村公路桥梁214座。全区人均高等级公路2.376千米/万人，公路面积密度175.1千米/百平方千米。4月，宿豫区交通运输局率先实现营运车辆转籍过户全国通办、联办，并首推货车ETC套餐式服务，实现“一站式”办理。7月，区交通运输局被省交通厅、省人社厅表彰为江苏省交通建设有功集体；2月，在全区高质量考核中，被区委、区政府评定为宿豫区高质量发展综合考核第一等次。2022年1月，省道S346宿豫段工程被江苏省交通运输厅评为江苏省公路水运工程平安工地建设省级示范工地；12月24日，幸福大道、小河西路、顺兴线分别被江苏省交通运输厅公路事业发展中心评为江苏省优秀农村公路品牌、江苏“美丽农村路”样板路和江苏“平安放心路”样板路。

【交通工程】 2021年，区交通运输局共承建交通重点工程14项，总里程约72千米，总投资约10亿元。完工省道S268宿豫段、顺兴线东延、杨舍路南延、仰顺线改造等项目，按序时进度推进省道S346宿豫段、西楚大道市政化改造、袁家村路、新大线北延等重点工程项目。完成农村公路提档升级45千米、农桥改造4座和安全生命防护工程175千米，同时全面完成农村公路安全隐患排查整治工作。配合市交通运输局推进合宿新铁路、宿连高速、宿连航道建设。

【交通综合执法】 抓好交通工程质量监督管理。2021年抽检压实度、弯沉、路面厚度、平整度、桥涵混凝土强度等事项共计867处，其中抽检压实度310处、弯沉320处、路面厚度38处、平整度90处、底基层强度及厚度66处，原材料抽检12次，桥涵混凝土强度15处，钢筋保护层厚度16处，有力保障工程质量建设。

加强工程扬尘污染防治监管。全年召开交通项目扬尘管控工作集中约谈会3次，签订《交通工程扬尘治理承诺书》，督促施工单位落实扬尘防治措施。全年共下达污染防治整改通知书15份，责令限期整改落实到位；立案查处7家，行政处罚11万元。

【公路事业发展】 公路养护工作。认真贯彻执行“预防为主、防治结合”的公路养护方针，紧紧围绕构建“畅、洁、绿、美、安”的行车环境，扎实开展养护工作。全年共完成扫路车保洁1.8万次/千米；完成干线公路路面维修1.96万平方米；辖区干线公路路面技术状况指数（MQI）达到94.3%，优良路率95%。处理各类路损案件42起，收取路产损失赔补偿费53.43万元。全区农村公路管养总里程1068千米，其中县道183千米、乡道380千米、村道505千米，共计投入约440万元。完成新大线、幸福大道、曹道线等农村公路的小修保养工作。完成255座农村公路桥梁定期检查评定工作，评定出9座四五类危桥，采取重建、拆除、封闭交通等方式完成处理。新增桥梁信息公示牌403块，增设桥梁限载标志157块，完成乡镇通三级及以上公路较大人口规模自然村组通硬化路基础数据核实工作等。

智慧公路建设。对辖区道路上的各种杆件、摄像头、传感器等监测设备及功能进行整合，与其他县区以及公安、气象等部门签订信息共享协议，拓宽信息资源获取渠道，提高各类信息使用效率。完成宿豫区曹集应急基地公路专网延伸工作，提高公路运营管理能力和群众出行服务水平。

（董 璇）

资料拓展

2021年宿豫区市政道路建设选介

洪泽湖东路（金沙江路—西楚大道）综合改造提升工程。该道路改造工程长2.3千米，宽93米，面积为21.39万平方米，工程投资约9000万元。综合提升改造内容包括D400—D2000雨水管道4.2千米、D500—600污水管道2.3千米，供水、供电等地下管线，绿化及道路改造。道路断面为六板五带，机动车道、非机动车道均为沥青混凝土面层，人行道采用花岗岩道板。该工程于2020年9月底进场施工，于2021年12月完工通车。

燕山路（金沙江路—西楚大道）综合改造提升工程。该道路改造工程长2.2千米，宽46米，面积为10.12万平方米，工程投资约5000万元。综合提升改造内容包括800—2000雨水管道3.7千米、D500污水管道1.7千米，供水、供电等地下管线，道路改造。道路断面为五板四带，机动车道、非机动车道均为沥青混凝土罩面，人行道采用压膜混凝土。2021年3月底，工程进场施工，2021年12月完工通车。

天山路（金沙江路—黄浦江路）综合改造提升工程。该道路改造工程长1.7千米，宽40米，面积为6.8万平方米，工程投资约4000万元。综合提升改造内容包括D800—D2000雨水管道3.2千米、D500污水管道0.8千米，供水、供电等地下管线，绿化及道路改造。道路断面为五板四带，机动车道、非机动车道均为沥青混凝土罩面，人行道采用压膜混凝土。2021年4月底，工程进场施工，2021年12月完工通车。

松花江路（项王东路—阿里山路）综合改造提升工程。该道路改造工程长2千米，宽14米，面积为2.8万平方米，工程投资约2300万元。综合提升改造内容包括D800—1000雨水管道2千米、D500污水管道2千米，供水、供电等地下管线，绿化及道路改造。道路断面为三板两带，机非混合车道为沥青混凝土面层，人行道采用压膜混凝土。2021年6月底，工程进场施工，2021年12月完工通车。

九龙江路（庐山路—阿里山路）综合改造提升工程。该道路改造工程长1.3千米，宽24米，面积为3.12万平方米，工程投资约2700万元。综合提升改造内容包括D1200—1800雨水管道2.6千米、D500污水管道1.1千米，供水、供电等地下管线，道路改造。其中道路断面为三板两带，机非混合车道为沥青混凝土面层，人行道采用压膜混凝土。2021年6月底，工程进场施工，2021年12月完工通车。

恒山路（九龙江路—江山大道）道路新建工程。该道路工程长1.3千米，宽14米，面积为1.82万平方米，工程投资约1600万元。新建内容包括D800—1200雨水管道2.3千米、D500污水管道1.0千米，供水、供电等地下管线，道路建设。其中道路断面为三板两带，机非混合车道为沥青混凝土面层，人行道采用压膜混凝土。2021年3月底，工程进场施工，2021年12月完工通车。

白云山路（金沙江路—江山大道）道路新建工程。该道路工程长1.7千米，宽28米，面积为4.76万平方米，工程投资约4700万元。新建内容包括D800—1200雨水管道2.9千米、D600—1000污水管道1.7千米，供水、供电等地下管线，道路建设。其中道路断面为三板两带，机非混合车道为沥青混凝土面层，人行道采用透水混凝土。2021年3月底，工程进场施工，2021年12月完工通车。

【市政道路建设与养护】 完成洪泽湖东路、燕山路、天山路、松花江路、九龙江路综合改造提升工程，完成综合改造道路共9.5千米，面积44.23万平方米；完成恒山路新建道路工程、白云山路新建道路工程，完成新建道路共3千米，面积6.58万平方米。市政道路建设总投资实现2.93亿元。

修复人行道板砖约8480平方米、修复沥青路面约6585平方米、铺设混凝土路面约8530平方米、修复侧平石约1261米；更换破损雨污水井盖820个，更换雨水篦835个；完成主城区内55千米雨水管网、22千米污水管网、4300个雨污水检查井和雨水篦清淤工作，清淤土方量约5700方。总投资约1150万元。

（顾家强）

城镇开发

【概况】 2019年4月23日，宿迁城开建设集团有限公司（以下简称“城开集团”）成立，注册资本5亿元。2021年，城开集团以“创优质品牌工程”为目标，以市、区重点工程和列省考核的13个农房项目为重点工作，制定项目推进计划，有序推动19个在建项目建设和3个项目启动。截至年底，庐山城市之家等3个中心城市建设项目及保安丰庄等16个农房项目全面完工；丁嘴幸福家园北苑、丁嘴周夏新型社区、关庙仁和新型社区、大兴启宇新型社区、大兴周马新型社区等13个项目在省级考核组验收中获评优秀等级，高质高效完成交付使用；宿北大战遗址公园红色教育基地二期、城开大厦、盛世蓝城、陆桥六期和新庄陈墩等9个项目按计划稳步推进；党史档案馆、盛世东城、盛世六塘及雨露小区城区更新和来龙幸福家园、曹集幸福家园、大兴陈洼、仰化复隆等项目启动建设。

【项目选介】 宿北大战红色教育基地 宿北大战红色教育基地（以下简称“基地”）项目由城开集团开发建设。基地位于宿豫区来龙镇，东至来陵线，南至宿北大战烈士陵园，西至白鹿湖社区蔡集组、北至白鹿湖社区腾庄组，项目总投资约1.2亿元，占地面积8.33万平方米（125亩），建筑面积约9000平方米，拟复原建设宿北大战解放军指挥部及部分战斗遗址，展馆、教室等党性教育设施，配套建设道路、绿化、亮化、景观等附属设施。该

2021年城开集团推动项目情况一览表

表21

序号	项目名称	项目类别	项目位置	启建时间	完工（交付）时间	建筑面积（万平方米）
1	宿豫区大兴镇一品花园9号—20号楼土建工程	农房项目	大兴镇	2019年12月	2021年12月	4.39
2	朱岭新型社区	农房项目	来龙镇	2019年9月	2021年6月	2.68
3	来龙白鹿湖新型农村社区（EPC）	农房项目	来龙镇	2019年10月	2021年7月	5.12
4	新庄袁庄新型社区	农房项目	新庄镇	2020年10月	在建	4.69
5	新庄陈墩新型农村社区（EPC）	农房项目	新庄镇	2020年10月	在建	3.27
6	保安土楼新型农村社区总承包（EPC）	农房项目	来龙镇	2020年10月	在建	3.40
7	丁嘴倪牌坊新型农村社区总承包（EPC）项目	农房项目	大兴镇	2020年9月	在建	4.53
8	大兴陈洼新型社区	农房项目	大兴镇	2020年10月	在建	4.47
9	仰化复隆新型农村社区	农房项目	仰化镇	2020年10月	在建	3.51
10	关庙陆相新型农村社区	农房项目	关庙镇	2020年12月	在建	6.62
11	陆集幸福家园	农房项目	陆集街道	2021年9月	在建	7.63
12	来龙幸福家园	农房项目	来龙镇	2021年10月	在建	4.50
13	曹集幸福家园	农房项目	曹集乡	2021年3月	在建	6.70
14	党史档案馆	代建项目	城区	2021年12月	在建	0.24
15	城开大厦	代建项目	城区	2020年12月	在建	3.10
16	陆桥六期	代建项目	城区	2020年5月	在建	19.73
17	盛世蓝城	代建项目	城区	2020年4月	在建	19.80

（周　柱）

项目以宿北大战为脉，以革命文化为络，融入中国共产党百年沧桑、建设与发展的文化内核，主要由“五大组团、18个板块、31所主题场馆、9间互动课堂”组成，全面讲述不同时期地方党政军民奋斗场景，实行革命文化收藏、保护、展陈、教育、学习、体验、传播、交流、弘扬“九位一体”发展，争创苏北有影响力的红色教育基地。

（周　柱）

淮北江南展陈馆　项目位于宿豫区杉荷园景区小河西特色村庄，占地约2000平方米，是集党性教育、记忆展陈、游客服务于一体的展陈馆，是宿豫区党员干部党性教育基地。2020年7月，建成投产运营。截至2021年年底，展陈馆先后被授予宿豫区党员干部现场教学点、宿豫区生态文明教育实践基地、宿迁市干部教育培训现场教学点、宿迁市党史教育基地，累计接待上级领导、参训人员、游客等近15万人次。

中运河老粮库文化创意产业园　位于运河东岸，北邻宿迁大桥，南邻秀强大桥，东至金沙江路，文化底蕴悠久，风光旖旎秀美。项目总投资约1.2亿元，共9栋建筑，包括8栋老粮库、1栋骆运库房，总占地面积约4.1万平方米，改造后建筑面积达1.6万平方米。项目区建筑设计充分融入运河老粮库、老船厂、老码头独特的历史记忆，与中运河风光带的景观资源互相呼应，形成集文化传承、休闲旅游、精致商业为一体的文化创意产业园。其中，运河壹库“智慧宝船——运河之舟”设计方案获评2021年度江苏土木建筑学会“建筑创作奖”公共建筑类一等奖。截至2021年年底，园内美术馆、图书馆开放使用，羽毛球馆实现实体化运营。

（豫润集团）

房地产开发

【概况】　完成房地产新开工面积174.45万平方米，同比下降13.99%；完成房地产竣工面积64.23万平方米，同比下降16.75%；完成商品住宅销售面积86.61万平方米，同比下降17.13%；完成商品住宅销售套数7195套，同比下降17.53%；商品住宅销售均价9310.58元/平方米，同比增长6.88%。

【房地产项目用地挂牌出让】　2021年，宿豫区城区出让住宅土地1块。其四至范围：东至珠江路，南至黄山路（规划幼儿园），西至松花江路（规划幼儿园），北至庐山路，经过218轮报价，被万科集团旗下公司徐州万灵企业管理有限公司以22.01亿元竞得，出让面积11.21万平方米。

【商品房交易】　商品房销售面积102.14万平方米，同比下降11.62%。住宅销售面积86.61万平方米，同比下降17.13%；商品住宅网签备案合同7195套，同比下降17.53%。商品住宅销售排名前三的项目分别为和樾花园、都会之光花园、沁和园，分别销售884、751、734套，销售面积分别为10.78、9.49、8.81万平方米。商品住宅销售均价9310.58元/平方米，同比增长6.88%，住宅成交均价排名前三的项目分别为玉雨云庐（东区）、玉雨云庐、学府宸樾小区，销售均价分别约1.88万元/平方米、1.23万元/平方米、1.15万元/平方米。

【房地产项目选介】　昆仑上观小区　由宿迁万腾置业有限公司开发建设，项目四至范围：南至黄山路（规划建设幼儿园），西至松花江路（规划建设幼儿园），北至庐山路，东至珠江路。占地面积11.21万平方米（168亩），总建筑面积约36.19万平方米，容积率为2.3，建筑密度20%，绿地率35%，项目规划建设小高层住宅35幢，高层17幢，总户数2193户。该项目于2021年5月20日竞得土地，2021年9月30日开工建设。

和樾花园　由宿迁市通金弘置业有限公司开发建设，项目四至为东至黄浦江路、南至五台山路、西至空地、北至华夏现代城小区。占地面积约14万平方米（209.93亩），总建筑面积约为46.12万平方米，容积率为2.50，建筑密度为22.0%，绿地率为35.01%，项目规划建设小高层住宅22幢，高层11幢，总户数为2914户。该项目于2020年2月28日竞得土地，2020年6月15日开工建设。

铂悦澜庭　由宿迁碧诚房地产开发有限公司开发建设，项目四至为南至燕山路、西至豫新中学、北至盐务局、东至珠江路。占地面积约8.33万平方米（125亩），总建筑面积约8.34万平方米，容积率为2.5，建筑密度18.02%，绿地率35.43%，项目规划建设小高层住宅9幢，高层5幢，配套用房1幢，总户数1670户。该项目于2018年11月02日竞得土地，2019年11月15日开工建设。

豫樾·天境花园　由宿迁豫辉房地产开发有限公司开发建设，项目四至为南至沁和园在建小区、西至珠江路、北至天山路、东至江山大道。占地面积约8.33万平方米（125亩），总建筑面积约8.34万平方米，容积率为2.5，建筑密度18.02%，绿地率35.43%，项目规划建设小高层住宅11幢，高层10幢，配套用房1幢，总户数1670户。该项目于2020年10月29日竞得土地，2021年2月5日开工建设。

学府宸樾　由宿迁茂泰置业有限公司开发建设，项目四至为南至中塑路、西至九龙江路、北至规划天柱山路、东至长江路。占地面积6.15万平方米（92.26亩），总建筑面积约16.9万平方米，容积率为2，建筑密度19.36%，绿地率35%，项目规划建设小高层住宅10幢，高层9幢，总户数1130户。该项目于2020年12月31日竞得土地，2021年6月18日开工建设。

祥生东方樾花苑　由宿迁祥宿房地产开发有限公司开发建设，项目四至为南至武当山路、西至规划道路、北至育才东路、东至扬子江路。占地面积约5.73万平方米（86亩），总建筑面积约17万平方米，容积率为2.2，建筑密度20%，绿地率35%，项目规划建设小高层住宅6幢，高层9幢，总户数

2021年宿豫区房地产项目新开工项目楼盘一览表

表22

序号	项　目　名　称	施工许可证取得时间	开工面积（万平方米）
1	御江山花园三期地下车库	2020年12月29日	1.59
2	陆桥安置小区（六期）工程第二标段	2021年1月21日	9.98
3	东方樾花苑1—6号以及8、9、12、13号楼和地下车库	2021年1月28日	11.94
4	沁和园3、8、9、13、21号楼、地下车库	2021年2月4日	5.78
5	沁和园20号楼及地下车库	2021年2月3日	1.26
6	豫樾天境花园-2、9、10、16号楼	2021年2月5日	3.79
7	豫樾天境花园-3、4、7、12号楼	2021年2月5日	2.82
8	学府名都S1号楼	2021年2月7日	0.0957
9	东方樾花苑7、10、11、14、15号楼及配电房1、配电房2、配电房3和水泵房、公厕	2021年2月25日	4.94
10	鼎力钻石公寓35号楼地下室	2021年3月1日	0.37
11	豫樾天境花园5、6号楼	2021年3月5日	3.00
12	豫樾天境花园1、8、11、15、17、22号楼	2021年3月5日	5.15
13	都会之光花园22、31号楼	2021年3月19日	0.84
14	祥生府花苑1—11、P-1、P-5号楼及地下车库二期	2021年3月19日	13.37
15	祥生府花苑13—22、P-2、P-3、P-4号楼及地下车库一期	2021年3月30日	15.47
16	东方樾花苑配套楼	2021年4月20日	0.81
17	尚阳湖畔花园二期15—17、20号楼及地下机动车库	2021年5月18日	4.45
18	津瑞花苑南地块地下车库	2021年5月18日	1.15
19	祥生府花苑12号楼、配套楼	2021年5月20日	1.6
20	豫樾天境花园地下机动车库一期	2021年5月20日	2.72
21	豫樾天境花园地下机动车库二期；地下机动车库一期	2021年5月21日	3.32
22	豫樾天境花园21号楼	2021年5月25日	1.56
23	豫樾天境花园13、14、18—20号楼	2021年5月25日	5.62
24	尚阳湖畔花园二期13号楼（幼儿园）	2021年5月25日	0.21
25	和樾花园三期1—3、7—10、15—18、22、23号楼及三期地下车库	2021年6月1日	16.39
26	金色家园3号楼	2021年6月3日	0.71
27	智慧光年小区11、15、16、17、18号楼	2021年6月3日	5.48
28	智慧光年小区12、13、14、20号楼及地下室机动车库	2021年6月3日	5.18
29	铂悦澜庭地下室	2021年6月8日	1.82
30	书香水韵花园地下车库	2021年6月8日	0.47
31	书香水韵花园地下车库二	2021年6月8日	0.84
32	学府宸樾小区7、8号楼	2021年6月18日	2.1
33	尚阳湖畔花园二期18、19、21号楼	2021年6月18日	2.81

续表22

序号	项 目 名 称	施工许可证取得时间	开工面积（万平方米）
34	学府宸樾小区1—3、22号楼	2021年6月30日	2.07
35	学府宸樾小区6号楼	2021年7月1日	1.12
36	智慧光年小区1—10号楼	2021年7月12日	5.23
37	学府宸樾小区11—13、17—18、1号配电房、开闭所、供电工具间，2号配电房	2021年7月16日	4.01
38	学府宸樾小区9号、19号—21号楼，3号—4号配电房、水泵房、地下机动车库	2021年7月23日	5.11
39	学府宸樾小区15、16号楼	2021年7月23日	1.46
40	津瑞花苑（南地块）5、6、9号楼	2021年7月27日	2.57
41	尚阳湖畔花园二期14、22号楼	2021年8月5日	1.09
42	尚阳湖畔花园二期23—30号楼	2021年8月9日	6.8
43	书香水韵花园—24号垃圾房、水泵房	2021年9月7日	0.018
44	书香水韵花园—4号配电房、14号开闭所、配电房	2021年9月7日	0.06
45	书香水韵花园—23号门卫房	2021年9月7日	—
46	陆集幸福家园1—16、17号楼公共服务中心，1—4号商业	2021年9月16日	7.63
47	智慧光年小区19号楼	2021年9月17日	0.12
48	昆仑上观小区1—3、5—13、15—18号楼及地下车库1、地下车库3	2021年9月30日	15.67
49	昆仑上观小区20—37号楼及地下车库2、地下车库4	2021年9月30日	19.86
50	津瑞花苑（南地块）7、8号楼工程	2021年11月22日	0.34
	自年初累计	—	174.45

2021年宿豫区房地产业竣工楼盘一览表

表23

序号	项 目 名 称	竣工面积（万平方米）	备案日期
1	金色家园20、21号楼及二号地下车库	3.95	2021年1月20日
2	金色威尼斯53、87—89号楼	3.56	2021年1月27日
3	中通·名仕嘉园Ⅲ—3期112、113、114、118、119、121号楼	5.00	2021年1月28日
4	锦绣江南C-12、C-13号楼、幼儿园	7.33	2021年2月10日
5	北斗商务广场1、3、4、5号楼	2.94	2021年4月6日
6	江山一品	9.70	2021年6月30日
7	富建·名河雅居三期73、77、78、79、80、81、82、83、85、86、87、88、92号楼及一期、二期地下车库	9.10	2021年9月22日
8	帝景豪苑项目29、30、32、3号地下车库C区及商业	8.88	2021年9月30日
9	印象99花园5号楼，S5、S6、S7商业，地下汽车库（防火分区3）	2.8	2021年12月13日
10	水润天城23、26、28号楼	5.25	2021年12月15日
11	御江山14、15号楼	5.71	2021年12月16日
—	自 年 初 累 计	64.23	—

1139户。该项目于2020年7月7日竞得土地，2020年8月26日开工建设。

祥生府花苑　由宿迁祥越房地产开发有限公司开发建设，项目四至为东至西楚大道、西至黄浦江路、南至待规划用地、北至宿豫第一实验小学。占地面积9万平方米，总建筑面积30.44万平方米，容积率为2.5，建筑密度21.05%，绿地率35%，项目规划建设小高层住宅10幢，高层12幢，总户数2014户。该项目于2020年10月16日竞得土地，2021年3月19日开工建设。

智慧光年　由宿迁市东宇置业有限公司开发建设，项目四至为南至恒山路、西至松花江路、北至黄山路、东至珠江路，占地面积约4.73万平方米（71亩），总建筑面积约16.14万平方米，容积率为2.5，建筑密度25%，绿地率35.01%，规划建设住宅18栋（7栋高层，11栋洋房），商业1栋，共1052套住宅，10套商铺。项目于2020年12月30日竞得土地，计划于2022年6月3日开工建设。

（扬梦娜）

城市水务

【城区供水工程】　建设仰顺线、省道S346、西楚大道、天柱山路、恒山路等供水管网工程，铺设管网21.97千米，累计完成投资约4000万元。结合自备井封闭工程，新增供水管网铺设34.87千米，投资1150.91万元。

【城市雨污水改造工程】　建设洪泽湖东路、黄浦江路等污水管网20千米；燕山路、天山路等雨水管网30千米，完成投资2.5亿元。增大管网管径，提升污水处理与防洪排涝能力。对锦绣江南、千秋时代等25个小区排水管网实施改造，对珠江路派出所、豫新小学等8家单位实施雨污分流改造，完成投资约8000万元。

【“智慧水务”平台建设工程】　对宿豫城区北至宿沭路、南至翔盛大道、西至京杭运河、东至新扬高速572平方千米范围内的排水管网进行排查，安装24套在线水质监测系统、21处管网在线液位计、130套小区污水异常排放在线监测设备、8处内涝积水在线监测站，将城区排水管网、泵站、涵闸、河道、易涝点、污水处理厂、自来水厂等信息按平台数据标准接驳到系统，建立雨污排水监测系统，实现排水系统一体化“智慧水务”管理，“智慧水务”平台建设，完成投资约1800万元。

【城乡污水治理体制机制优化】　5月20日，区分管领导带领政府办、财政、住建、交通、水投等相关部门赴常州、苏州考察调研，学习排水与污水处理系统建设管理经验。借鉴常州、苏州先进经验，结合宿豫区实际，起草相关实施意见和工作方案，明确住建、生态环境、城管等部门推进污水处理提质增效相关职责。经反复征求相关部门意见和区政府专题会议会商，形成审议稿。10月27日、11月29日，区政府十七届四十九次常务会议、十三届区委常委会第九次会议审议通过《宿豫区委区政府优化城乡污水治理体制机制的实施意见》《宿豫区委区政府优化城乡污水治理体制机制工作方案》，并由区委区政府办公室行文下发执行。

（顾　豆）

城市管理

【人居环境改善】　开展季节性市容市貌专项整治及各类专项整治100余次，清理各类乱象问题3万余起。开展环境卫生专项提升。城区每日投入环卫人员500余人，出动抑尘洒水车辆3.3万余车次，洒水31万余吨，清理卫生死角1500余处，累计清理废弃物、垃圾500余吨。一二级道路及国控点周边道路机扫率达100%，核心区机扫率达95.16%。

【便民服务疏导】　便民疏导。创新管理模式，采取“引摊入点、信用监管、专项整治”等方式开展便民疏导工作。年内，设便民疏导点3个，其中早市疏导点1个、夜市疏导点2个；设瓜农果农季节性瓜果疏导点11处。设置学海路体育馆疏导点，解决菜农凌晨售卖需求。设置汽车东站北门便民疏导区，提升国际购物公园疏导区，打造网红小夜市，促带周边商业氛围，解决部分疏导需求。

公厕改革。对书山路公厕、长线分局公厕、东城美域公厕、商贸城东侧公厕4座公厕进行升级，改造总面积约277平方米，总投资38万元，在宿迁高新区选址新建公厕1座。对不符合三类公厕标准的农村公厕进行全面提升改造。

公共停车。新增附属机动车停车位1500余个，推动“好停车”系统入驻区市场监管局、区农技推广中心、区教育局，新增金沙江路、阳光巷道路“好停车”停车泊位，以限时免费停放模式盘活存量；开展以人行道停车位护盲改造、老旧停车位优化布局为重点的提升行动，安装停车位阻车栏1300余个，对路缘石以上机动车停车泊位翻新6000余个，划设非机动车停车线长6.8万余米。

道路导示。新增包含道路、公厕、人防、广场等多功能联盟导向牌24块，整合减少各类导向牌200余块；对10条道路、人行道隔离桩和部分停车位阻车桩进行提靓升级，新增石柱、不锈钢隔离桩900余个、提升阻车桩300余个。

【街景氛围营造】　创新载体，精心打造街景人文小品，以精致美丽独具特色的“宿豫印象”展示城区形象，获得干群好评。春节期间，以“大红灯笼高高挂　欢欢喜喜过大年”为主题营造春节氛围，以点带面，对9条主干道和中心区域，设置以红灯笼和牛年吉祥物相结合的主题街区和四个立体景观小品，营造喜庆、祥和的节日氛围。

【文明城市长效建设】　深化文明城市长效建设，严格对照创建标准，突出问题导向，全方位、高标准、大力度开展卫生死角清理、摊点疏导规范、沿街“五乱”清除、公益广告达标等常态建设，推动城市管理标准化、规范化、常态化，打造出“干净、规范、有序”的城市市容环境。

【智慧城管打造】 打造智慧城管指挥调度平台并运用；完成智慧城管一体化平台运行工作，完成垃圾分类、餐饮油烟等城管行业应用系统接入市级平台工作，配备相应智慧化的硬件设备，协助做好数据归集工作，全面做好市级平台案件办理及测评整改等工作。

【违建治理】 会同属地街道先后开展金色威尼斯、东方逸品等33个住宅小区及小北区、宿泗路周边等7个重点区域的违建治理，共拆除违建99处，面积累计7079平方米。指导街道开展违法建筑治理，打造帝景豪苑等6个中心城市高质量精品示范小区，顺利通过市城市管理局违建办的检查考核。

【综合执法进小区】 执法办案。查处纠正各类违法违章行为4000余起，其中查处普通程序执法案件330起、简易程序案件1650余起，执缴罚金210万元。

综合执法进小区。牵头建设锦华、庐山、中通、江山、顺河集、文昌阁、雨露、闸东（陆河）8个社区综合执法工作站，顺利投入使用并常态化开展工作。年内，执法站累计处理各类问题6000余件，做到群众反映的问题事事有回应、件件有落实，小区人居环境得到明显改善。开发全市首个“综合执法进小区”手机APP系统，于6月上线运营，系统注册人数达2.5万，处理投诉1000余条。

【亮化提升】 路灯维修。2021年，宿豫区维修路灯755盏，处理因交通事故撞坏灯杆事件3起，校正城区各街道路灯36处，更换故障电缆2500余米，补装检修口盖74个，维护路灯专用变压器5台次，维护控制箱7次，路灯完好率达97%以上，主要干道亮化完好率达98%以上。新铺道路的照明建设及改造工作。完成天柱山路等5条道路的照明建设工程，共安装路灯475组、672盏，敷设电缆10790米，安装控制箱4台。引进低碳环保、高效节能的新型光源LED路灯，将雪峰山路等8条道路全部更换成LED灯，共计更换1744盏。节省电费约32.6万元。实施路灯智能控制系统建设，截至年底，中标单位进场施工。

【公共空间治理】 研究制定《宿豫区城市公共空间治理“三年行动”计划实施方案》，实施“2040”（20个建设大项，40个小项）+“2060”（20个整治大项，60个小项）双轮驱动战略，构建“1+1+6”组织领导架构，牵头组织豫新街道、顺河街道对花果山路（城郊接合部）南侧地块占用公共空间各类违法行为进行整治，拆除彩钢瓦房、集装箱、简易大棚等违建40余处、2000余平方米，拆除华东农机汽车城大中型广告牌11处、1000余平方米，拆除主干道沿线建筑物外立面违法设置的晾衣架、防盗窗120户。将问题、矛盾较多的红星凯盛片区（茶叶城）作为重点整治区域，开展停车棚建设、立面出新、设施配套、管线整治、综合治理等5大项24小项治理工作。

【信用体系建设】 办理店招标牌备案210件，行政许可373件，按时办结率达100%，群众满意率达100%。截至2021年年底，宿豫区已纳入沿街商铺信用体系管理商铺共2450户，加减分记录共计5650次。

（朱海艳　袁　满）

文明城市常态长效建设

【体制机制健全】 在文明城市常态长效建设中，宿豫区创新推进各类体制机制，高点谋划、全民参与，着力推动文明城市常态长效建设高效运转，广泛凝聚工作合力。健全组织领导机制。构建“1+14+6”工作体系，即1个建设指挥部、14个专项工作推进组、6个督查工作组。区委书记任指挥部总指挥，区长任第一副总指挥，相关成员单位一把手为第一责任人。党政主要领导深入一线带头督促推动，14个专项工作组常态开展专项领域文明建设指导检查，6个督导组下沉点位督查交办问题，全面加强了对建设工作的组织和协调。健全工作推进机制。出台全国文明城市常态长效建设的行动计划、年度任务清单、考核办法等文件，并纳入区委、区政府高质量考核体系。制定文明城市常态长效建设联席会议制度，每月召开一次重、难点问题交办会和观摩推进会，及时化解建设工作中的各类矛盾和困难。健全督查整改机制。建立健全区领导督查、长效办日常督查、专项督导组分类督查“三维督查机制”，实行“一整改、二曝光、三扣分、四问责”处置流程。2019—2021年，累计下发交办单9700余份，交办整改各类问题4.2万余个。健全工作保障机制。将文明城市常态长效建设工作纳入财政预算，2021年，区财政专门设立全国文明城市常态长效建设经费500万元，用于奖补各乡镇及城市社区，充分撬动各单位文明创建主动性、积极性，变“要我干”为“我要干”。

【基础设施改善】 将老旧小区改造纳入政府为民办实事项目，累计完成37个老旧小区整体提升、17个小区专项改造，出行更加便利、生活更加舒适。融合“农+超”标准，推动新珠江、城东等4个农贸市场整体提档升级，推进示范农贸市场建设，做到菜市场和城市之家、邻里中心等项目有机结合。实现对城区“十五纵十四横”路网“黑色化”的新建和改造，先后完成项王东路、金沙江路等“黑色化”新建道路11.8千米、提升道路23.8千米。扎实开展道路综合改造提升工程，对8条、总长16千米的城区主次干道的路面、景观、管线进行全面升级，精致宿豫更具魅力。新增和复划机动车停车位5124个，完成39.5千米雨水管网改造大提升，铺设城区雨污管网600余千米，新建改建公厕166座，为市民打造宜居宜业的幸福家园。

【环境秩序提升】 累计实施69个城市园林绿化项目,新建生态公园等4个广场公园,新增绿地面积16.6万平方米,城市绿地率达42.08%,绿化覆盖率45.88%、人均公园绿地面积15.21平方米,居全市领先,实现市民“环园而居”的居家梦想。稳步推进沿街商铺信用承诺契约管理,所有道路全部纳入信用管理创建示范道路。成立“一办四组”进驻集贸市场开展专项整治,完成华东农业大市场、红星凯盛等市场的整改提升。扎实开展垃圾分类,城市垃圾分类设施覆盖率达100%。常态开展“走上街头找短板”工作,累计查找并整改完成问题2.37万余个。

【乡村颜值刷新】 着眼提高镇村公共服务水平和农民幸福生活指数,大力实施乡镇1+10工程,涵盖“小镇客厅”、农贸市场改造、污水管网建设等10项为民办实事重点工程,不断刷新幸福内涵。将农村人居环境整治与文明城市常态长效建设同步推进,明确村容村貌提档升级等八项重点任务,大力推进厕所革命、生活垃圾治理、镇村污水处理设施建设等工程,2019—2021年累计投入专项资金约45亿元。农村生活环境明显改善,2020年度农村人居环境整治工作被认定为全省第一等次。着力实施生态河道建设,对六塘河、顺兴河等实施整治工程,总投资约3.2亿元,疏浚河道总长64千米,实施生态护砌29千米,打造生态型景观节点6处,河道被打造成为水美、岸绿、河畅的“生态富民廊道”。启动建设农房改善项目41个,建设房屋1.47余万套,累计改善住房条件1.68万户,先后有7个村居获评省级特色田园乡村、24个村居建成省级美丽宜居乡村,全区88.8%的乡镇建成省级生态文明建设示范乡镇。

【文明示范单位创建】 以培育和践行社会主义核心价值观为主线,广泛开展文明村镇、文明单位、文明社区(小区)、文明家庭、文明校园建设,通过示范引领、典型带动,构建起党政主导、全社会参与的文明创建工作格局,示范带动社会文明程度整体提升。豫新街道江山社区获评“第六届全国文明单位”,宿豫张家港实验小学获评“首届全国文明校园”,2019—2021年度创成省级文明单位27家、文明乡镇5家、文明村10家、文明社区7家,文明创建的触角延伸至全区各行各业和社会生活各个领域。

提升改造后的新庄幸福家园小区 (刘兆永 供图)

【文明新风推行】 严格按照“七个一”建设标准,打造26个人情新风示范点,切实做到红白喜事有规矩管、有专人劝、有地方办。持续抓好大支、志愿者、党员干部三支队伍,组建90个大支协会,成立80余支人情减负劝导志愿队,全区4万余名党员干部签订人情减负承诺书。在全区范围内集中开展丧事陋习专项整治行动,重点整治露天焚烧祭祀用品等八项陋习,丧事大操大办、丧事扰民等现象得到有效遏制。将人情新风“宿9条”相关内容纳入村规民约、居民公约,在各村居、社区设置人情新风“红黑榜”,1700余户群众登上“红榜”。成立“人情新风”酒店联盟,创新开展“不让压岁钱变味”“‘简·爱’新风尚 文明话彩礼”“乔迁不请客”等人情新风主题活动600余场次,推动城乡家庭年均减少人情支出近2000元。

【文明典范选树】 实施文明风尚引领工程,加强典型选树工作。截至2021年12月31日,全区先后涌现出20位中国好人、33位江苏好人、5位省道德模范、20位感动宿迁人物和78位宿豫好人。组织开展专题展览、基层宣讲、故事汇巡演,广泛宣传模范先进事迹,弘扬模范高尚品格,树立“选好人、学好人、做好人”的良好社会风尚。

【志愿服务活动开展】 2021年,宿豫区以创建新时代文明实践中心省级试点县区为契机,以“助力城市文明 助力乡村振兴”为目标,组织开展“文明交通”“文明旅游”“文明餐桌”等系列志愿活动5700余场次,着力打造“文明实践进小区 志愿服务零距离”“逆风飞翔”等特色志愿服务品牌,组建各类志愿服务团队640余支,注册志愿者人数达6.1万余名,将志愿服务延伸到城乡的每一个角落。

(韦 尚)

乡村振兴

综　述

乡村治理

农村人居环境整治

强村富民

乡风文明建设

数字乡村建设

镇村建设

宿豫年鉴

2022　SUYU YEARBOOK

综 述

2021年，宿豫区紧紧围绕中央、国务院《关于全面推进乡村振兴加快农业农村现代化的意见》、省委《关于全面推进乡村振兴加快农业农村现代化建设的实施意见》等文件要求，以“四化”同步集成改革为引领，扎实推进农业农村工作。2月，宿豫区入选国家农产品质量安全县创建单位；4月，宿豫肉鸡产业作为“江苏苏系肉鸡产业集群”主体部分顺遂进入国家农业产业融合发展项目创建名单；9月，以“三定四专五化”为抓手，推进乡村治理现代化相关做法被农业农村部办公厅、国家乡村振兴局综合司评为全国典型案例；“一委两站五岗”新型农村社区党建模式被省委、省政府发文推广；农村人居环境整治获省政府督查激励。

抓统筹谋全局，凝聚推进乡村振兴战略合力。落实五级书记抓乡村振兴工作机制，区委常委会、区政府常务会、区委农村工作领导小组研究农业农村工作12次，区委区政府主要领导、分管领导调研会办乡村振兴推进过程中的重点难点，督促落实进度与质效。建立健全区领导乡村振兴联系点制度，区四套班子每人建立1个党支部工作联系点和1个乡村振兴联系点，做到靠前指挥、一线调度。“多规合一”擘画振兴蓝图，编制“十四五”农业农村发展规划、宿豫区农业产业发展规划（2021—2025），启动宿豫区现代农业产业园核心区、京东（宿迁）全国乡村振兴示范基地建设，系统搭建“三片四带”全域振兴架构的“四梁八柱”。压实乡村振兴主体责任，以乡村振兴实绩考核为抓手，坚持党委抓支部、支部管党员、党员带群众的“抓管带”机制，将乡村振兴纳入全区高质量发展综合考核体系，有效压实乡镇主体责任，以钉钉子精神抓好各项政策措施落实落地。加大资源要素保障力度，安排本级农林水支出预算数2.21亿元，支出涉农专项债券资金5.17亿元，银行金融机构发放各类经营贷款超4.81亿元。

创特色强品牌，做大做强乡村特色产业规模。突出群链发展。建立“1+3+8”农业招商组织体系，招引农业重大项目41个，建成24个，设立1亿元生态高效农业发展专项引导资金，新增高效农业面积1.85万亩（12.33平方千米），新培育国家级农业龙头企业1家、省级农业龙头企业1家，“江苏苏系肉鸡产业集群”被农业农村部、财政部批准为2021年优势特色产业集群。加快绿色食品产业补链强链，全年产值达57.75亿元，增长15.73%。突出农旅融合。10月，在宿北大战红色教育中心广场，承办2021“苏韵乡情”乡村休闲旅游农业（宿迁）专场推介活动。宿北大战遗址公园、袁家村·宿迁印象、葡萄小镇等项目建成落地，杉荷园景区创成国家AAA级旅游景区、获评省级农耕实践基地，来龙蝴蝶兰主题创意园获评省级主题创意农园。突出集约发展，新培育农业产业化联合体2家，打造“三社共建”示范点6个，农民专业合作社累计达到953家、家庭农场544家，农业适度规模经营水平不断提升；粮食种植面积85.98万亩（573.14平方千米）、总产量4.21亿千克，超额完成稳产保供任务；绿色优质农产品比重达到85.53%，居全市第一。

强配套促提升，增强美丽宜居新农村幸福感。农房改善推进，新竣工农房改善项目7个2338套，新增新庄袁庄、仰化复隆2个省级示范项目。在中国共产党江苏历史展中，来龙镇白鹿湖社区成为唯一入选的农房项目，并被中组部确定为2022年红色美丽村庄建设试点。农村公共配套提升，累计建成高标准农田44.17万亩（294.47平方千米），农路提档升级45千米，筑牢安全生命防护工程175千米，新建农村生态河道167.1千米，建成居家养老服务中心72个，新改扩建农村中小学5所，规划建设大兴中心医院。人居环境整治深化，统筹实施农村生活垃圾处理、户厕改造、村容村貌提升等重点工程21项，实现生活垃圾集中收运处理率和垃圾无害化处置率100%，无害化卫生户厕覆盖率99.85%，畜禽规模养殖场污染治理率100%，新创成美丽宜居村庄13个，省级特色田园乡村1个。

抓兜底稳增收，提升富民强村帮促成色。兜牢民生底线。6月，区乡村振兴局挂牌成立，推动巩固拓展脱贫攻坚成果同乡村振兴有效衔接，安排财政资金3700余万元，挂钩单位协调和直接投入帮扶资金1100余万元用于巩固脱贫成果，发放小额贷款5328.9万元用于支持脱贫农户生产经营。建立468万元“小康托底险”保险基金，对区内因病因学因灾困难家庭按照既定标准分层分类予以救助。区政府扶贫办公室被省委、省政府表彰为“脱贫攻坚暨对口帮扶支援合作先进集体”。村集体发展动能增强，通过实行清单化推进、多元化发展模式，拓展集体经济联建路径，全区村（社区）集体经营性收入1.1亿元，村均集体收入达130万元，村级债务较2020年下降18.6%。9个乡村振兴重点帮促村集体经营性收入村均180.5万元。利益联结机制完善，发挥龙头企业带动、合作联社组织、家庭农场示范等作用，创新开展“三社”共建，深化“支部+合作社+农户”等利益联结模式，引导小农户融入现代农业体系。2021年，全区农村居民人均可支配收入达2.19万元，同比增幅达11%。

促创新增活力，激发乡村振兴集成改革内生动力。新型农村治理走深走实。探索“党建强”引领“治理优、乡风好、产业兴、生态美、百姓富”的“1+5”工作体系，12月4日全市党建引领新型农村社区治理现场会在宿豫区召开，宿豫区被平安中国建设协调小组（党中央）授牌命名为“平安中国建设示范县”，关庙镇卓水河村、曹集乡伍员里村入选第二批全国乡村治理示范村。乡村公共空间治理提档升级，以“4个100%”（清理率、治理率、规范率、利用率达到100%）为总目标，开展“四类问题”回头看，过细排查集体资产资源，实行不规范合同销号管理，全域推广“一图一表一册一证”图表工作法、“小块并大块”土地集约利用，实现家底清、权属清、权益清，此项工作连续两年在全市排名第一。农村综合改革成效明显,新争取国家级试点示范项目4项。以高质量推进“四化”同步集成改革为抓手,扎实推进农业农村领域改革,探索推动农村产权制度改革,加强农村承包地管理改革,精准扶贫标准化试点顺利通过国家级验收,《农村公共空间治理工作导则》立项为市级地方标准并通过专家评审。

(王扬 姚乾 沈瑶)

乡村治理

【概况】宿豫区在入选首批全国乡村治理体系建设试点单位后,聚焦基层、聚力创新,紧盯工作目标,细化试点举措,统筹抓好落实,全力探索新时代乡村治理体系和治理能力建设的“宿豫路径”。2021年,宿豫区“一委两站五岗”模式被省委、省政府写入《支持宿迁“四化”同步集成改革推进现代化建设的意见》,全市党建引领新型农村社区治理现场会在宿豫区召开,“三治”融合积分制管理被全市推广,曹集乡伍员里村和关庙镇卓水河村获评全国乡村治理示范村,《以“三定四专五化”为抓手推进乡村治理现代化》获评第三批全国乡村治理典型案例。

(陆裕军)

【公共空间治理】2021年,宿豫区按照市委、市政府进一步深化公共空间治理向生产、生活、生态“三生”空间延伸的工作要求,以“4个100%”为总目标,巩固乡村公共空间治理成果,深入开展以“水路林田居产景”治理为主要内容的全面整治,编排“三生”空间治理项目清单,项目化推进,着力打造空间治理2.0升级版,达到村集体资产资源家底清、权属清、权益清,村居环境美、自然生态美,提升乡村“三生”空间整体形象。全区累计清理收回集体土地11.79万亩,进入平台交易10.24万亩,村级集体经营性收入一半以上来源于农村公共空间治理。乡村公共空间治理获宿豫区“十佳”改革创新案例。12月,《农村公共空间治理工作导则》通过市市场监督管理局公开发布,标志着宿豫区农村公共空间治理在规范化、标准化、常态化治理方面取得新进步。

(陈子龙)

农村人居环境整治

【概述】2021年,是农村人居环境整治提升五年行动开局之年。按照中央、省、市部署,宿豫区按照“合理规划、提质扩面、建管并举”思路,实施“水路林田居产景”系统化整治,先后开展“农村环境大整治 助力疫情防控”“打造美丽农村人居环境 喜迎建党100周年”“畜禽污染治理攻坚月”“水污染防治专项行动”等一系列村庄清洁活动。清理农村生活垃圾5.2万吨,杂物乱堆乱放2.8万处,村内水塘沟渠320处,开展进村入户宣传教育72次,张贴宣传标语1.1万条,发放宣传材料2.5万份。全区生活垃圾集中收运处理率和无害化处置率均达100%;全区村(居)生活污水设施覆盖率达85%;农业面源污染治理成效明显,秸秆综合利用率99%,畜禽规模养殖场治理率100%,农药包装废弃物、废旧农膜处置率100%。3月,宿豫区被省人居办评定为农村人居环境整治工作全省第一等次;5月,宿豫区获批全省“开展农村人居环境整治成效明显的地方”督查激励。《“三步走”助推人居环境整治迭代升级》被市委研究室《调研与思考》采用,《宿豫区探索农村人居环境整治新路径》被市改革创新简报采用。

【厕所革命】2021年,宿豫区印发《宿豫区农村户厕问题摸排工作实施方案》,摸排户厕问题,按照“先建后拆、应改尽改、应拆尽拆、应修尽修”原则,完成农村无害化卫生户厕改造,确保非卫生户厕动态清零,无害化卫生户厕覆盖率达99.9%。对农村户厕改造全面进行“回头看”,查漏补缺,做到即查即改,发现问题户厕306个,整治306个,对破损厕所进行修复,对农村旱厕进行拆除,并有序推进厕所粪污无害化处理和资源化利用。

【农村生活垃圾治理】全面建立“组保洁、村收集、镇集中、区转运、市处理”五位一体生活垃圾处理体系,集中收运处理率和垃圾无害化处置率达100%。新庄镇、关庙镇、仰化镇、曹集乡4家乡镇开展全域垃圾分类试点,其中前3家创成省级试点乡镇,曹集乡创成市级试点乡镇;建成垃圾分类收集点60个,同步配套新能源垃圾转运车60辆。

【农村水环境治理】2021年,宿豫区围绕“国考”断面、“省考”断面及支流河道进行排查治理,初步排查出农村黑臭水体341条,其中193条黑臭水体完成治理并通过验收,总体治理完成率56.60%。加大农村河道整治力度,疏浚农村河道145条205万立方米;通过省级复核认定农村生态河道17条73.94千米,农村生态河道覆盖率为23.55%。新增农村污水处理设施建设4座,村庄生活污水处理设施正常运行率达100%。

【农业废弃物治理】2021年,宿豫区开展农药包装废弃物回收处置试点工作,建立11个回收站和1个回收中心,采取乡镇回收点有偿回收和有资质的环保企业规范处置的方式,建立资金支持、回收处置、组织监管体系,累计回收各类农药包装废弃物95吨,无害化处置率100%。开展废旧农膜回收与利用处置工作,建成区级废旧农膜回收处置中心2个和乡镇回收站点8个,回收废旧农膜508.5吨,回收率88.1%,回收处置率87.3%,其中地膜回收91.255吨,无害化处理79.725吨。推进畜禽养殖废弃物资源化利用工作。完善畜禽粪污资源化利用整区推进方案,加快宿豫区畜禽粪污资源化利用中心建设,全区规模养殖场污染治理率达100%,畜禽粪污综合利用率达99.9%。加大秸秆还田、农机深翻深耕整地等新技术、新机具推广应用,提升机械化还田质量,综合利用率达98.18%。

(孙学磊 李斌)

【村容村貌提升】2021年,宿豫区坚

持“规划先行，精准施策、分类推进”的原则，科学制定全区镇村布局总体规划，对规划保留类村庄实施全域整治提升。推进农房改善项目26个，纳入整治提升村庄28个，截至年底，完成整治提升村庄26个。新增绿化示范村居6个、省级卫生村19个，农村绿化造林3000亩，新增美丽宜居村庄13个、特色田园乡村1个，完成农村公路提档升级工程45千米、危桥改造2座、安全生命防护工程170千米。深入推进“五美庭院”建设，引导群众养成良好生活习惯，建成市级“五美庭院”示范村8个、示范户4735户，实现家里门外净起来、房前屋后绿起来、庭院环境美起来。

（陈卫民）

强村富民

【概况】 2021年，全区村（社区）集体经营性收入1.1亿元，村均130万元，村级债务较2020年下降10.3%。9个乡村振兴重点帮促村集体经营性收入村均180.5万元。农村居民人均可支配收入21867.7元，同比增加2138.6元，增长10.8%，收入总量和增量全市第一。区财政安排资金3700余万元、挂钩单位协调和直接投入帮扶资金1100余万元用于巩固脱贫成果；发放小额贷款5328.9万元支持脱贫农户生产经营；开展“小康托底险”试点，从源头上为因病因学因灾的困难家庭筑起返贫“拦水坝”。

【村集体发展】 2021年，宿豫区通过实行清单化推进、多元化发展模式，拓展集体经济联建路径。全区82个村（社区）集体经营性收入1.1亿元，村均收入130万元，同比增长13.3%，其中50万—100万元村（社区）13个，占比15.8%；100万—200万元村（社区）35个，占比42.7%；200万元以上村（社区）21个，占比25.6%。全区村（社区）经营收益8183.7万元，村均经营收益99.8万元，其中经营收益超50万元村（社区）63个，强村占比76.8%。

【村民收入】 2021年，全区农村居民人均可支配收入21867.7元，比上年人均增加2138.6元，同比增长10.8%，总量分别高于泗洪县、宿城区、泗阳县和沭阳县692.4元、475.4元、276.7元和40元，位居全市第一。城乡居民收入差距进一步缩减，由上年同期1.593∶1降至1.575∶1。

（王　扬　于大永）

乡风文明建设

【概况】 2021年，宿豫区以新型农村社区为重点，严格按照“七个一”标准，新打造人情新风“宿9条”示范点10个。深入开展各类主题活动。围绕清明、升学等重要时间节点，策划开展“文明祭扫”“婚事新办 白事简办”“拒绝升学宴”“集体婚礼”等主题活动，推动人情新风“宿9条”深入人心、往深里走、往实里走。全面铺开“文明积分”管理，并将文明积分管理向文明村镇、文明校园、文明单位延伸，努力实现“小积分”助力“大文明”。强化典型引领。全面激活“文明细胞”（文明单位、文明村镇、文明校园、文明楼道、文明家庭创建等活动的统称），将评选创建活动纳入区级高质量考核，常态化开展“文明村镇”“宿豫好人”等创建活动，对典型事迹进行大力宣传，打造一批文明村镇，选树一批身边好人。全区实现市级文明乡镇全覆盖，文明村占比超60%，先后涌现出中国好人20名，江苏好人33名，省级道德模范5名。

【文明阵地建设】 围绕理论宣讲、教育服务、文化服务、科技科普服务、健身体育服务五大平台，整合文化大院、农家书屋、道德讲堂等资源，在全区着力高标准打造主题鲜明、各具亮点的新时代文明实践所、站80个，重点做好新型农村社区实践站打造工作，新建成新型农村社区实践站11个，发挥其宣讲教育功效，使其成为群众接受新文化、新理念、新精神的重要场所。印发《宿豫区人情新风“宿9条”示范点建设实施方案》，每个乡镇按照成立一个红白理事会、开辟一个办事服务窗口、组建一支志愿服务队、设立一处新风礼堂、购置一套红白喜庆办事设备等“十个一”的要求，高标准打造一个人情新风示范点，全区10个示范点实现常态运作，达到以示范引领整体、以示范带动全局的目的。探索建立文明积分储蓄所，群众通过文明行为获得文明积分，可在储蓄所兑换相应的物品和服务，以激发群众内生动力，逐步养成优良生活习惯，形成健康文明新风。

【队伍建设】 将乡风文明志愿服务活动纳入党员活动日安排，组织村居党员参与，投身移风易俗、环境整治、乡村振兴等各项活动，带动村民参与。以退休教师、乡村干部、党员乡贤为主体，组建区支事协会，吸纳首批会员45人。支事协会成员和村居理事会成员发挥熟悉城乡人情消费的优势，围绕人情新风“宿9条”推行，倡导移风易俗、破除陈规陋习，推动婚事新办、丧事简办、小事不办等人情新风，做到村里有红白喜事必到、发现铺张浪费行为必劝。依靠全区各级新时代文明实践志愿者力量，成立文明劝导宣传队150余支，一家一户摸底数、上门劝、抓承诺，春节及清明节期间共劝导各类人情事项700余起。新冠肺炎疫情防控期间，广大志愿者引导广大群众把践行“宿9条”与疫情防控大局有机融合，丧事一律简办、喜事一律新办、其他小事一律不办等“三个一律”成为群众的自觉行动，涌现出“只有自家人参与的特殊婚礼”等简办新办的人情新风案例。

【特色活动】 指导各村居按照收集意见、初稿拟定、党员代表评议等流程，将“宿9条”倡导的移风易俗内容以及文明家风内容纳入村规民约中，对操办内容、宴请范围、随礼标准等事宜进行具体规定，并在显著位置长期张贴宣传，使其成为群众普遍遵守的操办准则。截至2021年12月31日，制定新村规67个，实现村规民约移风易俗内容全覆盖。针对露天焚烧祭祀用品等八项不文明办丧行为和索要高价彩礼等四项不文明置办喜事行为进行专项整治，持续加强源头管控，常态做好宣传教育，切实整治农村婚丧陋习。推行文明积分制度，将文明家庭创建、志愿服务、文化活动参与、环境整治等内容纳入积分管理，实现积分项目全覆盖，积分对象全参与，积分过程全公开，以奖惩结合的方式提升农村群众思想觉悟、道德水准。

【典型选树】 各村居开设人情新风"红黑榜"，红白理事会将当月村中红白事举办情况通报给村居两委，村居两委利用党群会议将情况予以公布，由党群代表选举出当月"红黑榜"。将守规者加入"红榜"，将违规者打入"黑名单"，加入"红榜"的，一律给予激励，并在五星文明户评选等方面给予倾斜。在"减人情负担 扬文明新风"活动开展期间，宿豫区累计新办婚事420余起，简办丧事450余起，不办升学宴、乔迁宴等小事750余起。开展"文明村镇""五星文明家庭""宿豫好人"等文明创建活动，发动各乡镇（街道）结合文明积分管理工作，选树一批身边好人、培育一批文明家庭。利用公益广告、道德讲堂、新闻媒体等对典型事迹进行大力宣传，弘扬社会美德，传递社会正能量，彰显好家风好乡风。截至2021年12月31日，宿豫区共推选出中国好人19位、江苏好人31位、省道德模范5位、感动宿迁人物20位、宿豫好人67位以及乡镇级身边好人200余位，文明乡镇占比达100%，文明村占比达61.32%，人情事项同比减少24.5 %，户均人情消费降低26%。结合"我们的节日"及重要节点，常态开展文化艺术节、广场舞大赛、民俗巡演等群众喜闻乐见的文化活动，引导广大农村群众参与，在潜移默化中获得精神滋养、增强精神力量。

（韦　尚）

数字乡村建设

【概况】 2021年宿豫区落实《宿迁市小城市建设发展三年行动计划（2021—2023）》，加大对乡镇、农村的数字基础设施建设，对乡镇农村光网进行进一步延伸，增加覆盖密度，同步进行乡镇农村的千兆覆盖，实现所有乡镇、农村用户具备千兆提速能力，对农房改造、拆迁新建集中居住区和乡镇小区及时实现光网覆盖，及时进行光纤到户覆盖。响应建设全区乡村小区光网覆盖需求，确保农房改善项目通信基础设施全覆盖，并与小区同步交付。通过补盲、扩容、末梢光缆进一步延伸等方法完善村（居）以下的光网覆盖盲弱点305处，增加覆盖住户约1800户；响应乡村农场、企业、网店等网络需求322处。紧紧围绕国家5G发展战略规划，推动解决5G基站建设问题，全区累计开通5G基站501个，遍布城区乡镇，为推动5G+工业互联网建设奠定夯实基础。

【乡村基础设施数字化改造】 2021年，全区规模设施栽培面积733.33万平方米（1.1万亩），物联网应用面积183.33万平方米（2750亩），物联网应用面积占比25%；设施栽培产值4.51亿元，占总产值31.61亿元的比重14.3%。规模设施畜禽养殖总面积550万平方米，应用物联网技术养殖面积304万平方米，物联网应用面积占比55.3%；畜牧业产值23.9亿元，占总产值（31.61亿元）的75.6%。规模设施水产养殖面积700万平方米（1.05万亩），物联网应用107.33万平方米（1610亩），物联网应用面积占比15.3%。

（韦　尚）

镇村建设

【美丽宜居乡村建设】 新增美丽宜居乡村17个，累计完成美丽宜居乡村建设38个。美丽宜居乡村建成率由上年的36.4%提升为82.61%。

【特色田园乡村申报创建】 完成对来龙白鹿湖、朱岭，大兴周马、周夏、启宇、曹集道方6个新型社区省特色田园乡村创建申报工作，大兴镇启宇新型社区被授予"江苏省特色田园乡村"。

【小城市建设】 牵头来龙镇小城市建设发展工作，出台《宿豫区支持来龙镇小城市建设发展政策的通知》《中共宿豫区委、宿豫区人民政府关于进一步促进来龙镇小城市建设发展的实施意见》《中共宿豫区委办公室关于宿豫区来龙小城市建设发展三年行动计划（2021—2023）的通知》三份文件，完成来龙小城市15个重点工程建设任务，完成投资额16.72亿元。

【农房改善】 申报农村危房改造7户，全部完成重建并通过验收。通过危改户一卡通账号发放国家奖补资金15.47万元。完成2019年至2020年3150户农房抗震改造考核验收，发放抗震省补资金2230.83万元。截至2021年年底，全区累计发放进城入镇购房补贴1019户，发放资金5268.36万元。共有5988户"四类群体"住房得到改善，占比26%；其中77户特困群体实现"拎包入住"。

2021年，宿豫区完成5236农户搬迁工作。截至2021年年底，全区搬迁农户23085户，其中进城9395户，占比40.7%；入镇5587户，占比24.2%，留村8103户，占比35.1%。启动建设41个项目，累计建设住房14724套，建成12090套（其中交付9605套），在建2634套。在2018—2021年全市农房改善工作考核中，连续四年考核列全市第一；新庄陈墩、新庄袁庄、仰化复隆、保安土楼、关庙陆相、大兴周马、仰化涧河、新庄振友、来龙白鹿湖、新庄幸福蓝城等10个项目获评省级示范项目，全市最多；陆集利民、仰化涧河、新庄振友、保安丰庄、曹集双河、新庄小河西、大兴启宇等7个农房项目被命名为省级特色田园乡村。2021年7月，在"中国共产党在江苏历史展"中，宿豫区来龙镇白鹿湖新型农村社区成为全省唯一入选的农房项目，时任省委书记娄勤俭现场与新庄镇朱瓦新型农村社区村民王广荣进行视频连线。

（邹新红　王　垠）

生态文明

生态环境质量

污染防治

环境监管

生态环境项目建设

节能与综合利用

园林绿化

宿豫年鉴

2022 SUYU YEARBOOK

生态环境质量

【空气质量】2021年，宿豫区空气中动力学当量直径小于或等于2.5微米的颗粒物（$PM_{2.5}$）浓度均值下降至38.8微克每立方米，同比下降14.9%。空气优良天数比率为78.3%，同比上升4.5个百分点。两项指标均达市考目标要求。

【水环境质量】2021年，宿豫区26条主要河流中，水质达到Ⅲ类标准的河流共有9条，占比34.62%，分别是六塘河、牡丹江河、世纪河、阿里山河、新沂河、山东河、柴沂河、南崇河、涧河；水质达到Ⅳ类标准的河流共有10条，占比38.46%，分别是泰山河、经一河、东民便河东段、东民便河西段、砂礓河、北崇河、柴塘河、马河、顺堤河、江山河；水质达到Ⅴ类标准的河流共有4条，占比15.38%，分别是宿泗路边沟、伍家沟、路北河、黑龙江河；水质为劣Ⅴ类的河流共有3条，占比11.54%，分别是嘉陵江河、利民河、耿大沟。六塘河程道渡槽断面和中运河马陵翻水站断面在“国考”中被认定为Ⅲ类水质标准，达标率100%；新沂河特大桥断面在“省考”中被认定为Ⅲ类水质标准；南崇河崇河闸断面、新沂河朱岭电排站断面、柴沂河丰庄桥断面在“市考”中均被认定为Ⅲ类水质标准，达标率100%，完成市定考核目标。

2021年宿豫区水环境质量情况一览表

表24

责任单位	断面名称	水质目标	1—12月 实际水质	目标分值	得分
宿迁生态化工科技产业园区	新沂河苗庄村	Ⅲ类	Ⅲ类	0.5	0.4
	山东河入新沂河口	Ⅳ类	Ⅲ类		
	金陵河入山东河口	Ⅲ类	劣Ⅴ类		
张家港宿豫工业园区	泰山河杨舍路桥	Ⅲ类	Ⅳ类	0.5	0.35
	宿泗路边沟杨舍路桥	Ⅲ类	Ⅴ类		
宿迁电子商务产业园区	牡丹江河泰山路桥	Ⅲ类	劣Ⅴ类	0.5	0.335
	世纪河宿豫大道桥	Ⅲ类	Ⅲ类		
	泰山河张家港大道桥	Ⅲ类	Ⅴ类		
宿迁高新区	陆庄河嘉陵江路桥	Ⅲ类	劣Ⅴ类	0.5	0.25
	嘉陵江河入马河口	Ⅲ类	劣Ⅴ类		
	利民河漓江路	Ⅲ类	劣Ⅴ类		
	马河宿新高速路	Ⅳ类	Ⅴ类		
豫新街道	阿里山河长江路桥	Ⅲ类	Ⅲ类	1.5	1.425
豫新街道（现代农业产业园）	六塘河西楚大道桥	Ⅲ类	Ⅲ类		
	牡丹江河北外环河桥	Ⅲ类	Ⅲ类		
	宿沭公路北沟陆河社区	Ⅲ类	Ⅳ类		
仰化镇	六塘河程道渡槽	Ⅲ类	Ⅲ类	1.5	1.425
	涧河入马河口	Ⅲ类	Ⅲ类		
	顺堤河六塘河口	Ⅲ类	Ⅳ类		
	马河入六塘河口	Ⅳ类	Ⅳ类		
曹集乡	六塘河宿穿线桥	Ⅲ类	Ⅲ类	1.5	1.08
	伍家沟引姜桥	Ⅲ类	Ⅴ类		
	东民便河（东段）宿穿线桥	Ⅲ类	Ⅳ类		
	东民便河（西段）入六塘河口	Ⅲ类	Ⅳ类		
	曹高支沟入六塘河口	Ⅲ类	劣Ⅴ类		

续表24

责任单位	断面名称	水质目标	1—12月 实际水质	目标分值	得分
顺河街道	世纪河入六塘河口	Ⅲ类	Ⅲ类	1.5	1.08
	六塘河椿树桥	Ⅲ类	Ⅳ类		
	宿泗路边沟入六斗桥	Ⅲ类	Ⅴ类		
	泰山河张家港大道桥	Ⅲ类	Ⅴ类		
	经一河宿泗路交会处	Ⅲ类	Ⅴ类		
新庄镇	世纪河入一分干渠	Ⅲ类	Ⅲ类	1.5	1.05
	东民便河（东段）入六塘河口	Ⅲ类	Ⅴ类		
	耿大沟省道S324	Ⅲ类	劣Ⅴ类		
	林圩中沟朱林圩村	Ⅲ类	Ⅳ类		
下相街道	黑龙江河入马河口	Ⅲ类	Ⅴ类	1.5	1.05
	马河宿新高速路	Ⅳ类	Ⅴ类		
	江山河入马河口	Ⅲ类	Ⅳ类		
	昆仑山河入江山河口	Ⅲ类	Ⅴ类		
大兴镇	六塘河逸奇村桥	Ⅲ类	Ⅳ类	1.5	1
	砂礓河桃园村	Ⅲ类	Ⅳ类		
	马河与利民河交汇处上游	Ⅳ类	Ⅴ类		
	姚河张兴线	Ⅲ类	劣Ⅴ类		
	六塘河张新庄桥	Ⅲ类	Ⅳ类		
	砂礓河入柴塘河口	Ⅲ类	Ⅳ类		
	柴塘河省道S325	Ⅲ类	Ⅳ类		
	二分之渠排涝沟入六塘河口	Ⅲ类	劣Ⅴ类		
	三分之渠排涝沟入六塘河口	Ⅲ类	劣Ⅴ类		
来龙镇	路北河侍庄来悦线	Ⅲ类	Ⅴ类	1.5	0.986
	来侍公路沟黄庄	Ⅲ类	Ⅴ类		
	姚通沟水庄村	Ⅲ类	Ⅳ类		
	黄泥沟高圩村	Ⅲ类	Ⅳ类		
	白露沟来龙居委会	Ⅲ类	Ⅳ类		
	柴沂河丰庄桥	Ⅲ类	Ⅳ类		
	姚通沟入柴沂河口	Ⅲ类	劣Ⅴ类		
	白露沟入柴沂河口	Ⅲ类	劣Ⅴ类		
	保安支渠坡墩村	Ⅲ类	Ⅳ类		
	伍家沟道坊村晓侍线桥	Ⅲ类	Ⅳ类		
	新沂河朱岭电排站	Ⅲ类	Ⅲ类		
	路北河吴圩村	Ⅲ类	Ⅴ类		
	来侍公路沟侍岭社区	Ⅲ类	劣Ⅴ类		
	东民便河（西段）吴圩村	Ⅲ类	劣Ⅴ类		

续表24

责任单位	断面名称	水质目标	1—12月实际水质	目标分值	得分
陆集街道	顺堤河入涧河口	Ⅲ类	Ⅲ类	1.5	0.975
	马河与利民河交汇处上游	Ⅳ类	Ⅴ类		
	利民河入马河口	Ⅲ类	劣Ⅴ类		
关庙镇	翔盛路边沟义合村	Ⅲ类	劣Ⅴ类	1.5	0.96
	耿大沟入砂礓河口	Ⅲ类	劣Ⅴ类		
	砂礓河入柴塘河口	Ⅲ类	Ⅳ类		
	南崇河永平桥	Ⅲ类	劣Ⅴ类		
	北崇河关永线路桥	Ⅲ类	Ⅳ类		
	柴沂河董墩村	Ⅲ类	Ⅳ类		

（李正阳）

污染防治

【大气污染防治】 科学治气。依托单位技术团队建立“大气污染防治重点项目库”，为大气污染全方位精准把脉问诊。借助大气颗粒物激光雷达平扫、挥发性有机物（VOCs）走航监测服务、空气质量微型站、便携设备监测及第三方团队驻场分析服务，对重点排放区域和企业开展深入核查和帮扶。精准治气。常态化组织走航监测，针对性开展污染源解析，为溯源排查划定范围和方向。每日通报空气质量信息，每周开展大气环境质量会商机制，组织三批次“大排查大检测大提升”活动，推进企业开展“一企一策”整治。依法治气。深化“走航+执法”工作模式，实现精准溯源。对企业的自动监测、用电监控、执行标准及排污许可情况进行检查排查，加强对有组织排放企业的现场核查、对涉挥发性有机化合物（VOCS）企业和使用活性炭企业开展专项执法检查，对不能稳定达标排放的依法查处，全力打好蓝天保卫战。

宿迁生态化工科技产业园区日处理污水达3万吨的污水处理厂（徐　佩　供图）

【水环境污染防治】 年初，宿豫生态环境局制定《2021年度水污染防治工作方案》，明确年度水环境治理目标任务。按月开展全区66个断面和3个城区、9个乡镇、1个化工园区污水处理厂的水质监测工作，全面掌握河流水质及污水处理厂出水水质情况。每月形成一次水环境质量报告。做好调度水污染防治重点工程项目跟进，督促相关部门按序时进度落实，全区列省、市重点工程项目11个，完成率100%。做好汛期水质保障工作，印发汛期水质下降防范方案，按照“一河一策”，分别制定六塘河、新沂河水质达标措施。2021年，上报减排项目1个，共削减化学需氧量（COD）138.63万千克、氨氮15.84万千克、总氮18.4万千克、总磷2.54万千克，超额完成减排任务。

【土壤污染防治】 强化疑似污染地块管理。稳步推进疑似污染地块调查工作，强化建设用地安全利用，完成8处疑似污染地块调查工作。推动宿迁市鑫电能合金有限公司、宿迁市惠龙实业有限公司开展土壤污染状况详查，查清污染状况。压实重点监管企业责任。印发《宿豫区土壤污染重点监管单位名录（第三批）》，推动47家土壤污染重点监管企业开展隐患排查与自行监测工作，入企督查隐患问题整改工作，压紧压实企业主体责任。强化农村污染治理。推进农村黑臭水体治理工作，排查出农村黑臭水体341条,2021年完成治理172条,完成率50.44%,全市第一。

(李正阳)

环境监管

【环境执法】 2021年,累计出动生态环境保护执法人员千余人次,深入开展环境突出问题专项整治、畜禽养殖污染专项整治、大气污染专项执法等活动,严肃查处各类固体废物排放违法行为,大力治理“散乱污”企业。全年,共立案调查167家,下发行政处罚决定书152家,共处罚金1151.81万元。

【环境信访投诉处理】 2021年,全区共接到各类环境信访投诉举报532件次,均在规定时限内办结,维护群众环境权益和社会和谐稳定,未发生因处理不当而越级上访事件,对涉及违法行为的依法予以立案调查。

(李正阳)

生态环境项目建设

【生态河道建设】 加大农村污染河道整治力度,注重现场管控、细节维护,力求做到设计精准、施工精致、管理精细、效果精美。编制完成《宿豫区2021—2024年农村生态河道建设工程实施方案》。投资约1200万元,完成春季农村河道疏浚治理工程,累计疏浚治理河道75条(面),累计137千米,完成土方108万立方米。投资1200万元,实施省级农村河道疏浚工程,对全区29条110千米长沟渠疏浚治理,完成土方200万立方米。实施马河河道疏通和景观工程,截至年底完成河道清淤治理3.3千米,新建蓄水钢钡1座。实施经一河水系沟通及景观提升工程,建设经一河生态补水泵站1座,保障城区河道补水水源。2021年,全区新建农村生态河道34条,累计长达137.2千米;通过省级认定生态河道14条,累计长达66.5千米。6月,六塘河生态治理工程被江苏省水利厅选入“江苏省生态河道建设样板工程”名录库;顺兴河处于“江苏省幸福河道”申报阶段,多次代表宿迁市迎接水利部、省级调研考察。

(冯承东)

【生活垃圾分类】 推进垃圾分类和资源化利用创新项目,结合“四分类”要求,在15个居民小区开展垃圾分类“撤桶并站”试点工作,累计投放智能设施51台,增设“其他垃圾”“厨余垃圾”“有害垃圾”投放窗口357个。开展15个省定生活垃圾分类达标小区建设,发挥居民小区的生活垃圾分类示范引领作用,促进垃圾分类工作的规范提质。全区城区生活垃圾分类和治理设备覆盖率100%。完成全区年内新交付的4个小区的智能设施投放,投放智能设施9台。持续探索生活垃圾清运一体化项目,对41辆新能源后压式翻桶纯电动车、3辆柴油压缩车进行信息化处理,加装GPS设备,实时监控生活垃圾转运车辆运行情况,并在金沙江路建设生活垃圾清运车辆调度中心。农村生活垃圾治理。为各乡镇、街道统一购置新能源垃圾转运三轮车60辆、建设收集点60座;指导新庄、仰化、关庙、曹集做好省级垃圾分类全域试点工作。

垃圾分类主题广场 (李凯楠 供图)

【餐饮油烟治理】 对国控站点3千米范围内重点区域的餐饮油烟净化设备进行综合整治。要求更换不合格油烟净化设备240余家,要求加装排风口管道14家。拆除珠江路背街后巷不合格油烟净化设备4家;完成万达广场42家餐饮单位油烟整治工作并安装油烟在线监测设备;打造宿豫区餐饮油烟治理示范街,完成湘江路千鸟园西侧餐饮油烟二元二次改造提升。会同属地街道、区市场监督管理局、区生态环境局等开展餐饮油烟污染联合整治,巡查各类餐饮饭店350余家,开展夜间露天烧烤和餐饮油烟污染整治30余次,联合审批新增餐饮单位200余家。引导经营者改造排放不达标的餐饮油烟净化设施,张贴《关于开展餐饮服务业油烟污染专项整治的通告》1000余份。全区605家餐饮单位实现油烟在线监测设备安装率100%,24小时实时监测油烟、颗粒物浓度,非甲烷总烃浓度,以及风机、净化器的运行状态等数据。

(朱海艳 袁 满)

节能与综合利用

【概况】 2021年,宿豫区发挥协调机制作用,密切跟踪区内重点企业供需

清理河道中水草　　（汪小兰　供图）

情况，加强电力、煤炭、天然气等资源保障，确保“限电不拉闸、限气不关阀”，加强电力供需形势分析，动态掌握区内重点企业存煤水平。2021年，全区规模以上热电企业累计供热耗煤34.52亿千克，同比增长6.26%。编制2021年度节能与综合利用工作要点，印发《关于报送2021年加快工业绿色发展工作目标的通知》，推进全区工业绿色发展。年内，全区单位生产总值（GDP）能耗下降率为1.02%，比2.4%的目标任务值低1.38个百分点；全区实施节能和循环经济项目9项，通过市级清洁生产审核企业3家，创成国家级绿色设计产品2项，省级绿色工厂1家，市级绿色工厂4家。

（张鹤波　丁　昂）

【水资源管理】 依法开展取水行政许可。截至6月，全面完成纸质取水许可证更换工作，为50家养殖场办理浅层取水许可。落实计划用水管理制度。下达计划用水户130户，下达计划水量2.73亿立方米，计划管理率100%。创建节水型企业24家、节水型开发区1家，开展节水主题宣传活动3场，群发节水短信10万条，“单位生产总值用水量”在高质量发展指标考核中居全市并列第一。

“以上率下”推进河长制工作，区级河长累计巡河96次，乡村级河长累计巡河8000次，及时交办并整改落实一批重点、难点问题，有效推动水环境整治、生态幸福河道打造工作。开展水污染防治专项行动，下发交办单74期、督查专报12期，出动4200人次，清理河道约460千米，清除有害水草垃圾约1550吨，有效保障汛期水质不下滑。大力整治“两违、三乱、四乱”问题，先后下发督察专报10期，清理围网养殖1.5万平方米，整治违法建筑1.1万平方米，整治完成省级交办的“四乱”行为4处、新沂河违建33处。

（冯承东）

【燃气资源管理】 2021年，宿豫区完成丁嘴、关庙、曹集、来龙、保安5个乡镇燃气管道通达建设，铺设燃气管道34千米；完成16个小区燃气工程竣工验收情况备案工作。瓶装液化气“智慧燃气”监管平台建成使用，完成全部4家液化气经营企业、4座液化气储配站、7个供应点、1.5万余户用气人、4.6万只气瓶等信息录入，用户实名制100%，入户安检率96%，实现气瓶全流程监管。

开展燃气安全专项整治工作，湖北十堰“6·13”事故发生后，宿豫区采取多部门联合执法检查，倒逼燃气企业、燃气用户落实安全生产主体责任。牵头组织联合大检查3次，专项检查24次，排查整改隐患386处，下发隐患整改通知书32份。查扣钢瓶87只，取缔“黑气点”2处，移除管道占压建筑物1处，查处第三方违法施工移交执法大队1起。查处违规经营2家，罚款金额5万元。建立燃气安全监管平台1个，推进餐饮场所安装燃气泄漏报警保护装置938家。开展居民燃气使用安全“七个一”行动，进社区、进学校开展案例警示宣传11次、分发图册2万余份，借助宿豫发布、宿豫融媒体手机台开展宣传燃气安全使用知识6期，印发《致全区居民（工商

.6月29日，宿豫区在宿迁高新区举行燃气管道泄露应急抢险演练

（孙寒洁　供图）

2021年宿豫区获批绿色示范制造、清洁生产企业情况一览表

表25

类别	序号	企业名称	批准单位	获批时间
市级清洁生产企业	1	江苏惠然实业有限公司	宿迁市工业和信息化局	2022年1月
	2	江苏秀强玻璃工艺股份有限公司		2022年1月
	3	宿迁南钢金鑫轧钢有限公司		2022年1月
国家级绿色设计产品	1	6-DZF-20铅酸蓄电池	工信部	2021年12月
	2	6-EVF-60铅酸蓄电池		2021年12月
省级绿色工厂	1	正大食品（宿迁）有限公司	江苏省工业和信息化厅	2021年12月
市级绿色示范企业	1	江苏益和宠物用品有限公司	宿迁市工业和信息化局	2022年1月
	2	宿迁楚霸体育器械有限公司		2022年1月
	3	宿迁澳中玻璃股份有限公司		2022年1月
	4	宿迁市群英纺织印染科技有限公司		2022年1月

2021年宿豫区实施节能和循环经济项目情况一览表

表26

序号	项目名称	实施主体名称	项目类别	年节能量（万千克标准煤）		年减排量	年节水量（万千克）
				—	其中：年节电量（万千瓦安时）		
1	年产120万千瓦安时高性能免维护电池技改项目	旭派电源有限公司	节能项目	132	—	—	—
2	年产手性药物及其中间体1390吨及副产4922吨环保提升技改项目	江苏阿尔法药业有限公司	循环经济项目	1.23	10	非甲烷总汀约6000千克	2
3	年产5万吨工程特种钢节能改造项目	宿迁南钢金鑫轧钢有限公司	节能项目	48	76	减少二氧化氮排放150千克	—
4	30000KVA矿热炉短网改造及配套设施技改项目	江苏惠然实业有限公司	节能项目	420	3420		—
5	加热炉改造项目	苏钢中亚特种钢业宿迁有限公司	节能项目	200			—
6	年产1万台动感单车节能改造项目	宿迁楚霸体育器材有限公司	节能项目	70	80	减少二氧化碳排放1.2万千克	—
7	年产9000万千克轮胎专用胶精炼生产线永磁变频电动机改造项目	江苏三元轮胎有限公司	节能项目	66.7	202		—
8	氨制冷机组热回收综合利用改造项目	正大食品（宿迁）有限公司	节能项目	169.1	44	减少二氧化碳排放391.2万千克、减少一氧化碳排放225.7万千克、减少二氧化硫排放1.3万千克、减少氮氧化物排放1.2万千克、减少1.5万千克粉尘排放	—
9	年产2500万千克高档织物生产线绿色化改造项目	宿迁市群英纺织印染科技有限公司	节能项目	69.1	—	—	—
合计				1176.13	3832	—	2

业)燃气使用安全一封信》7000余份。

(胡　磊)

【新能源开发】 2021年,宿豫区有规模以上新能源产业企业3户,即中节能(宿迁)生物质能发电有限公司、亿利洁能科技(宿迁)有限公司、宿迁正辉太阳能电力有限公司;产业实现销售3.6亿元,同比下降5%;入库税收462.98万元,同比下降65.8%。

(赵桂贤)

【绿色节能改造】 2021年,宿豫区推进江苏惠然实业有限公司、江苏三元轮胎有限公司、旭派电源有限公司等9家企业实施节能和循环经济项目9项,实现节能约1176.13万千克(折标准煤)、节水820万千克;推动宿迁市群英纺织印染科技有限公司、江苏三元轮胎有限公司、旭派电源有限公司3家企业开展自愿性清洁生产改造;旭派电源有限公司、江苏益客食品集团股份有限公司、宿迁市现代生物科技有限公司等企业淘汰落后生产工艺、技术6项。

【绿色制造推进】 建立国家、省、市绿色制造示范三级培育库,邀请第三方机构对培育库企业开展诊断培训,重点指导旭派电源有限公司创建国家级绿色产品2项,正大食品(宿迁)有限公司创建省级绿色工厂,江苏益和宠物用品有限公司、宿迁楚霸体育器械有限公司等7户企业创建市级绿色工厂。邀请专家开展2021年绿色工厂创建工作培训、节能降耗和绿色发展培训,印发培训资料250本,共计169户企业283人参加培训。推动企业在工艺技术、生产装备上对标先进,实现生产过程节能降耗。打造绿色制造示范先进典型,发挥示范企业带动作用,引导鼓励企业树立绿色低碳循环理念,推动循环经济发展。截至2021年年底,全区创成国家级绿色产品2项、省级绿色工厂1户、市级绿色工厂4户,实施节能和循环经济项目9项。

(张鹤波)

【节能举措】 编制全区2021年度节能工作要点,加强节能指标调控,将年度节能目标任务细化分解到各有关单位和重点用能企业,明确任务目标,落实节能责任。制定用能节点目标,科学调度重点用能企业能耗数据。落实能耗强度预警机制,每季度对各园区规上企业单位工业产值能耗进行预警,对一级、二级预警园区开展整改情况督查检查。根据能耗“双控”工作要求,研究制订能耗“双控”分类实施方案,印发《宿豫区下半年工业企业能耗“双控”工作“一企一策”实施方案》,明确全年能耗“双控”工作任务。每月分析规模以上企业用能、工业产值、工业增加值情况,对能耗占比大、产出效率低的企业采取针对性措施,提升能源利用效率。按照国家、省、市坚决遏制“两高”项目盲目发展要求,全面开展“两高”项目排查,建立拟建、在建和存量“两高”项目清单库,实行动态清单化管理。

(张鹤波)

【重点能耗企业监管】 根据省、市关于加强高耗能项目建设相关要求,全面检查项目备案核准、节能评估和审查情况,严格落实高耗能项目能耗替代工作,坚决遏制“高耗能”项目盲目发展。印发《宿豫区“百千万”行动重点用能单位双控目标责任考核实施方案》,下达“百千万”企业年度节能任务。会同区发展和改革局完成全区10家“百千万”重点用能单位2020年能耗双控目标完成情况考核。配合省节能监察中心完成2户工信部重大专项节能监察、5户省专项节能监察任务,配合市节能监察中心完成19户重点用能单位、3户规模以上企业的专项节能监察任务,对发现问题下发监察通知书,督促企业对照问题清单整改落实。完成江苏惠然实业有限公司、赛得利(江苏)纤维有限公司、宿迁联盛科技股份有限公司等7户重点用能企业工业节能诊断服务,推动企业开展节能降耗举措。组织全区24户重点用能单位加快推进能源审计、能源管理体系、能耗在线监测系统建设。按照能耗双控方案和有序用电方案,实施“一企一策”“一企一案”监管,加强重点用能企业日、周、月用能监测分析,对能耗超限企业,督促企业采取针对性措施,加强能耗管控、削减,提升能源利用效率。2021年,全区规模以上企业综合能耗11.72亿千克标煤,同比下降0.47%,有效遏制全区能耗增长过快的势头。

(丁　昂　张鹤波)

园林绿化

【概　述】 2021年,宿豫区植树80余万株,营造成片林213.33万平方米(约3200亩)。新增绿地面积约8.67万平方米,建成区绿地率达到39.73%,绿化覆盖率42.68%。实施顺河集行宫遗址、洪泽湖东路北侧侧分带和中分带、宿支路环城林带、六塘河乡情林带等景观绿化工程14项,完成总投资约为1.5亿元。来龙镇相口城社区、陆集街道利民村、大兴镇怀仑社区、曹集乡伍员里社区、关庙镇红旗社区、新庄镇杉荷园社区6个村居创成省级绿美村庄。根据调查的越冬蛹基数和智能虫情测报灯诱到的成虫数量以及实地踏查了解,及时发布6期病虫情预测预报至发生乡镇、街道,迅速开展病虫害防治,有效遏制病虫害发生,将病虫害危害面积控制在森林总面积0.3%以内。

(张美慧　张　颍)

【宿支路环城林带景观】 宿支路环城林带景观工程,是城市防护绿地,位于城区北侧,其范围从金沙江路至西楚大道沿线,总面积19.24万平方米。该工程以片植本地适生树种为背景,丰富秋季观叶效果,增设开花类亚乔木,增设游行步道,贯穿景观带,在满足城市防护基础上提供休闲区域。

【顺河集行宫遗址环境整治工程】 项目位于珠江路西侧,烟草局南侧,金沙江路东侧地块，依托顺河集大营遗址建设，打造集遗址展示、模拟考古、军事教育等功能为一体的互动性遗址公园，占地面积约1.72万平方米。2021年9月28日，项目开工建设，2021年11月26日工程竣工。

【六塘河乡情林工程】 完成六塘河乡情林建设，造林面积约5.33万平方米。从张家港大道至省道S49（新扬高速）段，共计栽植白花刺槐约4000棵，水杉约3000棵。

【道路绿化工程】 完成天柱山路、恒山路、燕山路、天山路、九龙江路道路绿化工程，绿化长度约8千米，绿化面积约2.1万平方米，实现总投资约628.13万元。打造“林荫+花香”景观道路，构建城市绿廊与服务生活的休闲型、功能性绿带。

六塘河景观绿化　（区融媒体中心　供图）

洪泽湖东路侧分带景观　（区住建局　供图）

【海绵城市建设工程】 2021年4月下旬，宿豫区参与宿迁市申报国家海绵城市建设示范城市创建，列入《市海绵城市建设示范城市实施方案》。编排海绵城市示范项目13个大项92个子项，计划投资17.81亿元。2021年，完成10项海绵城市示范项目，完成建筑面积128.9万平方米，实现总投资6.2亿元。海绵城市建设工作，被宿迁市海绵领导小组评为“海绵城市建设工作突出贡献单位”，获得海绵城市中央奖补资金5940万元，奖补份额为全市最高。

【洪泽湖东路景观工程】 该项目西起长江路，东至西楚大道，长约2千米，总绿化面积约4.1万平方米。由北侧侧分带和中分带两部分组成。北侧分带景观工程工程建设包含节点花境、透水混凝土路面、硬质铺装、苗木栽植、建筑小品及城市家具等；中分带在各个路段的岛头都布置花镜，选用细叶女贞、黑松、罗汉松、造型黄杨等景观树点缀，行道树采用高杆天鹅绒紫薇、染井吉野樱花、红叶石楠树等品种，提升中分带质感和观感。2021年4月进场施工，2021年11月完工开放。

【城区园林绿化管养工程】 为补齐城区园林绿化管养档次较低、水平不高短板，通过招投标，引进获得中国十大创新型绿化观赏苗木、中国优秀园林绿化工程金奖的上市企业——杭州市园林绿化股份有限公司，承接宿豫城区绿化管养工程。管养期三年，中标价为8495.47万元。9月接管，完成绿化管养面积约198.068万平方米，完成冬季修剪苗木2.1万株、苗木涂白3.75万株、病虫害防治乔木2160余株，补植乔木92株，补植绿篱1.32万平方米，铺设草坪1600平方米，撒播草种72万平方米，打造节点花境7处。

（张　颖）

科技　信息化建设

科学技术

知识产权保护

信息技术应用

电　信

移　动

宿豫年鉴

2022　SUYU YEARBOOK

科学技术

【概况】 2021年，宿豫区科技局按照高水平推进“四化”同步集成改革、高质量建设“四个宿豫”的新要求，强化担当，高位推进，实现国家级科技企业孵化器“零”突破，获批省重大科技成果转化项目1个，被省科技厅表彰为2021年度科技宣传工作成效突出单位和科技统计工作成效突出单位，被宿迁市科技局表彰为2021年度科技工作先进单位并获得科技创新贡献奖。

【科技人才引培】 2021年，全区共获批省科技副总30人，引进外专人才11人，申报市双创团队1个，为宿豫区三个科技综合体引入高层次人才89人。

10月26日，徐安莲博士团队的“基于FSW的绿色焊接装备及成套工艺”项目获“创业江苏”科技创新创业大赛总决赛三等奖　（王子超　供图）

【科技项目】 聚焦“1+X”产业体系，围绕十条产业链条，组织宿迁新亚科技股份有限公司、江苏奇纳新材料科技有限公司等企业申报省、市科技计划项目。全年，累计获批各类科技计划项目25个，其中省重大科技成果转化项目1项。共争取上级科技资金5917.85万元，兑现科技创新券571.85万元，占全市比重53.2%，连续三年位居全市第一。组织企业申报苏科贷，共有13家企业获批，获批金额4050万元。

【科技平台载体建设】 2021年，宿豫区科技综合体累计投入使用面积超过17万平方米，入孵科技型企业超过100家，全市领先；省产业技术研究院宿迁集萃功能复合材料研究所、中国矿业大学智能装备研究院、江苏海洋大学宿迁技术转移中心等高端研发载体相继落户宿豫，新获批省级工程技术研究中心7家、与省产业技术研究院共建企业创新中心1家。8月，宿豫区奇梦空间、北斗光合众创空间获批省级众创空间，全市仅此2家。由江苏筑梦小镇运营管理有限公司运营的宿迁筑梦云创信息科技企业孵化器获批为江苏省级科技创业孵化器，宿豫区省级及以上孵化载体达10家，全市最多。10月26日，宿豫区徐安莲团队的“基于FSW的绿色焊接装备及成套工艺”项目，在南京江北新区举办的第九届“创业江苏”科技创业大赛总决赛中，获得团队组三等奖，为全市唯一获奖项目，也是宿豫区团队组项目在赛场上取得的史上最好成绩。

【创新型企业培育】 2021年，全区国家科技型中小企业入库达283家，入库数量首次突破250家，同比增长75%。组织87家企业申报高新技术企业，其中34家通过认定，数量全市最多。截至年底，全区有效高新技术企业达101家，居全市第二。新增省农业科技型企业2家、省民营科技型企业9家。2019—2021年，累计获批“瞪

12月17日，宿豫在2021中国宿迁高层次人才创新创业大赛颁奖仪式上连获3块奖牌。其中，宿迁筑梦云创信息科技企业孵化器获批省级科技企业孵化器，宿迁奇梦众创空间、宿迁北斗光合众创空间获批省级众创空间

2021年宿豫区获省两化融合管理体系贯标企业一览表

表27

类　别	序号	企业名称
省两化融合管理体系贯标企业	1	江苏北斗星通汽车电子有限公司
	2	江苏力引建材科技股份有限公司
	3	江苏三元轮胎有限公司
	4	苏钢中亚特种钢业宿迁有限公司
	5	江苏惠然实业有限公司

羚”、潜在独角兽等高成长性企业21家次，领先苏北五市。2021年，实现高新技术产业产值220.57亿元，占规模以上工业总产值比重达50%，占比分别超出全市平均水平17个百分点、全省平均水平2.5个百分点，全社会研发投入占比稳居全市第一。

【产学研合作】 2021年，宿豫区围绕重点产业链推进高科技成果转化，提升企业科技水平，提高企业的核心竞争力。全年，“5321”工程共计转化高科技成果63个。区科技局围绕科技创新30强、100强企业开展产学研“三百”行动，组织60余家企业和武汉大学、华东理工大学、江苏师范大学、宿迁学院等30家省内外高校院所开展政产学研对接55次，签订合作协议230项。

（单为常　张　京）

知识产权保护

【概况】 2021年，有效发明专利拥有量达430件，全面完成“市考”任务，完成率104.88%。宿迁高新区通过省级知识产权示范园区的复核验收。建立宿迁市知识产权公共服务和维权援助中心宿豫分中心、宿迁市知识产权公共服务和维权援助中心宿迁高新区工作站。

【执法行动】 2021年，相继开展“2021年知识产权保护执法行动”“蓝天行动”“白酒市场保护行动”“商标双随机抽查”等知识产权保护行动，共检查企业55家，办理商标侵权案件9起、办理假冒专利案件1起，调处专利侵权纠纷案件6起，办理专利、商标维权援助45件，出具专利商标意见书20件，办理电商专利商标侵权案件20件，办理专利商标展会案件2件。

（王　楠）

信息技术应用

【概况】 2021年，宿豫区加快信息化建设、打造信息化引擎。围绕实现高质量发展加快信息化步伐，整体带动和提升新型工业化、城镇化、农业现代化同步发展。宿豫区认真贯彻落实国家《数字经济发展战略纲要》《数字乡村发展战略纲要》等文件精神，建设京东智能制造产业园，出台《关于推动全区工业经济高质量发展的意见》等文件，从政策、资金等方面引导和鼓励企业开展两化融合、企业“上云”等信息化建设，并稳步推进。年内，宿豫区有软件和信息服务业企业16家，累计实现年销售收入为563.84亿元，同比增长32.54%。新增省两化融合管理体系贯标企业5户、省级三星级以上“上云”企业36户；江苏北斗星通汽车电子有限公司获批全区首个省工业互联网标杆工厂；获批市互联网标杆工厂2户，为百威（宿迁）啤酒有限公司、长江润发（江苏）薄板镀层有限公司；江苏秀强玻璃工艺股份有限公司、宿迁南钢金鑫轧钢有限公司等19家企业通过“数字化改造提升项目”。年内，新建5G基站347个。

（韦　尚　孙建华）

【企业“上云”推进】 推进企业数字化改造，分行业组织开展数字化转型培训活动，推动服务机构与规上企业加强数字化改造对接，引导企业通过数字化技术改造非数字化装备，推进企业应用制造执行系统等“云”化，实现深度“上云”。2021年，创成星级“上云”企业36家，其中三星级“上云”企业28家、四星级“上云”企业8家。

2021年宿豫区企业“上云”情况一览表

表28

类　别	序号	企　业　名　称	“上云”时间
省四星级“上云”企业	1	长江润发（江苏）薄板镀层有限公司	2021年12月
	2	江苏罗迈特生物科技有限公司	2021年12月
	3	中节能（宿迁）生物质能发电有限公司	2021年12月
	4	宿迁市骏马化纤有限公司	2021年12月

续表28

类　别	序号	企　业　名　称	“上云”时间
省四星级“上云”企业	5	宿迁正源自来水有限公司	2021年12月
	6	江苏库曼家居有限公司	2021年12月
	7	江苏益和宠物用品有限公司	2021年12月
	8	江苏宏盛尼龙有限公司	2021年12月
省三星级“上云”企业	1	江苏苏源杰瑞科技有限公司	2021年12月
	2	宿迁市日茂新材料有限公司	2021年12月
	3	宿迁市宿豫区来龙农技米厂	2021年12月
	4	宿迁市现代生物科技股份有限公司	2021年12月
	5	江苏永星化工股份有限公司	2021年12月
	6	江苏卡耐得文化发展股份有限公司	2021年12月
	7	江苏辰宇电气有限公司	2021年12月
	8	宿迁宏达制衣有限公司	2021年12月
	9	宿迁市北国香米业有限公司	2021年12月
	10	宿迁市奥源塑料制品有限公司	2021年12月
	11	宿迁市宏帛纺织有限公司	2021年12月
	12	宿迁市鑫盛新型墙体材料有限公司	2021年12月
	13	宿迁楚霸体育器械有限公司	2021年12月
	14	旭派电源有限公司	2021年12月
	15	江苏嘉韵服装有限公司	2021年12月
	16	江苏福友化肥催化净化环保材料有限公司	2021年12月
	17	江苏联新阀门有限公司	2021年12月
	18	江苏万开电气科技有限公司	2021年12月
	19	宿迁市兆萬纺织有限公司	2021年12月
	20	江苏国邦石油化工有限公司	2021年12月
	21	江苏润邦再生资源科技股份有限公司	2021年12月
	22	宿迁市谷香源米业有限公司	2021年12月
	23	宿迁菲林电子有限公司	2021年12月
	24	宿迁市仓基莲唱农产品有限公司	2021年12月
	25	宿迁合兴环保科技有限公司	2021年12月
	26	宿迁市双晨纺织有限公司	2021年12月
	27	宿迁市欣久纺织有限公司	2021年12月
	28	江苏金堂木窗业股份有限公司	2021年12月

电　信

【概况】 2021年，中国电信股份有限公司宿迁分公司宿豫区公司（以下简称“宿豫电信”）践行集团“云改数转”战略，弘扬“三真三实”作风，贯彻“用户至上，用心服务”理念，以问题为导向，感知为引领，强化考核机制，推进问题闭环管控，优化服务流程，面向公众和政企客户打造“红领结、蓝徽章、金天翼”三大服务品牌，提升客户满意度。在全面从严治党、年度业绩考核中在市公司排名均靠前，并获得先进集体、“双优”党支部、安全先进集体等称号。

【信息基础建设】 推进5G建设。在实现城市、镇区覆盖基础上，加强既有大型场馆、商务楼宇、交通枢纽、景区等室内外5G信号深度覆盖，对热点区域实现4G的1∶1覆盖。加强千兆光网城乡覆盖。完成以太网无源光网络（以下简称“EPON”）设备退网，全面升级10GEPON，分步实施千兆以太网无源光网络（“GPON”）设备的更新换代。加强乡村通信基础设施建设，实现基础设施同规同网。推进园区信息化建设。根据需求开展5G专网建设，为企业“上云”、智能制造、5G+互联网应用打造基础。支持“民生实事”建设。加强电梯、地下室通信信号覆盖，完成省通信管理局下达的覆盖任务。推动云网融合建设。推进IDC机房建设，截至2021年年底，全区IDC托管机架达323个，出口带宽达到3020Gbps，支持当地信息技术的系统创新和智能引领。

【智慧城市建设】 与区编办合作建立审批服务综合执法一体化平台，打造街道智慧社区标杆。助力政务服务中心服务提升，打造“互联网+监管”平台。与区住房和城乡建设局、区交通运输局、区公安分局、区城市管理局等部门合作建设智慧物业、智慧停车、警务96110、智慧路灯等平台。历时两个月，与区医疗保障局合作建设医疗保障信息平台，助力宿迁成为华东首家“医疗保障信息平台”上线城市。促进宿迁教育信息化建设，为全市教育教学提供云网基础、教育服务平台、增值业务运营等一揽子解决方案。与市公安局共同成立警用无人机联合实验室，自主研发一套警用无人机实战指挥系统，在全市范围内部署警用无人机自动方舱系统。利用自研算法，建立无人机河湖云巡监测平台，用于市内环保、水利、渔政执法等领域。

【惠民政策落实】 实施精准降费。全面落实国家工作要求，通过对产品的优化调整，面向中小企业用户，宽带和专线平均资费再降10%；面向农村脱贫户继续推出“爱心包”，减免通信费用；面向老年人、残疾人等特殊群体，继续推出低于市场资费的优惠政策。落实携号转网。履行央企政治责任和社会责任，坚决落实好“九不准”“五严禁”，确保用户“携得了、转得快、用得好”。坚持“携号转网好不好，用户说了算”。加强运营维护管理，确保携号转网网络系统平稳运行，提供高质量携号转网服务。

【实体经济信息化服务】 支撑近100家企业星级“上云”服务；加快5G+工业互联网融合应用，为宿迁南钢金鑫轧钢有限公司等公司建设5G专网，探索在视频监控、自动导引运输车（AGV）等场景中的应用，将5G专网直接穿透到最终设备上。新冠肺炎疫情防控期间，支撑市、区人力资源和社会保障局开展云端送岗、直播带岗线上招聘会。2021年，公司获得“宿迁市信息化服务示范企业”称号。

【网络安全保障】 6月，冠名、支撑和参与区公安分局主办的首届“护网2021”攻防演练专项行动，并获多项荣誉。防范打击通信信息诈骗，与公安建立共享机制，协助惩治本地多个诈骗团伙，缴获设备28个，抓获嫌疑人10余人。

【助力新冠疫情防控】 保障疫情联防联控系列会议召开及区传染病防治中心等单位通信，出动人员56人次，车辆22台次。运用无人机助力宿豫区全员核酸检测实战演练；通过“两微”、抖音及时向社会提供热成像、云会议、短信平台、核酸检测整体方案等信息化产品，并提供需求定制化服务等。

【助力乡村振兴】 通过平安乡村赋能乡村治理，为全区100余个村（居）搭建“平安乡村”工程；培育乡村数字经济新模式，打造“一村一品一店”农村电商模式。

（姚建忠）

移 动

【综述】 中国移动通信集团江苏有限公司宿迁分公司宿豫营销中心（以下简称“宿豫移动”），服务大中小型集团6000余家，实现宿豫城乡全面覆盖。宿豫移动下设综合部、集团部、市场部、业务支撑中心和城、乡、开发区网格，共有员工114人，其中本科及以上学历占比96%，平均年龄34岁。2021年，宿豫移动用户规模达37万、宽带规模达10.4万，家庭宽带接入覆盖宿豫100%用户，营业收入同比增长率超过10%，各项工作完成及增长情况位居全市前列，实现健康、持续、快速发展。

【信息化服务】 依托光纤和5G网络，为政府和企业提供集团办公专线、企业视频彩铃、一卡通、云MAS、大数据政务宣传短信等信息化服务。在新冠肺炎疫情防控、防诈骗宣传方面，配合区政府、各乡镇街道合作发送大数据短信500万条，推动防疫、防诈骗工作在基层落地起效。服务中小商户，为宾馆酒店、商户聚集市场、沿街店铺等提供一网通、和目信息化产品，解决他们上网、通话和店内监控一体化需求。完成宿豫公安智慧警务方舟、智慧防控中心相关项目交付。打造精品家庭信息化产品，依托高品质网络，持续推动千兆宽带、移动互联网电视、千兆组网、智能安防等系列化家庭综合服务，为学生利用家庭网络进行在线学习提供业务支撑体系。

【网络建设】 2021年，是5G赋能产业数字化发展实现商用的关键年。宿豫移动抢抓机遇，开通152个5G基站和37个室分，实现城区及乡镇街道5G覆盖；完成江苏三元轮胎有限公司和江苏秀强玻璃工艺股份有限公司“5G+智能工厂”项目建设，配合宿豫区公安分局完成技防城九期建设和重点集团专线接入，新建小区宽带覆盖25个，实现新建小区宽带全覆盖。有力服务宿豫区信息产业发展，提升全区信息化水平，带动区内产业优化升级。 （郭雪娇）

教　育

学前教育

义务教育

特殊教育

职业教育

社会教育

教学科研

师资队伍建设

招生考试

教育督导

宿豫年鉴

2022 SUYU YEARBOOK

学前教育

【概况】 2021年，宿豫区有幼儿园48所，其中公办园28所、民办园20所（中高端幼儿园1所），基本形成多样化、多层次、立体式的学前教育发展格局。成型园中省级优质园32所，占比66.7%，实现省优质园乡镇全覆盖；市级优质园8所。全区28所公办幼儿园全部完成独立法人登记工作。全区在园幼儿18248人，学前幼儿入园率达98.9%。幼儿园教职工1852人，其中专任教师1086人。40余名教师在省、市幼儿教师优课评选、基本功大赛活动中获奖，60余名教师在省、市幼儿教育优秀论文、案例评选中获奖。

【普惠性民办园认定】 区教育局、区财政局、区人力资源和社会保障局联合下发《宿豫区普惠性民办幼儿园认定方案》，组成联合验收组，对申报普惠园的民办幼儿园逐一进行材料验收和现场考察、评估、复核。2021年，新认定普惠性民办园4所，按650元每年每生拨付公办园和普惠性民办园公用经费，保障幼儿园的优质普惠发展。

（陈 芬）

宿豫区省、市优质幼儿园一览表

表29

序号	幼儿园名称	办园性质	级 别	取得时间
1	宿豫区实验幼儿园	民办	省优质园	2007年9月
2	宿豫区机关幼儿园	民办	省优质园	2008年2月
3	宿豫区珠江幼儿园	民办	省优质园	2010年6月
4	宿豫区江山幼儿园	民办	省优质园	2010年6月
5	宿豫区学府幼儿园	民办	省优质园	2011年7月
6	宿豫张家港实验小学幼儿园	公办	省优质园	2008年9月
7	宿豫区来龙中心幼儿园	公办	省优质园	2008年2月
8	宿豫区侍岭中心幼儿园	公办	省优质园	2008年9月
9	宿豫区曹集中心幼儿园	公办	省优质园	2009年12月
10	宿豫区顺河镇中心幼儿园	公办	省优质园	2009年12月
11	宿豫区高新区实验幼儿园	公办	省优质园	2010年6月
12	宿豫区关庙中心幼儿园	公办	省优质园	2010年6月
13	宿豫区丁嘴中心幼儿园	公办	省优质园	2011年1月
14	宿豫区大兴中心幼儿园	公办	省优质园	2011年7月
15	宿豫区保安中心幼儿园	公办	省优质园	2012年6月
16	宿豫区仰化中心幼儿园	公办	省优质园	2012年6月
17	宿豫区陆集中心幼儿园	公办	省优质园	2013年5月
18	宿豫区新庄中心幼儿园	公办	省优质园	2013年5月
19	宿豫区小百灵幼儿园	民办	省优质园	2014年6月
20	宿豫区第一实验小学幼儿园	公办	省优质园	2014年12月
21	宿豫区丁嘴康乐幼儿园	民办	省优质园	2014年12月
22	宿豫区宏成实验幼儿园	民办	省优质园	2015年5月
23	宿豫区阳光幼儿园	民办	省优质园	2015年5月
24	宿豫区浦东幼儿园	公办	省优质园	2016年11月
25	宿豫区启明实验幼儿园	公办	省优质园	2016年11月
26	宿豫区伟才幼儿园	民办	省优质园	2017年12月
27	宿豫区豫园幼儿园	公办	省优质园	2017年12月

续表29

序号	幼儿园名称	办园性质	级　别	取得时间
28	宿豫区金外滩幼儿园	民办	省优质园	2018年4月
29	宿豫区小龙人幼儿园	民办	省优质园	2018年4月
30	宿豫区中通名仕幼儿园	公办	省优质园	2019年11月
31	宿豫区印象久久幼儿园	公办	省优质园	2020年6月
32	宿豫区豫新幼儿园	公办	省优质园	2021年10月
33	宿豫区大兴一品利民幼儿园	民办	市优质园	2011年12月
34	宿豫区大兴镇东城实验幼儿园	民办	市优质园	2017年6月
35	宿豫区星辰实验幼儿园	民办	市优质园	2019年3月
36	宿豫区锦绣江南幼儿园	公办	市优质园	2021年3月
37	宿豫区帝景豪苑幼儿园	公办	市优质园	2021年3月
38	宿豫区曹集育才幼儿园	民办	市优质园	2021年3月
39	宿豫区明日之星幼儿园	民办	市优质园	2021年3月
40	宿豫区庐山路幼儿园	公办	市优质园	2021年8月

义务教育

【概况】 2021年，全区义务教育阶段学校计31所，其中小学14所、初中7所、九年一贯制学校9所、特殊教育学校1所。学生总数为6.21万人，其中小学生45357人、初中生16612人。小学入学率100%、巩固率100%、毕业率100%、升学率100%，初中入学率100%、巩固率100%、毕业率100%、升学率99.71%。

【义教招生】 义务教育招生实行“公民同招”，出台《宿豫区2021年义务教育学校招生入学工作实施方案》，设定时间表，制订招生计划，全面公开招生政策。坚持利民便民理念，按照“让数据多跑路，让群众少跑腿”原则，所有学校全部实行网上阳光招生，减轻家长报名负担。招生工作平稳有序进行，1.5万余名中小学生顺利入学。

【学校建设】 宿豫张家港实验小学、宿豫区第一实验小学改扩建工程完工投用，黄山路初级中学及特教学校、玉泉山路初级中学3月开工，豫新小学增建工程、昆仑山路小学6月开工，新建学校于2022年秋季学期投入使用。

【素质教育】 聚焦立德树人，涵养学生情怀。实施融通德育行动，制定出台《宿豫区中小学融通德育实施方案》，召开德育工作大会。实施“543”德育工程、加强“四史”学习教育及传统文化教育，营造健康成长的良好环境，引导学生了解中华优秀传统文化和历史渊源，增强文化自觉和文化自信。加强心理健康教育，开展师生心理普测工作，根据心理健康普测结果，举办有针对性的心理健康讲座，开展团体辅导、个体辅导活动；结合“5·25”心理健康日，组织师生开展以“我爱我”生命教育为主题的心理剧目编创、展演活动；举办全区班主任心理健康教育培训班、好妈妈公益课堂，受训师生及家长3万人次。获评“江苏好少年”、江苏省“新时代好少年”、宿迁市“新时代好少年”等学生达180名。广泛开展校内外劳动实践教育，推动劳动教育落实。校内，中小学劳

学校对学生进行爱国主义教育　　（区融媒体中心　供图）

动教育课每周不少于1课时；校外，引导学生主动参与家庭劳动。年内，庐山路小学、豫新小学获批宿迁市劳动教育特色学校。

【"双减"政策落实】 组建工作专班，印发《宿豫区教育局关于成立"双减"和"规范民办义务教育发展"工作专班的通知》，明确职责，压实责任；围绕"双减"工作重心，先后下发《关于加强全区中小学生作业管理工作的指导意见》《关于制定一校一案全面落实课后服务工作的通知》；"控量提质"减作业负担，"量身定制"优课后服务，通过分层式、个性化辅导，提高学生学习效率，部分年级可实现作业不出校门。各校立足实际、结合需求开设种类丰富的课后服务课程，涵盖科技创新、艺术体育、文学素养、劳动实践等类别，做到"一个提高、两个全覆盖"，即全面提高课后服务

2021年宿豫区义务教育情况一览表

表30

学 校	校长	地 址	教职工数（人）	学生人数（人）	班级数（个）
宿迁市宿豫区顺河中心小学	吴可强	顺河镇卓圩街	67	686	15
宿迁市宿豫区顺河第二中心小学	凌朝阳	宿豫区长江路	231	4534	85
宿迁市宿豫区仰化中心小学	周利清	仰化镇仰化街北首	76	1135	25
宿迁市宿豫区大兴中心小学	任路路	大兴镇大兴街南首	180	2574	51
宿迁市宿豫区来龙中心小学	张金科	来龙镇来龙街北首	151	2493	51
江苏宿豫经济开发区中心小学	王 辉	开发区罗桥居委会	64	1111	22
宿迁市宿豫区骏马小学	陈 晓	昆仑山路与钱塘江路交会处	47	722	17
宿迁市宿豫区启明实验学校	陈秀强	宿迁生态化工科技产业园区	37	382	11
宿迁市宿豫区第一实验小学	张成红	宿豫区燕山路	220	4031	82
宿迁市宿豫区实验小学	张海燕	宿豫区黄浦江路	134	2239	52
宿迁市宿豫区文昌小学	柳 伟	宿豫区黄山路	132	2571	51
宿迁市宿豫区豫新小学	徐 铸	五台山路与金沙江路交会处	247	4235	79
宿迁市宿豫区庐山路小学	凌朝阳	长江路102号	196	4079	78
宿豫区玉泉山路小学	高 翔	玉泉山路	123	2291	49
宿迁市宿豫区第一初级中学	叶 飞	宿豫区江山大道2号	181	2445	46
宿迁市宿豫区仰化初级中学	张 保	仰化镇仰化街北首	54	505	11
宿迁市宿豫区大兴第一初级中学	董良高	大兴镇大兴街	70	756	15
宿迁市宿豫区来龙初级中学	刘从凯	来龙镇来龙街	60	780	17
宿豫区豫新初级中学	王跃武	金沙江路与马鞍山路交会处	155	2717	51
宿豫区玉泉山路初级中学	高 翔	玉泉山路	29	459	9
宿迁市宿豫区关庙中心学校	胡永成	关庙镇关庙街	173	2690	54
宿迁市宿豫区侍岭中心学校	卓新胜	侍岭镇侍岭街	119	1558	37
宿迁市宿豫区实验初级中学	姚小明	宿豫教育园区	257	3412	66
宿迁市宿豫区陆集中心学校	韩荣华	陆集镇陆集街南首	185	2933	59
宿迁市宿豫区丁嘴中心学校	许忠华	丁嘴镇丁嘴街西首	136	1913	41
宿迁市宿豫区保安中心学校	杨宏齐	保安乡保安街西首	100	1341	30
宿迁市宿豫区曹集中心学校	徐 进	曹集乡曹集街	158	2470	49
宿迁市宿豫区新庄中心学校	汪东松	新庄镇新庄街	110	1255	29
宿迁市宿豫区宿北中学	邹金山	来龙镇来龙街西首	197	2509	52
南京外国语学校仙林分校宿迁学校	刘鸿斌	宿豫大道与幸福大道交会处	161	1143	34

质效,全区中小学全覆盖,确有需求学生全覆盖。

【控辍保学】 制定下发《关于开展全区教育系统2021—2022学年度结对关爱行动的通知》《关于做好2021年秋季学期控辍保学的通知》,推动出台《关于成立宿豫区人民政府义务教育控辍保学工作领导小组的通知》《宿豫区义务教育阶段学校控辍保学工作实施方案》等文件,压实学校责任,扎实做好(疑似)辍学学生劝返复学工作。严格落实学生缺课上报工作,定期开展飞行检查并下发通报。细化关爱措施,对(疑似)辍学学生及特殊学生给予关怀、帮扶,最大限度“劝得回、留得住”。

【教育均衡】 2021年,宿豫区教育现代化建设监测综合得分83.95分,比上年度提高0.03分。全区所有义务教育学校全部达到省定建设标准,达标率为100%,较上年度上升25个百分点。县域义务教育优质均衡监测达标比例为81.25%,为全市第一,高出市达标比例8.12个百分点。为推进全区义务教育优质均衡发展,编制《宿豫区创建“江苏省义务教育优质均衡发展县(市、区)”实施方案》,明确“义务教育优质均衡发展县(市、区)”创建目标任务、职责分工、重点工作、保障措施等,力争到2025年,在全市率先创成“江苏省义务教育优质均衡发展县(市、区)”。

(陈 芬)

特殊教育

【特教新校建设】 新校四至范围为北至黄山路、西至九龙江路、东至赣江路、南至黄山初级中学。2021年3月,宿豫区特殊教育学校新校开工建设,校园占地2.93万平方米(44亩),建筑面积2900余平方米,项目投资1.7亿元。截至2021年年底,主体封顶,计划于2022年8月交付使用。新校建成后,学校硬件水平将在省内处于一流水平,能够更好地服务于残障学生。

【特教制度完善】 根据社会需要,制定下发《宿豫区义务教育阶段重度残疾儿童少年送教服务工作实施方案》,联合与区卫生健康局、区残联、区民政局等部门印发《关于成立宿豫区残疾人教育专家委员会的通知》《关于建立宿豫区特殊教育联席会议制度的通知》《关于调整宿豫区特殊教育指导中心成员的通知》等文件,完善相关工作制度,提升服务质量和水平,优化办学模式不断,扎实推进特殊教育工作。

【特教融合发展】 为加强融合教育资源教师队伍建设,提升普通中小学融合教育教师业务水平,宿豫区多次开展相关业务培训,4月9日举行全区融合教育教师培训,特邀请南京特教名家现场授课,指导融合教育开展。区特殊教育学校多次牵头为全区普校提供送教上门工作作巡回指导,规范服务流程和内容,促进送教上门工作开展。

【按需施教】 特殊教育学校充分考虑各类残障学生的教育需求,在职业教育和文化教育方面齐头并进,开设聋人面点和盲人按摩项目为两类残疾学生提供职业技术课程;聋部九年级推送毕业生到南京聋人学校参加高中入学考试,1名学生被录取。

(陈 芬)

职业教育

【概况】 围绕市“6+3+X”制造业产业体系和区“五群十链”产业布局,创新搭建以学院为主体、园区为载体、服务规模以上企业的“1+4+X”政校企服务平台,健全完善专业动态调整机制,推进电子商务、餐旅、机电装备等职教联盟平台建设,与宿迁高新区、电子商务产业园区顺利签约。为地方企业输送实习就业学生1600余人,实现毕业生“双证”获得率100%、本地就业率70%以上;组织开展新型职业农民“双提升”、退役士兵学员技能提升等培训8000余人次,新型学徒制培训1200余人。

【立德树人】 稳步实施三成、三创和三化的“333”育人工程和“6S”养成教育管理,加强社会主义核心价值观教育,开展“学雷锋、我先行”“双创教育”等一月一主题、一周一重点的德育育人活动30余场次,丰富学生课余生活,增强团队合作精神。文艺社团、创新创业社团等获区级比赛一等奖8个,院团委分别获得省“五四”红旗团委、市“五四”红旗团委称号。

【技能培养】 营造崇尚技能、弘扬工匠精神的校园环境,全面推进“工学交替”现代学徒制教学,施行“五合一”实训课堂教学模式,鼓励师生参加技能大赛,实现以赛促练、以赛促教、以赛促学的良性发展。5月,承办市职教活动周活动;6月,组织开展第二届“京东杯”校园技能节。10月,在2021年江苏省职业院校技能大赛中,宿迁技师学院累计获5枚金牌、6枚银牌、6铜牌;11月,在2021年宿迁市职业学校“中华财险”杯技能大赛中,宿迁技师学院累计获14枚金牌、21枚银牌、23枚铜牌。全年,组织开展职业技能考核认证6534人。

【多元育人】 打造现代技能人才培养体系,强化“3+2”“3+3”大专层次技能人才培养,创新推出普职融通综合高中特色化办学,推进校企协同“准员工式”技能人才培养,开展“嵌入式”模块化教学,满足地方企业发展需要和老百姓多样化求学需求。加入中德AHK职教联盟,引进国际化资质认证,打造中德AHK考培中心,开展国际化资质培训考核认证,为地方企业培养更多外向型技能人才。2021年,学院有高职在校生700人,合作共建校企订单培养班21个,对口高考本科上线45人,参加学测考试2300人。

(张 峰)

社会教育

【就业创业培训】 组织各级各类培训1万余人次。与12家企业开展企业新型学徒制培训，开设16个工种40个教学班，培训学员1200人。组建农民“双提升”教学团队，面向农村转移劳动力、城镇登记失业人员、低收入家庭子女等重点群体，深入社区、乡镇教学点，组织开展技能培训，近1200人受训，完成600余名新型职业农民“双提升”培训。配合宿豫中等专业学校组织校园招聘会、专题推介会、供需见面会等就业服务活动20余场次，开展“创办和改善你的企业”（SIYB）培训，受训人员达1184人，其中退役士兵近500人，为本地企业培养输送实习就业学生1600余人。

【民办机构监管】 对全区已登记注册的41所民办教育机构进行现场办学水平评估。回收民办小红花幼儿园、明天幼儿园两所幼儿园办学许可证，注销办学资质。截至2021年年底，在全市率先完成无证幼儿园清理整顿工作。根据《关于进一步减轻义务教育阶段学生作业负担和校外培训负担的意见》（简称“双减”）文件精神，加强培训机构举办者政策学习，规范培训机构办学行为，加强周末及节假日巡查，压减已审批培训机构数量。截至12月底，全区已审批的17家培训机构全部平稳退出，在三县两区中率先完成学科类培训机构清零工作。

【放管服工作】 2021年，根据市、区要求先后四次对“政务服务一张网”各项参数进行重新修订，编制事项指南和流程。编制2021年“双随机”检查计划，组织开展“双随机”检查。组织全区民办学校与民办幼儿园办学水平评估江苏政务网上申报。完成区相应部门交办的“放管服”全部工作。

（陈 芬）

教学科研

【概况】 2021年，教学研究室全面贯彻落实国家“双减”政策，围绕“全面对标学如皋，高原造峰攀新高”总体目标，以“全力提升教学质量”为中心，以深入推进“活动单导学”升级版“学本课堂”教学改革为抓手，减轻学生作业负担，提高教师课堂教学效率，切实发挥好研究、服务、引领、指导的工作职能。省示范性县级教师发展中心通过市级评估验收。

深化集群教研，实施三级备课制度。出台《宿豫区中小学集群教研工作指导意见》，创新“1+1+2”教研工作机制，落实教研员蹲点挂钩制度，深化集群教研，建立健全全区中小学集群教研机制，打造共建共研共享共赢的集群教研文化；着力构建“区级学科中心备课组—集群学科备课组—校级学科备课组”三级集体备课网络，全面提升教学质量。

推进课堂改革，打造“学本”课堂。深入推进“活动单导学”课堂教学改革引领全区中小学教师都能全面掌握“活动单导学”的精髓要义，熟练设计和运用“活动单导学案”进行教学，在此基础上推出升级版、本土化的“学本课堂”，形成自学—互学—展学—评学“四学”流程，在全区掀起课堂改革的热潮，将学习主动权还给学生，推动“教”为中心向“学”为中心转变，切实提高课堂教学效益。

规范作业管理，控量提质增效。出台《关于加强宿豫区中小学生作业管理工作的指导意见》，健全作业管理机制，分类明确作业总量，提高作业设计质量，将学校“作业管理”工作纳入区教育局年度综合目标考核体系，将学校是否统筹、监管作业，教师布置作业是否控量提质纳入考核内容。

开展以“学本课堂”为主题的第32个“优化课堂教学活动月”活动，先后举办“新秀杯”“栋梁杯”课堂教学大赛、备课组长“活动单”设计及说课评比等系列赛事，经过学校初赛、集群复赛，全区515名教师进入区级决赛，经过三轮激烈角逐，170名教师获一等奖，268名教师获二等奖，在全区掀起课堂改革的热潮。

强化青年教师培养，加快专业成长。印发《宿豫区中小学青年教师“三年过三关晋三级”考核实施意见》，压实“青蓝工程”和“三年过三关晋三级”活动，突出教学常规、教学成果两个重点，经过学校、集群和区教育局三级评审，全区中小学中，2018年入职的116名青年教师，共有55名被评为优秀等次，占比47.41%。

2021年，全区在省、市优课和基本功大赛中，先后有34人获市一等奖，9人获省一等奖，呈倍增态势。其中，1人获省基本功大赛一等奖第一名，实现该级别赛事“零”的突破；1位教师代表宿迁市参加长三角三省一市优课展示活动；3位教师运用“活动单导学”教学模式在宿迁市开设示范课。中考成绩位列全市三县两区第二名，小考成绩位列中心城区第一名，在全市教研工作会议上作经验分享。

【课题研究】 2021年，全区立项省、市级课题72项。其中，入选江苏省教育科学“十四五”规划2021年度课题6项，含2项重点课题；江苏省中小学教学研究第十四期课题7项，含3项重点课题；宿迁市教育科学“十四五”规划课题26项，含6项重点课题；宿迁市中小学教学研究2021年度微型课题32项；宿迁市李庚南教育思想研究专项课题1项。完成省市级课题结题72项，其中江苏省教育科学“十三五”规划课题、江苏省中小学教学研究课题3项，宿迁市教育科学“十三五”规划2018年度课题6项，宿迁市中小学教学研究2019年度、2020年度微型课题54项，宿迁市中小学教学研究2017年度课题9项。全年，省市级课题成果获奖3项，其中获江苏省中小学教学研究第十二期课题成果一等奖1项、市教育研究成果奖二等奖2项。在江苏省教育科学“十三五”规划(2020年度)立项课题中期评估中,宿豫区报送成果均获得良好以上评价,其中获得优秀等次的2项,优秀率为40%。获评中心城区十佳教育科研工作者3人。在江苏省中小学(幼儿园)"师陶杯"教育科研论文评比中,获奖33篇,其中省级奖28篇。组织近200人次参加2021年全市教科研课题研讨会暨"十四五"规划课题申报培训会、市教育科学规划精品课题建设推进工作经验交流暨培训会、省市级在研课题研讨会、2020年省规划课题开题论证会等;组织开展"十四五"课题申报"校校行"辅导专项活动、为民办实事"教师论文撰写指导"活动。

(陈　芬)

师资队伍建设

【师资培养】 2021年,共评选初级职称370人、中级职称227人、副高职称112人,正高职称2人;评选市、区先进个人66人,区突出贡献奖团队奖4个。截至2021年年底,全区拥有省特级教师3人,入选全市第二期"千名拔尖人才培养工程"教育人才34人,获得区级教育能手以上称号1075人。完成教师资格认定945人,教师资格注册2617人。

【师资配置】 2021年,暑期调配交流中小学、幼儿园教干159人、教师233人。赴2所省内外高校开展2022年校招3批次,招聘127人,全区2021年共招聘新教师447人。

【师德师风建设】 强化教师素质。出台《宿豫区教育系统2021年度师德师风建设重点工作》等文件,开展"师德师风建设提升年活动"、"师德师风专项整治"等活动,大力挖掘和宣传师德先进典型,讲好师德故事,提升全体教师的师德水平。

(陈　芬)

招生考试

【概况】 2021年,宿豫区教育考试服务中心参与市教育考试服务中心组织的各类考试9批次;独立组织各级各类考试10次,共办理各级各类考试报名人数达23789人次。向省考试中心争取提升招考能力配套资金20万元,用于改善和提高设施设备配置水平,提升招考队伍业务水平,为各级各类考试的科学规范管理提供保障。

【考试组织】 2021年,宿豫区参与市教育考试服务中心组织的考试9次,分别为研究生考试、普通高考、普通高中学业水平考试、普通高中美术省统考、普通高中计算机合格性考试、职业中学对口高考、全国成人高考、教师资格面试考试等。区教育考试服务中心独立组织各级各类考试10次。其中,中考1次,高等教育自学考试2次,全国教师资格证文化考试2次,全国计算机等级考试2次,中等专业学校学业水平考试1次,书法艺术等级考试2次。

【考试报名】 2021年,区教育考试服务中心共办理各级各类考试报名人数达23789人次。其中,中考人数达4479人,初二地理、生物学业水平考试4650人,高等教育自学考试达3850人,全国成人高考报名4170人,中等专业学校学业水平考试报名1650人,教师资格考试报名2850人次,计算机考试报名2140人。

(陈　芬)

教育督导

【规范办学监测】 2021年,督导中心聚焦校园安全,围绕预防校园欺凌、防溺水宣传、安全隐患排查等开展督导检查,促进学校安全稳定发展;聚焦控辍保学,坚持问题导向,先后多次开展控辍保学、每日点名、缺课监测及预防未成年人违法犯罪等督导检查,全年以督导室名义向乡镇(街道、园区)发劝返函24份,给学校下发整改通知16份,多措并举,持续发力,控辍保学工作成效明显。

【义务教育质量监测】 根据《国务院教育督导委员会办公室关于开展2021年国家义务教育质量监测的通知》精神,区教育督导中心聚焦质量提升,规范做好国家义务教育质量监测实施工作。按照监测工作节点要求,认真组织实施细则制订、政策宣传、信息上报、业务培训、器材配备、应急预案、过程监管、组织观摩等环节,规范有序推进质量监测工作稳步实施。5月27—28日,教育部基础教育质量监测中心对宿豫区教育质量进行现场监测,对宿豫教育质量给予肯定。12月,宿豫区人民政府教育督导室被教育部基础教育质量监测中心评定为2021年国家义务教育质量监测实施优秀组织单位。

【"五项管理"专项督导】 2021年,在市级"五项管理"部署会召开后,宿豫区聚焦学生健康,结合实际制定区级督导方案,全面开展"五项管理"专项督导。发动专项督导235人次,实现区域内中小学"五项管理"专项督导全覆盖。共发放调查问卷3000余份,印发专项督导通报五期,反馈问题180余条,有效推动"五项管理"相关政策落地落细。

(陈　芬)

文化传媒

文化事业

文化产业

文艺创作

文化活动

地方志工作

档案工作

广播电视

融媒体运营

宿迁日报社宿豫记者站

宿豫年鉴

2022 SUYU YEARBOOK

文化事业

【概况】 2021年，全区组织开展“唱支村歌给党听”宿豫区首届村歌大赛、“颂歌献给党”等各类主题文化惠民活动400余场，为庆祝中国共产党建党100周年营造浓烈文化氛围。组建“宿豫小大姐”合唱团参加省紫金合唱节比赛一举夺魁，实现宿迁在该项赛事金牌“零”的突破。启动创作文艺精品100余部，截至2021年年底完成94部，创作计划数及完成率均居全市领先。其中，纪录片《宿北大战》为2021年全省仅有的2部重大题材之一。原创话剧《西楚星火》完成巡演60余场，深受党员群众好评。原创歌曲《过了六一是七一》获评“童声里的中国”全国少儿歌曲大赛“最佳校园歌曲”奖，全省仅十个项目获奖。以建设“书香宿豫”为龙头，先后打造“童阅书香‘豫’悦成长”“E起读‘豫’享书”等多个阅读品牌活动，依托小镇书房、农家书屋等阅读阵地举办阅读活动3000余场，丰富广大干群的精神文化生活。打造“宿豫红书房”阅读阵地20余处，对小镇书房、农家书屋进行提档升级，累计投入140余万元。组织放映农村公益电影1088场、城区公益电影100场，惠及群众20余万人次。

（陈玥文）

【公共文化服务】 坚持“公益性、基本性、均等性、便利性”原则，全区公共文化服务网络更加健全。2021年，宿豫区图书馆累计接待读者15.6万余人次，图书流通20.2余万册，征集有馆藏价值的地方文献39种189册，被表彰为2021年度区级巾帼文明岗，获2021年宿迁市公共图书馆从业人员业务知识竞赛组织奖、江苏省2021年红领巾读书征文活动组织奖。宿豫区文化馆在第五次全国文化馆评估定级中，被命名为国家一级馆，并获2021年度江苏省文化和旅游系统先进集体。全年上传省级云平台视频资源37个、慕课20个，开展网络赛事3场、网络投票评选活动2次，开展免费培训班3轮、展览活动8轮，组织赛事2场次，流动辅导120课时。宿豫区豫新街道、新庄镇2家文化站入选市级首批设施管护体制改革试点名单，宿豫区文化馆、新庄镇综合文化服务中心2家单位入选2021年度省级“最美公共文化空间”。宿豫大剧院管理运营整理情况良好，全年完成自营演出55场次。

（丁　玲）

【文化市场监管】 文化娱乐场所以专项整治为抓手，出版物市场以“扫黄打非”、“双打”活动为载体，演出市场以农村演出和保利大剧院演出为监管重点，对4个老旧小区擅自安装的“小耳朵”进行集中拆除，共拆除“小耳朵”120余个。加强社会艺术考级备案，共开展22场考级活动监管。开展“拒绝未成年上网”专项整治，查处违规接纳未成年人案件10起。常态开展文化娱乐场所消防安全专项检查，组织消防安全培训3次。严格落实新冠肺炎疫情防控措施，做好疫情防控常态化巡查工作。全年开展各类专项整治行动12次，检查各类文化经营主体750余家次，行政处罚38件。

（张　磊）

【文化传承保护】 2021年，全区有省级非物质文化遗产名录项目4个、市级20个、区级20个，有市级非物质文化遗产传承基地7处、区级11处，有省级非物质文化遗产代表性传承人2人、市级27人、区级84人。全年开展非遗传承进乡村、小区、景区巡演展示活动160场，承办全市第六届非遗大集暨宿豫区特色非遗项目展演活动。“非遗进筑梦小镇文化旅游区”入选江苏省首批无限定空间非遗进景区试点项目。全区拥有不可移动文物保护点共51处，其中省级文保单位1处、市级文物保护单位14处，区级文物保护单位36处。可移动文物31件，向上争取省级文物保护资金80万元。

（徐春雷　陆敬伟）

文化产业

【概况】 2021年，宿豫区深入实施文化产业“招引突破年”活动，印发实施《宿豫区2021年文化产业工作考核办法》等文件，通过推动重点文化企业提档、挖掘文化企业摸排入库、强化文化企业招引等方式，促进全区文化产业发展。紧紧围绕省级文化产业示范园区创建标准，电商文创园依托已入驻的京东、当当、途牛、网易等112家文化产业企业优势，加快文创园建设，对电商园区和筑梦小镇进行高标准打造。2021年12月，电商文创园被省文化和旅游厅评定为省级文化产业示范园区创建单位。

【文化产业引培】 2021年年初，宿豫区将文化产业招引工作纳入全区招商引资目标任务，印发《宿豫区2021年文化产业“项目招引突破年”活动工作方案的通知》等文件，成立专业文旅招商团，开展文产企业专题招商活动。年内，全区新引进亿元文产合同项目4个、开工建设项目3个、竣工投产项目4个，年纳税50万元以上文产服务业企业6个。对照文化产业重点指标，加强在库文产企业引导，要求每个在库文产企业按月排定提质增量计划，实现逐步提升。截至年底，全区14家列市的“百企升级”文产企业全部达序时进度，完成市定任务100%。实现规模以上文化企业固定资产投资235亿元，同比增长22.3%；实现营业收入105亿元，同比增加11.2%。按照文化产业高质量发展要求，做好规模以下文化企业入库培育。多次召开文化产业工作推进会议，要求各单位对全区文产企业开展梳理排查，确保符合条件的文化企业及时申报入库。2021年，共梳理拟入库文产企业19家，其中被统计部门认定新增入库文产企业12家，实现销售收入9亿元，促进新增文化产业实现增加值约2.5亿元。

（韦　尚）

文艺创作

【概况】 2021年，宿豫区坚持把创作生产优秀作品作为全年中心任务，围绕党史学习教育和庆祝中国共产党成立100周年等重大主题，组织创作纪录片、广播剧、图书、歌曲、戏曲等各门类文艺精品100余部。编纂《宿豫剧目》2期。开展“书写建党百年 记录时代风云”主题剧目作品征稿活动，征集各类作品30余篇，评选出一等奖1篇、二等奖3篇、三等奖5篇、优秀奖10篇。在“2021年度宿迁市主题剧目征稿”中，宿豫区11篇作品获奖。其中，《底线》获得小品类一等奖，《断肠将军》获得曲艺类一等奖，继续保持宿迁市参评作品数量第一、获奖作品数量第一。联合省文化馆开展“青葵云乐汇”第二季《绿色之约》发布工作，创作《我的运河》《追梦》《情系陆塘河》等舞台艺术作品10部，其中《我的运河》在“酷狗音乐”“学习强国”等平台推广。摄影作品《笑脸》在江苏省文化馆主办的“美丽乡村 最美笑脸”主题摄影作品征集活动中获一等奖。4件作品在水韵江苏——大运河生态文明建设摄影精品图片展中获奖，4件作品入选“信仰·力量·辉煌”庆祝中国共产党成立100周年江苏省群众美术书法摄影作品展。被立项为2021年度全省重大题材作品1项，获评全国少儿歌曲大赛“最佳校园歌曲”奖1项。

（陈玥文）

【文艺作品选介】 作品《宿北战役》由区委组织部、区委宣传部重点打造体裁为纪录片，分上、下两集，以宿北战役为题材，通过深刻解读、全面真实再现解放战争初期发生在宿迁大地上的那场大战，以期让人们全面、真实地了解这段时期的党史、军史。该作品被省文化和旅游厅立项为2021年度全省重大题材文艺作品，全省仅2部作品获批通过，是宿迁市首部通过重大题材审核的理论文献作品。该纪录片于2022年在央视纪录片频道CCTV-9播出。

作品《热血担当》体裁为广播剧，全剧共三集，总时长约87分钟，以“中国好人”“全国最美警察”宿豫区公安分局政治处副主任陆迅为原型，讲述一位基层警察扫黑惩恶、助难济困、施爱行善、挽救生命的感人故事，弘扬“奉献有爱、互助进步”的精神。该剧2022年在中央人民广播电台播出。

作品《西楚星火》体裁为话剧，以宿迁首任县委书记马仑的故事为原型，讲述其与封建地主家庭决裂，在家乡播撒红色火种、领导劳苦大众点燃西楚大地革命烽火的故事，该剧紧扣时代脉搏，展现了共产党人不忘初心、坚守信仰的高尚精神追求。9月，该剧首次与观众见面。截至年底，在全市巡演共80余场，深受群众好评。

作品《过了六一是七一》体裁为歌曲，该歌曲以庆祝中国共产党成立100周年为主题，从青少年的视角、以校园歌曲的形式展现中国共产党的百年光辉历程，抒发青少年群体铭记历史、传承追梦的信仰和追求。6月，该首歌曲被省委宣传部、省文明办、省教育厅等单位联合评为第十届“童声里的中国”少儿歌谣创作大赛最佳校园歌曲，也是宿迁市唯一获奖作品。

（韦　尚）

文化活动

【概况】 2021年，宿豫区将文化惠民建设列为重要的民生工程，扎实推进文化惠民活动常态化开展。围绕全面建成小康社会、庆祝中国共产党成立100周年、党史学习教育等重大主题，打造“文化艺术节”“全民读书节”“梨花文化节”等宿豫特色文化活动品牌，组织开展各类主题文化惠民活动400余场，惠及群众40万人次，满足群众多元文化需求，扩大宿豫文化影响。

【庆祝建党百年专题活动】 2021年，是中国共产党成立100周年。宿豫区重点打造“辉煌100年 魅力新宿豫”宿豫区庆祝中国共产党成立100周年文化惠民演出季，组织开展“中国共产党在宿豫（百年）”图片展、“百年风华”宿豫区庆祝中国共产党成立100周年艺术展、“红星照耀中国”美术书法摄影展、“唱支村歌给党听”宿豫区首届村歌大赛、“百年颂歌献给党”歌唱大赛、“诵读红色经典 传承红色基因”经典诵读大赛等形式丰富多样、群众喜闻乐见的主题文化活动，全区广大党员干群主动参与，为中国共产党成立100周年献礼。

【品牌文化活动举办】 2021年，宿豫区举办自有品牌文化活动3项，即“文化艺术节”“全民读书节”“梨花文化节”。3月31日，宿豫区在梨园湾举办相“豫”梨“缘”宿豫区第十届梨花文化节启动仪式，活动围绕梨园美景、乡村生态，突出传统民俗文化特色，期间吸引众多游客赏花游玩，接待游客达15万人次，带动周边农家乐、农产品销售等超100万元。4月23日，宿豫区在新庄镇小镇客厅举办第七届文化艺术节暨第九届全民读书节等宿豫特色文化活动开幕式。本届围绕“一个主题、十五项精品项目、百场文化活动、千人才艺展示、万名市民享受”进行，相继组织开展“学四史‘豫’传承”系列阅读活动、“E起读‘豫’享书”云阅读活动、“童阅书香‘豫’悦成长”关爱青少年阅读推广活动等文化活动，深得群众喜爱。

【省、市文化活动承办及参与】 2021年，宿豫区响应省、市委宣传文化部门号召，先后参加、承办省、市重大文化活动17场次。2月7日—6月12日，组建宿豫小大姐合唱团参与江苏省第五届“紫金合唱节”，从全省61支复赛队伍中脱颖而出，以成人A组第一的好成绩进入决赛，并最终获得成人A组冠军，实现宿迁市在省紫金合唱节金奖上“零”的突破。组织参加“最美的歌儿献给党”宿迁市“金鼎”文化艺术周歌咏大会比赛，宿豫区星辉合唱团在比赛中获得三等奖；在宿迁市首届“金鼎”合唱节中，宿豫区小大姐合唱团获得最高荣誉奖，宿豫区星辉合唱团获得银奖，宿豫区委宣传部获优秀组织奖；承办宿迁市金鼎合唱节开幕式及闭幕式，难忘经典·红色畅响——宿迁市庆祝中国共产党成立100周年民乐交响音乐会和江苏省庆祝中国共产党成立100周年“百年百场”优秀群众文艺作品巡演等一系列省、市重大文化活动。

（韦　尚）

地方志工作

【《宿豫年鉴（2021）》编辑出版】 3月，启动《宿豫年鉴（2021）》编写工作。12月，完成出版印刷。全书80余万字。围绕“五位一体”战略总布局，结合区域特色、年度特色以及区委区政府年度工作重点，对编纂纲目进行调整。将乡村振兴、卫生健康等独立设篇，详细记述宿豫在乡村振兴、抗击新冠肺炎疫情中的贡献。全书累计形成33类目、238分目、1000余个条目。结合“十三五”收官之年，在彩页部分开设“辉煌‘十三五’”专题；在正文开篇增设“‘十三五’时期宿豫成就分析”。创新年鉴传播展现方式，将年鉴所附的光盘替换为二维码，方便读者扫码阅读，同步实现文字复制、分享等功能。

【《宿豫地方志丛书》编纂推动】 有序推进乡镇部门志编纂工作。年内，《新庄镇志》《宿迁市宿豫区人事劳动与社会保障志》出版，《大兴镇志》《侍岭镇志》完成志稿终审。谋划丛书第三辑编纂工作，筛选2部志书纳入《宿豫地方志丛书（第三辑）》出版计划。2021年12月，统筹编纂的地方志丛书项目被省地方志办评为2021年度市县地方志特色创新项目。

（庞　烁）

档案工作

【档案接收】 2021年，督促各机关、企事业单位对照区委办、区政府办印发的《关于开展档案接收进馆工作的通知》要求，做好2010年以前文件材料的归档整理和移交进馆工作。指导部分涉改乡镇按照《关于在部分行政区划变更工作中加强档案管理工作的实施办法》要求，做好档案整理工作。做好全区疫情防控、扶贫、“不忘初心、牢记使命”主题教育等各类档案收集工作，核实重点项目档案的完整性，做好业务指导工作。有序做好区委宣传部、区城市管理局、区扶贫办、区商务局（粮食局）、区司法局等单位档案进馆工作，合计5万余件。

【档案编研】 2021年，区档案馆利用馆内档案资源编写《宿豫工业经济发展史》《宿豫党代会工作报告汇编》《政府工作报告汇编》等档案资料。与区委党史工委合作编写出版《宿豫百年大事记》《宿豫百年印记》2本建党百年献礼书籍。

【档案查阅服务】 深化落实民生档案跨馆查阅工作，打造档案查阅“一二八”（建设一块“四位一体”党史学习教育阵地，做好与传播档案文化、宣传区委区政府中心工作两个结合，秉承流程一次告知、笑脸一张相迎、您好一声问候、椅子一把让座、温茶一杯暖心、热情一腔办事、礼品一份念想、祝福一声相送“八个一”服务理念）工作法，提升服务质量。全年，共接待查档3200余人次，群众档案查阅服务反馈良好。

【档案数字化处理】 2021年，区档案馆开发设计板块科学、高效绿色的新档案管理系统。6月，完成系统迁移，新系统进入运营，实现数据运行优化。分批做好数字化校核工作，全面摸清馆藏家底，核实入库档案实际数量，做到账物一致，累计完成全文数字化扫描105万页、目录校对5万条。对完成建库的数字化成果进行实体档案规范化整理及数据校核，累计164万余页。

【《档案法》宣传】 2021年，区档案馆以《中华人民共和国档案法》（以下简称《档案法》）实施为契机，通过开设讲座、知识竞赛、举办展览、发放宣传册等多种形式开展《档案法》宣传。组织单位职工开展“我讲档案新法”微课堂，加强对《档案法》学习研究；充分利用网络平台，组织全体人员参加“百万党员学法考试”“宝葫芦杯”档案法律法规知识有奖竞赛等各类学法考试活动；利用“6·9”国际档案日，开展“档案话百年”主题活动，组织人员在“国际档案日”期间开展广场宣传，发放宣传资料500余份，并通过制作展板、悬挂横幅和现场咨询等方式，向社会大众传播档案行业文化，普及档案法律知识，展现档案事业发展的成绩。

（沈克勤）

广播电视

【概况】 宿豫区融媒体中心拥有广播FM106.3频率，电视宿豫综合频道、“豫见精彩”APP、“宿豫发布”微信公众号、“宿豫融媒”官方微博、“宿豫广播电视台”抖音号、“宿豫融媒”视频号，入驻新华社现场云、人民网、我苏客户端、今日头条、快手、央视频等平台，打造“两微一端一抖两台多元”等分众传播、分类覆盖的全媒体传播矩阵。2021年，宿豫区融媒体中心被市人力资源和社会保障局、市乡村振兴局授予“脱贫攻坚专项奖励记功集体”；被区委、区政府评为“2021年度党的建设先进单位”；被区委政法委授予“2021年度平安宿豫建设工作先进集体”；被区委宣传部评为“全区宣传思想文化工作综合先进单位”。

【电视宣传】 先后在全媒体平台策划开播《践行嘱托开新局》《奋斗百年路 启航新征程》《“两在两同”建新功》《学习贯彻党的十九届六中全会精神》等专栏40余个，制作发布本地融媒产品2500余个。2021年，实现中央电视台上稿36条，同比增长80%；其中在《新闻联播》上稿10条，同比增长300%。省级主流媒体上稿300余条，同比增长60%；市电视台上稿约550条，同比增长25%。各项指标均超额完成年度目标任务。

【广播宣传】 2月1日，宿豫综合广播

与湖南广电5G智慧电台合作项目启动。宿豫综合广播实现24小时不间断播出音乐和资讯。3月，对广播直播节目进行改版。推出4档直播节目，分别是早高峰《车友汇》、午高峰《show time》、晚高峰《拜托了晚高峰》和下午4点档的《沫时间》。改版后节目的制作水平显著提升，节目收听率、影响力、参与度、商家支持等都有明显增长。

【党史学习教育专题宣传】 依托“宿豫发布”微信公众号、“豫见精彩”APP等新媒体平台，策划推出《红色诵读》《红色丰碑》《红色回响》《红色心声》《红色印记》《红色榜样》《学习党史动态》《我为群众办实事》等专栏，全方位多角度地回顾党的光辉历程。陆续推出新闻报道、短视频、图文等党史宣传主题融媒产品300余个。《百名支书读党史》专栏被人民网宣传，被市委宣传部评为庆祝建党百年主题宣传宿迁“最红”主题策划。4月3日、4月6日，中央电视台《新闻联播》节目分别以《祭英烈学党史 汲取前进的智慧和力量》《立足本职学好党史 扎实为群众服务》为题，报道宿豫区党史学习教育成果。全年，宿豫党史学习教育专题宣传稿件在省级以上媒体上稿100余条。

【节目创优】 5月，在2020年度全市优秀广播电视节目评选中，宿豫区融媒体中心获奖作品达54件，其中获电视社教奖特等奖1件，即《乡村行》栏目；获一等奖作品6件，获奖总数位居全市各县区融媒体中心前列。获省级优秀广播电视节目三等奖作品4件。获宿迁市2021年度第一、三季度优秀广播电视新闻作品2件。获宿迁市广播电视技术质量奖作品8件，其中高清短片《豫见初心》获一等奖。

【大型活动举办】 2021年，产业发展监管部共承办户内外活动57场，自主策划主办活动10场。主办“童心向党 放飞梦想”华地杯大型少儿才艺大赛暨江苏少儿春晚保送直通车系列活动，共计10场次，是2021年度宿豫区内举办的最大规模的比赛活动。

（王金环）

融媒体运营

【概况】 2020年9月，宿豫区融媒体中心挂牌成立。中心成立以来，按照“移动优先、融合发展”的原则，整合各类媒体资源、生产要素，重构“策采编发”生产传播流程，建立“中央厨房”式的全媒体指挥调度中心和全媒体内部管理系统，实现集中指挥、采编调度、高效协调、信息沟通等功能，构建“融为一体、合而为一”全媒体传播格局。坚持“内容为王”，强化内容生产，拓展服务领域，致力于将融媒体中心打造成为主流舆论阵地、综合服务平台、社区信息枢纽。平台粉丝量70余万，日均浏览量超5万人次。12月，《我在上甘岭一切都好》获2021年第五期全国县级融媒体中心优秀作品双月赛一等奖。

【新媒体宣传】 2021年，“宿豫发布”微信公众号和“豫见精彩”APP开设专栏30余个，制作发布本地推文和各类专栏稿件5045篇；转发中央、省、市级主流媒体各类宣传稿件11674篇。围绕建党百年、党史学习教育开设专栏9个，推出图文、互动、动画等党史宣传主题融媒产品700余个。

【平台建设】 2021年，“豫见精彩”APP的下载量达15.71万次，注册量15.63万次，浏览总量1731万次，发布新闻、音视频数据总量（各类发稿总量）26226条；“宿豫发布”微信公众号粉丝量8.04万人，编发文稿700余条；“宿豫融媒”抖音号粉丝量35万人，发布稿件878条，点赞量达2193.6万次。

【基础设施建设】 2021年，争取区财政投入近200万元，购买4K摄像机8台、单反相机3台、无人机2台、5G高清图传设备2套、导播机1台、非编制作工作站6套、存储1套等融媒体中心配套专业设施设备，为全媒体融合发展提供技术设备保障。

（王金环）

宿迁日报社宿豫记者站

【概况】 宿迁日报社宿豫记者站（以下简称“记者站”）成立于2002年10月，为正科级事业单位，是宿迁日报社的派出机构，主要承担《宿迁日报》B版（宿豫版）及“速新闻”宿豫版的编辑出版、宿豫区政府网站时政新闻采访报道等工作。2021年，记者站持续做好“宿豫政府网站（时政新闻）”“宿豫微新闻”“速新闻（宿豫版块）”等新媒体的维护及供稿更新工作，形成“一报一网”两个客户端、多点开花的宣传格局，全方位、多角度宣传宿豫发展，实现《宿迁日报》A1、A2版上稿36篇，《新华日报》上稿4篇，《人民日报》上稿1篇，“学习强国”上稿25篇，“速新闻”上稿536篇。

【特色专栏开设】 2021年，记者站在B1版开设《减人情负担 扬文明新风》《在习近平新时代中国特色社会主义思想指引下——新时代新作为新篇章》《决胜全面小康 一把手访谈》《奋力夺取疫情防控和经济社会发展双胜利》等特色专栏，予以相应宣传报道。继续保持《宿豫新语》《“12345”有问必答》2个特色专栏，前者紧贴地方政府当前工作及社会反响较大事件发表言论，正确引导读者；后者刊登市民关心的热点问题及相关部门的及时回复。不定期在B4版开设文学副刊，为读者提供文学交流平台，提高报纸可读性和影响力。

【媒体队伍建设】 在融媒体发展背景下，记者站组织全体人员参加宿迁日报社总部组织的集中学习，利用每周例会针对新闻采编、新闻摄影、广告经营、文章写作等方面开展学习研讨、经验交流，提升采编能力。开设“新春走基层”“聚焦四化同步奋力开创新局”等专栏，要求全体党员编辑记者围绕报纸和客户端撰写专栏评论；在B1版组织党员编辑记者为“宿豫新语”言论专栏撰稿；与区委宣传部合作，在“速新闻”宿豫板块推出“宿豫E语”专栏，年内累计推出评论文章92篇。（胡　春）

卫生健康　体育健身

医卫综述

新冠肺炎疫情防控

医政管理

疾病防控

妇幼保健

卫生服务

卫生监督

医疗保障

体　育

宿豫年鉴

2022　SUYU YEARBOOK

医卫综述

【医疗机构】 截至2021年年底，全区共有医疗卫生机构181家，其中三级甲等中医医院1个、三级精神专科医院1家、二级专科医院1家、一级综合医院16家、一级专科医院3家、村卫生室134家、门诊部5家、诊所20家。全区共拥有卫生技术人员2547人，其中执业医生661人、执业助理医师478人、注册护士1075人、药剂人员108人、检验人员74人。编制床位1914张，实有床位2363张。

【医技队伍】 制定出台《关于加强卫生人才队伍和重点专科建设的实施意见》，遴选卫生拔尖人才69人进行5年重点培养。市中医院引进高层次人才9人，来龙区域医疗卫生中心引进各类卫生人才42人，宿迁第三医院争取本科及以上精神类别临床医生事业编制10名。全年，招聘医技人才173名，其中基层94人。

【基层中医培养】 选派106人参加基层中医药服务能力培训，区级财政投入108万元为基层医疗机构配备理疗仪、牵引床等中医诊疗设备。7家乡镇医院投入约300万元完成中医诊疗服务区改造，25家村居卫生机构完成中医阁改造。

【民生实事】 全区宫颈癌检查12115人，完成任务106.2%；乳腺癌检查12115人，完成任务106.2%。其中，确诊宫颈病理高级别病变18人、宫颈癌2人，确诊乳腺癌6人，均按要求给予随访治疗。2021年，全区65岁以上老年人健康体检的任务数为3.35万人，截至2021年年底，完成33543人健康体检工作，完成率100.01%。

（罗 智 朱 林 陈 宏）

新冠肺炎疫情防控

【防控体系建设】 强化组织领导。统筹推进落实常态化疫情防控工作。制定区卫生健康局疫情防控方案，组建区级专家队伍，对疫情形势进行研判，为区政府相关决策提供技术指导。强化重点人员管理，安排专业人员参与入境到宿人员接驳转运工作，全程闭环管理。加强集中隔离场所管理。完善集中隔离观察场所应急和突发事件处置预案，落实集中隔离健康管理服务保障措施，做好被隔离人员健康管理各项工作。全区设有集中隔离点2个，隔离床位108张。提高防控处置能力。成立新冠肺炎疫情处置队伍，其中流调182人、消杀80人、核酸检测62人、心理干预450人及后备采样队伍900人。加快核酸检测能力建设。截至年底，全区有区疾控中心、宿迁市中医院和宿迁第三医院3家医疗机构开展核酸检测业务，全区日采样和检测能力达2.23万份，按照10∶1混检达到2天完成全区人口检测的能力要求。有序开展新冠疫苗接种工作。截至年底，全区开放新冠疫苗接种点15个，共设接种单元79个，配备经培训考核合格的预防接种工作人员599人，日接种能力达1.8万剂次以上。

【防疫隔离管理】 严格按照防疫防控相关文件要求，安排专业人员参与入境到宿人员接驳转运工作，人员专班转运，全程闭环管理。加强集中隔离场所管理，落实集中隔离健康管理服务保障措施，切实做好被隔离人员健康管理各项工作。解除隔离时，隔离点出具一式三份《入境人员解除隔离后健康管理信息流转表》，做好隔离点、社区、个人管理信息衔接。按照省、市要求，保留2个隔离场所作常态化使用点，按照每万人20间标准储备隔离点。截至2021年年底，全区在用集中隔离点2个、隔离床位180张，对集中隔离人员开展心理疏导工作，引导他们正确认识、积极配合。2021年，宿豫区集中隔离点累计隔离观察1140人。按照省、市要求，配合组建居家观察“五包一”网格体系，落实返宿人员居家观察，做好重点人员健康监测，按照时间节点安排专人、专车上门开展核酸检测。加强医院管理，区卫生健康局组织人员，对全区医疗机构疫情防控工作进行督导，对发热门诊、预检分诊、院感管理、健康码查验、医院出入口管理等方面进行检查，确保医疗机构防控力度不减。全年，进行新冠肺炎疫情防控协查38起，核查463人，其中落实集中隔离管理262人。

【卫生应急体系】 以新冠肺炎疫情防控为依托，完善突发公共卫生事件各项工作制度，切实加强突发公共事件应急管理工作，建立健全卫生应急体系，最大限度预防和减少突发公共卫生事件造成的危害。深入开展卫生应急“六进”活动23场次，开展集中授课和实操卫生应急自救互救培训1场次，开展防灾减灾宣传周系列活动8场次，发放宣传手册3550份。

（刘彦志 朱向明）

医政管理

【医护质量监管】 开展医疗质量和医疗安全专项检查4次，将抗菌药物临床应用、处方病历质量、激素使用等指标纳入乡镇医院基本药物补助资金每季度进行考核。开展慢病护理、老年护理、长期护理、康复促进、安宁疗护等护理工作。举办医院感染防控知识培训4期，开展医院感染防控专项检查11次，全区所有一级以下医疗机构医疗废物管理全覆盖。

【医疗行为监管】 开展抗菌药物临床应用检查4次。每季度开展一次处方、病历质量点评，1—4季度共点评处方1900余张、病历700余份，结果全部纳入乡镇医院基本药物补助资金考核予以兑现。

（朱 林 吴 平）

疾病防控

【传染病防治】 2021年，全区报告法

定传染病1447例,发病率为每10万人发病198.19人次,未出现死亡病例,发生一般突发性公共卫生事件6起。实现甲类传染病零报告;发现乙类传染病10种,报告发病857例、死亡病0例;发现丙类传染病4种592例,无死亡病例报告。完成网络直报卡片审核工作,确保疫情报出后2小时内审核,处理预警信息95条。全区初诊结核病患者315例,网络直报系统共报告肺结核患者126例,涂阳肺结核患者报告发病数62例。管理艾滋病病例158例,抗病毒治疗151例,年内增报18例。

【慢性病管理】 2021年,全区纳入管理的高血压患者共有4.74万余人,规范管理率达69.91%,血压控制满意率达58.98%;纳入管理的糖尿病患者有1.46万人,规范管理率达70.57%,血糖控制满意率达64.83%。

(罗雷 吴斌)

妇幼保健

【婴幼儿健康管理】 2021年,全区共有新生儿2778人,新生儿访视2713人,访视率97.66%。共有产妇2735人,活产数2735人,建卡数2731人,建卡率99.8%,未发生孕产妇死亡病例。开展新生儿先天性心脏病筛查工作,累计筛查870人,筛查出阳性16人,筛查阳性率1.84%;筛查阳性确诊数5人,无手术或介入病例。

【产妇健康管理】 完成孕期优生健康检查1008对。应完成育龄妇女补服叶酸预防神经管出生缺陷项目补服人群3200人,实际完成3088人,依从2938人,依从率95.14%,知晓率95%。全区各医疗机构累计孕产妇孕期艾滋病、梅毒和乙肝免费咨询检测2321人,孕期检测率达100%,其中早孕检测率达到80%的标准,累计检测出艾滋病0例,梅毒5例,乙肝表面抗原阳性45例,阳性病例均给予规范干预措施。

(罗 雷 陈 宏)

卫生服务

【基本公共卫生服务】 2021年,基层人均基本公共卫生服务补助标准达88元,免费为城乡居民提供国家基本公共卫生服务项目12类和其他基本公共卫生服务19项。累计建立电子健康档案41.67万份,建档率91.68%;65岁及以上常住居民4.65万人,建档率95.18%,健康管理率24.26%,中医药健康管理率24.67%,老年人健康体检率25.18%。创建星级家庭医生工作室,建成顺河街道卓圩社区、陆集街道陆集社区和新庄镇新庄社区3家家庭医生工作室。开展“世界家庭医生日”主题宣传活动,并对2021年度优秀家庭医生(团队)进行奖励。全年累计家庭医生签约17万人,签约率37%,重点人群签约14.1万人次,签约率62.7%。

【爱国卫生宣传】 结合宣传日、宣传月等主题活动,开展生殖健康、结核病防治、儿童预防接种、疟原虫防治、职业卫生、科学使用碘盐、吸烟危害等知识教育宣传。与新传媒合作,在全区各小区楼宇电梯广告宣传基础公共卫生知识。设置健康教育宣传栏177处,发放健康教育宣传资料102种,举办健康教育讲座503场,开设健康教育咨询活动120场。

(罗 雷 张 慧)

卫生监督

【概况】 2021年,全区累计开展医卫健康执法监督检查5批次,检查医疗机构422家次,发出行政处罚41起,处罚金额40余万元,执行到位金额16余万元,没收药品器械27件(箱)。完成国家、省级双随机任务51家次,完成率100%。

【专项监督】 开展村卫生室及个体诊所违规行为专项整治,共检查28家次,处罚9家。组织开展打击非法行医及医疗机构百日整治专项活动,核查非法行医53家次;查处超范围执业案件5起,罚款1.85万元;查处使用非卫生技术人员案7起,罚款2.4万元,吊销诊所《医疗机构执业许可证》2家;对9家无证行医实施行政处罚,处罚金额34.18万元。组织开展新冠疫苗接种点及预防接种门诊监督,现场监督106家次。开展医疗废物处置和疫情防控专项督导,现场督导15家,下达整改意见21份。开展胎盘处置专项检查2次,共监督10家次,下达监督意见书3份。

(吴 平)

医疗保障

【基本医疗保险征缴与支付】 2021年,全区城乡基本医疗保险参保人数为46.72万人。其中,参加居民基本医疗保险的人数为38.17万人,参加职工基本医疗保险的人数为8.55万人(在职人员7.13万人、退休人员1.42万人)。2021年,全区职工基本医疗保险基金收入43441.89万元;享受职工医保报销的达518199人次,发生医疗总费用25697.84万元,医保基金累计支出14942.15万元。

【生育保险征缴与支付】 2021年,全区参加职工生育保险人数达6.66万人,收入生育保险基金3856.27万元。全年,享受生育医疗保险报销的达10445人次,发生医疗总费用为939.69万元,生育保险基金支出686.05万元。

(郭 锋)

【大病保险征缴与支付】 2021年,全区参加职工基本医疗保险的用人单位和参保人员均参加大病保险。该险由

聘请社会监督员协助做好医保基金监管工作。图为5月8日举办的聘任仪式 （区医保局 供图）

商业保险公司承保，险费从基本医疗保险基金中划拨，个人不需缴纳大病保费。年内，全区职工大病保险参保人数达79994人，享受职工大病保险报销人数达28154人次，累计报销支出605.25万元。

（张 也）

【基本医保保费资助】 2021年，宿豫区根据医保工作要求，对重点医疗救助对象、原"十三五"建档立卡低收入人口、二级以上重度残疾人员、符合医疗救助条件的计划生育特殊家庭人员参加城乡居民基本医疗保险个人缴费部分予以全额资助。共有各类医疗救助对象68917人，市外参保、参加职工医保或其他辖区代缴共3236人，剩余55681人全部代缴居民医保，代缴标准为每人300元/年，合计1670.43万元。实现医疗救助对象参保率100%。

【医疗救助】 2021年，通过"一站式"救助和事后救助等方式，及时落实医疗救助政策，保障十类医疗救助人群"应助尽助"。全年，累计救助42.96万次，救助支出3733.86万元。

（陆小倩）

【医保基金监管】 2021年，宿豫区贯彻落实《医疗保障基金使用监督管理条例》（以下简称"条例"），加大监督管理力度，实现现场检查、稽核问题处理、疑点调查、信访举报落实、行政案件处理和结果运用六个"百分百到位"，打造"不能骗"的用保机制、保持"不敢骗"的高压态势、营造"不想骗"的用保理念，规范用保行为，全力守牢基金安全底线。全年，现场检查各类医药机构286家，上报典型案例17例，追回医保基金271.48万元，处罚违约金1.45万元，实现基金监管检查全覆盖。创新实施"派驻监管机制"，前移基金使用监督管理关口，实现预防在先的目标。破冰信用管理，开出宿迁市第一张医保失信罚单，实现结果运用最大化；发动社会力量参与医保基金监管工作，发放全市首笔举报奖励奖金，实现政府监管和社会监督有效融合。

（张海棠）

【医保政策宣教】 4月，开展基金监管宣传月活动。印发"条例"问答手册5000本、折页3万张、海报1.5万张、靠牌30个；推送"条例"宣传短信40万条；在医保系统内，组织举办"条例"培训会2场，《医疗机构医疗保障定点管理暂行办法》和《零售药店医疗保障定点管理暂行办法》培训会1场；组织举办"两定"机构（定点医院、定点药店）"条例"培训会2场，受训机构及人员分别为137家、230人，开展警示教育1场。

【医药价格管理和招标采购工作】 贯彻落实省市相关工作部署，以药品集采落地为抓手，全面加强制度建设，规范工作流程，推进医药行业供给侧结构性改革。明确价采标准，规范价格管理和采购流程。制定《关于明确当前医药价格管理有关事项的通知》，以价格巡查、价格监测发布为手段，提升医药机构价格管理水平。将价格巡查向药店、诊所、村卫生室进行延伸，实现医药机构价格巡查全覆盖；发布医药价格监测信息8期，营造"比价、晒价、合理定价"的良好氛围。修订《宿豫区药品和医用耗材采购、配送、结算、支付工作办理流程》，实现统一平台采购、统一配送管理、统一绩效考核，促进采购、配送工作良性循环。加强配送企业管理，促进配送服务质量优化。出台《宿豫区药品和医用耗材配送工作考核办法（试行）》，约谈配送企业负责人14人次，有效提升配送及时率和采购配送率。建立"三方联建"机制，搭建沟通桥梁。制定《"三方联建"工程实施方案》，实行医疗机构双月例会和配送企业季度例会制度，加强沟通协调，及时解决采购、配送工作中遇到的困难和问题。国家第一批集采续签、第三批集采和省第一批集采在全市率先超额完成年度约定采购量，其余批次均超过序时进度。

（陆小倩）

体 育

【公共体育设施】 2021年，位于洪泽湖东路与湘江路交会处的区文体活动中心建成并投入使用，启动区全民健身中心项目建设，新建体育公园3个、笼式足球场2个、篮球场10个、健身路径32套和健身步道7千米。截至年底,全区共有体育设施1214个,城市社区“十分钟”健身圈得到优化,乡镇体育设施得到完善。

【群众体育】 2021年,共举办广场舞、太极拳、羽毛球、乒乓球、自由搏击、掼蛋、门球等群众体育活动10余场次,总参与人数近万人。举办广场舞进乡镇等一线指导员培训600余人。11月,新庄镇政府获2017—2020年度全国群众体育先进单位,为宿迁市唯一一个获该项荣誉的乡镇。12月,仰化镇、下相街道南苑星城社区等6家集体获得宿迁市全民健身“十佳”单位;12名社会健身指导员获评2019—2020年度宿迁市全民健身“双十佳”。

6月,宿豫区输送到江苏省女子橄榄球队的运动员高子璇、胡宇代表江苏省队取得第十四届全国运动会女子橄榄球亚军 (区体育局 供图)

【竞技体育】 9月,宿豫区输送到江苏省女子橄榄球队的运动员高子璇、胡宇与其队友们代表江苏省参加第十四届全运会,并获得全国运动会女子橄榄球亚军。4—5月,新庄中心学校柔道、摔跤队员代表宿迁市参加江苏省青少年柔道、摔跤锦标赛,取得3枚金牌、1枚铜牌。4月,在江苏省青少年田径(县组)锦标赛中,宿豫区取得1枚金牌、1枚银牌、2枚铜牌。8月,在江苏省青少年女子曲棍球比赛中,甲、乙、丙三组累计取得2个第四名、1个第五名。

【体育运动队组建】 2021年,宿豫区推动“名校办名队”“区队校办”和青少年体育训练“5621”计划落实,形成“一校一品”“一校多品”的学校体育训练工作局面。截至年底,全区有青少年运动队89支,其中市级运动队5支(3支女子曲棍球队和2支足球队);区级运动队10支,即摔跤队、柔道队、武术队、田径队、跆拳道队、篮球队、乒乓球、羽毛球队、排球队和少儿体适能队;校级运动队74支。各运动队累计注册运动员260人,有专兼职教练员180人。

【专业运动员培养】 宿豫区以培养优秀体育后备人才为宗旨,加强优秀运动员培养和输送。截至2021年年底,宿豫区累计为省队及专业俱乐部输送运动员30余名。为国家级运动队输送运动员2名,分别是橄榄球运动员胡宇和高子璇。为省级运动队输送运动员15名,其中曲棍球队3名,即张梦、徐聪、陈苏宁;摔跤队7名,即汪郅恒、施天爱、刘灿灿、吴鬃耀、李昊阳、鲍国全、耿越;柔道队2名,即张雪桐、姜宇彤;足球队3名,即殷国翔、蔡文轩、高驰。

【学校体育】 全面实施校园足球“六大体系”建设,推动校园足球工作迈上新台阶。4月,大兴中心小学获“市长杯”足球联赛小学男甲冠军、小学女乙冠军,豫新初级中学获“市长杯”足球联赛初中男组冠军;11月,来龙中心小学幼儿园、丁嘴中心幼儿园、大兴中心幼儿园、宿迁高新区实验幼儿园4所幼儿园获评“全国足球特色幼儿园”;12月,豫新幼儿园创成“全国足球特色幼儿园”。截至2021年年底,全区创成全国校园足球特色学校14所,即大兴小学、豫新小学、宿豫张家港实验小学、第一实验小学、实验小学、来龙中心小学、第一初级中学、实验初级中学、宿迁高新区中心小学、曹集中心学校、陆集中心学校、丁嘴中心学校、大兴初级中学、启明实验学校;创成全国足球特色幼儿园7所,即第一实验小学幼儿园、来龙中心小学幼儿园、丁嘴中心幼儿园、大兴中心幼儿园、宿迁高新区实验幼儿园、陆集中心幼儿园、豫新幼儿园,入选省足球后备人才示范学校2所,即大兴中学小学、豫新小学。

【体育产业】 2021年,宿豫城区建有宿豫区体育馆、宿豫区文体活动中心以及健身房、健身私教工作室、瑜伽馆、跆拳道馆、武术馆、游泳馆、滑雪场等体育场馆40余家,满足各类人群的健身需求。年内,楚霸体育器械有限公司获得省体育产业补助资金60万元,杉荷园被市体育局推荐申报省级体育旅游精品示范基地。

(陈 芬)

人力资源

人才队伍建设

就业创业

高校毕业生就业

人事管理

人才队伍建设

【概况】 2021年，宿豫区认真贯彻落实中央和省委、市委人才工作新要求，紧扣人才引领服务发展“五联五强”行动，着力集聚引领高质量发展的优秀人才。党管人才格局进一步健全。推动人才工作领导小组调整优化，党政“一把手”挂帅抓“第一资源”，带动确立并实施区乡两级人才工作“书记项目”31个。招才引智渠道进一步拓展。启动“双招双引”工作站建设，加大与社会服务机构、高校院所合作。结合科技镇长团“团+组”产业链对接活动，全年赴北京、苏州、武汉、重庆、西安等地开展各类“双招双引”活动20场次，落户国家级人才创业项目3个，即曹集“七彩农园”项目、江苏柳泰焊接科技有限公司、开地（江苏）信息技术研究院有限公司。政策工程活力进一步释放。研究制定“人才十条”2.0新政，细化支持措施，扩大政策覆盖面，提升政策吸引力，人才创新创业活力有效激发。全年，共入选省“双创人才”4人，居全市第二；引进省“333”工程20人，居全市第二；引进市千名拔尖人才培养工程第一、二层次培养对象43人，居全市第二；引进市领军人才10人，居全市第一。人才引进工作位居全市前列。

（朱永伟）

【技能人才培养】 宿豫区人力资源和社会保障局突出“市场主体培育、项目下放承接、平台服务保障”，调动激发市场主体积极性。充分发挥市场在人力资源配置中的主导作用，全力推进企业技能人才自主评价工作，让本土企业培训成为技能人才升级的“主战场”，实现“量”上扩容，“质”上提升。截至2021年年底，全区有在职工人4.9万人，其中技能劳动者达1.71万人，实现每万名劳动力中高技能人才数达1180人，形成“一企一体系”育“行家里手”的人才培养模式，充分解决企业在转型升级进程中各种技能人才青黄不接的难题，确保原有技能人才就地升级。

【人社政策宣贯】 2021年，宿豫区人力资源和社会保障局把开展人社政策待遇“看得懂算得清”宣传解读作为“学党史、办实事”的一项重要工作，创新推出人社“背包客”和政策“大篷车”走访宣传新模式，提高企业、群众对人社政策的知晓率，推动人社政策更好地服务群众，全力将“看得懂算得清”打造成为人社行风建设的优质品牌。力促富民创业担保贷款办理，减轻创业压力。2021年，共办理贷款3000余万元，办理初创补贴1.5万元，创业带动就业补贴14万元。

（王　彪）

区人社局工作人员深入小区宣讲人社政策　（王彪　供图）

资料拓展

1.“五联五强”行动。2021年7月，宿迁着眼“十四五”期间发展需要，创新开展人才引领服务发展“五联五强”行动，即产业人才联企强链，聚焦制造业产业体系，通过精准引进高层次人才及团队、引进培养紧缺急需产业人才、加大高校毕业生引进力度，推动产才深度融合；电商人才联网强市，通过突出电商人才引培重点，搭建电商人才发展平台，优化电商人才发展环境，进一步推动电商产业高质量发展；乡土人才联村强农，壮大乡土人才队伍、拓宽乡土人才发展空间、加大乡土人才扶持力度，巩固脱贫成果、推动乡村振兴；教育人才联校强教，加强基础教育人才队伍、职业教育人才队伍、高等教育人才队伍建设，多措并举、引培并重，促进教育高质量发展；卫生人才联院强医，通过与重点高校、医院共建、共享、共育，加强基础型卫生人才队伍、重点专科学科带头人队伍和医疗管理型人才队伍建设，为提升全市医疗卫生水平提供强大人才支撑。

2.“三联直通车”就业新模式，即一手联着老板，一手联着老乡，双向调查人力资源供需状况；一手联着人才，一手联着人口，建成就业创业服务驿站；一手联着市场，一手联着政府，鼓励社会力量参与人力资源市场建设。

就业创业

【探索“三联直通车”就业模式】 2021年，宿豫区人力资源和社会保障局探索“三联直通车”就业新模式，解决就业信息不畅通问题，引导人力资源服务机构集群化发展，搭建跨区域劳动力供需合作信息平台，实现人力资源跨区域优化配置。对人力资源服务机构管理实行由审批管理向资质管理转变。全区城镇新增就业人数近8000人，全市第一。宿豫区转为人力资源回流区，全市唯一。“三联直通车”就业新模式改革创新做法被中央宣传部“学习强国”平台、人民日报社的《人民论坛》、《中国组织人事报》、《中国劳动保障报》、《中国就业杂志》、《江苏工人报》、《宿迁日报》等主流媒体报道70余次，取得较好的实效和社会影响。

【企业招聘服务】 利用线上、线下相结合的方式，搭建劳资供需平台，畅通就业渠道。线上为区内京东、江苏秀强玻璃工艺有限公司等重点支柱企业开展“直播带岗”活动15场，提供就业岗位7000余个。线下开展“流动大篷车”“巡回招聘会”等系列招聘活动50余场，达成就业意向5000余人。

【劳务品牌建设】 宿豫区高度重视劳务品牌建设工作，创新“造血式”技能人才培养新模式，深入推进校企合作创新。坚持走“工学结合、订单培养、产学结合、定向就业”的培养模式，对客户服务管理师开展校企合作培养、就业，实现产教深度融合和校企共享发展。设立“阳光天使”工作室，帮助来自全国各地的500余名残疾人等重点群体实现就业，并平等享有无息贷款、带薪年假、餐补、房补等薪资补贴和晋升渠道。依托京东集团等龙头企业，勠力打造“宿迁客户服务管理师”等特色劳务品牌，与电商企业实现资源互补，助推“电商名城”效应，实现城市跨越式发展。截至年底，通过该劳务品牌为全国各地培养客户服务管理技能人才2.36万名，其中本地实现就业1.25万人。10月，“宿迁客户服务管理师”在第三届全国创业就业服务展示交流活动中获评“创新发展类劳务品牌”，并入选人力资源和社会保障部主编的《百家劳务品牌名录》。

（王　彪）

高校毕业生就业

【概况】 2021年，全区共计开发紧缺人才岗位2795个，引进各类紧缺人才1018人。其中，普通高校本科学历311人，大专647人，“双一流”建设高校49人，硕士9人，博士2人。

【人才招引双向联动】 2021年，宿豫区对接区内合作高校，高频率开展线上人才产业链专场活动。同时，通过公共就业平台、举办各类招聘会、精心组织企业招聘周、高校毕业生就业服务月、就业服务周等活动，实现线上线下双联动。全年，共开展线上人才招引直播带岗活动3次，共计收到网络投递简历1231份。举办“豫见英才　圆梦宿豫”网络直播4场。深入宿迁学院开展产业人才线下专场招聘活动1次，现场接收毕业生简历92份，意向洽谈41人。

【就业见习基地建设】 加大就业见习基地岗位开发，发挥就业见习基地的示范带动作用，切实做好高校毕业生见习、完善见习管理、全程跟踪服务等工作，为应届大中专毕业生、已毕业未就业等群体提供更多就业见习机会。全年，28家就业见习单位共开发岗位1725个，引进就业见习人员267人。

（王　彪）

人事管理

【事业单位招聘】 2021年，宿豫区坚持服务经济、改善民生、立足深化事业单位人事制度改革，探索事业单位新的用人机制，推进事业单位岗位设置管理。通过网上报名、笔试、面试、体检、政审、录用等环节，组织实施全区事业单位招聘。完成区直事业单位34个部门、72个岗位、100名事业单位工作人员招聘工作。联合区教育局完成419名公办教师招聘工作；联合市中医院完成175名事业编制医务工作者招聘工作；联合区卫生健康局完成其下属的基层卫计中心、卫生院累计155名事业编制工作人员招聘；配合区退役军人事务局发布定向随军家属招聘事业编制工作人员1人，并完成备案619人。

【事业单位人员管理】 2021年，全区开展定向设岗单位27家，总共设置定向岗位542个，其中正高岗位16个、副高岗位526个。考核事业单位工作人员5747人，其中1148人被评为优秀等次。完成全区事业单位的年度统计工作，截至2021年年底，全区共有事业单位362家，参加年度考核6856人。

（王　彪）

社会事务

社会组织管理

婚姻登记

殡葬管理

基层民主政权建设

地名勘界

民族工作

宗教工作

双拥工作

社会保险

社会救助

慈善福利

养老保障

住房保障

公积金管理

宿豫年鉴

2022 SUYU YEARBOOK

社会组织管理

【概况】 截至2021年年底，全区共有社会组织660家，其中社会团体362家、民办非企业单位297家、基金会1家。启动社会组织公益创投项目，财政投入60万元用于资助中标社会组织实施12个公益创投项目，其中老年志愿服务类6个、未成年人关爱保护类6个。

【公益活动】 实行以党建为统领、以小区为平台、以社会组织为载体、以党员骨干为支撑的社会化服务新模式，开展"小区支部吹哨 社会组织报到"活动，将接地气"草根式"社会组织引入试点小区，通过培育扶持、同驻共建、融合发展等方式，推动服务网络、服务力量、服务资源进小区。2021年，引入第一批13家社会组织分别进驻豫新、顺河、下相三个街道的12个社区13个居民小区，常态长效开展"红色公益创投"活动，累计开展服务活动156场(次)，筹集社会关爱资金(含实物)累计约60万元，受益群体1800余人。

(徐 冉)

婚姻登记

【婚姻登记改革】 根据省民政厅全省结婚登记"跨省通办"试点工作有关要求，实施结婚登记跨区域办理试点工作，打破婚姻登记户籍只能在双方或一方常住户口所在地办理结婚登记的限制，实现可在经常居住地办理结婚登记，解决群众办理结婚登记"多次跑""多地跑"等问题。区民政局联合区卫生健康局打造"婚育一件事"专窗，申请人到"婚育一件事"专窗办理结婚证后，工作人员只需将申请人双方的身份证、户口本、结婚证以及个人承诺书上传一件事业务系统，并推送到申请人常住地或工作地的街道办事处，便可在家坐收生育服务卡。全程只需跑一次，大大提升群众的幸福感、获得感。

【婚姻登记办理】 9月，宿豫区婚姻登记处全面配齐电子签批屏等婚姻登记外接智能设备。当事人在办理婚姻登记时，通过人脸识别验证成功后，只需提供有效身份证件并回答相关问题后，由婚姻登记员录入系统，当事人在电子签批屏上签字并按下指纹即可完成登记。业务办理完成后，婚姻电子证照随之生成，实现所有档案电子化。2021年，全区共办理结婚登记4618对，离婚登记1126对，补发结婚证1729对，补发离婚证376件，离婚申请2098对，撤销离婚申请13件，离婚调解2600余对，出具无婚姻证明1件，登记合格率为100%。

【离婚调解】 5月，司法行政机关、妇联组织联合婚姻登记处设立"宿调和"家事调解工作室，以原调解室为场地，按要求进行重新装修、布局，选配离婚调解专职力量，安排专职人民调解员，常态化开展离婚调解，并实行一案一档，切实降低离婚率。9月，区民政局编制"幸福家庭三部曲"婚姻宣传册，创新开展"执子之手 珍惜拥有"婚姻教育系列活动，建立离婚登记"冷静期"调解制度。

7月9日，宿豫区举行社会组织服务进小区启动暨社会组织党校第一期开班仪式 (王晨光 供图)

殡葬管理

【乡镇公墓运营改革】 4月，成立宿迁市宿豫区永泽明清殡葬服务有限公司，注册资本5000万元，负责老公墓回收、新公墓建设等事宜。截至2021年年底，宿豫区8个乡镇公墓全部改制到位。其中，新建来龙、陆集、大兴丁嘴片区3个公墓，提升改造曹集、新庄、关庙、仰化、大兴5个公墓。

【墓地整治】 开展主要交通干道沿线和集中居住区、重点项目区等可视范围内的散葬坟墓搬迁和老坟场综合整治工作。2021年，清理主次干道沿线散葬坟墓2762座，其中搬迁1680座；完成6处老坟场整治，其中仰化镇5个、大兴镇1个；改造墓穴405座。

【文明祭扫(办丧)引领】 宿豫区民政局成立组织，召开部署会议，制定整治方案，开展"一条龙"服务培训；发挥红白理事会作用，做好事前劝导、事中监督和殡葬服务工作；加大公益性公墓内骨灰堂和生态葬区建设力度；牵头制订《宿豫区丧事流程导则》。

印发《关于做好2021年清明节祭扫工作的通知》，制定《清明祭扫服务管理方案》《清明祭扫应急预案》，制作横幅100余条，宣传牌80余块，电视字幕每日播放10遍。落实防护防控措施和人员分流管控措施，鼓励各公墓开展“鲜花换纸钱”“鲜花换绢花”等活动，累计置换塑料绢花500余套，发放鲜花2000余盆（束）。

（韩运才）

基层民主政权建设

【基层民主】 截至2021年4月，宿豫区民政局指导全区82个村（居）完成第十二届村民委员会和第七届居民委员会换届选举工作，健全应急处置和信访接待工作机制，确保换届选举工作平稳有序进行。常态化推行村级“小微权力”清单制度，明确村级事务10个方面28条权利细则，并简化浓缩成直观清晰的流程图，进一步规范基层权力落实，防止基层权力过度使用，确保干部能服务到位、权力能运行到位、群众能理解到位。

【社区服务中心提档升级】 2021年，宿豫区将社区服务中心提档升级工程列入民生实事项目，按照“1+N”模式和每百户30平方米城乡社区服务设施标准对社区进行提档升级。年内，按照省定新标准完成官庄社区、陆桥社区、土楼村等社区服务中心的改扩建工作，实现设施配套、标识统一、功能完善。

（王　慧）

地名勘界

【地名变更】 撤销丁嘴社区居民委员会、继先社区居民委员会、丁庄村村民委员会，设立新的丁嘴社区居民委员会，以原丁嘴社区、继先社区、丁庄村区域为新的丁嘴社区管辖区域，办公地址为原丁嘴社区党群服务中心。撤销莫庄村村民委员会、储嘴村村民委员会、丁长庄村村民委员会，设立六里村村民委员会，以原莫庄村、储嘴村、丁长庄村区域为六里村管辖区域，办公地址为原莫庄村党群服务中心。撤销张新庄村村民委员会、继章村村民委员会、苗冲村村民委员会，设立立旺村村民委员会，以原张新庄村、继章村、苗冲村区域为立旺村管辖区域，办公地址为原张新庄村党群服务中心。撤销岔河村村民委员会、登山村村民委员会、倪牌坊村村民委员会，设立仓基湖村村民委员会，以原岔河村、登山村、倪牌坊村区域为仓基湖村管辖区域，办公地址为岔河村党群服务中心。撤销来龙社区居民委员会、龙西社区居民委员会，设立新的来龙社区居民委员会，以原来龙社区、龙西社区管辖区域为新的来龙社区管辖区域，新的来龙社区居民委员会办公地址为原龙西社区党群服务中心。撤销太平社区居民委员会、王庄村村民委员会，设立胜利社区居民委员会，以原太平社区、王庄村管辖区域为胜利社区管辖区域，胜利社区居民委员会办公地址为原太平社区党群服务中心。撤销光明社区村民委员会、左庄村村民委员会，设立新的光明村村民委员会，以原光明社区、左庄村管辖区域为新的光明村管辖区域，新的光明村村民委员会办公地址为原光明社区党群服务中心。撤销白鹿湖社区村民委员会、高圩村村民委员会，设立新的白鹿湖社区居委员会，以原白鹿湖社区、高圩村管辖区域为新的白鹿湖社区管辖区域，新的白鹿湖社区居民委员会办公地址为原白鹿湖社区党群服务中心。撤销张大庄村村民委员会、水庄村村民委员会，设立尖墩湖村村民委员会，以原张大庄村、水庄村管辖区域为尖墩湖村管辖区域，尖墩湖村村民委员会办公地址为原水庄村党群服务中心。

（潘　宇）

【2021边界联检】 根据国务院《行政区域界线管理条例》和省民政厅《关于做好全省第四轮行政区域界线联合检查工作的通知》、市民政局《关于做好第四轮行政区域界线联合检查工作的通知》和《宿豫区、泗阳县行政区域界线联合检查实施方案》要求，以及市界联检工作会议精神，4—9月宿豫区与泗阳县共同组织开展县界行政区域界线联检工作。宿豫区与泗阳县行政区域界线全长54.24千米，呈南北走向。界线沿线涉及宿豫区的大兴镇、仰化镇和泗阳县的穿城镇、三庄镇。沿线共设置界桩4颗（含三交点），其中1号、2号界桩为双立桩，三交点处界桩为单立桩，宿豫、泗阳地界各一颗界桩。经巡查，界限无异常、界桩完好无损，检查工作小组对部分界桩字体进行了油漆描红刷新，对碑体进行清洁，清除尘土，对界桩周围杂草予以清除。

（陈　政）

民族工作

【概况】 2021年，全区共有少数民族31个，常住少数民族人口927人，少数民族流动人口约920人，主要为回族、苗族、布依族、维吾尔族等，呈散点状居住。全区无民族乡、民族村，有民族小组1个，即大兴镇周夏村丁大庄组。有江苏省清真食品生产企业1家，即江苏益客食品股份有限公司。

【民族扶持政策落实】 根据《关于妥善解决回族等10个少数民族群众清真饮食问题的意见》，对辖区内10个少数民族基本情况进行全面统计。截至12月底，累计为134人发放清真食品补贴，金额总计17688元。根据《关于组织申报2020年度民族特需商品生产贷款贴息工作的通知》精神，帮助江苏益客食品股份有限公司申请2020年度民族特需商品生产贷款贴息200万元，核定并足额发放。

【民族政策宣传】 利用民族团结宣传月等活动开展民族政策法规宣传，制作民族政策宣传靠牌7块，发放民族宗教政策宣传单、宣传册300余份，接待群众咨询11人次。宣传月期间，组织乡镇（街道）、村（社区）、企业、学校举办民族团结进步宣传月文艺演出、茶话会、座谈会、运动会等活动10余场。

【少数民族流动人口服务】 全年，开展外来少数民族流动人口及清真拉面馆数量排查统计2次，对2名少数民族考生进行民族成分认定，并为其学习深造提供政策支持。开展“红石榴家园”创建工作，优选益客食品有限公司、玉泉山路实验小学以及雨露社区3个点为第二批“红石榴家园”进行打造，促进民族团结进步意识进社区、进学校、进企业。以上3个阵地被江苏省民族宗教事务委员会评为全省第二批“红石榴家园”，获评数量位居全市三县两区首位，受到上级主管部门肯定。

（华　磊）

宗教工作

【概况】 全区有基督教、天主教、佛教、伊斯兰教四种宗教，获批为爱国宗教团体2个，即宿迁市宿豫区基督教三自爱国运动委员会，主席曹建；宿迁市宿豫区佛教协会，会长常性。有宗教活动场所45处，其中基督教活动场所44处、佛教活动场所1处（来龙古寺）。2021年，全区共有信众约9176人，其中基督教信众8579人、佛教455人、伊斯兰教142人。

【宗教工作“三级网络、两级责任制”体系落实】 落实民族宗教工作“三级网络、两级责任制”，明确乡镇（街道、园区）、村居（社区）党组织书记为体系工作第一责任人，把宗教工作纳入网格员服务范围，建立基础台账。年内，根据领导分工和人员变化情况，调整区委民族宗教工作领导小组成员1次，充实民族宗教工作领导小组26家，听取乡镇（街道、园区）民族宗教工作汇报3次。邀请市民宗局、区民宗局分管负责人对10名乡镇（街道、园区）分管负责人、26名统战工作领导小组成员单位分管负责人和139名村居（社区）党组织书记就宗教工作和专项治理工作进行专题授课。

【政策理论学习】 将习近平总书记关于民族宗教工作重要论述和党中央关于宗教工作的政策法规纳入各级党委理论学习中心组学习内容，并将相关内容列入区委党校干部培训班课程，区委常委、政法委书记、统战部部长张成龙在区政府十七届四十一次常务会、十三届区委常委会上领学关于宗教工作有关文件、法律法规等。

【教育培训】 2021年，举办全区干部宗教培训班1期、统战（民宗）干部培训班1期、全区村居（社区）党组织书记培训班1期、宗教场所负责人培训班2期、宗教教职人员培训班1期。参与组织青年干部培训班1期、基层赋权（行政处罚类）培训班1期，专题讲授宗教政策知识，受训人次达1000余人。

【宗教场所安全管理】 根据《宿豫区宗教活动场所安全隐患排查50看》《宿豫区宗教领域不稳定因素30查》《宿豫区宗教活动场所安全生产长效管理工作指南》等文件精神，做好隐患问题排查、登记、分类、整改、销号等工作，实现闭环管理。2021年，区宗教场所安全专项整治行动领导小组、“啄木鸟”志愿服务队等先后26次深入全区45个宗教活动场所开展安全检查，共排查安全隐患62处，分类推进整改，整改完成率100%。年内，完成对45家宗教活动场所既有建筑安全鉴定工作，其中8家宗教活动场所建筑评定为C级，均完成整改和重新安全鉴定。

（华　磊）

双拥工作

【军拥民建设】 区人武部始终以“发展地方生产力、提高部队战斗力、增强社会凝聚力”为目的，扎实做好双拥共建工作。做好评选省级双拥模范城各项准备，完善修订四年来各类软件资料。7月21日，会同区退役军人事务局成立宿豫区爱国拥军促进会，联合区民政局力量开展灵活多样的爱国拥军活动。协调军人家属就业、子女入学、军转安置等工作，利用“八一”、春节等重大节日，走访慰问辖区革命老军人和优秀现役军人代表。

（董　智）

【民拥军建设】 2021年，区委、区政府先后于7月28日、8月5日、12月29日召开宿豫区双拥共建工作推进会、区双拥工作领导小组暨区委退役军人事务工作领导小组会议、常委议军会，研究制定《宿豫区2021年双拥工作要点》《关于实施“八项工程”深入推进省级双拥模范城创建工作的意见》等12个规范性文件。围绕军人“三后”问题，制定出台《宿豫区“2+2+X”功臣关爱行动方案》。深入贯彻落实习近平总书记关于烈士褒扬工作重要指示批示精神，传承弘扬英烈事迹和精神。组织开展“传承·2021”清明祭扫、“9·30”烈士纪念日及“12·13”国家公祭日活动；联合检察、公安系统开展烈士纪念设施管理保护专项行动，20余座散葬烈士墓得到迁移和保护，完成宿北大战烈士陵园和吴圩烈士陵园更名定级（区级）工作。

（望　国）

社会保险

【企业职工险】 全区企业职工基本养老保险参保人员达86377人，离退休人员有18197人，领取遗属补助人员有1039人。实际征缴企业职工基本养老保险7.93亿元，支付养老待遇4.23亿元；享受工伤保险待遇681人，支付工伤保险基金0.23亿元。

【居民养老险】 2021年，宿豫区城乡居民基本养老保险月人均待遇水平为

198.14元。宿豫区城乡居民基本养老保险参保30.43万人,包括代办的湖滨新区、洋河新区、市经济开发区、苏宿园区。全年为23018名建档立卡低收入户人员代缴保费230.18万元,为重残一、二级1609人代缴保费16.09万元,完成率100%。

【征地保障】 完成283个地块社保安置,为12841名符合条件被征地农民办理进保手续,为5997名60周岁以上人员按月及时足额发放养老金6843.42万元。

(王　彪)

社会救助

【城乡低保】 自2021年7月1日起,城乡低保标准统一提高到每人每月620元,全年共保障3418户6703人,发放低保金4152.61万元,人均补差标准提高到507.9元。全面落实"单人保"政策,截至12月底,全区181名重病和260名重残人员(含三级智力、精神残疾)全部纳入"单人保"。

(丰　敏)

【"五保"供养】 自2021年7月1日起,农村特困人员集中供养和分散供养标准统一提高到每人每年9672元,城市"三无"人员保障标准仍为每人每年15307元。全年,全区共有城市"三无"人员121人、特困供养人员1783人,发放保障资金2046.36万元。

【临时救助】 2021年,宿豫区发挥临时救助托底线、救急难的作用,累计发放临时救助金390.14万元,惠及困难群众976人次。

(朱　叶)

【残疾人生活补贴】 自2021年1月1日起,城市、农村重度残疾人护理补贴标准分别提高至每人每月130元、90元。自2021年7月1日起,困难残疾人生活补贴标准提高至每人每月620元。2021年,共保障困难残疾人生活补贴6009户6437人、重度残疾人护理补贴5442人,共发放残疾人"两项补贴"资金4149.13万元。

(吴婷婷)

【流浪乞讨人员救助】 宿豫区常态化做好流浪乞讨街面巡查,开展"夏季送清凉""寒冬送温暖"等专项救助活动。2021年,全区累计救助流浪乞讨人员55人次,其中未成年人6人次,寻亲成功1人次,跨省接回并护送返乡3人次,恢复户籍1人次。

(程秋菊)

8月16日,宿豫区救助站将流浪在外14年的司凤云护送返乡

(程秋菊　供图)

【困境未成年人救助保护】 2021年,宿豫区通过政府购买服务方式为困境未成年人提供关爱与保护,共投入资金42万元。开展儿童关爱保护项目12个,覆盖所有乡镇(街道),常态化开展公益讲课、心理教育、公益宣传、公益家教讲座、课外拓展等活动,对困境未成年人进行心理疏导、行为矫治,帮助其融入社会,调解家庭纠纷。开展农村留守儿童和困境儿童关爱保护"政策宣讲进村居"活动,围绕监护人如何依法尽责、儿童如何提升自我保护技能、村(居)儿童主任如何履职等专题开展宣讲。2021年,累计开展各类关爱活动260余场次,组织志愿者1100余人次,服务各类儿童7500余人次。自2021年7月1日起,宿豫区社会散居孤儿基本生活保障标准从每人每月1310元提高到1380元。大兴镇怀仑社区"儿童关爱之家"建成省级"儿童关爱之家"示范点。

(张小琳　黄婷婷)

慈善福利

【福利彩票销售】 2021年,宿豫区福彩销售达843.77万元。其中,传统电脑票销售456.8万元,刮刮乐销售386.97万元。为全区筹集公益金84.74万元,发行费20.38万元。

(张　楠)

【慈善资金募集】 2021年,宿豫区慈善总会共募集慈善资金669.18万元。其中,"圆梦助学"募集资金176.15万元;全区爱心企业捐赠扶危济困资金150万元;区慈善总会公开募集善款98.03万元;北京京东公益基金捐款200万元,专项用于宿豫区京东特困救助项目；南京银行宿豫支行定向捐赠10万元，专项用于情暖江苏配套资金；全区爱心人士定向捐赠35万元，专项用于全区特困人员救助；“99公益日”期间，宿豫区慈善总会通过腾讯公益平台网络募集善款97.26万元。

【慈善资金支出】 2021年度，宿豫区慈善总会共支出慈善救助资金752.79万元，救助困难群众千余人次。常规救助项目有序开展。儿童大病救助29人，发放救助资金55.72万元；“京东特困救助”80人，发放救助资金244.5万元；“爱警基金”救助48人，发放救助资金7.72万元；救助困境儿童及孤儿295人，发放救助金15.6万元。上级救助项目稳步实施。“情暖江苏”救助100人，发放救助资金10万元；“圆梦助学”救助280人，发放救助资金47.1万元；救助特困高中生184人，发放救助金22.08万元；支付“小康托底险”保险基金268万元。临时救助项目力度加大。2021年7月，河南省部分地区普降特大暴雨，发生严重洪涝灾害，宿豫区慈善总会及时发出倡议，号召社会各界爱心企业和爱心人士向河南捐赠灾后重建资金6.22万元；其他临时救助13人，发放救助金2.85万元；定向捐赠困难群众生活补助及医药费73万元。

（曹钺桢）

老人在小区日间照料中心音乐室内弹奏乐器，丰富晚年生活

（李素华　供图）

养老保障

【养老服务设施建设】 宿豫区以养老服务示范区创建为契机，统筹整合资源，创新体制机制，初步建成以居家为基础、社区为依托、机构为支撑、信息化为纽带的社会养老服务体系。截至2021年12月，全区建成各类养老服务机构13家、建成虚拟养老院（智慧养老平台）1个、街道日间照料中心15个、社区居家养老服务中心57个、中央厨房3个、助餐点15个。

【养老改革创新】 按照可行有效、可持续的原则，以社区为纽带，通过公益创投、政府补贴等形式，推动居家和社区养老服务多元化、多层次发展。推动医疗资源向社区养老服务场所延伸，依托市中医院优质资源，将针灸、拔罐、推拿、刮痧等特色中医康复理疗项目延伸至社区日间照料中心，老年人就近就便享受医疗服务；推动具备护理资质的养老机构承接社区日间照料中心运营，将机构内护理服务下沉至社区，同时为社区老人提高专业健康监测、慢病管理、康复护理等专业服务；鼓励支持社区日间照料中心多元化发展，在传统功能室基础上，开设慈善超市、老年旅游、养生理疗、上门家政、设施租赁等低价有偿服务，有效解决社区站点运营难问题；推动示范引领，全力打造综合性养老服务中心，解决城区老年人短期托养问题。截至2021年年底，投入资金近3000万元，专项支持居家和社区养老健康发展。

（甄茹茹）

【尊老金管理】 截至2021年年底，宿豫区共有80周岁以上老年人13895人，全年发放尊老金897.11万元。其中，80—89周岁老年人12137名，发放尊老金698.56万元；90—99周岁老年人1758名，发放尊老金198.56万元；100岁以上老年人44名，发放尊老金11.63万元。

（郑媛媛）

住房保障

【概况】 2021年，争取中央财政城镇保障性安居工程补助资金，获得策应扶持4批次，获得资金3240万元。分配公共租赁住房公示9批103人次，分配95套，保障外来务工人员和新就业大学生居住。发放廉租住房补贴104户次、178人次，发放资金约24.45万元。改造老旧小区5个，建设定销商品房6个。

【老旧小区改造提升】 2021年，实施5个老旧小区综合改造工程，分别是天一苑、豫苑小区、星河绿洲、陆桥小区和何塘小区，改造面积53.35万平方米，惠及业主5898户，总投资约4500万元。主要改造内容涉及建筑容貌、道路交通、景观绿化、雨污管网、电气设施及给水设施等方面，整体工程在12月中旬实现完工。

【廉租住房补贴发放】 2021年，发放廉租住房补贴104户次、178人次，发放资金约24.45万元。其中，上半年完成廉租住房补贴发放53户、91人，发放资金约12.51万元；2021年下半年完成廉租住房补贴发放51户、87人，发放资金约11.94万元。

【棚户区改造工程】2021年，实施棚户区改造项目6个，涉及占地面积203.69万平方米(3055.3亩)，被征收房屋面积97.59万平方米，被征收户4829户，共需征收资金约55.48亿元。

【保障房建设工程】2021年，实施定销商品房建设6个，分别为盛世蓝城、陆桥小区六期、盛世农园、盛世六塘(花园里·雅居)、盛世东城、雨露小区。盛世蓝城项目，总建筑面积19.64万平方米，可提供安置房源713套，2021年完成主体建设，提供安置房源全部安置；陆桥小区六期项目，总建筑面积19.7万平方米，可提供安置房源1294套，2021年完成主体建设，提供安置房源已用于安置1100套。其他4个保障房建设工程，列入2022年实施。

2021年宿豫区棚户区改造情况一览表

表31

序号	项目名称	四至范围	占地面积(万平方米)	改造总户数	改造总面积(万平方米)	改造总投资(亿元)	资金渠道	土地性质(国有/集体)
1	锦泰花园	东至松花江路、南至项王东路、西至长江路、北至西湖东路	4.4	603	7.2	7.5	棚改贷款	国有
2	雨露小区	东至珠江路、南至钟山路、西至松花江路、北至雨露小商品市场征收地块	5.22	811	9.6	8.6	棚改贷款	国有
3	闸东片区	东至曹集乡刘圩村，南至宿沭路(省道S324)，西至水利遗址公园，北至二干渠	32	783	24.17	8.38	棚改贷款	集体
4	陆河片区	东至张家港大道，南至省道S324，西至十八弯大道(不含尚阳城2期)，北至陆塘河	48	626	16.12	7.09	棚改贷款	集体
5	宿沭路北侧地块	东至陆塘河、南至宿沭路、西至宿豫大道、北至陆塘河	34.07	426	8.9	4.30	棚改贷款	集体
6	扬子江路西侧	东至扬子江路、南至雪峰山路、西至龙嫂路，北至项王东路	80	1580	31.6	19.60	棚改贷款	集体
合　计	——	——	203.69	4829	97.59	55.47	——	——

(卓　森)

公积金管理

【公积金归集】2021年，宿迁市住房公积金管理中心宿豫管理部归集住房公积金61599万元，同比增长24.43%；新增缴存单位119家，新增开户职工10976人。年末，住房公积金缴存总额为311702万元，缴存余额为137406万元。

【公积金提取】2021年，全区缴存职工各类提取人数为12439人，提取笔数71447笔，提取金额35910万元，同比增长为7.01%、26.66%、21.96%。

【公积金贷款】2021年，共为1696户缴存职工办理住房公积金贷款49054万元，同比增长38.9%、32.99%。回收住房公积金贷款23490万元，同比增长20.63%。年末，贷款总额为225017万元，贷款余额为128895万元。个贷率为93.81%。贷款不见面审批率为95%。

【智慧公积金建设】2021年，宿豫住房公积金业务借助信息化手段已接入宿迁住房公积金网上服务大厅、“全国住房公积金”微信小程序、宿迁住房公积金APP、支付宝小程序“公积金”、江苏政务服务网，实现全程网办。缴存职工可通过以上渠道进行线上办理住房公积金缴存、提取、贷款等业务。部分业务接入长三角住房公积金一体化平台，出具贷款职工住房公积金缴存使用证明、单位及个人住房公积金缴存信息变更、购房提取住房公积金、开具住房公积金个人住房贷款全部还清证明、提前还清住房公积金贷款等五类业务均实现长三角地区“一网通办”。

(徐向东)

公共安全

安全生产

消防安全

食品安全

药品药械安全

特种设备安全

网络安全

应急管理

防灾减灾

宿豫年鉴

2022 SUYU YEARBOOK

安全生产

【概况】 2021年，宿豫区纳入事故直报统计的各类生产安全事故10起，死亡8人。其中，道路运输事故6起，死亡4人；建筑施工事故2起，死亡2人；工矿商贸事故2起，死亡2人。生产安全事故起数、死亡人数呈下降趋势，未发生较大以上安全生产事故，安全形势总体平稳。

【安全责任落实】 2021年，排定区级重点工作任务27项，重点行业领域重点工作任务92项，乡镇（街道、园区）重点工作任务10项，制定20项年度重点任务清单，明确牵头领导、责任单位、时间节点和推进举措，确保各项任务有序落实。配合推进省级安全示范城市创建工作，高标准落实5大项123子项区级任务和207个考核示范点位创建，下发交办单36期，开展集中督导6批次，对创建中发现的问题进行过程性跟踪整改，对实地复核反馈问题进行及时统筹安排，顺利完成迎检任务，全面提升城市安全保障能力。

【安全宣教】 以学习贯彻习近平总书记关于安全生产重要论述为重点，结合工业企业风险报告制度等重点工作内容，开展安全生产宣讲和政策宣贯活动89场，累计覆盖企业1415家次，培训员工15763人次。以"安全生产月"、安全宣传"五进"等活动为载体，举办安全知识大讲堂10余场、大型文艺会演1场，开展"安全宣传进小区"活动32场次，深入宣传《中华人民共和国安全生产法》（2021年修正版）等安全生产相关法律法规和安全生产知识，强化社会群众和企业员工安全生产行动自觉。监督社会培训机构开展集中培训5期，参训人数477人；受理发放特种作业证补贴2090人次84.206万元。

【安全风险管控】 推进国务院、省、市督导巡查反馈问题整改，整改完成率100%。联合豫新街道办、区消防大队、区市场监督管理局等单位，对红星凯盛家居生活广场进行消防安全隐患排查，清理搬迁制衣厂12家。建立"举一反三、类比排查"制度，汲取省内外事故教训，及时下发交办单，督促属地和主管部门排查整改燃气、消防、在建工程、农村自建房安全隐患。通过邀请专家、随机抽查、联合检查等方式，开展校外培训机构、农村桥梁、小旅馆等多行业领域风险整治工作，累计排查隐患9570条，完成整改9482条。针对重大安全隐患，严格落实挂牌督办制度，区级挂牌督办的华东大农业市场以及6家危化品企业全部完成整改工作。在三县两区中率先完成工业企业风险报告填报工作，并采用划区包保的形式，对"零报告""无生产"的规模以下工业企业开展抽查，确保风险管控无死角。

【安全监管执法】 全年，累计执法检查各类企业143家次，事前处罚立案79起；接处各类举报案件20余起。以安全生产专项整治三年行动为指引，聚焦危险化学品、工矿商贸、森林防火等行业领域分类施策。危险化学品经营方面，核发经营许可证23本，注销经营许可证12本，实施非药品类易制毒化学品经营备案4个，重大危险源备案9个，核销重大危险源8家18个。排查生产、储存企业安全风险隐患4894条，立案处罚29家，处罚金额66.95万元，推动9家危险化学品企业安全关闭。整改危险化学品企业环境治理设施隐患64项。开展"打非治违""小化工"专项整治，惩治成品油非法储存销售等违法行为2起，查处网络违法销售氟利昂1起、违法销售醇基燃料1起。系统推进全区1203家危险化学品使用单位排查摸底"上线"。工贸行业方面，对25家木材加工（家具制造）企业开展安全检查；排查使用危险化学品工贸企业119家，全部录入危险化学品使用专项治理信息系统。对照"钢八条""粉六条"和"有限空间四条"标准指导企业开展专项执法检查。宿豫区3家钢铁企业不涉及执法检查重点事项；23家粉尘涉爆企业存有安全隐患83条，全部督促整改到位。通过会议推进、业务培训、线上审核等方式，推动96家规模以上工贸企业完成标准化创建。森林防火方面，严把野外火源管理，开展森林防火应急演练1次，在重要时间节点组织专项检查15次，整改消除火灾隐患3处。开展"扑火安全警示教育整治周"活动，组织收听收看森林防火培训8次。

（李　丽）

消防安全

【概况】 2021年，宿豫区消防救援大队（以下简称"大队"）坚持稳中求进工作总基调，坚决守牢安全稳定底线，确保队伍管理"零事故"、灭火救援"零伤亡"、疫情防控"零感染"、重大负面舆情和严重违纪案件"零发生"，社会面火灾形势持续平稳，火灾起数和伤亡人数均同比下降。2月，大队被区委、区政府评为"2020年度区防范化解重大风险先进单位"；下辖的泰山路消防救援站被团市委评为"2020年度青年文明号"。3月，大队被市安全生产委员会评为"2020年度宿迁市安全生产先进单位"。4月，被区总工会授予"五一劳动奖状"；队内获得宿豫区"平安家庭"、"2020年度新长征突击手"、"2020年度优秀共青团员"、2021年"三八红旗手"、区"情系国防好家庭"、区"双拥先进个人"等荣誉称号的累计9人；被市消防支队评为抗洪抢险先进个人并获得嘉奖的1人。

【消防安全责任落实】 2021年，宿豫区各级党委、政府严格落实消防安全"一岗双责"制度，逐级签订消防工作责任状，明确任务分工，健全职责法定、权责统一的消防工作责任体系，通过督促检查、定期通报等形式推进消防工作责任落实，形成齐抓共管的格局，全力督办重大火灾隐患治理，确保消防安全形势持续稳定。区主要领导多次听取消防工作专题汇报，批示会办公共消防设施建设、政府专职消防队伍建设及区域性火灾隐患整治等消防工作，及时解决消防安全问题。

【消防安全监管】 2021年，宿豫区消防救援大队强力推动消防安全专项整治融入“三年大灶”行动，对全区1家大型医疗建筑开展专项检查，立案查处医疗卫生机构3家，运用“专家指导、视频抽查、错时检查”等手段，整改隐患16处。完成华东农贸大市场重大火灾隐患整改销案，对全区15个农贸市场开展专项检查，整改隐患134处。发动乡镇（街道）、公安派出所、综治等基层力量开展沿街门店、九小场所安全隐患专项治理。对全区78所中小学校（幼儿园）、37个农村商店超市开展消防安全隐患专项整治。全区消防救援机构共检查单位1123家次，发现火灾隐患或违法行为1825处，督促整改点位2052处，下发责令改正通知书940份，临时查封53处，责令“三停”14起，处罚80起，罚款64.86万元。

【消防安全宣教】 2021年，宿豫区消防救援大队多措并举开展消防安全知识宣教，主动协调区融媒体中心持续用好“村村响”应急广播平台，播放消防安全提示性信息；在万达广场、宿豫大剧院利用户外电子屏幕高频次播放消防安全知识；创新消防宣传举措，在京东美食商业街打造消防宣传主题街区、将消防元素植入公交车及站台；依托大数据平台，发布消防安全提示短信20万余条；在14个小区（写字楼）108部电梯内滚动播放消防宣传视频，张贴消防宣传挂图，受教人数达20万余人；消防宣传车每周开展巡回宣传，累计出动消防宣传车200余车次。开展行业部门和乡镇（街道）负责人、重点单位消防安全责任人和管理人、消控室值班操作人员等7类重点人群消防培训，累计培训4批次1200余人次。

【消防救援】 2021年，大队共接处警479起，出动车辆746辆，出动警力3631人，抢救被困人员21人，疏散被困人员46人，抢救财产价值529万元。完成河南抗洪抢险增援、抗击台风“烟花”、沂沭泗流域防汛等急难险重任务；完成全国“两会”、庆祝中国共产党成立100周年、中华人民共和国72周年等系列重大消防安保任务。

【消防队伍建设】 2021年，区消防救援大队深入推进全员岗位“大练兵”活动，制订《全员岗位大练兵方案》和《奖惩办法》，按照“仗怎么打、兵就怎么练”的思想，狠抓全员参训率、达标率，严格标准、科学施训。所辖泰山路消防救援站在宿迁市消防救援队伍三次比武竞赛中获得团体第二名1次、团体第三名2次。依托“863”（即8必看、6必测、3必练）和数字化预案系统，开展实战演练120余次，修订完善预案135份。以支队征召政府专职消防员为契机，推动建设政府专职消防队伍。结合2021年“我为群众办实事”项目，年内启动来龙镇政府专职消防队新建和大兴镇政府专职消防队改建工作。大兴镇消防站进入内装阶段，20名队员征招完毕，辐射带动提高周边乡镇消防安全条件，有效提升初期火灾事故救援能力。

【消防基础设施建设】 按照装备器材建设“三年规划”要求，争取地方政府对消防执勤及器材装备等项目经费保障。2021年，投入292万元购置35米举高喷射消防车1辆；投入117.65万元改建大兴镇消防站，投入140万元为站内添置2辆消防车及装备器材。

（陶　杰）

11月9日，宿豫区在万达广场举办2021年度“119”消防宣传月启动仪式

（丁瑞强　供图）

食品安全

【概况】 2021年，宿豫区监督抽检食品32大类3470批次，合格率为98.36%，超额完成县区级千人六批次检测任务；立案184起，罚没金额220余万元；创成省级“名特优”小作坊4家。

【食品安全监管】 开展“食品安全利剑”行动、“校园食品安全守护行动”、“农村食品安全扫雷行动”、“农贸市场百日整治行动”等专项整治11项，落实食品生产经营单位主体责任，推行“四个一”主体责任模板，开展食品生产经营单位风险监管1262家次，检查、核查处置118家次，制定食品安全隐患清单11份，及时整改食品安全隐患1211份。

【学校食堂及周边食品安全】 联合区

教育局、区卫生健康局、区公安分局等部门开展学校（含托幼机构）食堂食品安全专项整治3次，对全区74所中小学及托幼机构食堂整体安全情况逐一过堂、逐条检查。全年，共出动检查人员369人次，检查学校食堂296家次，各类校园内部及周边食品经营单位221家次，发现存在食品安全经营问题单位17家，下达责令整改17份，已全部整改到位，学校食堂明厨亮灶率达100%。

（王　楠）

药品药械安全

【概况】 2021年，宿豫区共受理药品药械行政许可236件，全部在规定时限内高质量完成。上报药械不良反应（事件）826例，完成药品抽检140批次任务，合格率为100%。

【安全监管】 实行闭环式和源头治理，严厉打击假劣药品，全年实现药品药械安全零事故。检查药品经营企业184家，药械使用单位132家，下达责令改正通知书18份，移交案件线索6起。对医疗器械生产经营企业进行分类分级管理，检查监管覆盖率达100%。全年，共出动执法人员654人次，对全区213家医疗器械经营、使用单位开展检查，严厉查处无证经营医疗器械、使用过期医疗器械等违法违规行为，立案6起。

（王　楠）

特种设备安全

【概况】 牵头制定《市场监督管理局安全生产专项整治三年行动实施方案》，细化重点任务，压实特种设备安全监管责任。先后开展叉车、起重机械、压力容器、工业管道等专项整治和电梯维保单位质量安全检查，完成57家重点企业监督检查。全年检查特种设备860台套，涉及使用单位640家次，约谈相关单位9家，发出安全监察指令书30份，发现问题隐患116条，整改到位率100%，立案9起，罚没金额25万元。

【电梯安全监管】 全面建立并运行96333电梯应急处置服务平台，将所有乘客电梯纳入其中，宿豫电梯困人故障率、平均救援总耗时呈“双降”趋势。全年，共张贴电梯乘坐安全常识标牌500余块，在有条件的电梯场所滚动播放电梯安全宣传视频8400轮次，覆盖群众6.5万余人，提高居民安全乘梯意识。

【燃气压力管道监管】 加强群众用气源头管控，加大对燃气充装单位检查力度，消除事故隐患。对全区4家液化气充装单位实施高频检查，抽查压力容器7台，压力管道1.39千米，消除事故隐患4处，办理充装非自有产权气瓶案件1起，罚款4万元。

（王　楠）

网络安全

【概况】 2021年，宿豫区深入贯彻落实网络安全责任制，构建“现场检查+远程扫描+交办整改+宣传教育”网络安全防护体系。开展互联网资产普查，100%核查宿豫区机关事业单位IP资产；组织开展网络安全隐患自查自纠，发现整改高危系统漏洞57起。4月2日，印发《宿豫区网络安全事件应急预案》；4月28日，宿豫区委网信办承办并组织50家单位参加宿迁市2021年网络安全应急演练；5月27日，招募网络安全应急支撑服务机构7家和应急支撑人员4名；12月31日，增设宿豫区网络安全应急指挥中心，挂牌在宿豫区网络信息中心，增加编制4名，增设副主任1名，调整后宿豫区网络信息中心编制增至10名，含主任1名、副主任2名。年内，全区组织第三方技术公司开展网络安全专项检查4次，累计检查重点单位20余家，下发网络安全事件交办单40条，100%整改到位。

【网络安全宣传周】 2021年10月11日下午，在宿豫区筑梦小镇E区举行2021年宿豫区网络安全宣传周开幕式，宿豫区委副书记、宿豫区委网信委副主任温士才，宿豫区副区长、区公安分局局长和党委书记、督察长武胜等领导及宿豫区各乡镇（街道、园区）、区直机关、国有公司等88家单位网络安全分管负责人出席。

【宿豫区网络安全应急指挥中心建成投用】 宿豫区网络安全应急指挥中心（以下简称“指挥中心”）位于宿豫区党政办公大楼502室，建筑面积116平方米，总投资395万元，是宿豫区“十三五”重点民生工程和宿豫区政府2021年为民办实事工程之一。指挥中心项目由江苏省广电有线信息网络股份有限公司宿迁分公司中标，7月12日进场开工，9月30日完成全部项目安装、设备调试等工作。指挥中心作为宿豫区委网信办终端节点，直接链接在市委网信办，确保链接顺畅、无干扰，极大方便区委网信办与市委网信办的沟通，为网络安全应急联动指挥提供有力支撑。

（韦　尚）

应急管理

【健全应急管理体系】 完善一套预案管理体系，修订出台区级总体预案、27个专项预案、32个部门预案、103个村居预案。组建一支“一专多能”队伍，建立各类综合性应急救援队伍20支、队员467人，其中专业应急救援队3支83人、灾害信息员队伍193人。建立一本应急物资台账，全区共有应急物资储备点17个，其中区级储备点3个，储存物资163815件套；自有储备库存储应急物资44种695件套。与正大食品（宿迁）有限公司、江苏益客食品有限公司、宿迁市奥力赛工贸有限公司、宿豫区苏迁文化发展工作室等单位签订应急物资采购协议。建立应急专家库，有自然灾害类、事故灾难类、社会安全类、公共卫生类等专业人员44名。编制一册应急演练登记簿，全年乡镇（街道、园区）、区直部门、村（居）社区和企业累计组织演练408次。加强通信网络和天通北斗终端运用，保障布控球、指挥箱实时传输数据。与区文化广电和旅游局、区融媒体中心、区通信运营商等合作，通过"应急广播"、短信、微信公众号等媒体和平台及时发布灾害天气预警信息。

【应急处理】 全区累计上报灾害事件3起，均属天气灾害，累计受灾人口1.6万余人，农作物受灾269.9万平方米（269.9公顷），一般损坏房屋39间，直接经济损失314.05万元。全年，累计向1056户受灾民众发放救灾资金70万元，协调城乡住房救助保险理赔61户12.3万元，最大限度减少群众财产损失。

（李　丽）

防灾减灾

【气象灾害】 年均气温创历史之最，2021年平均气温16.2℃，较常年偏高1.7℃，为1961年以来历史最高。3月14日开始，中国北方出现近十年来最强沙尘过程。3月16日，宿豫区出现浮尘天气，空气重度污染，空气质量指数（AQI）指数为240。4月29日傍晚，宿豫区因强对流天气出现8—10级雷暴大风；同月30日傍晚，再次出现8—10级雷暴大风和局地冰雹，主要集中在关庙镇、来龙镇等地，最大直径约3厘米。7月15日下午至16日下午，宿豫区出现强降水，并伴有雷电、短时强降水和8—10级雷暴大风等强对流天气，其中城区过程雨量达154.7毫米。7月26—29日，宿豫区受2021年第六号台风"烟花"影响普降暴雨到大暴雨，并伴有7—9级大风，其中28日雨量达166.4毫米，部分农田受灾，城区部分地区出现内涝。11—12月，区内冷空气活动频繁，强度较强。11月7—8日、21—23日，11月29日至12月1日，12月16—18日、24—26日，宿豫区出现5次寒潮天气。

（崔晓玉）

【灾情监测预报】 保障国家级观测井宿豫苏05井观测仪器的正常运行和数据的连续采集，做好异常数据处置措施及异常变化的持续跟踪。全年共报送苏05井工作日志周报41期、月报10期、季报3期；雨量筒校测3期，静测水位校测3期，接地电阻巡检1期，台站巡检21次。完善群测群防工作体系。利用好12322灾情速报系统，定期调整灾情速报员队伍，开展地震应急模拟演练6次。结合"全国防灾减灾日""唐山地震纪念日""国际减灾日"，开展防震减灾宣传教育19次、防震减灾应急演练3次，深入开展综合减灾示范社区创建，建成全国综合减灾示范社区7个。

【灾害风险普查】 按照时间节点，采取内外业相结合方式开展灾害风险普查调查，完成承载体、减灾能力、历史灾害3大类共1818条数据调查工作。加固筑防。探索长效机制推进房屋设施加固工作，首次采集10类工程的房屋设施抗震设防信息共计372条，全区改造农房3150户，加固校舍4413平方米、新建、扩建校舍19512平方米。

（李　丽）

【避难场所建设】 加强应急避难场所建设，提高灾害预防和应急救援水平。截至2021年年底，宿豫区已经建成应急避难场所7处，分别是京东电商运动中心、宿豫中等专业学校操场、宿迁市文昌高级中学、六塘河绿地、京杭运河东侧绿地、江苏省民防训练基地、千鸟园地震应急避难场所。有效避难面积51.6万平方米，可避难人数6.3万人。

（韩杨州）

【防汛抗旱】 2021年，宿豫区防护加固新沂河侍岭险工段3.32千米，铺设防汛道路8.4千米；整治中运河堤防11.24千米，新建防汛道路11.29千米；疏浚宿迁高新区核心区内骨干河道5条，累计长达15.6千米。累计出动人员8000人次，执行调度指令43次，抽排涝水8000余万立方米，先后取得"7·23"、"7·26"、台风烟花和历次新沂河行洪的防御胜利。强化协调争取，累计协调放水1.61亿立方米，翻水0.31亿立方米，确保全区农田灌溉工作不误农时。

（冯承东）

资料拓展

4月30日，域内发生风雹灾害，受灾人口424人，农作物受灾面积82万平方米（82公顷），一般损坏房屋13间，直接经济损失185.85万元。7月15日，域内发生风雹灾害，受灾人口95人，农作物受灾面积163.39万平方米（163.39公顷），一般损坏房屋15间，直接经济损失107.7万元。7月28日，域内发生台风灾害，受灾人口15877人，农作物受灾面积24万平方米（24公顷），一般损坏房屋11间，直接经济损失20.5万元。2021年12月，为解决冬春期间受灾群众口粮、衣被等基本生活困难，向862户受灾户发放2020—2021年度冬春救助资金60万元。2021年9月，向194户发放风雹灾害救助资金10万元，实时协调城乡住房救助保险理赔61户12.3万元，最大限度减少群众财产损失。

（李　丽）

街道　乡镇

豫新街道

顺河街道

下相街道

陆集街道

大兴镇

来龙镇

曹集乡

新庄镇

关庙镇

仰化镇

宿豫年鉴

2022 SUYU YEARBOOK

豫新街道

【概况】 豫新街道位于宿豫区主城区中心，为区政府坐下街道，街道东毗顺河街道，西邻京杭大运河，南接宿迁高新技术产业开发区，北靠湖滨新区，是宿豫行政、经济、文化、商业中心。行政面积37.33平方千米，年末常住人口17.6万人。辖9个社区、60个居民小区，辖区东邻省道S249（西楚大道），北靠省道S324，交通便捷。2021年1月，豫新街道入选全省首批“红石榴家园”创建名单。2月，豫新街道被市委、市政府评为2020年度推进高质量发展先进乡镇（街道）；被市司法局评为全市司法行政系统先进单位；被市“社会治理创新创优年”活动领导小组评为全市“社会治理创新创优年”活动先进集体。8月，被市委、市政府评为文明城市建设工作先进集体。2022年1月，豫新街道被宿迁市征兵领导小组评为2021年度全市征兵工作先进单位。

2021年豫新街道经济与社会发展一览表

表32

项 目	单位	2020年	2021年	增长（%）
总人口	人	189715	176000	-7
其中：非农业人口	人	189715	166098	-12.45
总面积	平方千米	37.33	37.33	—
其中：耕地面积	亩	7269.4	—	—
地区生产总值	万元	331252	344700	4
财政收入	万元	4481	4924.7	10
农业总产值	万元	1875	1696	-9.5
粮食总产量	万千克	168	184.1	9
油料产量	万千克	25.6	27.2	9
三产增加值	万元	208098	220579	6
镇村主干道	千米	151	151	0
实有就业人数	人	89129	89613	0.5
学 校	所	12	13	8.3
在职教师	人	3196	3202	0.2
在校学生	人	43941	45127	2.7
初级保健普及率	%	100	100	0

2021年豫新街道社区情况一览表

表33

社区名称	小区（个）	户数（户）	常住人口（人）	耕地（平方千米）	集体收入（万元）	党组织书记	主 任
雨 露	15	15219	43480	—	560	胡立建	胡立建
顺河集	12	10247	34620	—	199.94	张 健	张 健
江 山	9	7888	26700	—	50	李 军	李 军
锦 华	5	4957	12800	—	22	韩金珍	韩金珍
中 通	4	5300	17350	—	42.08	张先东	张先东
庐 山	6	3560	12300	—	28.25	侍 娜	侍 娜
文昌阁	5	4697	13790	—	20.6	张晓亮	张晓亮
闸 东	1	1623	6280	3	52.8	赵 辉	赵 辉
陆 河	3	3103	8680	1.78	50	董跃先	董跃先
合 计	60	56594	176000	4.78	1025.67	—	—

【经济发展】 2021年，街道共排查有效招商引资线索30条，带队外出招商6次，邀请客商到宿豫考察洽谈21次。招引落户园区企业5家，其中被认定为科技型企业4家、被认定为电商项目1个。启动多轴数控产业园项目建设，占地面积约16.93万平方米（253.9亩），总投资20亿元。与上海林源自动化设备有限公司、纵晟（上海）精密机械有限公司等6家企业达成投资意向。加大对“城市创业客厅”奖励扶持力度，9个社区共有创业客厅项目19个，社区集体经济不断壮大，实现经营性总收入888.64万元，带动1000余人实现家门口就业，人均月收入增收1500余元。

【社会治理】 网格管理优化。打造“网格化集成管理提质增效”工程，科学划分综合治理网格，调整一批年龄偏大、文化水平较低的网格员；出台《豫新街道网格化服务管理考核办法》，以问题为导向，以考核为抓手，良性推动网格工作有序有效开展。社会管理创新。创新实践城市社区“三治融合”积分制管理模式，制定城市社区管理“正负面”清单，率先试点推行，建立居民参与社区事务、共同建设幸福家园的机制。防范通信网络诈骗新型违法犯罪。全面落实“党政领导、综治牵头、部门联动、社会参与”的工作机制，通过精准、全面、反复宣传，营造浓厚宣传氛围，有效提高群众的防范意识，案发率下降近30%。基层纠纷化解。落实“枫桥经验”，将纠纷矛盾化解在基层，结合“支部进小区”，创建“星海湾小区调解室”，将调解下沉到小区，打通服务群众的“最后一米”，制定完善由社区、物业、党员代表、相关主管部门、“三官一律”（法官、检察官、警官、律师）等共商共治的“八方会谈”工作机制。

【社会事业】 2021年，豫新街道完成天一苑、豫苑、星河绿洲3个老旧小区改造项目。根据文件要求新建住宅小区按照20平方米每百户、建成小区按照15平方米每百户的标准，为辖区内9个社区60个小区提供养老服务用房，进一步提高辖区内老年人生活质量。走访核查申请救助家庭410户，其中纳入临时救助91人，纳入儿童大病救助3人，纳入重残补贴18人，纳入困境儿童14人，纳入京东救助1人。对在保的低保户133户，做到100%入户核查。以“颂建党百年，做时代新人”为主题，组织“五老”宣讲团深入社区、学校开展宣传教育活动60余场次，受教育青少年达2.37万余人次。全年，街道便民服务中心窗口办件量达2.1万件，接待各类咨询5300余件，办结率100%；受理网络问政6480件，同比增加16.38%，办结率100%。

春节期间，各小区组织开展消防安全演练活动　（豫新街道　供图）

【安全管理】 豫新街道明确各分管领导、各条线、各社区的安全生产工作职责，签订“2021年安全生产目标管理责任书”，全面开展大排查大整治活动，重点对烟花爆竹零售点、餐饮门面、便利店超市、服装加工点、液化气使用、小区等进行安全隐患排查整改，发现问题及时提出整改意见，并复查整改情况，确保安全隐患得到排除。2021年，辖区共组织消防演练100余场，发放宣传材料10万余份，发现存在隐患21个，均及时整改完毕。

【文明城市建设】 建立健全街道、社区、小区三级督导体系，实行每日动态巡查整改。围绕文明城市常态长效建设标准高质量开展小区治理“找短板、补短板”活动；落实整改市、区文明城市建设常态长效办公室交办事项2309件，街道自查交办整改事项1986件。健全三级联动包保机制，推进丧事陋习整治，会同区城市管理局、区文化广电和旅游局等部门对高音喇叭哭丧、“送程”、“迎祭桌”等不文明办丧行为进行常态劝导。2021年，街道开展白事简办劝导100余起，文明办丧逐渐成为居民共识。弘扬志愿服务精神，在新冠肺炎疫苗接种、文明城市长效建设等工作中，引导广大志愿者主动参与，年内新登记注册志愿者近1万人，各社区组织志愿者参与关爱老年人、未成年人等志愿服务活动120余场次。

【新型冠状病毒肺炎疫情防控】 豫新街道根据疫情防控形势变化，完善组织体系，成立综合指挥调度、小区防控、居家管控等7个专项工作组，研究制定疫情防控应急预案，落实24小时值班制度。围绕社区“五有一网格”落实情况开展督查指导，做好中高风险区到区人员排查，第一时间追踪到户到人，累计接收大数据543批次约1万人次。开展进口冷链食品、物流点、进口物品等专项排查，经济发展局牵头核查域内商贸流通企业800余家，及时宣传发动，对进口货物提前5日报备。做好居家健康监测人员管控，签订“居家健康管理告知书”，对所有隔离人员实行“五包一”专班管理，按照一人一档要求填写居家医学观察人员动态信息档案手册。8月7—9日，组织开展全员核酸检测演练，在9个社区61个小区共采集11万个样本，采集流程有条不紊、分工明确，疫情防控应急处置和组织能力得到提高。采用多种形式开展新冠疫苗接种宣传，制作宣传横幅近千条，宣传单、一封信等万余张，做到小区喇叭不间断播放、重点服务业从业人员通知覆盖、小区居民实施网格化通知到户到人，组织志愿者全程参与接种服务工作。

【基层党建】 全力推进“把支部建进小区”工作，建立纵向到底、横向到边的组织网络。豫新街道9个社区党委建成小区党支部52个，共有党员1600余人，实现党的基层组织建设“全覆盖”，小区党支部书记93%以上由表现优秀的社区“两委”或工作人员兼任。定期召开“把支部建进小区”观摩推进会，实行“双向进入、交叉任职”的治理模式，凝聚“三位一体”工作合力。以党建联盟聚合力，坚持体制内、体制外“两种资源”两手抓，以社区党组织为轴心，把社会组织统筹纳入共建共治体系，以红色公益创投资金购买专业化服务。推动1160名“红色楼栋长”在小区楼栋亮身份、晒承诺；成立文明先锋队、安全守护队和暖心关爱队等小区志愿服务队伍，常态化参与治理服务。

【党史学习教育】 按照党史学习教育“六专题一实践”的部署安排，豫新街道党工委结合街道实际打造特色品牌。依托党员活动日、周工作例会、理论学习中心组学习会、党支部学习会等形式，第一时间组织党员学习习近平总书记重要讲话精神。组织党员干部到周恩来纪念馆、朱瑞将军纪念馆、红十五军三师纪念园、新庄镇振友广场、宿迁水利遗址公园等爱国主义教育基地、党史教育基地等参观学习10余次，覆盖党员1500人次。推动街道、社区党组织书记给所属党组织党员讲党课，分管领导给分管领域党员讲党课，驻社区领导、驻社区干部给所驻社区党员讲党课。打造九龙花园焦裕禄广场、锦华名园党史知识长廊、星海湾小区“党史小馆”，为居民提供身边的党史学习阵地。4月，省委常委、宣传部部长张爱军到九龙花园焦裕禄广场调研，对阵地弘扬焦裕禄精神、展现共产党在宿迁的历史、挖掘身边英雄事迹的做法给予肯定。

【党风廉政建设】 2021年，豫新街道组织召开党风廉政建设专题会议4次，常态抓好党风教育和警示专题教育。街道层级开展警示教育10场次，开展小班化、系统性专题警示教育5场次；社区层级开展警示教育72场次。围绕春节、“五一”、中秋、国庆等重要节假日，运用“第一种形态”开展约谈提醒，及时报备党工委主体责任、个人主体责任。召开党工委主体责任推进会2次，报备党工委主体责任47条、个人主体责任144条、社区136条。持续推进作风建设大提升活动，街道围绕“八个方面”“二十条情形”查摆问题12条，提出解决方法12项，并按照时间节点完成整改。开展各类作风监督检查10次，印发作风建设通报8期。

（郑珊珊）

顺河街道

【概况】 顺河街道位于宿豫主城区东部，街道办事处驻扬子江路8号。行政区域面积39.53平方千米，下辖卓圩、京东、顺兴河、梨园湾4个社区，行政户籍人口2.7万人，常住人口3.7万人。2021年，完成一般公共预算收入11212.93万元，一般公共预算支出7050万元；居民人均可支配收入37637元。年内，被宿豫区委宣传部授予“2021年宿豫区先进学习型党组织”称号。

【招商引资】 2021年，街道开展招商活动45批次178天，拜访企业241家次，邀请客商到宿迁考察项目36次；新签约项目1个，为松夏（江苏）机电科技有限公司项目；新开工项目1个，即松夏（江苏）机电科技有限公司项目。引进松夏机电（宿迁）有限公司落户宿迁高新区，年内开工，预计竣工后带动就业60人，预计年产值30000万元，税收500万元。2021年，园区共有企业56家，主要以纺织、服装、广告制作为主体的行业，全年营业收入约5.6亿元，实现税收1600余万元。

2021年顺河街道社区基本情况一览表

表34

序号	名　称	组数（个）	户数（户）	人口（人）	耕地（亩）	村集体收入（万元）	人均可支配收入（元）	党组织书记	主　任
1	卓圩社区	17	5714	20572	1756	252.58	29000	孙　文	孙　文
2	顺兴河社区	20	1410	7006	6890	162.50	25000	赵振生	赵振生
3	梨园湾社区	18	896	8277	7788	274.66	28600	苏　利	苏　利
4	京东社区	5	4227	13720	4150	126.38	26000	李　然	李　然
合计	—	60	12247	49575	20584	816.12	27150	—	—

2021年顺河街道骨干企业基本情况表

表35　　单位：万元

序号	企业名称	主要产品	落户时间	投资金额	销售收入	利税总额
1	江苏恒正家纺有限公司	毛毯	2009年07月	3000	10908	422
2	宿迁市唯美制衣有限公司	服装	2011年05月	2000	4043	268

【农业产业】 2021年，街道加大农业产业结构调整力度，招引500万元以上设施农业项目3个，即品轩葡萄园（一期）、昊成葡萄园（二期）和葡萄小镇（三期）、硕丰葡萄园（一期拓展）。品轩葡萄园位于顺兴河社区陆槽坊片区、顺椿路东侧，占地34.33万平方米（515亩），总投资5500万元。年内，建成运营占地21万平方米（315亩），北侧地块6.67万平方米（100亩）建成钢架大棚4万平方米，已投产。昊成葡萄园二期顺兴河社区陆槽坊片区、顺椿路西侧，占地面积36.73万平方米（551亩），总投资7500万元，建成高标准联栋大棚24万平方米，完成仓储、冷库及水肥中心建设。葡萄小镇三期项目位于顺兴河社区椿树片区、顺椿路西侧，占地面积18.6万平方米（279亩），总投资2500万元。截至2021年年底，建成高标准联栋大棚10万平方米，配套设施主体框架依序推进。新招引的硕丰葡萄园位于葡萄小镇一期南侧，占地6.67万平方米（100亩），总投资2000万元，建成高标准联栋大棚2万平方米，配套设施主体框依序推进。绿城梨园位于顺河街道顺兴河社区椿树片区七组地块，完成梨树栽植。

【商贸服务产业】 2021年，顺河街道新增规模服务企业2家，分别为宿迁市新兴化肥有限公司和宿迁盛辉腾旭汽车销售服务有限公司，实现产值0.6亿元。围绕电商产业持续推动创客基地发展，招引进驻京东、淘宝等电商平台企业45家，主要从事小家电、化妆品、渔具等网上销售，日均出单量6000余单，交易额超过8000万元，带动250余人“家门口”就业。

【棚户区改造】 2021年，龙嫂路以西片区共征收125户，拆除121户；扬子江路以东片区共征收348户，签约340户，拆除338户；扬子江路以西片区共征收404户，签约399户，拆除398户；堤顶路景观提升工程共征收23户；椿树七组片区共征收91户；洪泽湖路东延共征收24户，签约24户，拆除22户。选择盛世东城、盛世蓝城安置房749户。改造老旧小区约7.4万平方米，总投资5800万元，完成率达85%。

【生态文明建设】 践行“绿水青山就是金山银山”发展理念，扎实推进生态环境整治。规范垃圾分类。形成“社区收集、街道集中转运”处理体系，垃圾无害化处置率达95%以上，无害化卫生厕所普及率达98%。生态空间整治。完成生态河道整治2条7.39千米，清淤、疏浚、整坡、绿化河道累计8190米。建成生态示范林10万平方米（150亩），超额完成业态清理面积超千亩，总投资627万元。关停取缔“散乱污”企业12家，组织开展“两断三清”（断水、断电、清物资、清设备、清场地）行动。完善村规民约，实行“门前三包”制度，切实增强农民群众自觉性主动性。

【社会事业】 落实殡葬惠民政策，倡导丧事节俭化、文明化、生态化。实行丧葬费用补贴，2021年顺河街道共发放丧葬费用补贴133人次10.28万元。特殊人群公墓墓葬免费或减半收费，特困供养人员公墓墓葬免费，低保对象公墓墓葬减半收费。社会救助动态管理，力争实现应保尽保、应退尽退。2021年发放低保金116.93万元；发放特困人员供养金126.58万元；发放重度残疾人“两项”补贴266.16万元；发放临时救助金123.5万元；发放困境儿童基本生活保障金34.75万元；发放尊老金55.05万元；巩固拓展脱贫攻坚成果，常态化开展“五看一查一帮助”走访活动，摸清低保边缘户和支出型困难家庭基本情况；通过各种形式推广“众善众举、圆梦助学”活动，为4名新录取的大学生发放助学金；利用已有扶贫项目持续提升脱贫效果，向社区拨付扶贫资产收益14.19万元，全街道806户低收入农户无一户返贫，脱贫巩固率达100%。发放创业补贴7人18.4万元；发放就业困难人员社保补贴175人36.23万元。

【社会治理】 全面推进网格化中心规范化建设，构建“党建引领，社会治安联防、矛盾纠纷多元化解、三治融合积分制管理”相结合的工作格局。街道、社区网格化中心均正常运行，按区域规划从新调整网格为23个，组织网格员对网格内重点人员、出租房巡查进行常态化走访服务。2021年，累计上报事件数885件，办结率100%。

【公共空间治理】 2021年，召开专题推进会议7次，各单位、各社区围绕“三生空间”（生产、生活、生态空间）开展大排查、大整治。截至2021年年底，共排查集体资源面积411.8万平方米（6177亩），其中闲置面积50万平方米（750亩）；国有、集体资产面积62112平方米。完成复垦集体土地对外发包33.33万平方米（500亩），增加集体收入15万元。

【文化活动】 2021年，开展“庆元旦迎新春”“畅想新时代 童心共筑梦”“辉煌七十载 筑梦新时代”等系列文化惠民活动38场次，创作《豫见梨白》《新宿豫》《叹五更》《幸福宿迁》《宿迁童忆》等5部文艺精品。做

3月，宿豫区举办第十届梨花文化节。图为3月31日在梨园湾举办的开幕式现场
（顺河街道　供图）

好各类文化活动宣传报道工作，完成省级及以上媒体、平台上稿86篇，其中“新华网”1篇、《新华日报》9篇、“学习强国”14篇。

（高　欣）

下相街道

【概况】 2014年11月，下相街道经省委、省政府批准挂牌成立。因置古相水下游而得名，位于宿豫区南郊，北接宿豫主城区，东邻陆集街道，所属区域为宿迁高新技术产业开发区（以下简称“宿迁高新区”）的建成区覆盖范围。京杭大运河环绕而过，新扬高速、省道S325横穿全境，交通、区位优势十分明显。行政区域面积37.78平方千米，下辖5个社区，户籍人口3.45万人。2021年，下相街道围绕宿迁高新区的产业定位，推进“招商引资、服务保障、征收安置、环境提升、社会治理、作风提升”等六项重点工程，实现地区生产总值63.47亿元（即宿迁高新区产值）。2月，下相街道被区委、区政府评为2020年度新冠疫情防控先进单位和2020年度高质量发展综合考核二等奖，被区政府评为2020年度生态文明建设先进单位，被区妇联评为2020年度优秀妇联组织。3月，被区委组织部评为2020年度基层党建工作先进单位。11月，被区委宣传部评为党史学习教育基层示范点。

【招商引资】 2021年，下相街道围绕区委、区政府的招商引资目标任务，集中外出招商8次，接待到宿豫考察投资环境客商12批次，形成招商意向4个。引进工业项目1个，即投资1.5亿元的宿迁库曼家居有限公司技改项目。年底，该项目通过市级开竣工项目考核认定。引进电商项目1个，即江苏慕田文化传播有限公司。年内，为宿迁高新区项目落户提供保障土地1333万平方米（2000余亩），先后完成中玻新材料产业园、江苏三元轮胎有限公司二期项目扩建、京东智能制造产业园、多轴产业园等10余个项目征地、清障等帮办服务工作。

【社会事业】 2021年，完成南苑星城红色文化广场建设、何塘小区改造、陆桥小区改造及1—4期雨污管网分流等为民办实事工程；将坤塘5G、西楚大道、电力物流园、多轴产业园（康佳电器）等19个项目涉及的被征地农民1200名全部纳入土地换社保行列。汇集河道治理、小区环境治理、“三代”服务机制、残疾人就业培训、参军政策宣传、“三官一律”、文明树新风等9大类为民办实事项目，实现平台集中办理；完成代办帮办事项134件，帮扶人员140人次；完成残疾人就业培训30人次，实现就业6人；累计开展法律讲座4场次、普法宣传5场次、法律专场咨询服务1次；评选“下相最美人物”64名。

2021年下相街道社区基本情况一览表

表36

序号	社区名称	小区（个）	户数（户）	常住人口（人）	耕地（亩）	村集体收入（万元）	人均可支配收入（元）	党组织书记	主　任
1	运东	6	1863	7427	2600	89	18200	宋晓红	宋晓红
2	罗桥	1	1109	3320	500	84.6	25400	李　辉	李　辉
3	陆桥	5	2573	8912	0	106	22000	沈永利	沈永利
4	南苑星城	1	2252	3250	8730	113	35600	王　伟	王　伟
5	崇德	3	2535	6831	3000	100.59	29100	王　路	王　路
合　计		16	10332	29740	14830	493.19	—	—	—

水环境长效管护取得明显成效。图为昆仑山河，其水质已由整治前的劣Ⅴ类变成Ⅲ类 （张玉林 供图）

【新型冠状病毒肺炎疫情防控】 2021年，严格落实疫情防控责任制，建立以领导小组统筹协调，“一办七局”共同参与的组织体系，执行24小时值班和领导带班制，确保责任落实、流调溯源、密接排查、人员管控、物资供应“五个到位”，落实“外防输入，内防反弹”目标要求。联合“双结双联”共建单位200名党员志愿者，下沉至辖区23个社区检测点位、9个大型企业检测点位，保障核酸检测测温引导、信息查验、秩序维护、标签发放、政策解读、出入口管控等工作。开展多轮入户摸排，摸清居家健康监测人员信息资料，安装门磁系统，强化跟踪督查，构建起辖区疫情防控防护网。2021年，完成流调7.5万人次，举办企业疫情防控培训30余场，发放宣传单倡议书、告知书2.3万份，出入证1.6万张，劝导红白喜事聚会取消或延期2起。

【社会治理】 征地拆迁。2021年，下相街道重点抓好核心区内48户拆迁攻坚扫尾，有序推进崇德社区新化片区、南苑星城社区季桥、德太片区等村庄征收工作，累计拆迁1060户。生态河道建设。对中运河、省骨干河道马河以及县级河道利民河、嘉陵江河、顺堤河等11条河道进行集中整治，打造河道护坡，建设钢坝、地涵等建筑物，切断污染源头，疏浚河道近10千米。辖区4条区级河道和7条乡级河道实现河畅、水清、岸绿、景美。棚户区清理。2021年，全面拆除辖区主要道路沿线新建大棚392个，总面积约17.5万平方米；清除中运河堆场1个、违章建筑70余处4200余平方米。围绕冲刺全国文明城市两连冠目标要求，全年共落实市、区两级长效办交办问题240余个，整改率达100%。

【指挥调度中心建设与运行】 2021年，下相街道聚焦基层治理，挖掘网格化治理体系潜力，打造指挥调度中心，有效发挥“数字治堵、视频治乱和智慧管理”的联动作用，助力提升社会治理效能。辖区28名网格员和35名执法辅助人员全部安装“宿豫区审批服务综合执法一体化平台”APP，做到问题实时交办、实时转办，实现上下互通，协同跟踪推进。运用辖区300余个固定枪式、球式外置视频探头的高清摄像功能，即时捕捉市容市貌、城市文明等方面存在的问题，实现全方位可视化动态监测和实时指挥。将智慧管理融入社区治理，下相街道通过指挥调度中心的精准对接，探索拓展“网格+”的外延作用，主动联合公安、城管、应急管理等部门，发挥网格大联盟力量，实行一体受理，一体派单。2021年，下相街道通过“1+4”一体化平台受理社会治理事件2568件，处置完成率达100%。

【文明城市长效常态建设】 2021年，下相街道迎接市区长效办集中检查17次，第二、三季度考核排名全区第二，完成省检、国检迎查任务；办理市、区长效办下发交办单65份；各社区依托文明实践站，开展各类文体活动50余场次；街道志愿者注册人数4千余人，开展各类志愿服务活动800余次，活跃度100%，排名全区第一；开展街道文明家庭户评选活动，评选文明家庭1000户，其中获评宿迁市文明家庭2户；申报区级五星文明家庭户142户；街道妇联组织99公益日捐款2万元；申请妇女创业资金7户；组织家政培训，70名妇女受益。

【基层党建】 2021年，推进“把支部建进小区”工作，建成小区党群微家10个，建成率85%，形成南苑星城小区“我守约·你来评”、何塘小区“时间银行”、兴隆小区“老吴说事”、陆桥小区“爱在邻里间·服务在身边”等特色品牌。推出以“学历提升、业务提质、阵地提气、组织提优、收入提高、环境提靓，创优争星”为主要内容的“六提一创”党建创新活动。推出“红色积分助力社区治理”党建项目，设置“我为社区建言献策”“我有意见我来提”“实事日记”等模块，引导群众万人以上参与社区治理活动。规范“云村邻社”APP、“党员e家”系统、“三资”系统等平台信息导出，推进“三务”公开内容与大数据应用无缝对接，及时按月更新“三务”信息。规范“四比四看”等项目公开，量化社区项目推进情况，落实“求知”课堂、圆梦助残、党史广场、时间银行、“印象渔码头”党群阵地等为民办实事项目，极大调动居民参与民主管理的活跃度。

【党史学习教育】 2021年，下相街道召开党史学习教育动员会，常态化开展党史学习教育专题学习会、专题研讨会、撰写交流个人心得体会，扎实推进党史学习教育各项工作。4月初，开展“清明祭英烈”活动，组织机关党支部和社区党员干部赴周恩来纪念馆、泗洪县大王庄红色教育基地和徐州淮海大战纪念馆等地，缅怀先烈事迹、传承革命精神、重温光辉历程。全年，累计组织现场学习10余次，覆盖党员900余人。通过空间整合，因地制宜打造中国精神展厅、红色走廊、党史角落、红书房等一批红色微阵地。以“我为群众办实事”活动为主体，集中梳理并解决群众反映的痛点、难点问题，实施民生项目17项。依托1个新时代文明实践所、5个新时代文明实践站、33支党员志愿者服务队，深入16个小区、17家企业开展“学思践·忆党史”志愿者服务活动45场次，以服务居民安居乐业、服务企业优化发展的实际行动，践行红色精神、传承红色基因。

（王雪力）

陆集街道

【概况】 陆集街道位于宿豫区东南部，镇政府距区政府10千米。东接大兴镇，西连下相街道，东隔运河与宿城区洋北街道相望，北过马河即顺河街道，省道S325、京杭大道、仰顺线穿境而过。行政区域总面积42.3平方千米，下辖2个村、2个社区。地方特色农业产业为芦蒿，地方特色产品主要有陆集粉皮、利民芦蒿、酥肉饼等。户籍人口3.14万人，常住人口约2.83万人，可耕地面积3.37万亩（2248公顷）。3月，陆集撤镇设街道。年内，实现地区生产总值20.31亿元，同比增长5.5%；完成工业固定投资任务3.5亿元，同比增长30%；实现一般预算收入2006.74万元，同比增长16.62%。5月，陆集街道利民社区长胜团支部被共青团中央评为“全国五四红旗团支部”；12月，陆集街道办事处被江苏省机关事务管理局评为“2021年度江苏省公共机构节能示范单位”。

【工业经济】 2021年，陆集街道实现工业开票销售收入7.83亿元，同比增长13.09%；工业入库税收2226.35万元，其中增值税1809万元；完成固定资产投资3.5亿元，完成率130%；实现规模以上工业企业增加值4.95亿元。沿陆仰路布局的老工业园区占地面积约为33.33万平方米（500亩），建成标准厂房13万平方米，有工业企业30家，主导产业为建材、广告等，带动就业3000余人。位于陆集街道西首的新工业园区，即陆集生态环保创业园（以下简称“创业园”），邻近宿迁高新技术产业开发区，紧靠新扬高速宿迁南出口，占地面积133.33万平方米（2000亩），主导产业为新材料、轻工业和机械设备制造等。2021年，创业园新建标准厂房6栋，占地5万平方米（75亩），建筑面积7.7万平方米。

【招商引资】 2021年，完成亿元以上

2021年陆集街道村级情况一览表

表37

社区名称	小区小组（个）	户数（户）	常住人口（人）	耕地（亩）	集体收入（万元）	人均可支配收入（元）	党组织书记
陆集社区	23	2090	7230	7100	171	25300	管艳君
利民社区	28	1833	7259	12846	204	23500	张用权
官庄村	22	1348	5367	6533	119.28	22900	黄梦楠
虎山村	25	1633	6350	10125	166.8	21500	张　征
合　计	98	6904	26206	36604	661	—	—

2021年陆集街道骨干企业基本情况表

表38　单位：万元

序号	企业名称	主要产品	落户时间	投资金额	销售收入	利税总额
1	宿迁鼎力新型建材有限公司	混凝土	2010年11月	15000	28381.66	931.57
2	江苏艾维特钢结构股份有限公司	钢结构	2006年10月	10000	8388.13	111.12
3	宿迁市正强米业有限公司	大米	2003年05月	5000	4250.73	11.41
4	宿迁市鹏辉混凝土构件有限公司	混凝土构件	2012年07月	8000	3312.94	88.54
5	宿迁瑞华建材有限公司	装修涂层粉末等	2014年11月	10000	2800.00	199.27

2021年新扩种的芦蒿大棚　　（陆集街道　供图）

"四新"开竣工项目1个，即江苏腾辉机械设备股份有限公司，总投资3亿元；亿元以上"四新"开工项目1个，即宿迁芊森窗业有限公司，投资1.3亿元；5000万元以上开竣工项目4个，即江苏苏钨新材料科技股份有限公司成、宿迁市利诚新型材料有限公司、宿迁泰锐流体科技有限公司、江苏爱博智能科技有限公司，其中宿迁泰锐流体科技有限公司和江苏爱博智能科技有限公司2个项目为科技招商项目。工业转型。开展低效企业用地清理，全年共清理低效企业10家，盘活工业用地3.05万平方米（45.69亩），完成年度目标。

【农业特色产业】 2021年，陆集街道拥有耕地3.37万亩，主要农作物有水稻、小麦、芦蒿、莲藕、西瓜等。按照乡村振兴战略部署，围绕"整合资源、集中连片、规模发展"的思路，以区域化布局、规模化生产、产业化经营为主抓手和突破口，建设优质稻麦生产区、芦蒿产业园、果蔬产业园。新增特色产业芦蒿种植面积1000亩，形成环利民新村7000亩芦蒿连片种植基地，全年带动芦蒿种植户1000余户，从业人员2000余人，亩均效益2.6万余元，实现全街道芦蒿产业规模和质态"双提升"；新建设虎山村果蔬产业园流转土地1000亩，种植大棚西瓜、辣椒等；沿京杭大道莲藕及观光农业产业带引进农家乐、采摘园项目4家，初步形成芦蒿产业园、优质稻麦及果蔬种植产业区、京杭大道休闲农业产业带"一园一区一带"的产业发展格局。2021年，"利民芦蒿"被中国绿色食品发展中心认定为"国家绿色食品"；利民芦蒿基地创建成为江苏省绿色防控示范种植基地。

【镇区建设】 陆集街道集镇区面积1.75平方千米，有小区15个，老旧片区2个，大型商超3个，商业街3条，二类水冲公厕7个，小镇客厅1个；中心学校1所，在校生3468人；私立医院1个，医护人员40余名，床位60个。2021年，陆集街道对街区主干道仰顺线陆集段道路进行改造和环境提升，开展沿线高低压杆线入地，对自来水管线进行扩容改造；对振兴路、府前路人行道、路灯和污水管网进行改造。新建致富路、青蒿路、陆虎路3条道路，对镇区振兴路、书香路、府前路、文府路4条道路实施绿化亮化工程，架设路灯102盏，累计投入3000万余元，镇区所有道路实现"黑色化"。强化人居环境整治，对镇区多条道路沿线环境进行综合整治，拆除农房180余户、养鸡场2处，取缔垃圾收购点3家，拆除各类违章建筑400余处，关停"散乱污"企业20家；打造义合村二组人居环境整治点，铺设柏油路面2900平方米，优化小菜园4533.36平方米（6.8亩），修建景观桥1座，累计投资80万元。开展河道水系整治工程，对六斗沟、七农渠等水系进行生态提升，疏浚河道11千米。结合文明城市常态长效建设，在全域范围内开展绿化环境综合提升工作，更新造林20万平方米（300亩），截至年底街道共有绿化

2021年陆集街道消亡自然村庄情况一览表

表39

序号	消亡村庄名称	所在社区	集中安置地
1	利民六组	利民社区	幸福时光小区
2	利民十四组	利民社区	幸福时光小区
3	官庄九组	官庄村	幸福时光小区
4	官庄十组	官庄村	幸福时光小区
5	陆集六组	陆集社区	幸福时光小区
6	叶店四组	陆集社区	幸福时光小区
7	叶店六组	陆集社区	幸福时光小区

街道集镇区建设 （陆集街道 供图）

树种140万平方米（2100亩）。

【农房改善】 2021年，街道在建和拟建安置小区3个，累计搬迁农户962户，其中房屋安置390户。7月，利民新村二期99套住房交付使用。截至2021年年底，拟建558套住房的居民小区幸福家园完成主体封顶；完成拟建900套住房的幸福时光项目入场前的拆迁工作。

【社会事业】 社会保障。通过开展居民养老保险和医疗保险认缴，利用广播、发放宣传资料等形式进行大规模的宣传，确保应保尽保。创业就业。充分发挥电商就业灵活特点，辖区500余家网店和电商企业累计带动就业1200余人。新冠疫情防控。常态化抓好疫情防控和疫苗接种，始终把人民生命安全和身体健康放在第一位，狠抓外防输入，内防反弹，加大疫苗接种宣传，广泛动员群众参与疫苗接种，18岁以上人员疫苗全程接种率达99.53%。公共空间治理。确保集体资源应清尽清，促进农村集体经济增收，新增清理不规范集体土地1824亩，公共空间治理累计收入300余万元。防诈宣传。2021年，累计发送短信10批次，发放宣传彩页2万余份，悬挂横幅200条，年内陆集街道电信网络诈骗案发率持续下降。安全监管。认真落实“安全发展”理念，深入一线开展“百团进百万企业千万员工”安全生产宣讲、“安全生产月”等宣传活动，截至年底，累计开展宣传教育活动13次，培训各类生产经营单位300余家、干群800余人。开展安全隐患“大排查大整治”活动，对辖区企业、商超、居民小区、电动车、建筑等开展消防安全隐患排查，共查处各类安全隐患865条，全部整改到位。矛盾化解。全年累计排查出信访矛盾256条，有效化解信访矛盾249条；接处上级交办信访案件40余起，实现化解100%。

【基层党建】 2021年，陆集街道完成村支部“两委”换届工作，平均年龄由换届前的49岁，下降到37岁，大专以上学历占比66%。新建官庄村党群服务中心，提升改造陆集社区、虎山村党群服务中心，使基层活动阵地真正“活”起来；创新活动载体，以“同心议事会”模式为基础，各村（社区）党委结合自身实际创造性开展“百姓说事日”“庭院议事会”等治理模式，通过乡贤提、党员议，党委抓落实、党员评一评，进一步融洽干群关系。强化党风廉政教育，筑牢防腐拒变思想防线，全年累计开展廉政教育活动32次，开展日常监督和专项监督检查34次，运用“第一种形态”加强党员干部教育监督管理16次。开展线索摸排核实处置，加强执纪问责力度，全年办结涉纪信访案件3件。

【党史学习教育】 2021年，按月开展党工委中心组理论学习，将党史学习教育作为专题开展学习和研讨，全年共开展理论学习中心组学习12次，其中专题研讨4次。9月17日，召开党史学习教育成果交流分享会，100余人参会，会议随机抽取6人发言，分享学习心得体会；11月22日，举行党史学习教育读书班，街道党工委全体班子成员参加；全年累计组织参观学习10余次，覆盖党员达1200余人次。通过制作百种红色经典图书二维码推广红色书籍，利用广播、宣传车、小喇叭在社区内循环播放党史音频等方式，让广大居民在潜移默化中学习党史知识。全年，录制党史知识音频30余期，印制宣传单2万余份，开展集中宣传活动14次。优化党群服务中心建设，四个村（社区）均增加党史教育宣传展示模块，其中利民社区建成乡情馆，展示社区发展历程及党组织建设历程。高标准提升改造4座文明实践工作站，深入开展为民服务项目，全年累计服务群众3000余人次。

（陈 楠 陆 野）

大兴镇

【概况】 大兴镇位于宿豫区东南部，镇政府距区政府约22千米，辖域面积112平方千米。东与泗阳县接壤，南与仰化镇毗邻，西与顺河街道相连，北隔砂礓河、六塘河与关庙、新庄两镇相望。大兴镇下辖3个居民社区和9个村（居），常住人口8.3万人。大兴镇历史悠久，人杰地灵，清朝皇帝侍读徐用锡和著名女诗人倪瑞璇均在此诞生。大兴是宿迁革命发源地，宿迁县第一个党支部、第一届中共宿迁县委员会在此诞生，中共宿迁县委首任书记马仑出生于大兴镇周马村。镇内有马骥、张启宇、张清高、蒋登山、董聿旺等200余位革命英雄。传统民间舞蹈大兴旱船、丁嘴跑驴，均被列入江苏省非物质文化遗产保护项目名录，本土特色农业产品有大兴瓜蒌、丁嘴金针菜。2021年，实现地区生产总值36.2亿元，财政收入1812万元，农民人均纯收入2.1万元。全镇12个村（社区）集体经济收入合计3926.66万元，平均每村收入327.22万元。2月，大兴镇被中共宿迁市委全面依法治市委员会评为“宿迁市法治示范乡镇”；4月，大兴镇入选农业农村部、财政部公布的“2021年农业产业强镇创建名单”；12月，丁嘴金针菜种植系统被新华日报社授予“2021年度江苏省地标农产品品牌”优秀实践案例；2022年1月，大兴镇吉庆社区、周夏村分别被评为“2019—2021年度江苏省民主法治示范村（社区）”。

【区划调整】 3月，根据省政府印发的《关于同意变更宿迁市宿城区宿豫区和沭阳县部分行政区划的批复》精神，宿豫区撤销大兴镇、丁嘴镇，设立新的大兴镇，行政区域为原两镇区域之和，镇政府驻大兴社区，办公地点为振兴路1号。8月，大兴镇进行村居优化调整，将丁嘴集镇区原12个村（社区）合并为4个村（社区），将原丁嘴社区、继先社区、丁庄村合并为新的丁嘴社区，原储嘴、丁长庄、莫庄、六里4个村合并为新的六里村，原倪牌坊、岔河、登山3个村合并为仓基湖村，原张新庄、苗冲、继章3个村合并为立旺村。

【工业经济】 2021年，大兴镇实现工业开票销售收入18.37亿元，工业入库税收1843万元，固定投资7.17亿元，主导产业是精密制造、高端纺织、汽车零配件、食品包装。规模以上工业产业产值3.6亿元。8月，成立宿迁市宿豫区豫强建设开发有限公司，搭建融资平台，稳步推进10万平方米标准化厂房建设。“5321”工程。完成设备超千万元技改项目1个，即宿迁市龙兴天下轮胎科技有限公司；股改企业1个，即宿迁市宏帛纺织股份有限公司，新增开票超2000万元以上规模企业2个，即宿迁市欣久纺织有限公司、宿迁市宿豫区天顺丝织厂，新增三星“上云”企业3家，即宿迁市兆菡纺织有限公司、宿迁市欣久纺织有限公司、宿迁市鑫盛新型墙体材料有限公司。招商引资。完成新开工亿元以上项目1个，即江苏裕锦新能源有限公司，落户乡镇工业园区；完成亿元以上新开工项目2个，即宿迁市尤尼克尔滚动体轴承有限公司、江苏北岳精工科技有限公司。

【农业经济】 2021年，全镇村集体经济收入达2092.96万元。向上争取资金1000万元，打造集葡萄种植、加工、观光、文化传承于一体的葡萄小镇1000余亩（0.67平方千米）。双茶棚社区硕之丰葡萄种植项目、占地305亩的裕农葡萄种植项目、立华牧业生猪养殖项目、裕农生猪养殖项目、生宝生猪养殖项目、采麦生猪养殖项目等7个重大项目通过市、区验收。围绕瓜蒌、金针菜2个万亩体量特色产业发展，累计扩种2000余亩（1.33平方千米），以特色产业为核心，编排2022—2024年度重点农业项目12个，覆盖农产品加工、农业园区建设和管理、农旅融合以及生产基地建设等方面，以重点项目形式推动农业产业不断发展。

【农房改善】 2021年，大兴镇累计实

2021年大兴镇村级基本情况一览表

表40

序号	村（社区）名称	组数（个）	户数（户）	人口（人）	耕地（亩）	村集体收入（万元）	党组织书记	主任
1	大兴社区	25	1931	10564	5379.2	333.10	李　军	李　军
2	吉庆社区	24	1693	7936	7050.97	449.48	吴　兴	吴　兴
3	怀仓村	34	1930	9251	9910.26	442.02	陈炳肖	陈炳肖
4	兴南村	22	1291	6341	6235.45	493.48	蒋秉恩	蒋秉恩
5	先锋村	21	924	4433	5747.88	253.09	徐建军	徐建军
6	六塘河村	18	958	4440	5763.23	270.00	陈茂中	陈茂中
7	双茶棚村	27	1369	5178	8329.77	464.98	陆敬洲	陆敬洲
8	丁嘴社区	34	2292	9951	7621	225.98	于睿智	于睿智
9	周夏村	23	1295	5613	7375	203.11	陈　虎	陈　虎
10	六里村	31	1663	6852	8746	327.33	张　明	张　明
11	仓基湖村	35	1931	7428	7797	227.27	陈双喜	陈双喜
12	立旺村	25	1465	5279	6359	236.17	赵　伟	赵　伟
合　计		319	18742	83266	86314.76	3925.98	—	—

2021 年大兴镇骨干企业基本情况表

表 41　　　　　　　　　　　　　　　　　　　　　　　　　　　　　　　　　单位：万元

序号	企　业　名　称	主要产品	落户时间	投资金额	销售收入	利税总额
1	江苏泰韵制衣有限公司	服装	2016 年 9 月	3000	30404.82	363.03
2	江苏久久车轮有限公司	轮毂	2011 年 8 月	2000	5842.73	93.81
3	江苏省农垦米业集团宿迁有限公司	大米	2012 年 8 月	1200	32842.44	-334.49
4	宿迁天润纸制品有限公司	包装纸箱	2012 年 11 月	1500	3020.01	69.29
5	江苏鑫磊新材料股份有限公司	耐磨钢板	2017 年 10 月	800	2421.91	82.91
6	宿迁市宇晨纺织有限公司	篷布	2011 年 10 月	1500	3749.16	92.18
7	江苏铭典纺织科技有限公司	涤纶布	2017 年 12 月	1200	3840.09	50.16
8	宿迁市宏帛纺织有限公司	涤纶布	2018 年 2 月	1500	3073.95	36.55
9	宿迁市宿豫区兴友粮食加工厂	大米	2003 年 7 月	700	3087.90	8.76
10	宿迁市宿豫区大兴镇兴株粮食加工厂	大米	2004 年 6 月	800	8862.20	23.52
11	宿迁市运东米业有限公司	大米	2005 年 10 月	750	5264.47	14.98
12	宿迁市豫兴面业有限公司	面粉	2005 年 8 月	2000	4574.54	16.11
13	宿迁市瑞华米业有限公司	大米	2011 年 11 月	800	5709.52	15.72
14	宿迁市顺泰玻璃有限公司	钢化玻璃	2010 年 12 月	680	2101.24	15.51
15	江苏京京节能科技股份有限公司	钢化玻璃	2014 年 4 月	750	4868.39	20.78
16	江苏正邦农友饲料有限公司	畜禽饲料	2016 年 6 月	5000	31034.18	19.73

施农房改善项目9个。截至年底，怀仑、双茶棚、周夏3个新型社区和幸福家园北苑建成并投入使用，幸福家园南苑、一品花园、河畔人家、六塘河、倪牌坊新型社区5个项目处于建设推进阶段。完成顺兴线东延、大兴商业综合体拟征收地块、启宇七组、周夏村等地块段573户居民搬迁工作，有序推进土地增减挂钩，为顺兴线东延段道路提档升级、油脂厂地块商业开发等项目提供土地保障。年内，共改善住房条件1912户，并录入全省农房改善信息系统，高质量通过省、市、区三级改善农民群众住房条件工作“一户一档”信息资料筹备及现场核查验收；筹备周马、启宇、周夏新型社区及丁嘴集镇区幸福家园北苑验收材料及验收现场环境，高标准通过省级农房改善验收及绩效考评。

周马新型社区　　　　　　　　　　　　　　　　（大兴镇　供图）

【镇村建设】 2021年，大兴镇按照二级医院标准启动建设大兴区域医疗卫生中心，新建怀仑、双茶棚2个卫生室，完成大兴初级中学规划选址。整治提升兴南肖庄组、立旺张庄组、丁嘴张海组人居环境，累计投入500万余元。完成12个社区（村）的垃圾分类收集点建设，集中收运处理率和垃圾无害化处置率保持100%，实现农村生活垃圾治理常态长效；排查户厕10935户，完成85户问题户厕分类整改；新造林4万平方米（60亩），更新造林22万平方米（330亩）；完成生态河道建设6条、畜禽污染整治187个、水体整治18处。

【新型冠状病毒肺炎疫情防控】 2021年，累计核查新冠肺炎疫情防控信息526批2667条数据信息，为疫情防控提供有效支撑。做好对外出返村人员管理，坚持以日报告的形式，对健康监测人员的身体状况做好追踪、筛查和监测。全年，共对786名重点地区返乡人员进行健康监测，完成重点人员及应检尽检人员核酸采样8614人次，环境监测采样880次。组织卫计人员对参与全员核酸检测计划的采样、消杀、样本转运等人员培训9场次，做好卫生应急突发事件的应对准备工作。在周夏社区、双茶棚社区开展全员核酸检测应急演练，完成全员核酸采样3215份。全镇累计接种新冠疫苗6.6万剂次，其中首针接种3.4万剂次，常住人口接种率达95%。

【基层党建】 组织架构流程再造。乡镇行政区划调整后保留丁嘴集镇区“城管环卫、便民服务、社区干部”4支队伍，实现干部融合；根据“人随事走、人岗适宜”原则，对行政区划调整后全镇机关事业单位人员按照“一办七局一中心”机构改革要求，重新定编定岗定员到位，统一集中办公，实现机构整合；对丁嘴集镇区12个村（社区）进行优化调整，设立4个村（社区）党委，完成新成立的4个党委和12个网格支部选举工作，实现组织重构。干部队伍优化。以镇党委、村（社区）“两委”换届工作为契机，优化镇村干部队伍，镇党委班子平均年龄37岁，村（社区）“两委”人员平均年龄39岁，大专及以上学历占70%，40岁以下村干部占65%。2021年，完成14个大选区、37个小选区选举工作，共选出区人大代表31名、镇人大代表87名，召开镇十九届人大第一次会议，选出人大主席1名、镇长1名、副镇长6名。

【党史学习教育】 2021年，大兴镇坚持全镇一盘棋，紧扣“六专题一实践”，从加强组织领导、突出重点对象、丰富手段载体、整合宣讲资源、做好群众宣教、抓实成果转化等六个方面精心组织开展全镇党史学习教育。打造党史学习阵地。完成马仑纪念公园、马仑纪念馆建设，实现焦裕禄文化广场提档升级，周夏村史馆打造成宿迁市干部教育乡村振兴类现场教学点。发挥红色阵地“教科书”作用，截至年底，依托焦裕禄文化广场、马仑纪念公园、周夏村史馆开展党员教育活动50余次，接待党员群众参观3000余人次。理论宣讲。成立“说书先生”宣讲团，由“百姓名嘴”、乡贤模范成立的红色故事宣讲队，组织宣讲团成员依托新时代文明实践站、广场、红书房等讲“四史”，谈心得；利用大兴旱船、丁嘴跑驴2个非物质文化遗产，将红色故事、党的创新理念等编排成群众喜闻乐见的文艺节目，在全镇12个村（社区）巡演。深入开展“我为群众办实事”实践活动。大兴镇各级党员干部深入一线、实地调研，突出工作重点，创新便民服务新模式，开展“24小时不停机”服务；每月定期召开“12345”网络问政会议，通报当月网络问政办理情况；出台“豫见先锋”暖心专项资金使用管理办法，通过集体资金配套、企业捐献、党员群众捐助等方式拓展资金渠道，用于慰问、吊唁、助学、表彰等各类民生实事。围绕群众关心关切的内容，列出任务清单，截至2021年年底，纳入镇级领导清单15项实事、纳入村级清单120余项实事全部完成。

（李点点）

来龙镇

【概况】 来龙镇位于宿豫区东北部，为宿迁市9个“重点镇现代新型小城市”之一，是京东商城董事局主席刘强东和中共中央对外联络部部长宋涛的家乡。镇政府距区政府23千米，东接沭阳县悦来镇，南连关庙镇，西邻新庄镇、曹集乡，北靠新沂河。紧邻省道S324，来侍（来龙—侍岭）路、兴张（大兴—张大庄）路连通南北，省道S304和二干渠贯穿东西，在建省道S268和宿连（宿迁—连云港）航道穿境而过，距宿淮铁路洋河站50千米，距徐宿淮盐高铁三棵树站30千米；西距徐州观音国际机场80千米，东到淮安涟水机场100千米，区位优势明显。区域面积201.03平方千米（含化工园区），户籍人口10.16万人，镇区面积6.5平方千米，下辖15个村（社区），是宿豫区体量最大的乡镇之一。全镇共有10个社区党委，62个党支部，3823

3月13日，来龙镇召开干部大会，宣布成立新的来龙镇，区委书记刘海红、区长殷其国参加会议并揭牌

（张杰　供图）

名党员，180名“两委”干部。2021年，实现地区生产总值44.5亿元，城镇化率约为46.2%。完成固定资产投资9.47亿元，其中工业固定资产投资5.17亿元，一般公共预算收入2518万元，人均可支配收入1.99万元。12月，来龙镇被江苏省农业技术推广协会、江苏省农业技术推广总站评定为“味稻小镇”。

【区划调整】 2021年3月，宿豫区根据省政府印发的《省政府关于同意变更宿迁市宿城区宿豫区和沭阳县部分行政区划的批复》（苏政复〔2021〕16号）文件精神，撤销来龙镇、侍岭镇、保安乡，设立新的来龙镇，行政区域为原来龙镇、侍岭镇、保安乡及原晓店镇的光前、刘圩2个居的区域之和，镇政府驻来龙居境内，办公地点为府前路38号。3月13日，来龙镇召开干部大会，宣布成立新的来龙镇，区委书记刘海红、区长殷其国参加会议，并为来龙镇党委、来龙镇人民政府揭牌。

【村居发展】 2021年，实现村集体经营性收入2505万元，全区排名第一；经营性收益均达到50万元以上强村占比100%，全区排名第一；集体经营性收入100万以上村居14个，占比93.33%，全区排名第三；村级债务388.06万元、村均22.83万元，全区排名中等。

【工业经济】 2021年，来龙镇实现地区工业总产值16.13亿元；工业开票销售收入17.4亿元；工业入库税收1850万元，其中增值税1450万元；规模以上工业总产值16.13亿元；工业固定资产投资5.13亿元；盘活低效工业企业用地13.33万平方米（200亩）。实施设备投资超千万元技术改造项目3个，转化高科技成果3个，新增企业发明专利5个，完成三星级及以上“上云”企业4家，新增限上贸易完成5个。招引科技型企业2个，即宿迁欣丰新材料有限公司、江苏龙海汇鑫智能科技有限公司；开工建设亿元以上项目6个，即宿迁欣丰新材料有限公司、江苏康巨再生资源科技有限公司、宿迁市诚鑫纺织有限公司、正大饲料（宿迁）有限公司、宿迁市雪龙面业股份有限公司、宿迁市金丰米业有限公司；5000万元以上项目2个，即宿迁渤朗玻璃制品有限公司、江苏龙海汇鑫智能科技有限公司；签订投资协议项目2个，即徐州中煤百甲重钢科技股份有限公司、安徽灵磁新材料科技股份有限公司。

【农业经济】 全镇实现农业总产值7.1亿元。种植业主要以稻麦种植为主，杂交籼稻种植面积16.29万亩（108.6平方千米），占耕地总面积的90%以上，年产量1亿千克，其中优质食味水稻面积15万亩（100平方千米），年产量0.9亿千克，品牌营销量占比近90%。“宿迁籼米”品牌已通过农产品地理标志登记保护，“宿迁籼米”科技综合示范基地初步形成。拥有大型稻麦加工企业8家、农业合作社56家、家

2021年来龙镇村级基本情况一览表

表42

序号	村（社区）名称	组数（个）	户数（户）	人口（人）	耕地（亩）	村集体收入（万元）	人均可支配收入（万元）	党组织书记	主任
1	白鹿湖社区	33	1659	6579	10640	152	1.97	侍孝雷	侍孝雷
2	光明社区	30	1408	5726	9060	232	1.96	张立新	张立新
3	来龙社区	26	1302	7569	8620	180	2.18	张　赛	张　赛
4	尖墩湖社区	27	1085	4969	9700	100	1.81	魏　国	魏　国
5	玉皇村	20	974	4279	8000	95	2.19	刘　超	吴艳斌
6	路墩村	24	1056	5760	8990	101	1.90	陈超政	陈超政
7	胜利社区	19	1716	7114	11500	195	2.32	许红亮	许红亮
8	口城村	24	1542	6337	8462	157	1.87	王　延	王　延
9	侍岭社区	41	2556	11960	16660	203	2.19	蒋竹清	蒋竹清
10	双和岭村	33	1893	8022	12896	210	1.85	孙　宁	孙　宁
11	人和圩村	27	1829	8206	11500	223	1.99	吴　勇	吴　勇
12	保安社区	35	1823	10257	12233	210	1.84	邹以江	邹以江
13	丰庄社区	24	1479	5653	12100	140	1.98	郑　坤	郑　坤
14	韩集村	22	810	4100	7400	120	1.95	赵金龙	赵金龙
15	土楼村	26	1262	5076	12500	187	1.82	王　硕	王　硕
合　计		411	22394	101607	160261	2505	—	—	—

2021年来龙镇骨干企业基本情况表

表43 (单位:万元)

序号	企业名称	主要产品	落户时间	投资金额	销售收入	利税总额
1	江苏嘉韵服装有限公司	服装	2017年	12000	66162.41	443.96
2	江苏龙旺达磁性材料有限公司	磁性材料	2017年	10000	6598.44	22.67
3	江苏卡耐得文化发展股份有限公司	文具纸质用品	2016年	11000	4506.78	119.56
4	宿迁市金丰米业有限公司	粮食加工	2001年	5000	8230.48	30.22
5	宿迁市康利多木业有限公司	科技木	2004年	6000	3068.65	98.88

庭农场103家。养殖业以生猪、肉鸡等养殖为主,实施种养循环相结合,有规模肉鸡养殖场32个,其中宿迁市宿豫牧原农牧有限公司、正大饲料(宿迁)有限公司、宿迁益客种禽有限公司侍岭分公司为亿元以上农业重大项目。年肉鸡养殖能力达到7300万羽,苗禽孵化厂1个,孵化能力6000万羽,饲料加工厂1个,年加工饲料27万吨,规模生猪养殖场2个,年可出栏生猪30万头,仔猪60万头。全镇高效农业占比20%。2021年,来龙镇依托左庄优质籼米综合研究示范基地建设,新流转土地3000余亩(2平方千米),选育籼稻实验品种30余个,与京东集团签订平台销售协议,做强来龙"稻香小镇""东来香"等籼米品牌。牧原宿豫生猪产业化基地、正大饲料、益客食品等多个重大农业项目有序建设。全年,农业外出招商22次,接待客商35批次,招引重大农业项目6个,分别是正大饲料、宿豫牧原、怡居农业种养循环产业园、金丰米业二期、宿迁(来龙)籼米研发基地、荣创家庭农场,其中正大饲料、宿豫牧原、金丰米业二期3个为亿元项目,储备亿元以上农业重大项目3个,分别是益客四期、牧原二期、宿迁市丰盛畜牧养殖有限公司,农业重大项目考核排名位居全区第一。

【镇村建设】 2021年,围绕产业发展、居住改善、公共服务配套、基础设施提升等六大类,系统编制《宿迁市来龙小城市发展规划》,谋划启动重点项目40余个。年内,如期序时完成新港产业园10万平方米标准化厂房、侍岭全民创业园厂房改建、欣丰新材料、诚鑫纺织、康巨再生资源、雪龙实业、正大饲料、牧原智能楼养猪基地、益客未来牧场、苗木培育基地、10万亩籼米基地、幸福家园小区、农房搬迁、污水管网建设和精品街打造等15个预定建设项目。精塑来龙古镇形象,高标准打造小镇客厅、龙凤街、滨河商业街、繁荣路等仿古精品示范街区,规划出和而不同的业态组合,形成独具文化底蕴的核心商业示范步行街,更好地富集商气、人气,彰显传统商业街区独特的古镇地域风貌。初步完成白鹿湖公园商业核心区设计。镇域"三纵四横"("三纵"即侍姚路、宿沭线和曹保路,"四横"即新大线、来龙大道、城东路和来关线)交通网络体系初步形成。

9月26日,水蛭养殖户在晾晒水蛭 (张杰 供图)

【农房改善】 2021年,签订搬迁协议929户,实际拆除搬迁925户,新建农房594套,安置农户396户,其中"四类"群体84户,占比9%。全力推进土楼新型农村社区、光明桃花宅、长安庄等项目建设。春天里小区建设安置房342套、商业用房47套,交付房屋147套,其中交付商业用房47套、住宅用房100套。人和圩新型农村社区一期、二期建设安置房268套,交付安置268套。白鹿湖新型农村社区建设安置房300套,交付安置200套。来龙幸福家园小区完成主体四层建设,C2南地块实现摘牌。全年,共完成省农房绩效考核一户一档纸质档案和信息系统录入共1633户,保安人家、侍岭春天里、朱岭新型农村社区通过省农房绩效考核验收。全年,办理农户进城

2020—2021年来龙镇消亡自然村庄情况表

表44

序号	消亡村庄名称	所在社区	拆迁时间	集中安置地
1	赵庄	光明社区	2020年6月	长安庄、桃花宅
2	蒋庄	光明社区	2020年6月	长安庄、桃花宅
3	左东	光明社区	2020年6月	长安庄、桃花宅
4	土楼组	土楼村	2020年5月	土楼新型项目区
5	后王组	土楼村	2020年5月	土楼新型项目区
6	楼西组	土楼村	2020年5月	土楼新型项目区
7	二组	白鹿湖	2020年6月	白鹿湖新型小区
8	十一组	白鹿湖	2020年6月	白鹿湖新型小区
9	四组	白鹿湖	2020年5月	白鹿湖新型小区
10	五组	白鹿湖	2020年11月	白鹿湖新型小区
11	小墩组	丰庄社区	2020年3月	丰庄社区、保安小镇人家
12	汪南组	丰庄社区	2020年3月	丰庄社区、保安小镇人家
13	张庄组	来龙社区	2020年5月	—
14	陆宋陆庄	人和圩	2020年3月	人和圩新型社区
15	陆宋圩北	人和圩	2020年3月	人和圩新型社区
16	陆宋王庄	人和圩	2020年5月	人和圩新型社区
17	陆宋下锅	人和圩	2020年5月	人和圩新型社区
18	陆宋侍庄	人和圩	2020年5月	人和圩新型社区
19	姚塘二组	侍岭社区	2020年5月	春天里小区、口城小区
20	槽坊四组	双和岭村	2021年4月	—
21	槽坊五组	双和岭村	2021年4月	—
22	槽坊八组	双和岭村	2021年4月	—
23	茶棚五组	双和岭村	2021年9月	—
24	茶棚六组	双和岭村	2021年9月	—
25	茶棚七组	双和岭村	2021年4月	—
26	茶棚八组	双和岭村	2021年4月	—
27	五组	胜利社区	2020年9月	龙城雅苑

入镇补贴房票82张。

【人居环境整治】 2021年，制定出台《来龙镇物业管理考核细则》，实施常态化保洁，对私搭乱建、乱堆乱放等现象零容忍，增强人民群众的满意度、幸福感。推进黑臭水体治理，完成光明二斗三斗、陵园路边沟生态打造，整治人和圩、姚塘等黑臭水体13条，疏浚治理路北干渠、姚通沟、黄庄排涝沟等淤积河道，整治总长度约12千米，黄泥沟、王庄大沟共6.27千米的河道疏浚整治有序推进。有序开展垃圾清运，配备镇村保洁355人，添置240升垃圾桶1560个，安排5800余人次累计清运各类垃圾1880万千克；投入50万元对白鹿湖社区沿线道路、绿化进行提升改造，助力农村基础设施和公共服务配置品质提升。

【社会治理】 疫情防控。持续完善新冠肺炎疫情常态化防控机制，加强应急处置能力建设。18岁以上常住人口接种新冠疫苗达44692人，接种率95.42%。“双违”（违法用地、违法建设）建筑管控。加强街区、村庄违法建设管控，发现一起，拆除一起，处罚一起，全年共拆除各类违章搭建30余处，处理镇容管理、车辆秩序、基础设施等问题760余件，满意率超过98%。信访工作。推进社会信访矛盾化解，全力做好建党100周年安保工作，累计收到信访问题207件（次），接待到访人员227人(次),化解信访问题195件;收到上级交办信访案件91件,化解83件。

【党史学习教育】 2021年,来龙镇以习近平新时代中国特色社会主义思想为指导,认真开展党史学习教育,主动担当"争当表率、争做示范、走在前列"重大使命,解放思想、开拓创新,讲好来龙故事。党史宣讲。组织开展"线上音视频党课+线下送党课上门"、"板凳课堂"说党史、"学党史,迎百年"专题读书会等活动。6月2日,来龙镇党史学习教育主题宣讲团在来龙镇白鹿湖社区宿北大战遗址公园举行宣讲第一课;9月8日,举行"榜样面对面,典型现身说"党史学习教育主题宣讲活动;开展"我是党员我来讲"主题活动,通过分享入党记忆,重温入党誓词等方式,让党史教育活动入心、入脑。实地教学。清明节期间,组织党员到宿北大战遗址公园、吴圩烈士陵园开展"清明时节祭先烈,不忘初心学党史"主题活动,通过"现场式"教学,强化党史学习的引领力,激励党员干部牢记初心使命、赓续红色基因,从党的百年奋斗史中汲取智慧和力量。氛围营造。依托支部微信工作群、"学习强国"、共产党员网等网络平台推送党史影片、红色故事等信息,形成"比学赶超"的学习氛围,让党史学习教育真正融入基层党员干部群众的日常工作中。坚持将党史学习教育与为民办实事有机结合,6月28日,举行"我为群众办实事——学史力行"承诺践诺签名活动。年内,组织员干部深入联系村(社区),广泛开展环境卫生整治、疫情防控宣传、关心关爱困难群众等文明实践志愿服务活动,累计帮助群众解决急难愁盼的问题1万余件。

(张　杰)

曹集乡

【概况】 曹集乡是宿迁主城区东大门,行政面积49平方千米,下辖4个社区,耕地面积4.13万亩,人口33762人,其中中共党员1160人,新改扩建村(社区)党群服务中心4个,村(社区)"两委"人员1980年后出生占比85.7%,大专以上学历占比65.7%。拥有工业园区4个,其中众创产业园被列为市级重大项目。省道S324、省道S346、宿连航道、宿连高速、合宿新高铁、新扬高速、张家港大道等交通要道穿境而过,与正在规划的国道G235、连宿蚌高铁、杨舍路北延形成六横八纵的路网格局,区位优势显著。2021年,全乡固定资产投资完成5.45亿元,同比增长22.4%;一般公共预算收入1815.16万元,较2020年同比增165.59%。4月,被市信访局评为"全市信访工作'四无'乡镇";7月,曹集乡被市委、市政府评为"全市先进基层党组织";9月,被市委、市政府评为"文明城市建设工作先进集体";12月,被省信访厅评为"全市三星'人民满意窗口'"。

【农业产业培育】 2021年,曹集乡围绕绿色生态、优质高效、农旅融合的都市近郊现代农业休闲区总体定位,按照"南片区推动农旅融合发展,北片区以传统稻麦种养为主,加快优质籼米基地建设,中心镇区打造市级时代农业产业园"的"两片一中心"的空间结构,构建农业现代化、农旅融合化、城乡一体化3大体系,乡土植物园、七彩农园、汽车文化公园、双河田园综合体、猕猴小镇、有机蔬果采摘园、民宿工坊以及稻香江淮农业公园8个功能区,打造伍员里村新型农村社区。年内,招引七彩农园精品蔬菜基地、"曹小菇"食用菌基地、双河精品园艺基地、猕猴小镇、农产品深加工项目5个农业项目,累计投资6.2亿元。其中,七彩农园精品蔬菜基地实现单体农业投资过亿元,可直接带动就业300余人,项目一期占地17.67万平方米(265亩),建成不同功能钢架大棚9座,累计投资5000万元;双河精品园艺基地计划投资3000万元,占地20万平方米(300亩),建设钢架日光大棚1万平方米,种植蔬菜及高端园艺;农产品深加工基地项目,投资约5000万元,建设框架结构三层厂房1.1万平方米,同步建设2000立方米冷库;猕猴小镇二期投资约2000万元,在双河南片区种植猕猴桃20万平方米(300亩),建设日光温室大棚5万平方米。

【工业经济与招商引资】 2021年,全乡工业开票销售10.73亿元,同比增长60.91%;工业入库税收2507万元,同比增长40.21%;工业增值税2231万元,同比增长41.71%;完成工业固定资产投资4.98亿元,各项指标位居全区乡镇前列。项目招引上,招引宿迁

2021年曹集乡村级基本情况一览表

表45

序号	村(社区)名称	组数(个)	户数(户)	人口(人)	耕地(亩)	村集体收入(万元)	人均可支配收入(元)	党组织书记	主　任
1	曹家集社区	36	1954	9646	10374	715.72	19760	朱昌斌	朱昌斌
2	双河里社区	36	1945	8566	8236	214.05	19755	包　磊	包　磊
3	花园里村	23	1614	7206	7411	195.30	19730	王　伟	王　伟
4	伍员里村	34	1910	8344	15326	138.33	19710	王　乐	王　乐
合　计		129	7423	33762	41347	1263.40	—	—	—

2021年曹集乡骨干企业基本情况表

表46　　　　单位：万元

序号	企业名称	主要产品	落户时间	投资金额	销售收入	利税总额
1	宿迁市环美建材有限公司	商砼	2008年	8000	20137	637.77
2	宿迁市广宇纺织有限公司	白坯布	2016年	3200	2534.43	17.77
3	宿迁市五洲钢球有限公司	钢球	2010年	12000	4538.11	716.22
4	宿迁市杰克包装材料有限公司	T包袋	2017年	2500	2198.39	252.38
5	宿迁市源丰纺织科技有限公司	白坯布	2020年	2000	308.68	0.37

曹集乡消亡自然村庄情况表

表47

序号	消亡村庄名称	所在社区	拆迁时间	集中安置地
1	朱庄、胜利	伍员里村	2019年9月	幸福家园、集西雅苑
2	黄庄、双庄、晓庄、大庄、卓何、臧徐庄	伍员里村	2021年10月	幸福家园、集西雅苑、道方新型社区

杰芯半导体有限公司、苏州固锝电子股份有限公司、宿迁昶盛机械模具有限公司等3个亿元项目落户宿迁高新区，总投资超23亿元，其中宿迁杰芯半导体有限公司、苏州固锝电子股份有限公司投资均超10亿元，实现十亿元项目招引突破；新招引并竣工投产项目4个；招引科技型企业1家。培育科技型中小企业5家、高新技术企业2家，企业科研经费投入300万元，同比增长百分之32.8%。

【项目建设】 2021年，曹集乡涉列市、列区项目8个，即101项目、合宿新高铁、宿连航道、宿连高速、省道S346、来龙灌区配套与现代化改造、花园里雅居、众创产业园，项目进度均达序时进度，用时1个月完成101项目清障工作，速度走在全区前列。众创产业园一期占地6万平方米（90亩），入驻企业8家，二期4万平方米标准化厂房建设按序时推进。

【镇村建设】 基建设方面，全力推进21项年度重点工程建设，结合来龙灌区改造，加快老宿沭路改造，全面提升北入口形象。加速推进府前路、丰泉街等路网提升改造，高压入地，以及沿途沿线绿化、亮化提档升级，构建与镇区相匹配的现代化交通路网。完成众创产业园污水处理工程、曹高沟污水提升泵站、镇区污水处理厂扩容增效等工程建设，逐步提升雨污处理功能，彻底解决镇区排污不畅问题。管理方面，高质量完成乡级综合指挥调度中心建设，实现镇域管理全覆盖，隐患零容忍，提升镇区智慧化管理。围绕乱停乱放、私搭乱建、占道经营等行为，累计发出行政处罚809起，有效实现“人情管”向“依法管”过渡。截至2021年年底，平台累计接处事件8141件，其中指挥调度941件、行政审批979件（即办件458、承诺件521件）、综合执法753件（一般程序59件、简单程序694件）、网格事件3866件、网络问政1602件，办结率100%，满意率达100%。

【农房改善】 完成集西雅苑、道方新型社区（二期）累计480套房屋交付；盛世六塘、幸福家园等新建农房项目按序时推进，曹庄地块搬迁进入收尾阶段，同步进行新规划450户住宅小区设计，全年累计完成农房搬迁740户。

【社会事业】 完成双河里社区幸福邻里中心建设，新建、改扩建曹家集社区、伍员里村、双河里社区、花园里村

7月，曹集乡举行慰问高考优秀学子暨豫见先锋暖心专项资金发放仪式

（尚珂　供图）

4个党群服务中心；改扩建镇便民服务大厅，总投资约600万元，建成后大厅使用面积达1500平方米，全面实现“一件受理，一窗通办”。新办理低保户12户26人，核退105人，实现应保尽保。开展“春风行动”，完成创业培训45人，技能培训107人。加大城乡居民医疗保险宣传力度，全乡居民参保率达98%。坚持发挥疫情防控主体责任，定期召开新型冠状病毒肺炎疫情防控专班会议，及时传达学习省、市、区关于疫情防控工作决策部署，建立健全乡、村两级疫情联防联控机制。严格落实“两个12小时”防控措施，全力推进疫苗接种工作，接种率达94.74%，切实保障全乡经济社会稳定与人民群众生命安全“双提升”。

【生态文明建设】 大气治理。围绕大气扬尘治理，先后拆除双河料场、旱闸料场、天同庵料场、孙庄料场等，全年空气中细颗粒物（$PM_{2.5}$）稳定在21微克每立方米（μg/m³）左右，空气质量在乡镇排名中位列第一。水体治理。加大水环境治理力度，聚焦民便河、曹高沟等重点河道，统筹推进截污导流、污水处理站建设、水系沟通工程，全乡水环境质量较上年明显改善。畜禽养殖治理。深入推进畜禽养殖专项整治工作，全乡畜禽养殖清栏关停率达90%。

【社会治理】 安全生产监管。开展“消防安全百日攻坚行动”和“安全生产月活动”，针对食品安全，分条线、行业、部门、企业进行定期隐患排查，强力推进问题整改，确保安全生产工作持续稳定，年内集中开展各类专项检查7次、宣传5次。违规违法用地整治。对违法用地和违法建设秉持“零容忍”态度，扎实开展违规违法用地整治，累计腾退土地近13.33万平方米（200亩），拆除违法建筑8000平方米。信访积案化解。全年累计处理重要信访件6起，化解一批陈年积访。

【党史学习教育】 4月，印发《曹集乡党史学习教育的实施方案》，对党史学习教育进行全面部署与安排。年内，打造党史学习教育基地，使红石榴广场、曹家集社区文明实践所、小镇客厅、清水公园等新时代文明实践阵地出新。6月12日，开展以“问需求、解困难、办实事”为主题的“百名党员帮百户”帮扶活动。9月11日，开展“红色便民箱暖心拉近你我他”志愿服务活动，为群众提供免费理发、维修家电、爱心缝补、健康咨询等服务；10月，开展“学习党史映初心 红色剪纸寄党情”剪纸作品展活动，以剪纸作品带领群众重温党的峥嵘岁月。2021年，累计开展我为群众办实事实践活动40余次，宣讲活动80余次，组织参观党性教育基地12次，覆盖党员群众2000余人次。

（王大也　万　辉）

11月，市“三整合”领导小组办公室示范创建评估组赴宿豫实地评估。图为评估人员在曹集乡综合指挥中心实地察看　（区编办　供图）

新庄镇

【概况】 新庄镇位于宿豫区城区东郊，是著名的工业重镇、旅游名镇，镇政府距区政府9千米，东与关庙镇接壤，西与曹集乡相连，北与来龙镇相依，南与大兴镇毗邻。省道S324、省道S268、省道S346穿境而过，镇内主要交通干线呈网状循环，镇政府驻新庄居委会。新大线、宿关线（幸福大道）分别纵贯新庄镇南北、东西，镇区距新扬高速宿迁东出口2千米，西距观音机场60千米，东距白塔埠机场110千米。镇域总面积54平方千米，集镇区面积1.9平方千米，户籍人口5305户2.34万人，常住人口约2万人，劳动力人口1.15万人，耕地总面积6.6万亩，下辖3个社区、1个村。2021年，全镇实现地区生产总值28.2亿元，一般公共预算收入2382万元，农民人均可支配收入21980元，同比增长9.3%。1月，新庄镇振友社区被司法部、民政部评为全国民主法制示范村（社区）；8月，新庄镇被省文化和旅游厅列入2021年度江苏“最美公共文化空间”打造对象名单；11月，新庄镇被省委、省政府评为全省乡村振兴先进集体。

【农业产业】 新庄镇南部片区以农旅融合为特色，以“农业+旅游”的结合方式增加农业额外属性价值，打造农业生产新模式。截至2021年年底构建莲藕2万亩、籼米2万亩、设施果蔬1万亩的“221”农业产业总体布局，

2021年新庄镇村级基本情况一览表

表48

序号	村（社区）名称	组数（个）	户数（户）	人口（人）	耕地（亩）	村集体收入（万元）	人均可支配收入（元）	党组织书记	主　任
1	杉荷园社区	31	1769	7840	18500	350	2.3	王广荣	王广荣
2	振友社区	9	805	3236	9300	314	2.3	丁春龙	丁春龙
3	新庄社区	20	1337	6596	25691	236.2	1.47	王方运	王方运
4	时济泉村	15	1394	5680	12768	191.9	1.7	王　浩	张　垒
合计	—	75	5305	23352	66259	1092.1	—	—	—

土地适度规模经营率超过90%。北部片区形成以京东农业科技园为代表的新大线果蔬走廊和以粮食产业园为依托的2万亩优质籼米基地，新扩草莓种植面积5000亩。果蔬大棚、苗木花卉经营质态明显向好，万亩籼米基地框架基本形成。江苏杉荷园有限公司经营3000亩高效农业项目，2021年亩均产值突破1万元。依托省道S268、省道S324、省道S346三条主干线，合理布局沿线果蔬生产和花木栽培基地。截至2021年年底，新大线沿线建成袁庄片区一期都市果蔬基地700亩、朱林圩片区彩色苗木基地1500亩。2021年，全镇农业主导产业实现产值8.94亿元。其中，莲藕产量1587.5万千克，实现销售收入1.65亿元；龙虾产量48万千克，实现销售收入1.44亿元；草莓产量260.48万千克，实现销售收入5.09亿元；蔬菜产量700万千克，实现销售收入2660万元；桃果产量100万千克，实现销售收入5000万元。

【工业经济】 2021年，新庄镇同步做好园区建设和企业培育，30万平方米标准化厂房实现摘牌建设，培植年销售额过亿元的企业3家，宿迁市汉帛服饰有限公司位列全区前30名。招引江苏智佳企新材料科技有限公司落户宿迁高新区，被市级认定为5亿元达开工项目；招引宿迁华晶电子科技有限公司落户张家港宿豫工业园区，被认定为亿元达开工项目。南部片区建成生态农业产业园1个，占地12平方千米，入驻无污染、带动性强的特色产业项目36个。其中，投资超500万元的农业产业项目15个，投资超5000万元项目3个。截至2021年年底，全镇入园企业达65家，主导产业为高端纺织篷布和精密机械加工，园区实现开票收入8.2亿元、工业入库税收2200万元。

【机械工业园建设与管理】 2021年，新庄镇以建设花园式工业园区为目标，以增绿、添彩、提质为主线，提升产业园道路、水、电、气管网和污水处理厂建设，完善园区基础功能配套设施，为大项目落地夯实基础。年内，建设绿化带和绿化区共1000平方米，提拓展休闲空间；参照城市支路标准，改造园区老旧道路3.4千米，做到缺失行道树及时补植，道路绿化普及率和绿地达标率均达100%，林荫路推广率达60%。

园区运营管理。围绕园区65家企业，持续强化监管力度，对存在重大安全隐患的企业做到及时关停、及时整顿，促进企业提升管理意识。加大淘汰落后产能力度，提高安全准入门槛，从用地审批、产业布局、项目落户等源头方面加强管控。通过质态考察项目的企业可以按评估价购买厂房，未通过考察的项目则予以清退。常态化开展低效企业清理盘活工作，实现项目闭环式、全周期管理，持续强化项目推进机制和问题会办机制，提升项目从签约到投产的转化效率。2021年，园区清理企业低效占地10.67万平方米（160亩），盘活园区企业用地资源；开展安全生产检查超100次，查出隐患问题200起，交办问题整改意见书60余次，确保全年安全事故零发生。

【镇村建设】 2021年，在新型社区建

改建后的小镇客厅　　（刘兆永　供图）

设的基础上，打造智慧文化街区和精品步行街各1个，累计投资1.5亿元；改建“小镇客厅”和农贸市场，新建三类水冲式厕所4座、污水处理厂1座，铺设污水管网22.5千米，创成省示范村级卫生室8个，对乡镇卫生院、公益性墓地进行改扩建，并同步在新型农村社区配套党群服务中心、幼儿园等。扎实开展农村公共空间治理，集中清理收回流失的、被侵占的集体资产资源，盘活村拆并以后溢出的存量土地、闲置资产，壮大社区经济实力，共清理盘活各类土地251.2万平方米（3768亩），各村年增收超过50万元。

【农房改善】 新庄镇立足自身资源和禀赋条件，突出民生导向、需求导向，建成一批具有示范带动作用的农房改善项目，打破传统村庄布局，重塑新庄整体面貌，初步形成“1+4”项目格局（“1”，即以镇区为核心建设幸福家园小区；“4”，即4个新型农村居住点）。截至2021年年底，全镇完成农房搬迁4955户占居民总户数（6217户）的79.7%。其中，货币安置搬迁的2174户，入镇安置及就地安置2781户。全镇改善农民住房条件户数占比90%，腾出建设用地227.53万平方米（3413亩）。

【社会事业】 2021年，新庄镇依托小镇客厅、新型社区等载体平台，不断加强文明城市长效建设，高质量完成省测、国检迎查工作。重要节日庆典期间，依托镇、村新时代文明实践所（站）平台，组织开展理论宣讲、居民教育、文化活动、科普教育、体育健身等群众活动200余场。壮大志愿服务队伍，组织志愿者开展新冠疫情防控、“怡老爱心餐”、惠农科普等志愿服务活动50余场；创新推广社区文明“积分银行”机制，激励社区居民自觉养成文明习惯。高标准建设为民服务中心，设置服务窗口14个（含4个全科窗口），常态化开展民政、社会救助、扶贫、社会保险、农业服务、残联、退役军人服务、居民医保、劳动监察、动物检疫等141项相关业务办理；水费收缴、户籍、农电3个部门全年累计办理事项1.5万余件。基本养老保险参保人数9628人，居民基本医疗保险参保人数1.95万人，为失业人员办理创业证162份，为困难失业人员办理养老保险补贴62人次，完成退休、领取基础养老金等人员认证3884人。做好创业宣传培训工作。5月，组织160名有培训意愿人员参加面点师培训。

【人居环境优化】 2021年，新庄镇结合农房搬迁改善工作，从水、路、污、绿4方面开展乡村人居环境整治。对全镇境内世纪河、一分干渠、东民便河、振兴河、宿沭路南河进行清淤疏浚，对全镇17条水体较差的河道及水塘进行生态治理，涉及河道27.6千米、水塘10个，总清淤土方约44万立方米；对全镇6条乡级河道、16条村级河道全面推行河长制；严格整治黑臭水体，确保水质优良。结合农村“四好”公路（把农村公路建设好、管好、护好、运营好）改造，共铺设道路72千米。从源头治理工业废水、畜禽污水排入河道问题，户厕改造率达100%；在朱瓦村杜庄组设立废弃农药袋、农膜收购点，减少农村面源污染；完善垃圾收集运转模式，新配备垃圾收集保洁车114辆、垃圾转运车10辆（镇区2辆、农村8辆）、更换破损垃圾桶687只，配备保洁员140名（村居114名、镇区26名）。开展植树造林。新建成片林166.67万平方米（2500亩），绿化覆盖率达40%以上。

【党建富民工程】 发挥社区党组织引领作用，统筹做好社区产业发展等工作，按照“支部+合作社”“支部+电商”等党建富民工程，助推居民就业创业。开展“一委两站五岗”发展模式，产业发展岗实行农业适度规模经营，其中杉荷园、振友社区规模经营近90%；网络治理岗创新“党建+治理”模式，实现“多网”融合；富民增收岗带领所有社区突破100万元集体经济收入，其中振友社区、杉荷园社区突破200万元。同步谋划推动集体经济持续稳定发展，通过政策引导、实物置换、足额补偿等方式，将农房改善退出的96.67万平方米（1450亩）宅基地收归村集体所有，确保新型社区集体资产只增不减。

【亮点工程】 袁家村·宿迁印象项目 位于宿豫区新庄镇杉荷园内，总占地面积约28.67万平方米（430亩），总投资10亿元。项目规划总建筑面积约16万平方米，包含商业街（餐饮小吃街、民俗文化街、酒吧街、文创街等）、民宿集群、酒店及景点公厕、停车场等，以“三产带二产促一产”的融合发展模式打造乡村振兴的“宿迁样板”。截至2021年年底，该项目一期工程城门楼、钟楼、戏楼等公共设施主体基本建成。二期项目处于进场施工阶段。

陈墩新型社区项目 为全镇农房改善全域推进项目之一，由江苏省城乡规划院设计，规划梳理现状特色资源，因地制宜传承历史，以“特色田园、八卦陈墩”为总体定位，形成“一廊一环、两带多片”的规划结构。项目总投资约6500万元，规划占地11.33万平方米（170亩），其中建设用地8.67万平方米（130亩），规划建设住宅265户，同步配套建设党群服务中心、卫生室、文化活动中心等设施。2月底，完成一期房屋交付使用；截至2021年年底，完成全部房屋交付使用。社区景观提升改造工程处于快速推进状态。

袁庄新型社区项目 由宿迁市宿豫区城镇建设开发有限公司统规代建，江苏省建筑设计院负责设计，总投资约9300万元，规划占地17.33万平方米（260亩），其中建设用地14万平方米（210亩），规划建设住宅361户，同步配套建设党群服务中心、医务室、文体广场等配套设施，产业配套都市果蔬基地、七彩苗木等农业项目。截至2021年年底，完成项目区主体建设，相关基础配套设施处于完善阶段。

新庄镇籼米基地项目 是在土地规模流转的基础上，立足于新庄农业发展的资源和禀赋，重点打造优质籼米基地。围绕籼米生产，统一育种培育，发掘新价值、培育新业态。按照

30—50亩规模开展条田化布局，修建防渗渠、铺高道路，对原有田块布局进行优化提升，做到横成排竖成行，高标准打造现代化农田样板。截至2021年年底，相关基础设施建设基本完备，稻田景观提升工程处于有序推进阶段。

智慧文化街和精品步行街项目 以新欣路和御马大道为基线，连接老农贸市场和精品步行街区，邀请上海时代建筑设计有限公司对镇区进行总体城市设计，重点打造智慧文化街区和精品商业步行街区。智慧文化街区以小镇客厅、影剧院、中心学校为核心，通过连廊沟通、立面改造、色彩搭配，填充互动文化设施和自助娱乐设施，凸显镇区核心地带的中心地位。截至2021年年底，改建工程已全面启动。

（刘兆永）

关庙镇

【概况】 关庙镇北接来龙镇，南邻大兴镇，西连新庄镇，东与泗阳、沭阳两县交界，是宿豫区东大门。镇政府距宿新高速15千米，宿沭一级公路和来关路穿境而过，交通便利。镇域面积82.5平方千米，其中耕地面积45.83（68740亩），辖5个村（居）、1个社区，年末户籍人口38923人。2021年，全镇实现地区生产总值13.1474亿元，固定资产投资4.02亿元；一般公共预算收入1773.86万元，完成年度预算的80.63%，其中工业增值税完成1213.95万元；一般公共预算支出完成1998.96万元，完成年度预算的90.86%。

【工业经济】 2021年，关庙镇完成工业开票销售5.75亿元，同比增长5.77%；工业入库税收1343.17万元，同比增长81.01%；工业增值税1155.33万元，同比增长81.92%；完成限额以上贸易额3624.8万元，同比增长65.7%。完成3000万—5000万元开竣工项目1个，即江苏天艺臣工画材有限公司；3000万—5000万元开工项目1个，宿迁九邦新材料科技有限公司。新增开票销售超亿元企业1家，即宿迁长兴米业有限公司；新增开票销售超2000万元企业1家，即宿迁市盛海建材有限公司；完成设备投资超千万元技术改造项目1个，即江苏瑞智道路工程有限公司；签订高科技成果转换协议2个，即江苏天艺臣工画材有限公司和江南大学产学研协

2021年关庙镇村级基本情况一览表

表49

序号	村（社区）名称	组数（个）	户数（户）	人口（人）	耕地（亩）	村集体收入（万元）	党组织书记	主　任
1	红旗社区	33	2903	9344	12882	178	蔡同光	蔡同光
2	卓水河村	13	503	5538	10868	221	徐　赛	徐　赛
3	东兴村	25	1258	5107	11181	125	林振永	林振永
4	和平村	9	785	5490	10088	119	卓　波	卓　波
5	泰山村	36	1502	8972	17130	202	袁　艳	袁　艳
6	林河村	13	276	4472	6591	145	杜建军	杜建军
合　计		129	7227	38923	68740	990	—	—

2021年关庙镇骨干企业基本情况表

表50　　单位：万元

序号	企业名称	主要产品	落户时间	投资金额	销售收入	利税总额
1	宿迁市雪龙面业股份有限公司	面粉	2005年	6000	3440.62	21.80
2	宿迁市金乔米业有限公司	大米	2013年	5000	1727.29	17.95
3	宿迁市明威米业有限公司	大米	2004年	5000	3086.57	5.55
4	宿迁长兴米业有限公司	大米	2001年	5000	7076.45	25.47
5	宿迁东远化纤材料有限公司	聚酯材料	2018年	6000	2724.27	181.72
6	江苏瑞智道路工程有限公司	建材	2018年	8000	6274.03	286.07
7	宿迁市盛海建材有限公司	建材	2017年	6000	2283.90	22.60
8	宿迁正辉太阳能电力有限公司	电力	2015年	13000	1790.83	529.88
9	宿迁市宏辰电力有限公司	电力	2015年	12000	1608.31	100.09
10	宿迁苏铝门窗幕墙股份有限公司	铝塑门窗	2008年	5000	2648.07	22.62

议、猕猴桃技术协议；新增规模以上服务业企业1家，即宿迁跃东贸易发展有限公司；新登记法人企业80个，发明专利1个。江苏天艺臣工画材有限公司盘活宿迁市华杰服饰有限公司两栋厂房，宿迁九邦新材料科技有限公司盘活宿迁市大鹏毛纺有限公司的一栋厂房，累计盘活低效工业用地2万平方米（30亩）。

【农业经济】 关庙镇聚焦“稻米粮油深加工、果蔬制品、肉禽精深加工”等绿色食品产业链，以优质籼米，特色水产，精品果蔬为依托，以政府推动、政策拉动、村企联建等措施，做好农业产业项目建设工作，助力乡村振兴。2021年，关庙镇投资建设泰山村200亩葡萄示范园、红旗社区航宇蛋鸡养殖二期、卓水河村猕猴桃冷链仓储3个高效农业项目；签约袁王荡区5000亩优质稻米基地，总投资额2500万元。农业保险参保66252.3亩，农产品速测7000个，巡查452次，绿色农产品认证商标3个；完成动物检疫工作，检疫肉鸡284.1万羽、生猪1.11万头。成立村级股份经济合作社14个，界定村级股份经济合作社成员39260人，发放股权证书8785本。完成优质杨树雄株成片造林27.33万平方米（410亩），栽植成片优质无雨葡萄9.33万平方米（140亩），完成低效林改造24万平方米（360亩），农田林网控制面积240万平方米（3600亩），森林抚育面积53.33万平方米（800亩），“四旁”植树达7.1万棵。

【镇村建设】 实施路桥提升工程。投资170余万元对卓庄桥、桂塘桥进行改造提升；投资260余万元对省道S324辅道进行铺设，规避交通道口安全隐患；投资130余万元维修镇村要道破损路面、新建部分道路安全设施；投资60余万元提升卓水线道路绿化，投资70余万元架设太阳能路灯300余盏。优化人居环境。清理乱堆乱放1000余处，清理积存垃圾170余万千克、村内水塘40个、村内沟渠20千米。公共空间治理。排查回收各类土地210.13万平方米（3152亩），规范村集体资产4212平方米，产权交易平台交易321笔，交易土地资源210.13万平方米（3152亩），交易资产面积4212平方米，交易总金额389万元，村均集体增收64.8万元。

【农房改善】 2021年，依托土地增减挂钩、农房改善及重大项目保障等，全镇搬迁农户508户，实施农房建设项目4个。其中，仁和新型农村社区419套房屋实现交付，一期安置330套房屋；镇区幸福家园东区和西区主体竣工336套，安置选房128套；陆相新型农村社区主体封顶443套。

8月26日，游客在关庙镇猕猴桃基地采摘猕猴桃 （袁振宝 供图）

【社会事业】 社会保障。2021年，城乡居民社会养老保险新增150人、医疗保险新增300人次，办理“宿连高速、省道S346、卓庄公墓”等项目征地保险652人；完成18岁以上人群新冠疫苗接种率达95%以上，12—17岁人群新冠疫苗接种率达98%以上，3—11岁新冠疫苗接种完成摸底人群的90%；“家庭医生”签约11636人，为辖区居民建立健康档案34264份。就业创业促进。举办镇级招聘会2场，现场达成就业意向约100人，为建档立卡农户提供劳动技能培训100人次，开展创业培训60人次。特殊人群关照。完成421名优抚对象身份确认工作；解决38名60岁以上农村籍老兵退役士兵生活救助问题；为128名残疾人适配185件护理床、轮椅车、坐便椅和洗澡椅等辅助器具。公共法律服务。引导办理和初审法律援助、公证鉴定等申请事项22件；解答群众法律咨询262人次；代写合同、诉状以及答辩状、授权委托书等法律文书92人次；提供法律咨询服务120余人次，推送法律法规和典型案例300余条。

【社会治理】 信访调处。受理信访案件67批339人次，妥善解决66件；排查调解各类矛盾纠纷288件，调处成功率98.5%。全镇未发生重大民转刑案件和群体事件。污染治理。全年上报污染线索12个，取缔散乱污企业10家、涉及燃煤锅炉企业13家，拆除各类违法建筑100处。安全生产监管。制定17个行业领域危化品使用安全专项整治方案，完成45家工业企业消防安全检查，发现安全隐患65项，整改完成60项；开展企业风险评估报告工作，完成13家规模以上企业申报、27家规模以下企业风险评估，注销停产停业企业28家。

【基层党建】 党建阵地建设。和平村党群服务中心建成投入，林河村党群服务中心处于建设阶段，泰山村、东兴村、卓水河村、红旗社区4个党群服务中心得到改善提升。投入105万元打造卓水河村“德治”“法治”“自治”三个主题广场，通过建设“积分银行”、搭建积分管理数据平台，创新推行“三治融合”积分制社会治理模式；投入61万元打造东兴村党建文娱活动广场，形成集党性培育、休闲健身于一体的党建文化新阵地。走访慰问。开展“履新启航、履职实干”“五个一”联系走访活动，组织村组干部走访群众5000余人次，梳理问题意见350余个；使用“豫见先锋”暖心资金关爱村（社区）弱势群体，全年慰问384人，发放慰问金18万元。党建品牌打造。实施红色公益创投项目，开展镇级“月行一善”志愿服务活动10余次，依托卓水河村党群微家项目，开展各类红色活动达20余次；“‘托’起多彩梦”项目为70余名留守儿童或困境儿童开设远程安全自护、党史教育等多种课程，红色公益品牌效应初步显现。

（袁振宝）

仰化莲藕　（杨韬　供图）

仰化镇

【概况】 仰化镇位于宿豫区东南部，京杭大运河北岸，河岸线长达14千米，洄河、马河、六塘河3条河流横穿而过。行政区域面积52.36平方千米，下辖5个村（社区）。2021年，全镇户籍人口3.3万人，常住人口1.2万人，常住人口中18—60岁劳动力约3000人，学生约1900人。实现地区生产总值14亿元，同比增长9.4%；一般公共预算收入1249.8万元，其中税收占比93.13%；农民人均可支配收入2.17万元，同比增长11%，连续三年增幅超过7%。2月，仰化镇被市委依法治市委员会表彰为宿迁市首届“法治乡镇”；3月，仰化镇监管站被市农业农村局评定为宿迁市四星级乡镇农产品质量安全监管站，为全区唯一一家入选单位；正大食品（宿迁）有限公司获批省第十一批出口农产品示范基地。

【农业及特色产业】 2021年，仰化镇以莲藕产业为主导，高效水产为补充，聚力打造具备新品种新技术引进、标准化加工、市场化营销、智能化物流的现代农业产业示范园区。编制仰化农业产业发展规划，以“河为仰化，荷为仰化”为立意，确立“一心一园一带一路三片区”产业总体布局，围绕“优质稻麦、特色浅水藕、高效水产”主导产业，累计建成高标准农田超3万亩，稻麦种植年产值达6000万元；浅水藕套养小龙虾种养面积达2.2万亩，年产值1.76亿元；申报荷藕绿色农产品认证2个，总面积达791.6亩；永兴黑斑蛙和蛙田米、复隆螃蟹等特色水产养殖初具规模。2020年12月25日，“仰化荷藕”被农业农村部批准为国家级地理标志农产品，获地理标志登记保护。

【工业与招商引资】 2021年，全镇

2021年仰化镇村级基本情况一览表

表51

序号	村（社区）名称	组数（个）	户数（户）	人口（人）	耕地（亩）	村集体收入（万元）	人均可支配收入（元）	党组织书记	主　任
1	仰化社区	23	1938	6964	6840	174	19000	叶梦宇	叶梦宇
2	洄河社区	22	2150	7795	10738	401	24500	朱冬流	朱冬流
3	永兴社区	21	1354	5951	6411	125	21000	桂　兵	桂　兵
4	复隆村	36	2440	8440	11000	145	19000	陈同辉	陈同辉
5	建新村	15	1036	3850	5600	129	20000	董佳锋	董佳锋
合　计		117	8918	33000	40589	974	—	—	—

2021年仰化镇特色农业产业情况一览表

表52

产业名称	面积（亩）	亩产效益（元）	年产值（万元）	带动就业（人）
莲藕	22000	8000	17600	500
河蟹	3500	15000	5250	120
雪桃	600	2800	168	100
蛙稻	500	10000	500	80
蚕桑	400	5460	218	180

实现工业开票收入3.99亿元，同比增长52.49%，其中规模以上工业总产值1.56亿元，同比增长6.9%；工业税收1083.3万元，同比增长53.01%。清理盘活工业用地3万平方米（45亩）。完成总投资1亿元开竣工项目1个，即宿迁市浩欣机械有限公司；完成5000万元开竣工项目1个，即江苏图能新材料有限公司；完成3000万元开竣工项目3个，即宿迁市昌佳建筑配套工程有限公司、宿迁众泰门窗幕墙装饰有限公司、宿迁市博泰纺织有限公司；完成股改企业1家，即江苏千川智能科技股份有限公司；完成省级三星级“上云”企业1家，即宿迁润邦再生资源科技股份有限公司。引进农业重大项目3个，即仰化镇水产示范园、仰化镇正大第十肉鸡场、裕农仰化智慧牧场。

【人居环境优化】 2021年，持续巩固提升镇村建设“1+10”工程，稳步推进美丽乡村建设。新建镇区、复隆、涧河文体广场3个，新增“五美庭院”56个；打造人民路精品示范街区，完成镇区北街、翰林街、幸福南路雨污水管道、绿化亮化改造提升工程，实现全镇主次干道太阳能路灯全覆盖，完成公路防护工程30千米，切实保障群众出行安全。整治农村黑臭水体16条，打造生态河道35条，疏浚河道4.5千米，省考水体断面全区排名第三，河长制工作获得2021年全区优秀等次。完成全域生活垃圾分类试点工作，共清理转运垃圾500万余千克，垃圾集中收运和无害化处理达到100%。持续开展“厕所革命”，拆除围挡旱厕150余个，新建公厕1个，实现全镇农村无害化卫生户厕全覆盖。新植树木6.6万株，新增森林面积31万平方米（465亩）。6月，仰化镇复隆村王庄获评宿迁市美丽宜居村庄。

【住房改善】 2021年，全镇完成土地增减挂钩验收达标入库320亩，搬迁改善进场评估1836户、签约1023户，完成农房搬迁399户，其中货币安置357户，入镇安置及就地安置42户。复隆农房项目完成基础施工68套，一层墙体施工87套，主体封顶165套。坚持“建设、管理、服务”并重，定期排查涧河新型农村社区农房乱搭乱建，做到早发现、早制止、早拆除，确保社区井然有序。全面推行积分制管理，不断提高村民自治章程、村规民约功效，构建“上下”联动物业组织网络，严格执行物业管理制度，物业管理实现常态长效。

【社会事业】 2021年，全镇参加养老保险人员达1.1万余人、医疗保险人员1.9万余人，居民基本医疗保险参保率达96%。完成全镇1571户低收入农户入户走访和信息采集工作，发放2021年度建档立卡低收入农户水电费补贴34.61万余元，一般低收入户和“五保”户受益，累计受益户数1290户。开展建档立卡农户子女入学“众善众举圆梦助学”活动，资助建档立卡农户子女27人。做好新冠肺炎疫情防控工作，坚持“外防输入”不放松，累计接种疫苗3.3万人次。村（社区）集体经营性收入持续壮大，涧河社区年集体收入突破300万元，建新村、仰化社区、复隆村、永兴社区集体经营性收入均超100万元，3个省定薄弱村实现村集体经济经营性收入增幅均不低于8%目标。

【社会治理】 坚持运用“大数据+网格化+铁脚板”社会治理工作机制，深化“网格支部+网格长+网格员”三网融合，组建网格支部14个，融入包挂领导、民警、医生等相关人员，网格治理效果不断提升。对管辖范围内的企业开展拉网式排查整治，年内共整治“散乱污”企业4家，其中关闭取缔企业4家，有效保护地方生产生活环境。守牢安全底线，统筹推进“一年小灶”和“三年大灶”安全整治工作，完成木材加工行业转型升级和违法违规“小化工”等重点领域专项整治，压紧压实企业主体责任，稳步提高安全防范水平，全镇未发生较大及以上安全生产事故。

（杨　韬）

人物　荣誉

宿豫年鉴

2022 SUYU YEARBOOK

新任领导简介

殷其国 现任宿豫区委书记、宿迁高新区党工委书记。男，1974年1月生，汉族，江苏沭阳人。1997年8月参加工作，2000年6月加入中国共产党，在职研究生学历。

1992年9月至1997年8月，北京大学考古学系博物馆专业学习（1992年9月至1993年7月在石家庄陆军学院军政训练）；1997年8月，宿迁市文化馆办事员；1998年10月，借用至宿迁市纪委党风室工作；2000年4月，宿迁市纪委办公室干事；2002年6月，宿迁市纪委副科级纪检员；2005年8月，宿迁市纪委正科级纪检员（其间：2002年9月至2005年12月，南京大学公共管理专业硕士在职学习）；2007年2月，宿迁市纪委办公室副主任；2010年11月，宿迁市纪委办公室主任；2011年5月，泗洪县委常委、县纪委书记；2016年6月，泗阳县委常委，县政府党组副书记、常务副县长；2017年8月，宿豫区委副书记，区政府代区长、党组书记，2018年1月，宿豫区委副书记，区政府区长、党组书记。2021年6月起任现职。

徐源 现任宿豫区委副书记，区政府区长、党组书记。男，1983年7月生，汉族，江苏盱眙人，2004年7月参加工作，2004年6月加入中国共产党，研究生学历、博士学位。

2000年9月至2004年6月，东南大学计算机科学与技术专业学习；2004年7月起，历任江苏省委统战部办公室工作人员、科员、副主任科员、主任科员（其间：2006年3月至2007年3月，挂职淮安市清河区委统战部副部长；2007年9月至2009年6月，南京大学哲学系国外马克思主义专业在职研究生学习，获哲学硕士学位；2012年3月至2013年5月，挂职盐城经济开发区管委会主任助理兼光电产业园党组副书记、副主任）；2016年5月，任省委统战部办公室副主任（其间：2011年9月至2017年9月，南京大学哲学专业在职研究生学习，获哲学博士学位）；2017年12月，任省委统战部港澳台、海外联络处副处长；2019年2月，任省委统战部港澳台工作处（外事工作处）副处长；2019年12月，任省委统战部研究室（宣传办公室）主任；2020年4月，任宿豫区委副书记，区政府党组副书记、副区长（挂职），省委统战部研究室（宣传办公室）主任；2021年6月，任宿豫区委副书记，区政府代区长、党组书记。2022年1月起任现职。

张绍军 现任宿迁市自然资源和规划局副局长、党组成员，市委驻宿豫区乡村振兴帮促工作队队长、宿豫区委常委（挂职）。男，1972年1月生，汉族，江苏宿迁人，1994年8月参加工作，1996年10月加入中国共产党，大学本科学历。

1990年9月至1994年7月，苏州大学政治系学习；1994年8月至1997年4月，任卓圩乡政府文书、卓圩村村副主任；1997年4月至1998年9月，宿豫县团委青工、青农、学少部部长；1998年9月至1999年10月，宿迁市国土局办公室科员；1999年10月至2002年6月，宿迁市国土资源局办公室副主任；2002年6月至2004年11月，宿迁市国土资源局办公室主任（其间：2002年6月至2004年11月，下派泗洪县曹庙乡、陈集镇任党委副书记、镇长）；2004年12月至2005年8月，任宿迁市国土资源局地籍管理处处长；2005年8月至2009年6月，泗洪县国土资源局局长、党组书记；2009年6月至；2013年1月，宿迁市国土资源执法监察支队支队长（副处级）；2013年1月至2019年1月，宿迁市国土资源局副局长、党组成员；2019年1月至2021年6月，宿迁市自然资源和规划局副局长、党组成员。2021年6月起任现职。

赵伦军 现任宿豫区委常委，区政府党组副书记、常务副区长。男，1974年9月生，汉族，江苏宿迁人，1997年1月加入中国共产党，1997年8月参加工作，党校研究生学历。

1993年9月，兰州大学中文专业学习；1997年8月起，历任泗阳县郑楼乡司法干事，泗阳县委组织部组织干事、组织员、电教中心副主任；2001年1月，任泗阳团县委副书记（其间：2002年5月至2003年8月，挂职泗阳县王集镇党委副书记；2003年8月至2004年12月，宿迁市委组织部借用）；2004年12月起，先后任宿迁市委组织部副科级组织员、县区干部处副处长、主任科员、经济工作考核办副主任；2013年12月，任市委组织部经济工作考核办主任；2015年8月，任市发展改革委副主任、党组成员（其间：2018年9月至2021年5月任宿迁市驻深圳专业招商局局长）。2021年5月起，任现职。

李叶超 现任宿豫区委常委、区纪委书记、区监委主任、三级调研员。男，1973年10月生，汉族，江苏盱眙人，1997年8月参加工作，2002年8月加入中国共产党，大学本科学历。

1993年6月，苏州大学物理学（无损检测）专业学习；1997年8月起，历任宿迁市计量测试所检定员、室副主任，宿迁质量技术监督局团委书记、人教处科员；2006年3月，任宿迁质量技术监督局人教处副主任科员、市计量测试所副所长（主持工作）、团委书记；2008年9月，任宿迁质量技术监督局计量处副处长（主持工作）；2010年1月，任宿迁质量技术监督局计量处处长；2014年2月，任宿迁质量技术监督局纪检组组长、党组成员；2015年3月，任市纪委派驻市质监局纪检组组长、市质监局党组成员；2017年7月，任市纪委派驻第五纪检组组长、市委企业和社会组织纪工委书记；2019年1月，任市纪委市监委派驻第五纪检监察组组长、市委非公有制企业和社会组织纪工委书记；2020年6月，任市纪委市监委派驻第五纪检监察组组长，三级调研员；2021年5月任宿豫区委常委、区纪委书记、区监委代主任、三级调研员。2022年1月起任现职。

李伟 现任宿豫区委常委，区政府副区长、党组成员。男，1982年4月生，汉族，江苏赣榆人，2003年11月加入中国共产党，2004年8月参加工作，大学本科学历。

2000年9月，中国矿业大学资源与地球科学学院资源环境与城乡规划管理专业学习；2004年8月起历任徐州市贾汪区大吴镇党政办办事员，徐州市贾汪区委办公室办事员、信息查办科副科长，徐州市建设局村镇处科员（其间2008年6月至2009年2月在徐州市对口支援四川省绵竹市富新镇地震灾后恢复重建工作前线指挥部工作）；2010年3月，徐州市政府办公室工作；2010年8月，任徐州市政府办公室城建处科员；2010年12月，徐州市政府办公室城建处副处长；2012年8月，徐州市政府办公室城建处主任科员；2015年9月，任徐州市政府办公室城建处处长；2018年8月，宿迁市政府办公室秘书一处处长；2019年8月，市政府办公室副主任、党组成员；2020年6月，市政府机关党组成员、办公室副主任。2021年5月起任现职。

武胜　现任宿豫区政府党组成员、副区长提名人选，区公安分局局长、党委书记、督察长。男，1973年6月生，汉族，江苏宿迁人，1995年8月参加工作，1997年10月加入中国共产党，党校函授本科学历。

1993年9月，南京大学哲学系文秘专业学习；1995年8月起，历任宿迁市（县级）公安局龙河派出所办事员、宿豫县公安局办公室办事员、宿迁市公安局宿城分局办公室办事员；1998年8月起，先后任市公安局宿城分局办公室科员、主任；2002年8月，市公安局刑警支队秘书科科长；2006年5月，市公安局刑警支队四大队大队长；2010年7月，市公安局苏州宿迁工业园区分局刑事警察大队大队长；2012年1月，宿迁市公安局刑事警察支队副支队长；2016年1月，泗阳县公安局党委副书记、政治委员；2017年9月，宿迁市公安局指挥中心副主任（主持工作）；2019年8月，市公安局水上警察支队政委、情报指挥中心主任。2021年7月起任现职。

全国模范人物简介

夏金义　男，1952年10月生，来龙镇侍岭片区人，现为区委老干部局夕阳红报道组成员、“五老宣讲团”副团长。他时常入村、进校、赴社区为学生和居民宣讲党的历史，传播红色文化、传承红色基因、弘扬红色精神。截至2021年年底，累计授课达50余场次，受教人数达3万余人。

2017年，夏金义受托踏上寻找烈士朱大川的旅程。从志书中的蛛丝马迹开始，夏金义几经周折，往返多地，最终在上海原川沙县小营房附近的一处烈士陵园内得以确认。自此，一次成全铸就一份信念。他历时5年辗转上海、四平、沈阳、锦州等地，足迹遍布大江南北，先后找到21位与家人“失联”的侍岭籍烈士遗骸、墓碑，帮助这些“失联”烈士“回家”。

2020年，新冠肺炎疫情防控期间，夏金义跑遍侍岭各个村、组，每天骑行50多千米，广泛宣传疫情防控知识。2021年，为庆祝中国共产党成立100周年，夏金义精心制作百米条幅，以“听党话、感党恩、跟党走”为主题，发起万人签名承诺活动，用4个月的时间发动上万名群众在条幅上签名，抒发对党的热爱之情，用行动感染身边人。

2021年9月，夏金义入选“江苏好人榜”。2021年12月，夏金义入选助人为乐“中国好人”。

张飞　男，1969年3月生，江苏省泗洪县人，大学本科学历，中共党员，现任国家税务总局宿迁市宿豫区税务局党委书记、局长。从事税务工作30余年，坚持刻苦钻研、积极进取，参与和组织实施多项税收征管改革，聚焦聚力党的建设、依法治税、征管改革、税费服务、创新创优等重点工作任务。在他带领下，宿豫区税务局先后获评“江苏省文明单位”“江苏省工人先锋号”等。

在党建引领中把稳改革航向。带头讲团结，认真落实局长接待日制度，开展谈心谈话活动，解决干部职工实际困难，切实把干部职工的思想政治工作做深、做实、做细。积极推进党群组织，按机关股室分局设置党支部，实行党务政务工作一肩挑，以党建工作引领推动业务工作双提升，党建扶贫工作受到税务总局局长批示肯定。

在服务大局中展现责任担当。开拓创新，认真贯彻落实总局“干好税务、带好队伍”要求，统筹推进机关党建、组织收入、征管改革、纳税服务、税务文化、队伍建设各项工作，多项工作获表彰表扬，减税降费、“1+5”新税收征管体系建设、配套费征收等经验做法得到省市税务局和地方党委政府领导批示肯定。

在融入发展中贡献税务力量。国税地税机构合并后，张飞作为宿豫税务的领路人，2019年，提出聚焦税收现代化要求，落实“抓融合、促规范、强管理、优服务、勇创新”五大任务；2020年，提出“五个聚焦、五个聚力”工作要求，促进系统上下同心同向。统筹组织收入和落实减税降费，“十三五”时期，累计组织收入183.13亿元，年均增长11.03%。全力打赢精准脱贫攻坚战，挂钩帮扶2个贫困村，结对帮扶118户贫困户，2019年底前如期脱贫。持续优化税收营商环境，全力服务“六稳”“六保”大局，开创宿豫税务工作新局面。

在率先垂范中树立党委形象。认真坚持依法科学民主决策，坚持末位发言，支持班子成员开展工作，充分发挥领导班子集体的工作效能。作为党委书记，能够带头执行各项党纪党规，严守政治纪律、组织纪律、廉洁纪律、群众纪律、工作纪律、生活纪律。主动做好个人收入、有关事项报告等工作，自觉接受群众监督。旗帜鲜明反对“四风”，带头执行办公用房、公务用车以及公务接待的相关规定，坚决杜绝利用职权的行为。

2016年，张飞被江苏省国家税务局党建工作领导小组表彰为全省国税系统优秀党务工作者；2018年，被宿豫区委、宿豫区人民政府表彰为2017年度招商引资工作先进个人；2019年，被宿迁市总工会授予“宿迁市五一劳动奖章”；2021年，被中华全国总工会授予“全国五一劳动奖章”。

先进集体表

2021年宿豫区获省委、省政府及以上荣誉一览表

表53

获表彰奖对象	荣誉称号	授予单位	授予时间
宿豫区(“以‘三定四专五化’为抓手推进乡村治理现代化”)	第三批全国乡村治理典型案例	农业农村部	2021年10月
宿豫区	平安中国建设示范县(区)	平安中国建设协调小组	2021年12月
宿迁高新区	火炬统计工作先进单位	科技部火炬高技术产业开发中心	2021年12月
区人民法院	2019—2020年度全国“青少年维权岗”	全国创建“青少年维权岗”活动领导小组	2021年7月
区城市管理局	2021年度环卫行业典型案例	中国城市环境卫生协会	2021年12月
区政府	江苏苏系肉鸡产业集群	农业农村部	2021年4月
区政府	2021年农业产业强镇(大兴镇)	农业农村部、财政部	2021年4月
区政府	第三批“国家农产品质量安全县”创建单位	农业农村部办公厅	2021年2月
区人民检察院	2021年度全国检察宣传先进单位	检察日报社	2021年10月
新庄镇	2017—2020年度全国群众体育先进单位	国家体育总局	2021年9月
新庄镇	新庄全域土地综合整治试点	自然资源部	2021年1月
新庄镇振友社区	全国民主法治示范村(社区)	司法部 民政部	2021年1月
新庄镇	乡村振兴实践基地	九三学社中央委员会	2021年9月
区农业技术推广中心	宿迁市化肥减量增效与耕地质量提升关键技术集成应用与推广	淮海科学技术奖委员会	2021年10月
区教育局	第三批全国“家校(园)共育”数字化项目试验区	国家教育行政学院全国家校(园)共育数字化项目办公室	2021年4月
区政府教育督导室	2021年国家义务教育质量监测实施“县级优秀组织单位”	教育部基础教育质量监测中心	2021年12月
京东宿迁客服中心	全国“巾帼文明岗”	中华全国妇女联合会	2021年3月
区工商业联合会	全国“五好”工商联	全国工商联	2021年12月
区政府扶贫工作办公室	脱贫攻坚先进集体	省委、省政府	2021年10月
新庄镇	全省乡村振兴先进集体	省委、省政府	2021年11月
关庙镇卓水河村	第二批全国乡村治理示范村	中央农村工作领导小组办公室、农业农村部、中央宣传部、民政部、司法部、国家乡村振兴局	2021年9月
曹集乡伍员里村	第二批全国乡村治理示范村	中央农村工作领导小组办公室、农业农村部、中央宣传部、民政部、司法部、国家乡村振兴局	2021年9月
陆集街道团委长胜团支部	全国五四红旗团支部	共青团中央	2021年05月

2021年宿豫区获省级部门及以上荣誉一览表

表54

获表彰奖对象	荣誉称号	授予单位	授予时间
区人民检察院	全省检察机关扫黑除恶斗争先进集体	省人民检察院	2021年12月
区税务局	2020年度省级节水型单位	省水利厅、 省机关事务管理局	2021年8月

续表54

获表彰奖对象	荣誉称号	授予单位	授予时间
区税务局	2020年度按比例安排残疾人就业工作优秀单位	省政府残工委	2021年5月
区应急管理局	全省应急管理新闻宣传暨“学报用刊”先进单位	省应急管理厅	2021年11月
区信访局	2020年度全省信访工作先进单位	省信访工作联席会	2021年02月
区信访局	2020年全省信访系统“人民满意窗口”创建质量提升工程示范单位	省信访局	2021年2月
区交通运输局	江苏省交通建设有功集体	省交通运输厅	2021年7月
省道S346宿豫段	江苏省公路水运工程平安工地建设省级示范工地	省交通运输厅	2021年1月
幸福大道	江苏省优秀农村公路品牌	省交通运输厅	2021年1月
小河西路	江苏“美丽农村路”样板路	省交通运输厅	2021年1月
顺兴线	江苏“平安放心路”样板路	省交通运输厅	2021年1月
区人民法院刑事审判庭	全省法院扫黑除恶斗争先进集体	省高级人民法院	2021年12月
区人民法院骆马湖旅游度假区人民法庭	全省优秀人民法庭	省高级人民法院	2021年2月
区人民法院立案庭	2018—2019年度江苏省青年文明号	省高级人民法院、团省委	2021年2月
区人民法院办公室	全省法院新闻舆论工作先进集体	省高级人民法院	2021年5月
区政府	2020年度农村人居环境整治工作评估第一等次	省农村人居环境整治联席会议办公室	2021年3月
区政府	省政府办公厅关于对2020年落实有关重大政策措施真抓实干成效明显地方予以督查激励（农村人居环境整治工作）	省政府办公厅	2021年5月
区农业农村局	2021年高标准农田建设管护工作奖补资金10万元	省财政厅、省农业农村厅	2021年10月
区农村产权交易中心	农村产权交易先进单位	省农业农村厅	2021年10月
区扶贫开发指导中心	集体记大功	省人社厅	2021年4月
区政府	产粮大县奖补资金500万元	省财政厅	2021年2月
来龙小学节水科普馆	省级节水教育基地	省水利厅、省委宣传部、省教育厅	2021年12月
来龙灌区管理所	省级水效领跑者	省水利厅	2021年12月
来龙灌区管理所	省级节水型灌区	省水利厅	2021年11月
区司法局	2020年度依法治省工作成绩突出单位	省委依法治省办公室	2021年2月
区级机关工委	全省机关党建工作先进集体	省人社厅 省委省级机关工委	2021年6月
区财政局	全省财政系统先进集体	省人社厅、省财政厅	2021年1月
区市场监督管理局	省级文明单位	省文明办	2021年1月
区市场监督管理局	2020年度省级节水型单位	省水利厅、省机关事务管理局	2021年8月
区城市管理局	2020年度城管执法队伍“强基础、转作风、树形象”专项行动表现突出单位	省住建厅	2021年2月
区统计局	江苏省第七次人口普查工作成绩显著集体	省统计局	2021年11月
区残联	全省残联系统2021年度创新创优项目	省残联	2021年12月

续表54

获表彰奖对象	荣誉称号	授予单位	授予时间
区人防办	人防工作先进单位	省人防办	2021年1月
市自然资源和规划局宿豫分局	2020年度全省自然资源法治建设工作成绩突出单位	省自然资源厅	2021年4月
市自然资源和规划局宿豫分局党总支	全省自然资源系统先进基层党组织	省自然资源厅	2021年6月
第一中心所支部书记工作室	全省自然资源系统党支部书记工作室	省自然资源厅	2021年6月
区妇联	2020年“99公益网络募捐”优秀项目奖和优秀组织奖、2020年度江苏妇女儿童慈善优秀组织奖	省妇女儿童福利基金会	2021年3月
团区委	2021年度全省团属报刊宣传工作先进典型	团省委	2021年11月
区泰山路消防救援站	先进基层党组织	省消防救援总队	2021年6月
区教师发展中心	2020年度江苏省“蓝天杯”系列活动优秀组织奖	省中小学教师培训学会、省教师培训中心	2021年1月
区教育局	“寻访小康路 争做小先锋”第十六届江苏省少年儿童书信文化活动优秀组织奖	团省委 省少工委 中国邮政集团有限公司江苏省分公司	2021年5月
区教育局	全省关心下一代工作优秀集体	省关工委、 省精神文明建设指导委员会办公室	2021年9月
宿豫区	2020年度全省学生资助绩效评价优秀	省教育厅、 省财政厅	2021年11月
区教育局	全省中小学生（幼儿）“童声齐颂建党百年”主题征稿活动优秀组织奖	省关工委 省中华诗学研究会 关心下一代周报社	2021年9月
区教育局	“颂建党百年 做时代新人——江苏省庆祝中国共产党成立100周年老少同台节目展演”一等奖	省关工委 省文明办 省广电总台	2021年11月
区教育局关工委	2021年度“工作创新”二等奖	省教育系统关工委	2021年11月
区教育局关工委	“童心永向党 筑梦新辉煌”创作演讲比赛优秀组织奖	省关工委	2021年12月
区教育局	“致敬伟大祖国”第十五届全省少儿书信文化活动优秀组织奖	团省委、省少工委	2021年5月
区教育局	“同心向党”江苏省青少年征文大赛优秀组织奖	省文明办、省教育厅	2021年11月
顺河街道	全省第七次全国人口普查工作成绩显著集体	省统计局	2021年11月
顺河街道	2020年度党建引领物业管理服务工作省级示范点	省委组织部、省非公有制企业和社会组织工作委员会、省住建厅党组、省住房和城乡建设行业委员会	2021年3月
仰化镇	2020年度全省基层党员冬训工作示范镇	省委宣传部、省委组织部	2021年9月
来龙镇	2021年省级耕地保护激励单位	省自然资源厅	2021年9月
来龙镇	江苏省第七次人口普查工作成绩显著集体	省统计局	2021年11月
来龙镇	2021江苏“味稻小镇”推介名单	省农业技术推广协会	2021年12月
关庙镇	江苏省第七次人口普查工作成绩显著集体	省统计局	2021年11月
新庄镇	江苏银行业保险业服务乡村振兴试点示范乡镇	省银保监局	2021年8月
新庄镇	新庄镇草莓种植专业合作社获省级巾帼新业态助农创新基地	省妇联	2021年12月

续表54

获表彰奖对象	荣誉称号	授予单位	授予时间
新庄镇	江苏最美公共文化空间	省文化和旅游厅	2021年8月
新庄镇	江苏"紫金杯"优质草莓银奖科普惠农服务站	省农业技术推广总站	2021年12月
新庄镇	省五四红旗团支部(团总支)	团省委	2021年5月
大兴镇	江苏省特色田园乡村	省特色田园乡村建设工作联席会	2021年12月
大兴镇	2021江苏地标农产品品牌	新华日报社	2021年12月
陆集街道办事处	江苏省公共机构节能示范单位	省机关事务管理局	2021年12月
豫新街道江山社区	省级侨务工作示范社区	省委统战部	2021年11月
豫新街道	第七次全国人口普查先进集体	省统计局	2021年11月
豫新街道	全省首批民族工作"红石榴家园"	省民族宗教事务委员会	2021年1月
豫新街道	全省第二批"红石榴家园"	省民族宗教事务委员会	2021年12月
豫新街道	2020年度武装工作先进基层武装部	宿迁军分区	2021年3月

2021年宿豫区获市委、市政府表彰的先进集体情况一览表

表55

获表彰奖对象	荣誉称号	授予单位	授予时间
区委宣传部(区文明办)	文明城市建设工作先进集体	市委、市政府	2021年9月
区城市管理局	文明城市建设工作先进集体	市委、市政府	2021年9月
区商务局	文明城市建设工作先进集体	市委、市政府	2021年9月
区住房和城乡建设局	文明城市建设工作先进集体	市委、市政府	2021年9月
区市场监督管理局	文明城市建设工作先进集体	市委、市政府	2021年9月
来龙镇	2021年半年全市乡村振兴观摩(提供牧原生猪产业化基地点位)	市委、市政府	2021年6月
曹集乡	文明城市建设工作先进集体	市委、市政府	2021年9月
曹集乡	2021年度推进高质量发展先进乡镇(街道)	市委、市政府	2022年2月
新庄镇	2020年度推进高质量发展先进乡镇	市委、市政府	2021年2月
新庄镇	2021年半年全市乡村振兴观摩(提供袁家村点位)	市委、市政府	2021年6月
新庄镇	文明城市建设工作先进集体	市委、市政府	2021年9月
顺河街道	文明城市建设工作先进集体	市委、市政府	2021年9月
豫新街道	文明城市建设工作先进集体	市委、市政府	2021年9月
豫新街道	2020年度推进高质量发展先进乡镇(街道)	市委、市政府	2021年2月
新庄镇振友社区	全市先进基层党组织	市委	2021年7月
豫新街道锦华社区	全市先进基层党组织	市委	2021年7月
曹集乡	全市先进基层党组织	市委	2021年7月
仰化镇老干部党支部	全市先进基层党组织	市委	2021年7月
来龙镇白鹿湖社区	全市先进基层党组织	市委	2021年7月

先进个人表

2021年宿豫区获省委、省政府及以上表彰的先进个人一览表

表56

姓 名	单位及职务	荣誉称号	授予单位	表彰时间
万晓东	区人民检察院第六检察部副主任	2021年度全国检察宣传先进个人	检察日报社	2021年10月
邓爱银	区妇联党组书记、主席	全国维护妇女儿童权益先进个人	中华全国妇女联合会	2021年12月
张 飞	区税务局党委书记、局长	全国五一劳动奖章	中华全国总工会	2021年4月
罗 斌	区统计局局长	全国“巾帼建功标兵”	中华全国妇女联合会	2021年3月
王 扬	区农业农村局扶贫开发科科长	全省脱贫攻坚暨对口帮扶支援合作先进个人	省委、省政府	2021年10月

2021年宿豫区获省部门表彰的先进个人一览表

表57

姓 名	单位职务	荣誉称号	授予单位	表彰时间
吴 松	江苏景宏新材料科技有限公司总经理	劳动模范	省委办公厅、省政府办公厅	2021年4月
吴 斌	江苏三元轮胎有限公司总务科副科长	劳动模范	省委办公厅、省政府办公厅	2021年4月
池永超	区住房和城乡建设局党委书记、局长	江苏省先进工作者	省委办公厅、省政府办公厅	2021年4月
孙春梅	家事少年审判庭庭长	全省人民法院党建工作先进个人	省高级人民法院	2021年6月
郭 奎	审判管理办公室主任	全省人民法院审判管理工作先进个人	省高级人民法院	2021年7月
卢 勇	警察中队中队长	全省人民法院扫黑除恶斗争先进个人	省高级人民法院	2021年12月
李振希	办公室主任	全省人民法院扫黑除恶斗争先进个人	省高级人民法院	2021年12月
姚 燕	法官助理	2020年度信息工作先进个人	省高级人民法院	2021年4月
张 飞	区税务局党委书记、局长	2020年度按比例安排残疾人就业工作优秀个人	省政府残疾人工作委员会	2021年5月
朱 珠	团区委书记	2021年度全省团属报刊宣传工作先进个人	共青团江苏省委	2021年11月
訾淑娟	区行政审批局审改科科长	江苏省最美政务人	省政务办	2021年1月
孙 然	区泰山路消防救援站 站长	先进党务工作者	省消防救援总队	2021年6月
胡慕涛	大兴镇人民政府统计专员	第七次全国人口普查先进个人	省统计局	2021年11月
王 亮	江苏秀强玻璃工艺股份公司总厂机修工	全省优秀农民工	省人社厅	2021年9月
刘 勇	江苏苏华达新材料有限公司工程总监助理、行政总监助理、高级工程师	工贸行业省级安全生产专家	省应急管理厅	2021年2月
刘 旻	宿迁市宿豫区司法局豫新司法所所长	江苏省优秀司法所长	省司法厅	2021年12月
张晓亮	文昌阁社区党委书记	第七次全国人口普查先进个人	省统计局	2021年11月
程玲娟	区农业技术推广中心副主任、支部副书记	江苏好人	省文明办	2021年1月
程玲娟	区农业技术推广中心副主任、支部副书记	江苏省“最美家庭”	省妇联	2021年5月
米新岚	新庄镇杉荷园社区“米大姐”工作室负责人	江苏省“最美家庭”	省妇联	2021年5月
李晓芹	区总工会职工服务中心主任	省五一劳动奖章	省总工会	2021年10月

续表57

姓　名	单位职务	荣誉称号	授予单位	表彰时间
池永超	住房和城乡建设局党委书记、局长	省先进工作者	省委办公厅、省政府办公厅	2021年4月
何　义	江苏阿尔法药业股份有限公司研发部主管，工程师	省劳动模范	省委办公厅、省政府办公厅	2021年4月
吴　斌	江苏三元轮胎有限公司行政部副科长	省劳动模范	省委办公厅、省政府办公厅	2021年4月
吴　松	江苏景宏新材料科技有限公司总经理	省劳动模范	省委办公厅、省政府办公厅	2021年4月
施俊山	宿迁市荷林莲藕种植专业合作社法定代表人	省劳动模范	省委办公厅、省政府办公厅	2021年4月

2020年宿豫区获市委、市政府表彰的先进个人一览表

表58

姓　名	单位及职务	荣誉称号	授予单位	表彰时间
张鑫益	区城市管理局党组书记、局长	文明城市建设工作先进个人	市委、市政府	2021年9月
池华祥	区委宣传部常务副部长、区社科联主席	文明城市建设工作先进个人	市委、市政府	2021年9月
徐　智	区住建局党委委员、四级主任科员	文明城市建设工作先进个人	市委、市政府	2021年9月
石　超	区交通运输局交通综合行政执法大队副大队长	文明城市建设工作先进个人	市委、市政府	2021年9月
吴新科	区行政审批局党组成员、政务服务中心主任	文明城市建设工作先进个人	市委、市政府	2021年9月
马四杰	区文化广电和旅游局行业管理科科长	文明城市建设工作先进个人	市委、市政府	2021年9月
朱　林	区卫生健康局科员	文明城市建设工作先进个人	市委、市政府	2021年9月
李　颖	区纪委监委科员	文明城市建设工作先进个人	市委、市政府	2021年9月
陆敬伟	区博物馆馆长	文明城市建设工作先进个人	市委、市政府	2021年9月
立　新	区文明办副主任	文明城市建设工作先进个人	市委、市政府	2021年9月
徐　靖	区卫生计生综合执法大队科员	文明城市建设工作先进个人	市委、市政府	2021年9月
李　军	豫新街道民生事务局局长	文明城市建设工作先进个人	市委、市政府	2021年9月
张红梅	豫新街道人大工委主任	文明城市建设工作先进个人	市委、市政府	2021年9月
韩金珍	豫新街道锦华社区党委书记、居委会主任	文明城市建设工作先进个人	市委、市政府	2021年9月
张玉军	下相街道党工委书记	文明城市建设工作先进个人	市委、市政府	2021年9月
何　赛	大兴镇党委委员、宣统委员	文明城市建设工作先进个人	市委、市政府	2021年9月
刘　义	关庙镇党委书记	文明城市建设工作先进个人	市委、市政府	2021年9月
李　黎	来龙镇党群工作局副局长	文明城市建设工作先进个人	市委、市政府	2021年9月
罗　旋	仰化镇党委书记	文明城市建设工作先进个人	市委、市政府	2021年9月
毕强书	陆集街道副主任	市文明城市建设工作先进个人	市委、市政府	2021年9月
刘聿平	区委老干部局夕阳红报道组临时党支部书记	全市优秀共产党员	市委	2021年6月

续表58

姓　名	单位及职务	荣誉称号	授予单位	表彰时间
陈炳肖	大兴镇怀仑村书记	全市优秀共产党员	市委	2021年6月
张晓亮	豫新街道文昌阁社区党委书记、居委会主任	全市优秀共产党员	市委	2021年6月
孙　文	顺河街道卓圩社区党委书记、居委会主任	全市优秀共产党员	市委	2021年6月
张辉友	区市场监督管理局四级主办	全市优秀党务工作者	市委	2021年7月
包　磊	曹集乡双河里社区党委书记、居委会主任	全市优秀党务工作者	市委	2021年7月
张　平	下相街道党工委副书记、组织委员	全市优秀党务工作者	市委	2021年7月
曹　兵	新庄镇党委书记	高质量发展优秀乡镇（街道）党政正职	市委、市政府	2021年2月
闫　颇	宿迁高新区党政办公室主任、"两新"党委书记、总工会主席	优秀党务工作者	市委	2021年6月
高　玉	中节能（宿迁）生物质能发电有限公司工会主席	优秀党务工作者	市委	2021年6月
陆银秋	江苏景宏新材料科技有限公司副总	全市优秀共产党员	市委	2021年6月
祝利华	宿迁逸达新材料有限公司动力部经理	劳动模范	市政府	2021年4月
王化文	区农业农村局党委书记、局长	全市招商引资工作先进个人	市委、市政府	2021年5月

区级表彰决定

中共宿豫区委　宿豫区人民政府
关于2021年度全区高质量发展综合考核的奖励决定

2021年，全区上下坚持以习近平新时代中国特色社会主义思想为指导，在市委、市政府的正确领导下，牢牢把握高质量发展要求，坚决扛起中心城市建设发展"半壁江山"责任，努力争当全市经济社会发展先行军。为鼓励先进、激励后进，根据《宿豫区2021年度高质量发展综合考核办法》（宿豫发〔2021〕14号）等文件精神和综合考评结果，经研究，决定对2021年度全区高质量发展综合考核工作成绩突出的单位和个人予以表彰。

一、高质量发展综合考核奖

（一）乡镇街道

第一等次（3个）：新庄镇、曹集乡、豫新街道

第二等次（4个）：陆集街道、顺河街道、仰化镇、来龙镇

第三等次（3个）：大兴镇、下相街道、关庙镇

（二）园区

第一等次（2个）：宿迁生态化工科技产业园、宿迁电子商务产业园区

第二等次（3个）：宿迁高新区、宿豫现代农业产业园区、张家港宿豫工业园区

（三）区直单位

第一等次（26个）：区商务局、区财政局、区科技局、区委研究室、区税务局、区交通运输局、区教育局、区工业和信息化局、区市场监督管理局、区住房和城乡建设局、区人民法院、区城市管理局、区公安分局、宿豫生态环境局、区人检察院、区农业农村局、区应急管理局。

区委办公室、区人大常委会机关、区政府办公室、区政协机关、区纪委监委（区委巡察办）、区委组织部、区委宣传部、区委统战部、区委政法委9个单位按照区考相关规定，考核结果达到相应标准，评定为第一等次。

第二等次（17个）：区卫生健康

局、区司法局、区统计局、区发展和改革局、宿迁技师学院、区行政审批局、区信访局、区医疗保障局、区退役军人事务局、区委编办、区文化广电和旅游局、区水利局、区人力资源和社会保障局、区农房办、区自然资源和规划分局、区审计局、区委区级机关工委

第三等次（16个）：区人武部、区妇联、区总工会、团区委、区消防救援大队、区融媒体中心、区红十字会、区委党校、区委党史工委、区供销总社、区残联、区文联、区科协、区档案馆、区工商联、区民政局

根据区考相关规定和上级关于规范奖金发放相关精神，发放奖匾，按原有资金拨付渠道发放奖金。

二、单项奖

（一）党的建设（8个）

宿迁高新区、曹集乡、区委区级机关工委、区融媒体中心、区文化广电和旅游局、新庄镇、区委编办、区交通运输局

（二）改革创新（4个）

新庄镇、宿迁高新区、宿迁电子商务产业园区、区委研究室（改革办）

（三）招商引资及优化营商环境（10个）

曹集乡、区工业和信息化局、区税务局、驻浙江专业招商局、来龙镇、顺河街道、区农业农村局、区人民法院、区行政审批局、区市场监督管理局

（四）工业经济和科技创新（6个）

宿迁高新区、张家港宿豫工业园区、区商务局、区科技局、宿迁生态化工科技产业园、宿迁电子商务产业园区

（五）重点项目建设（5个）

区住房和城乡建设局、区发展和改革局、区水利局、区交通运输局、区教育局

（六）乡村振兴（8个）

大兴镇、宿豫现代农业产业园区、区自然资源和规划分局、区农房办、宿豫生态环境局、陆集街道、仰化镇、区城市管理局

（七）文明城市常态长效建设（5个）

区委宣传部（长效办）、区城市管理局、豫新街道、新庄镇、区住房和城乡建设局

（八）信访工作和依法治区（6个）

区司法局、下相街道、区信访局、关庙镇、区供销总社、区人民检察院

（九）高质量发展创先争优（6个）

区财政局、区统计局、宿豫生态环境局、区人力资源和社会保障局、区商务局、区农业农村局

（十）安全生产及公共卫生防疫（5个）

区应急管理局、宿迁生态化工科技产业园、区卫生健康局、区公安分局、豫新街道

对上述获得单项奖的单位，各颁发奖匾一块。

三、推进高质量发展先进个人（31名）

王奎（曹集乡）、卢锋（新庄镇）、陈艳丽（豫新街道）、吕朝勇（宿迁生态化工科技产业园）、侯万彬（宿迁电子商务产业园区）、蔡腾飞（区委办公室）、姜伟（区委研究室）、仲恺（区人大常委会机关）、李胜（区政协机关）、丁红兵（区纪委监委）、韩玮（区委组织部）、盛敏（区委宣传部）、吴欣欣（区委统战部）、凌冬冬（区委政法委）、郭奎（区人民法院）、陈福成（区人民检察院）、张绍鑫（区政府办公室）、吴超（区应急管理局）、吴亚芳（区教育局）、范明（区科技局）、王茜茜（区工业和信息化局）、费志勇（区财政局）、肖漫（区住房和城乡建设局）、徐辉（区城市管理局）、徐光兵（区交通运输局）、孙先永（区商务局）、林树选（区市场监督管理局）、顾亚朋（区公安分局）、朱袁义（宿豫生态环境局）、姚乾（区农业农村局）、王武（区税务局）

凡获得先进个人的，各颁发荣誉证书一本，按有关标准予以奖励，奖金由区财政支付。

2022年是中共二十大召开之年，也是全面落实市第六次党代会精神的开局之年，希望受表彰的单位和个人戒骄戒躁，再接再厉，再创佳绩。全区上下要学先进、赶先进，攻坚克难、真抓实干，坚决扛起中心城市建设发展"半壁江山"责任，为奋力实现宿豫"两高一先"战略目标做出新的更大贡献。

（2022年2月7日，宿豫委〔2022〕27号）

中共宿豫区委
关于表彰全区优秀共产党员、优秀党务工作者和先进基层党组织的决定

今年是中国共产党成立100周年，全区各级党组织和广大党员坚持以习近平新时代中国特色社会主义思想为指导，深入贯彻落实习近平总书记视察江苏重要讲话指示精神，增强"四个意识"、坚定"四个自信"、做到"两个维护"，在全区"三大建设"、"三大攻坚战"、乡村振兴等重大任务中，冲锋在前，勇挑重担，忘我工作，无私奉献，涌现出一大批先进典型。

在庆祝中国共产党成立100周年之际，为表彰先进，弘扬正气，激励全区广大党员干事创业、担当作为，经区委研究决定，授予施友梅等40名同志"优秀共产党员"荣誉称号，授予蔡丹等30名同志"优秀党务工作者"荣誉称号，授予顺河街道梨园湾社区党委等30个基层党组织"先进基层党组织"荣誉称号。

希望受到表彰的优秀个人和先进集体，珍惜荣誉，戒骄戒躁，再创佳绩。全区各级党组织和广大党员要以受到表彰的优秀个人和先进集体为榜样，学习他们解放思想、勇争一流的开拓

精神，学习他们牢记宗旨、服务群众的奉献精神，学习他们立足本职、埋头苦干的敬业精神，以新担当新作为投入到高质量发展大潮中，在宿豫开启现代化新征程上作出更大贡献！

全区优秀共产党员名单（40名）

施友梅　顺河街道党工委委员、政法委员、三级主任科员

胡立建　豫新街道雨露社区党委书记居委会主任

李　辉　下相街道罗桥社区党委副书记、居委会副主任

张　征　陆集街道政法和社会治理工作局政法和社会治理专员（信访岗），虎山村党委书记

朱凤莲　来龙镇党委委员、政法委员、三级主任科员

杨　露　来龙镇人武部副部长、民生事务局局长（退役军人事务和人武岗）

金　浩　大兴镇党委副书记、三级主任科员

蔡则胜　大兴镇农村工作局局长

王余娟　曹集乡党委副书记、三级主任科员

董佳锋　仰化镇农村工作局副局长，建新村党支部书记

徐　赛　关庙镇综合服务中心副主任（主持工作）、四级主任科员，卓水河村党委书记

高飞球　新庄镇综合行政执法局综合行政执法专员（执法监管岗）

施俊山　宿迁杉荷园荷林莲藕种植专业合作社党支部书记、社长

韩华建　区招商服务局党组成员、副局长

唐伟议　宿迁高新区党政办公室目标管理科科长

何　耀　宿迁生态化工科技产业园经济发展局经济运行科科长

张大勇　宿迁电子商务产业园区经济发展局局长、区产业招商六局副局长、四级主任科员

袁　雪　宿豫现代农业产业园区党工委副书记、管委会副主任、二级主任科员

徐双全　区纪委监委第三纪检监察室主任

曲伟健　区委办国安科科长

刘　锋　区委研究室主任

张　莹　区高质量发展考核信息中心主任

池华祥　区委宣传部常务副部长、区社科联主席

张万军　豫新街道锦华社区锦华名园小区第二网格员

陆　苗　区价格成本调查队副队长、区发改局第一支部书记

费志勇　区财政局四级主任科员

胡晓广　区经济责任审计中心主任

马玲玲　区统计局党组成员、副局长

孙春梅　区人民法院家事少年审判庭庭长、审判委员会委员、审判员

郭　语　宿豫中学高二年级主任

陈海玲　区公安分局网安大队大队长

陈谨慎　区工业和信息化局党委书记、局长、四级调研员

肖　漫　区住房和城乡建设局党委委员、园林绿化管理中心主任

王泽民　区公路事业发展中心副主任

管守胜　区农业技术推广中心主任

韩　瑜　豫新医院全科主治医师

高　杨　区城镇建设开发有限公司盛世蓝城项目负责人

周　杰　区税务局党委委员、副局长

蔡易寰　宿迁市迅哥有约志愿者协会会长兼法人

邓学照　宿豫张家港实验小学原副校长

全区优秀党务工作者名单（30名）

蔡　丹　顺河街道京东社区新新家园小区党支部书记

侍　娜　豫新街道庐山社区党委书记、居委会主任

张　凤　豫新街道江山社区党委副书记、居委委员

郭聪敏　下相街道党群工作局局长（组织岗）

管艳君　陆集街道党群工作局副局长（组织岗），陆集社区党委书记、居委会主任

赵金龙　来龙镇韩集村党委书记、村委会主任

郑　珅　来龙镇王庄村党支部书记、村委会主任

张　瑜　来龙镇一级科员（负责组织工作）

丁腾达　大兴镇党群工作局副局长（主持工作）（组织岗），大兴社区党委副书记

朱　瑞　大兴镇岔河村党支部书记、村委会主任

朱昌斌　曹集乡曹家集社区党委书记、居委会主任

叶梦宇　区公共就业和人才服务中心管理十级职员，仰化镇永兴社区党委书记

武　伟　关庙镇民生事务局局长（负责组织工作）

王　萌　新庄镇党群工作局党群干事（组织岗）、综合服务中心副主任

林化振　宿迁高新区党政办公室组织人事科科长

王万家　江苏北斗星通汽车电子有限公司党支部书记、副总经理

董文倩　宿迁高新区"两新"专职党建工作指导员

张　苏　宿迁高新区"两新"专职党建工作指导员

朱慧敏　张家港宿豫工业园区管理十级职员（党务干部）

李　鹏　区委巡察办副主任，区纪委机关党委组织委员、第八党支部书记

王　雷　区政府办政务公开科科长、四级主任科员（党务干部）

韩　玮　区委组织部组织一科科长

杨　健　区城市管理局办公室（人事教育科）主任（科长）、四级主办（党务干部）

孙　波　区文化广电和旅游局办公室（政策法规科）主任（科长）、四级主任科员（党务干部）

李　桥　区委政法委副书记，区信访局党组书记、局长、四级调研员，区信访局党支部书记

程　琳　区委区级机关工委组织宣传科科长、四级主任科员

潘苏军　区烟草局文秘（党务干部）

徐东衡　文昌高级中学党务专干

马　勇　区水利局何塘电灌站党支部书记

宋海娟　宿迁市第三医院党支部书记

全区先进基层党组织名单（30个）

顺河街道梨园湾社区党委

豫新街道雨露社区九龙花园小区党支部

豫新街道顺河集社区浦东国际花园小区党支部

下相街道运东社区党委

陆集街道利民社区党委

来龙镇保安社区党委

来龙镇光明社区党委

大兴镇双茶棚社区党委

大兴镇周夏村党委

曹集乡伍员里村党委

仰化镇复隆村党委

新庄镇新庄社区党委

关庙镇司法所党支部

江苏博迁新材料股份有限公司党支部

江苏阿尔法药业有限公司党支部

区委政法委党支部

区行政审批局党支部

区医疗保障局党支部

区科学技术局党支部

区总工会党支部

区人民检察院第二党支部

陆集中心学校党支部

文昌小学党支部

宿迁生态化工科技产业园派出所党支部

区交通运输局党委

区疾病预防控制中心党支部

区市场监督管理局城区分局党支部

宿迁技师学院幼师艺术系党支部

区税务局顺河税务所党支部

宿迁市中医院党委

附　录

工作报告

文件选录

文件题录

调研报告

组织机构及负责人名录

统计资料

宿豫年鉴

2022 SUYU YEARBOOK

工　作　报　告

聚力“四个宿豫”目标　扛起“半壁江山”责任 矢志不渝当好全市经济社会发展先行军

——在中国共产党宿迁市宿豫区第十三次代表大会上的报告

区委书记　殷其国

2021年7月25日

中国共产党宿迁市宿豫区第十三次代表大会，是在全面开启社会主义现代化建设新征程的关键时刻召开的一次十分重要的会议。大会主题是，高举习近平新时代中国特色社会主义思想伟大旗帜，深入学习贯彻习近平总书记在庆祝建党100周年大会上的重要讲话精神、视察江苏重要讲话指示精神，动员全区各级党组织、广大党员和干部群众，在践行“争当表率、争做示范、走在前列”重大使命、开启社会主义现代化建设新征程中，同心同德、务实苦干，聚力建设创新宿豫、开放宿豫、精致宿豫、幸福宿豫，坚决扛起中心城市“半壁江山”责任，矢志不渝当好全市经济社会发展先行军。

砥砺奋进迈上新台阶

区第十二次党代会以来的五年，是宿豫发展史上不平凡的五年，是转型升级取得重大成效、项目建设实现重大突破、民计民生获得重大改善的五年。五年来，全区各级党组织牢记初心使命，团结带领广大党员干部和人民群众，积极顺应新形势、应对新挑战、谋求新作为，连续四年荣获全市高质量发展考核一等奖，连续三年荣获全省县改区文明城市常态长效建设第一名，荣获全省“人民生活高质量”争先进位奖，农房改善得到省委娄书记点赞，制造业创新转型和高质量发展、资源节约集约利用等7项工作获得省级激励支持，较好完成区第十二次党代会确定的目标任务，顺利开启社会主义现代化建设新征程。

高水平小康圆满收官。五年来，宿豫区坚定不移践行以人民为中心的发展思想，聚焦全面建成小康社会这一历史任务，以攻坚拔寨的决心补短强弱，全力维护群众利益、增进民生福祉，全面小康综合实现度、群众满意度全市领先。群众获得感更可持续。尽锐出战决胜脱贫攻坚，聚焦“两不愁三保障”，实施精准脱贫“3212”工程，44个经济薄弱村、5.4万建档立卡低收入人口提前一年脱贫出列；积极推进就业创业培训，大力实施“家门口就业”工程，新增就业2.9万人，城镇登记失业率控制在3%以内，居民收入年均增长8.6%，城乡居民收入比降至1.6、全市最优；大力推进农村公共空间治理、强村试点、村企联建等，村均集体经营性收入突破110万元。群众幸福感更加充实。坚持“人民城市为人民”理念，改造老旧小区42个、棚户区140万平方米，万达广场建成投用，高品质地产开发商纷纷入驻，道路、管网、绿化、亮化、安防等综合改造一体化推进，新改建公园绿地广场80万平方米。围绕“让农民过上与时代同步的现代城镇生活”，完成镇村建设“1+10”工程，改善农民住房条件2万余户，创成省级农房改善示范项目10个、特色田园乡村7个。新建南外仙林分校宿迁学校、豫新初中等学校5所，完成农村义务教育学校改薄工程，与如皋合作办学不断深化，教育现代化水平保持全市前列。宿迁市中医院确立为市属公立医院，区公共卫生服务中心、来龙中心医院等建成投用。群众安全感更有保障。坚持人民至上、生命至上，慎终如始抓好疫情防控，核酸检测应检尽检，疫苗接种全面推进，坚决守护人民群众生命安全和身体健康，保持零感染、零确诊。扎实开展安全生产专项整治，有序推进“一年小灶”和“三年大灶”衔接转化，有效防范化解各类风险隐患，生产安全事故起数和死亡人数连续五年保持“双下降”。完善“大数据+网格化+铁脚板”治理机制，坚持信访诉求“分级诊疗”、矛盾纠纷“多元化解”，常态推进扫黑除恶专项斗争，不断深化“平安宿豫”建设。

高质量发展成效显著。五年来，宿豫区坚定不移贯彻新发展理念，聚焦高质量发展这一根本要求，全力推进转型升级、创先争优，综合实力持续攀升，地区生产总值再上一个百亿元台阶、达到335亿元，人均地方生产总值（GDP）超过7.3万元、全市最高，12项重点指标年均增速高于全市平均值。产业加快提效。“1+X”工业主导产业集群成链，新材料产业产值近200亿元、全市占比46.5%；高新技术产业产值占比超过50%、全市最高。“3+2”电商产业体系不断健全，集聚京东、网易、美团等知名电商企业近40家，电商第一街、京东物流二期等项目建成投用，宿迁第一高楼京东智慧城封顶，2020年电商交易额突破730亿元。精深加工型肉禽、优质籼米、绿色果蔬三大农业主导产业规模不断壮大，培育“两品一标”农产品135个，其中国家地理标志农产品6个、全市最多,创成国家出口食品质量安全示范区。园区加快提档。创新园区发展体制机制,推动各园区转型升级,宿迁高新区创成国家高新区,获评中国(江苏)自贸试验区联动创新发展区;宿迁生态化工科技产业园实现智慧化监管,获评省化工集中区;宿迁电子商务产业园区建成全国最大商务类呼叫中心产业基地,创成国家电子商务示范基地、全国优秀物流园区,入选全国优秀电子商务园区20强;张家港宿豫工业园区位居全省南北共建考核第一方阵;现代农园创成省现代农业产业示范园。项目加快提质。持续强化招商引资、实施“521”工程等,着力提升项目经济效益、生态效益、社会效益,累计招引亿元以上工业项目200余个,投资超200亿元的逸达新材料开工建设,赛得利纤维、盛瑞新材料等一批超50亿元项目建成投产;实施千万元技改项目280个;培育全市工业50强企业14家、A股上市企业3家,全市领先;国家高企总数翻倍、达到96家,全社会研发投入占GDP比重稳居全市首位,潜在独角兽企业、国家专精特新“小巨人”企业、“瞪羚”企业培育在全市乃至苏北领先;建成北斗电子信息产业园等三大科技综合体,省级以上研发机构及省级科学技术奖、重大科技成果转化项目位居全市前列;实施英才计划、制定“人才10条”,引进和培育国家重大人才工程入选者等各类高层次人才232人。

高效能治理持续深化。五年来,宿豫区坚定不移深化改革创新,聚焦高效能治理这一有效保障,全力推进治理体系和治理能力现代化,全面提升经济社会发展环境,获评十一届省级双拥模范区、全国休闲农业和乡村旅游示范区。营商环境有效提升。政务服务更规范,通过省级标准化试点验收,健全区镇村三级政务服务体系,加大向乡镇赋权力度,设立镇村“全科窗口”226个。企业开办更便利,深化企业开办“一站式”和工业企业全生命周期集成改革,企业开办0.5个工作日办结、宿迁高新区工业项目实现“全链审批”。金融秩序更稳定,积极稳妥推进资金链出险企业“破圈解链”,坚决打击各类非法金融活动,金融市场健康发展。人文环境全面提升。大力弘扬社会主义核心价值观,发布推广“宿豫乡村文明20条”,获评中国好人、江苏省道德模范、江苏最美人物等59人,社会文明程度、乡风文明指数保持全省前列。宿豫大剧院加入保利院线,打造“豫见好声音”等文化活动品牌,每年开展群众性文化活动超过1200场。顺利完成乡镇区划变更。宿北大战遗址公园获批国家AAA级景区,水利遗址公园获评“最美运河地标”。新改建城乡道路450千米,完成农村公路提档升级工程和“最后一千米”通达工程640千米,获评省“四好农村路”示范区。生态环境持续提升。完成“263”专项整治任务,接续推进畜禽污染、化工、木材加工等重点领域和“散乱污”企业专项整治,空气优良天数比率大幅提升;基本消除城市黑臭水体,镇、村污水处理设施覆盖率分别达100%、80%,疏浚整治河道200余千米,市考以上断面水质达到考核标准;大力推进人居环境整治,建成美丽宜居乡村49个;森林覆盖率超过24%;单位GDP能耗下降至0.6吨标准煤/万元,省级生态文明建设示范乡镇实现全覆盖。

高标准党建全面加强。五年来,宿豫区坚定不移落实新时代党的建设总要求,聚焦高标准党建这一核心引领,加强党的全面领导、全面从严治党,持续整顿软弱涣散基层党组织,深入实施“党建+”工程,实现党的组织和党的工作“双覆盖”。思想引领不断深化。坚持以习近平新时代中国特色社会主义思想为指导,围绕党的十九大、改革开放40周年、新中国成立70周年、建党100周年等开展系列活动,扎实推进“两学一做”学习教育、“不忘初心、牢记使命”主题教育、党史学习教育,坚持用党的最新理论武装头脑、指导实践、推动工作。党建品牌不断擦亮。以党建领航,探索“支部+合作社+农户”利益联结模式,创新“一委五站”“一委两站五岗”城乡基层党建模式,设立“豫见先锋”暖心资金、“红色公益创投”资金等党建惠民资金,全面提升党建富民、惠民、助企、强基成效,机关社区“双结双联”荣获全国城市基层党建创新“优秀案例”奖,乡村治理体系建设、新时代文明实践中心建设分别获批全国首批、全省第二批试点。政治生态不断净化。全面完成省委巡视反馈问题整改,十二届区委实现乡科级单位巡察全覆盖;圆满完成乡镇党委换届和村(社区)“两委”换届,推行村干部专职化管理,干部队伍更年轻、更有活力;扎实开展政法队伍教育整顿,深入推进扶贫、教育、卫生等民生领域专项治理,持续实施“‘三真三实’作风提优”、作风建设大提升等专项行动,党风廉政建设向纵深推进。

成绩来之不易,经验弥足珍贵。过去五年的探索实践,深深启示宿豫:党的领导是根本保证。充分发挥党委总揽全局、协调各方的领导核心作用,加强领导班子建设、干部队伍建设和思想作风建设,强化基层党组织整体功能,充分调动党员干部积极性、主动性和创造性,持续推进党风廉政建设和反腐败斗争,营造了干事创业发展环境和风清气正政治生态。对标对表是行动指南。主动对标对表习近平新时代中国特色社会主义思想,全面贯彻新发展理念,在高质量发展体系中自觉对准定位、对照标杆、对好焦距,及时发现问题、科学分析问题、切实解决问题,有力推动了经济发展量质齐增、城市功能内涵提升、乡村振兴落地见效。民生优先是第一追求。始终把保障和改善民生作为一切工作的出发点和落脚点,坚持量力而行、尽力而为,持续加大民生领域投入,办成一大批民生实事项目,不断满足群众“医教水住行”等各方面需求,形成共建共治共享的良好局面,赢得了人民群众的信任和支持。改革创新是路径抉择。坚持问题导向、需求导向、效果导向,用创新的理念谋划工作,用创新的办法突破瓶颈,用创新的举措激发干劲,在园区开发建设、产业转型升级、片区发展规划、基层社会治理等方面加强探索，形成了推进经济社会各领域发展的新思路、新举措、新机制。项目建设是关键支撑。不论是高水平小康、高质量发展等战略实施，还是幸福大道环线、六塘河生态富民廊道等重点工作推进，始终把项目作为主要抓手、关键支撑，明确标准选项目、科学管理抓项目、严格考评督项目，既为当前发展创造了条件，更为今后跨越夯实了基础。

科学谋划开启新篇章

“十四五”是社会主义现代化建设新征程的开局起步阶段，宿豫的发展已经进入新的历史方位，外部环境和内部条件正在发生复杂而深刻的变化，正处于加速崛起的机遇期、爬坡过坎的攻坚期、大有作为的窗口期。市委根据宿豫发展实际，要求宿豫在现代化建设中扛起中心城市“半壁江山”责任，当好全市经济社会发展先行军。这是市委赋予宿豫的崭新定位和发展要求，体现了市委对宿豫发展的高度重视和充分信任。全区必须以更加宏大的视野奋进新时代。充分融入长江经济带、长三角一体化等国家、省级战略，积极用好省委持续扶持苏北特别是宿迁发展的一系列重大政策机遇，在宿迁建设“改革创新先行区、长三角先进制造业基地、江苏生态大公园、全国文明诚信高地”中找准定位，在更大范围内推动转型升级。全区必须以更加强烈的责任奋发新担当。充分发挥载体平台多元、产业特色鲜明、骨干企业支撑较强、交通体系不断健全等发展优势，乘势而上、顺势而为，积极推进改革创新，大力培育新业态、新模式和新增长点，不断彰显发展活力，努力推动经济社会发展实现新的重大跃升。全区必须以更加务实的举措奋斗新征程。充分把握经济发展总量不大、城市配套相对薄弱、优质服务供给不足、社会治理精细化水平不高等经济社会发展各个领域短板，以“走在苏北前列、快于全省平均、领先区域发展、赶超全国梯队”为要求，全力攻坚克难，夯实现代化建设的基础。

基于上述考虑，今后五年工作的指导思想是，坚持以习近平新时代中国特色社会主义思想为指导，深入学习贯彻习近平总书记在庆祝建党100周年大会上的重要讲话精神、视察江苏重要讲话指示精神，准确把握新发展阶段，深入贯彻新发展理念，主动融入新发展格局，以推动高质量发展为主题，以“四化”同步集成改革为根本动力，以满足人民日益增长的美好生活需要为根本目的，围绕“争当表率、争做示范、走在前列”重大使命，在社会主义现代化建设新征程上，聚力建设创新宿豫、开放宿豫、精致宿豫、幸福宿豫，坚决扛起中心城市“半壁江山”责任，矢志不渝当好全市经济社会发展先行军。“十四五”末，全区GDP突破500亿元，人均GDP在全市率先达到全国平均水平；一般公共预算收入突破40亿元，人均一般公共预算收入在全市领先；全体居民人均可支配收入突破4万元，增速高于全市平均值。

*聚力建设更具动力的创新宿豫。*坚持创新在现代化建设中的核心地位，大力推动科技综合体建设，不断优化科技创新政策，着力完善以宿迁高新区为主导、企业为主体的科创体系，加大科研投入，集聚创新资源，打造创新创业新高地，“十四五”时期，园区形成“一园一主导、一园一高新”发展格局，工业总产值突破千亿元，高新技术产业产值占比在全市领先、高于全省平均值，宿迁高新区进入全国百强，宿迁生态化工科技产业园创成省化工园区，形成独具特色、协调联动的创新矩阵。

*聚力建设更具活力的开放宿豫。*积极顺应新型城镇化发展规律，立足中心城市“半壁江山”定位，充分发挥电子商务产业带动作用，放大高铁、港口等开放辐射效应，大力推进“线上互联+线下互通”，全面提升营商环境，实施更宽领域、更深层次、更高水平对外开放，完善跨境电商生态圈，支持重点外贸企业开拓国内外市场，在区域竞争中加快宿豫现代化建设步伐，“十四五”时期，电商交易额实现翻番，成为全市“枢纽经济”发展主阵地、数字经济发展新高地。

*聚力建设更具魅力的精致宿豫。*坚持以现代化理念优化“三生空间”布局，以极致的品质追求推进精心规划、精美设计、精致建设、精细管理、精准服务、精明增长，着力转变城乡发展方式，丰富城市功能、厚植生态基底、塑造水韵特色、彰显人文内涵，推进治理体系和治理能力现代化，“十四五”时期，社会文明程度保持全省领先，建成“江苏生态大公园”样板区，创成全国生态文明建设示范区、乡村振兴先行示范区。

*聚力建设更有温度的幸福宿豫。*把人民对美好生活的向往作为奋斗目标，把增进民生福祉作为根本目的，紧紧抓住人民最关心最直接最现实的利益问题，大力推动创业就业，不断提高群众收入；切实办好教育、医疗、就业、养老、居住等民生实事，加快补齐公共服务短板，进一步提升人民群众获得感幸福感安全感，“十四五”时期，城乡收入分配差距进一步缩小，医教文卫优质供给水平高于中心城市平均值，在全市率先创成江苏省义务教育优质均衡发展县区。

实现上述目标，当好全市经济社会发展先行军，是全区上下共同期盼，也是时代赋予宿豫的光荣使命。全区各级党组织和广大党员干部要提升战略眼光，观大势、谋大事，站高一层、想深一步，把“当好先行军”要求放在全市、全省乃至更大发展格局中去考虑，切实把打基础、利长远的事谋优谋好；要强化系统思维，抓发展、搞建设，都要立足自身实际、遵循发展规律，谋定而后动，想明白了再干、弄清楚了再做，切实把扩优势、补短板的事想全想好；要确立标杆意识，既要把握面上均衡，也要加强重点突破，科学推进现代化建设各个方面工作，争取每个领域都有标杆，切实把创特色、带全面的事干成干好；要弘扬实干精神，实事求是研判形势、分析问题、拿出对策，每一项工作都要坚持目标引领、强化规划执行、落实项目支撑，勇于克难奋进，切实把促发展、惠民生的事抓实抓好，一步一步把社会主义现代化建设各项事业推向前进。

跨越赶超开创新局面

今后五年，各级党组织和广大党员干部要围绕奋斗目标，抢抓战略机遇，突出发展重点，加大推进力度，狠抓工作落实，推动宿豫经济社会发展迈上新的更高台阶。

（一）聚焦转型升级，进一步夯实产业根基。要立足自身基础和禀赋，推动优势产业融合创新、集群成链，构建结构更加合理、优势更加突出的现代产业体系。强化工业经济支撑。聚力推动“1+X”产业体系向中高端迈进，深入实施产业链条提升工程，“十四五”末，培育3~5条百亿级产业链，工业总产值超过1000亿元、新材料产业产值超过500亿元。突出招商引资头版头条地位，优化招商引资体制机制，紧盯产业链关键领域和缺失环节全力以赴招大引强，“十四五”期间，平均每季落户1个50亿元项目、每年落户1个百亿级项目。深入开展“5321”工程，实施企业梯度培育行动、上市“春笋计划”，“十四五”末，培育入库税收超千万元工业企业50家、开票销售超10亿元工业企业20家，上市企业总数超过10家。彰显数字经济优势。组建专门机构，优化对接机制，进一步拓展与京东集团合作广度、深度，争取京东集团更多关联企业落地；制定完善数字经济发展战略和扶持政策，提升电商产业能级。加快园区转型，大力发展软件研发、物联网、大数据等数字产业，壮大数字经济产业集群，“十四五”末，打造全国知名的千亿级电商基地，建成数字经济示范区。放大现代农业特色。围绕精深加工型肉禽、优质籼米、绿色果蔬三大农业主导产业，抓好农业龙头企业招引培育，系统开展补链、延链、强链行动，打造百亿级绿色食品产业链，创成全国农业现代化示范区。深化农旅融合、文旅融合，实施乡村休闲旅游精品工程，加快袁家村·宿迁印象、葡萄小镇等项目建设，创成省级全域旅游示范区。加强农产品区域公用品牌运营，健全品牌体系、质量安全可追溯体系，全面推行标准化生产，创成国家农产品质量安全区。

（二）聚焦开放引领，进一步扩大竞争优势。加强与国家、省级重大发展战略有机对接，积极融入长三角一体化发展大格局，形成更多引领性、竞争性优势。战略化融入发展大局。以重大交通基础设施建设为契机，积极做好潍宿高铁、宿连航道、宿连高速建设服务保障，全面谋划周边路网畅通工程，推动省道S346、省道S344建设和省道S268拓宽改造，启动宿连航道陆集、来龙港口建设，争取运输机场落户，逐步完善“水陆铁空”一体的运输体系、提升多式联运能力，着力构建高品质出行圈和高效率物流圈，打造中心城市综合交通门户、现代物流产业基地。全方位提升开放层次。发挥中国（江苏）自贸试验区联动创新发展区作用，用好贸易、金融等政策措施，将宿迁高新区打造成开放发展更强增长极。深化与张家港市合作机制，在拓展合作领域、推动产业转移上寻求更大突破。建设跨境电商服务中心，完善跨境电商生态圈，跨境电商规模年均增长15%以上。完善专项扶持政策，大力引进外贸综合服务企业、鼓励本土外贸企业做大做强、支持重点外贸企业拓展市场，外贸进出口年均增长10%以上。系统性重塑工业园区。高水平制定工业园区发展规划，更高标准优化产业布局、强化资源整合、完善基础配套、提升整体形象。宿迁高新区要深化园区体制机制改革，与下相、陆集街道一体规划建设，加快放权赋能、减员增效，提升园区承载能力、突出“高”“新”特色；宿迁生态化工科技产业园要持续优化发展空间和产业布局，培育壮大化工新材料、化学原料药等产业，引入生物成品药等高附加值企业，打造省内特色鲜明的绿色生态化工产业基地；张家港宿豫工业园区要积极培育食品饮料、智能制造产业集群，建成省级特色园区。乡镇工业园区要进一步明晰产业定位、突出生态集约、提升发展质态，特别是来龙、大兴、新庄工业园区要立足区位优势，加快资源整合，全面提档升级，每个乡镇工业园区新增不少于30万平方米标准化厂房，统一纳入“一区多园”联动发展。

（三）聚焦改革创新，进一步释放发展活力。坚持“把改革创新基因注入现代化”，聚力推进“四化”同步集成改革，加快现代化建设步伐。优化政务服务环境。推进政务服务数字化转型，高标准规划建设政务服务大厅，高水平推进区镇村政务服务机构规范化建设，争取政务服务国家级标准化试点。探索“一层全链”审批，全面优化涉企服务机制，推进“全域通办”“跨域通办”，推动工业项目“拿地即开工”。实施政务服务“豫满意”工程，通过“一窗”办理，深化企业、个人“一件事”改革，提升服务效能。优化资源要素配置。聚焦经济建设、城乡融合、社会事业等领域发展瓶颈，系统谋划、协同推进改革创新，不断深化企业综合评价、低效用地清理、国土综合整治、宅基地腾退土地资源整合利用等改革试点，在更大区域内推动土地、资金、人力等资源要素优化配置。完善重大产业项目统筹调度、闭环管理等机制，加快项目落地转化、投产达效。建设金融商务中心，引进银行、非银金融以及产业投资机构，推动金融服务业集聚发展。优化科技创新生态。加大高新技术企业、创新型企业培育，园区招商引资落户科技型项目占比不少于70%，新增高新技术企业100家，省级研发机构超过70家，全社会研发投入占GDP比重达2.5%。强化科创平台支撑，启动京东智能制造产业园、宿迁高新区核心区科技综合体、大学科技园等科创载体建设，实体化运营苏北工业技术研究院，深度对接科研院所、高等院校，强化院地合作、校企联合，国家级孵化器实现零突破、省级孵化器实现园区全覆盖。毫不动摇坚持人才兴区、人才强区战略，完善促进创新发展政策体系，制定宿豫“人才十条”2.0版，打响“豫才荟”城市行、“宿豫英才杯”创业大赛等活动品牌，吸引更多人才落户宿豫、创业宿豫。

（四）聚焦有机更新，进一步提升

城市能级。顺应城市发展新要求，大力提升城市规划建设管理水平，打造宜居宜业宜游的魅力新城。突出统筹联动优布局。高水平编制国土空间规划、城市控详规，科学引导城镇功能、生态品质、业态能级同步升级。高标准做好重点区域、重点地段、重要节点的城市设计，构建疏密有度、错落有致的城市天际线。着力提升城市消费功能和载体建设，高质量推动城市片区融合式、组团式开发，打造“金三角”商业新中心，高铁东站片区、顺河片区打造现代都市高端生活示范区，陆集片区打造现代产业生活服务区，农园片区打造生态宜居片区。突出精致建设提品质。加快城市更新，每年改造提升老旧小区不少于10个。实施江山大道、金沙江路等道路延伸工程，打通城区所有“断头路”，建设北京路、张家港大道快速路，全面构建内联外畅的城市交通网络。以群众需求和感受为引领，有序推进高品质小区建设，在更多领域形成宿豫标准、打造品质标杆。推进“海绵城市”建设，提升大运河、六塘河、牡丹江河等水系景观，实施洪泽湖东路引水入城、尚阳湖湿地公园等工程，凸显水韵特色。实施以城市主干道、主要街路等为重点的“绿廊”工程，形成“一路一特一景”，让城市增绿出彩。将“策创营”作为前置步骤，引进星级酒店、精品民宿等功能设施，加快集聚人气商气。突出治理创新促文明。利用数字化赋能城市管理，加快智慧城市和区域治理现代化指挥中心建设，不断提升城市管理服务科学化、精细化、智慧化水平。深化城市公共空间治理，深入开展建筑工地、农贸市场、城郊结合部、立面空间等专项整治，将精细管理落实到每个时段、每个细节。建立健全群众参与评议监督机制，深化“信用承诺+契约管理”机制运用，切实推动被动管理向主动服务转变、单向管理向共治共享转变。抬高文明标杆，精心谋划实施新一轮全国文明城市常态长效建设行动，文明指数保持全省第一方阵。

（五）聚焦示范引领，进一步推动乡村振兴。按照“片区集成、线上联动、点上突破”工作思路，加快推动农业农村现代化。完善全域振兴格局。以现代农园创建国家现代农业产业园为统领，系统构建“三片四带多园一中心”全域振兴架构，即北部打造生态循环农业示范片区、中部打造农旅融合体验片区、南部打造康养食材产业片区；建设S268、六塘河生态富民廊道、幸福大道、顺兴线四条示范带；同步规划建设食品产业园、粮食产业园、冷链物流园等专业园区，加强与京东集团等社会资本合作，共建京东农业科技示范园；深化与省农科院合作，打造现代农业科技创新中心。丰富美丽乡村内涵。以现代化理念提升镇区建设水平，实施镇区规划优化调整和商业街区提档、品牌地产开发、综合交通改善、老旧建筑整治、雨污管网改造等“1+5”精品建设工程。坚持“一镇一策”，支持来龙、大兴建设现代新型小城市，打造中心城市东部片区卫星城；放大新庄生态示范镇带动效应，推动仰化建设运河生态特色古镇、关庙打造生态鱼米小镇，统筹曹集与城区联动发展。启动新一轮农村人居环境整治，一体提升“水路林田居产景”，省级人居环境整治示范村实现全覆盖。提升基础设施配套。新建临港大道、新大线北延、袁家村周边道路等交通工程，稳步推进农村道路提档升级，不断完善镇村交通网络体系。抓好来龙灌区现代化改造，提升灌溉水平；坚持连片整治、规模开发，加快高标准农田建设，促进农业增产增效。

（六）聚焦共建共享，进一步增进民生福祉。积极回应群众对现代化高品质生活的期待，用心用情办好民生实事。持续提高居民生活水平。顺应城镇化规律，科学推进农房改善，更加合理引导农民进城入镇，进一步缩小城乡生活品质差距。强化就业优先政策，完善就业服务体系，加强高校毕业生、退役军人等重点群体和低收入困难群体就业帮扶，不断扩大就业容量、提升就业质量，城镇登记失业率控制在3%以内。进一步巩固拓展脱贫攻坚成果，积极培育新型农业经营主体，优化高效农业产业发展利益联结机制，让农民更多分享产业增值收益。有序推进富民强村帮促行动，加强集体资产运营管理，涉农村（社区）集体经营性收入年均增长8%以上。持续提高公共服务质量。实施新一轮教育布局优化工程，完成宿豫中学改扩建，黄山路初中及特教学校、玉泉山路初中建成投用，新建燕山路初中、恒山路小学、文昌实验学校等10所学校；深化合作办学、集群办学，全面提升教育教学质量，高中教育水平进入中心城市第一方阵；实施农村初中教育集聚工程，优化提升来龙、大兴初中教育水平，引导更多农村学子到城区接受高水平初中教育。持续完善公共卫生应急管理体系，深化紧密型医联体和分级诊疗制度建设，三级医疗服务体系基本建成，宿迁市中医院通过三甲复评，宿迁高新区人民医院、大兴中心医院、妇幼保健院建成投用，基层医疗卫生机构提档升级有序推进，医疗卫生水平全面提升。拓展新时代文明实践阵地功能，积极推进中运河老粮库文化创意产业园、文化艺术中心、全民健身中心、宿豫游泳馆建设，常态化开展各类文体活动。持续提高社会保障能力。实施社会保险“全民参保登记计划”，提升城乡居民养老保险、基本医疗保险覆盖面，努力做到应保尽保、应缴尽缴。以居家养老为基础、社区为依托、机构为补充，完善医养融合、覆盖城乡的养老服务体系，努力实现老有所养、老有所依。落实困难群体提标政策，完善社会救助体系，强化兜底保障，让救助政策精准找人。持续推进公益慈善事业、残疾人事业、妇女儿童事业发展。

（七）聚焦和谐稳定，进一步提升治理水平。坚持系统治理、依法治理、综合治理、源头治理，进一步推进治理体系和治理能力现代化。提升本质安全水平。深化安全生产三年专项整治工作，聚焦重点行业、重点领域，“一类一策”推动隐患排查整治，不断完善安全风险分级管控和隐患排查治理双重预防工作机制，全力防范和遏制重特大安全生产事故发生。全面压实企业主体责任，鼓励企业开展安全生产标准化创建，推动企业由他律向自律转变。加强应急救援能力、监管执法队伍建设，健全完善应急预案体系，筑牢防灾减灾救灾防线。改善生态环境质量。以创建国家生态文明建设示范区为统领，坚持精准治污、科学治污、依法治污，持续抓好“散乱污”企业治理，着力强化扬尘管控，空气质量优良天数比率提升幅度、PM2.5压降幅度持续走在全市前列；深入实施水环境综合整治，推进幸福河湖建设，提升城乡污水处理设施，健全黑臭水体整治长效机制，地表水达到或好于Ⅲ类水体比例达到省市考核要求，建成一批生态河道。营造和谐稳定环境。坚持人民至上、生命至上，常态化抓好疫情防控，安全有序推进疫苗接种工作，全力保障广大人民群众生命健康安全。积极稳妥处置资金链出险企业，严厉打击非法集资、金融诈骗等非法金融活动，维护区域金融秩序稳定。深入推进全面依法治区，统筹抓好严格执法、公正司法、全民守法，高标准开展“八五”普法，建立健全覆盖城乡的公共法律服务体系，全力创建全国法治政府建设示范区。全面深化“平安宿豫”建设，常态化开展扫黑除恶专项斗争，提升社会治安防控现代化水平，完善信访诉求“分级诊疗”、矛盾纠纷“多元化解”机制，构建“矛盾不上交、平安不出事、服务不缺位”的社会治理体系。

加强党建展现新气象

开创宿豫现代化建设新局面，党的领导是根本，党的建设是关键。要全面贯彻新时代党的建设总要求，坚持和加强党的全面领导，不断提高党的建设质量和水平，为宿豫当好全市经济社会发展先行军提供坚强政治保证。

*一要激发昂扬向上的精神风貌。*把牢政治方向。以习近平新时代中国特色社会主义思想为指导，深入学习贯彻习近平总书记在庆祝建党100周年大会上的重要讲话精神、视察江苏重要讲话指示精神，增强“四个意识”、坚定“四个自信”、做到“两个维护”，牢记“国之大者”，自觉在思想上政治上行动上同以习近平总书记为核心的党中央保持高度一致。赓续红色血脉。用好用活宿北大战遗址公园等本土红色资源，提升改造革命烈士纪念设施，持续开展党史学习教育，大力弘扬伟大建党精神，加强党性锤炼，提高党性修养，确保始终沿着正确方向前进。增强斗争意识，提升斗争本领，聚焦重点领域、关键环节深化改革创新，不断将党和人民各项事业推向前进。守牢思想阵地。严格落实意识形态工作责任制，将意识形态工作纳入政治生态预警，完善意识形态领域风险排查评估、防范化解等机制；加强意识形态阵地建设，强化网络、教育、文化、宗教等领域管控；坚持党媒姓党，巩固壮大主流思想舆论，掌握宣传工作的主动权，占领意识形态的制高点。

*二要锤炼担当作为的过硬队伍。*以鲜明导向选干部。坚持事业为上、以事择人，牢固树立“三重三先”用人导向和“实干、实效、实绩”工作导向，把好任用标准和选拔条件，进一步规范干部选用程序；加大专业型干部引培力度，优化干部队伍结构，提高干部岗位匹配度。大胆使用有闯劲、敢担当、善作为的干部，及时把想干事、能干事、干成事的干部发现出来、任用起来。以实践历练增本领。全面开展“两在两同”建新功行动，巩固“奋力开新局、当好先行军”大学习大调研大讨论活动成果，完善优秀年轻干部培养选拔机制，有计划地将干部特别是年轻干部放到发展前沿练本领、放到吃劲岗位壮筋骨、放到基层一线经风雨，提高干部解决实际问题的能力。以严管厚爱提效能。持续深化“三项机制”运用，旗帜鲜明宽容探索中的失误、改革中的过错，建立推进高质量发展政绩考评档案，推动干部勇于“打头阵”，敢于“拔钉子”，面对差距不找借口，碰到困难不绕弯路，处理矛盾不搞推诿。探索负面清单靶向监督机制，倒逼广大党员干部履职尽责，积极营造凝心聚力、干事创业的良好氛围。

*三要锻造坚实有力的战斗堡垒。*织密组织强引领。牢固树立“一切工作到支部、一切工作靠支部”的鲜明导向，深入推进农村、城市等基层党组织建设，实施“两新”组织党组织扩面提质增效专项行动，深化“把支部建进小区”工作，持续加强党支部标准化规范化品牌化建设，推动基层党建全面进步、全面过硬。夯实阵地强服务。开展党建引领乡村振兴示范村建设三年行动，实施党群服务中心功能“四提一创”，整合基层发展、服务、治理等资源，推动党建服务群众实体化、精准化、专业化，努力把每个基层党组织都建成推动发展、服务群众、凝聚人心的坚强堡垒。提升队伍强带动。始终坚持打铁必须自身硬，实施“浚源”“明渠”“涵水”三大工程，“质”“量”并行做好党员发展工作。深化村（社区）干部专职化管理，加强党务工作队伍建设，完善村（社区）干部薪酬体系，加大返乡兴村新村干培育力度，持续提升基层党员干部队伍质态。

*四要营造风清气正的良好生态。*一着不让抓履责。严格落实“两个责任”，扎实开展十三届区委巡察工作，深化“一案双查”机制，严肃查处党的领导弱化、党的建设缺失、管党治党不力等问题，深化监督执纪“四种形态”运用，切实做到有责必问、问责必严。严管重查抓作风。建立健全落实中央“八项规定”精神、查纠“四风”、树立新风长效机制，积极拓宽监督渠道，紧盯“四风”隐形变异、影响政令畅通的“中梗阻”等突出问题，持续推进作风建设大提升活动，着力纠治“旧理念、碎片化、粗线条、低标准、守成式、慢速度、推诿办、等事干”等作风顽疾。动真碰硬抓反腐。坚持源头治理、标本兼治，完善发现问题的防范机制、精准纠偏的矫正机制、严肃问责的震慑机制，坚定不移推进党风廉政建设和反腐败斗争。聚焦教育、医疗、养老等民生领域腐败问题，坚决清除一切损害党的先进性和纯洁性因素，清除一切侵蚀党的健康肌体病毒，切实增强党员干部的志气、骨气、底气。

五要凝聚同心同向的强大合力。

全面加强常委会自身建设，严肃党内政治生活，认真执行民主集中制，健全党委（党组）研究讨论重大事项的决策机制，着力增强各级党组织的政治领导力、思想引领力、群众组织力和社会号召力。坚持和完善人民代表大会制度，支持和保证人大及其常委会依法行使权力，加强人大对“一府一委两院”监督，进一步发挥人大代表作用。坚持加强和改进人民政协工作，支持政协更好地履行三大职能，发挥政协专门协商机构作用，完善基层政协协商机制。加强党对统战工作领导，着力构建大统战格局，全面提升各阶层统战工作水平。发挥工会、共青团、妇联等人民团体和社会组织的桥梁纽带作用，组织动员广大人民群众坚定不移跟党走。

锚定“半壁江山”责任 聚合拼搏攻坚力量
奋力推动宿豫现代化建设跨越赶超

——在区委十三届四次全会上的讲话

区委书记 殷其国

2022年1月9日

这次会议的主要任务是，坚持以习近平新时代中国特色社会主义思想为指导，全面贯彻中共十九大和十九届历次全会、中央经济工作会议精神及总书记对江苏工作重要指示精神，认真落实省第十四次党代会、省委经济工作会议精神，围绕市第六次党代会、市委全会安排部署，紧扣区第十三次党代会要求，回顾总结2021年工作，研究安排2022年任务，动员全区上下锚定“半壁江山”责任，聚合拼搏攻坚力量，奋力推动宿豫现代化建设跨越赶超，以优异成绩迎接党的二十大胜利召开。

一、坚持以新思想定向领航，全面实现现代化建设良好开局

刚刚过去的2021年，是中国共产党成立100周年，也是开启全面建设社会主义现代化国家新征程，向第二个百年奋斗目标进军的开局之年。面对复杂严峻的内外部形势，我们坚持以习近平新时代中国特色社会主义思想为指导，立足新发展阶段、贯彻新发展理念、融入新发展格局，在省、市坚强领导下，用奋斗践行担当、以实干笃定前行，高质量发展取得新成效、现代化建设全面开好局。

——*坚定理想信念，以旗帜鲜明的态度彰显政治忠诚。*始终把学习习近平新时代中国特色社会主义思想摆在最突出位置，对总书记重要讲话重要指示批示精神，区委常委会作为第一议题学习贯彻，自觉践行、忠诚捍卫“两个确立”，增强“四个意识”、坚定“四个自信”、做到“两个维护”。隆重庆祝建党100周年，深入学习贯彻总书记“七一”重要讲话精神、党的十九届六中全会精神，扎实开展“我为群众办实事”实践活动，推动党史学习教育走深走实。坚持把对党忠诚落实在具体行动上、融入实际工作中，确保习近平总书记重要指示和党中央、省委、市委决策部署在宿豫不折不扣落到实处。

——*绘制美好蓝图，以不负时代的追求坚定前行方向。*锚定“半壁江山”责任，聚焦“当好先行军”要求，举办大学习大调研大讨论活动，精准研判宿豫历史方位、发展阶段，谋划确立“两高一先”发展战略，形成现代化建设科学指引。严格落实“十个严禁”要求，圆满完成区委和乡镇党委、人大、政府及村居“两委”换届，有序推进区人大、政府、政协换届，强化现代化建设政治和组织保障。高水平编制城市更新、乡村振兴、产业发展等各类规划，完成乡镇行政区划变更，优化新型农村社区设置，完善现代化建设规划体系和空间布局。

——*深化改革创新，以系统集成的探索增创竞争优势。*以“四化”同步集成改革为牵引，坚持领导领衔推进、改革专班攻坚突破，系统谋划100项重点改革任务，率先探索“把支部建进小区”等原创性改革事项，新增30余项省级以上试点。党建引领乡村治理相关做法被省委省政府推广、获评全国典型案例，精准扶贫标准化试点以优秀等次通过国家考核评估，承办全市党建引领新型农村社区治理现场会。宿迁高新区获评中国（江苏）自由贸易试验区联动创新发展区，电商园区获评国家小型微型企业创业创新示范基地。

——*更新发展理念，以善作善成的干劲开拓发展新局。*完整准确全面贯彻新发展理念，围绕“双碳”目标，落实“双控”政策，统筹疫情防控与经济发展，统筹发展和安全，高质量发展迈上新台阶。预计地区生产总值达到375亿元、增长9.5%；一般公共预算收入增长26%、位居全市前列；“五群十链”产业体系更加完善，规上工业总产值突破440亿元，“大数据+”产业链突破百亿元，入选国家农产品质量安全县区创建单位。获评平安中国建设示范县区、全市唯一，安全生产事故起数和死亡人数继续保持“双下降”。“双创”政策落地、农村人居环境整治获省政府督查激励。

与此同时，“四个宿豫”建设和党的建设不断取得新成效、实现新突破。创新宿豫建设彰显特色。新签约50亿元以上项目5个，中玻新能源、逸达新材料二期等重大产业项目有序推进，三元轮胎二期建成投产；京东物流登陆港交所，益客集团A股上市通过IPO

注册，联盛科技A股上市报会；国家级专精特新"小巨人"、单项冠军产品企业全市占比最高，北斗星通入选省工业互联网发展示范企业、全市唯一；研发投入强度、万人发明专利拥有量位居全市首位，高新技术产业产值占比高于全省平均，省科技成果转化项目、"双创人才"等高端人才引培走在全市前列。开放宿豫建设全面展开。全力保障重大交通基础设施建设，潍宿高铁宿豫段完成初步设计，宿连高速、宿连航道建设有序推进，省道S268宿豫段建成通车；加强与京东集团合作，京东智慧城等项目加快建设，新引进京东京喜、京东科技等项目及京东澳门馆、中国制造网等跨境电商企业，创成省级跨境电商园区。进出口总额突破9亿美元，实际利用外资超过3亿美元、实现翻倍增长。精致宿豫建设持续发力。加快城市全面更新，高标准实施洪泽湖东路改造等重点工程，新改建"五园十一路"，城开大厦主体封顶，实施棚改68万平方米，新增公园绿地12万平方米。加快乡村全域振兴，谋划"三片四带"振兴格局，启动来龙小城市建设，农房改善项目新竣工8个、3000套，白鹿湖社区被确定为全国红色美丽村庄建设试点，袁家村试运营。加快文明全域创建，构建区级主责、社区主力、群众主角的创建体系，社会文明程度保持全省第一方阵。幸福宿豫建设不断深化。大力推进创业就业，新增城镇就业9000人。实施新一轮教育布局优化工程，新建玉泉山路初中、昆仑山路小学等学校5所，合作办学不断深化，"双减"政策全面落实；市中医院实现与省中医院合作办医，市中医院改扩建工程、大兴区域医疗卫生中心建设有序推进。生态环境质量大幅提升，$PM_{2.5}$浓度降至38.8微克/米^3、空气优良天数比率达78.3%，国省考断面平均水质达Ⅲ类。全面从严治党纵深推进。扎实开展"两在两同"建新功行动，集成推进党群服务中心功能"四提一创"；实施"345"意识形态管理提升工程，牢牢把握意识形态工作主导权；启动新一届区委首轮巡察，教育、医疗等民生领域专项治理取得明显成效；大力弘扬"三真三实"作风，探索负面清单靶向监督机制，全力整治旧理念、碎片化、粗线条、低标准、守成式、慢速度、推诿办、等事干等"八种作风问题"，干部精神面貌持续改观、干事创业活力持续增强。

开局展现新气象，起步彰显新成效。2021年的成绩是在宏观环境日趋复杂严峻、全国经济下行压力不断加大的形势下，通过全区上下艰苦努力取得的。一年的探索实践，让我们深深地体会到：唯有实干担当才能担负时代重任。习近平总书记赋予江苏"三大光荣使命"，是对江苏现代化建设的精准把脉、科学定向。我们必须紧密结合宿豫实际加以贯彻落实，围绕区党代会确定的目标任务，始终将责任和担当扛在肩上，在压力面前不退缩、困难面前不放弃、责任面前不推脱，全力克服各种不稳定不确定因素，才能更好肩负时代重任，走好宿豫现代化建设之路。唯有改革创新才能激发强劲动能。省委、省政府赋予宿迁建设"四化"同步集成改革示范区重大政治任务，是宿迁落实新发展理念、推动现代化建设的有效路径、具体实践。我们必须用好改革"关键一招"，立足实际、抢抓机遇、扭住关键，加强前瞻性思考、全局性谋划、战略性布局，坚持改革开放，强化系统集成，创新体制机制，才能更好破除发展瓶颈、赢得发展先机。唯有开拓进取才能加快争先步伐。市委、市政府要求我们建设中心城区"半壁江山""当好先行军"。我们必须提高政治站位，坚持跳出宿豫看宿豫，自觉在更大格局中谋划宿豫发展，以钉钉子精神一件接着一件办、一年接着一年干，才能在经济发展、创新驱动、城市建设、乡村振兴、民生改善等各领域创造更多领先优势，既为宿豫一域争光，更为全市、全省高质量发展大局增色添彩。唯有团结奋斗才能增强发展合力。现代化建设任务艰巨而繁重。我们必须弘扬伟大建党精神，坚持和加强党的全面领导，发挥好区委总揽全局、协调各方，区政府狠抓落实、强力推进，区人大、区政协围绕中心、服务大局的作用，始终同人民群众想在一起、干在一起，风雨同舟、同甘共苦，鼓足干劲、奋勇前行，才能凝聚起推动"两高一先"战略强大合力，不断在新征程上创造新的更大辉煌。

在肯定成绩同时，也要清醒地认识到，当前面临的困难挑战明显增多，宿豫发展不平衡不充分问题仍然突出：与"当好先行军"目标比，经济转型发展面临扩量提质双重压力；与"半壁江山"责任比，城市空间不大，功能品质有待进一步提升，生态环境质量仍需不断改善；与"共同富裕"追求比，群众收入、社会事业发展水平不高，城乡融合和一体发展任务仍然艰巨；与"全面从严治党"要求比，少数党员干部作风和能力与新时代新任务不相适应。

二、坚持以新理念引领发展，全力推进现代化建设行稳致远

2022年是中共二十大召开之年，是奋进全面建设社会主义现代化国家新征程的关键之年。中央、省委经济工作会议深刻分析了当前国内经济形势和国际经济环境，提出做好经济工作的总体要求、主要目标、政策取向，阐述了事关经济发展的根本性、战略性、全局性重大理论和实践问题。省、市党代会也分别谋划了全省、全市未来五年发展宏伟蓝图、奋斗目标和主要任务。在此基础上，市委全会准确把握新形势、新任务、新要求，科学系统确定了2022年发展目标、攻坚路径、重点工作。我们要始终牢记"国之大者"，全面落实上级各项部署，努力创造更多人民群众认可、经得起历史检验的时代业绩。做好2022年工作，总体要求是：坚持以习近平新时代中国特色社会主义思想为指导，全面贯彻中共十九大和十九届历次全会精神，深入贯彻总书记对江苏工作重要指示精神，弘扬伟大建党精神，坚持稳中求进工作总基调，完整准确全面贯彻新发展理念，以推进高质量发展为主题，以改革创新为根本动力，以促进共同富裕为奋斗目标，统筹疫情防控和经济社会发展，统筹发展和安全，扎

实做好“六稳”“六保”工作，紧扣“两高一先”发展战略，实施项目引建、城市更新、乡村振兴、民生改善、集成改革“五大攻坚”和党建引领、能力本领、作风效能“三大提升”行动，奋力推动宿豫现代化建设跨越赶超，以优异成绩迎接党的二十大胜利召开。主要预期目标是：地区生产总值、一般公共预算收入分别突破400亿元、40亿元；全体居民人均可支配收入增长9.5%以上，单位经济生产总值能耗降低、主要污染物减排等指标全面完成省、市目标任务，主要经济指标增速高于苏北十七区平均值。重点把握几个方面要求：

*必须坚持稳中求进。*坚持以经济建设为中心是党的基本路线要求。我们必须把握政策导向，既要着眼经济社会政治各方面各领域，稳住基本盘；也要努力以质量、结构、效益等各方面的“进”，推动实现全局工作的“稳”。特别是在经济领域，要更加聚焦“进”的导向、突出“快”的追求。要把引增量作为支撑点。针对重大项目储备少、转化慢等问题，强化项目为王导向，优化项目工作机制，打通项目招引转化的一切梗阻，培育更多新的增长点。要把提质量作为发力点。针对主导产业偏重、质态不高等问题，把创新作为第一动力，深入实施创新驱动战略，全面提升产业基础高级化和产业链现代化水平，打造苏北创新发展高地。要把扩总量作为落脚点。针对经济总量不大、产业体量偏小等问题，按照强龙头、补链条、抓集群思路，坚定不移加快产业链培育，做大做强“五群十链”，争取经济总量全市占比逐步提高。

*必须突出共同富裕。*共同富裕是社会主义的本质要求，是中国式现代化的重要特征。我们要把促进共同富裕作为为人民谋幸福的出发点和落脚点，正确把握实践路径，脚踏实地、久久为功，加快建设幸福宿豫。要聚焦“富裕”的目标。在推进经济社会高质量发展同时，强化就业优先导向，完善重点群体就业支持体系，给更多人创造致富机会，全力解决群众收入不高问题。要丰富“共同”的内涵。加快健全公共服务体系、发展公共文化事业、提高“衣食住行康养育”水平，推动精神富有、文化富足与物质富裕同步提升，有效满足人民群众多样化多层次多方面美好生活需求。要把握“渐进”的节奏。把共同富裕总目标分解为一个个阶段目标、落实为一项项具体任务，坚持尽力而为、量力而行，把民生实事一件一件办好，让人民群众每年都有新的获得感。

*必须加强统筹协调。*坚持统筹协调、系统观念是经济社会发展必须遵循的原则。我们必须把握发展规律，学会“十个指头弹钢琴”，努力在协调并进中增强整体发展效能。要统筹全面与重点。把握面上均衡，科学推进现代化建设各项工作，争取每个领域都有标杆，努力创造更多的“第一”“唯一”，争取更多的“领先”“率先”。要统筹城市与乡村。积极顺应新型城镇化发展趋势，不断探索农房改善、农民进城、人才下乡等新机制，一体推动城市全面更新与乡村全域振兴，加快城乡融合，着力解决发展不平衡不充分问题。要统筹发展与安全。强化底线思维，提高现代化治理能力，有效应对发展中两难、多难问题，着力做好疫情防控，科学处置金融、生态、安全生产、社会稳定等领域风险，形成发展和安全相互促进的良好局面。

*必须强化克难攻坚。*当前，我国经济发展面临需求收缩、供给冲击、预期转弱三重压力，经济下行压力加大。同时，区内发展积累的存量问题尚未完全处置到位，推进现代化建设也必将面临一些可以预见和难以预见的风险挑战。因此，区委把今年确定为“十四五”发展攻坚之年，重点实施“五大攻坚”行动。要保持攻坚定力。坚持目标导向、问题导向、效果导向，针对制约发展的重点难点，自我加压、全面提标，坚决做到方向不偏、劲头不松、力度不减。要建立攻坚机制。坚持区领导统筹调度、责任部门牵头推动、其他单位协同配合，增强攻坚合力，努力把客观存在的薄弱点，变为后来居上的转折点、创先争优的竞争力。要落实攻坚责任。各相关责任单位要强化攻坚意识，尽快研究制定攻坚行动实施方案，明确攻坚措施、落实攻坚项目，确保圆满完成攻坚任务，为加快宿豫现代化建设奠定坚实基础。

三、坚持以新作为展现担当，奋力攻坚现代化建设重点关键

*（一）增强看家本领，构建工业经济新格局。*把实体经济作为看家本领，持续实施产业培育和招商引资“双百”突破工程，壮大产业规模、提升产业效益。打造更优地标产业。实施产业强链三年行动计划，科学编制产业发展规划，“一链一策”推动主导产业做强、传统产业做优、新兴产业做大，规上工业总产值突破500亿元，加快有机新材料、绿色食品、化学纤维等产业链突破百亿级。促进数字经济与实体经济深度融合，推动工业互联网创新发展，力争数字经济规模和增速苏北领先。招引更优质态项目。坚持产业链招商，提高专业化、精准化水平；推动全员全域全年招商，营造比学赶超浓厚氛围，掀起新一轮招商热潮，招引顶天立地的龙头型项目、铺天盖地的科技型项目，新引进百亿级项目1个、50亿元以上项目4个，逸达新材料二期、中玻新能源、龙创智能等重大产业项目加快推进。培育更优骨干企业。深入实施“5321”工程，坚持分类建库、分档施策、分层推进，加强企业梯度培育，推动更多企业加快数字化、智能化、绿色化转型，切实打造一批掌握标准制定权、行业话语权、市场主导权的链主企业，培育更多上市企业、行业“单项冠军”和专精特新“小巨人”。营造更优营商环境。坚持人人都是营商环境、事事关系营商环境的理念，把主动靠前服务、及时跟进服务、精准精细服务贯穿到项目建设、企业发展全过程，确保项目招引、转化、服务走在全市前列，打响“豫满意”服务品牌。各工业园区要整合资源，构建综合管理、招商引资、帮办服务三大工作机制，为各类优质项目提供全方位要素保障、全生命周期政策支持、全流程长效服务，切实以最高标准、最好水平打造最优政务服务。

（二）深化改革创新，厚植区域发展新优势。大力传承“敢为天下先”的精神，切实把改革创新基因注入现代化建设各领域全过程。以舍我其谁的勇气当好改革先行军。用足用好省、市“四化”同步集成改革有关政策，围绕“一方案两清单”，加大政府职能转变、社会治理、民生改善等领域改革力度，持续深化政务服务“一窗”改革、企业上市“春笋计划”等重点改革探索，打造更多原创性、引领性、标志性改革成果，争取更多具有示范带动作用、能够破除路径依赖的省级以上改革试点项目，打响宿豫改革品牌。以义不容辞的责任建设创新主阵地。围绕创新型示范县区建设，加快宿迁高新区核心区创新中心等科创平台建设，打造宿迁高新区科创走廊；突出企业创新主体地位，启动创新能力“翻番行动”，加强政产学研合作，提升“一城一园一镇”科技综合体运营质态，构建“一产一院”创新体系，国家级科技企业孵化器实现“零”的突破，高新技术产业产值占比超过50%，新引进“卡脖子”技术领域领军人才10人以上。以当仁不让的气概打造开放新高地。拓展区域互通，实施交通“五大工程”，全力保障潍宿高铁、宿连航道、宿连高速等重大交通工程建设，加快省道S346建设、省道S325改造，启动陆集临港产业园、来龙新港新材料产业园建设，推动京东物流平行总部实体化运行，大力发展枢纽经济；拓展线上互联，启动数字经济商务区建设，全方位加强与京东集团合作，电商网络销售额突破千亿元；拓展南北合作，推动张家港宿豫工业园区“拓园+飞地”发展，承接更多南北挂钩转移优质项目；拓展对外合作，支持重点企业开拓国际市场，引导外资参与产业补链延链强链，推动外资外贸实现更大突破。

（三）提升品质内涵，建设现代城市新样板。坚持“六精”理念，实施城市更新“八大工程”，提升城市品位，打造宿迁城市现代化示范窗口。致力建设水美城市。扎实推进中运河、六塘河、运河外湾景观提升，围绕洪泽湖东路、江山大道合理布置城市生态水泡，实施金沙江河、牡丹江河等综合治理工程，推动形成以水串城、清水绕城的滨水特色，着力打造一批全市标杆的海绵城市建设示范项目。致力建设缤纷城市。按照“移步换景”要求，科学布局城区各板块主要节点、重点部位景观，全力推进西楚大道绿廊、尚阳湖公园、金沙江路南延等“八园八路”建设，加强主次道路两侧绿化改造提升，打造一批各具特色、精品精致的公园绿地，形成三季有花、四季常绿的景观廊道。致力建设品质城市。推进高铁新城、“金三角”等重点片区开发，稳步开展城市北部片区、华东农贸市场等地块征收，高标准实施电商综合服务中心、城东汽车城、政务服务中心等重点工程，大力繁荣核心商圈及特色街区经济，有序改造提升老旧小区，统筹推进地下管网提档升级、道路杆线入地，不断彰显现代城市品质。致力建设韧性城市。高标准运行区域治理现代化指挥中心，加快实现“一网管全域”，完善联动闭环处置机制，健全城市安全风险监测预警工作体系，提升城市精准治理能力。实施城区雨水调蓄截流、积水点排涝整治工程，提升城市排水防涝能力。加快特勤消防站、防汛物资储备仓库建设，完善防灾减灾救灾应急体系，提高城市风险防御能力。

（四）坚持优先发展，彰显乡村振兴新气象。始终把“三农”工作放在重中之重位置，把更多资源和力量优先投向农业农村。全面推动产业兴。围绕创建全国农业现代化示范区，全面启动京东全国乡村振兴示范基地建设，以现代农园核心区为牵引，以京东农业科技示范园、粮食物流园等为支撑，以袁家村、杉荷园、梨园湾等为带动，打造中心城市东郊都市农业公园；大力推进稳产保供，“一片一核”打造百亿级绿色食品产业链，创成国家农产品质量安全县区。全力推动镇域强。坚持把镇区作为城乡融合重要节点，树立经营城镇理念，坚持“一镇一策”强化政策支持，持续深化“1+5”精品建设工程，大力推进品牌地产、知名商业等进驻，不断提升镇区内涵品质、集聚能力和带动效应，着力打造现代化特色精品城镇，推动来龙建设小城市标杆典范、大兴建设一流产业强镇、新庄建设“四化”同步集成改革示范镇。全域推动乡村美。启动农房改善“145”计划，稳步推进农村散乱村居搬迁，新启动农房改善项目7个、搬迁改善不低于1万户。一体提升“水路林田居产景”，全面消除农村黑臭水体，持续推动农村公路提档升级，大力实施新一轮高标准农田建设，深入开展来龙灌区现代化改造，全面改善农村生产生活条件。大力发展乡村旅游产业，培育省道S268、幸福大道等精品旅游线路，打造一批“农业+康养”“农业+体验”示范镇村，努力建设令人向往的美丽田园。

（五）优化“三生”空间，展现美丽宿豫新面貌。践行绿色发展理念，加快推进生态经济化、经济生态化，全面优化“三生”空间。打造更为集约高效的生产空间。开展园区升级改造一年大会战行动，推进功能完善、形象提升和空间拓展，新建标准化厂房超过200万平方米。探索宿迁高新区“区园一体化”机制，加快系统重塑，推动旧貌换新颜，“国考”、“省考”前进不低于10个位次，加快一流国家级高新区建设步伐；加快宿迁生态化工科技产业园转型升级、创成省化工园区；推动张家港宿豫工业园区省考持续进位、创成省级特色园区；支持乡镇工业园区争创市级高新区。加快发展绿色低碳产业，建立企业综合效益评价体系，持续淘汰落后产能，全年清理整治低效工业用地200万平方米。打造更为宜居舒适的生活空间。从大处着眼，围绕空间布局、空间功能、空间秩序、空间内涵四大领域，全面深化城乡公共空间治理，大力开展人居环境整治提升，持续推进违建拆除、街巷整治、资源回收等工作，全力打造规范干净有序安全的生活空间。从小处入手，深化综合执法进小区，全面提高城市小区物业管理水平，探索新型农村社区物业管理模式，持续开展村庄清洁行动，加快提升宜居指数。打造更为绿色美丽的生态空间。坚决打好污染防治攻坚战，围绕“双控双减”，聚焦重点区域、重点行业、重点时段，强化散乱污企业、工业废气等专项整治，空气优良天数比例达81%以上；严格落实河长制，坚持保好水、治差水、排尾水“三水统筹”，确保国省考断面水质优Ⅲ比例稳定达标。启动国土绿化三年行动，建设六塘河城市森林公园、乡镇主题公园，构建层次分明的绿色生态空间。

（六）围绕共同富裕，增进民生改善新福祉。坚持以人民为中心的发展思想，围绕民生“七有”目标，加快补齐民生短板，推动共同富裕取得更为明显成效。长效推进富民增收。把提升收入水平作为民生改善最直接举措，实施“四项惠民”工程，不断促进就业“量”的扩大和“质”的提升，突出抓好退役军人、技能人才、高素质农民等重点群体就业创业，城镇登记失业率控制在3%以内。开展富民强村帮促行动，实施农民收入十年倍增计划，健全联农带农利益联结机制，持续巩固拓展脱贫致富奔小康成果。聚力优化公共服务。开展教育提质培优行动，完成宿豫中学改扩建工程，玉泉山路初中、黄山路初中、昆仑山路小学建成投用，启动宿豫高级中学、燕山路初中等8所学校建设，深化合作办学，打造“学在宿豫”品牌。市中医院完成改扩建，宿迁高新区人民医院投入使用，区妇幼保健院启动建设，大兴区域医疗卫生中心主体完工，积极谋划建设三级综合医院，加快构建“4+6+N”公办医疗卫生服务体系。优化公共文化服务供给，加快建设“一馆两中心”，打造大运河文化带宿豫段“文化地标”，争创省级“书香城市”示范区。切实织密保障网络。实施全民参保计划，开展社保扩面“幸福行动”，推动城乡居民应保尽保。更加关注“一老一小”，探索养老服务片区集中供养模式，大力发展普惠安全的社区托育服务，落实全面三孩生育政策，努力提升老有所养、幼有所育水平。新建“幸福之家”工程，完善救助保障体系，坚决兜住困难群众基本生活底线。坚持“房住不炒”，加快保障性安居项目建设，促进房地产市场平稳健康发展。启动城北水厂建设，优化城市水源结构、提升供水保障能力。

（七）突出共治共享，释放社会治理新效能。全面推进治理体系和治理能力现代化，着力构建共建共治共享的社会治理格局，努力实现高质量发展和高效能治理的良性互动。持续深化文明城市创建。实施全国文明城市内涵提升三年行动，全域、全员、全方位推进文明创建，引导群团组织、社会组织和志愿者共同参与，加快构建完善新时代文明实践圈，扎实推进价值引领等“八大典范创建行动”，打造全域文明创建样板区，确保社会文明程度保持全省第一方阵。慎终如始抓好疫情防控。时刻绷紧疫情防控这根弦，压实“四方责任”、落实“四早要求”，加强中高风险地区来人排查监管，严把各类输入关口，全面提高全员核酸检测、流调溯源、医疗救治、院感防控能力，加强疫苗接种，织密织牢“外防输入、内防反弹”防控网。坚决守住安全生产底线。以打好安全生产专项整治三年行动收官战为抓手，深入开展安全生产“精准执法年”活动，持续深化危化品、道路交通、建筑施工、城镇燃气等重点行业领域专项整治，加强安全生产基础建设，大力推进信息化手段应用，全面提升企业本质安全水平，坚决防范和遏制重特大事故发生。全力维护社会和谐稳定。深化风险防控，全面排查化解重点企业、房地产、金融等方面风险隐患，坚决防范化解政府性债务风险；深化平安建设，常态化开展扫黑除恶专项斗争，严厉打击各类违法犯罪；深化法治建设，扎实开展“八五”普法工作，建成宿迁运河品牌电商法治保障中心，打造“电商+法治”品牌；深化“信访突出问题攻坚化解年”行动，完善信访诉求“分级负责”和矛盾纠纷“多元化解”机制，营造和谐稳定社会环境。

四、坚持以新要求全面从严治党，不断筑牢现代化建设政治保障

走好现代化建设赶考之路，关键在党，关键在人。必须坚持和加强党的全面领导，全面贯彻新时代党的建设总要求，弘扬伟大建党精神，纵深推进党建“五强”工程，更好担负起履行新使命、谱写新篇章的时代重任。

永葆绝对忠诚的政治品格。始终把党的思想政治建设摆在首位，坚持不懈用习近平新时代中国特色社会主义思想武装头脑，深入学习贯彻党的十九届六中全会精神，深刻领悟、自觉落实“两个确立”的伟大意义和实践要求，不断增强“四个意识”、坚定“四个自信”、做到“两个维护”，始终在思想上政治上行动上同以习近平总书记为核心的党中央保持高度一致。持续巩固拓展党史学习教育成果，自觉践行中国共产党人精神谱系，将伟大建党精神融入血脉、铸入灵魂。全面贯彻落实民主集中制，完善党委（党组）集体议事规则、决策程序，严格执行新形势下党内政治生活的若干准则，增强党内政治生活的政治性、时代性、原则性、战斗性。严格落实意识形态工作责任制，推动宣传思想工作守正创新，提升理论引领力、舆论引导力，鼓舞全区上下团结一心朝着现代化建设新目标奋勇前行。

锻造全面过硬的战斗堡垒。完善上下贯通、执行有力的组织体系，切实巩固党的执政根基。强化基层组织提标。实施基层党建“五聚焦五落实”深化提升行动，抓好党支部“标准+示范”建设，开展“十强”村（社区）、“示范”村（社区）评选，持续实施基层党建“书记项目”，常态化整顿软弱涣散基层党组织，推动基层党组织全面进步、全面过硬；统筹国企、机关、非公企业、社会组织等领域党建，不断扩大党在新兴领域和新就业群体中的影响力、号召力。强化基层队伍提质。加强党员队伍管理，选优配强基层党组织带头人，加强村干部专职化、社区工作者职业化、“两新”组织党务工作者专业化建设，提升党员基层干部队伍建设水平，更好带动群众投身现代化建设伟大实践。强化党建品牌提效。全面推广“一委两站五岗”“把支部建进小区”等特色做法，加强“链主企业党建示范点培育”，实施“一支部一品

牌一队伍”创建工程，探索更多基层党建引领乡村振兴、社会治理、经济发展的创新举措，切实将组织优势转化为发展优势、治理优势。

打造堪当重任的中坚力量。党员干部是事业发展的中坚力量，也是全面从严治党的关键少数，必须始终坚持高标准、严要求。坚持“人事相宜”抓好干部选用。坚决落实新时代好干部标准，构建立体化知事识人体系，精准选人用人，大力推进年轻干部培养使用，有序推动党政机关、国有企事业单位之间干部合理流动，真正把能实干、出实效、有实绩的干部选出来、用起来。坚持“精准滴灌”提升能力本领。围绕增强“八个本领”、提高“七种能力”，实施新时代干部现代化建设能力提升工程，加强领导干部思想淬炼、政治历练、实践锻炼、专业训练，全面锻造一支充满激情、能扛重活、敢打硬仗、善抓难事的干部队伍。坚持“严管厚爱”强化监督管理。实体化运行干部担当作为监督管理中心，探索设立干部“辛苦指数”，突出正向激励主基调，用好提醒、函询等手段，深化“三项机制”与管理监督、考核奖惩等政策无缝对接，全面激发干部干事创业、担当作为的精气神。

厚植正气充盈的政治生态。把作风建设作为全面从严治党的切入点和突破口，以作风效能提升破题开路，持续夯实干事之基、动力之源、发展之本。拧紧责任链条。聚焦重大经济活动、重大民生保障、重大改革事项等，突出抓好政治监督、日常监督，推动主体责任和监督责任贯通联动、一体落实；协同推进纪律、监察、巡察、派驻“四项监督”，充分发挥巡察利剑作用，高质量推进新一轮区委巡察全覆盖。深化作风整治。大力弘扬“三真三实”作风，持之以恒纠治“八种作风问题”，高标准、高效率把上级部署和区委、区政府工作要求抓紧抓实抓出成效；大兴勤政为民之风，融合推进“我为群众办实事”实践活动和“两在两同”建新功行动，真正做到想群众之所想、解群众之所难。坚决惩治腐败。始终保持正风肃纪高压态势，一体推进不敢腐、不能腐、不想腐，加大对权力集中、资金密集、攸关民生等领域反腐力度，坚决查处基础设施建设、项目审批、公共资源交易等方面的腐败问题，正确把握和运用监督执纪“四种形态”，实现政治效果、纪法效果和社会效果有机统一。

为提升全面从严治党成效，保障各项攻坚任务顺利实施，同步开展党建引领、能力本领、作风效能“三大提升”行动，激发广大干部勇担时代之责、树立领先之志、提升解题之能。请组织部、纪委监委牵头，制定“三大提升”行动实施方案，明确具体措施，引导党员干部坚定不移抓执行、全力以赴抓推进、雷厉风行抓落实，确保各项工作任务落到实处、取得实效。

新征程承载新使命，新使命呼唤新作为。让我们更加紧密地团结在以习近平总书记为核心的党中央周围，全面贯彻习近平新时代中国特色社会主义思想，坚决扛起使命担当，加快实现跨越赶超，为高水平推进“四化”同步、高质量建设“四个宿豫”，全力当好全市经济社会发展先行军作出新的更大贡献，以优异成绩迎接党的二十大胜利召开！

区人大常委会工作报告

——在宿豫区第十八届人民代表大会第一次会议上

区人大常委会主任　袁昌华

2022年1月13日

2021年工作和过去五年履职回顾

2021年，是“十四五”开局之年，也是全区上下凝心聚力，在现代化建设新征程上实现新跨越的关键之年。一年来，区人大常委会在区委的坚强领导下，深入贯彻中共十九大和十九届历次全会精神，紧紧围绕区委十三届二次全会的决策部署，践行全过程人民民主，紧盯全区经济社会发展重点，依法履职行权，为推动建设“四个宿豫”作出积极努力。

2021年，我们坚持党的领导，立足发展大局，确保区委各项决策落到实处

常委会旗帜鲜明讲政治，把党的领导、人民当家作主、依法治国有机统一落实到人大各项工作之中。紧盯重点，依法决定重大事项。围绕“两高一先”工作目标，坚持抓大事、议大事，依法主动作为。十七届人大五次会议审议通过《2020年国民经济和社会发展计划执行情况》等相关报告，依法批准“十四五”规划和2021年国民经济社会发展计划，为事关全区发展大局的重点工作顺利推进提供坚强保障。严格程序，及时做好人事任免。坚持党管干部和人大依法任免干部相统一的原则，依法行使好人事任免权，确保实现区委的组织意图。全年依法任免国家机关工作人员51人次。服务大局，投身重点工作。按照区委要求，区人大常委会安排精干力量参加招商引资、乡村振兴等全区重点工作，强化责任担当，做好相关工作。

2021年，我们坚持问题导向，聚焦关键环节，着力推动区域经济高质量发展

聚焦园区建设。常委会坚持以提高园区发展质量和竞争力为中心，围绕大会一号议案，对29家单位和园区开展工作评议，促进高新区不断优化产业结构，提高建设和配套水平，全面彰显“高、新”优势。聚焦项目招引。始终把项目招引工作作为推动“四个宿豫”建设的重要抓手，专题调研全区招商引资工作开展情况，提出要创新方式方法、优化项目招引定位和完善项目帮服机制等意见建议，推动招商效果最大化。聚焦股改上市。针对推动企业股改上市的整体合力不足、扶持激励的政策体系不完善等问题，督促区政府研究解决。不断凝聚工作合力，营造良好的企业股改上市环境。聚焦安全生产。结合前期视察情况，专题询问了全区安全生产工作，区应急管理局、区市场监督管理局等单位接受常委会组成人员、人大代表、群众代表现场询问，相关问题会后得到及时整改，收到了良好效果。

2021年，我们坚持科学引领，矢志拉长补缺，全面提升城乡建设水平

关注城市建设。聚焦城市道路建设情况，督促解决道路建设中杆线入地难、土地征收慢、排水功能差等问题，推动城市道路建设水平不断提升。关注乡镇建设。以平安乡村建设为抓手，专题视察全区“平安乡村·小管家”建设情况，推动加快农村社会治安防控体系信息化、智能化建设。关注“三农”配套设施建设。围绕农田水利等基础设施建设，视察来龙灌区“十四五”规划续建配套和现代化改造项目，督促相关责任部门加快项目建设、加大项目投入力度、抓好水利设施保护，确保项目按照时间节点要求高质量推进。

2021年，我们坚持以人为本，关注民计民生，不断提高群众生活质量

围绕办好人民满意的教育，视察全区普惠性幼儿园建设情况，深入了解全区城乡幼儿园建设工作现状，提出加强教育资源供给、提高教学质量、完善管理机制、加大硬件投入等建议。回应群众就医需求，调研全区公共卫生服务体系建设情况，推动解决医疗卫生专业人才不足、应急反应能力不强等问题，不断提高公共卫生服务质量和水平。助力养老服务改善，听取并审议全区养老服务体系建设情况报告，督促区政府加快医养融合、加强运行管理、加大资金投入，切实提高全区养老服务质量。关注城乡环境改善，对全区垃圾转运体系组织专题调研，实地查看居民小区和垃圾转运站相关工作开展情况，提出要全面宣传、优化布局等建议。聚焦乡村产业振兴，结合十七届人大五次会议大会二号议案，对全区农旅融合发展组织专题调研，推动农业特色发展，用一二三产的融合发展带动农民增收，让发展红利惠及最广大人民群众。

2021年，我们坚持法治宿豫，严格法律监督，持续推进依法治区进程

严格监督法律执行工作。先后对《固体废物污染环境防治法》《种子法》《工会法》《就业促进法》等法律法规执行情况进行检查，切实掌握各项法律法规在贯彻实施中存在的问题和薄弱环节，对法律法规的全面贯彻执行提出具体工作建议。严格监督司法机关工作。先后视察了区法院“一庭一品牌”创建、区公安分局警务工作站建设、区检察院认罪认罚从宽工作开展情况，督促司法机关公正司法，为“四个宿豫”建设提供坚强司法保障。严格监督信访工作。高度重视群众的来信来访接待工作，不断探索和改进信访接待和处理的方式方法。2021年，共受理人民群众来信13件次、来访14人次。

2021年，我们坚持依法依规，周密组织部署，确保人大换届顺利完成

常委会在区委的领导下，精心组织区乡两级人大换届选举工作。加强换届选举领导。第一时间向区委专题汇报上级换届选举工作会议精神，召开全区换届选举工作会议，对区乡两级人大换届选举工作进行全面部署，出台换届选举工作意见，对换届选举工作人员进行专门培训。夯实选举工作基础。明确区乡人大换届选举的区领导联系点和指导组，加强对区乡人大换届选举工作的领导和指导；按照省市人大的时间要求和工作步骤安排，对换届选举工作制定了详细的每一个阶段任务和日程安排，定期印发换届选举工作简报，对出现的一些问题和矛盾及时进行会办。强化具体业务指导。对各阶段工作的具体操作和注意事项进行专项部署和安排，同时召开区直单位选区工作协调会，对各单位具体责任予以明确，确保指导到位。加强对外联系沟通。统筹做好湖滨新区和托管乡镇换届选举工作，统一认识，明确职责。加强对托管单位换届选举工作的领导，并组建专门指导组进行联系指导。在区委领导下，全区上下共同努力，顺利完成换届选举工作，本次换届选举共选出区人大代表264名，乡级人大代表588名；截至1月3日，全区所有乡镇均顺利召开乡镇人民代表大会。

自2017年换届以来，是宿豫发展史上极不平凡的五年。面对百年之未有大变局和世界疫情，面对“强富美高”全面小康新宿豫建设使命，区十七届人大常委会在区委的坚强领导下，坚持以习近平新时代中国特色社会主义思想为指导，深入贯彻中共十九大和十九届历次全会精神，不忘初心、牢记使命，着力化人大优势为治理效能，为推进区域治理体系和治理能力现代化作出积极贡献。

过去的五年，常委会坚持党的全面领导，以更高站位把牢正确政治方向

坚持党的领导是最高的政治原则，只有毫不动摇地坚持党对人大工作的全面领导，才能确保人大工作行稳致远、笃定前行。五年来，常委会坚持不懈加强理论武装。深入学习习近平新时代中国特色社会主义思想和习近平总书记关于坚持和完善人民代表大会制度的重要思想，全面贯彻中共十九大和十九届历次全会精神，深入贯彻中央人大工作会议精神，践行全过程人民民主，加深对新发展阶段、新发展理念、新发展格局的理解把握，确保党的基本理论、基本路线、基本方略在人大各项工作中得到全面贯彻。五年来，我们扎实推进党的群众路线教育实践活动、“三严三实”专题教育和“两学一做”学习教育，深入开展“不忘初心、牢记使命”主题教育，切实抓好党史学习教育，赓续红色血脉，凝聚奋进力量。五年来，常委会坚持在区委领导下依法开展工作，认真执行向区委请示报告制度。五年来，先后就重要会议、重要活动、重点工作以及人大换届选举等提交请示报告80余次。围绕区委中心工作依法讨论决定重大事项，就全区经济社会发展、疫情防控、民生民计、生态环保等作出决议决定33项。五年来，常委会始终坚持党管干部和人大依法任免干部相统一的原则，依法任免国家机关工作人员272人次，保证区委人事安排意图的顺利实现。

过去的五年，常委会致力增强监督刚性，以有力有效监督助推“一府一委两院”工作

监督工作只有切实找准区委中心工作和重大决策部署的切入点和着力点，并赋以高效监督方式和载体才能让监督工作更具深度、更见实效。五年来，常委会恪守人大监督的政治定位、法律定位，坚持围绕中心、服务大局、贴近民生，寓支持于监督之中，切实将监督压力转化为推动工作的动力。

*创新监督方式。*突出制度建设和制度执行，不断完善组织制度、工作制度和体制机制。立足问题导向，建立“询问—会办—督办”工作机制；围绕项目建设，建立项目建设人大常委会督办机制；针对财政预算、国有资产监管等工作，制定出台《宿豫区人大常委会关于审计查出问题整改工作的监督暂行办法》等6项制度，建成完善预算联网监督系统，进一步提高监督质效。

*拓宽监督范围。*常委会在不断创新改进监督方式的同时，更加注重监督工作的覆盖面，切实提高监督质量。五年来，围绕区委中心工作，在工业经济、乡村振兴、重点项目、民生保障、环境保护、公正司法等各个领域开展调研、视察、执法检查153次，其中对财政运行、基础教育、招商引资、园区建设、乡村振兴、医疗卫生、环境保护等群众关心的热点开展多次监督；召开专题询问会5次，工作评议会5次，共涉及117个乡镇（街道）和“一府一委两院”的部门单位；听取“一府一委两院”组成部门负责人履职报告42次。

*提升监督刚性。*建立工委兼职委员和专家组制度，从法律层面、专业层面、技术层面听取意见建议，提高监督的科学性。加强跟踪督办，在听取常委会审议意见落实情况报告的同时，安排相关工委对常委会审议意见整改落实情况进行跟踪督查，并进行满意度测评。同时，将落实人大常委会决议、决定情况纳入常委会任命人员任后监督的评价体系，倒逼相关部门在整改落实上履职尽责，确保监督成果转化为扎实成效。五年来，共听取“一府一委两院”关于常委会审议意见落实情况报告68次，并进行满意度测评，2家单位先后被列入跟踪问效。

过去的五年，常委会始终坚守人民立场，以为民履职实效彰显代表价值

江山就是人民，人民就是江山。只有坚持为民用权、依法用权、阳光用权，才能提高人大工作的社会认可度和群众满意度。五年来，常委会注重把握代表工作的特点和规律，尊重代表主体地位，倡导并推动落实“代表是荣誉和信任，更是职务和责任”的理念，建机制、促履职、增活力。

*密切代表同人民群众的联系。*发挥代表来自人民、植根人民的优势，支持代表深入基层了解社情民意，及时回应群众愿望呼声，当好人民代言人，认真倾听群众诉求，积极帮助协调解决问题。坚持常委会组成人员联系代表、代表联系选民制度，通过开展“主任接待日”“四联四助”主题实践活动，组织“千名代表听百案”等多种途径，加强与代表的联系，激发代表的履职热情。全面完成本届市人大代表向常委会报告履职情况、区乡两级人大代表向原选举单位报告履职情况的工作。

*支持代表依法履职尽责。*开展代表履职培训活动，五年来累计培训代表1500多人次。邀请代表500余人次参加执法检查、视察调研、座谈论证等活动。出台和完善支持代表履职相关制度9项，根据《宿豫区人大常委会关于实施政府民生实事项目人大代表票决制的暂行办法》，在每年的人代会上开展“向人民汇报，请代表评议”活动，组织代表对新一年度为民办实事项目计划进行票决，对上一年度民生实事项目建设情况进行满意度测评。五年来，共票决民生实事项目230项，项目实施情况满意率均超过90%。

*提高代表议案建议督办实效。*常委会针对办理工作存在的问题，不断推进议案建议办理从“重答复”向“重落实”转变。修订代表议案、建议、批评和意见办理工作考核办法，完善常委会分管领导督办、区政府分管领导会办的工作机制，对代表议案建议办理工作进行全过程的指导和监督。每年选取部分议案建议进行重点督办，结合议案办理情况适时开展工作评议、专题询问等活动，使代表议案建议办理工作的办成率和满意率不断提高。五年来，共办理代表议案和建议、批评、意见328件。

过去的五年，常委会加强指导力促规范，以提质增能夯实基层人大工作

五年来，常委会坚持系统推进人大工作，把提升基层人大工作水平作为重要的工作内容，多措并举，加强对乡镇（街道）人大工作的指导，让基层人大工作有力有序有为。

*推进基层人大规范化建设。*常委会持续关注乡镇（街道）人大规范化建设，按照“一个载体、三项制度、六个到位”的建设标准，指导基层人大代表活动场所建设水平，完善乡镇人民代表大会制度、乡镇人大主席团例会制度和“一家双联三议事”制度，确保基层人大机构设置、人员配备、经费保障、代表作用发挥、工作机制和信息化建设到位，不断提高乡镇（街道）人大工作的规范化建设水平。

*创新街道人大工作机制。*常委会立足街道人大工作实际，2017年我们

在全省率先创新出台了街道市民代表大会制度。出台《关于建立街道市民代表大会制度（试行）的意见》和《关于街道市民代表大会代表产生的暂行办法》。2021年，我们按照省人大常委会要求，完善出台街道议政代表大会制度。按照乡镇人大代表的条件和要求，推选出议政代表320人。在1月10日前，各街道均召开了第一届议政代表大会。

提升基层人大履职能力。五年来，常委会坚持每年召开基层人大理论研讨会，加强乡镇（街道）人大工作业务指导和交流，将人大工作列入乡镇（街道）年度高质量考核。指导乡镇（街道）人大落实好环境状况报告制度和参与式预算监督制度，加大对乡镇（街道）人大工作人员的业务培训，邀请乡镇人大主席、街道人大工委主任列席区人大常委会会议，参加调研、视察、执法检查、专题询问、工作评议等活动，不断提高基层人大履职能力。

过去的五年，常委会不断加强自身建设，以优良作风展现使命担当

常委会坚持以党的政治建设为统领，扛牢主体责任，持续改进作风，推动党的建设和人大工作全面进步、全面过硬。

全面提高党组织战斗力。常委会注重加强自身建设，党组成员率先垂范、做好榜样，认真做好上级要求的规定动作，从人大工作实际需要不断创新自选动作。增强常委会及机关全体人员为民务实清廉的自觉性，经常开展党性和群众性教育。全面打造高效率工作机制。五年来，常委会结合工作实际对跟踪问效、人事任免、代表视察、专题调研、执法检查、审议报告等37项工作制度进行完善，修订和完善人大常委会机关党的建设、机关工作、后勤管理三大类共17项制度，推动常委会工作机制更加科学规范；完成人大社会建设委、监察和司法委员会组建，机构设置进一步完善。全面锤炼务实过硬作风。五年来，常委会始终把纪律规矩挺在前面，自觉接受群众监督，扎实开展党内法规学习、警示教育、作风提升等活动。严格执行公务接待、公务用车、办公用房等各项规定，筑牢拒腐防变思想防线。大兴调查研究之风，聚焦高质量发展课题及群众关注的热点、难点、堵点问题，深入开展调研，形成109项调研成果，21篇文稿获省市人大表彰，使人大工作更接地气、更聚民意。

今后五年及2022年工作建议

今后五年是宿豫加速崛起的机遇期、爬坡过坎的攻坚期、大有作为的发展期。区十三次党代会提出了建设“四个宿豫”的目标追求，区委十三届四次全会也对新的一年经济社会工作提出了更高的要求。面对新形势、新目标、新要求，要高举中国特色社会主义伟大旗帜，深入学习习近平总书记系列重要讲话精神，特别是习近平总书记视察江苏重要讲话指示精神，全面落实中共十九届六中全会精神，认真落实中央人大工作会议精神，深入贯彻省、市、区党代会精神，坚持正确的政治方向，践行全过程人民民主，认真履行宪法和法律赋予的各项职责，为高水平推进“四化”同步，高质量建成“创新宿豫、开放宿豫、精致宿豫、幸福宿豫”，实现争当全市经济社会发展先行军的目标作出新的更大贡献，以优异成绩迎接党的二十大胜利召开。

一、坚持高举旗帜、把准方向，持之以恒加强党的领导

始终坚持以习近平新时代中国特色社会主义思想为指导，进一步提高政治判断力、政治领悟力、政治执行力，不断增强“四个意识”，坚定“四个自信”，做到“两个维护”。坚持区委总揽全局、协调各方的领导核心作用，坚定不移贯彻区委意图，执行区委决策。坚持重大事项向区委请示报告制度。围绕区委决策部署和工作重点，不断探索推动人大工作与时俱进的新路径新方法，依法履职行权，确保区委的主张通过法定程序成为人民群众的自觉行动，使区委提名推荐的人选通过法定程序成为国家机关的领导人员。

二、坚持紧盯目标、助力发展，从严从实开展人大监督

聚焦区委中心工作，围绕“两高一先”的目标任务，依法行使监督权，准确发现问题，深入分析问题，督促解决问题。围绕加快建设“创新宿豫”，推动全区产业升级和科技综合体建设，提高创新能力，打好助推创新创业组合拳。围绕加快建设“开放宿豫”，对事关对外载体建设、对外产业发展、营商环境改善、核心优势打造等重大事项加大监督力度。围绕加快建设“精致宿豫”，坚持宜居宜业，统筹城乡建设，在推进城市更新、重点板块建设、提升城市治理效能等方面持续用功。围绕加快建设“幸福宿豫”，聚焦“三农”、教育、医疗、文化、养老、就业等相关工作，强化服务供给，持续改善民生。围绕法治政府建设，推进“八五”普法规划实施，关注政府依法行政状况，加强和改进执法检查方式，加强司法工作监督，不断擦亮平安中国建设示范县（区）品牌。

三、坚持强化服务、注重激励，保障人大代表依法履职

充分发挥各级人大代表在实践全过程人民民主中的重要作用，积极探索创新全过程人民民主的基层实践，把人民当家作主具体地、现实地实现到共同富裕的工作上来，认真倾听人民声音、真实反映人民诉求，为事关全区经济社会发展的重点领域和关键环节献计献策。对代表提出的意见建议加大督办力度，切实提升建议办理的办成率和满意率，推动解决民生痛点难点问题，持续增强人民群众幸福感、获得感、安全感。

四、坚持能力过硬、作风优良，打造硬核人大干部队伍

坚持以党的政治建设为统领，切实提高政治站位，推动全面从严治党纵向深入，扎实推进思想、组织、作风和纪律建设，树立忠诚干净担当人大干部队伍形象。统筹推进常委会工作机制创新和制度完善，以制度管人管事，靠机制释放活力。要继续加强乡镇、街道人大工作建设和指导，促进能力提升、工作增效、活力增强。

政府工作报告

——在宿豫区第十八届人民代表大会第一次会议上

代区长 徐 源

2022年1月12日

2021年和本届政府工作回顾

2021年是中国共产党成立100周年和“十四五”规划开局之年。面对严峻复杂的宏观经济形势，我们坚持以习近平新时代中国特色社会主义思想为指导，按照市委赋予宿豫“建设中心城市半壁江山”和“当好全市经济社会发展先行军”的新定位，围绕区委建设“创新宿豫、开放宿豫、精致宿豫、幸福宿豫”的新目标，坚持稳中求进工作总基调，统筹推进疫情防控和经济社会发展，实现“十四五”良好开局。全年实现地区生产总值375亿元、增长9.5%（预计，下同）；完成一般公共预算收入34.87亿元、增长26%，增速位居全市前列；固定资产投资增长6%；实现社会消费品零售总额340亿元、增长15%；全体居民人均可支配收入增长9.6%，进出口总额突破9亿美元。农村人居环境整治、“双创”政策落地等工作获得省级激励支持。

2021年，我们全力应对下行压力，经济保持稳健发展

工业经济稳中提质。6项主要工业指标均保持两位数增长，其中规上工业总产值、增加值分别增长20%、16%，工业固定资产投资增长22%，实现工业开票销售492亿元、入库税收14.6亿元，分别增长25%、35.8%。重点产业链加速集聚，实现产值468亿元、增长23.8%，其中有机新材料、汽车及零部件产值分别增长45.5%、32.4%，增速领跑全市。“5321”工程持续推进，新增开票销售超30亿元企业1家、10亿元企业2家，完成超3000万元兼并重组项目4个，实施千万元技改项目50个。益客集团A股上市通过IPO注册，联盛科技A股上市报会，新培育国家级专精特新“小巨人”企业1家，新亚强、景宏新材料获批国家制造业单项冠军、实现全市“零”的突破，建成省级工业互联网标杆工厂1个、全市唯一。

现代服务业稳中提速。实现规上服务业营业收入130亿元、增长18%，限上社会消费品零售总额135亿元。引入跨境电商企业27家，电商网络销售额突破850亿元，宿迁电子商务产业园区获批省跨境电子商务产业园。开展“全省品质生活·苏新消费”等主题活动50余场，筑梦小镇获评省级夜间文化和旅游消费集聚区建设单位。袁家村·宿迁印象列入省级重点服务业项目，杉荷园创成国家AAA级旅游景区。

现代农业稳中提效。谋划“三片四带”全域振兴格局，新引进农业重大项目41个，新增生态高效农业面积1.85万亩，绿色优质农产品比重达85.5%、全省领先。获批国家农产品质量安全县创建单位、全国主要农作物生产全程机械化示范区。新培育国家级、省级龙头企业各1家，“肉鸡产业集群”被农业农村部批准为优势特色产业集群。休闲农业、农村电商等新业态有序发展，“一村一品一店”线上销售额达32亿元，其中农产品销售额达17亿元。

2021年，我们始终突出项目引领，发展后劲持续增强

招商引资竞相发力。构建“1+10+10”招商新模式，加强区级统筹、压实主体责任，招商机制更加顺畅高效。精心打造招商“五件套”，组织各类招商推介活动10余场，招商氛围日益浓厚。建立线索收集和项目预审机制，召开过堂会、评审会各10期，50余个项目通过评审，招商效率和质量有效提升。全年新签约亿元以上项目60个，其中10亿元以上项目27个，完成市目标任务的180%，签约中玻新能源等一批重大项目。实际使用外资突破3亿美元、增长124%，总量全市第一。

项目推进效率提升。优化重大项目推进机制，组建帮办服务“小专班”，坚持清单化管理、节点化推进、常态化督办，新开工亿元以上项目46个、新竣工40个。三元轮胎二期、坤奇电子、盛基医药等一批超10亿元项目竣工投产，东方雨虹、广博工业园等21个项目实现当年开工、当年竣工。44个列市重大产业项目有序推进，完成投资228亿元、增长15.7%。

园区建设提档升级。构建“区级统筹规划建设、园区主抓经济发展、街道负责社会事务”的新机制。初步完成新一轮三大工业园区控制性详规编制工作，形成陆集临港产业园规划成果。启动低效工业用地清理盘活和标准化厂房建设三年行动，编制工业用地“一张图”，盘活土地近5000亩，新建标厂10.6万平方米。宿迁高新区省考排名再进4位，获批中国（江苏）自由贸易试验区联动创新发展区；宿迁电子商务产业园区获批国家小微企业创业创新示范基地；宿迁生态化工科技产业园完成省化工园区创建各项任务；宿豫现代农业产业园区通过省级示范园年度验收。

2021年，我们深入推进改革创新，发展活力有效迸发

集成改革蹄疾步稳。有序推进30余项省级以上改革试点工作，“三定四

专五化”治理模式入选全国乡村治理典型案例，精准扶贫标准化试点以优秀等次通过国家考核评估。建立“四街一乡”大征收工作体系，理顺城乡供排水一体化监管体制。完成“撤乡并镇”行政区划调整，形成4街5镇1乡发展格局。宿迁高新区在全市率先完成国有建设用地“双信地”出让审批改革。深化与京东集团全面合作，成立宿豫区京东合作促进中心，京东物流平行总部、京东（宿迁）全国乡村振兴示范基地相继落户。

创新要素加速集聚。实现高新技术产业产值218亿元、增长28%，占规上工业总产值比重达49.5%，居全市“三县两区”首位、超过全省平均值。实施科企培育计划，国家高新技术企业突破100家，科技型中小企业备案达283家。新增省级研发机构12个、省级以上新产品新技术43个，奇梦空间、北斗光合获批省级众创空间。出台“人才十条”2.0版、补贴力度苏北领先，入选省“双创人才”4人，获批省科技副总30人。

营商环境持续优化。全面落实惠企政策，为企业协调解决融资需求21.5亿元，减免税收超16亿元，兑现惠企资金1.54亿元。深入推进“放管服”改革，六大类权力事项入库率、网上办件率均达100%。出台“五心”服务承诺清单“90条”，承接省级智慧商事登记改革试点，搭建共享经济平台“企快快”。在全国率先实现营运车辆异地转籍办理跨省通办联办。

2021年，我们统筹推进城乡发展，功能品质稳步提升

空间布局不断优化。深化国土空间规划编制，形成中心城区城市设计和运河外湾、高铁东站、顺河、商务办公核心区等重点片区城市设计成果；完成来龙、大兴等重点乡镇总体发展规划编制。土地征收成片开发方案在全省率先获批，10个片区约600公顷开发规模全市最多；国土空间规划近期实施方案在苏北率先实施。

城市建设加快推进。实施100项中心城市建设重点工程，新建、改造洪泽湖东路、西楚大道等11条市政道路，省道S268全线通车，省道S346城区段具备通车条件。全域推进海绵城市建设，15个项目入选市级示范项目，获得中央补助资金约6000万元。城开大厦主体封顶，运河城市之家建成投用，书香园、樱花园、顺河集遗址公园对外开放。加快盛世蓝城、陆桥小区等定销商品房建设，实施6个棚户区改造、5个老旧小区综合改造，47个小区配建电瓶车充电棚，实现高层住宅小区全覆盖。推进文明城市常态长效建设“五大行动”，顺利通过文明城市复查测评。

乡村振兴特色彰显。开展农村人居环境整治提升行动，新创省级美丽宜居村庄17个、特色田园乡村1个，2个村居入选全国乡村治理示范村。整合帮促资金建设富民产业园，推广“支部+合作社+农户”模式，村均集体经营性收入达130万元、全市领先，苏北首家九三学社中央乡村振兴实践基地在宿豫区揭牌。实施镇区“1+5”精品建设工程，启动来龙小城市建设，完成农路提档升级45千米、安全生命防护工程175千米，村（居）污水处理设施覆盖率达82%。新竣工农房改善项目8个，新增省级示范项目2个。

环境治理富有成效。打好蓝天、碧水、净土保卫战，狠抓扬尘管控，开展散乱污企业“回头看”，巩固餐饮油烟治理成效，$PM_{2.5}$浓度降至38.8微克/米^3、空气优良天数比率提升至78.3%，空气质量达近年来最好水平。实施24项水环境治理重点工程，建成六塘河生态缓冲区，“国考”“省考”断面平均水质均达Ⅲ类以上。围绕“双碳”目标，严控高耗能、高污染行业产能，强化重点单位节能监察，高耗能产业万元产值能耗下降25%，单位地区生产总值能耗下降2%以上。

2021年，我们始终坚持以民为本，民生福祉不断改善

疫情防控有力有效。突出“人、物、环境”同防，常态化做好进口物品、大型商超、农贸市场等重点领域、重点区域疫情防控。对照省180项清单，进一步完善疫情防控体系，核酸检测、集中隔离、物资调配等能力有效提升。针对1例外地输入确诊病例，科学应对、果断处置，做到“有输入、无传染”。

社会保障日益健全。完善兜底保障机制，城乡低保、特困供养、残疾人等特殊困难群体保障标准持续提高，率先开展“小康托底险”试点，全区所有户籍人口纳入托底保障范围。整合各类救助资源，形成区乡村三级帮扶救助体系，救助对象主动发现监测预警机制获省创新实践试点、全市唯一。实施医保惠民工程，城乡基本医疗保险参保率达99%。落实国家药品集采工作，为群众减轻药费负担6000万元。

社会事业协调发展。新建玉泉山路初中、黄山路初中等学校5所，完成20余所学校校舍及设施改造提升；合作办学不断深化，“双减”政策全面落实，创成省市优质园7所、市优质校6所。区级公卫中心建成投用，顺河社区卫生服务中心试运行，省中医院牵头组团帮扶市中医院工作顺利实施，公立医疗卫生服务能力逐步提高。开展文化惠民活动700余场，“宿豫小大姐”合唱团荣获省紫金合唱节金奖、实现全市“零”的突破，《我在上甘岭一切都好》荣获全国县级融媒体中心优秀作品一等奖。建成“红书房”20个、24小时自助图书馆7个，区文化馆顺利通过国家一级馆验收。开展双拥创建和褒扬纪念工作，完成退役军转安置任务，宿北大战烈士陵园入选省级双拥示范基地。

社会大局和谐稳定。筹建区域治理现代化指挥中心，综合调度系统基本实现全区数据实时调集、市区乡三级平台互联互通。纵深推进安全生产专项整治三年行动，高标准完成年度三项重点工作，常态开展危化品、城镇燃气、道路运输、建筑工地等重点行业领域专项整治，生产安全事故起数、死亡人数保持“双下降”，未发生较大及以上事故。食品安全保障水平稳步提升，获得省级食品安全城市跟踪评价A级评定。加强金融领域风险管控，政府性债务风险评级下降至低风险绿色地区。

2021年，我们注重政府自身建

设,持续优化服务能力。突出政治引领,加强政府系统党的建设,深入开展党史学习教育,实施近2600项"我为群众办实事"实践活动,不断增强守初心、担使命的思想自觉和行动自觉。坚持依法行政,严格执行"三重一大"决策制度,定期清理废止政府规范性文件,依法推进政务公开,落实常务会议会前学法制度,推进行政复议体制改革,行政决策科学化、民主化、法治化水平不断提高。主动接受区人大、政协和社会各界监督,办理人大代表议案建议94件、政协委员提案101件。强化廉洁从政,严格落实中央八项规定及实施细则精神,加强重点领域、关键环节的审计监督,严控"三公"经费和一般性支出,开展作风建设大提升活动,进一步树立了为民务实清廉的政府形象。

2021年各项目标任务的完成,标志着本届政府工作的圆满收官。回顾这五年,宿豫经历了不平凡的发展历程,在复杂局面的考验中,顺利完成了区十七届人大历次会议确定的目标任务,连续四年位居全市高质量发展考核第一等次,全面建成了小康社会,交出了一份厚重提气的"成绩单"。

这五年,宿豫综合实力稳步提升,"经济强"的基础更加厚实。地区生产总值年均增长7.4%,再上一个百亿级台阶;人均地区生产总值年均增长6.6%,达到8.3万元、全市最高。一般公共预算收入、固定资产投资、社会消费品零售总额等12项主要经济指标年均增速高于全市平均值。产业结构从"二三一"调整为"三二一","大数据+"产业链产值突破百亿元,电商网络销售额连跨五个百亿级台阶,五年累计近3100亿元。新增A股上市公司2家、H股上市公司1家,全市最多。创新引领作用显现,研发投入强度、万人发明专利拥有量位居全市前列。累计建成高标准农田44.17万亩、占比达81%,粮食单产连续9年全市领先。

这五年,宿豫群众生活持续改善,"百姓富"的成果更加丰硕。民生支出占财政支出比重近80%,城镇、农村居民人均可支配收入分别超过3.4万元、2.1万元,城乡居民收入比缩小至1.56,收入差距全市最低。教育医疗补短强弱,建成豫新初中等学校12所、新增学位1.4万个,教育现代化水平保持全市前列。新增5家公立医疗机构,宿迁市中医院确立为市属公立医院,区乡村三级公立医疗卫生体系初步建立。实施精准脱贫"3212"工程,44个经济薄弱村、5.4万建档立卡低收入人口提前一年脱贫出列。新增城镇就业3.3万人、转移农村劳动力3.1万人,在业企业、个体工商户分别达1.8万家、11.6万家,是2016年底的2.1倍、4.4倍。

这五年,宿豫城乡建设协调并进,"环境美"的底色更加鲜明。城市天际线越来越美,万达广场成为城市新地标,京东智慧城记录城市新高度,210万平方米棚户区拆旧建新,在老旧小区改造、机关庭院开放、厕所革命等"关键小事"上切实回应了百姓呼声。乡村风景线越来越美,幸福大道串联起10万亩休闲农业和乡村旅游核心区、10万亩果蔬基地,花开梨园、鸟栖杉荷、袁家村开门迎客,宿豫乡村一日游成为更多人的选择,改善农民住房2.3万户,"白墙黛瓦"的苏北民居特色风貌成为现实"画卷"。生态景观线越来越美,实现省级生态文明建设示范乡镇全覆盖,空气和水环境质量大幅改善,植树造林3.2万亩,建成区绿化覆盖率达42.68%,蓝天白云、清水绿岸日益成为宿豫标配。

这五年,宿豫治理能力不断增强,"社会文明程度高"的成效更加彰显。大力培育和践行社会主义核心价值观,连续三年在全省文明城市测评中获得县改区第一名,乡风文明测评指数排名全省前列,人情新风"宿9条"深入践行,先后涌现出"中国好人"20人、"江苏好人"33人,省级以上劳动模范、道德模范、最美人物19人。大力化解发展中形成的历史遗留问题,"一企一策"推进重点企业"破圈解链",国有平台公司实体化运营,医疗、教育领域相关问题得到稳妥处置。深入推进平安宿豫、法治宿豫建设,荣获平安中国建设示范县区,为全省5家之一。

此外,人武、统计、档案、党史、科协、外事、对台事务、侨务、工会、气象、民族、宗教、地方志等工作实现新进展,老龄、妇女、儿童、青少年、红十字会、慈善、残疾人、关心下一代等事业取得新进步,为全区经济社会发展作出积极的贡献。

在充分肯定成绩的同时,我们也清醒地看到工作中存在的问题,主要表现在:产业创新力和竞争力不强,重大项目储备不足,招商引资、项目推进还需攻坚突破;城市功能、建设品质、精细管理仍需提升;乡镇自我造血能力不强,一二三产融合度不高;公共服务、社会保障等民生事业发展不够优质均衡;政府债务化解、污染防治、安全生产的压力依然较大。对此,我们将本着对人民、对事业高度负责的精神,切实采取措施,全力加以解决。

新一届政府工作的总体思路和奋斗目标

本次会议将选举产生新一届政府。新一届政府任期的五年,是宿豫现代化建设夯基垒石、继往开来的关键五年,也是爬坡过坎、大有作为的黄金五年。站在新的起点上,市委明确"建设'四化'同步集成改革示范区,为全省多作贡献"的奋斗目标,区委提出"高水平推进'四化'同步、高质量建设'四个宿豫',全力当好全市经济社会发展先行军"的"两高一先"战略目标。分析宏观形势,实现"两高一先"目标,我们有挑战更有机遇。受全球疫情持续反复,"需求收缩、供给冲击、预期转弱"三重压力叠加等国内外形势影响,经济发展面临的挑战明显加大。但宿豫身处淮海经济区,既能共享国家长三角一体化、长江经济带、大运河文化带等重大战略机遇,又能受益省委、省政府的"1+3"重点功能区建设、南北挂钩等政策利好,加上全市"四化"同步集成改革示范区建设的深入推进,都为我们谋求更高层次发展带来众多机遇。我们唯有抢抓机遇、乘势而为,才能抢占先机、赢得主动,构建发展新优势。面对区域竞争，实现“两高一先”目标，我们有压力更有动力。从全省看，我们处于后发地区，城市吸附力、产业集聚力、人才吸引力不强，面临跨越赶超的较大压力；从周边看，兄弟县区同台打擂、争相竞逐，“不进则退、慢进也是退”的竞争压力更加明显。但宿豫拥有国家级宿迁高新区、生态化工科技产业园、电子商务产业园区等多元载体平台，随着招商引资、标准化厂房建设和低效工业用地清理盘活工作的扎实推进，发展基础日益坚实、发展空间加速释放。宿连航道、宿连高速、潍宿铁路等重大交通项目的建设辐射，让宿豫“公铁水空”的交通优势更加明显。运河外湾、顺河片区的规划落位，以及新一轮基础设施建设提速，让城市向东发展前景更加广阔。我们唯有聚能发力、提速奔跑，才能快人一拍、胜人一筹，开辟发展新境界。扛起职责使命，实现“两高一先”目标，我们有困难更有信心。新征程上的宿豫仍处于工业化、城镇化加速期，保“稳”求“进”的产业基础还不牢固，资源要素制约日益趋紧，创新驱动尚未有效形成。但宿豫有历届区委、区政府打下的坚实基础，有敢于争先、艰苦创业的干部队伍，有爱国奉献、拼搏奋进的广大企业家，有爱岗敬业、勤劳朴实的人民群众，这是我们攻坚克难、跨越赶超的底气所在、信心所在。我们唯有鼓足干劲、勇毅前行，才能不负重托、不辱使命，谱写发展新篇章。

根据区十三次党代会部署和“十四五”发展规划要求，今后五年政府工作的总体思路是：高举中国特色社会主义伟大旗帜，坚持以习近平新时代中国特色社会主义思想为指导，深入贯彻习近平总书记对江苏工作系列重要指示精神，锚定“强富美高”宏伟蓝图，坚持稳中求进工作总基调，坚持促进共同富裕奋斗目标，在现代化建设新征程上，高水平推进“四化”同步，高质量建设“创新宿豫、开放宿豫、精致宿豫、幸福宿豫”，坚决扛起中心城市“半壁江山”责任，矢志不渝当好全市经济社会发展先行军。

今后五年的总体奋斗目标是：在确保完成“十四五”规划目标任务的基础上，力争到2026年，地区生产总值达到530亿元，人均地方生产总值在全市率先达到全国平均水平；一般公共预算收入达到50亿元，人均一般公共预算收入增速全市领先；全体居民人均可支配收入达到4.2万元，增速全市领先。

——*在经济发展方面*。主要经济指标增幅位居全市前列，综合实力和对全市的贡献度显著提高，经济结构更加优化，科技创新能力显著增强，主导产业产值、电商网络销售额实现翻番，数字经济等新产业新业态不断壮大，高新技术产业产值占比全市领先、高于全省平均值，宿迁高新区进入全国百强。现代综合交通运输体系初步形成，改革开放在更多领域更深层次实现突破。

——*在民生优先方面*。以人民为中心的发展思想充分体现，共同富裕政策框架基本建立，中等收入群体大幅增长，居民人均可支配收入年均增长7%以上、城乡居民收入比保持全市最优。就业更加充分有质量，“一老一小”得到更好的关爱照护，困难群众得到更好的关心扶助，医教文卫供给水平优于中心城区平均水平，创成省义务教育优质均衡发展区。

——*在城乡统筹方面*。以人为核心的新型城镇化扎实推进，全区常住人口城镇化率超过70%。以极致的品质追求推进精心规划、精美设计、精致建设、精细管理，城市功能品质持续增强，海绵城市、智慧城市建设取得明显成效。全面落实农业农村优先发展总方针，农村基础设施和公共服务逐步完善，城乡发展更趋协调，统筹融合步伐加快，城乡居民既能享受现代城市文明，又能拥有诗意田园生活。

——*在生态环境方面*。能源、资源利用结构大幅改善，碳达峰行动扎实推进，生态修复和污染防治取得明显成效，绿色生态屏障加快构筑，$PM_{2.5}$平均浓度持续下降，优良天数比率达到80%以上，国省考断面水质稳定达标，创成全国生态文明建设示范区、建成“江苏生态大公园”样板区。

——*在社会治理方面*。社会主义核心价值观深入人心，社会文明程度保持全省领先。法治宿豫、平安宿豫建设向纵深推进。社会治理体系和治理能力现代化建设迈上新台阶，基层治理社会化、法治化、智慧化水平显著提高，突发公共事件应急能力和防灾抗灾救灾能力全面增强，防范化解重大风险能力有效提升，疫情防控、安全生产底线守得更加牢固。

这“五个方面”既是未来五年宿豫高水平推进“四化”同步、高质量建设“四个宿豫”的目标任务，也是全力当好全市经济社会发展先行军的奋进追求。我们将认真贯彻省、市、区党代会精神，将“两高一先”战略要求落实到具体工作中，同心同德、顺势而为，切实担负起时代赋予的历史使命，抓住新机遇，迎接新挑战，再创新业绩。

2022年工作安排

今年是新一届政府履职的第一年。根据区委十三届四次全会部署，今年全区经济社会发展主要预期目标是：地区生产总值增长8.5%，一般公共预算收入同口径增长8%，固定资产投资增长15%，社会消费品零售总额增长7%，规上工业增加值增长13%，高新技术产业产值占规上工业总产值比重达50%，实际使用外资3.5亿美元，居民人均可支配收入增速高于地方生产总值增速，全社会研发投入占地方生产总值比重2.38%，节能减排、大气与水环境质量、耕地保护和粮食安全完成国家、省、市下达的目标任务。

围绕上述目标，我们将重点抓好以下九个方面工作：

一、坚持攻项目、强载体，聚力培育业态高端的经济发展新引擎。始终把实体经济作为发展的看家本领，实施项目引建攻坚行动，以优质项目落地推动经济发展跨越。

推动招商引资再升温。持续释放“1+10+10”招商机制潜力，突出“一把手”抓招商、围绕产业链抓招商，紧盯珠三角、长三角等重点区域，通过驻点招商、以商招商、基金招商等方式，全

力招大引强。常态开展招商线索过堂会、项目评审会，提高投资强度、税收额度、亩均贡献“三个门槛”，把好安全、环保、科技“三道关口”，更好体现经济、社会和生态“三重效益”。全年组织招商推介活动12场，签约亿元以上项目65个，其中，10亿元以上项目不低于20个，50亿元以上项目不低于4个，突破至少1个百亿级项目。

推动项目建设再提速。锁定开工、竣工、投产三大节点，落实区领导挂钩联系、双周调度制度，建立“红黄绿”三色预警机制，实行全程“保姆式”服务，进一步掀起全面聚焦项目、全力攻坚项目、全员服务项目的热潮。年内新开工亿元以上项目60个、新竣工亿元以上项目45个。确保年度计划投资270亿元的70项列市、列区重大产业项目有力推进，推动科泽新材料、联拓控股、多轴数控机床产业园等一批重大项目开工建设。落实专员跟踪会办，加快总投资110亿元的逸达新材料二期、50亿元的中玻新能源等在建项目实现阶段性投产，宁欣龙机械、盛瑞新材料、正大中央厨房等项目全面投产。

推动园区能级再提档。开展园区升级改造大会战行动。聚焦工业用地增效。深入实施低效工业用地清理盘活和标准化厂房建设三年行动，提高用地容积率低限、加强地下空间开发利用、共建共享服务配套设施，建成土地全生命周期管理系统，年内清理低效工业用地4200亩，新建标准化厂房235万平方米。聚焦整体形象提升。坚持城区园区一体、地上地下同步规划建设，统筹实施道路、管网、河道、绿化等基础工程，有序推进公共服务基础设施建设，实现园区形象全面提升。聚焦特色协同发展。宿迁高新区突出“高”“新”定位，加快科技综合体建设，打造科技创新高地，实现国省考争先进位。宿迁生态化工科技产业园紧扣“专”“精”特色，在成品药、原料药上实现招商突破，确保创成省化工园区。张家港宿豫工业园区发挥南北共建优势，加快拓园工作，启动科技产业园建设，争创南北共建特色园区。“一镇一业”规划建设乡镇工业园区，注重特色集聚发展，每个园区新增规上企业5家以上，形成与三大园区联动互补的发展格局。

二、坚持抓培育、促转型，聚力打造特色鲜明的现代产业新优势。坚定产业强区不动摇，全面提升产业基础高级化和产业链现代化水平，在做大总量中调优结构、在提升质量中转型升级。

聚焦重点产业强链条。完善全区产业发展规划，实施“产业强链”三年行动，大力培育新材料、新能源、食品饮料等主导产业，发展数字经济、高端智能制造、医药大健康、现代物流等先导产业，年内十条重点产业链产值达520亿元。以“链长制”为抓手，逐行业梳理产业链条，逐链条梳理上下游产品，强化资源整合和供需匹配，促进企业集聚发展，年内培育“链主”企业3家以上，完成市级产业链核心攻关项目5个以上。

精心培育企业强实力。围绕龙头企业拉动、骨干企业稳产、小微企业进档目标，深入实施“5321”工程，全力助推企业做大做强。突出智改数转。加快推进企业智能化改造和数字化转型，以规上企业为重点，推动工业企业“上云”用数赋智，深入参与产业链分工合作，培育一批智能制造示范工厂，年内实施超千万元技改项目50个，创建市级以上示范智能车间8个、三星级以上“上云”企业30家、两化融合贯标企业4家。突出“龙头”进阶。“一企一策”助推企业兼并重组、品牌建设，专班推进企业上市“春笋”计划，重点支持工业30强企业扩量提质、向价值链高端跃升，全年实施3000万元兼并重组企业4家，新培育开票销售超10亿元企业1家、A股上市企业2家。突出“中小”进级。大力扶持成长型中小企业，建立分类培育库，强化运行分析，实施动态管理，全年新增开票销售超亿元企业12家、超2000万元企业50家，培育国家级专精特新“小巨人”企业、制造业单项冠军各1家。

打造“业态多元”的现代服务业。发展新兴服务业态，培育经济新增长点，服务业增加值增长11%以上。聚力推动电子商务蓬勃发展。做强以电商产业为核心，信息技术、科创服务为支撑的现代服务业体系，大力发展物联网、大数据等数字产业，培育一批区域电商、跨境电商和新型现代服务企业，年内电商网络销售额突破1000亿元。聚力打造数字经济商务区。建设以数字经济为主体，集总部办公、软件研发、金融服务等于一体的数字经济商务区，力争年内启动建设。加快“招金引银”，引进一批银行、保险、基金、证券等金融机构，提升金融要素保障能力。聚力做优商贸经济。加快打造“万达—金三角”商业新中心，规范发展夜市、美食街等夜经济，建成运河玖库，塑造运河文化带休闲新地标。做好庐山和运河城市之家招商运营，织密社区商业服务网点，构建“15分钟便民生活圈”。聚力加快旅游业发展。围绕创建省全域旅游示范区，编制全域旅游发展规划，促进农旅融合、红旅融合，积极培育省道S268、幸福大道等精品旅游线路，宿北大战遗址公园争创国家4A级景区。

三、坚持补短板、强弱项，聚力把握适度超前的基础设施建设新机遇。发挥投资关键作用，把握基建政策“窗口期”，拓展资金筹措渠道，谋划实施一批打基础、强功能、利长远的重大基础设施项目。

构建现代综合交通体系。以交通运输“六大工程”为抓手，打造“公铁水空”立体化交通物流网络，让要素流动更顺畅、群众出行更便捷。实施高速公路“优化联网”工程。保障宿连高速建设，推动盐洛高速前期手续办理，加快新扬高速北互通至省道S268连接工程建设，实现与城市北片区多向联通。实施国省干线“乡镇覆盖”工程。推进省道S324、省道S325改造和省道S346建设，接续实施农村公路提档升级和安全生命防护工程，年内顺兴线东延、新大线北延建成通车。实施快速交通“系统完善”工程。保障北京路、张家港大道快速化改造，新建汉江路等6条道路，提升改造江山大道北延等9条道路，畅通城市“微循环”。

实施铁路交通“东部枢纽”工程。推动连宿蚌铁路规划研究，推进高铁东站片区配套工程建设，力争潍宿铁路综合客运枢纽早日开工。实施内河水运“能力提升”工程。加快宿连航道建设，同步推动航道水系沟通工作，启动陆集港等临港产业园建设，深化与盐城港集团、京东集团合作，整合岸线资源，打造宿豫借港出海的“黄金水道”。实施航空运输“填白补齐”工程。推动宿迁运输机场规划研究，争取尽快纳入国家运输机场布局规划。

加快城乡管网建设。把管网改造和建设作为重要的基础设施工程来抓，大力实施管网改造提升行动。推动“三水”管网提质。实施城乡供水、雨污水设施及管网建设改造工程，加快城北水厂建设，铺设供水管网66千米，提高城乡供水保障能力，尽早让更多群众喝上骆马湖水。加快城东污水处理厂尾水净化工程建设，完成张家港园区污水处理厂扩建工程，新建改造雨污水管网65千米，增强城乡雨污水收集处理能力。推动供电管网改造。加快西楚大道等道路电力杆线迁改入地，打造清爽的城市界面。配合开展增量配电改革试点，协调做好金沙江变、卓圩变等变电站新建和改扩建。推动燃气管网扩面。推进天然气“镇村通”三年建设工程，铺设燃气管道26千米，年底实现乡镇、街道天然气主管网全覆盖。推动蒸汽管网建设。科学布局工业园区供热蒸汽管道路由，深化与国家能源集团合作，推进跨运河供热管道建设，实现供热管网互通互联互备，满足企业供热需求。

加快新型基础设施建设。促进城市公用设施、建筑、水电管网等传统基建数字化改造，年内新建5G基站260个，实现主城区、工业园区、乡镇镇区5G网络全覆盖。分批推进居民小区、商场停车场电力增容保障和充电桩配备。开展建筑屋顶光伏行动，统筹推进分布式和集中式光伏、储能开发等新能源项目，通过新建标准化厂房等方式为光伏发电预留空间，推动京东智能产业园库房屋顶光伏+储能项目建设，打造全市首个碳中和物流园区。

四、坚持优功能、提品质，聚力建设令人向往的中心城市新高地。以“六精”理念，实施城市更新攻坚行动，进一步优化城市空间、提升城市品位，打造宿迁城市现代化示范窗口。

突出布局向优。强化规划引领。高水平编制国土空间规划、优化控制性详规，科学布局生产、生活、生态空间，高标准完善中心城区城市设计，塑造城市特色风貌。强化组团开发。高质量推动城市片区融合、组团发展，推进商务办公核心区提升改造，逐步打造高铁东站、顺河片区现代都市高端生活示范区，陆集现代产业配套服务区，运河外湾生态宜居区。强化城镇联动。加快来龙小城市建设，支持大兴建成一流产业强镇、新庄建设“四化”同步集成改革示范镇，推动曹集融入主城区发展，促进仰化、关庙特色发展，形成城镇联动发展新格局。

突出品质向上。实施公园绿化提质工程。致力建设缤纷城市，深度挖掘文化特色，推进运河外湾、尚阳湖等公园建设，形成“一园一特一主题”。打造西楚大道、江山大道等景观绿廊，形成“一路一景一绿廊”，营造“三季有花、四季常绿”的城市风景。实施居住环境改善工程。有序推进“四街一乡”房屋征收，统筹推动7个老旧小区和其他各类老旧建筑更新改造，加快雨露小区、盛世六塘等定销商品房建设。坚持“房住不炒”定位，优化经营性用地供给，促进房地产业良性循环、健康发展。加强人才公寓等补充性住房保障，满足多样化人才合理住房追求。实施水系沟通工程。加快洪泽湖东路南侧海绵水泡、牡丹江河泵站等工程建设，推进牡丹江河、昆仑山河、马河等疏浚治理，整治河道37千米，实现水系有效贯通，增强城区防洪排涝能力。实施街景亮化提升工程。一体推进洪泽湖东路、西楚大道等主干道沿线建筑外立面改造、亮化提升，实现与周边环境更加协调，夜景亮化更具特色。

突出治理向精。聚焦系统改善。按照“片区化、集成化、项目化”思路，深入推进城市公共空间治理三年行动，编排实施100个治理项目，打造城市公共空间治理宿豫样板。聚焦干净底色。坚持“点线面”结合，系统实施环境卫生提标、垃圾分类处理、农贸市场整治等行动，开展违法建设、乱停乱放等专项治理，推动城市保洁全天候、管理无死角，建成城区生活垃圾中转站，实现40个居民小区垃圾撤桶并站全覆盖。聚焦模式创新。围绕“一网管全域”目标，启动区域治理现代化指挥中心阵地建设，进一步升级指挥管理平台，突出实战运用。完善物业管理体制机制，深入推进“综合执法进小区”，努力让城市管理更智慧、更精细。聚焦品牌创建。围绕全国文明诚信高地目标定位，持续实施文明城市内涵提升行动，确保社会文明程度保持全省前列。营造拥军优属浓厚氛围，争创省级双拥模范示范区。

五、坚持强基础、创特色，聚力擘画宜居宜业的乡村振兴新画卷。始终突出“三农”优先，实施乡村振兴攻坚行动，做好“兴业、优居、富民”三篇文章，打造乡村振兴先行示范区。

全力促进农业高质高效。突出产业化发展。提高农业综合生产能力，严守耕地红线，加快来龙灌区续建配套与现代化改造，新增高标准农田3.24万亩、生态高效农业面积1万亩。围绕打造百亿级绿色食品产业链，引进一批农业精深加工项目，拉长产业链条，年内新建成农业重大项目不少于30个，打造全国白羽肉鸡养殖加工基地、品质最优籼米生产基地和长三角菜篮子基地。突出园区化发展。以创建国家现代农业产业园为统领，规划建设粮食产业园、冷链物流园、农产品精深加工中心等专业园区，加快京东（宿迁）全国乡村振兴示范基地建设，打造农业科技创新中心等载体平台，通过多园带动，一体推进现代农业发展。突出品牌化发展。坚持质量兴农、品牌强农，放大“宿遇好食光”区域公用品牌效应，加强“两品一标”培育，力争新增国家地理标志认证农产品1个，培育省级农业龙头企业1家、示范家庭农场和示范合作社各30家。创成国家农产品质量安全县。

全力促进农村美丽宜居。完善农村基础设施。实施乡村建设行动,启动农房改善“145”计划,推动农房建设布局向镇区集中,新启动农房改善项目7个,改善群众住房条件1万户。实施镇区“1+5”精品建设工程,推动老旧建筑整治、商业街区提档,提升品质内涵。优化农村人居环境。立足全域整治、全域推进、全域提升,深化新一轮农村人居环境整治行动,建立标准化整治体系,抓好农村垃圾和污水治理、农业废弃物资源化利用等重点工作,新增省级特色田园乡村1个、美丽宜居村庄15个。提升乡村治理水平。总结推广全国乡村治理体系建设试点经验,深化“三治”融合,提升农村新型社区物业管理水平,推进移风易俗,为乡村振兴注入文明力量。

全力促进农民富裕富足。激发村集体经济发展活力。推进农村承包地、集体产权、宅基地等改革,推动宅基地合理布局、闲置宅基地和闲置农房有效利用。探索农村集体经营性建设用地入市改革试点,深化“空间治理”强村行动,推动村均集体经营性收入达140万元,同比增幅5%以上。拓宽农民增收致富渠道。实施农民收入十年倍增计划,推进农村一二三产深度融合,发展区域富民产业,提高工资性收入,拓展经营性收入。巩固拓展脱贫攻坚成果。深化挂村帮扶工作机制,强化对低收入人口的动态监测,确保低收入人口人均可支配收入、省定重点帮促村集体经营性收入增幅高于全省平均值。

六、坚持抓改革、促创新,聚力构建富有活力的对外开放新格局。实施集成改革攻坚行动,打好改革“组合拳”、奏响创新“协奏曲”、打造营商“好环境”,切实把改革创新的基因注入现代化。

更大力度释放改革潜力。用好省、市“四化”同步集成改革政策,围绕“一方案两清单”,实施改革“双十双百”工程,加大财税金融、生态环境、社会治理、民生改善等领域改革力度,争取一批具有示范性、原创性的国家和省级改革试点项目。推进国有企业改革,健全6家区级集团公司运营机制,年内基本完成区直部门和各属地所属企业整合提升。探索成立产业发展基金,引导社会资本投入,培育发展一批优质产业项目,推动经济结构调整和产业转型升级。

更高水平增强创新动力。围绕创新型示范县区建设,实施创新能力翻番行动,做强科技创新竞争优势。强化科创平台建设。提升“一城一园一镇”科技综合体运营质态,加强产学研精准对接,深化与省科协、高校院所等机构合作,争取国家级科技企业孵化器实现“零”的突破,建成市级以上研发机构30个,转化科技成果不少于58个。强化创新主体引培。抓好科技型企业招引,实施高新技术企业培育“小升高”行动,支持企业加大研发投入,形成高新技术企业、科技型中小企业和独角兽、瞪羚企业有机衔接的创新型企业梯队,力争国家科技型中小企业突破300家、国家高新技术企业突破120家。强化科技人才支撑。用好“人才十条”政策,引进一批高层次科技人才,培育更多卓越工程师和高技能人才,发挥科技镇长团作用,构建全周期、集成化的人才服务保障体系,新引进技术领军人才10人以上。

更优服务打造营商环境。以深化“放管服”改革为牵引,以企业需求为导向,推动“有为政府”和“有效市场”协同发力。打造更加高效的政务环境。规划建设新政务服务中心,深化“一窗”集成改革,清单化管理涉企经营许可事项,优化商事登记到投资建设全流程审批程序,最大限度减环节、压时限、提效率,擦亮政务服务“豫满意”品牌。打造更加有序的市场环境。依法保护各类市场主体合法权益,推进“双随机、一公开”监督检查,规范和维护市场秩序。强化契约精神,健全“信用建设+联合惩戒”机制,营造公平诚信的市场氛围。打造更加暖心的服务环境。拓宽政企沟通渠道,开展援企稳岗行动,落实新一轮减税降费政策,引导金融机构加大对实体经济特别是小微企业的支持,有效解决企业融资、用工、用能等发展难题,助力更多市场主体发展壮大。

七、坚持重统筹、强治理,聚力塑造生态优良的美丽宿豫新环境。坚定不移走生态优先、绿色低碳的高质量发展之路,持续打好污染防治攻坚战,守牢生态环境只能更好、不能变坏的底线。

系统推进生态环境治理。着眼天更蓝。落实点位长责任,紧盯$PM_{2.5}$、空气优良天数比率等主要指标,推进“散乱污”企业、扬尘污染、餐饮油烟等专项治理,持续改善空气质量。着眼水更清。落实河长制、断面长制,巩固城市黑臭水体治理成果,加大农村黑臭水体整治力度,抓好重点河道全域治理,实施六塘河综合整治30项工程,建设农村生态河道220千米,确保国省考断面水质持续稳定达标。着眼土更净。强化农业面源污染综合治理,增强危废固废管理处置能力,防治危险化学品、危险废弃物污染,促进土壤资源永续利用。

加快推动绿色转型发展。推进资源节约、集约、循环利用,落实能耗替代制度,推动工业领域低碳工艺革新,加快重点耗能企业向高效低耗方向发展。推进绿色园区建设,培育一批绿色示范企业,新增市级绿色工厂5个以上。提升能效管控水平,抓好公共机构、商贸流通等重点领域节能。加强生态文明宣传教育,倡导简约适度、绿色低碳生活,引导绿色出行新风尚。

坚决筑牢生态安全屏障。进一步优化国土空间开发保护格局,完善“三线一单”生态环境分区管控体系,有效提升生态空间管护水平。推进生态修复工程,新增植树造林3000亩以上。提高污染监测预警能力,推动空气自动监测站高效运行,强化污水处理厂及重点污染源在线监测。开展生态环境督察问题整改落实“回头看”,严格环境执法,提升治理成效。

八、坚持办实事、惠民生,聚力创造人民期待的幸福美好新生活。始终坚持以人民为中心的发展思想,致力促进共同富裕,实施民生改善攻坚行动,办好100项民生实事,不断增进民生福祉。

持续优化公共服务供给。办好更

为民的教育事业。启动恒山路小学、燕山路初中等8所学校建设，年内黄山路初中等9所学校建成投用。深化合作办学，深入落实“双减”政策，推动教育优质均衡发展。办好更惠民的医卫事业。启动区妇幼保健院建设，完成市中医院改扩建工程，大兴区域医疗卫生中心主体完工，宿迁高新区人民医院投入使用，谋划建设三级综合医院，巩固扩大合作办医成果，加快构建“4+6+N”公办医疗卫生服务体系。办好更利民的文体事业。推进“一馆两中心”建设，完善文体配套设施。推进袁家村二期等项目建设，打造宿豫特有文化烙印。积极引进、创作精品剧目，持续开展送戏下乡等文化惠民活动，唱响宿豫文化品牌。

持续加大基本民生保障。着力拓宽就业创业渠道。强化就业优先导向，推动农民工、退役军人、下岗失业人员等各类群体就业创业，加强高素质技能人才培训，城镇登记失业率稳定在市定目标以下。用心解决“一老一小”问题。持续加大养老服务供给，构建居家、社区、机构三方联动、有效衔接的养老格局。健全普惠托育服务体系，发展公办和普惠性幼儿园，增强托育服务供给能力。健全完善社会保障体系。实施全民参保计划，健全社保待遇正常增长机制，新增企业职工、养老、工伤、失业保险不低于8800人。启动“幸福之家”建设，增强残疾人等特殊群体服务保障能力。

持续提升社会治理水平。坚守疫情防控底线。时刻绷紧疫情防控这根弦，压实“四方责任”、落实“四早要求”，严把各类输入关口，提高核酸检测、人员流调、应急处置等能力，强化隔离点建设管理，加强疫苗接种，织密织牢“外防输入、内防反弹”防控网。坚守安全发展底线。打好安全生产专项整治三年行动收官战，深入排查整治危化品、城镇燃气、道路交通、建筑施工等重点领域安全隐患，提升本质安全水平，坚决防范遏制较大及以上安全事故发生。巩固省级食品安全示范城市创建成果，增强食品安全保障能力。坚守风险防范底线。严控政府债务，多措并举做好债务化解，确保完成省定债务化解任务。深化平安建设，常态化开展扫黑除恶专项斗争，严厉打击各类违法犯罪。深化“信访突出问题攻坚化解年”行动，完善信访诉求“分级负责”和矛盾纠纷“多元化解”机制，营造和谐稳定社会环境。

九、坚持敢担当、善作为，聚力展现奋进有为的人民政府新形象。面对新时代新使命，我们将把党的领导贯穿政府工作各领域全过程，持续加强自身建设，努力打造让党放心、让人民满意的服务型政府。

铸造忠诚可靠的政治品格。深入学习贯彻习近平新时代中国特色社会主义思想，不断提高政治判断力、政治领悟力、政治执行力，巩固拓展党史学习教育成果，弘扬伟大建党精神，坚定捍卫“两个确立”、坚决做到“两个维护”。严守政治纪律和政治规矩，坚决贯彻落实党中央国务院、省、市和区委各项决策部署，确保不折不扣执行到位。

秉持依法行政的工作理念。认真学习贯彻习近平法治思想，坚持依法全面履行政府职能，完善行政决策制度体系，严格按照法定权限和程序行使权力。扎实开展“八五”普法工作，争创全省法治县区。自觉接受人大法律监督和政协民主监督，认真办理人大代表建议和政协提案。主动接受司法监督、群众监督、舆论监督，强化审计监督、统计监督。推进政务公开标准化建设，保障群众知情权、表达权和监督权。

弘扬勤政为民的务实作风。始终把人民群众放在心中最重要的位置，确保新增财力优先保障民生、政策措施优先改善民生，全力解决好群众的操心事烦心事。围绕增强“八个本领”、提高“七种能力”，全面锻造一支充满激情、能扛重活、敢打硬仗、善抓难事的干部队伍。倡导“真抓实干、马上就办、干就干好”的工作作风，建立闭环推进、销号管理的督查机制，坚决克服惯性思维和形式主义，让高标准、严要求、快节奏成为工作常态。

营造风清气正的政治生态。落实全面从严治党各项要求，锲而不舍抓好党风廉政建设，严格执行中央八项规定及其实施细则精神，弘扬艰苦奋斗的优良传统，进一步压降“三公”经费和一般性支出，落实财经政策，严守财经纪律，以政府过“紧日子”换取人民群众过“好日子”。聚焦政府权力运行的关键领域和薄弱环节，整治群众身边腐败和不正之风，做到干部清正、政府清廉、政治清明。

名词解释

1.“争当表率、争做示范、走在前列”重大使命：在改革创新、推动高质量发展上争当表率，在服务全国构建新发展格局上争做示范，在率先实现社会主义现代化上走在前列。

2. 精准脱贫“3212”工程：“3”即落实教育、卫生、社会保障政策，“2”即提升村集体经济收入和低收入户工资性、经营性收入，“1”即加强基层组织建设，“2”即推进优居强村兴产富民和扶贫标准化体系建设。

3. 镇村建设“1+10”工程：“1”即乡镇规划修编；“10”即小镇客厅建设、精品示范街建设及绿化亮化提升、农贸市场改造及马路市场清理、乡镇医疗卫生服务体系建设、公共厕所建设及户厕无害化改造、公益性墓地建设及文明殡葬、镇域环境及主要干道沿线整治提升、污水处理厂及配套管网建设、畜禽养殖场污染治理、城乡建设用地增减挂钩及幸福家园小区建设等10项工程。

4.“两品一标”：绿色食品、有机农产品和国家地理标志农产品。

5.“1+X”产业体系：“1”即打造新材料地标性产业；“X”即打造智能制造、食品饮料、电子信息、生物医药、数字经济等特色产业。

6.“5321”工程:全市到2023年,实现工业销售收入超5000亿元,创建智能车间300个,每年新增三星级以上“上云”企业200户,实施设备投资超千万元技术改造项目1000个。

7.“3+2”电商产业体系:即形成呼叫客服、电商运营、物流仓储三大基础产业和未来重点发展的物联网智能制造、互联网金融两大特色产业。

8.“三重三先”用人导向:事业为重、发展为重、一线为重,以德为先、实绩当先、基层优先的选人用人鲜明导向。

9.“两在两同”建新功行动:2021年7月21日,江苏省委常委会召开会议,讨论《关于响应党中央号召在全省党员干部中开展“两在两同”建新功行动的通知》,部署在全省开展“同人民想在一起、干在一起,风雨同舟、同甘共苦,在现代化新征程上建新功”行动。

10.“四提一创”:提升组织能力、提升文明乡风、提升服务水平、提升富民成效,创新服务供给充分发挥党群服务中心各项功能。

11.“三片四带”振兴格局:北部打造生态循环农业示范片区、中部打造农旅融合体验片区、南部打造康养食材产业片区;建设省道S268、六塘河生态富民廊道、幸福大道、顺兴线四条乡村振兴示范带。

12.“三大光荣使命”:在改革创新、推动高质量发展上争当表率,在服务全国构建新发展格局上争做示范,在率先实现社会主义现代化上走在前列。

13.“五群十链”:“五群”即新材料、生物医药和新型医疗器械、汽车及零部件、绿色食品、新一代信息技术等五大产业集群;“十链”即化学纤维、功能玻璃材料(硅基材料)、膜材料、金属合金材料、有机新材料、生物医药、动力电池、汽车及零部件、绿色食品(酿造、农产品精深加工)、“大数据+”等十条重点产业链。

14.产业培育和招商引资“双百”突破工程:两年内新增三条百亿级产业链条;每年新招引一个百亿级项目。

15.“一方案两清单”:高水平推进“四化”同步高质量建设“四个宿豫”实施方案及任务落实清单、政策落实清单。

16.创新能力“翻番行动”:创新载体翻番,即到2025年,创新载体由30万平方米增加到300万平方米;省级以上孵化载体由10家增加到20家,其中国家级达3个,省级研发机构由52家增加到100家。创新要素翻番,即科技人才翻番,到2025年,科技副总由50人增加到100人;产学研翻番,产学研协议由100个增加到300个;科技型中小企业翻番,科技型中小企业由283个增加到500家,国家高新技术企业达200家。

17.“一城一园一镇”科技综合体:新材料科技城、北斗电子信息产业园、筑梦小镇3个科学技术综合体。

18.实施交通“五大工程”:实施高速公路“优化联网”工程、铁路交通“南通北联”工程、国省干线“乡镇覆盖”工程、快速交通“系统完善”工程、内河水运“能力提升”工程。

19.“拓园+飞地”:扩大张家港宿豫工业园区发展空间,将北至宿泗路、南至北京路、东至杨舍路、西至张家港大道、扬子江路范围纳入园区开发建设范围,将大兴工业园作为飞地。

20.“六精”理念:精心规划、精美设计、精致建设、精细管理、精准服务、精明增长。

21.城市更新“八大工程”:老旧小区改造、棚户区改造、雨污分流、道路改造、公园提质、街景亮化、水系沟通、城市绿化。

22.“八园八路”:“八园”即尚阳湖公园、运河城市之家公园、城东污水厂尾水湿地、运河外湾景观提升工程、中运河风光带(三号桥至五号桥段)景观提升、中运河风光带景观(三号桥至七号桥段)绿化工程、西楚大道绿廊、洪泽湖东路引水工程;“八路”即新建庐山路东延、农耕大道、金沙江路南延、天目山路东延、玉泉山路东延、金沙江路北延、江山大道北延、汉江路南延。

23.“一片一核”:北部以来龙为核心,打造生态循环农业示范片区;中部以新庄为核心,打造农旅融合体验片区;南部以大兴为核心,打造康养食材产业片区。

24.“1+5”精品建设工程:镇区规划优化调整和商业街区提档、品牌地产开发、综合交通改善、老旧建筑整治、雨污管网改造等建设工程。

25.农房改善“145”计划:每年改善住房不低于1万户、新建住房不低于4000套,五年内实现全域改善。

26.民生“七有”:幼有所育、学有所教、劳有所得、病有所医、老有所养、住有所居、弱有所扶。

27.“四项惠民”工程:就业富民工程、社保惠民工程、人才强民工程、维权安民工程。

28.“4+6+N”公办医疗卫生服务体系:“4”即宿迁市中医院、宿迁高新区医院、区妇幼保健院、三级综合医院(规划);“6”即来龙、大兴区域医疗卫生服务中心,下相、顺河、豫新、庐山社区卫生服务中心;“N”即132个村居卫生室。

29.“一馆两中心”:党史档案馆、全民健身中心(体育馆、游泳馆、羽毛球馆等)、文化艺术中心二期(图书馆、科技馆、美术馆、职工活动中心、青少年宫等)。

30.“一委两站五岗”党建模式:“一委”即社区党委;“两站”即党建工作站、文明实践站;“五岗”即网格治理岗、便民服务岗、产业发展岗、生态优居岗、富民增收岗。

31.“1+10+10”招商新模式:“1”为招商办,负责全区面上招商工作的日常管理和组织推进;第一个“10”为区级层面设立10个产业招商局(其中分别在上海、浙江、广东设立3个驻点招商局);第二个“10”为乡镇、街道设立10个专业招商局。

32.招商“五件套”:招商宣传

片、宿豫投资指南、H5微信推广小程序、精美文件包及定制U盘。

33. "三定四专五化"治理模式：定岗、定人、定责，进退有专用制度、评价有专项标准、晋升有专属通道、待遇有专门保障，治理片区化、城乡一体化、干部专职化、工作标准化、服务集成化。

34. 四街一乡：豫新街道、顺河街道、下相街道、陆集街道、曹集乡。

35. 安全生产年度三项重点工作：落实工业企业安全生产风险报告制度、开展危化品使用安全专项治理行动、开展安全发展示范城市创建。

36. 精准脱贫"3212"工程："3"即落实教育、卫生、社会保障政策，"2"即提升村集体经济收入和低收入户工资性、经营性收入，"1"即加强基层组织建设，"2"即推进优居强村兴产富民和扶贫标准化体系建设。

37. "1+3"重点功能区："1"是沿江八市组成的扬子江城市群；"3"分别指连云港、盐城、南通一线的沿海经济带，宿迁、淮安和苏中部分地区组成的江淮生态经济区以及将徐州建成淮海经济区的中心城市。

38. 改革"双十双百"工程：围绕"四化"同步集成改革，年初排定全区年度十大重点改革课题、年底评选全区十大改革创新优秀案例，统筹建立对上争取"百项任务清单"、建立全区"百项改革清单"。

39. 三线一单：生态保护红线、环境质量底线、资源利用上线和生态环境准入清单。

40. 四方责任：压实属地、部门、单位、个人（家庭）四方责任，落实好防控措施，守住疫情防线。

41. 四早要求：早发现、早报告、早隔离、早治疗。

41. 八个本领：学习本领、政治领导本领、改革创新本领、科学发展本领、依法执政本领、群众工作本领、狠抓落实本领、驾驭风险本领。

43. 七种能力：政治能力、调查研究能力、科学决策能力、改革攻坚能力、应急处理能力、群众工作能力、抓落实能力。

政协宿迁市宿豫区委常委会工作报告

——在政协宿迁市宿豫区第十五届委员会第一次会议上

区政协主席 袁 恒

2022年1月11日

区十四届政协工作回顾

区十四届政协任期的五年，是宿豫决战决胜高水平全面建成小康社会、顺利开启现代化建设新征程的关键时期，也是区政协事业守正创新、奋发有为的五年。五年来，在中共宿豫区委的坚强领导下，区政协坚持以习近平新时代中国特色社会主义思想为指导，全面贯彻中共十九大和十九届历次全会精神，深入学习习近平总书记关于加强和改进人民政协工作的重要思想，在政治协商的高度、民主监督的力度、参政议政的深度、凝聚共识的广度等方面持续用力，形成"一体三商"协商模式、提案办理"333"工作格局、乡贤兴乡村工作新局面，谱写了新时代政协事业发展新篇章，为宿豫全面建成小康社会和"十四五"规划良好开局贡献了政协智慧和力量。

一、深化学习，提高站位，始终以党的领导统揽全局

五年来，区政协坚持旗帜鲜明讲政治，以加强思想理论建设提高政治站位，切实把牢政协事业"方向舵"。

以理论武装提高站位。以党组中心组理论学习为引领，扎实推进政协党组会议、主席会议、常委会会议等集体学习，认真学习习近平总书记重要讲话精神，开展"两学一做"学习教育、"不忘初心、牢记使命"主题教育、党史学习教育，举办习近平关于加强和改进人民政协工作的重要思想理论研讨会，做到学在要处、悟在深处、落在实处。推动学习与协商议政、调研视察、民主监督等履职活动深度融合，切实增强做好新时代政协工作的政治自觉和思想自觉。

以党建引领压实责任。坚持把党的领导贯彻落实到政协工作各方面全过程，深入贯彻区委《关于加强全区政协系统党的建设工作的实施意见》。严格执行党组工作条例，履行"一岗双责"，落实好党的建设、意识形态、党风廉政建设"三个责任制"，发挥政协党组把方向、管大局、抓落实作用，完善党组成员联系党员委员、党员委员联系党外委员、重大履职活动成立临时党组织等制度，成立5个功能型委员履职党支部，实现党的组织对党员委员全覆盖、党的工作对政协委员全覆盖。

以忠诚履职彰显初心。认真贯彻落实区委《关于加强和改进人民政协工作的实施意见》，深入落实区委决策部署，严格按照区委常委会审定的年度工作要点和协商计划开展工作，坚持区政协党组定期向区委汇报工作制度，做到重大事项及时请示、重要活动及时报告、重点议题及时沟通，主动邀请区委、区政府领导参加政协活动，始终与区委保持政治同心、工作同向。

二、聚焦中心，服务大局，始终为

全面小康持续助力

五年来，区政协坚持围绕中心担当作为，抓住重点深入议政建言，力争让每一个履职脚步都踏在全区经济社会建设的鼓点上，着力提升建言资政“高言值”。

围绕既定主题真诚协商。每年聚焦重点领域、关键环节，持续协商，全程跟踪。着眼大事全会协商。全体会议聚焦事关经济社会发展中的重大问题，先后就打造一流营商环境、推动高新区高质量发展、推进乡村治理现代化等提出建议案，集思广益、建言献策，形成一批有深度、可操作的协商成果。着眼要事常委会协商。常委会会议聚焦党政关注、群众关心的事项，紧扣脱贫攻坚、公共空间治理等问题，开展调研视察、协商建言，为党政科学决策提供民意支撑和智力支持。着眼难事为民协商。镇村协商平台聚焦群众关心的热点问题，围绕为民办实事项目实施、乡村治理等领域，协商提出意见建议，推动群众急难愁盼事项有效解决，让群众真切感受到政协很近、委员很亲。五年来，共提交协商报告40余篇、建议案5件，真正实现协商“商”在需要时、建言“建”到关键处。

聚焦中心工作深入议政。每年围绕全区经济社会高质量发展和高水平小康建设，议政建言、献计出力。紧扣工业转型建诤言。着眼工业经济发出“政协声音”，政协全会分别就创新驱动发展、打造数字经济高地组织大会发言，政协常委会聚焦产业提效、园区提档、项目提质等方面开展广泛协商，推动工业经济高质量发展。紧扣农业高效谋良策。着眼现代农业提供“政协方案”，主席会议、界别联组会议先后以建设现代农业产业园、推进农业产业化、打造农业现代化示范区等为主题开展专题协商，调研成果被有关部门吸收采纳。紧扣民生改善出实招。着眼民生事业展现“政协作为”，紧扣创业就业、教育医疗、社保养老等领域，各级协商平台就为民办实事项目编排、公共卫生服务体系建设、改善农民群众住房条件等开展协商活动100余场次，一批涉及群众切身利益的问题得到及时回应和妥善解决。

紧贴重点领域务实监督。每年瞄准“三重”目标任务，沉到一线、真督实查。围绕重点工作聚焦监督。紧盯污染防治、安全生产等重点事项，开展监督性视察，真诚提出批评建议，推动重点工作落地落实。围绕重点工程专项监督。紧盯“小镇客厅”、“特色田园乡村”、城乡教育均衡发展等重点项目建设，与相关单位深入研讨，提出合理化建议，为重点工程建设尽责出力。围绕重点指标精准监督。紧盯高水平小康中的经济发展、人民生活、资源环境类短板指标，开展集中视察，开出治本“良方”，助推三类指标实现度提升。紧盯列市考核落后指标，由主席会议成员牵头，带领相关委室、界别委员跟进监督，助推补短板强弱项，力促指标突破提升。

三、注重创新，彰显特色，始终将双向发力贯穿全程

五年来，区政协坚持与时俱进，努力让创新成为新时代政协工作的鲜明特质，持续增强开拓创新“原动力”。

健全协商机制，打响议事品牌。聚焦协商主责主业，创新协商机制，全力推动协商议事走深走实。搭建“好商量”平台。建立覆盖区乡村、界别、企业“有事好商量”平台，形成层次分明、立体覆盖、互为补充的全区为民协商一张网。建立“真商量”机制。探索建立乡镇、园区“有事商量好”五个三工作法，村（社区）“开门商量”四个二工作法，界别、企业“专题议政”四个三工作法等协商议事机制。创新实践“四个嵌入”助力乡村治理，推动政协协商与乡村治理有机融合。厚植“多商量”土壤。结合每年“界别活动月”“民生专题协商议事月”“政协提案月”活动，发动委员下沉村（社区）协商平台，灵活开展联动协商、专题协商、提案办理协商，推动政协协商与基层协商有效衔接，把政协制度优势转化为社会治理效能。五年来，共组织协商活动300余场次，省政协黄莉新主席、周继业副主席先后莅临宿豫区调研，对创新“有事好商量”工作给予充分肯定，创新成果《拉长协商半径 画出最大同心圆》在全省政协理论研讨会上作交流，《创行“一体三商”模式 提升基层协商质效》获评省政协创新案例奖。

优化提案办理，汇聚发展动能。发挥提案牵头作用，创新提案办理“三全”模式，不断推动提案工作提质增效。构建提案工作“全闭环”。建立办前询访、办中走访、办后回访“三访机制”，通过区党政领导、主席会议成员领衔督办重点提案、专委会对口督办一般提案，形成“提、立、交、办、督、评”6步工作闭环。注重提案办理“全协商”。坚持把协商贯穿提案办理全过程，创新提案办前协商“333”工作法，突出关口前移“办前协商”，跟进推动“办中协商”，督办落实“办后协商”，切实增强“办”的质效。五年来，共收到委员提案617件，审查立案588件，提案答复率100%，委员满意率99%以上。实现提案评议“全覆盖”。出台《提案（建议案）办理民主评议办法》，坚持建议案办理由常委会评议，重点提案由提案者、评议组和常委会评议，一般提案由提案者和评议组评议的分层评议机制，通过现场汇报、现场询问、现场打分，实现有案必评、评议全覆盖，推动提案办理高质量。

凝聚乡贤力量，助力乡村振兴。探索实践乡贤工作，打造乡贤特色品牌，开拓乡贤兴乡村新路径。立足“三有标准”聚贤才。按照有德、有技、有功标准荐乡贤，宿豫区共推选出当代乡贤650人。编纂《宿迁当代乡贤录·宿豫卷》《宿迁乡愁记·宿豫篇》“两乡”史料，建成区镇村三级乡贤馆（厅），展示乡贤风采，弘扬乡贤文化。搭建“三级平台”聚贤力。建立区乡贤协会、镇村乡贤参事会平台，实现乡贤组织全覆盖。举办乡贤道德讲堂、工匠乡贤讲习所、“宿迁乡贤兴乡村·产业振兴”主题活动，组织乡贤进学校、进社区、进企业宣讲《红色丰碑》宿豫党史、乡贤事迹60余场次，汇聚乡贤智慧力量。突出“三项职责”聚贤能。立足促进经济发展、弘扬传统美德、参与社会治理三项职能，持续开展乡贤义务护水、参与诉前调解、公益诉讼观察活动，常态管护“五小水

体”，稳步提升诉前调解“三率”指标，规范推进公益诉讼观察。全市乡贤诉前调解现场推进会在宿豫区召开，创新“五好工作法”在全市推广。

四、固本培元，赋能提效，始终把“三真三实”挺在前面

五年来，区政协坚持全面加强自身建设，深入践行“四个第一线”要求，不断提升政协履职“硬本领”。

委员主体活力不断迸发。按照“懂政协、会协商、善议政”要求，持续提升委员履职能力。健全机制促规范。出台委员履职、社情民意工作等管理办法，明确委员“1234”年度作业，建立委员履职档案，每年开展优秀委员、优秀提案评选活动，激励委员履职“动”起来、议政“活”起来。专题培训强本领。持续抓好委员培训，届初对新委员开展协商议政能力培训，届中组织委员分别赴井冈山、红旗渠、大王庄等地，接受红色教育，汲取红色力量，增进“四个认同”，提升履职本领。搭建平台助履职。探索设立委员工作室7个，建立社情民意直报点11处，健全委员挂钩联系基层制度，坚持联系群众收集社情民意、联系基层参与为民协商、联系实际开展调查研究。面对突如其来的新冠疫情，委员就疫情防控、复工复产、稳定社会预期等建言，编报《社情民意》4期；委员主动参与疫情处置、物资筹集、志愿服务等，捐款捐物1000余万元，谱写了新时代同舟共济、共克时艰的战“疫”之歌。

专委履职能力显著增强。着力发挥专委会职能优势，持之以恒推进专委会自身建设，努力提升协商议政能力水平。发挥专委会“专”的优势。修订专委会工作通则，建立专家委员、界别专家学者“人才库”，按照“一委一品”，着力打造专委会工作特色品牌，推动专委会更好专出特色、专出质量、专出水平。五年来，共编撰《宿豫政协志》《宿豫乡村地名史话》《古今六塘河》等7本文史读本。夯实专委会“委”的基础。完善专委会联系界别工作机制，建立委员工作室、协商议事室、社情民意联系点“三位一体”工作阵地，因地制宜打造特色鲜明、充满活力的委员履职平台。凸显专委会“会”的作用。完善专委会联系委员工作制度，优化专委会委员构成，推动委员“全员入会”，做到专委联系委员全覆盖。发挥经济科技界别、工商联界别委员优势，动员委员企业以商招商、做大做强，推动三元轮胎二期（50亿元）建成投产，招引威生金属、金诺化工等一批项目，2020年区政协办荣获全区招商引资先进集体。

联络组合力持续凝聚。推动政协协商和基层协商有效衔接，向下延伸履职触角，通过联络组汇聚各方智慧力量。健全机制。建立政协基层联络组织，报经区委常委会研究批准，在全市率先设立乡镇（街道）、园区政协工作联络组，切实发挥反映社情民意重要渠道、基层协商民主重要平台、委员履职作为重要阵地作用。建强队伍。结合公务员职务职级并行改革，选聘二级主任科员担任联络组组长，明确政协工作为其主职主责；宣统委员兼任副组长，重点联系乡贤工作。坚持党委领导和政协指导，把党政决策部署和政协工作要求落实下去，将群众的智慧力量凝聚起来。规范履职。建立“三个一”工作机制，推动联络组紧扣党政中心，结合政协协商重点，每年实施好一个协商计划、开展好一次述职活动、凝练出一批创新成果，推进基层联络工作规范化、制度化、常态化。

成绩来之不易，经验弥足珍贵。过去五年的探索实践，启示我们：必须把牢政治方向。做好政协工作，只有举好旗、定好向，忠心向党，才能保证政协事业发展的正确方向，引领政协工作行稳致远。必须聚焦中心大局。做好政协工作，只有谋大事、抓重点，同频共振，才能充分彰显政协工作的价值优势，凸显政协工作的时代追求。必须加强团结民主。做好政协工作，只有强引领、聚共识，合力共为，才能把区委决策部署落实下去、把各方智慧力量凝聚起来。必须坚持守正创新。做好政协工作，只有破定势、勇创新，与时俱进，才能永葆生机和活力，实现政协事业薪火相传、蓬勃发展。必须强化责任担当。做好政协工作，只有抓队伍、强主体，固本强基，才能激活政协组织“细胞”，夯实政协工作基础。

对区十五届政协的工作建议

未来五年，是宿豫乘势而上奋进全面建设社会主义现代化国家新征程的关键时期，也是政协工作肩负新使命、谋求新作为的五年。五年任期的指导思想是：坚持以习近平新时代中国特色社会主义思想为指导，深入贯彻中共十九大和十九届六中全会精神，紧紧围绕区第十三次党代会提出的“高水平推进‘四化同步’、高质量建设‘四个宿豫’，当好全市经济社会发展先行军”总体战略，围绕团结和民主两大主题，坚持建言资政和凝聚共识双向发力，着力提高政治协商、民主监督、参政议政水平，为推动实施“两高一先”战略作出政协新的更大贡献。

一、以强化政治建设为统领，着力巩固思想基础

坚持党对政协工作的全面领导。突出党建引领，强化政治担当，不断加强政协系统党的建设，切实提高政治判断力、政治领悟力、政治执行力，推动党建工作与政协工作深度融合。主动将政协工作置于党的领导之下，把党的领导作为政协组织的“主心骨”和“压舱石”，推动政协系统增强“四个意识”，坚定“四个自信”，做到“两个维护”，始终把“两个确立”作为最深刻的政治领悟、政治信念、政治自觉。

始终与区委的决策部署同心同向。找准定位，提高站位，在思想上与区委同心同步，坚持围绕区委“三重目标”确定政治协商、民主监督、参政议政议题，协商计划事先征得区委审核批准，调查研究紧扣区委中心大局，民主监督聚焦推动区委决策落实。在行动上与区委同向同行，及时将区委的决策部署转化为政协和政协委员的履职行动，做到区委的工作推进到哪里，政协工作就跟进到哪里，力量就汇聚到哪里。

不断加强政协政治共同体建设。

政协是政治组织，履职尽责是政治活动。各党派团体和各界人士，要珍惜这个政治角色，明白肩负的政治使命，自觉加强政协政治共同体建设，不断增进“四个认同”，巩固共同的政治基础，承担共同的政治责任。发挥政协党组在政协工作中的核心作用，完善党组成员联系党派制度，切实把党的主张转化为社会各界的共同意志和自觉行动。

二、以服务改革发展为主线，协力推进“两高一先”

围绕高水平推进“四化同步”议政建言。聚焦“四化同步”集成改革深度调研，有效协商，献计献策。在推进新型工业化上，围绕先进制造业、项目引培等重点，精准发力、跟进协商，助力重塑“高新”园区新格局。在推进城镇化上，围绕水美城市、缤纷城市、品质城市、韧性城市等重点，建言献策、汇聚众智，助力打造精致宿豫、魅力新城。在推进信息化上，围绕“一企一策”数字化、工业互联网等重点，出谋划策、建言资政，助力打造数字经济高地。在推进农业现代化上，围绕推动京东全国乡村振兴示范基地建设、农业重大项目引培等重点，协商议事、广聚共识，助力打造乡村全域振兴示范样板。

聚焦高质量建设“四个宿豫”靶向监督。瞄准“四个宿豫”建设关键环节，调准“焦距”，精准监督。聚焦“创新宿豫”，着眼完善科创体系、打造创新高地等，实施重点监督，推动招引更多的高新技术项目，让创新创优更添动力、更具活力。聚焦“开放宿豫”，着眼营商环境优化、惠企政策落实等，实施专项监督，推动打造枢纽经济高地，让对外开放持续深入、行稳致远。聚焦“精致宿豫”，着眼“四个城市”建设、城市更新“八大工程”等，实施协商式监督，推动打造现代城市样板，让城市更新更有品质、更有魅力。聚焦“幸福宿豫”，着眼群众关心的教育、医疗、就业等民生项目，实施跟踪监督，助推解决群众在乎的事、牵挂的事、期盼的事，让群众的获得感更直接、更实在、更充分。

紧扣经济社会发展“先行军”创新创优。围绕“先行军”目标建言资政，集纳良言，献计出力。立足稳中求进，着力在项目引增量、产业提质量、经济扩总量方面建良言，助推实体经济“进”的步伐。立足共同富裕，着力在群众增收、服务均衡、保障兜底等方面献良策，助推民生实事“办”的到位。立足统筹协调，着力在全面与重点、城市与乡村、发展与安全等方面谋良计，助推经济社会“调”的和谐。立足克难攻坚，着力在纾难解困、补短强弱、提标进位等方面开良方，助推攻坚任务“落”到实处。

三、以发挥自身优势为抓手，聚力打造特色亮点

坚持团结民主“两大主题”。强化政协统战功能，充分尊重各党派团体、社会各界代表人士的智慧与力量，丰富“有事好商量”协商议事制度化实践，形成共促发展的合力。进一步发挥各民主党派、工商联和无党派人士在政协中的作用，开展联动调研、联合监督、联络联谊，支持更好地履职作为。完善发挥界别作用机制，密切同党外知识分子、非公有制经济人士、新的社会阶层人士、民族宗教界人士的沟通联络，不断扩大“朋友圈”，为推进“两高一先”汇聚磅礴力量。

彰显乡贤工作“三大作用”。助力经济发展，常态化开展乡贤科创助乡、乡贤企业结对共建活动，有针对性地开展项目对接和科创咨询，力争促成科技服务业和人才创业项目落户。参与社会治理，完善乡贤义务护水、参与诉前调解、公益诉讼观察工作机制，巩固和提升乡贤护水“333”工作法、诉前调解“五好”工作法，推动乡贤公益诉讼观察工作规范化。弘扬传统美德，规范化开展乡贤道德讲堂、工匠乡贤讲习所、工匠乡贤带徒传技等活动，做足做优“乡贤+”文章，引导乡贤在更宽领域、更大范围发挥作用，擦亮乡贤工作品牌。

强化政协文史“四大功能”。发挥文史资料在“存史、资政、团结、育人”方面的重要作用，围绕“四化同步”集成改革和“四个宿豫”建设的人文精神需求，开展文史课题研究，报送优秀调研成果，为“当好全市经济社会发展先行军”提供智力支持。发挥区历史文化研究会职能作用，开展地域历史文化研究，挖掘宿豫人文精神，编纂《战天斗地旱改水》等文史资料，通过弘扬“旱改水”奋斗精神，厚植“新宿豫”时代内涵，擦亮共产党人精神谱系宿豫符号，为高质量建设“四个宿豫”提供精神支撑。

四、以加强自身建设为保障，致力提升履职实效

提升委员履职能力。有计划、分层次开展委员培训，通过“请进来、走出去，常态学、系统训”开展委员学习培训，提高综合能力。完善委员挂钩联系社区制度，让委员深入一线，服务基层群众，助力社区治理。为委员履职搭建载体，发挥好“委员之家”、“宿豫政协”APP等平台作用，让委员活动更便捷、履职更高效。修订《委员管理办法》，强化委员履职管理，落实“1234”履职要求，建立委员年度报告和履职档案制度，增强委员履职尽责的积极性和主动性。

提高机关运行质量。以“三真三实”作风加强政协机关建设，持之以恒改进作风、提升效能。发挥专委会基础性作用，打造“一委一品”工作品牌，完善专委会季度述职和年度履职情况通报制度，支持专委会与党派团体合作共事，与职能部门对口联系。深入推进政协“四型”机关建设，提升服务协商、调查研究、办文办会“三个质量”，打造一支政治坚定、作风优良、业务熟练的干部队伍，始终保持“务实、精致、有序”的机关工作状态。

提振联络组工作质效。按照习近平总书记关于发展全过程人民民主的要求，扎实推动协商民主广泛多层制度化发展，巩固政协工作联络组创新成果。更加突出“三个作用”，持续加强联络组建设，促进社情民意渠道更加通畅、协商议事平台更加宽阔、委员履职阵地更加巩固。优化完善“三个一”工作机制，及时配齐配强联络组人员，建立联络组工作规则，促进履职更加规范高效。不断深化“四个嵌入”，发挥联络组桥梁纽带作用，推动政协协商与乡村治理有机融合，让基层治理更有温度，民生幸福更有质感。

文件选录

“三治”融合积分制管理实施方案

为贯彻落实党的十九大精神，推动乡村振兴战略在基层落地生根，宿豫区在总结前期乡村治理“三治”融合积分制管理试点经验的基础上，在全区范围内全面推行“三治”融合积分制管理模式的创新实践，特制定以下实施方案。

一、指导思想

以习近平新时代中国特色社会主义思想为指导，全面贯彻落实党的十九大、十九届二中、三中、四中、五中全会精神和习近平总书记视察江苏重要讲话指示精神，全面实施乡村振兴战略，坚持党的全面领导，坚持以人民为中心，坚持法治国家、法治政府、法治社会一体建设，建立健全自治法治德治相结合的社会治理体系，建设人人有责、人人尽责、人人享有的社会治理共同体，通过积分制管理，让乡村治理由“任务命令”转为“激励引导”，引导村（社区）居民成为乡村治理的主要参与者、最大受益者和最终评判者，推动乡村治理体系和治理能力现代化水平进一步提高，推动群众的法治获得感和幸福感进一步提升，努力实现“产业兴旺、生态宜居、乡风文明、治理有效、生活富裕”的乡村振兴总目标。

二、基本原则

（一）党建引领原则。坚持把党建引领作为推动基层治理创新发展的根本路径，着力构建党组织统一领导、各类组织积极协同、广大群众充分参与的基层治理体系，提升党建工作网与社会治理网融合度，健全党组织领导下的基层群众自治制度，推行积分制管理、同心议事会、小院说事、援法议事等村级治理模式。

（二）民主自治原则。要积极探索有效形式，保证和支持广大基层群众实行自我教育和自我管理；结合不同的资源禀赋和历史文化，最大限度激发社会活力，争取最大范围的村（社区）居民群体参与到基层治理中；推动治理模式不断走向开放，加强社会组织建设，实现社会治理多元共治。

（三）法治保障原则。要把基层治理纳入法治轨道，使敬畏法律、信仰法律、尊重法律成为基本取向；严格依法规范基层组织行为，引导村民依法办事；健全完善基层法律服务体系，推动形成办事依法、遇事找法、解决问题用法、化解矛盾靠法的良好社会氛围。

（四）德治引领原则。要把以规立德作为净化社会风气的治本之策，突出村规民约的观念引导和行为约束作用；不断丰富乡村文化生活，使风清气正、向善向上的舆论导向推动自我教化，形成良好的村风民俗；发动群众积极参与“法治示范户”创建评比活动，使社会主义核心价值观落地生根。

三、基本内容

（一）组织机构和工作职责。“三治”融合积分制管理由乡镇（街道）牵头组织推进，镇村两级分别成立“三治”融合积分制管理工作领导小组，领导小组组长分别由乡镇分管领导和村（社区）支部书记担任，成员包括：村（社区）两委成员、村（社区）法律顾问、网格员、人民调解员、法律明白人等。领导小组下设办公室（简称“三治办”），办公室主任及成员由领导小组推荐产生。村（社区）“三治办”每月收集申报辖区内居民正面和负面清单加分、减分情况并进行审核，形成每月积分制考核积分总表，在每月召开的领导小组工作会议上确认村（社区）居民最终积分结果，并在公开栏内张榜公示。公示结果经村（社区）领导小组组长签字确认后，上报乡镇“三治办”审核备案。乡镇“三治办”依据村（社区）“三治办”上报情况和日常监督情况进行绩效考核奖励。

镇村两级“三治办”可依据本方案，制定和完善本辖区积分制管理实施方案，因地制宜，探索多渠道、多元化的管理方式。

（二）积分主体和考核内容。积分制管理以户为单位，以户主和家庭成员的行为为积分主体。考核内容涵盖：学法守法、社会治安、公益美德、村居发展、荣誉表彰等，具体积分标准参照《“三治”融合积分制管理正负面清单》。各村（社区）可结合本地实际对清单内容和分值范围作适当调整，设置符合自身实际的积分考核细则，通过司法行政机关合法性审查并由村民大会或村民代表大会通过后施行。

（三）工作流程。各村（社区）“三治办”建立积分制考核总台账，村（社区）居民以户为单位建立积分制管理手册，平时管理结合“四个一”（一张评分表、一张积分卡、一个评分团队、一个积分兑换小物品）开展工作。

1.一事一记录。加分申报可通过书面、电话、短信、QQ、微信等多种方式，由村（社区）居民自主向村（社区）“三治办”自行申报，也可由村（社区）“三治办”包片人员汇总代为申报。申报要清楚告知事项发生的时间、地点、事由、结果等，并提供申报加分事项相关照片、见证人等佐证信息。村（社区）“三治办”及时对申报事项现场进行走访复核、调查了解、收集证据并进行记录和初步认定。减分事项由村（社区）“三治办”提出备案意见，经村居“三治”融合积分制管理工作领导小组研究确认，严格对照本村居积分管理细则进行申报、查实、减分。

2. 一月一审核。各村（社区）“三治”融合积分制管理工作领导小组每月定期开会研究积分制管理工作。由村（社区）“三治办”汇报本月全村积分制管理积分加分、减分情况，经会议集体研究确定加减分结果，进行不少于一周的公示，公示结果经村（社区）“三治”融合积分制管理工作领导小组组长签字并报乡镇（街道）“三治办”复核备案。根据审核反馈结果，形成月度积分制考核总表，由村（社区）“三治办”在村（社区）居民积分手册上作明确记载。

3. 一季一公示。每季度由村（社区）“三治办”将全体村（社区）民的积分管理得分总表（只公布总分）在各村（社区）醒目位置进行公示，接受广大村（社区）居民的查询、监督。村（社区）居民对积分管理情况有异议的，可向村（社区）“三治办”进行反映，经过调查核实后报村（社区）“三治”融合积分制管理工作领导小组研究确认后进行妥善处理。

（四）结果运用。年终由乡镇（街道）“三治办”对各村（社区）积分制管理考核结果进行汇总，年度内积分实行累积使用，年终清零，次年重新积分。

对积分制管理考核优秀农户代表在镇区小镇客厅、农贸市场等人群密集场所和微信公众号、网站等媒体进行宣传报道，在乡镇（街道）目标管理总结大会等重大会议上予以表彰。

对积分制考核得分先进的居民，采取多种形式进行表彰奖励、在享受政策上获得优先权。奖励形式分为兑换服务、物质奖励、精神鼓励。同等条件下，居民家庭成员优先获得推荐参军、各类奖补、评先评优等权利。兑换服务、物质奖励等由村（社区）统筹实施，具体实施细则各村（社区）“三治办”根据村集体经济收入情况，制定具体奖励办法和标准。

1. 开展公益美德评选活动。年终各村（社区）依据积分考核排名情况，在积分高于平均分以上的居民户中，评选最美好人、最美儿媳（公婆、女儿）、五星级文明户等。

2. 与各类表彰评先活动挂钩。县区以上层面，对于向上级推荐表彰的各类“道德模范”“劳动模范”“创业模范”和“学法中心户”“法律明白人”等先进典型必须从参与积分制管理考核的优秀家庭中产生。

3. 开展积分兑换活动。积分既可以兑换服务，也可兑换物品，兑换方式根据不同积分主体、不同积分内容、不同时间阶段进行分类排名、分类兑换奖励，年终根据积分情况，按照得分不同区间，兑换不同物品。

（五）监督考核。成立镇、村积分制监督委员会，成员包括退休村组干部、优秀老党员、退休干部教师、德高望重群众代表等乡贤，“三治办”日常工作由积分制监督委员会监督。各村（社区）“三治办”要严格按照方案相关程序开展考核工作，严禁弄虚作假，送人情分、扣报复分，严禁借助积分制管理手段进行要挟、恐吓、索取利益等，严禁按照个别人主观好恶来决定加减分，严禁碍于人情对于该扣分的事实隐瞒不报。

四、重点任务

一是发挥党建引领作用，凝聚“三治”合力。加强党委对“三治”融合积分制管理工作的全面领导，加快构建党委总揽全局、协调各方的指挥体系。建立区、乡、村（社区）“三治”融合积分制管理组织领导机构，制定贯彻落实方案，构建上下联动机制。落实保障推进制度。将“三治”融合积分制管理工作实绩（附件1）作为对乡镇、村（社区）领导班子和领导干部综合考核评价的重要内容，推动基层依法治理纳入政治巡察范围，确保积分制管理任务落实到位

二是实现乡风文明、民风好转。突出社会主义核心价值体系和社会公共道德在社会治理中的基础作用，通过村（社区）居民“三治”融合积分制管理正负面清单（附件2、3），在得分排名基础上，评选出五星级文明户、最美家庭、最美儿媳（公婆、女儿）、“三治”示范户等先进典型，以先进人物、道德模范的典型引路，树立孝亲敬老、诚实守信、邻里和谐、互帮互助、热心公益、支持基层组织管理服务的良好风尚。

三是推进法治乡村建设。以国家级、省级民主法治示范村（社区）创建为抓手，扎实推进基层法治文化阵地建设，加大学法普法宣传的力度，全面提升群众的法律意识，培养群众的法治信仰，在基层群众中形成办事依法、遇事找法、解决问题用法、化解矛盾靠法的良好氛围，避免社会矛盾的激化和信访问题的发生，有效地维护社会和谐稳定。

四是提升参与社会治理的积极性和主动性。探索有效管理手段，实现乡村组织振兴，让更多的群众参与村居民主自治，最大限度激发社会活力，争取最大范围的村（社区）居民群体参与到乡村建设、乡村管理活动中来，用村民自治的社会力量除邪扶正、弘扬正气。

五是办好民生实事助力乡村振兴。加快农村人居环境整治提升，防止脱贫困难户返贫，提高农民科技文化素质，推动形成文明乡风、良好家风、淳朴民风。

五、推进机制

（一）搭建组织架构（7月）。成立区推进“三治”融合积分制管理工作督查组，区委组织部、区委宣传部、区司法局、区农业农村局、区民政局等单位于7月31日前向区委依法治区办报送1名分管负责人和1名科室同志作为督查组成员。

（二）梳理事项清单（7月）。各牵头单位要按照方案的要求，认真梳理事项清单，量化指标体系，事项清单要列出具体工作举措、时间节点、考核要求、分值等内容。

（三）示范推进（7月–12月）。区各相关部门、各乡镇（街道）、村（社区）按照工作方案、实施计划，认真组织开展“三治”融合积分制管理推广工作。

（四）验收总结（2022年1月）。区“三治”融合积分制管理工作督查组组织验收总结，选树宣传先进典型。

六、保障措施

（一）加强组织领导。发挥区“三治”融合积分制管理工作督查组作用，各相关单位加强联动配合，每月召开推进会议，研究会办推进工作中存在的突出问题。相关部门要把此项工作纳入重要议事日程，根据职责分工，建立推进机制，切实抓好落实。各乡镇（街道）要统筹推进，迅速安排部署，确保此项工作在全区推开，同时加大财政支持力度，确保“三治”融合积分制管理工作经费保障有力。

（二）强化典型引路。重点围绕引导群众参与、优化积分办法、完善考核奖

惩等进行深化创新，提供更多具有示范性、推广性的经验作法。要注重总结积分制管理成功经验，挖掘培育示范标杆，以点带面，整体推进，努力在全区形成各具特色、竞相发展的工作态势，提升“三治”融合积分制管理工作的影响力和知名度，打造乡村治理的特色品牌。

（三）严格督查考核。“三治”融合积分制管理工作已纳入乡镇（街道）年度目标考核及乡镇（街道）党工委书记抓乡村振兴工作述职评议考核内容。下一步有关牵头单位要加强对“三治”融合积分制管理工作过程督查，采取月通报、季考核、年兑现等方式，把群众满意作为考核评价的重要指标，形成以群众满意为主要衡量标准的“三治”融合积分制管理评价体系和评价结果公开机制。

（宿豫办发〔2021〕43号，2021年7月30日）

全面推进乡村振兴加快农业农村现代化三年行动计划（2021–2023）

为深入贯彻习近平总书记关于“三农”工作重要指示精神，认真落实中央和省、市农村工作会议精神，全面推进乡村振兴战略，高水平推动农业农村现代化，根据中共中央、国务院《关于全面推进乡村振兴加快农业农村现代化的意见》和省、市《关于全面推进乡村振兴加快农业农村现代化建设的实施意见》，结合宿豫实际，现提出如下行动计划。

一、指导思想与目标任务

（一）指导思想。以习近平新时代中国特色社会主义思想为指导，深入贯彻习近平总书记关于“三农”工作重要论述和“两争一前列”的指示要求，认真落实党的十九大和十九届二中、三中、四中、五中全会精神以及中央和省、市农村工作会议精神，坚定不移贯彻新发展理念，坚持“四化”同步，聚焦“四区”建设，深入实施乡村振兴战略，落实高质量发展要求，促进农业高质高效、乡村宜居宜业、农民富裕富足。

（二）目标任务。到2023年，乡村振兴相关制度框架和政策体系基本健全，农业农村现代化取得重大进展，农业综合生产能力得到有效提升，农业新产业新业态蓬勃发展。美丽乡村建设全面推进，农村人居环境显著改善，农村基础设施和公共服务配套趋于完善。城乡融合发展体制机制基本建立，城乡居民生活水平差距进一步缩小，脱贫致富奔小康成果得到巩固提升。农村基层党组织战斗堡垒作用进一步加强，乡村治理体系不断完善。

2021年，幸福大道环线建设加快推进，美丽乡村组团优化提升，富民产业集群更加优质，农旅融合示范区建设实现突破，农村改革深入推进，乡村发展活力持续增强。实现粮食播种面积83.75万亩以上、产量41万吨以上，生猪存栏15万头以上、出栏16万头以上，肉鸡年养殖能力达1亿羽；招引农业重大项目30个，其中亿元以上项目5个；村（社区）集体经营性收入和农村居民人均可支配收入增幅8%以上。

二、加快幸福大道环线建设，推动乡村振兴提质增效

（三）优化环线产业结构质态。内环线围绕“休闲农旅、美丽田园”定位，完成区域内农业产业结构调整，推动阿土伯、黄桃基地等项目改造，提升梨园湾、石榴园、杉荷园等农业综合体效益。中环线围绕“都市果蔬、康养食材”定位，每年新建标准化果蔬基地1万亩，布局果蔬新品种综合展示和商品苗繁育供应中心，建成芦蒿、金菜等万亩特色产业园。外环线围绕“优质稻米、生态畜禽”定位，建成10万亩优质籼米标准化基地。到2023年，幸福大道内环线休闲农旅形成规模，中环线形成绿色果蔬产业带，外环线打造优质籼米标准化示范区和生态循环养殖产业园。

（四）深化六塘河生态富民廊道建设。统筹六塘河流域农房、产业、生态等规划与建设，构筑集成发展的生态富民廊道。围绕打造全线景观，提升两岸绿化美化。以现代农园拓展区、葡萄小镇等为重点，加强农业项目建设，提升现代农业综合生产能力，推动实现葡萄小镇、新庄草莓园、曹集石榴园等单品种植面积达5000亩以上。到2023年，六塘河生态富民廊道打造成为城乡融合发展试验区。

（五）加快环线公共基础配套设施建设。围绕幸福大道环线配套、新型社区串联及重点项目周边保障等，系统化推进交通、水利等基础设施提升。推动实施顺兴线东延、新大线北延、仰顺线等道路建设，发挥其对农业生产、观光旅游的支撑作用。推进幸福大道环线水利工程建设，加大水环境综合整治力度，确保幸福大道内环线水系畅通，水质优良。到2023年，基本实现幸福大道环线基础设施配套完善、功能齐全。

三、深化推进美丽乡村组团，打造美丽江苏建设样板

（六）加快改善农民住房条件。重点围绕幸福大道环线、六塘河生态富民廊道等区域布局项目，统筹推进农房改善，做好与产业融合发展、村庄布局规划、薄弱片区发展、重大基础设施“四个结合”文章，打造以“五花八景十居民”为代表的美丽乡村组团。2021年完成搬迁3000户，做好13个续建项目。加强对规划发展类村庄打造提升，以争创省级示范村、美丽宜居乡村、特色田园乡村等为抓手，打造一批高品质村庄。到2023年，新增省级特色田园乡村9个、美丽宜居村庄23个。

（七）提升农村基础设施建设水平。按照“四好”农村路标准，完善农村道路系统和内外交通路网体系，实现

村主干道进出通畅，农村公路亮化全覆盖。加强镇村供水服务能力建设与水源地达标监测和保护，全面提高农村饮水安全保障水平。加快中压配电网标准网架建设，到2023年，实现农村地区中压线路联络率提升至100%。推进“光网乡村”“无线乡村”建设，实现光纤网络“万兆到村、千兆到户”和核心镇区5G网络全覆盖。加快实施天然气管道“镇村通工程”，到2023年农村地区天然气通达率达90%以上。

（八）实施人居环境整治提升行动。持续推进农村厕所革命、生活垃圾治理、生活污水治理、农业污染治理、村容村貌提升环境整治五大重点任务，系统实施“水林田路居”综合治理，三年内以村（居）为单位污水处理设施覆盖率达90%。逐步实行垃圾处理、污水治理付费制，探索农村河道、绿化美化、道路交通、环境保洁、公共设施“五位一体”长效管护模式，推进“门前三包”，引导群众主动参与环境管护。

（九）健全农村民生保障体系。加快农村教育事业发展，推行乡村教师“区管校聘”和定期轮岗流动，完成老旧校舍修缮，确保义务教育普及率100%不降低。提升乡村公共卫生水平，完成建制村卫生室新建和改扩建任务，村级卫生机构标准化率不低于75%。加强特殊群体关爱，加快标准化农村区域养老服务中心转型升级，拓展居家社区养老服务，探索农村邻里互助养老模式；健全困境儿童兜底保障机制，强化留守家庭子女控辍保学工作；完善农村“残疾人之家”服务功能，统筹开展日间照料等服务；提升公共文化服务能力，形成较为完善的基层综合性文化服务中心网络体系。

（十）大力促进农村消费。加快“区、乡、村”三级农村物流体系建设，深入推进电子商务进农村和农产品出村进城，全区农村电子商务销售收入年增长率达25%，农村电子商务服务中心、站（点）覆盖率100%，培育网络销售额2000万元以上电商企业60家以上。推行“龙头企业+生产基地+精深加工+电商销售”发展模式，到2023年“一村一品一店”标准村达标率100%。

（十一）推进乡风文明建设。持续深化省级新时代文明实践试点，推广积分制、道德评议会、红白理事会等做法，着重治理高价彩礼、人情攀比、铺张浪费等不良风气。加大对农村非法宗教活动和境外渗透势力的打击力度，依法制止宗教干预农村公共事务。开展形式多样的文明实践活动，每年组织不少于200场“百姓大舞台”、广场舞比赛、传统文化展览等全民性活动。到2023年底，区级以上文明村镇占比超过75%。

四、优化拓展富民产业集群，提升农业产业发展能级

（十二）加速推动主导产业结构调整。推动果蔬产业集聚发展，进一步优化“一核三环一廊”及新型农村社区等重点区域内的产业布局与结构调整。围绕268省道，推进智慧化、生态健康养殖，建成益客、裕农等一批智慧养殖项目，新建国家级水产健康养殖示范场1个。推进优质籼米标准化建设，建成优质籼米标准化示范基地10万亩，建设无尘化现代稻米加工项目，稻米年精深加工能力提升到40万吨。

（十三）增强园区核心辐射作用。按照“一区多园、一园多点”机制，加快推进农旅融合发展、农业科技示范、生态循环农业等载体平台建设。对照国家级示范园区标准，实施现代农园提档升级工程，打造肉禽养殖智能化服务平台，推动市农科院迁建现代农园拓展区，建设宿豫亚夫工作站，启动园区研发中心建设。推动新庄、来龙、大兴、仰化、曹集等乡镇优化产业布局，积极创建市级现代农业产业园。

（十四）加强农业企业招引培育。利用现代农园、宿迁高新区等载体优势，建立完善农业“链群长制”招商，全力招引农业项目。推进产业链集群建设，加快正大、益客等龙头企业补链强链延链，建设一批具有科技含量的农产品精深加工项目。积极推进稻米精深加工产业链、果蔬制品产业链、肉禽精深加工产业链建设。到2023年，新招引农业重大项目100个左右（其中亿元项目15个以上），新培育区级以上龙头企业不少于8家。

（十五）发挥新型经营主体带动作用。深入推进农业龙头企业、农民专业合作社、家庭农场等新型农业经营主体培育，健全农业专业化、社会化服务体系。到2023年，新培育区级以上农民示范合作社45家、示范家庭农场120家，打造“三社”共建示范点15个；培育壮大农业社会化服务组织，农业适度规模经营水平达到75%以上。

（十六）强化科技人才支撑。探索组建乡村振兴工作队、科技村长团，建立乡村振兴学院，加强乡村振兴的人才支撑。实施高素质农民培育、农村实用人才素质提升、新型农业经营主体带头人培养、新生代农民工职业技能培训“四项计划”，每年培训不少于1000人次，区乡两级农技推广体系引进“名校优生”或培养中高级以上职称30名，遴选百名“田园精英”纳入培养计划。引进科研院所和高等院校的农业科研人员到农业企业兼职，对依托顶尖人才创新团队开展的农业科技成果转化、产业化投资项目和创新创业技术投资项目，给予15—50万元资金支持。

（十七）持续推进富民增收。开展富民强村帮促行动，构建农村低收入人口增收长效机制。对脱贫不稳定户、边缘易致贫户开展常态化监测，建立健全快速发现和响应机制。对有劳动能力的农户，支持农业龙头企业、农业产业园区和帮扶车间等优化业态、拓展岗位，促进农户就近就地转移就业。对低保户、特困供养户，通过扶持发展家庭手工业、设置公益性岗位、股份收益分红等形式，促进收入稳定增长。

（十八）加快振兴农村集体经济。实施新一轮农村集体经济提升行动，纵深推进农村公共空间治理，建立健全集体资产资源利用效益最大化工作机制。创新村级集体经营形式，推动社区成立股份经济合作社，支持利用集体资产资源联合市场主体发展生产经营，鼓励开展耕种收管等农业社会化服务和农村社区物业服务，准许村集体经济组织为社会资本流转土地经营权提供服务并适量收取服务费。深入推进村企联建，每年至少新建30个体量大、质态优、带动力强的规模项目。到2023年，涉农村（社区）集体

经营性收入增幅8%以上，经营收益强村占比达50%以上。

五、聚力推动农旅融合示范，构建乡村全域旅游格局

（十九）探索推动农旅融合发展。以“十万亩核心区”为重点，推进农业与旅游、教育、文化、健康养老等产业深度融合，大力开发乡村休闲旅游业态和产品，点线面结合推动休闲农业集聚发展。建成袁家村·宿迁印象等一批优质乡村旅游项目，完成农业科技示范园、杉荷园农旅融合示范区、六塘河休闲农业观光带等建设，把核心区建成一二三产深度融合的主题创意农园。到2023年，实现乡村休闲旅游年接待量增长30%以上。

（二十）实施乡村休闲旅游精品工程。深化国家级休闲农业与乡村旅游示范区建设，丰富青“莲”振友、亲“艾”周马等农村新型社区内涵，培育打造一批集生态观光、农事体验、高端康养等于一体的“农业+康养”“农业+体验”示范村镇和示范点，创成一批全国休闲农业与乡村旅游星级企业、中国美丽休闲乡村、省市休闲农业精品村、特色田园乡村，争创“江苏省百条休闲农业和乡村旅游精品线路”。

（二十一）提升农业绿色发展水平。开展农产品整体形象品牌、企业品牌、区域公用品牌“三牌共创”活动，放大“宿遇好食光”区域公共品牌效应，推动曹集金银花创成国家地理标志农产品。加强农产品质量安全监管，创成国家农产品质量安全县（区）。到2023年，新增“两品一标”农产品认证10个，绿色优质农产品比重达75%以上

六、全面推进集成改革创新，激发农业农村发展活力

（二十二）推动乡村治理体系建设试点。深化推进农村新型社区“一委两站五岗”模式，建立“村（社区）党委—网格党支部—片区党小组—党员中心户”的四级组织架构。持续实施“返乡兴村计划”，每个村（社区）返乡兴村新村干动态保持2名以上。依托村（社区）党群服务中心，开展“四提一创”活动（提升组织力、提升乡风文明、提升服务水平、提升富民成效，创新服务供给），每年设立不低于1000万元专项资金，创新村（社区）“自主+购买”服务方式，更加精准高效服务群众。推广“三治”融合积分制管理，全面推行村级重大事项决策“四议两公开”制度，推广广场夜谈、民情恳谈会、百姓议事堂等村民议事协商模式，加强有事好商量协商议事室、乡贤议事厅、乡贤馆等建设，健全城乡社区议事协商机制。2021年底，形成可复制、可推广的乡村治理试点经验。

（二十三）加强农村承包地管理改革。以农村承包地“三权分置”为重点，切实加强农村承包地管理改革，重点探索规范经营权和承包权，发挥最大效益。大力推进农村产权线上交易工作，进一步规范农村产权交易流程，加强农村土地承包经营合同管理和业务培训，提高产权交易服务保障能力。推动土地经营权抵押担保工作，进一步完善抵押登记、价值评估、流转交易等贷款流程，畅通老百姓土地经营权抵押贷款渠道。

（二十四）推进农村宅基地改革。积极探索农村宅基地所有权、资格权、使用权“三权分置”有效路径，重点做好宅基地和集体建设用地赋能工作。稳慎推进农村宅基地改革，建立健全宅基地分配、使用、流转、违法用地查处等管理制度，完善宅基地用地标准，指导宅基地合理布局、闲置宅基地和闲置农房利用，构建“区级主导、乡镇主责、村级主体、分工明确”的宅基地管理工作体系。探索农村集体经营性建设用地入市改革试点，规范农村土地利用和管理秩序，确保农民公平分享土地增值收益。

（二十五）实施农村产权制度改革。以资源变资产、资金变股金、农民变股东“三变”改革为突破口，切实加强农村产权制度改革。以“政经分开”改革试点为突破口，围绕机构分设、资产分置、权责分离、财务分立、人员融合“四分一合”，形成在党组织的领导下，自治组织管村务事务，经济组织管经济发展的局面，切实维护村级集体经济利益和社员利益，更好地推进社区建设和管理。

七、切实加强党的全面领导，确保各项任务落地落实

（二十六）强化五级书记抓乡村振兴工作机制。强化区、乡、村书记抓脱贫致富奔小康成果巩固和乡村振兴，建立健全上下贯通、精准施策、一抓到底的乡村振兴工作体系。建立党政负责人乡村振兴联系点制度，定期开展乡村振兴轮训，加强党对乡村人才工作的领导，选派优秀干部到乡村振兴一线岗位任职锻炼，对在乡村振兴一线、关键岗位工作表现突出的干部优先重用。

（二十七）健全区委农村工作领导小组和工作机构。充分发挥区委农村工作领导小组牵头抓总、统筹协调作用，围绕乡村振兴目标任务，建立领导小组定期议事、定期汇报、定期调度机制，各类涉农政策、措施要提前征求领导小组意见并备案。强化区委农村工作领导小组办公室职能，加强机构设置和人员配置，增强决策参谋、统筹协调、政策指导和督导检查等作用。

（二十八）落实乡村振兴资金投入保障。持续加大财政投入，整合相关涉农资金，建立1亿元区级乡村振兴发展基金，统筹用于促进高效农业发展、巩固脱贫攻坚成果等。稳步提高用于支持农业农村现代化重大项目资金投入量，加强乡村产业发展和基本建设用地保障，通过实施城乡建设用地增减挂钩尤其是省域内指标流转进一步盘活土地资源，结余指标优先用于一二三产融合发展项目。

（二十九）加大乡村振兴考核督查力度。建立乡镇（街道）、区领导小组成员单位按季度报告乡村振兴开展情况工作制度，将乡村振兴实绩纳入高质量发展考核体系，作为评先评优重要依据，建立常态化约谈机制，对乡村振兴工作推动不力、履职不到位的单位主要负责人进行约谈。强化乡村振兴督查，及时发现和解决存在的问题，推动项目、措施、政策落实落地。持续整治形式主义、官僚主义，进一步减轻乡镇、村居的不合理、重复性工作压力。

（宿豫发〔2021〕9号，2021年3月1日）

文 件 题 录

2021年宿豫区委、区政府部分发文要目一览表

表59

文 号	文 件 标 题	发布机关	成文日期
宿豫发〔2021〕1号	关于2021年民生实事项目的实施意见	区委、区政府	2月2日
宿豫发〔2021〕2号	关于制定宿豫区国民经济和社会发展第十四个五年规划和二〇三五年远景目标的建议	区委	2月2日
宿豫发〔2021〕3号	印发《关于落实“三重一大”制度的实施办法》的通知	区委、区政府	2月7日
宿豫发〔2021〕4号	关于坚持对标对表强化改革创新聚力推动四区建设的意见	区委、区政府	2月18日
宿豫发〔2021〕5号	关于实施重点产业链链长制加快产业集群集聚发展的意见	区委、区政府	3月8日
宿豫发〔2021〕6号	关于印发《宿豫区政法队伍教育整顿实施方案》的通知	区委	3月10日
宿豫发〔2021〕7号	关于印发《宿豫区部分行政区划变更工作实施意见》的通知	区委、区政府	3月12日
宿豫发〔2021〕9号	关于印发《宿豫区全面推进乡村振兴加快农业农村现代化三年行动计划（2021—2023）》的通知	区委、区政府	3月15日
宿豫发〔2021〕12号	关于印发《宿豫区2021年优化营商环境“五心”服务承诺清单》的通知	区委、区政府	7月30日
宿豫发〔2021〕13号	关于高质量推进园区建设的实施意见	区委、区政府	7月30日
宿豫发〔2021〕14号	关于印发《2021年度宿豫区高质量发展综合考核办法》的通知	区委、区政府	9月6日
宿豫发〔2021〕15号	印发《关于策应〈中共江苏省委江苏省人民政府关于支持宿迁“四化”同步集成改革推进现代化建设的意见〉的政策落实清单》的通知	区委、区政府	10月18日
宿豫发〔2021〕16号	关于印发《关于高水平推进“四化”同步高质量建设“四个宿豫”的实施方案（2021—2025年）》的通知	区委、区政府	10月18日
宿豫发〔2021〕17号	关于印发《关于高水平推进“四化”同步高质量建设“四个宿豫”的任务落实清单》的通知	区委、区政府	10月18日
宿豫发〔2021〕18号	关于进一步促进来龙镇小城市建设发展的实施意见	区委、区政府	11月26日
宿豫发〔2021〕19号	关于转发《区委宣传部、区司法局关于在全区开展法治宣传教育的第八个五年规划（2021—2025年）》的通知	区委、区政府	12月31日

2021年中共宿豫区委部分发文要目一览表

表60

文 号	文 件 标 题	发布机关	成文日期
宿豫委〔2021〕5号	关于贯彻落实市委五届十一次全会精神的报告	区委	1月12日
宿豫委〔2021〕6号	关于宿豫区2020年河长制工作开展情况的报告	区委、区政府	1月18日
宿豫委〔2021〕8号	关于争取省级帮扶开展合作办医推动宿迁市中医院高质量发展的请示	区委、区政府	1月28日
宿豫委〔2021〕9号	关于上报2020年隐性债务化解情况的报告	区委、区政府	2月5日
宿豫委〔2021〕11号	关于邀请市领导参加东方雨虹集团新型防水、节能保温材料项目签约仪式的请示	区委、区政府	2月7日
宿豫委〔2021〕12号	关于2020年度全区高质量发展综合考核的奖励决定	区委、区政府	2月18日
宿豫委〔2021〕40号	关于宿豫区2020年度法治政府建设工作的报告	区委、区政府	3月12日
宿豫委〔2021〕41号	关于表彰2020年度宿豫区乡村治理体系建设试点工作“示范（先进）村（社区）”的决定	区委、区政府	3月13日
宿豫委〔2021〕43号	关于成立、撤销部分党（工）委及孙建中等人员职务任免的通知	区委	3月12日
宿豫委〔2021〕56号	关于宿豫区2020年度统一战线工作情况的报告	区委	3月18日

续表61

文 号	文 件 标 题	发布机关	成文日期
宿豫委〔2021〕58号	关于成立宿豫区严肃换届纪律巡回督查组和驻点督导组的通知	区委	3月18日
宿豫委〔2021〕59号	关于宿豫区2020年度打好污染防治攻坚战工作的报告	区委、区政府	2月28日
宿豫委〔2021〕61号	关于落实全面从严治党主体责任情况报告	区委	3月22日
宿豫委〔2021〕70号	关于宣传思想文化工作开展情况报告	区委	3月29日
宿豫委〔2021〕71号	关于深入排查解决突出民生问题有关事项的报告	区委、区政府	3月30日
宿豫委〔2021〕72号	关于2020年度计划生育工作开展情况的报告	区委、区政府	3月30日
宿豫委〔2021〕74号	关于宿豫区2020年度脱贫攻坚工作情况的报告	区委、区政府	4月6日
宿豫委〔2021〕75号	关于选派第十四批科技镇长团到宿豫区任职的请示	区委	4月9日
宿豫委〔2021〕95号	中国共产党宿迁市宿豫区第十二届委员会第十四次全体会议关于召开中国共产党宿迁市宿豫区第十三次代表大会的决议	—	4月29日
宿豫委〔2021〕97号	关于中国共产党宿迁市宿豫区第十三次代表大会代表选举工作的通知	区委	4月29日
宿豫委〔2021〕126号	关于表彰全区优秀共产党员、优秀党务工作者和先进基层党组织的决定	区委	7月1日
宿豫委〔2021〕135号	关于贯彻落实省统计督察反馈意见问题整改落实情况的报告	区委、区政府	7月10日
宿豫委〔2021〕150号	关于选举产生宿豫区出席中国共产党宿迁市第六次代表大会代表的情况报告	区委	7月26日
宿豫委〔2021〕151号	关于中国共产党宿迁市宿豫区第十三届委员会、纪律检查委员会选举结果的报告	区委	7月26日
宿豫委〔2021〕155号	关于宿迁高新区"退二进三"地块土地出让金结算有关问题的请示	区委、区政府	8月23日
宿豫委〔2021〕156号	关于贯彻落实市委五届十三次全会精神的报告	区委	8月24日
宿豫委〔2021〕184号	关于贯彻落实市第六次党代会精神的报告	区委	10月11日
宿豫委〔2021〕185号	关于申报全省双拥模范区的请示	区委、区政府、区人武部	10月12日
宿豫委〔2021〕192号	关于同意大兴镇部分村（社区）党组织调整的批复	区委	11月9日
宿豫委〔2021〕224号	关于2021年宿豫区食品安全工作情况的报告	区委、区政府	12月1日
宿豫委〔2021〕227号	关于宿豫区2021年度乡村振兴战略实施进展情况的报告	区委、区政府	12月20日
宿豫委〔2021〕228号	关于同意来龙镇部分村（社区）党组织调整的批复	区委	12月25日
宿豫委〔2021〕229号	关于2021年度统一战线工作情况的报告	区委	12月28日
宿豫委〔2021〕230号	关于2021年度落实意识形态工作责任制的情况报告	区委	12月30日
宿豫委〔2021〕231号	关于2021年度宣传思想文化工作开展情况报告	区委	12月30日
宿豫委〔2021〕240号	关于区委2021年度工作情况的报告	区委	12月31日
宿豫委〔2021〕241号	关于落实全面从严治党主体责任情况的报告	区委	12月31日
宿豫委〔2021〕242号	关于"两在两同"建新功行动开展情况的报告	区委	12月31日
宿豫委〔2021〕243号	关于宿豫区2021年河长制工作开展情况的报告	区委、区政府	12月31日

2021年宿豫区人民政府发文要目一览表

表61

文 号	文 件 标 题	成文日期
宿豫政发〔2021〕1号	关于印发《宿迁市宿豫区国民经济和社会发展第十四个五年规划和二〇三五年远景目标纲要》的通知	4月28日
宿豫政发〔2021〕2号	关于连云港至宿迁高速公路沭阳至宿豫段工程涉及省级生态公益林调整方案的请示	1月4日
宿豫政发〔2021〕3号	关于宿连航道（京杭运河至盐河段）整治工程一期工程涉及省级生态公益林调整的请示	1月4日

续表62

文 号	文 件 标 题	成文日期
宿豫政发〔2021〕4号	关于省道S346宿豫段工程涉及省级生态公益林调整的请示	1月4日
宿豫政发〔2021〕5号	关于表彰政协提案办理工作先进单位的决定	1月11日
宿豫政发〔2021〕6号	关于在国土空间规划近期实施方案中追加空间规模周转指标和流量指标的请示	1月14日
宿豫政发〔2021〕7号	关于调整顺河集幼儿园生均室外活动场地的请示	1月17日
宿豫政发〔2021〕8号	关于确定西楚大道市政化改造方案的请示	1月25日
宿豫政发〔2021〕9号	关于宿迁高新区“退二进三”地块土地出让金结算有关问题的请示	2月4日
宿豫政发〔2021〕10号	关于宿迁民政101项目地块搬迁工作实施方案的报告	2月9日
宿豫政发〔2021〕11号	关于宿豫区政府国控站点喷淋情况调查报告	2月20日
宿豫政发〔2021〕12号	关于上报《宿豫区国土空间规划近期实施方案》的请示	3月2日
宿豫政发〔2021〕14号	关于表彰2020年度宿豫区工业经济、科技创新高质量发展先进企业和企业家的决定	3月8日
宿豫政发〔2021〕15号	关于表彰2020年度财税审计金融工作先进单位和先进个人的决定	3月9日
宿豫政发〔2021〕16号	关于变更宿豫区部分行政区划的通知	3月12日
宿豫政发〔2021〕17号	关于授予2020年度宿豫区区长质量奖的决定	3月9日
宿豫政发〔2021〕18号	关于印发宿豫区2021年度中心城市建设重点工程计划的通知	3月11日
宿豫政发〔2021〕19号	关于申请已撤销地块重新征收的请示	3月22日
宿豫政发〔2021〕20号	关于上报宿豫区2021—01号土地征收成片开发方案的请示	3月25日
宿豫政发〔2021〕21号	关于在宿连航道项目中增加周边影响水系工程的请示	3月29日
宿豫政发〔2021〕22号	关于同意加快城北水厂建设工作的请示	3月26日
宿豫政发〔2021〕23号	关于调整2021年度老旧小区改造目标任务的请示	3月30日
宿豫政发〔2021〕30号	关于拨付宿迁民政101项目搬迁补助资金请示	4月26日
宿豫政发〔2021〕31号	关于宿豫区部分行政区划变更组织实施情况的报告	4月30日
宿豫政发〔2021〕32号	关于办理省道S346宿豫段工程项目建设用地手续的请示	4月30日
宿豫政发〔2021〕33号	关于申请办理卓圩220千伏变电站间隔扩建工程项目建设用地手续的请示	4月30日
宿豫政发〔2021〕34号	关于申请办理仰顺线改造工程项目建设用地手续的请示	4月30日
宿豫政发〔2021〕35号	关于申请办理宿迁市宿豫区城乡建设用地增减挂钩建新区2021年第三批次（18挂）建设用地的请示	5月19日
宿豫政发〔2021〕36号	关于申请办理宿豫区2021年度第17批次村镇建设用地的请示	5月19日
宿豫政发〔2021〕37号	关于申请办理宿迁市宿豫区城乡建设用地增减挂钩建新区2021年第五批次（18挂）建设用地的请示	5月19日
宿豫政发〔2021〕38号	关于申请办理天目山路工程项目建设用地的请示	5月19日
宿豫政发〔2021〕39号	关于申请办理宿豫区2021年度第九批次村镇建设用地的请示	5月19日
宿豫政发〔2021〕40号	关于申请办理宿豫区2021年度第13批次村镇建设用地的请示	5月19日
宿豫政发〔2021〕41号	关于申请办理宿迁市宿豫区2021年度第16批次村镇建设用地的请示	5月19日
宿豫政发〔2021〕42号	关于宿迁市宿豫区2021年度城乡建设用地增减挂钩（第一批）实施规划的请示	5月21日
宿豫政发〔2021〕44号	关于申请办理仰顺线改造工程项目建设用地手续的请示	6月2日
宿豫政发〔2021〕45号	关于申请办理宿连航道（京杭运河至盐河段）整治工程一期工程航道和陆运河船闸（宿豫段）建设用地的请示	6月2日
宿豫政发〔2021〕46号	关于申请办理宿豫区2021年度第11批次村镇建设用地的请示	6月2日
宿豫政发〔2021〕48号	关于请求批准宿迁市宿豫区2021年度城乡建设用地增减挂钩（第二批）实施规划的请示	6月10日

续表62

文 号	文 件 标 题	成文日期
宿豫政发〔2021〕49号	关于请求批准宿迁市宿豫区2021年度城乡建设用地增减挂钩（第三批）实施规划的请示	6月10日
宿豫政发〔2021〕50号	关于请求批准宿迁市宿豫区2021年度城乡建设用地增减挂钩（第四批）实施规划的请示	6月10日
宿豫政发〔2021〕52号	关于解决张家港大厦规划验收问题的请示	6月21日
宿豫政发〔2021〕53号	关于请求批准宿迁市宿豫区2021年度城乡建设用地增减挂钩（第五批）实施规划的请示	6月24日
宿豫政发〔2021〕54号	关于请求批准宿迁市宿豫区2021年度城乡建设用地增减挂钩（第六批）实施规划的请示	6月24日
宿豫政发〔2021〕55号	关于请求批准宿迁市宿豫区2021年度城乡建设用地增减挂钩（第七批）实施规划的请示	6月24日
宿豫政发〔2021〕56号	关于请求批准宿迁市宿豫区2021年度城乡建设用地增减挂钩（第八批）实施规划的请示	6月24日
宿豫政发〔2021〕57号	关于将宿豫区来龙新港产业园纳入“一区多园”管理的请示	6月30日
宿豫政发〔2021〕58号	关于申请办理宿豫区顺河街道污水处理厂及配套工程项目的请示	7月1日
宿豫政发〔2021〕59号	关于申请办理宿豫区2021年度第14批次村镇建设用地的请示	7月1日
宿豫政发〔2021〕60号	关于申请办理宿迁市宿豫区城乡建设用地增减挂钩建新区2021年第二批次（17、18挂）建设用地的请示	7月1日
宿豫政发〔2021〕61号	关于申请办理宿豫区2021年度第八批次城市建设用地的请示	7月1日
宿豫政发〔2021〕62号	关于对大兴河畔人家、曹集幸福家园项目违法用地处理情况的报告	7月2日
宿豫政发〔2021〕63号	关于印发宿豫区坚持以人民为中心建设人民更加满意的法治政府的实施方案的通知	7月2日
宿豫政发〔2021〕64号	关于申请办理宿豫区环城东路改造工程项目的请示	7月20日
宿豫政发〔2021〕65号	关于办理宿迁市宿豫区天目山路建设项目建设用地的请示	7月26日
宿豫政发〔2021〕66号	关于办理宿迁市宿豫区城乡建设用地增减挂钩建新区2021年第八批次（21挂）建设用地的请示	7月26日
宿豫政发〔2021〕67号	关于办理宿迁市宿豫区城乡建设用地增减挂钩建新区2021年第九批次（21挂）建设用地的请示	7月26日
宿豫政发〔2021〕68号	关于办理宿迁市宿豫区城乡建设用地增减挂钩建新区2021年第十批次（21挂）建设用地的请示	7月26日
宿豫政发〔2021〕69号	关于将宿豫区来龙新港新材料产业园纳入“一区多园”管理的请示	7月3日
宿豫政发〔2021〕72号	关于同意宿迁市北京路快速化改造工程项目涉及省级生态公益林调整方案的请示	8月6日
宿豫政发〔2021〕73号	关于报批宿豫区大兴镇、新庄镇、陆集镇和张家港宿豫工业园区相关规划的请示	8月9日
宿豫政发〔2021〕74号	关于解决宿豫区大兴镇、新庄镇、陆集镇、顺河街道成片开发方案备案的请示	8月10日
宿豫政发〔2021〕76号	关于办理宿迁市宿豫区天目山路建设项目建设用地的请示	8月13日
宿豫政发〔2021〕77号	关于办理宿迁市宿豫区城乡建设用地增减挂钩建新区2021年第七批次（21挂）建设用地的请示	8月13日
宿豫政发〔2021〕78号	关于同意办理绿色建材产业园项目土地征收手续的请示	8月13日
宿豫政发〔2021〕79号	关于解决宿迁港中心港区惠然实业码头项目农转用指标的请示	8月16日
宿豫政发〔2021〕80号	关于协调宿迁产业发展集团有限公司为宿迁裕新科技产业发展有限公司提供融资担保的请示	8月18日
宿豫政发〔2021〕81号	关于印发宿豫区人民政府重大行政决策程序实施办法的通知	8月19日
宿豫政发〔2021〕82号	关于申请办理宿迁市宿豫区宿迁港中心港区惠然实业码头工程的请示	8月20日
宿豫政发〔2021〕83号	关于办理宿迁市宿豫区城乡建设用地增减挂钩建新区2021年第四批次（17挂）建设用地的请示	8月20日
宿豫政发〔2021〕84号	关于恳请解决袁家村·宿迁印象一期项目相关手续办理的请示	8月26日
宿豫政发〔2021〕85号	关于调整金田环保等4个列市重大产业项目建设计划的请示	8月31日
宿豫政发〔2021〕86号	关于结算宿连航道宿豫段项目资金的请示	9月2日
宿豫政发〔2021〕87号	关于申请国土空间规划流量指标的请示	9月3日
宿豫政发〔2021〕88号	关于公布承接国务院和省政府取消和下放一批行政许可事项的通知	9月9日

续表61

文 号	文 件 标 题	成文日期
宿豫政发〔2021〕89号	关于表彰先进集体、先进个人、优秀办学团队的决定	9月10日
宿豫政发〔2021〕90号	印发关于实现国有资金投资建设项目审计监督全覆盖的意见	9月13日
宿豫政发〔2021〕91号	关于公布区政府规范性文件清理结果的通知	9月18日
宿豫政发〔2021〕92号	关于云帆大道中心港京杭运河特大桥及接线工程项目涉及省级生态公益林调整方案的请示	9月22日
宿豫政发〔2021〕93号	关于申请新建铁路潍坊至宿迁高速铁路新沂至宿迁段涉及宿豫区土地用途调整方案暨永久基本农田补划方案省级论证的请示	9月22日
宿豫政发〔2021〕94号	关于区人民政府统一行使行政复议职责有关事项的通告	9月27日
宿豫政发〔2021〕95号	关于印发宿豫区2021年民兵军事训练工作指示的通知	9月29日
宿豫政发〔2021〕96号	关于张家港宿豫工业园区四至范围示意图加盖市政府公章的请示	9月30日
宿豫政发〔2021〕97号	关于申请宿豫区环城东路改造工程、仰顺线工程国家计划指标的请示	9月30日
宿豫政发〔2021〕98号	关于申请办理宿迁市宿豫区城乡建设用地增减挂钩建新区2021年第11批次（17、18、21挂）建设用地的请示	10月11日
宿豫政发〔2021〕99号	关于申请办理宿迁市宿豫区城乡建设用地增减挂钩建新区2021年第12批次（21挂）建设用地的请示	10月11日
宿豫政发〔2021〕100号	关于上报宿豫区2021—02号土地征收成片开发方案的请示	10月13日
宿豫政发〔2021〕101号	关于批准来龙镇土楼社区（黄泥村、大庄村）村庄规划修编的请示	10月15日
宿豫政发〔2021〕102号	关于报批宿迁高新技术产业开发区控制性详细规划的请示	10月18日
宿豫政发〔2021〕103号	关于办理宿迁市宿豫区城乡建设用地增减挂钩建新区2021年第13批次（21挂）建设用地的请示	10月18日
宿豫政发〔2021〕104号	关于办理宿迁市宿豫区城乡建设用地增减挂钩建新区2021年第14批次（21挂）建设用地的请示	10月18日
宿豫政发〔2021〕105号	关于宿豫区与泗阳县行政区域界线联合检查情况报告	10月19日
宿豫政发〔2021〕106号	关于申请办理宿豫区2021年度第18批次村镇建设用地的请示	10月25日
宿豫政发〔2021〕110号	关于申请支持来龙小城市产业园区建设用地指标的请示	10月26日
宿豫政发〔2021〕111号	关于生态空间管控区域调整及补划工作实施方案的请示	10月29日
宿豫政发〔2021〕112号	关于同意办理宿迁交通工程建设有限公司建设项目土地手续的请示	11月2日
宿豫政发〔2021〕113号	关于定销商品房采用代建模式的请示	11月15日
宿豫政发〔2021〕114号	关于上报宿豫区2021年度增减挂钩节余指标跨县域使用调剂方案的请示	11月16日
宿豫政发〔2021〕115号	关于调整列市重点工程项目进度的请示	11月18日
宿豫政发〔2021〕116号	关于办理宿豫区袁家村路项目〔宿迁市宿豫区增减挂钩2021年第2102批实施方案〕的请示	11月22日
宿豫政发〔2021〕117号	关于办理宿豫区新大线北延工程〔宿迁市宿豫区增减挂钩2021年第2103批实施方案〕的请示	11月22日
宿豫政发〔2021〕118号	关于办理宿迁春好220千伏输变电工程〔宿迁市宿豫区增减挂钩2021年第2104批实施方案〕的请示	11月22日
宿豫政发〔2021〕119号	关于办理宿迁新庄110千伏输变电工程〔宿迁市宿豫区增减挂钩2021年第2105批实施方案〕的请示	11月22日
宿豫政发〔2021〕120号	关于办理宿豫区新庄粮食储备库（粮食产业园）项目〔宿迁市宿豫区增减挂钩2021年第2110批实施方案〕的请示	11月22日
宿豫政发〔2021〕121号	关于办理宿豫区城北水厂及配套工程〔宿迁市宿豫区增减挂钩2021年第2108批实施方案〕的请示	11月22日
宿豫政发〔2021〕122号	关于办理北京路快速化改造工程（宿豫段）水系影响工程项目〔宿迁市宿豫区增减挂钩2021年第2109批实施方案〕的请示	11月22日
宿豫政发〔2021〕123号	关于将装修价格纳入商品住房销售价格备案核算的请示	11月22日
宿豫政发〔2021〕125号	关于印发宿豫区乡镇（街道）行政权力事项清单的通知	12月8日
宿豫政发〔2021〕126号	关于批准宿豫区关庙镇林河村、陆相村村庄规划的请示	12月9日

续表61

文 号	文 件 标 题	成文日期
宿豫政发〔2021〕127号	关于办理天目山路项目〔宿迁市宿豫区增减挂钩2021年第2106批实施方案〕的请示	12月9日
宿豫政发〔2021〕128号	关于调整宿豫区来龙镇产业园主导产业的请示	12月9日
宿豫政发〔2021〕129号	关于申请办理2021年度第19批次村镇建设用地的请示	12月13日
宿豫政发〔2021〕130号	关于办理西楚大道景观提升项目〔宿迁市宿豫区增减挂钩2021年第2107批实施方案〕的请示	12月13日
宿豫政发〔2021〕131号	关于上报宿豫区2021—03号土地征收成片开发方案的请示	12月14日

2021年宿豫区委办公室、区政府办公室发文要目一览表

表62

文 号	文 件 标 题	发布机关	成文日期
宿豫办发〔2021〕1号	印发《关于开展“改革创新作表率、争先进位走在前”大讨论大调研大实践活动的实施方案》的通知	区委办、区政府办	2月18日
宿豫办发〔2021〕4号	关于进一步深化安全生产三年专项整治工作的意见	区委办、区政府办	1月28日
宿豫办发〔2021〕7号	印发《关于全面加强危险化学品安全生产工作的实施意见》的通知	区委办、区政府办	2月24日
宿豫办发〔2021〕8号	关于印发2021年乡镇、街道、园区党（工）委政府（办事处、管委会）和区安委会成员单位履行安全生产工作责任考核评价指标的通知	区委办、区政府办	3月5日
宿豫办发〔2021〕9号	关于印发《宿豫区2021年度服务实体经济发展挂钩帮扶活动实施方案》的通知	区委办、区政府办	3月8日
宿豫办发〔2021〕10号	印发《关于集成推进村（社区）党群服务中心功能“四提一创”的实施意见（试行）》的通知	区委办、区政府办	3月8日
宿豫办发〔2021〕13号	印发《关于在部分行政区划变更工作中加强政务服务体系建设的工作意见》的通知	区委办、区政府办	3月12日
宿豫办发〔2021〕14号	印发《关于在部分行政区划变更工作中加强档案管理工作的实施办法》的通知	区委办、区政府办	3月12日
宿豫办发〔2021〕15号	印发《关于在部分行政区划变更工作期间乡镇人事财务资产实行冻结的实施意见》的通知	区委办、区政府办	3月12日
宿豫办发〔2021〕16号	关于部分行政区划变更后被撤并乡镇管理机构设置的通知	区委办、区政府办	3月12日
宿豫办发〔2021〕17号	印发《关于在部分行政区划变更工作中加强印章管理的实施意见》的通知	区委办、区政府办	3月12日
宿豫办发〔2021〕18号	关于印发《2021年全区生态高效农业招商引资实施意见》的通知	区委办、区政府办	3月13日
宿豫办发〔2021〕19号	关于印发《2021年全区农业农村重点项目清单》的通知	区委办、区政府办	3月13日
宿豫办发〔2021〕23号	印发《关于在全区开展“三真三实”作风提优行动的实施方案》的通知	区委办、区政府办	4月25日
宿豫办发〔2021〕24号	关于印发《宿豫区党政领导干部防范和惩治统计造假、弄虚作假责任制实施办法》的通知	区委办、区政府办	4月29日
宿豫办发〔2021〕25号	关于印发《宿豫区贯彻落实江苏省统计局第一统计督察组督察反馈意见整改方案》的通知	区委办、区政府办	4月29日
宿豫办发〔2021〕26号	关于市委、区委全会和2021年市、区政府工作报告重点任务分解的通知	区委办、区政府办	5月8日
宿豫办发〔2021〕27号	关于认真学习宣传贯彻习近平总书记给淮安市新安小学重要回信精神的通知	区委办	6月5日
宿豫办发〔2021〕28号	印发《关于集成推进“把支部建进小区”的若干措施（试行）》的通知	区委办、区政府办	6月8日
宿豫办发〔2021〕29号	印发《关于进一步加强全区招商引资工作的实施意见》的通知	区委办、区政府办	6月8日
宿豫办发〔2021〕32号	关于印发《宿迁高新区2021年度争先进位工作实施方案》的通知	区委办、区政府办	6月16日
宿豫办发〔2021〕33号	关于印发《2021年宿豫区改善农民群众住房条件工作指导方案》的通知	区委办、区政府办	6月17日
宿豫办发〔2021〕34号	关于印发《宿豫区乡村治理体系建设试点工作2021年村（社区）考核评定办法》的通知	区委办、区政府办	6月18日
宿豫办发〔2021〕35号	关于印发《宿豫区专项维稳资金使用管理办法》的通知	区委办、区政府办	6月24日

续表62

文 号	文 件 标 题	发布机关	成文日期
宿豫办发〔2021〕36号	关于印发宿豫区国企改革三年行动实施方案（2020—2022年）的通知	区委办、区政府办	7月5日
宿豫办发〔2021〕37号	印发《关于开展“奋力开新局、当好先行军”大学习大调研大讨论活动的实施方案》的通知	区委办	7月5日
宿豫办发〔2021〕40号	关于进一步完善重点工作推进机制的通知	区委办、区政府办	7月12日
宿豫办发〔2021〕41号	印发《关于在全区开展作风建设大提升活动的实施方案》的通知	区委办、区政府办	7月20日
宿豫办发〔2021〕43号	关于印发《“三治”融合积分制管理实施方案》的通知	区委办、区政府办	7月30日
宿豫办发〔2021〕44号	印发《关于进一步优化招商引资工作的实施方案》的通知	区委办、区政府办	7月30日
宿豫办发〔2021〕45号	印发《关于进一步完善重大产业项目推进机制的实施方案》的通知	区委办、区政府办	7月30日
宿豫办发〔2021〕46号	关于印发《进一步解决形式主义问题做好2021年为基层减负重点工作具体措施及责任分工方案》的通知	区委办、区政府办	7月30日
宿豫办发〔2021〕50号	关于印发《中共宿豫区委全面深化改革委员会2021年工作要点》的通知	区委办	8月20日
宿豫办发〔2021〕51号	印发《关于在全区党员干部中开展“两在两同”建新功行动的实施方案》的通知	区委办	8月23日
宿豫办发〔2021〕52号	关于印发《宿豫区丧事陋习专项整治行动实施方案》的通知	区委办、区政府办	8月24日
宿豫办发〔2021〕53号	印发《关于加强园区“三高”企业党建工作的实施意见（试行）》的通知	区委办	8月28日
宿豫办发〔2021〕67号	关于将区“四化”同步集成改革领导小组更名为区高水平推进“四化”同步高质量建设“四个宿豫”领导小组及调整组成人员的通知	区委办、区政府办	10月18日
宿豫办发〔2021〕69号	印发《关于加大人才创新创业支持力度促进高质量发展的十条意见2.0版》的通知	区委办、区政府办	10月27日
宿豫办发〔2021〕70号	关于印发《中国共产党宿迁市第六次代表大会重点工作任务责任分解表》的通知	区委办	11月4日
宿豫办发〔2021〕71号	印发《关于实现巩固拓展脱贫攻坚成果同乡村振兴有效衔接的实施意见》的通知	区委办、区政府办	11月5日
宿豫办发〔2021〕73号	印发《关于进一步加强农业招商引资工作的实施方案》的通知	区委办、区政府办	11月13日
宿豫办发〔2021〕75号	关于印发《全面深化推进乡村公共空间治理实施方案》的通知	区委办、区政府办	11月26日
宿豫办发〔2021〕76号	关于印发《宿迁市宿豫区全面推行林长制工作实施方案》的通知	区委办、区政府办	11月26日
宿豫办发〔2021〕77号	关于印发《宿豫区来龙镇小城市建设发展三年行动计划（2021—2023）》的通知	区委办、区政府办	11月26日
宿豫办发〔2021〕78号	关于印发村（社区）干部专职化管理“1+7”系列文件的通知	区委办、区政府办	12月2日
宿豫办发〔2021〕79号	印发关于高效推进工作落实9条措施的通知	区委办、区政府办	12月9日
宿豫办发〔2021〕80号	关于印发宿豫区环境空气质量监测站点“点位长”、地表水区考断面“断面长”履职规则的通知	区委办、区政府办	12月16日
宿豫办发〔2021〕83号	关于印发《宿豫区国有企业整合提升实施方案》的通知	区委办、区政府办	12月17日
宿豫办发〔2021〕84号	关于印发《法治宿豫建设规划（2021—2025年）》的通知	区委办	12月25日
宿豫办发〔2021〕85号	关于印发《宿豫区城市公共空间治理“三年行动”计划实施方案（2021—2023年）》的通知	区委办、区政府办	12月27日
宿豫办发〔2021〕87号	关于印发贯彻落实中国共产党江苏省第十四次代表大会报告重点任务分解表的通知	区委办	12月31日
宿豫办发〔2021〕90号	关于印发《宿迁市宿豫区红十字会机关职能配置、内设机构和人员编制规定》的通知	区委办、区政府办	12月31日

2021年宿豫区政府办公室发文要目一览表

表63

文 号	文 件 标 题	成文日期
宿豫政办发〔2021〕1号	印发关于全面推行以信用为基础的新型监管机制实施方案的通知	1月4日

续表63

文号	文件标题	成文日期
宿豫政办发〔2021〕2号	关于印发宿豫区气象灾害应急预案的通知	1月8日
宿豫政办发〔2021〕3号	关于印发2021年全区工业经济、科技创新高质量发展目标考核办法的通知	3月8日
宿豫政办发〔2021〕4号	关于进一步加强和改进行政应诉工作的通知	3月11日
宿豫政办发〔2021〕5号	关于部分行政区划变更后加强非政府驻地集镇基本公共服务均衡配套工作的六条意见	3月12日
宿豫政办发〔2021〕6号	关于印发宿豫区特种设备事故应急预案的通知	3月31日
宿豫政办发〔2021〕7号	关于印发宿豫区网络安全事件应急预案的通知	4月2日
宿豫政办发〔2021〕8号	关于印发区十七届人大五次会议代表议案建议和区政协十四届五次会议委员提案办理责任分解表的通知	4月14日
宿豫政办发〔2021〕9号	关于印发宿豫区人民政府重大民生决策事项民意调查制度的通知	4月15日
宿豫政办发〔2021〕10号	关于兑现2020年度科技创新奖补资金的通知	4月26日
宿豫政办发〔2021〕11号	关于印发《宿豫区政府网站内容保障工作考评办法》的通知	5月14日
宿豫政办发〔2021〕12号	印发关于全面推行证明事项告知承诺制实施方案的通知	5月14日
宿豫政办发〔2021〕13号	关于印发全区低效工业企业清理整治提升促进工业经济高质量发展的实施方案的通知	6月17日
宿豫政办发〔2021〕14号	印发《关于进一步加强和规范部门统计工作的实施意见》的通知	6月24日
宿豫政办发〔2021〕15号	关于公布2021年度宿豫区人民政府重大行政决策事项目录的通知	6月29日
宿豫政办发〔2021〕16号	关于印发宿豫区突发公共事件医疗卫生救援应急预案的通知	7月7日
宿豫政办发〔2021〕17号	关于印发宿豫区突发公共卫生事件应急预案的通知	7月7日
宿豫政办发〔2021〕18号	关于印发宿豫区2021年政务公开工作要点的通知	7月29日
宿豫政办发〔2021〕19号	关于提高部分特殊困难群体基本生活保障标准的通知	8月11日
宿豫政办发〔2021〕20号	关于印发宿豫区农村土地承包经营纠纷调解仲裁工作实施方案的通知	8月19日
宿豫政办发〔2021〕21号	关于商请拨付北京路快速化改造工程征迁补偿资金的请示	8月24日
宿豫政办发〔2021〕22号	关于印发宿豫区2021年下半年能耗双控管控方案的通知	9月9日
宿豫政办发〔2021〕23号	关于进一步保障义务教育教师工资待遇的通知	9月10日
宿豫政办发〔2021〕24号	关于印发宿豫区公共机构节能降耗工作实施方案的通知	9月15日
宿豫政办发〔2021〕25号	关于印发《宿豫区既有建筑安全隐患排查整治工作方案》的通知	9月15日
宿豫政办发〔2021〕26号	关于印发宿豫区人民政府2021年度规范性文件制定计划的通知	9月27日
宿豫政办发〔2021〕27号	关于印发宿豫区政府信息主动公开清单等三项清单的通知	9月29日
宿豫政办发〔2021〕28号	关于印发宿豫区政府信息公开审查制度等制度的通知	9月30日
宿豫政办发〔2021〕29号	关于鼓励和扶持企业上市（挂牌）的实施意见	10月21日
宿豫政办发〔2021〕30号	关于印发宿豫区2021—2024年农村生态河道建设工程实施方案的通知	11月9日
宿豫政办发〔2021〕31号	关于调整全区残疾人托养补贴标准的通知	11月9日
宿豫政办发〔2021〕32号	关于印发宿豫区支持来龙镇小城市建设发展政策的通知	11月27日
宿豫政办发〔2021〕33号	关于印发宿豫区"一网管全域"工作实施方案的通知	12月4日
宿豫政办发〔2021〕34号	关于拨付涉外疫情防控经费的请示	12月10日
宿豫政办发〔2021〕35号	关于区政府行政复议案件处理程序有关问题的通知	12月15日

调 研 报 告

集成打造现代化乡村治理体系“宿豫样板”

——关于宿豫乡村治理体系建设试点情况调研报告

中共宿豫区委　宿豫区人民政府

中共十九大报告提出,要加强农村基层基础工作,健全自治、法治、德治相结合的乡村治理体系。近年来,宿豫区紧紧围绕中央和省、市部署,聚焦乡村治理难题,创新治理模式,丰富治理内涵,大力推进乡村治理体系建设,2019年12月获批全国首批乡村治理体系建设试点县区。

一、立足全域推进乡村振兴大背景,因地制宜,先行先试,系统构建乡村治理总体框架。宿豫区将乡村治理体系建设与农房改善、精准脱贫、产业发展等重点工作紧密结合,探索以“党建强”引领“治理优、乡风好、产业兴、生态美、百姓富”的“1+5”乡村治理路径,初步形成具有宿豫特点、顺应群众期盼、注重内外兼修的乡村治理体系。

1.锻造治理引擎,筑牢基层组织体系。强化党组织在基层治理中的领导核心作用,把党建引领贯穿于乡村治理全过程和各方面。建强红色堡垒。探索新型农村社区“一委两站五岗”党建模式,成立新型农村社区党委,下设党建工作站、文明实践站和网格治理岗、便民服务岗、产业发展岗、生态优居岗、富民增收岗,因岗设责,夯实乡村治理组织保障,59个新型农村社区实现全覆盖。建强红色队伍。结合村(社区)“两委”换届,全面推行村(社区)干部专职化管理、梯次培养职业发展体系,优化队伍结构,新提名党组织书记、“两委”成员平均年龄分别较上届减少5.1岁、7.4岁,大专以上学历占比分别达82.9%、67%。建强红色阵地。按照“六个规范化”要求,高标准建设村(社区)党群服务中心,全区72个涉农村(社区)党群服务中心全部规范设置“两站五中心一广场”,达到省委组织部A档标准,其中建筑面积1200平方米以上的共有17个。

筑牢基层组织体系,切实理顺新型农村社区特别是多村融合新型农村社区党组织、自治组织、集体经济组织等关系,强化基层党组织政治功能和组织能力,对上有效承接各类工作事项安排,对下统筹新型农村社区管理、服务、发展等工作。

2.完善治理网格,建立联动协同体系。深化网格化治理,72个涉农村(社区)划分为370个网格,通过“大数据+网格化+铁脚板”,基本实现“人在格中走、事在格中办”。打造网格治理“生力军”。以村(社区)干部、党员代表、志愿者等兼职网格员为主,适当通过转任、整合、招聘等方式配备专职网格员,在一线参与乡村治理实践。目前所有网格专兼职网格员全部配备到位。建设网格治理“综合体”。坚持线上线下并重,打造区网格化治理信息平台,试点“平安乡村小管家”,推进网格化服务管理中心建设,纵向覆盖区镇村、横向联动各部门,实现数据全面采集、信息实时流转、事件联动处置。绘制网格治理“施工图”。坚持问题导向,结合党委政府重点任务和网格日常工作事项,梳理9大类67项网格员总任务清单,根据工作安排定期发布阶段性任务清单,将网格员工作清单化、规范化、制度化,切实将网格治理落到实处。

建立联动协同体系,综合考虑新型农村社区兼具城乡双重特征、群众利益诉求更加多元等现状,借助信息化手段,利用铁脚板优势,有效克服传统“村—组—户”结构被打破后的治理空白,也提升了新型农村社区治理水平。

3.深化治理实践,重塑乡村价值体系。以新时代文明实践为支撑,把自治、法治、德治融为一体,激发乡村治理内生动力,“三治”融合积分制管理被表彰为2018—2020年江苏省法治建设创新奖、长三角基层依法治理论坛优秀案例奖。加强自治添活力。探索村级“小微权力”清单制度,开展村干部“述职质询”活动,建立“同心议事会”“红雨伞议事会”等村事民议制度,让群众“自己的事自己说了算”。陆集利民社区通过“同心议事会”,建立“我家小菜园”解决群众“吃菜难”问题,得到群众好评。践行法治强保障。推进“一村一法律顾问”制度,常态组织各类法治宣传教育活动,为群众提供便捷、实用、高效的法律服务,村(社区)法律顾问聘请率100%,省级以上“民主法治示范村(社区)”建成率52.6%、巩固率100%。深化德治扬正气。高标准推进新时代文明实践站所建设,实现区镇村全覆盖;广泛开展“双评(五星文明家庭、五美庭院)”“两榜(诚信红黑榜、善行义举榜)”“两约(市民公约、村规民约)”“两会(村民议事会、红白理事会)”“一堂(道德讲堂)”“一台(百姓大舞台)”等精神文明建设,宣传宿迁文明20条2.0版、宿豫乡村文明20条、人情新风宿9条,共选树50余名中国好人、江苏好人、最美人物和省道德模范,户均人情消费降低25%。

重塑乡村价值体系,更加凸显了新时代乡村治理的本质是对“人”的提升改造。乡风文明无法速成,只有不断增强集体认同,持续推进移风易俗，培育引导农民树立现代价值观念和法治意识，才能提升农民精神风貌、提高乡村社会文明程度。

4.丰富治理内涵，健全社区服务体系。坚持以人民为中心理念，下沉服务资源，前移服务端口，将各类服务送到群众“家门口”。推行“一站式”政务服务。全力推动“互联网+政务服务”向基层延伸，全区乡镇（街道）、村（社区）先后建立“全科窗口”177个，认领基层公共服务事项17850件。探索“红色化”物业服务。探索建立党建引领乡村物业管理制度，推动“红色物业进村”，明确公共管理和群众包保区域，引导群众主动参与环境管护，实现村容村貌常态整洁，共有14个新型农村社区试点推行。开展“多元化”惠民服务。按照每村（社区）10—30万元标准设立党建为民服务专项资金，围绕党员群众最关心、最迫切、最直接需求，兴办基础建设、公共服务等各类惠民实事。新庄镇振友新型农村社区利用专项资金引入9家社会组织参与乡村治理、服务。2020年共兴办惠民实事421件。

健全社区服务体系，有效畅通了广大农民“就地城镇化”的通道，通过推动资源要素向农村集聚集中，加快城乡公共服务均等化、基础设施一体化，让农民和市民不再有明显的身份界限，让城乡生活品质不再有明显落差。

5.拓展治理成效，优化农村“三生”体系。坚持把治理有效作为乡村振兴重要基石，将农村生产、生活、生态空间全面纳入治理范围，以乡村治理现代化促进农业农村现代化。优化产业格局。打破乡镇行政区划限制，将产业体系纳入治理范围，高起点、高标准打造“一核三带、一廊多基地”产业布局，稳妥有序推进适度规模经营，休闲农业和乡村旅游核心区建成面积超过10万亩，发展绿色果蔬20万亩。加快强村富民。结合城乡建设用地增减挂钩、土地流转、农村集体资产清产核资、公共空间治理等工作，统筹规划、收拢盘活、整合利用集体资产资源，打造村企融合共同体，拓宽集体经济收入渠道；发挥龙头企业带动作用、合作联社组织作用、家庭农场示范作用，探索“龙头企业+生产基地+农户”“支部+合作社+农户”等利益联结模式，让更多小农户融入现代农业体系、持续增收致富，农村居民收入增长快于城镇居民收入，城乡居民收入比降至1.6。改善村容村貌。系统推进农村人居环境整治，一体提升“水林田路居”，农村无害化户厕覆盖率99.65%，农村垃圾集中收运处理率和垃圾无害化处置率100%，村（居）生活污水处理设施覆盖率80%，畜禽粪污综合利用率99.9%，创成10个省级生态文明建设示范乡镇、46个美丽宜居乡村。

优化农村“三生”体系，重点聚焦了农村发展不充分问题，坚持“三生”统筹，既是推进乡村治理的重要理念，也是深化乡村治理的有效方法，优化农业空间布局、加快强村富民、改善农村生态环境，是破解城乡二元结构的重要途径。

二、锚定全面开启现代化建设总目标，因时而进，再谋再思，切实找准乡村治理提升空间。在全面开启社会主义现代化特别是农业农村现代化建设之际，宿豫乡村治理体系建设也应与时俱进，切实找准提升空间。

1.习近平总书记强调，“要完善党委领导、政府负责、社会协同、公众参与、法治保障的社会治理体系，打造共建共治共享的社会治理格局”。这为宿豫持续深化乡村治理体系建设试点提供根本遵循。

2.2021年1月，省委办公厅、省政府办公厅印发《关于加强新型农村社区治理与服务的意见》要求，建立健全党组织领导的自治法治德治相结合的新型农村社区治理体系，大力提升新型农村社区服务能力和水平，实现政府治理同社会调节、居民自治良性互动，建设人人有责、人人尽责、人人享有的社会治理共同体，努力把新型农村社区建设成为和谐有序、绿色文明、创新包容、共建共享、充满活力的幸福家园。这为宿豫持续深化乡村治理体系建设试点提供政策依据。

3.南京江宁、无锡江阴、常州溧阳与宿豫均于2019年被确定为全国首批乡村治理体系建设试点县区；同时南京江宁、无锡江阴、常州溧阳也是2019年省委、省政府确定的开展社会主义现代化建设试点县区，他们乡村治理试点经验为宿豫持续深化乡村治理体系建设试点提供有效参考。

南京江宁：以保障改善农村民生、促进乡村全面振兴为根本目的，突出“五个聚焦”抓创新，紧扣“五新五大”求突破，即聚焦政治引领，以新思想领航大农村；聚焦自治提升，以新机制凝聚大合力；聚焦法治护航，以新模式保障大稳定；聚焦德治涵养，以新风尚促进大文明；聚焦智治融合，以新科技释放大效能。

无锡江阴：健全党组织领导的自治、法治、德治相结合的乡村治理体系，实施乡村治理“十大工程”，即“1+10+N”党员联户工程、村（社区）党组织“领头雁”工程、村级三务公开“户户通”阳光工程、政经分离试点工程、“网格+警格”融合治理工程、村规民约树新风工程、人民调解员矛盾化解工程、“小微权力”制约工程、农村志愿服务工程、“镇村福村宝项目”工程。

常州溧阳：以党建引领为核心，深化全域党建工程，构建“村（居）党组织+网格党支部（党小组）”的网络党建体系；以基层阵地为载体，建立“百姓议事堂”、村规民约、新时代文明实践中心三大阵地，推动自治、法治、德治形成良性循环；以网格管理为抓手，围绕“信息化、智能化、专业化”目标，打造“大数据+网格化＋铁脚板”的“智治”新模式。

立足实际，对标对表，宿豫应坚持把党建引领放在首位，把群众满意作为标准，把问题导向贯穿始终，持续深化提升。

——党建融合度有待强化。乡村治理体系建设试点与新型农村社区“一委两站五岗”党建模式高度相融，个别乡镇存在新型农村社区和建制村两种模式同时运转情况，乡村治理体系建设试点的深度、广度存在较大差异；同时，基层党建网【村（社区）党委—网格党支部—片区党小组】按支部划分网格，社会治理网【村（社区)—网格—片区】按"百户千人"划分网格,"两网融合"重合度不高、统筹难度大。

——治理集成度有待强化。综合行政执法、安全生产、生态环保等专项业务还未纳入乡村网格化治理体系,乡镇综合行政执法力量与网格员力量尚未有效融合。"三治融合"不彻底,自治、法治、德治分别由民政、政法、宣传部门负责,统筹协调机制不健全。

——服务精准度有待强化。新型农村社区党群服务中心虽然承接服务事项很多,但大部分事项无法直接就地办理,只能先登记后帮办,便民服务"最后100米"没有真正打通;专业化服务内容缺失,群众迫切需要的基础金融、文化、法律等服务事项亟需充实;医疗、养老、助残等政策资源整合不够,服务精细化水平有待提升。

——群众参与度有待强化。农村青壮年特别是有文化的群众大都外出,留守群众以文化素质相对不高的老人、儿童为主,参与乡村治理的积极性有待提升;引导群众参与治理的方式多数以注重正面引导、正向激励为主,缺乏对后进的鞭策,治理成效有待提升;群团组织、社会组织等多元主体参与乡村治理渠道不够畅通、方式相对单一。

三、聚焦"四化"同步集成改革新要求,因势利导,深化优化,努力书写乡村治理崭新篇章。省委要求宿迁"建设'四化'同步集成改革先行区"。市委王书记要求宿豫"持续深化新型社区党委工作机制",在"增强新型社区服务功能,健全完善社区留守儿童、妇女、老人关爱服务体系"等方面"继续深入研究、深化探索",让新型社区成为引领乡村治理的示范点。宿豫将坚持目标再聚焦、重点再突出,不断提升乡村治理能力和水平,努力打造具有宿豫特色的现代化乡村治理体系。

一是以党建为引领,凝聚乡村治理领导力。稳妥有序推进新型农村社区建设,同步推行"一委两站五岗"党建模式,更好强化基层党组织在乡村治理中总揽全局、协调各方作用;深化"两网融合"探索,将社会治理网格有效融入基层党建网,进一步明确责任清单,厘清职责边界和履职内容,打造网格统一划分、资源统一整合、人员统一配备、信息统一采集、服务统一标准的全要素治理"一张网";选优配强"领头雁",加大本土人才培养力度,将人才发展成为党员、优秀党员培养成村(社区)干部,提升村(社区)干部待遇水平,引导党员干部当先锋、作示范,努力形成"党委抓支部、支部管党员、党员带群众"乡村治理机制。

二是以群众为主体,催生乡村治理原动力。完善基层自治,因地制宜推广运用"同心议事会""红雨伞议事会"等群众参与机制,搭建自治平台,构建"党组织领导、议事会民主协商、村民会议民主决议、村委会具体实施、村务监督委员会民主监督"的自治模式。推行"互联网+"社会治理方式,搭建便捷畅通的群众利益诉求表达和信息反馈渠道,建立健全村民线上参与社会治理行为规范、村民网络议事协商制度等,引导村民积极参与社会事务的讨论与决策。整合党建为民服务专项资金,通过社区引导、农民自筹等方式,设立社区微基金,通过民主协商确定微心愿等社区公益微项目,并由居民监督项目实施,激发居民参与社区治理的主体意识。

三是以需求为导向,激活乡村治理服务力。设立村(社区)党群服务中心建设专项资金,整合医疗、养老、助残等资源,结合不同村(社区)需求,按照"标准+特色"模式,提升党群服务中心服务功能,做到居民有需求、社区有服务。完善村(社区)"一站式"服务,落实全程代办服务等制度,建立老年人、残疾人等特殊人群上门服务制度,让村民不出村就能办成事。扎实推进政府购买服务,设立红色创投资金,大力培育并依托专业社工服务机构,探索开展"四社联动(社区+社会组织+社工+社区资源)"工作,由社区提供服务平台、社会组织提供支撑、发挥社会工作者专业优势、充分整合社区各种资源,根据居民需求,补齐社区服务短板(如物业服务),提供更加多元的社区服务。

四是以规范为要求,汇聚乡村治理推动力。探索实践清单式村域治理模式,提升乡村治理制度化规范化水平。设立制度清单,规范重要事项准则,重点围绕基层民主、干部管理、为民服务、社会稳定等方面,明确涉及村民利益的重要事项制度规定。设立程序清单,全面梳理村级重要事项,遵循"有效精简、便民利民"原则,绘制各事项办理流程图,明确事项名称、实施主体、办理流程等内容,让办事更便捷。设立考核清单,建立村干部评价体系,结合年度目标管理考核,突出实绩为先,按照"可量化、能落实、好检验"的原则,科学细化设置考核评价体系,进一步拉开优劣差距,彰显奖优罚劣导向。

五是以发展为支撑,释放乡村治理保障力。结合国土空间规划编制,立足各乡镇实际,进一步优化产业布局,推进农村产业结构调整,更大力度引进二、三产业,通过一、二、三产融合发展提升农村产业发展水平。持续深化公共空间治理等,不断增加集体资产资源,推广村企融合发展,推动土地资源"变现",促进集体增收。在新型农村社区配置规模合理的经营用房,鼓励通过"资产入股""村企联建"等方式,布局环境友好型、劳动密集型"社区工厂",创造更多"家门口"就业岗位,引导更多打工者返乡就业创业。

六是以信息化为保障,增强乡村治理创新力。充分运用信息化建设成果,强化基础设施、科研成果、创新产品在乡村治理领域的场景化应用,将5G、大数据等技术运用到政务服务、综治平安、村务监督等重点领域。在政务服务上,运用信息技术,深化"一件事"改革,进一步下沉服务资源,切实提高村级政务服务效率;在综治平安上,深入推进"雪亮工程",全面推开"平安乡村小管家"工程建设,构建村(社区)治理"智慧模式";在村务监督上,强化农村集体资产监督管理综合平台运用,探索开发手机APP等,定期推送本村"三务"情况,及时接受村民监督反馈信息,推动监管实时化、公开化、精准化,便于村(社区)居民能够参与治理。

组织机构及其负责人名录

（2021年1—12月）

中共宿豫区委

书　　记：刘海红（女，2021.6止）
　　　　　殷其国（2021.6任）
副 书 记：殷其国（2021.6止）
　　　　　张　青（2021.2止，挂职）
　　　　　沈　浩（挂职）
　　　　　温士才
　　　　　徐　源（2021.6止，挂职）
　　　　　　（2021.6任）
常　　委：陈　磊（2021.2止）
　　　　　赵　杉（2021.2止）
　　　　　李　笋
　　　　　管锡冬
　　　　　孟　凯
　　　　　张成龙
　　　　　陈慧敏（女）
　　　　　张贤永
　　　　　张绍军（2021.5任，挂职）
　　　　　赵伦军（2021.5任）
　　　　　李叶超（2021.5任）
　　　　　李　伟（2021.5任）

区人大常委会

主　　任：袁昌华
副 主 任：张为民
　　　　　袁　彩
　　　　　王立新

区人民政府

区　　长：殷其国（2021.6止）
　　　　　徐　源（2021.6任，代）
副 区 长：陈　磊（2021.2止）
　　　　　朱静波（女）
　　　　　刘培禄
　　　　　钟永久（2021.7止）
　　　　　唐善林
　　　　　任　杰
　　　　　徐　源（2021.6止，挂职）
　　　　　樊　磊（挂职）
　　　　　武　胜（2021.7任，代）
　　　　　　（2021.8任）

政协宿豫区委员会

主　　席：袁　恒
副 主 席：朱义和
　　　　　丁必江
　　　　　臧其永（不驻会）
　　　　　张秀梅（女）
　　　　　康建平（不驻会）

中共宿豫区纪律检查委员会

书　　记：李　笋（2021.5止）
　　　　　李叶超（2021.5任）
副 书 记：林　远
　　　　　周永科（2021.2止）
　　　　　李儒华（2021.6止，挂职）
　　　　　李　桥（2021.7任）
常　　委：韩宇波（2021.9止）
　　　　　张丛飞
　　　　　陈　敏（2021.9任）

区监察委员会

主　　任：李　笋（2021.5止）
　　　　　李叶超（2021.5任，代）
副 主 任：林　远
　　　　　周永科（2021.2止）
　　　　　李　桥（2021.8任）
委　　员：张丛飞
　　　　　姚松明

区人民法院

院　　长：冯　莉（女）
副 院 长：张言伟
　　　　　马海青（女）
　　　　　李德山

区人民检察院

检 察 长：许兴军（2021.7止）
　　　　　张耀阳（2021.7任，代）
副检察长：孟　智
　　　　　殷献满
　　　　　周西永

区人大常委会办事机构

办公室（研究室）
主　　任：马　军
副 主 任：郝景延（2021.2止）

人事代表联络工作委员会
主　　任：曹　原（女，2021.4止）
副 主 任：高　原（女）

社会建设和教科文卫工作委员会（2020年5月，由原教科文卫工作委员会更名）
主　　任：刘书戎（女，2021.11止）
　　　　　陈谨慎（2021.11任）
副 主 任：周业齐（2021.2任）

财政经济工作委员会（预算工作委员会）
主　　任：穆　东

农业工作委员会
主　　任：杨邦中（2021.2止）
　　　　　张少建（2021.9任）
副 主 任：张梅枝（女）

环境资源城乡建设工作委员会
主　　任：赵　彦（2021.11止）
　　　　　李　群（2021.11任）
副 主 任：张海明（2021.2止）
　　　　　高美红（女，2021.2—11）
　　　　　马　勇（2021.11任）

内务司法工作委员会

主　　任：王　勇（2021.11止）
徐　超（2021.11任）
副 主 任：倪　周（2021.11止）
乔　伟（2021.11任）

区政协办事机构

秘 书 长：曹庆颜

办公室
主　　任：曹庆颜
副 主 任：朱　磊（2021.2任）

提案法制委员会
主　　任：闫景柏（2021.11止）
吴建民（2021.11任）
副 主 任：伍秀娟（女）

文化文史和学习委员会（教卫体委员会）（2020年4月，由原学习文史委员会、原教育文化医卫体育委员会更名）
主　　任：张　越（2021.11）
史运扬（2021.11任）

经济科技委员会
主　　任：杨　宁
郑家宝（2021.11任）
副 主 任：李先锋（2021.2止）
张　鑫（2021.11任）

港澳台侨外事委员会
主　　任：张小村
副 主 任：朱　磊（2021.2止）

农业和农村委员会（人口资源环境委员会）
主　　任：董聿国（2021.11止）
朱　江（2021.11任）
副 主 任：张中华

区人大党组

书　　记：袁昌华

区政府党组

书　　记：殷其国（2021.6止）
徐　源（2021.6任）
副 书 记：陈　磊（2021.2止）
徐　源（2021.6止，挂职）
赵伦军（2021.5任）

区政协党组

书　　记：袁　恒
副 书 记：赵　杉（2021.2止）

区人民法院党组

书　　记：冯　莉（女）
副 书 记：张言伟

区人民检察院党组

书　　记：许兴军（2021.7止）
张耀阳（2021.7任）
副 书 记：孟　智

区委部门及直属机关党组织

区委办公室
主　　任：陆　振（2021.8止）
叶润卿（2021.9任）
副 主 任：张笑晨（女）
李永魁（2021.9止）
孙巧娟（女）
陈　虎（2021.9任）

区委机要局（区国家保密局、区国家密码管理局）
局　　长：陆　振（2021.8止，兼）
叶润卿（2021.9兼任）
副 局 长：陈　虎（2021.9止）
丁冬亮（2021.9任）

区档案局
局　　长：陆　振（2021.8止，兼）
叶润卿（2021.9兼任）

区委组织部
部　　长：张贤永
副 部 长：叶润卿（2021.9止）
王宏贵
王青松（2021.11任）
李冬冬（2021.11任）
部务委员：李冬冬（2021.11止）
池永超（2021.2止）
曹　原（女，2021.4止）

区委“两新工委”
书　　记：王宏贵
纪工委书记：张　娜（女）

区委党建工作领导小组办公室
主　　任：池永超（2021.2止）
李永魁（2021.9任）
副 主 任：张大庆（2021.4任）

区委老干部局
局　　长：叶润卿（2021.9止，兼）
李冬冬（2021.9兼任）
副 局 长：王月辉

区公务员局（2019.2成立，挂牌机构）
局　　长：李冬冬（2021.9兼任）

区考核工作委员会办公室
副 主 任：褚山豹（2021.2任）

区委宣传部
部　　长：陈慧敏（女）
常务副部长：张　勇（2021.2止）
副 部 长：池华祥（2021.11止）
陈　博（女，2021.4止）
孙建中（2021.3任）
沈振勇（2021.4任）
部务委员：邱肖洁（女，2021.2止）
蔡　妍（女）

区精神文明建设指导委员会办公室
主　　任：陈　博（女，2021.4止，兼）
副 主 任：立　新（2019.2任）

区政府新闻办公室
主　　任：张　勇（2021.2止，兼）
孙建中（2021.3，兼任）
副 主 任：邱肖洁（女，2021.2止）
钱　进（2021.9任）

区委网络安全和信息化委员会办公室
副 主 任：盛高明

区委统一战线工作部
部　　长：赵　杉（2021.2止）

张成龙(2021.5任)

常务副部长:潘红海
副 部 长:王青松(2021.9止)
张 辉
王建武(2021.9任)
部务委员:程红梅(女)

区民族宗教局
局 长:王青松(2021.9止)
王建武(2021.9兼任)
副 局 长:徐 勇

区委台湾工作办公室
主 任:潘红海
副 主 任:谢咏梅(女)

区委政法委员会
书 记:张成龙
常务副书记:周维生(2021.11止)
副 书 记:蒋广辉(2021.3止)
李 桥(2021.7止)
单海军(2021.9任)
李 彦(2021.9任)

区法学会
专职副会长:陈以学(2021.11止)

区委研究室
主 任:刘 锋
副 主 任:高 杨(2021.2任)
范 瑞(2021.2任)

区委全面深化改革委员会办公室
副 主 任:张蒙山(2021.2任)

区委机构编制委员会办公室
主 任:叶润卿(2021.9止)
王青松(2021.9任)
副 主 任:乔 伟(2021.11止)
王亚莉(女)

区委区级机关工委
书 记:康 凯(女)
副 书 记:张 晴(女)
王 勇

区委巡察办
主 任:林 远
副 主 任:李 鹏
王红军

区委巡察工作组
组 长:高美红(女,2021.2止)
姜 潮(2021.11)
朱安军
王 辉
王 严(2021.2任)
陈以学(2021.11任)
副 组 长:李永权
吕茂柏
吴新庄
张永鹏
翟 建
王 严(2021.2止)
韩帅帅
李 阳
杨 宇(2021.3任)

区委党校
校 长:张贤永
常务副校长:李冬冬(2021.9止)
张鹏程(2021.9任)
副 校 长:王 惠(女)
王 鹏
王梅花(女)

区委党史工作委员会(区地方志办公室)
主 任:王保君(2021.2止)
张 勇(2021.2任)
副 主 任:韩朝晖(女,2021.9止)
朱 军

区档案馆
馆 长:史运扬(2021.11止)
仲凤武(2021.11任)
副 馆 长:张 丽(女)
朱 山(女)

区政府办公室党组
书 记:高文博

区发展和改革局党组
书 记:孙由伟(2021.9止)
朱北平(女,2021.9任)

副 书 记:张 宝

区委教育工委
书 记:林 松(2019.5任)
副 书 记:杨培良(2021.11止)
沈振勇(2021.4止)
袁冬梅(女)

区科学技术局党组
书 记:于成匀

区工业和信息化局党委
书 记:陈谨慎(2021.11止)
仲 熠(2021.11任)
副 书 记:王 鑫(2021.2止)
张 瑞(2021.2任)

区民政局党组
书 记:张少建(2021.9止)
王新新(2021.9任)
副 书 记:张 锦

区司法局党组
书 记:李 彦(2021.9止)
孙由伟(2021.9任)
副 书 记:王 莉(女)
姚正文

区委全面依法治区委员会办公室
主 任:张成龙
副 主 任:姚正文

区财政局党组
书 记:赵 铁(2019.5任)

区人力资源和社会保障局党组
书 记:郑家宝(2021.11止)
池华祥(2021.11任)

区住房和城乡建设局党委
书 记:温冠军(2021.2止)
池永超(2021.2任)
副 书 记:潜 义(2021.11止)
何家乐(2021.3任)
倪棋静(女,2021.11任)

区城市管理局党组
书 记:张鑫益

副 书 记：徐　辉
　　　　　仲江林

区交通运输局党委
书　　记：徐　旭
副 书 记：马　勇（2021.11止）
　　　　　张晓明（2021.3任）

区水利局党委
书　　记：张　旭

区农业农村局党委
书　　记：王化文
副 书 记：杨永泉

区委农村工作领导小组办公室
主　　任：王化文
副 主 任：张大庆（2021.4止）

区商务局党组
书　　记：戚　磊（女）

区文化广电和旅游局党组
书　　记：刘晓燕（女）
副 书 记：南三山
　　　　　蒋　宁（女，2021.2任）

区卫生健康局党委
书　　记：王新新（2021.9止）
　　　　　殷朝霞（女，2021.9任）
副 书 记：陈少清
　　　　　王建彬

区退役军人事务局党组
书　　记：卓　亮
副 书 记：王　池

区应急管理局党委
书　　记：章延敬
副 书 记：韩　虎
　　　　　吴　超

区审计局党组
书　　记：徐　超（2021.11止）

区行政审批局党组
书　　记：殷朝霞（女，2021.9止）
　　　　　张玉军（2021.9任）

副 书 记：倪成龙（2019.2任）

区市场监督管理局党委
书　　记：李　群（2021.11止）
　　　　　胡茂学（2021.11任）
副 书 记：陈思军（2021.11止）
　　　　　何加利

区统计局党组
书　　记：池永超（2021.2止）

区医疗保障局党组
书　　记：陈　军
副 书 记：盛怀志

区信访局党组
书　　记：李　桥（2021.7止）
　　　　　陈先扬
副 书 记：张　宁

区供销总社党委
书　　记：张鹏程（2021.9止）
　　　　　单海军（2021.9任）

区工商联党组
书　　记：张　辉

区总工会党组
书　　记：王新军
副 书 记：肖玉敏（女）

区妇女联合会党组
书　　记：邓爱银（女，2021.11止）
副 书 记：王　莉（女）
　　　　　张红梅（女，2021.11任）

区科学技术协会党组
书　　记：闵　艳（女）

区残疾人联合会党组
书　　记：张　瑜（女）

区红十字会党组
书　　记：石志勇（2021.2止）
　　　　　王保君（2021.2任）

宿迁技师学院党委
书　　记：刘后举

副 书 记：高维杰
纪委书记：殷　亮

宿迁高新技术产业开发区党工委
书　　记：刘海红（女，2021.6止）
副 书 记：孟　凯
纪工委书记：项文军（2021.9止）
　　　　　　徐同耀（2021.9任）
党工委委员：项文军（2021.9止）
　　　　　冷庆丰（2021.2止）
　　　　　王　坤
　　　　　吴英梅（女）
　　　　　李劲柏
　　　　　朱　磊（挂职）
　　　　　周永科（2021.2任）
　　　　　徐同耀（2021.9任）

张家港宿豫工业园区党工委
书　　记：沈　浩
副 书 记：赵城勇（2021.2止）
　　　　　彭　敏（女，2021.2任）
纪工委书记：王　雷

宿迁中医院党委
书　　记：王　进（2021.8止）
　　　　　陆　振（2021.8任）
副 书 记：张丽娇（女，2021.9止）
　　　　　王　谦（2021.9任）
纪委书记：朱　玲（女）

宿豫现代农业产业园区党工委
书　　记：王化文（2021.11止）
　　　　　温士才（2021.9，兼任）
副 书 记：杜　辉（2021.3止）
　　　　　袁　雪（女，2021.3任）
　　　　　孙　华（2021.11任）
纪工委书记：力芝玲（女，2021.2止）
　　　　　　汤进伟（2021.2任）

宿迁生态化工科技产业园党工委
书　　记：唐善林（2021.3止）
　　　　　周永科（2021.3任）
副 书 记：陆昭宝
　　　　　胡茂学（2021.11止）
纪工委书记：李大愈

宿迁电子商务产业园党工委
书　　记：任　杰

副 书 记：孙家胜
仲 熠（2021.11止）
纪工委书记：张玉辉

区纪委派驻纪检组组长
第一纪检组组长：徐 敏（女）
第二纪检组组长：祝兴伟
第三纪检组组长：刘瑞强
第四纪检组组长：张 娜（女）
第五纪检组组长：王一兵
第六纪检组组长：程新录
第七纪检组组长：刘怀宁
第八纪检组组长：刘丛林
第九纪检组组长：陈 辉
第十纪检组组长：张艳丽（女）
第十一纪检组组长：贾宗海
第十二纪检组组长：张 龙
第十三纪检组组长：
陈以学（2020.8止）
马亚威（2021.2任）
第十四纪检组组长：王庆鹏
第十六纪检组组长：张金文

区政府工作部门及直属单位

区政府办公室
主 任：高文博
副 主 任：张冰洁（女，2021.11止）
徐 征（2021.2止）
袁雪梅（女，2021.9止）
单睿智
潘继刚
胡小祥（2021.9任）

区政府研究室
主 任：高文博（兼）
副 主 任：李 柏
区政府外事办公室
主 任：高文博（兼）
副 主 任：胡小祥（2021.9止）
杨 阳（2021.9任）

区大数据管理局
主 任：高文博（兼）

区发展和改革局
局 长：孙由伟（2021.9止）
袁雪梅（女，2021.9任）
副 局 长：王保东
钱 程
张 宝
南黎明（女）

区粮食和物资储备局
局 长：孙由伟
袁雪梅（女，2021.9任）

区教育局
局 长：林 松
副 局 长：沈振勇（2021.4止）
孙晓霞（女）
郭明利
王 磊（2021.4任）
区体育局
局 长：林 松
副 局 长：鲁燕红（女）

区政府教育督导室
主 任：林 松
副 主 任：凌朝阳

区科学技术局
局 长：康建平
副 局 长：于成匀
李 莉（女）

区工业和信息化局
局 长：陈谨慎（2021.11止）
仲 熠（2021.11任）
副 局 长：王 鑫（2021.2止）
张 莉（女）
童万书（2021.2止）
张 瑞（2021.2任）

区民政局
局 长：张少建（2021.9止）
王新新（2021.9任）
副 局 长：叶 敏
陈 谚（女）
张 锦

区司法局
局 长：李 彦（2021.9止）
孙由伟（2021.9任）
副 局 长：徐 勇
汪 鹏（女）
王 莉（女）

区财政局
局 长：赵 轶
副 局 长：周业齐（2021.2止）
张春雷（2021.2止）
刘宏娟（女）

区政府国有资产监督管理办公室
主 任：赵 轶
副 主 任：戚法伟（2021.3止）
唐晓虎

区政府金融工作办公室
主 任：赵 轶
副 主 任：郭 健

区人力资源和社会保障局
局 长：郑家宝（2021.11止）
池华祥（2021.11任）
副 局 长：周永泉（2021.2止）
靳余良
邢 刘
邱肖洁（女，2021.2任）

区住房和城乡建设局
局 长：温冠军（2021.2止）
池永超（2021.2任）
副 局 长：潜 义（2021.11止）
周成勇（2021.11止）
力 辉
何家乐（2021.3任）
倪棋静（女，2021.11任）

区人民防空办公室
主 任：温冠军（2021.2止）
池永超（2021.2任）
副 主 任：徐 凯

区城市管理局
局 长：张鑫益
副 局 长：徐 辉
陈金忠
柳明军

区综合行政执法局
局 长：张鑫益

区交通运输局
局　　长：徐　旭
副 局 长：马　勇
仲　霞（女）
徐光兵
总工程师：朱春相（2021.2止）
张晓明（2021.3任）

区水利局
局　　长：张　旭
副 局 长：施　波（2021.2止）
刘建军（2021.2止）
葛淑梅（女）
王　震（2021.2任）

区农业农村局
局　　长：王化文
副 局 长：高　斌（2021.2止）
杨永泉
陈　曙
张胜杰
刘红瑞
张明敏（女，2021.2任）
总农艺师：邹玲玲（女）

区乡村振兴局（2021年11月，由区政府扶贫办公室更名）
局　　长：王化文（2021.11任）
副 局 长：孙化全（2021.11任）

区政府扶贫办公室（2021年11月，更名为区乡村振兴局）
主　　任：王化文（2021.11止）
副 主 任：孙化全（2021.11止）

区商务局
局　　长：戚　磊（女）
副 局 长：张　鑫（2021.11止）
朱小宁
杨秋梅（女）

区文化广电和旅游局
局　　长：刘晓燕（女）
副 局 长：刘根顺
张明敏（女，2021.2止）
徐梦琼（女）
蒋　宁（女，2021.2任）

区文物局
局　　长：刘晓燕（女）

区卫生健康局
局　　长：王新新（2021.9止）
殷朝霞（女，2021.9任）
副 局 长：陈少清
丁义军（2021.2止）
晁先红（女）
姚　亮（2021.3任）

区爱国卫生运动委员会办公室
主　　任：吴亚明（2021.11止）

区退役军人事务局
局　　长：卓　亮
副 局 长：蔡佩全
丁　斌

区应急管理局
局　　长：章延敬
副 局 长：韩　虎
潘华培（挂职）
韩　啸
徐　春

区审计局
局　　长：徐　超（2021.11止）
副 局 长：郭同林
周　瑞
岑　军
总审计师：蔡敦甫（2021.8止）
刘士力（2021.8任）

区行政审批局
局　　长：殷朝霞（女，2021.9止）
张玉军（2021.9任）
副 局 长：倪成龙
乔惠如（女）

区政务服务管理办公室
主　　任：殷朝霞（女，2021.9止）
张玉军（2021.9任）

区市场监督管理局
局　　长：李　群（2021.11止）
胡茂学（2021.11任）
副 局 长：刘志华
李海霞（女）
陈思军（2021.11止）
卓成军
林树选
何加利
徐　勇（2021.11任）
食品安全总监：张士宏（女，2021.9止）

区知识产权局
局　　长：李　群（2021.11止）
胡茂学（2021.11任）

区统计局
局　　长：罗　斌（女）
副 局 长：姜　伟
马玲玲（女，2021.2）
总统计师：马玲玲（女，2021.2止）
艾阿芬（2021.2任）

区医疗保障局
局　　长：陈　军
副 局 长：高念亚
盛怀志

区信访局
局　　长：李　桥（2021.7止）
陈先扬（2021.9任）
副 局 长：徐　健
陈　勇

区招商服务局
局　　长：朱　江（2021.11止）
张冰洁（女，2021.11任）
副 局 长：王斯权
韩华建
杜晓波

区残疾人联合会
理 事 长：张　瑜（女）
副理事长：蔡绍武

区红十字会
常务副会长：石志勇（2021.2止）
王保君（2021.2任）

区供销总社
主　　任：张鹏程（2021.9止）

单海军（2021.9任）
副 主 任:李爱珺（女）
吴 东
周成勇（2021.11任）

区融媒体中心（区广播电视台）
主任（台长）:张 勇（2021.11止）
邓爱银（女，2021.11任）
总 编 辑:孙 曙（2021.11止）
吴亚明（2021.11任）
副 主 任:刘 佳（女）
杨安民

区数字化城市管理指挥中心
主 任:仲江林
副 主 任:张用东

宿迁高新技术产业开发区管委会
副 主 任:冷庆丰（2021.2止）
王 坤
吴英梅（女）
李劲柏
朱 磊（挂职）
周永科（2021.2任）

宿迁技师学院
院 长:刘培禄
副 院 长:高维杰
胡德斌
马文振

张家港宿豫工业园区管委会
主 任:赵城勇（2021.2止）
彭 敏（女，2021.2任）
副 主 任:伏广宇
吕 浪（挂职）
顾 军（挂职）
吴昊雨（2021.4任）

宿豫现代农业产业园管委会
主 任:孙 华（2021.11任）
副 主 任:毕喜书（2021.2止）
袁 雪（女）
王 震（2021.2止）
杜 辉（2021.3止）
高 斌（2021.2任）
戴光远（2021.3任）

宿迁生态化工科技产业园管委会
主 任:胡茂学（2021.11止）
陆昭宝（2021.11任）
副 主 任:单海涛
袁 忠
陆昭宝（2021.11止）
王永斌

宿迁电子商务产业园区管委会
主 任:孙家胜
副 主 任:蔡莉莉（女）
仲 熠（2021.11止）
韩向东
卓成燕（女，2021.11任）

社会团体

区总工会
主 席:王新军
副 主 席:李 群（2021.2止）
张利华（女，不驻会）
张 莉（女，兼职）
肖玉敏（女）
邹 浩（2021.2任）

区科学技术协会
主 席:闵 艳（女）
副 主 席:滕 敏（女）
董玉红（女，不驻会）

区工商业联合会
主 席:张智勇
副 主 席:公丽云（女，不驻会）
卢向杞（不驻会）
田志伟（不驻会）
李向民（不驻会）
杨团结（不驻会）
汪仁平（不驻会）
汪世龙（不驻会）
周咸材（女，不驻会）
林展图（不驻会）
徐宏卫（不驻会）
黄家忠（不驻会）
薛美婷（女，不驻会）
查 伟

区文学艺术界联合会
主 席:仲凤武（2021.11止）
孙 曙（2021.11任）
副 主 席:李寒冰

共青团宿豫区委员会
书 记:陈 怡（女，2021.9止）
朱 珠（女，2021.9任）
副 书 记:朱 珠（女，2021.9止）
王 浩（兼职）
郭士洲（挂职）
赵忆苏（女，2021.9任）

区妇女联合会
主 席:邓爱银（女，2021.11止）
副 主 席:韩金珍（女，不驻会）
王梅花（女，挂职）
王双爽（女）
张红梅
（女，2021.11任，主持工作）

区哲学社会科学界联合会
主 席:池华祥（2021.11止）
副 主 席:张 镭（2021.11止，不驻会）

驻宿豫单位

公安分局
局 长:钟永久（2021.7止）
武 胜（2021.7任）
副 局 长:周硕俊（2021.11止）
谷孝庭（2020.7止）
李 强
王维成（2021.8任）
柏 超（2020.9任）
王 飚
朱裕国（2021.11任）
王强军（2021.11任）
政 委:侍继满（2021.7止）
卜士强（2021.8任）

宿迁市宿豫生态环境局
局 长:邓 全（2021.2止）
张洪庄（2021.2任）
副 局 长:张韦华（2012.1任）
邱学斌（2021.3任）

宿迁市自然资源和规划局宿豫分局
局 长:苏学敏（2021.11止）
蔡 曈（2021.11任）

副 局 长：王新生
孙权林
蔡　娜（女）
李　松
刘　佳

宿迁市宿豫区税务局
局　　长：张　飞
副 局 长：蔡爱东（2021.6止）
蔡苏军
李艳艳（女，2020.9止）
王　武
冯利新
周　杰（2021.8止）
孙远辉
纪检组组长：马晓春

宿豫区烟草专卖局（江苏省烟草公司宿迁市公司宿豫分公司）
局　　长：张　丽（女）
副 局 长：曹殿虎（2021.6任）
邵海燕（2021.4止）
副 经 理：李　磊（2021.2止）
王　波（2021.2任）

宿豫区气象局
局　　长：吴　杰（2021.2任）
副 局 长：崔晓玉（女，2017.12任）

乡镇（街道）党（工）委

顺河街道党工委
书　　记：姜成文（2021.7止）
侍一名（2021.9任）
副 书 记：侍一名（2021.9止）
何　丽（女）
高　永（2021.9任）
纪工委书记：陈兴胜
党工委委员：陈兴胜
邹　丹（2021.9止）
施友梅（女，2021.11止）
王　坦
方全荣
顾　建（2021.9任）

豫新街道党工委
书　　记：臧其永
副 书 记：曹冬梅（女，2021.11止）
陈先扬（2021.9止）
纪工委书记：徐立东
党工委委员：袁酩惠（女）
徐立东
陈艳丽（女）
王　景
张　巍
刘　凯

下相街道党工委
书　　记：张玉军（2021.9止）
施小军（2021.9任）
副 书 记：施小军（2021.9止）
张　平（女，2021.11止）
陈　怡（女，2021.9任）
纪工委书记：胡　进
党工委委员：胡　进
张成军
董爱华（女）
刘　洋（女）
张明艳（2021.3任）
荣秋月（女，2021.9任）

陆集街道党工委（2021年3月，成立）
书　　记：田　强（2021.3任）
副 书 记：祁小斌（2021.3任）
魏　笋（2021.4任）
纪工委书记：于泽鲲（2021.3任）
党工委委员：魏　笋（2021.3—4）
胡建国（2021.3任）
侍小雷（2021.3任）
晁玉成（2021.9任）
于泽鲲（2021.3任）
石　盈（2021.3任）

中共陆集镇委员会（2021年3月，撤销）
书　　记：田　强（2021.3止）
副 书 记：何家乐（2021.3止）
李广东（2021.3止）
纪委书记：于泽鲲（2021.3止）
组织委员：魏　笋（2021.3止）
宣统委员：常　松（2021.3止）
政法委员：卢　锋（2021.3止）
党委委员：刘跃斌（2021.3止）
魏　笋（2021.3止）
卢　锋（2021.3止）
常　松（2021.3止）
于泽鲲（2021.3止）
石　盈（2021.3止）

中共大兴镇委员会（2021年3月，撤销丁嘴镇党委和原大兴镇党委，成立新的大兴镇党委）
书　　记：蔡　坡
副 书 记：卢开坤
金　浩
李明山（2021.3任）
纪委书记：杨　宇（2021.3止）
张小雷（2021.3任）
政法委员：胡建国（2021.3止）
张　阳（2021.3任）
组织委员：金　浩（2021.4止）
袁田田（2021.4任）
宣统委员：何　赛（女）
党委委员：张明艳（2021.3止）
李敬才（2021.3止）
杨　宇（2021.3止）
胡建国
何　赛（女）
张　阳（2021.3任）
葛建国（2021.3任）
袁田田（2021.4任）

中共丁嘴镇委员会（2021年3月，撤销）
书　　记：单海军（2021.3止）
副 书 记：祁小斌（2021.3止）
李明山（2021.3止）
纪委书记：张小雷（2021.3止）
政法委员：沈德芳（女，2021.3止）
组织委员：李明山（2021.3止）
党委委员：张小雷（2021.3止）
葛建国（2021.3止）
沈德芳（女，2021.3止）

中共来龙镇委员会（2021年3月，撤销侍岭镇党委、保安乡党委和原来龙镇党委，成立新的来龙镇党委）
书　　记：朱　江
副 书 记：王永鹏
翟　榕（2021.11止）
施友梅（女，2021.11任）
纪委书记：董俊辉（2021.3止）
张晓东（2021.3任）
政法委员：曹　虎（2021.4止）
朱凤莲（女，2021.4任）
组织委员：吴　勇（2021.3止）
立晨晨（2021.4任）
宣统委员：李　敏（女）

党委委员：曹　虎（2021.4止）
董俊辉（2021.3止）
刘　军（2021.3止）
李　敏（女）
吴　勇（2021.3止）
李晓薇（女，2021.3止）
张晓东（2021.3任）
朱凤莲（女，2021.4任）
苗南昌（2021.3任）
立晨晨（2021.4任）
骆　意（2021.9任）

中共侍岭镇委员会（2021年3月，撤销）
书　　记：张文峰（2021.3止）
副 书 记：郭　浩（2021.3止）
秦　猛（22021.3止）
纪委书记：张　阳（2021.3止）
政法委员：孙　全（2021.3止）
组织委员：侍小雷（2021.3止）
宣统委员：胡　燕（女，2021.3止）
党委委员：孙　全（2021.3止）
张　阳（2021.3止）
侍小雷（2021.3止）
胡　燕（女，2021.3止）

中共保安乡委员会（2021年3月，撤销）
书　　记：彭　敏（女，2021.2止）
副 书 记：孙建中（2021.3止）
姚　亮（2021.3止）
纪委书记：张晓东（2021.3止）
政法委员：王　成（2021.3止）
组织委员：姚　亮（2021.3止）
宣统委员：苗南昌（2021.3止）
党委委员：邹志举（2021.3止）
李先锋（2021.3止）
张晓东（2021.3止）
王　成（2021.3止）
苗南昌（2021.3止）

中共关庙镇委员会
书　　记：刘　义（2021.7止）
张　勇（2021.9任）
副 书 记：王建武（2021.9止）
王玉强（2021.4止）
陈伟志（2021.4任）
李晓静（女，2021.11任）
纪委书记：王　靖
政法委员：陈文传
组织委员：钱　江
宣统委员：王小芳（女）
党委委员：陈文传
王小芳（女）
王　靖
钱　江
王常青
王　成（2021.3任）

中共仰化镇委员会
书　　记：罗　旋
副 书 记：孙　华（2021.3止）
陶化林（2021.11止）
郭　浩（2021.3任）
纪委书记：唐小兵
政法委员：高维林
组织委员：王晓雷（2021.3止）
吴　勇（2021.3任）
宣统委员：邢印环（女）
党委委员：王晓雷（2021.3止）
唐小兵
邢印环（女）
高维林
吴　勇（2021.3任）
张晓丹（2021.4任）
孙　全（2021.5任）

中共曹集乡委员会
书　　记：张大伟
副 书 记：周玲玲（女）
王余娟（女，2021.9止）
纪委书记：解云祥
政法委员：朱　琳（女，2021.3止）
沈德芳（女，2021.3任）
组织委员：王余娟（女，2021.4止）
刘晨璐（女，2021.4任）
宣统委员：傅　娟（女，2021.4止）
曹金燕（女，2021.4任）
党委委员：解云祥
朱　琳（女，2021.3止）
陈伟志（2021.4止）
傅　娟（女，2021.4止）
沈德芳（女，2021.3任）
刘晨璐（女，2021.4任）
曹金燕（女，2021.4任）
董俊辉（2021.3任）
曹　虎（2021.4任）

中共新庄镇委员会
书　　记：曹　兵
副 书 记：郭万君
吴昊雨
纪委书记：李　迅
政法委员：谢云鹏
组织委员：丁春龙
宣统委员：闫　鸣
党委委员：闫　鸣
谢云鹏
李　迅
丁春龙

乡镇（街道）人民政府（办事处）、人大（人大工委）

顺河街道办事处
主　　任：侍一名（2021.9止）
高　永（2021.9任）
副 主 任：顾　建（2021.9止）
方全荣
毕强书（2021.11任）
人大工委主任：王春明

豫新街道办事处
主　　任：陈先扬（2021.9止）
韩宇波（2021.9任）
副 主 任：袁酩惠（女）
殷　虹（女）
吴　清（女）
张玉鹏（2021.4任）
人大工委主任：
张红梅（女，2021.11止）
曹冬梅（女，2021.11任）

下相街道办事处
主　　任：施小军（2021.9止）
陈　怡（女，2021.9任）
副 主 任：董爱华（女）
张成军
李晓薇（女，2021.3任）
人大工委主任：
高　永（2021.9止）
秦　猛（2021.9任）

陆集街道办事处（2021年3月，设立）
主　　任：祁小斌（2021.3任）
副 主 任：石　盈（2021.3任）

方　宇（2021.3任）
毕强书（2021.3—11）
温　馨（女，2021.4任）
单晓英（女，2021.11任）
人大工委主任：
卓成燕（女，2021.3—11）
张　平（女，2021.11任）

陆集镇人民政府（2021年3月，撤销）
镇　　长：何家乐（2021.3止）
副 镇 长：毕强书（2021.3止）
石　盈（2021.3止）
人大主席：卓成燕（女，2021.3止）
大兴镇人民政府（2021年3月，撤销丁嘴镇、原大兴镇，成立新的大兴镇）
镇　　长：卢开坤
副 镇 长：李敬才（2021.3止）
卓　坤
叶　辉（2021.3任）
沙　艳（2021.4任）
唐　飞（2021.4任）
朱　林（2021.11任）
高文佳（2021.11任）
人大主席：王先巍（2021.3止）
郑国强（2021.3任）

丁嘴镇人民政府（2021年3月，撤销）
镇　　长：祁小斌（2021.3止）
副 镇 长：叶　辉（2021.3止）
人大主席：郑国强（2021.3止）

来龙镇人民政府（2021年3月，撤销侍岭镇、保安乡和原来龙镇，成立新的来龙镇）
镇　　长：王永鹏
副 镇 长：侍　伟（2021.3止，挂职）
骆　意（2021.9止）
李晓薇（女，2021.3止）
朱凤莲（女，2021.4止）
王素素（女，2021.3任）
姚　璐（女，2021.4任）
张　洋（2021.11任）
人大主席：张晓明（2021.3止）
翟　榕（2021.11任）

侍岭镇人民政府（2021年3月，撤销）
镇　　长：郭　浩（2021.3止）
副 镇 长：朱凤莲（女，2021.3止）
王素素（女，2021.3止）
人大主席：徐　勇（2021.3止）

保安乡人民政府（2021年3月，撤销）
乡　　长：孙建中（2021.3止）
副 乡 长：李先锋（2021.3止）
人大主席：张克扬（2021.3止）

关庙镇人民政府
镇　　长：王建武（2021.9止）
李晓静（女，2021.11任）
副 镇 长：王　成（2021.3任）
朱乙涵（2021.9任）
岳　松（女，2021.11任）
人大主席：李晓静（女，2021.11止）
陶化林（2021.11任）

仰化镇人民政府
镇　　长：孙　华（2021.3止）
郭　浩（2021.3任）
副　镇　长：王　旋
孙　全（2021.3任）
胡　燕（女，2021.3任）
吴　桐（2021.11任）
人大主席：王　磊（2021.4止）
王玉强（2021.4任）

曹集乡人民政府
乡　　长：周玲玲（女）
副 乡 长：陈伟志（2021.4止）
曹　虎（2021.4任）
马　斌（2021.4任）
李欣锦（2021.4任）
人大主席：陈　敏（2021.9止）
王余娟（女，2021.9任）

新庄镇人民政府
镇　　长：郭万君
副 镇 长：方　宇（2021.3止）
马　斌（2021.4止）
晁玉成（2021.9止）
卢　锋（2021.3任）
孙伟娟（女，2021.4任）
季菡瑞（女，2021.11任）
人大主席：胡　涛（2021.3止）
王先巍（2021.3任）

（陈　冲）

统计资料

2021年宿豫区规模工业企业主要产品产量一览表

表64

指标名称	计量单位	本年累计	同期累计	同比增长（%）
小麦粉	万千克	1393.4	1892.1	-26.4
大米	万千克	18627.48	25106.15	-25.8
饲料	万千克	18094.91	15583.29	16.1
精制食用植物油	万千克	463.7	634.4	-26.9
鲜、冷藏肉	万千克	6219.1	6913.1	-10.0
熟肉制品	万千克	2416	1807.2	33.7
稀土磁性材料	万千克	1130.06	975.1	15.9
合成橡胶	千升	303628.6	207436	46.4
化学试剂	万千克	115.9	466.7	-75.2
化学药品原药	万米	2072.09	2892.2	-28.4
化学纤维	万千克	19.8	39.5	-49.9
食品添加剂	万米	1549.96	9737.17	-84.1
饮料酒	万件	2080.63	2101.31	-1.0
纱	平方米	785911.06	51446.85	1427.6
布	平方米	188601.04	95544.15	97.4
机制纸及纸板（外购原纸加工除外）	万千克	109.5	64.4	70.0
纸制品	万千克	762.6	120	535.5
毛纱	万千克	9919.9	9211.2	7.7
化纤长丝机织物	万千克	344.7	651.7	-47.1
服装	万千克	8810.5	7877.4	11.8
实木木地板	万千克	1.45	1.25	16.0
复合木地板	万千克	214.2	189.56	13.0
合成氨（无水氨）	万千克	273.46	265.74	2.9
化学农药原药（折有效成分100%）	万千克	35860.88	37767.72	-5.0
电工仪器仪表	万千克	1153	2148.81	-46.3
铸造机械	万千克	92832.7	95467.9	-2.8
铅酸蓄电池	立方米	30000	267000	-88.8
阀门	米	77648.2	183173	-57.6
滚动轴承	万块	825.9	1071.3	-22.9
铸铁件	平方米	16680000	15070000	10.7
铝材	平方米	277002	255004	8.6

续表64

指标名称	计量单位	本年累计	同期累计	同比增长（%）
钢结构	万千克	449.07	711.67	-36.9
砖	万千克	1484.71	976.32	52.1
钢化玻璃	万千克	1518	1542.3	-1.6
中空玻璃	台	0	0	—
预应力混凝土桩	万千克	581	357.4	62.6
塑料制品	万套	0	0	—
水泥	千伏安时	3338724	2534807	31.7
商品混凝土	台	2057055	1790076	14.9

2021年宿豫区固定资产投资完成情况一览表

表65　　单位：%

指标名称	1-12月增速	12月增速
500万元以上投资	6.1	7.0
第一产业	-18.0	-7.2
第二产业	21.5	11.1
其中：工业	21.5	11.1
第三产业	-8.1	-1.3
其中：房地产开发投资	12.2	-2.4

2021年宿豫区工业企业用水情况一览表

表66

指标名称	计量单位	代码	取水量		外供水量	
			本期	上年同期	本期	上年同期
甲	乙	丙	1	2	3	4
合计	立方米	00	44484883.09	42659946.97	19745537	17820227
1.地表淡水	立方米	01	36742720	36312661.01	0	0
2.地下淡水	立方米	02	654324	554978	0	0
3.自来水	立方米	03	7052484.09	5782859.96	19745537	17820227
4.海水	立方米	04	0	0	0	0
5.陆地苦咸水	立方米	05	0	0	0	0
6.矿井水	立方米	06	0	0	0	0
7.雨水	立方米	07	4126	4218	0	0
8.再生水（中水）	立方米	08	25844	0	0	0
9.海水淡化水	立方米	09	0	0	0	0
10.其他水	立方米	10	5385	5230	0	0

2021年宿豫区工业企业能源（分品种能源消费量合计）购进、消费与库存情况一览表

表67

项 目	原煤（万千克）	无烟（万千克）	一般烟煤（万千克）	焦炭（万千克）	其他煤气（万立方米）	天然气(万立方米)	液化天然气（万千克）	氢气（万立方米）	汽油（万千克）	煤油（万千克）	柴油（万千克）	燃料油（万千克）	液化石油气（万千克）	润滑油（万千克）	热力（百万千焦）	电力（万千瓦时）	生物燃料（万千克标准煤）
总 计	83610.37	11604.7	72005.67	8335.92	65	6639.51	591.03	3.8	10.05	0.19	173.12	337.94	8	0.9	9715196.84	248861.74	7417.17
按行业分	—	—	—	—	—	—	—	—	—	—	—	—	—	—	—	—	—
制造业	69520.43	11604.7	57915.73	8335.92	65	6639.51	591.03	3.8	10.05	0.19	161.62	334.94	8	0.9	9715196.84	244049.35	213.1
农副食品加工业	0	0	0	0	0	119.71	0	0	0	0	1.55	0	0	0	83306.97	9404.81	110.84
食品制造业	0	0	0	0	0	0	0	0	0	0	7.53	0	0	0	12897	258.35	0
酒、饮料和精制茶制造业	0	0	0	0	0	209.85	0	0	0	0	0	0	0	0	192610.9	2403.91	0
纺织业	0	0	0	0	0	302.64	26.15	0	0.24	0	0	0	0	0.3	328377.11	7368.96	0
纺织服装、服饰业	0	0	0	0	0	0	0	0	0	0	0	0	0	0	6371.91	929.81	14.54
木材加工和木、竹、藤、棕、草制品业	0	0	0	0	0	0	0	0	0	0	0	0	0	0	38567	312.49	0
造纸和纸制品业	0	0	0	0	0	0	0	0	0	0	0	0	0	0	0	43	0
印刷和记录媒介复制业	0	0	0	0	0	121.98	0	0	0	0	0	0	8	0	25098	2226.6	0
文教、工美、体育和娱乐用品制造业	0	0	0	0	0	73.55	0	0	1.58	0	4.8	0	0	0	0	3993.19	0
化学原料和化学制品制造业	11604.7	11604.7	0	0	65	576.57	19	3.8	7.26	0	7.0	0	0	0	2464977.77	39452.42	0
医药制造业	0	0	0	0	0	0	0	0	0	0	0	0	0	0	294492.06	4990.88	0
化学纤维制造业	44545.44	0	44545.44	0	0	0	0	0	0	0	17.08	0	0	0	5626432.64	37982.68	0

项 目	原煤（万千克）	无烟（万千克）	一般烟煤（万千克）	焦炭（万千克）	其他煤气（万立方米）	天然气(万立方米)	液化天然气（万千克）	氢气（万立方米）	汽油（万千克）	煤油（万千克）	柴油（万千克）	燃料油（万千克）	液化石油气（万千克）	润滑油（万千克）	热力（百万千焦）	电力（万千瓦时）	生物燃料（万千克标准煤）
橡胶和塑料制品业	0	0	0	0	0	177.78	545.88	0	0.97	0	5.42	0	0	0	481769	15247.17	0
非金属矿物制品业	0	0	0	0	0	1454.55	0	0	0	0	20	334.94	0	0	51076	21977.37	40.1
黑色金属冶炼和压延加工业	0	0	0	0	0	2268.26	0	0	0	0	0	0	0	0	0	7365.35	0
有色金属冶炼和压延加工业	13370.3	0	13370.3	8335.92	0	1076.7	0	0	0	0	96.94	0	0	0	0	59593.05	0
金属制品业	0	0	0	0	0	7.85	0	0	0	0	1.32	0	0	0	23894.32	1588.43	0
通用设备制造业	0	0	0	0	0	54	0	0	0	0.19	0	0	0	0.96	19819	3772.34	0
专用设备制造业	0	0	0	0	0	27	0	0	0	0	0	0	0	0	7959	1400.61	0
汽车制造业	0	0	0	0	0	0	0	0	0	0	0	0	0	0	0	259.59	0
铁路、船舶、航空航天和其他运输设备制造业	0	0	0	0	0	104.07	0	0	0	0	0	0	0	0	0	198.18	47.62
电气机械和器材制造业	0	0	0	0	0	65	0	0	0	0	0	0	0	0	57548.16	11182.06	0
计算机、通信和其他电子设备制造业	0	0	0	0	0	0	0	0	0	0	0	0	0	0	0	11952.5	0
仪器仪表制造业	0	0	0	0	0	0	0	0	0	0	0	0	0	0	0	145.6	0
电力、热力、燃气及水生产和供应业	14089.94	0	14089.94	0	0	0	0	0	0	0	11.5	3	0	0	0	4812.39	7204.07
电力、热力生产和供应业	14089.94	0	14089.94	0	0	0	0	0	0	0	11.5	3	0	0	0	4227.59	7204.07
水的生产和供应业	0	0	0	0	0	0	0	0	0	0	0	0	0	0	0	584.8	0

2021年宿豫区农业主要产品生产情况一览表

表68

	播种面积（千公顷）	每公顷产量（千克）	总产量（万千克）
农作物总播种面积	74.09	—	—
一、粮食作物合计	56.71	7359.64	41736.53
（一）夏收粮食	25.26	5934.01	14989.3
夏收谷物	25.26	5934.01	14989.3
小麦	25.26	5934.01	14989.3
大麦	—	—	—
夏收豆类（蚕豌豆）	—	—	—
（二）秋收粮食	31.45	8504.68	26747.23
秋收谷物	30.23	8715.49	26344.02
稻谷	29.79	8760	26093.12
籼稻	26.66	8823.17	23519.63
粳稻	3.13	8222	2573.49
玉米	0.44	5702.27	250.9
秋收豆类	1.16	3021.6	351.51
大豆	1.09	3057	333.21
绿豆	0.02	3150	6.3
其他秋收杂豆	0.05	2250	12
秋收薯类	0.06	8616.67	51.7
二、油料合计	0.72	2504.1	180.3
花生	0.04	2500	10
油菜籽	0.68	2503.5	170.3
三、棉花(皮棉)	—	—	—
四、药材类合计	0.61	—	—
五、蔬菜(含菜用瓜)	12	4836625	60361
六、瓜果类	1.22	24651	2996.8
其中:西瓜	0.92	24694	2267.1
甜瓜	0.11	22945	252.4
草莓	0.15	24618	371.4
其他瓜果	0.04	28829	105.9

2021年宿豫区农林牧渔业总产值年度计算情况一览表

表69　　单位：万元

指标名称	产值	
	现价	可比价
农林牧渔业总产值	600825	582098
农业产值	357851	334443
谷物及其他作物	113576	101707
蔬菜、食用菌及花卉盆景园艺	212938	202470
水果、坚果、饮料和香料	29665	28637
中药材	1672	1629
林业产值	14910	14829
林木的培育和种植	1884	1872
竹木采运	13026	12957
林产品	—	—
牧业产值	167225	174927
牲畜饲养	9739	9410
猪的饲养	33032	44434
家禽饲养	123289	119931
狩猎和捕捉动物	—	—
其他畜牧业	1165	1152
渔业产值	30009	28109
农林牧渔专业及辅助性活动产值	30830	29790

2021年宿豫区农业机械年末拥有量一览表

表70

项目	单位	数量	项目	单位	数量
一、农业机械总动力	千瓦	669810	四、畜牧养殖机械	台	9006
#柴油机	千瓦	582470	动力	台(套)	37231
汽油机	千瓦	37130	五、渔业机械	台	9197
电动机	千瓦	50210	动力	千瓦	9895
二、拖拉机数量	台	15240	六、农机化作业总体情况	台	—
动力	千瓦	205374	机耕面积	千瓦	56850
#大中型拖拉机数量	台	1260	机播面积	台	48077
动力	千瓦	82070	机械植保面积	千瓦	45600

续表70

项目	单位	数量	项目	单位	数量
三、种植业机械	—	—	机收面积	公顷	54460
#耕整机	台(套)	553	七、单项农机化作业情况	公顷	—
旋耕机	台	19876	机械深耕面积	公顷	4480
水稻插秧机	台	2203	机械深松面积	公顷	1600
机动植保机械	台	5921	精少量播种面积	公顷	14440
联合收割机	台	3810	农田机械节水灌溉面积		4350
秸秆粉碎还田机	台	2459	机械化秸秆还田面积	公顷	55600
谷物烘干机	台	280	秸秆捡拾打捆面积	公顷	470
保鲜储藏设备	套	1241	—	—	—

2021年宿豫区教育事业情况一览表

表71

指 标	计量单位	合 计	初 中	职业中学	完全中学	小 学	中等专业学校	特殊教育	幼儿园
学校数	所	80	16	—	—	14	1	1	48
班数	个	1807	333	—	—	935	-	15	524
在校学生数	人	83990	16612	—	—	45357	3642	131	18248
毕业生数	人	19429	4559	—	—	6691	1101	10	7068
公办教职工人数	人	4895	909	—	—	2392	467	42	1085
#专任教师数	人	4309	839	—	—	2316	457	39	658
专任教师学历达标率	%	100	100	—	—	100	100	100	100
学校占地面积	万平方米	211	86	—	—	66	27	2	30
校舍建筑面积	万平方米	107	43	—	—	30	17	1	16

2021年宿豫区广电文化拥有情况一览表

表72

指标	单位	2021年
广播覆盖率	%	100
电视覆盖率	%	100
有线电视入户率	%	—
公共图书馆	个	2
公共图书馆图书总藏量	千册	255.8
一、电影发行机构	个	0

续表72

指标	单位	2021年
二、电影发行收入	万元	0
三、电影公司放映收入	万元	1392
四、电影放映机拥有量	部	14
#35mm	台套	—
16mm	台套	—
五、录像放映点	个	—
#农村	个	—
六、电影院	座位/个	1958
七、博物馆	个	2
八、文化馆	个	1
九、县级剧场	个	2
十、乡镇、街道文化广播电视中心	个	10

2021年宿豫区项目房屋面积施工、销售及待售情况一览表

表73

指标名称	计量单位	合计	按用途分					
			住宅			办公楼	商业营业用房	其他
				其中：90平方米及以下	其中：144平方米以上			
房屋施工面积	平方米	3613582	3142538	490287	70114	13504	68049	389491
其中：本年新开工面积	平方米	1329930	1123886	19614	26226	2529	17700	185815
本年房屋竣工面积	平方米	209672	195995	90	152	0	6286	7391
其中：不可销售面积	平方米	3643	0	0	0	0	0	3643
本年住宅竣工套数	套	—	1783	1	1	—	—	—
本年房屋竣工价值	万元	80979	78572	23	38	0	1572	835
房屋出租面积	平方米	0	0	0	0	0	0	0
本年商品房销售面积	平方米	873337	832531	54813	21430	538	685	39583
现房销售面积	平方米	9912	97	0	0	0	556	9259
期房销售面积	平方米	863425	832434	54813	21430	538	129	30324
本年商品房销售额	万元	802289	789724	57487	21789	338	1315	10912

续表74

指标名称	计量单位	合计	按用途分					
			住宅			办公楼	商业营业用房	其他
				其中：90平方米及以下	其中：144平方米以上			
现房销售额	万元	4398	38	0	0	0	1163	3197
期房销售额	万元	797891	789686	57487	21789	338	152	7715
本年商品住宅销售套数	套	—	7140	621	126	—	—	—
现房销售套数	套	—	1	0	0	—	—	—
期房销售套数	套	—	7139	621	126	—	—	—
待售面积	平方米	93169	10151	84	277	0	6344	76674
其中：待售1-3年(含1年)	平方米	42847	10151	84	277	0	375	32321
待售3年以上(含3年)	平方米	13266	0	0	0	0	5656	7610

2021年宿豫区城乡居民居住情况一览表

表74

指标名称	单位	城镇	农村
(一)现住房建筑面积	平方米	43.8	55.5
(二)本住户居住空间样式	%	100	100
1.单栋楼房	%	13	30
2.单栋平房	%	6	62
3.四居室及以上单元房	%	8	2
4.三居室单元房	%	51	3
5.二居室单元房	%	19	3
6.一居室单元房	%	3	—
7.筒子楼或连片平房	%	—	—
8.其他	%	—	—
(三)住宅有管道供水情况	%	—	—
1.管道供水入户	%	—	—
2.管道供水至公共取水点	%	—	—
3.没有管道设施	%	—	—
(四)住户厕所类型	%	100	100

续表74

指标名称	单位	城镇	农村
1.水冲式卫生厕所	%	99	80
2.水冲式非卫生厕所	%	1	1
3.卫生旱厕	%	—	2
4.普通旱厕	%	—	17
5.无厕所	%	—	—
(五)住户厕所使用情况	%	100	100
1.本住户独用	%	99	100
2.几户合用	%	1	—
3.公用厕所	%	—	—
(六)住户洗澡设施情况	%	100	100
1.统一供热水	%	—	2
2.家庭自装热水器	%	99	65
3.其他	%	1	27
4.无洗澡设施	%	—	6
(七)主要炊用能源状况	%	100	100
1.柴草	%	—	—
2.煤炭	%	—	—
3.罐装液化石油气	%	41	88
4.管道液化石油气	%	—	—
5.管道煤气	%	—	—
6.管道天然气	%	47	4
7.电	%	12	8
8.燃料用油	%	—	—
9.沼气	%	—	—
10.其他	%	—	—
11.无炊用行为	%	—	—

注:因一体化住户调查改革,所有数据均为新口径数据。

2021年宿豫区城乡居民就业情况一览表

表75

指标名称	单位	城镇	农村
一、平均每户家庭人口	人	3.48	2.93
二、平均每户就业人口	人	1.87	1.74
（一）第一产业	人	0.24	0.86
（二）第二产业	人	0.56	0.38
1.采矿业	人	—	—
2.制造业	人	0.20	0.12
3.电力、热力、燃气及水生产供应业	人	—	—
4.建筑业	人	0.36	0.26
（三）第三产业	人	1.07	0.50
1.批发和零售业	人	0.31	0.12
2.交通运输、仓储和邮政业	人	0.06	0.04
3.住宿和餐饮业	人	0.11	0.02
4.信息传输、软件业和信息技术服务业	人	0.01	—
5.金融业	人	—	—
6.房地产业	人	—	—
7.租赁和商务服务业	人	0.09	0.02
8.科学研究和技术服务业	人	—	—
9.水利、环境和公共设施管理业	人	0.01	
10.居民服务、修理和其他服务业	人	0.26	0.22
11.教育	人	0.09	0.06
12.卫生和社会工作	人	0.04	—
13.文化、体育和娱乐业	人	—	0.02
14.公共管理、社会保障和社会组织	人	0.09	—
15.国际组织	人	—	—
三、平均每一就业人口负担人数	人	1.86	1.68

注：因一体化住户调查改革，所有数据均为新口径数据。

2021年宿豫区农村组织和从业人员情况一览表

表76

指　标	计量单位	数量
一、农村基层组织情况	—	—
乡镇个数	个	6
其中:镇个数	个	5
村委会个数	个	31
村民小组个数	个	1084
二、乡村人口、从业人员资源及主要行业分布	—	—
乡村户数	户	87222
乡村人口数	人	356590
1、男	人	187093
2、女	人	169497
乡村劳动力资源	人	210481
1、男	人	109925
2、女	人	100556
劳动年龄内人口数	人	192604
其中:劳动年龄内上学的学生数	人	12293
劳动年龄内丧失劳动能力的人数	人	5483
超过劳动年龄而实际参加劳动的人数	人	23360
乡村实有从业人员合计	人	197635
其中:劳动年龄内从业人员	人	175069
(一)按性别分	—	—
1、男从业人员	人	103691
2、女从业人员	人	93944
(二)按国民经济行业分	—	—
1、农林牧渔业从业人员	人	53538
其中:种植业从业人员	人	44548
①男性农林牧渔业从业人员	人	29282
②女性农林牧渔业从业人员	人	24256
2、工业从业人员	人	50295
3、建筑业从业人员	人	40234
4、交通运输、仓储和邮政业从业人员	人	8635
5、信息传输、计算机服务和软件业从业人员	人	807
6、批发与零售业从业人员	人	21187
7、住宿和餐饮业从业人员	人	10693
8、金融、保险业从业人	人	610
9、房地产、社会服务业从业人员	人	2332
10、卫生、体育和社会福利业从业人员	人	1712
11、教育、文化、艺术和广播电视事业从业人员	人	2735
12、科学研究和综合技术服务事业从业人员	人	305
13、乡经济组织管理从业人员	人	818
14、其他从业人员	人	3734
三、农村基础设施	—	—

续表76

指　标	计量单位	数量
1、垃圾集中处理的村	个	35
2、建立集中居住点的村	个	31
四、附报:	—	—
1、涉农街道个数	个	4
2、涉农居委会	个	30
3、乡镇镇区(不含城关镇)居委会常住户数	户	37395
4、乡镇镇区(不含城关镇)居委会常住人口数	人	129442
5、外来从业人员	人	17091
6、当年到境外从业的从业人员数	人	34

2021年宿豫区居民收支分类一览表

表77　　单位:元

指标名称	全体	城镇	农村
人均可支配收入	29325	34449	21868
(一)工资性收入	16803	21690	9693
(二)经营净收入	7490	6946	8280
(三)财产净收入	1471	2039	643
(四)转移净收入	3561	3774	3252
人均生活消费性支出	18307	20819	14652
(一)食品	5579	6281	4556
(二)衣着	1169	1429	790
(三)居住	3424	3750	2950
(四)家庭设备用品及服务	1452	1747	1023
(五)交通和通讯	2017	2221	1719
(六)教育文化娱乐服务	3115	3611	2392
(七)医疗保健	1167	1300	974
(八)其他商品和服务	384	479	248

注:因一体化住户调查改革,所有数据均为新口径数据

2021年宿豫区社会消费品零售额情况一览表

表78　　单位:亿元

指标名称	总量	增长%
社会消费品零售总额	317.35	14.0
#限额以上单位社会消费品零售总额	135.77	3.7
其中:批发零售业	135.18	3.7
粮油、食品类	6.16	244.8
饮料类	5.24	195.5
烟酒类	3.46	221.7
服装、鞋帽、针纺织品类	2.55	192.1
日用品类	8.97	132.7

续表78

指标名称	总量	增长%
体育、娱乐用品类	5.82	107.9
书报杂志类	0.00	-100.0
家用电器和音像器材类	56.31	20.2
文化办公用品类	9.67	66.1
中西药品类	0.10	-45.6
通信器材类	15.5	141.7
化妆品类	9.68	402.4
住宿餐饮业	0.59	0.6

2021年宿豫区城乡居民平均每百户耐用消费品拥有量一览表

表79

指标名称	单位	城镇	农村
1.家用汽车	辆	46	28
2.摩托车	辆	15	27
3.助力车	台	143	141
4.洗衣机	台	108	104
5.电冰箱（柜）	台	104	100
6.微波炉	台	73	33
7.彩色电视机	台	140	132
8.空调	台	176	138
9.热水器	台	106	86
10.其中：太阳能热水器	台	—	—
11.洗碗机	台	2	2
12.排油烟机	台	65	73
13.固定电话	线	4	0
14.移动电话	部	262	276
15.其中：接入互联网	部	232	189
16.计算机	台	44	24
17.其中：接入互联网	台	37	19
18.照相机	台	6	2
19.中高档乐器	架	7	2
20.健身器材	台	9	2
21.空气净化器（含新风系统）	台	6	0
22.吸尘器	台	10	8

注：因一体化住户调查改革，所有数据均为新口径数据。

索 引

宿豫年鉴

2022 SUYU YEARBOOK

说 明

一、本索引按照国家标准《索引编制规则(总则)》GB/T22466—2008的相关规则进行编制。

二、本索引分主题索引和表格索引。主题索引,以类目、分目、条目和正文的主题为标目和主要来源进行索引。表格索引,以表题名的中心词为标目进行索引。

三、索引标目后的数字表示内容所在的页码,页码数字后面的a、b、c分别表示版面的左、中、右栏。

四、本索引按照标目字的汉语拼音音序排列,并添加标目首字的大写字母为助检符号。

五、大事记、人物、荣誉、文献辑录、附录未列入本索引。

主题索引

D

F

G

P

Q

R

Y

Z

表格索引